International Financial Management

국제재무관리

이 하 일

박영사

머 · 리 · 말

글로벌경제는 현재 많은 불확실성에 직면해 있다. 2019년부터 전 세계를 강타한 Covid-19 바이러스 확산으로 국가간 인력의 이동이 제한되고 2022년 러시아의 우크라이나 침공으로 유가, 환율, 원자재 가격상승에 따른 글로벌 공급망 불확실성이 지속되면서 세계경제는 스태그플레이션 쇼크에 빠질 수 있다.

국제재무관리는 기업의 국제경영활동을 대상으로 범세계적 금융시장에서 기업의 자금조달과 조달자금의 운용에 직접적 또는 간접적으로 관련된 의사결정을 효율적으로 지원하는 관리기능을 말한다. 따라서 국제재무관리의 목표도 기업가치를 극대화하는데 있으므로 국내재무관리의 원칙이 동일하게 적용된다.

본서는 국제재무관리의 전반적인 내용을 일관성있게 구성함으로써 국제재무관리의 기본개념에 대한 확실한 이해를 바탕으로 현실에 대한 적응력을 높일 수 있도록 국제재무관리, 국제자본시장, 국제경영전략, 외환파생상품 4개 주제로 이루어졌다. 본서의 내용은 다음과 같이 제4편 제16장으로 구성되었다.

제1편 국제재무관리에서는 국제재무관리의 정의와 기능, 국제재무관리의 특징과 목표, 외환거래의 방법, 외환시장의 기능과 특징, 외환시장의 구조, 환율의 표시방법, 외환거래의 형태, 국제통화제도의 정의와 유형, 국제통화제도의 변천, 국내통화제도의 변화, 국제평가관계의 내용을 상세히 설명하였다.

제2편 국제자본시장에서는 국제금융시장의 개념, 국제은행업무의 개요, 외화자금시장의 개요, 유로금융시장의 개념, 국제자본시장의 정의, 국제주식시장의 개요, 국제주식투자의 유형, 국제채권시장의 정의와 구분, 채권수익률의 위험구조, 국제자금조달의 정의와 방법, 국제자본비용의 개념을 살펴보았다.

제3편 국제경영전략에서는 국제자본예산의 개념, 영업현금흐름의 추정, 증분현금흐름의 추정, 국제자본예산의 기법, 해외직접투자의 동기와 과정, 해외간접투자의 정의, 국제분산투자의 정의와 동기, 전략적 제휴의 특징 및 득실, 해외인수합병의 개념과 조건, 인수합병의 경제성 평가에 대해 서술하였다.

제4편 외환파생상품에서는 선물거래의 개념, 통화선물의 개요, 통화선물의 가격결정, 국내통화선물, 옵션거래의 개념과 투자전략, 미국달러옵션의 개요, 통화옵션의 가격결정, 통화옵션의 실제, 금리스왑과 통화스왑의 개념, 신용위험과 신용사건의 정의, 신용파생상품의 구조와 종류에 대해 살펴보았다.

본서는 상아탑에서 국제재무에 대한 기초지식을 습득하려는 대학생, 기업의 현장에서 국제금융업무를 담당하고 있는 직장인, 국제금융 현실을 정확히 이해하여 올바른 정책결정을 내리는데 활용하려는 정책담당자, 금융기관에 종사하는 전문인력 등 다양한 독자들이 국제재무 입문서로 활용할 수 있을 것이다.

본서의 집필과정에서 여러 전공서적과 연구논문에서 많은 도움을 받았기에 그 분들께 깊은 감사를 드린다. 또한 본문의 내용상 오류는 전적으로 저자의 책임이며 독자 여러분들의 애정 어린 질책을 받아 차후에 개정판을 통해서 더 좋은 책이 될 수 있도록 본문의 내용을 수정하고 보완하겠다는 약속을 드린다.

본서가 완성되기까지 바쁘신 와중에도 본문의 내용에 지적과 조언을 해주신 서강대학교의 박영석 교수님께 감사드린다. 그리고 어려운 여건에서 흔쾌히 출판을 맡아주신 박영사 안종만 회장님과 안상준 대표님, 더 좋은 책이 될 수 있도록 최선을 다해주신 김민조 선생님께 감사드리며 무궁한 발전을 기원한다.

끝으로 자식 잘 되기를 염원하다 작고하신 모친과 항상 따뜻한 격려를 보내주신 장인께 감사드리고, 장기간 성원을 보내준 양가 가족 및 남편의 성공을 간절히 원하는 아내와 아들 동선에 대한 애정을 본서로 대신한다. 독자 여러분들의 아낌없는 성원을 기대하며 국제재무관리 이해에 지침이 되기를 기원한다.

2022년 3월

저자 이하일

차 · 례

PART 1 국제재무관리

PART 2 **국제자본시장**

제05장 국제금융시장

제06장 국제주식시장

제07장 국제채권시장

제08장 국제자본비용

PART 3 국제경영전략

제09장 국제자본예산

제10장 해외직접투자

제11장 국제합작투자

제12장 해외인수합병

PART 4 외환파생상품

제13장 통화선물시장

제14장 통화옵션시장

제15장 통화스왑시장

제16장 신용파생상품

PART 1

국제재무관리

C·h·a·p·t·e·r 01

국제재무관리

오늘날 기업의 자금조달과 투자활동은 특정 국가에 한정되지 않고 세계 각국을 대상으로 이루어지고 있다. 국제재무관리도 국내재무관리의 원칙이 그대로 적용되나 기업의 경영활동이 국제환경에 의해 영향을 받기 때문에 새로운 변수들을 고려해야 한다. 국제재무관리에서는 주로 환위험과 관련된 주제를 다루고 있다.

제1절 국제재무관리의 개요

1. 국제재무관리의 정의

1990년대 이후에 세계경제의 가장 커다란 변화는 각국마다 설치되었던 진입장벽이 낮아져 국가간 교류가 크게 증가하면서 나타난 글로벌화이다. 이러한 글로벌화는 금융거래에서도 빠르게 진행되어 금융시장이 통합되고 각국 경제가 급속히 개방되어 금융시장간에 연계성이 높아지면서 상호의존성이 높아지고 있다.

금융시장의 글로벌화로 기업활동이 세계 각지에 분산되어 국경의 의미가 약화되면서 무한경쟁에 노출되고 있다. 특히 교통수단과 정보통신의 발달로 세계가 좁아지면서 기업의 세계화현상이 두드러지고 있다. 우리나라도 기업의 활동영역이 국내에 한정되어 있다가 점차 해외로 넓혀지면서 글로벌화되어 가고 있다.

이러한 세계화현상에 따라 기업의 국제경영활동에서 핵심적인 역할을 수행하는 자금의 조달과 자금의 운용이 중요한 관심사가 되고 있다. 따라서 국제금융시장을 통해서 기업의 경영활동에 필요한 자금을 효율적으로 조달하고, 조달된 자금이 효율적으로 투자되도록 하는 국제재무관리의 중요성은 날로 커지고 있다.

요컨대 국제재무관리는 기업의 국제경영활동을 대상으로 범세계적 금융시장에서 기업의 자금조달과 조달자금의 운용에 직접적 또는 간접적으로 관련된 의사결정을 효율적으로 지원하는 관리기능을 말한다. 따라서 국제재무관리의 목표도 기업가치를 극대화하는데 있으므로 국내재무관리의 원칙이 동일하게 적용된다.

국제재무관리는 다국적기업의 출현으로 급속히 발전되어 왔다. 그러나 최근에는 자본시장의 자유화를 배경으로 국제금융시장의 범세계적 통합화과정에서 세계적인 자산부채관리전략으로서 그 중요성이 크게 부각되고 있다. 국제재무관리는 기본적으로 국내재무관리와 유사한 기대수익률과 위험의 상충관계에 근거한다.

그러나 기업의 국제경영활동과 관련한 자본조달결정과 자산투자결정이 국제환경에 의해서 영향을 받기 때문에 다양한 이종통화간의 거래에 따른 환위험, 국제중개기관의 개입, 각국의 서로 다른 회계기준이나 제도상의 문제 및 이중과세 그리고 국가위험을 추가로 고려해야 한다는 점에서 차이가 있다.

기업이 여러 국가에서 활동하면 서로 다른 통화로 거래가 이루어지는데 따르는 환위험이 발생한다. 환위험은 예상치 않은 환율변동으로 기업의 재무적 성과가 변동할 가능성으로 기업이 적절한 기법을 통해 관리할 수 있는 통제가능한 요소에 해당하며 국제재무관리에서는 주로 환위험의 문제를 다룬다.

그리고 정치적·경제적·법률적·사회적·문화적 특성이 서로 다른 여러 나라에서 활동하게 되면 그 나라 고유의 국가위험(country risk)을 부담한다. 이는 재산몰수, 외환통제, 송금제한 등의 정치적 위험과 회계제도와 조세차이 등의 제도적 위험을 추가로 부담해야 하는 통제불가능한 요소에 해당한다.

2. 국제재무관리의 기능

오늘날 세계 각국 주요 금융시장의 통합화는 기업의 재무관리기능에 많은 변화를 가져왔다. 경영활동에 필요한 자금을 효율적으로 조달하고 투자하는 전통적인 재무관리의 범위에서 벗어나 국제재무관리는 기업가치를 극대화하기 위해 세계적 금융차원에서 다음과 같은 외화자산과 부채의 효율적 관리기능을 수행하게 된다.

(1) 자본조달결정

자본조달결정은 기업이 경영활동에 필요한 외화자금을 어떤 형태로 어느 지역의 시장에서 어떤 통화로 어느 시기에 조달할 것인가에 대한 의사결정으로 이에 따라 기업의 자본구조, 자본비용, 재무위험이 달라진다. 여기서는 자기자본과 타인자본을 어떻게 구성하여 자본비용의 극소화를 위한 자금조달의 최적배합이 중요하다.

(2) 자산투자결정

자산투자결정은 조달된 자본을 어떤 종류의 자산에 얼마만큼을 투자할 것인가에 대한 의사결정으로 이에 따라 기업의 수익성, 성장성, 영업위험이 달라진다. 투자결정의 결과로 기업이 보유해야 하는 외화자산의 종류와 규모가 결정된다. 여기서는 일정한 위험하에서 투자수익의 극대화를 위한 최적자산의 배합이 중요하다.

(3) 배당정책이론

국제재무관리는 기업의 경영활동이나 외화자산의 운용결과로 실현된 당기순이익을 어떻게 사내유보(유보이익)과 사외유출(배당금액)로 배분할 것인가 하는 배당정책과 재무

회계의 평가 및 통제기능이 포함된다. 배당정책은 사내자본의 조달결정과 연결되기 때문에 자본조달결정의 형태로 분류할 수 있다.

(4) 외환위험관리

국제재무관리는 자산과 부채의 효율적 관리를 위해 환율, 금리, 물가 등 거시경제지표의 정확한 예측기능을 수행해야 하며 이를 바탕으로 국제금융시장에서 적절한 기법을 이용하여 외환위험 및 금리위험을 관리하게 된다. 따라서 기업의 파생상품을 이용한 위험관리의 필요성이 절실하게 요구되고 있다.

3. 국제재무관리의 특징

국제재무관리에서는 환율과 금리의 예상치 못한 변동으로 초래될 환위험과 금리위험을 최소화함으로써 보유자산의 가치를 안정적으로 보전해야 한다. 따라서 기업의 국제경영활동과 관련한 자본조달과 투자결정이 국제환경에 의해서 영향을 받기 때문에 환위험과 정치적 위험을 추가로 고려해야 한다.

첫째, 국제재무관리는 이종통화표시 자산간의 거래를 수반하기 때문에 국내재무관리와는 달리 예상하지 못한 환율의 변동으로 기업의 재무적 성과가 변동할 가능성인 환위험의 관리를 주요 대상으로 하고 있다. 그러나 환위험은 기업이 적절한 기법을 통해 관리할 수 있는 통제가능요소에 해당한다.

국제재무관리는 환율과 금리의 불확실성, 외환제도·금융제도의 제약성, 정보처리 및 금융기법의 성숙도, 개별기업의 신용도 및 시장접근성과 같은 금융환경의 제약조건하에서 의사결정을 하게 된다. 이때 기업은 장단기 재무전략에 따라 기대수익률과 위험의 최적배합을 통해서 기업가치의 극대화를 목표로 한다.

둘째, 국제재무관리는 해외투자하는 경우 각국의 경제법규나 행정규제에 의한 투자손실을 관리하는 문제를 포함한다. 따라서 정치적·경제적·법률적·사회적·문화적 특성이 다른 나라에서 활동하므로 재산몰수, 외환통제, 송금제한 등의 정치적 위험과 회계제도와 조세차이 등의 제도적 위험을 추가로 부담한다.

따라서 국제재무관리에서는 환율변동이나 금리변동에 따른 시장위험은 물론 비재무적 위험인 국가위험 등도 관리할 수 있어야 만족스런 경영성과를 거둘 수 있을 것이다. 따라서 전통적인 재무관리에서는 포함되지 않는 이러한 위험들을 효과적으로 관리하는 기능이 국제재무관리에서는 매우 중요하게 요구된다.

셋째, 국제재무관리는 자금조달과 운용에 관련된 시장예측의 불확실성과 비효율적 시장에서 금융자산의 최적포트폴리오를 추구하는 과정이다. 따라서 금융자산의 기대수익률의 극대화나 자본비용의 극소화를 도모함에 있어 금리, 환율전망, 자산의 비정상적인 가격차를 이용하여 금융자산간의 대체거래를 반복한다.

국제재무관리의 목표를 국제자금의 조달과 자금운용의 측면에서 살펴보면 조달자금의 최적배합과 운용자금의 최적배분을 통해 국내외자산의 가치를 극대화하여 기업가치를 극대화하는데 있다. 따라서 기업가치 극대화라는 국내재무관리의 목표와 같지만 고려해야 할 요인과 시장이 다르다는 점에서 차이가 있다.

넷째, 국제금융혁신을 배경으로 금융시장의 범세계적 통합화가 가속화되고 금융규제의 완화와 증권화 현상이 새로운 금융상품의 출현과 더불어 급속히 전개되고 있다. 따라서 오늘날 국제재무관리는 범세계적인 자본시장에서 금융자산의 효율적 배분을 촉진하는 자산부채관리전략으로서의 성격을 갖게 되었다.

제2절 국제재무관리의 목표

국제재무관리의 목표는 글로벌시장에서 기업가치를 극대화하는데 있다. 여기서 기업가치는 기업이 벌어들일 미래현금흐름을 경과시간과 장래의 불확실성을 고려한 가중평균자본비용으로 할인한 현재가치의 합을 말한다. 따라서 국제재무관리의 목표도 기본적으로 국내재무관리의 원칙이 동일하게 적용된다.

국제재무관리의 목표는 재무담당자가 자본조달결정과 자산투자결정을 내릴 때 의사결정의 기준이 된다. 전통적인 이익극대화 목표는 이익의 개념이 모호하고 화폐의 시간가치와 미래의 불확실성을 무시하고 있다. 이러한 문제점을 해결하기 위해 기업의 국제재무관리 목표로 기업가치극대화가 제시되었다.

▌그림 1-1▐ 국제재무관리의 목표

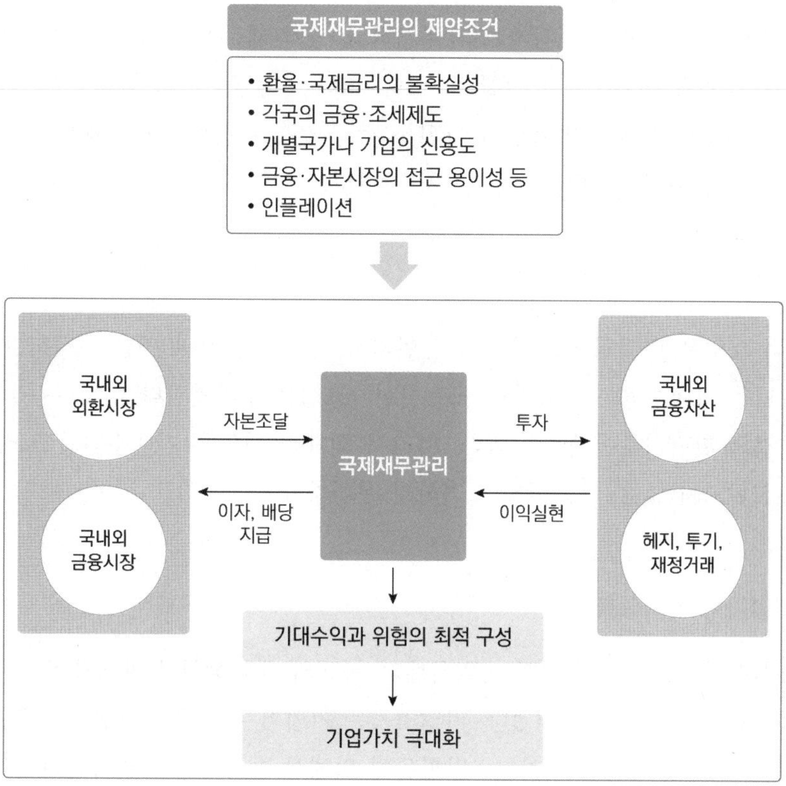

1. 이익극대화

전통적으로 경제학과 회계학에서는 기업의 목표를 이익극대화라고 한다. 이익극대화 가설에서 기업의 유일한 목표는 이익극대화이며 기업의 모든 경영의사결정은 이익극대화의 관점에서 이루어진다고 본다. 그러나 이익극대화 목표는 다음과 같은 문제점 때문에 국제재무관리의 목표로 인정을 받지 못하고 있다.

(1) 회계적 이익개념 모호

이익극대화의 대상이 되는 이익이 손익계산서상의 영업이익, 당기순이익, 주당순이익 중 어느 것인지 불분명하다. 또한 회계적 이익은 재고자산평가방법, 감가상각방법 등에 대체적인 방법을 인정하여 회계처리방법의 선택에 따라 이익이 달라질 수 있기 때문에 기업의 경제적 실상을 정확히 반영하지 못한다.

(2) 화폐의 시간가치 무시

회계적 이익은 화폐의 시간가치를 무시하고 있기 때문에 미래의 서로 다른 시점에서 발생하는 이익을 정확하게 평가할 수 없다. 따라서 현금흐름이 실제로 발생하는 시점에 관계없이 금액만 동일하면 동일한 가치를 갖는 것으로 간주하여 미래의 서로 다른 시점에서 발생하는 이익을 적절히 평가하지 못한다.

(3) 미래의 불확실성 무시

회계적 이익은 미래의 현금흐름이 실현되지 않을 가능성(위험)을 무시하고 있다. 미래에 예상되는 기대수익이 동일하더라도 실현가능성은 투자안마다 다를 수 있어 합리적인 투자결정의 판단기준이 될 수 없다. 따라서 회계적 이익은 기대수익만 고려할 뿐 기대수익이 실현되지 않을 가능성을 고려하지 못한다.

2. 기업가치의 극대화

기업가치 극대화는 전통적인 이익극대화 목표의 개념상의 문제점을 극복하여 기업의 국제재무관리 목표로 정립되었다. 기업가치는 기업이 투자해서 보유하고 있는 자산들의 가치의 합이며, 투자활동과 자본조달활동에 의해서 발생하는 보유자산의 수익성과 현금흐름의 위험도에 의해 결정된다.

따라서 기업가치를 극대화하기 위해서는 미래의 현금흐름을 극대화하고 위험을 극소화할 수 있도록 투자결정과 자본조달결정을 해야 한다. 기업가치(V)는 기업이 벌어들일 미래의 현금흐름(CF)을 적절한 할인율(k)로 할인한 현재가치의 합을 나타내는데 이를 수식으로 표시하면 식(1.1)과 같다.

$$V = \frac{CF_1}{(1+k)^1} + \frac{CF_2}{(1+k)^2} + \frac{CF_3}{(1+k)^3} + \cdots = \sum_{t=1}^{\infty} \frac{CF_t}{(1+k)^t} \tag{1.1}$$

기업가치는 보유자산의 수익성을 나타내는 분자의 현금흐름에 비례하고 현금흐름의 위험도를 나타내는 자본비용에 반비례한다. 따라서 기업가치를 극대화하기 위해서는 자본비용이 극소화될 수 있도록 경영활동에 필요한 자금을 효율적으로 조달하여 수익성이 극대화될 수 있도록 자산에 투자해야 한다.

기업가치는 미래수익의 크기와 불확실성에 따라 결정되어 투자결정과 자본조달결정에 의존한다. 기업이 비유동자산에 대한 투자를 늘릴수록 미래의 현금흐름은 증가할 수 있으나 미래수익의 불확실성에 따라 영업위험이 증가하고 부채의 사용이 많아질수록 재무레버리지효과로 인해 재무위험이 증가한다.

3. 자기자본가치의 극대화

기업가치(V)는 기업이 보유하고 있는 총자산의 현재가치와 같으며 주주와 채권자에게 귀속된다. 따라서 기업가치(V)는 주식의 시장가치인 자기자본가치(S)와 부채의 시장가치인 타인자본가치(B)의 합으로 구성된다. 기업가치를 평가하는 목적은 최종적으로 기업의 소유주인 주주지분의 가치를 평가하는데 있다.

$$V = S + B \tag{1.2}$$

기업가치의 극대화는 자기자본의 제공자인 주주와 타인자본의 제공자인 채권자를 동시에 기업가치의 소유주로 간주한다. 따라서 주주의 지분인 자기자본의 가치와 채권자의 지분인 타인자본의 가치를 합산한 총자산가치를 극대화하는 목표에 해당하며 손익계산서의 영업이익(EBIT, NOI)이 분석대상이 된다.

자기자본가치의 극대화는 주주만을 기업의 소유주로 간주하여 자기자본가치 극대화가 재무관리의 목표가 되어야 한다는 입장으로 손익계산서의 순이익(NI)이 분석 대상이 된다. 왜냐하면 채권자의 권리는 경영성과에 관계없이 약정된 원리금으로 한정되어 타인자본가치는 기업가치에 관계없이 일정하기 때문이다.

타인자본의 가치는 시장이자율에 의해 결정되는데 시장이자율이 일정할 경우에 기업가치의 극대화는 자기자본가치의 극대화를 말한다. 여기서 자기자본의 가치는 주식가격에 발행주식수를 곱해 산출할 수 있고 발행주식수가 일정할 경우에 자기자본가치의 극대화는 주가의 극대화 또는 주주부의 극대화를 말한다.

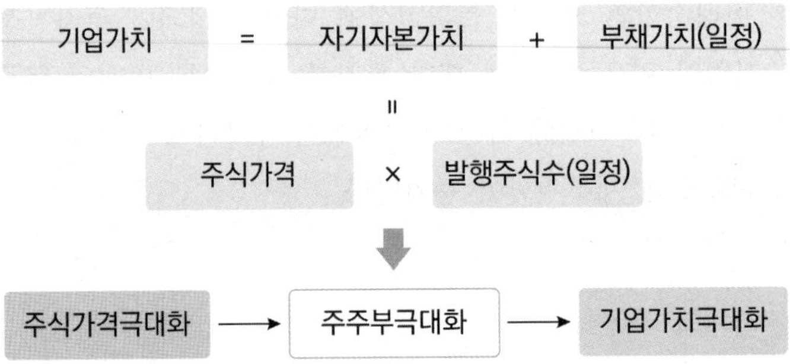

4. 기업가치극대화 목표의 타당성

기업가치는 기업이 보유하고 있는 자산에서 벌어들일 미래현금흐름의 현재가치로 정의되므로 개념이 명확하고 화폐의 시간가치와 미래의 불확실성을 고려하고 있다. 또한 귀속주체가 분명하며 주식시장에서 형성되는 주식가격을 통해 객관적으로 측정할 수 있어 기업의 국제재무관리 목표로 타당하다고 할 수 있다.

5. 기업가치극대화 목표의 문제점

소유와 경영이 분리된 상태에서 대리인인 경영자는 기업가치를 극대화하기보다는 특권적 소비나 비금전적 효익을 통해 자신의 효용을 극대화할 수 있도록 의사결정을 할 수 있다. 이러한 경우에 주인과 대리인의 이해가 서로 상충되어 주인-대리인문제가 발생하면 기업가치의 극대화가 달성되지 않을 수 있다.

그러나 경영자의 사적 이득 추구로부터 소액주주를 보호하기 위해 소액주주의 권리와 관련된 다음과 같은 법적·제도적 장치를 활용하면 주인-대리인 문제(principal-agent problem)를 어느 정도 완화시킬 수 있어 기업가치극대화, 주주의 부 극대화는 기업의 국제재무관리 목표로 타당성을 유지할 수 있다.

① 경영자를 감시하는 감사 또는 감사위원회 설치
② 주주총회에서 이사회 임원의 선출권 행사
③ 주식매수청구권(stock option) 등의 보상제도 도입
④ 적대적 M&A시장의 활성화로 무능한 경영자의 교체

요컨대 국제재무관리의 목표는 기업가치를 극대화시키는 데에 있다. 여기서 기업가치의 극대화는 자기자본가치의 극대화, 주주 부의 극대화, 주가의 극대화와 동일한 개념으로 사용되고 있다. 최적투자는 순현재가치(NPV) 극대화기준에 의해 결정되고 NPV를 극대화하면 기업가치의 극대화를 달성할 수 있게 된다.

그러나 주주와 경영자간에 존재하는 대리인문제를 완전히 해결할 수는 없으며, 실제로 경영자가 주주들의 부를 극대화하지 않고 자신의 부를 극대화하는 방향으로 기업을 경영하면 주주들의 부가 희생될 수 있다. 이러한 주주와 경영자간에 발생하는 주인-대리인문제는 국제재무관리의 보론에서 다루기로 한다.

제3절 국제자금관리의 개요

자금관리는 기업이 보유하고 있는 현금을 효과적으로 관리하는 방법을 말한다. 이러한 국제자금관리에는 중앙집권적으로 자금을 관리하여 국제간의 거래비용을 줄이는 네팅(netting)을 많이 활용한다. 또한 자금을 국가간에 이전시키는 수단으로 이전가격, 로얄티, 조세회피국의 이용에 대해 살펴보기로 한다.

1. 중앙집권적 자금관리

다국적기업은 중앙집권적인 현금운용을 통해서 해외자회사가 독자적으로 현금을 보유하는 것보다 현금을 더 적게 보유하면서 효과적으로 자금을 관리할 수 있다. 여러 해외자회사들이 독자적으로 현금을 보유할 경우 예상하지 못한 현금의 지출에 대비하여 어느 정도의 현금을 추가로 보유해야 한다.

요컨대 다국적기업이 예비로 현금을 보유하고 있는 것은 예상하지 못한 현금의 수요에 대비하기 위해서이다. 그러나 다국적기업이 중앙금융센터에서 현금을 관리한다고 가정하면 다국적기업은 전사적으로 훨씬 적은 양의 현금을 보유하더라도 예상하지 못한 현금의 수요에 능동적으로 대처할 수 있다.

예컨대 세계적으로 다섯 개의 자회사가 있을 경우 다섯 개의 자회사가 예상하지 못한 지출에 대비하여 각자 현금을 보유하는 것보다는 다국적기업의 중앙금융센터가 예비

현금을 관리하면 훨씬 적은 규모의 예비현금을 보유하면서 개별자회사가 요구하는 자금의 수요에 기민하게 대응할 수 있을 것이다.

이렇게 본사에 위치한 중앙금융센터에서 현금을 운용하면 해외자회사들이 현금을 운용하는 것보다 더 효과적으로 현금을 운용할 수 있다. 다국적기업의 중앙금융센터는 세계적으로 주요한 금융센터에 위치하여 개별자회사가 잘 알지 못하는 단기적인 투자기회에 대한 많은 정보를 갖고 있기 때문이다.

이러한 이유 때문에 다국적기업들은 세계의 주요 금융센터인 뉴욕, 런던, 홍콩에 중앙자금관리센터를 운용한다. 이들 중앙자금관리센터는 개별자회사에서 발생하는 단기적인 현금흐름을 중앙센터에서 관리하며 필요한 경우에 이를 다른 자회사에 조달함으로써 전사차원의 자본운용의 효율성을 증가시킨다.

2. 자금의 국가간 이동

다국적기업이 본사와 자회사간에 또는 자회사 상호간에 자금을 이동할 경우에 현금 이외에 다른 여러 가지 방법으로 자금흐름을 조절할 수 있다. 여기에서는 다국적기업 내에서 자금을 이전하는 구체적인 방법으로 이전가격의 활용, 로얄티의 지급 그리고 조세회피국의 이용 등에 대해 살펴보기로 한다.

(1) 이전가격의 활용

이전가격(transfer price)은 본사와 자회사 또는 자회사 상호간에 실질적인 거래관계가 존재할 경우 그 거래관계에 사용하는 가격을 말하는 것으로 이를 조정함으로써 다국적기업 내부의 자금흐름을 조정할 수 있다. 이러한 이전가격은 다음과 같은 다국적기업의 여러 가지 목적을 위해서 사용될 수 있다.

다국적기업은 법인세를 절약하기 위해 이전가격을 이용할 수 있다. 예컨대 미국의 법인세율이 독일의 법인세율보다 낮다고 가정할 경우 독일과 미국에 자회사를 갖고 있는 한국의 어느 다국적기업은 세율이 높은 독일보다는 세율이 낮은 미국에서 이익을 창출하는 것이 전체적인 세금부담을 줄일 수 있다.

따라서 미국에서 이익을 많이 내기 위해 미국에서 독일로 공급하는 제품가격을 높여 독일현지법인이 이익을 적게 내도록 조정한다. 또한 손실중인 해외자회사에 낮은 가격으로 중간제품을 공급하고, 세금을 많이 낼 것으로 예상되는 현지법인에 이전가격을 높게 이전받으면 자회사의 이익을 줄일 수 있다.

그리고 다국적기업은 인플레이션의 위험과 외환위험을 감소시키기 위해 이전가격을 사용하기도 한다. 예컨대 남미 브라질에서 높은 인플레이션이 예상될 경우에 이전가격을 통해 브라질 자회사로부터 다국적기업의 본사로 자금을 미리 송금하도록 하는 것은 외환위험을 축소시키는 좋은 방법이 될 수도 있다.

(2) 로얄티의 지급

로얄티(royalty)는 특정 기술, 브랜드, 특허 등 무형자산을 사용할 때 그 대가로 지불하는 비용으로 단순히 기술이전뿐만 아니라 경영기법의 전수에도 활용된다. 다국적기업은 해외에 기술을 이전하거나 제품을 판매할 때 자회사와도 라이센스 계약을 체결하고 기술제공에 대한 로얄티의 명목으로 대가를 받는다.

이러한 로얄티를 통해 자금을 자회사로부터 본사로 이전시키는 이유는 로얄티에 대한 지급이 손금으로 처리되기 때문에 현지법인이 현지국정부에 지불해야 하는 납세액을 줄이고, 현지국정부의 과실송금을 제한하는 규제를 회피할 수 있기 때문이다. 또한 로얄티의 지급은 환위험을 줄이는 용도로 활용된다.

(3) 조세회피국 이용

조세회피국(tax haven)은 외국자본을 유치하기 위해 법인세를 면제하거나 극히 낮은 세율을 적용하는 국가를 말한다. 다국적기업은 조세회피국에 서류상의 현지법인을 설립하여 이전가격의 조작이나 로얄티지급 등을 통해 다른 해외현지법인에서 이익을 이전하여 가능한 많은 이익이 발생하도록 조작하고 있다.

그러나 조세회피국의 이용이 널리 확산되면서 많은 국가의 정부들은 이들 조세회피국의 이용을 철저히 규제하고 있다. 미국 정부는 세법을 개정하여 미국에 있는 본사가 해외자회사로부터 이익을 송금받았는지의 여부에 관계없이 개별 해외자회사로부터 얻은 이익을 모두 통합하여 과세하는 정책을 취하고 있다.

따라서 조세회피국에 있는 자회사를 통해 세금을 포탈할 가능성이 크게 줄어들었다. 그럼에도 2012년에 상장한 Facebook은 특허와 지적재산권의 로얄티에 대한 세금이 없는 네덜란드에 자회사를 설립하여 로열티수입을 자회사로 귀속시키고, 유럽에서의 광고수입을 법인세율이 낮은 아일랜드로 귀속시키고 있다.

보론 1-1 주인-대리인 문제

1. 주인-대리인 문제의 정의

주인-대리인 문제(principal-agent problem)는 감추어진 행동(hidden action)이 문제가 되는 상황에서 주인인 주주의 입장에서 볼 때 대리인인 최고경영자가 바람직스럽지 못한 행동을 하는 현상을 말한다. 계약관계에서 권한을 위임하는 사람을 주인(principal), 권한을 위임받은 사람을 대리인(agent)이라고 한다.

이때 주인은 대리인에게 자신의 권한을 위임하면서 주인을 위해 노력해줄 것을 약속받고 그에 따른 보상을 해주기로 계약을 맺는다. 그러나 정보의 비대칭성으로 대리인이 최선의 노력을 경주하지 않는 도덕적 해이가 발생하여 주인의 경제적 효율성이 달성되지 않거나 피해를 입는 상황을 대리인 문제라고 한다.

감추어진 행동은 계약이 성사된 후 거래당사자 모두에게 영향을 미치는 어느 일방의 행동을 상대방이 관찰할 수 없거나 통제할 수 없는 상황을 말한다. 주인-대리인 문제는 도덕적 해이(moral hazard)의 일종이며, 주주와 경영자, 사장과 종업원, 국민과 정치인, 의뢰인과 변호사 등 매우 광범위하게 발생하고 있다.

2. 주인-대리인 문제의 발생원인

주인-대리인 문제가 발생하는 원인은 경영자가 주주의 목적을 달성하기 위해 노력할 유인이 없기 때문에 발생한다. 경영자에게 고정급을 지급하면 이익의 크기와 자신의 보수는 아무런 관련이 없어 주주의 목적인 이익극대화보다 매출액을 극대화하거나 자신의 효용을 극대화하는 의사결정을 내릴 가능성이 높다.

3. 주인-대리인 문제의 해결방안

유인설계(incentive design)는 경영자가 주주의 이익을 극대화하도록 행동하는 것이 경영자 자신에게 유리하도록 보수체계를 설계하는 것을 말한다. 주주와 경영자의 관계에서는 경영자의 보수를 경영성과와 연계시키는 스톡옵션(stock option), 특별상여금의 지급 등으로 경영자의 도덕적 해이를 예방할 수 있다.

그리고 경영자와 근로자의 관계에서는 근로자의 이직률을 줄이고 생산성을 높이기 위해 노동시장에서 결정된 균형임금 수준보다 더 높여 지급하는 효율성임금(efficiency wage)의 지급이나 기업이윤의 공유 그리고 승진·포상·징계 등을 통해서 근로자들의 도덕적 해이(moral hazard)를 줄여 나갈 수 있다.

보론 1-2 주식매수선택권

1. 주식매수선택권의 정의

주식매수선택권은 회사의 설립, 기업경영, 기술혁신 등에 기여했거나 기여할 수 있는 이사, 집행임원, 감사, 피용자에게 유리한 가격으로 회사가 발행하는 신주나 회사가 보유한 자사주를 매수할 수 있는 권리를 말하며, 미국의 스톡옵션(stock option) 제도를 도입한 것으로 1999년 개정상법에서 신설하였다.

2. 주식매수선택권의 부여

주식매수선택권의 부여는 정관에 정함이 있는 경우에 한하며 구체적으로 주주총회의 특별결의가 필요하다. 상장회사는 비상장회사의 부여한도인 발행주식총수의 10/100 이외에 추가로 정관의 규정에 발행주식총수의 10/100의 범위에서 대통령령으로 정하는 한도까지 이사회가 결의하여 부여할 수 있다.

3. 주식매수선택권의 부여금지

의결권 없는 주식을 제외한 발행주식총수의 10/100 이상의 주식을 소유한 주주, 이사·집행임원·감사의 선임과 해임 등 회사의 주요사항에 사실상 영향력을 행사한 자 그리고 이들의 배우자와 직계존비속에는 주식매수선택권을 부여할 수 없다. 상장회사는 최대주주 및 특수관계인에게는 부여할 수 없다.

4. 주식매수선택권의 부여한도

주식매수선택권의 부여로 인하여 새로 발행할 신주 또는 회사가 보유하고 있는 자기주식을 양도할 경우에 회사의 발행주식총수 10/100을 초과할 수 없다. 그러나 상장회사는 발행주식총수의 20/100의 범위에서 대통령령으로 정하는 한도(15/100)까지 주식매수선택권을 부여할 수 있다.

5. 주식매수선택권의 행사기간

주식매수선택권은 주주총회의 결의일로부터 2년 이상 재임 또는 재직해야 행사할 수 있다. 따라서 상장회사의 주식매수선택권을 부여받은 자는 대통령령으로 정하는 경우를 제외하고 주주총회 또는 이사회의 결의일로부터 2년 이상 재임하거나 재직해야 주식매수선택권을 행사할 수 있다.

• 핵심요약 •

제1절 국제재무관리의 개요

1. 국제재무관리의 정의
   국제재무활동에 필요한 자금을 효율적으로 조달하고 조달된 자금을 효율적으로 운용하는 의사결정을 수행하기 위한 이론과 기법을 연구

2. 국제재무관리의 기능
(1) 자본조달결정 : 조달자본의 최적배합 → 자본비용의 극소화
(2) 자산투자결정 : 보유자산의 최적배합 → 투자수익의 극대화
(3) 배당정책이론 : 당기순이익을 배당금과 유보이익으로 나누는 의사결정
(4) 외환위험관리 : 예상하지 못한 환율변동에서 초래되는 환위험을 극소화

3. 국제재무관리의 특징
① 이종통화표시 자산간의 거래를 수반하여 외환위험의 관리가 주요 대상
② 해외시장에 투자하는 경우 경제법규나 행정규제에 따른 투자손실의 관리
③ 시장예측의 불확실성과 비효율적 시장에서 금융자산의 최적포트폴리오 추구
④ 국제자본시장에서 금융자산의 효율적 배분을 촉진하는 자산부채관리전략

제2절 국제재무관리의 목표

1. 회계이익의 극대화
   회계적 이익개념 모호, 화폐의 시간가치 무시, 미래의 불확실성 무시

2. 기업가치의 극대화
   기업의 미래현금흐름을 가중평균자본비용으로 할인한 현재가치의 합

$$V = \frac{CF_1}{(1+k)^1} + \frac{CF_2}{(1+k)^2} + \frac{CF_3}{(1+k)^3} + \cdots = \sum_{t=1}^{\infty} \frac{CF_t}{(1+k)^t} = f(\text{수익성, 위험})$$

3. 자기자본가치의 극대화
① 부채가치 일정할 경우 : 기업가치의 극대화 = 자기자본가치의 극대화
② 과다하게 부채를 사용 : 기업가치의 극대화 ≠ 자기자본가치의 극대화

4. 기업가치극대화 목표의 타당성
   기업가치의 개념 명확, 화폐의 시간가치 고려, 미래의 불확실성 고려

5. 기업가치극대화 목표의 문제점
   주인–대리인 문제의 발생

제3절 국제자금관리의 개요

1. 중앙집권적 자금관리

   추가적인 현금수요 줄이면서 보유하고 있는 현금을 효과적으로 운용

2. 자금의 국가간 이동 : 이전가격의 활용, 로얄티의 지급, 조세회피국 이용

1 다음 중 국제재무관리에 대한 내용으로 가장 옳지 않은 것은?

① 국제재무관리는 자금조달과 자금운용에 관련된 내용을 다루고 있다.
② 국제재무관리는 기업이라는 전체시스템에서 볼 때 하위시스템에 해당한다.
③ 국제재무관리의 목표는 주주부의 극대화이므로 배당결정이 핵심이 된다.
④ 국제재무관리는 계량적 자료를 이용하여 기업의 재무의사결정에 도움을 준다.
⑤ 국제재무관리의 핵심은 자본조달결정 및 투자활동이다.

| 해설 | 국제재무관리의 목표는 기업가치의 극대화, 자기자본가치의 극대화, 주식가치의 극대화, 주주 부의 극대화이며 순현재가치(NPV)를 통해 달성할 수 있다.

2 다음 중 국제재무관리의 기능을 자본조달결정과 투자결정으로 구분할 경우에 성격이 다른 하나는?

① 자본예산
② 자본구조
③ 자본비용
④ 배당정책
⑤ 자본시장

| 해설 | 자본예산은 투자결정과 관련되어 있고, 나머지는 자본조달결정과 관련되어 있다.

3 회계적 이익의 극대화는 국제재무관리의 목표로 적정하지 않다. 그 이유에 대한 설명 중 옳지 않은 것은?

① 회계적 이익은 적용하는 회계방법에 따라 달라질 수 있다.
② 회계적 이익은 최고경영자의 이해를 반영하지 않는다.
③ 회계적 이익은 기회비용을 고려하지 않는다.
④ 회계적 이익은 미래수익의 시간가치를 고려하지 않는다.
⑤ 회계적 이익은 미래수익의 불확실성을 고려하지 않는다.

| 해설 | 경영자의 성과는 회계적 이익으로 평가할 수 있으므로 회계적 이익은 경영자의 이해와 관계가 있다.

4 다음 중 국제재무관리의 목표로 성격이 가장 다른 하나는?

① 기업가치의 극대화
② 자기자본가치 극대화
③ 순현재가치 극대화
④ 주당순이익의 극대화
⑤ 가중평균자본비용 극소화

| 해설 | 국제재무관리의 목표는 기업가치의 극대화, 자기자본가치의 극대화, 주식가치의 극대화, 주주부의 극대화이며 순현재가치(NPV)를 통해 달성할 수 있다.

5 **다음 중 국제재무관리의 목표에 대한 설명으로 옳지 않은 것은?**

① 이익극대화는 미래에 얻게 될 기대이익만 동일하면 기대이익에 내포된 위험이 달라도 차이가 없는 것으로 평가하는 문제점이 있다.

② 이익극대화를 목표로 하면 미래 기대이익의 현재가치를 산출할 때 적용할 할인율(자본비용)을 산출하기 어렵다는 문제점이 있다.

③ 기업가치극대화는 화폐의 시간가치와 미래의 불확실성에 따른 위험을 고려한다는 점에서 이익극대화보다 타당하다고 할 수 있다.

④ 기업가치를 증가시키는 것이 반드시 기업의 모든 이해관계자에게 이득이 되는 것은 아니다.

⑤ 발행주식수가 일정하면 자기자본가치의 극대화는 주식가격의 극대화와 같은 목표라고 할 수 있다.

| 해설 | 이익극대화는 화폐의 시간가치를 고려하지 않아 할인율(자본비용)이 필요가 없다.

6 **다음 중 기업가치의 극대화에 대한 설명으로 옳지 않은 것은?**

① 미래 현금흐름의 시간가치와 불확실성을 고려한다.

② 기업가치의 개념이 명확하고 귀속주체가 분명하다.

③ 기업가치를 객관적으로 측정하는 것은 쉽지 않다.

④ 기업가치는 수익성과 위험을 모두 고려한 개념이다.

⑤ 기업가치는 회계적 이익에 비해서 조작이 어렵다.

| 해설 | 기업가치는 자본시장에서 형성된 주식가격를 통해 객관적으로 측정할 수 있다.

7 **다음 중 소유와 경영의 분리가 가져오는 문제점으로 옳은 것은?**

① 대리인 문제

② 도덕적 해이

③ 역선택

④ 기업의 청산

⑤ 분업의 원리

| 해설 | 소유와 경영의 분리로 분업의 원리가 적용되어 효율적인 측면이 있다. 그러나 주주와 경영자간의 이해충돌로 주인-대리인문제(자기자본의 대리인비용)가 발생할 수 있다.

8 **다음 중 해외 자회사에서 본국 모회사로 자금이전을 촉진하기 위한 설명으로 바람직하지 않은 것은?**

① 기술제공, 상표권 사용 등 서비스의 판매비용을 통한 자금이전은 이중과세의 부담이 없다.

② 해외 자회사에 공급하는 부품비용을 적절히 조작하여 자금이전의 효과를 창출할 수 있다.

③ 해외 자회사로부터의 배당은 투자시점에 집중적으로 실시한다.

④ 이자를 통한 자금이전은 법인소득세가 절감되는 효과가 있다.

| 해설 | 서비스의 판매비용은 해당국에서 법인세가 부과되기 이전에 이미 비용으로 공제되어 모회사로 지급되면 이중과세의 부담에서 벗어날 수 있다. 모회사가 해외 자회사로 완제품이나 부품 등 상품의 판매가격을 적절히 조작하면 자금이전효과를 창출할 수 있다. 배당을 통한 자금이전은 보편적 수준을 초과하면 해당국에서 감시와 반발을 유발할 수 있어 특정연도에 집중적으로 배당하기 보다는 점진적으로 배당률을 높여가는 것이 바람직하다. 이자비용은 세금공제항목으로 이자를 통한 자금이전은 법인세 절감효과(tax shield effect)가 있다.

9 **다음 중 이전가격의 전략에 대한 설명으로 옳지 않은 것은?**

① 저세율국 소재 자회사에서 고세율국 소재 자회사로의 판매가격을 상향조정한다.

② 이전가격 조작을 통해 모회사와 자회사간의 자금이전을 도모한다.

③ 독립기업간 거래가격(arm's length price)을 적용하여 관리한다.

④ 자본거래가 제한된 국가 소재 자회사로의 판매가격을 상향 조정한다.

| 해설 | 이전가격의 전략은 이전가격의 조작을 통해 조세부담을 줄이거나 모회사와 자회사간 또는 자회사간의 자금이전을 도모하는 전략을 말하며 기업전체의 조세부담을 줄이기 위해 이전가격의 전략을 사용한다. 그러나 국가에서는 이전가격의 전략이 조세수입을 줄이게 되므로 동일한 기업간의 거래라도 독립적인 기업간 거래가격을 적용하도록 할 수 있는데 이는 이전가격의 조작을 억제하기 위한 조치의 일환이다.

10 **다음 중 다국적기업의 운전자본관리에 대한 설명으로 옳지 않은 것은?**

① 본사나 지역본부 등에서 집중적으로 현금운용을 관리함으로써 현금보유를 줄일 수 있다.

② 현지국 통화의 가치하락이 예상되는 경우에 배당, 이자지급으로 자회사로부터 본사로의 자금이전을 가속화하는 것이 좋다.

③ 자회사로부터의 송금은 가능한 한 배당의 형태로 묶어서 하는 것이 좋다.

④ 현지국의 외환규제로 송금이 제한되는 경우 이전가격 조작의 방법을 이용할 수 있다.

| 해설 | 다국적기업의 운전자본관리는 현금예금, 매출채권 등의 유동자산의 관리를 말한다. 현금관리는 본사나 지역본부에 관리를 집중하면 기업전체의 현금보유 필요성을 줄일 수 있다. 운전자본관리는 본사와 자회사간의 자금이전 및 배치 등이 중요한 업무가 되는데, 이러한 자금이동은 배당, 이자, 로얄티 지급 등 여러 형태로 나누어 함으로써 과도한 배당의 지급이라는 비난을 회피할 수 있다. 자금관리에서 환율전망은 중요한 변수가 되는데, 통화가치가 하락하는 나라에서 자금을 인출하여 통화가치가 상승하는 나라에 자금을 투입하는 자금이동이 요구된다. 그리고 이전가격도 자금이동을 위한 수단으로 이용될 수 있다.

정답 1. ③ 2. ① 3. ② 4. ④ 5. ② 6. ③ 7. ① 8. ③ 9. ③ 10. ③

C·h·a·p·t·e·r 02

국제외환시장

외환시장은 한 나라의 통화와 다른 나라의 통화가 서로 교환되는 시장을 의미한다. 최근에 국제자본의 이동이 활발해지면서 국제금융의 이해에 대한 중요성이 커지고 있다. 서로 다른 통화가 사용되는 나라간에 외환거래가 이루어지려면 두 통화간의 교환비율인 환율과 국가간의 거래를 기록하고 측정하는 수단이 필요하다.

제1절 외환시장의 개요

1. 외환의 정의

오늘날 세계경제의 개방화가 급속히 진전되면서 국제금융거래도 크게 증가하고 있다. 그런데 국가마다 결제수단으로 사용하는 법정통화가 다르기 때문에 일반적으로 외환이 결제수단으로 사용된다. 따라서 자국통화와 외국통화가 서로 교환되는 외환시장이 잘 발달되어 있어야 국가간 경제거래도 원활하게 이루어진다.

외환(foreign exchange)은 국제간 대차의 결제수단으로 사용할 수 있는 외국통화표시 청구권을 말하며 달러, 유로 등 외국통화뿐만 아니라 외국통화로 표시된 주식, 채권 등 금융자산을 포괄한다. 즉 외환은 외화로 표시되어 있는 채권과 채무를 결제하는 수단으로 하나의 통화를 다른 통화로 교환하는 행위를 의미한다.

국제거래에 참여하는 사람이나 기업들은 대금의 결제과정에서 자국통화를 외환으로 바꾸거나 해외에서 수취한 외환을 자국통화로 바꾸어야 하므로 자국통화와 외환이 서로 교환되는 시장을 필요로 한다. 이러한 거래를 통해 상대방으로부터 받은 통화는 매입했다고 하고, 상대방에게 지급하는 통화는 매도했다고 한다.

따라서 외환거래는 대금의 결제나 자본의 이동을 위해 항상 자국통화와 외국통화의 두 나라 통화가 필요하다. 한 통화는 매입하는 통화이고, 다른 통화는 매도하는 통화가 된다. 이때 외환거래의 당사자 중 어느 쪽 입장에서 그리고 두 나라 통화 중 어느 나라 통화를 기준으로 보느냐에 따라 매입과 매도가 달라진다.

2. 외환거래의 방법

외환은 자금을 보내주는 송금환과 자금을 청구하여 지급받는 추심환으로 구분된다. 송금환은 제3자에게 자신(채무자)를 대신하여 채권자에게 지급하도록 위탁하는 방법을 말하고, 추심환은 자신이 소지한 채권을 제3자에게 양도하거나 위탁하고 자신을 대신하여 채무자로부터 채권을 지급받도록 위탁하는 방법을 말한다.

▌그림 2-1▐ 외환거래의 분류

국제대차의 결제는 모든 나라에서 은행이 그 기능을 담당하게 된다. 그래서 어느 한 나라의 은행에서 다른 나라의 은행으로 자금이 이동하면 쌍방은행은 자국화폐를 대가로 외환의 매매가 이루어졌다고 할 수 있다. 이때 외환매매의 시발점이 되는 은행을 당발은행, 종착점이 되는 은행을 상대은행 또는 선방은행이라고 한다.

외환매매의 시발점인 당발은행에서 취급되는 외환을 당발환(outward exchange)이라 하고, 외환매매의 종착점인 선방은행에서 취급하는 외환을 타발환(inward exchange)이라고 한다. 외환은 매도환과 매입환으로 구분한다. 당발송금환과 타발추심환은 매도환에 해당하고, 타발송금환과 당발추심환은 매입환으로 분류된다.

3. 외환시장의 정의

외환시장은 내국환이 아닌 외환거래가 이루어지는 특정한 장소나 공간을 말한다. 구체적으로는 다수의 외환수요자와 외환공급자들 사이에서 이종통화간의 매매거래를 연결해주는 시장을 뜻한다. 이러한 외환시장은 구체적인 시장뿐만 아니라 통신매체를 통해 공간적으로 거래를 연결해주는 모든 시장기구를 포괄한다.

대부분의 외환거래는 거래소를 거치지 않고 거래당사자들이 직접 거래하는 장외시장의 형태로 이루어진다. 그리고 경제발전으로 경제규모가 확대되고 거래내용과 거래방법이 다양해지면서 최근에는 장소적 개념뿐만 아니라 외환거래가 정기적 또는 지속적으로 이루어지는 총괄적인 거래메커니즘과 거래양태를 말한다.

외환시장은 국제금융시장의 일부로 인식되고 있지만 단순히 외환의 대차거래가 이루어지는 국제금융시장과는 엄밀한 의미에서 구별된다. 즉 국제금융시장은 자금의 융통이 이루어지는 신용시장의 성격을 가지고 있는 반면에 외환시장은 기본적으로 서로 다른 이종통화가 거래되는 매매시장으로서 성격을 가지고 있다.

외환시장에서 서로 다른 통화간의 매매는 국제무역을 통한 재화와 용역 그리고 금융자산의 매매거래에 수반하여 발생하기 때문에 외환거래는 기본적으로 지급메커니즘의 한 과정으로 이해할 수 있다. 따라서 각국의 금융시장에서 이루어지는 서로 다른 통화로 표시된 금융거래는 외환시장의 거래와 연계되어 이루어진다.

오늘날 외환시장은 금융자유화의 추세, 외환거래의 규제완화, 거래범위의 광역화가 이루어지고 세계 주요 외환시장의 거래를 하루 종일 24시간 연계시키면서 외환시장의 모든 정보를 환율에 신속하게 그리고 지속적으로 반영하는 하나의 범세계적 시장으로서의 기능을 수행하면서 국제금융거래의 효율화를 촉진하고 있다.

4. 외환시장의 기능

(1) 구매력의 이전

국제무역과 자본거래가 다른 통화를 사용하는 참가자들에 의해 이루어지므로 외환시장은 한 나라의 통화로부터 다른 나라의 통화로 구매력 이전을 가능하게 한다. 예컨대 외환의 공급자인 수출업자가 외환시장을 통해 자국통화로 환전하면 외화의 형태로 보유하고 있던 구매력이 자국통화로 바뀌게 된다.

(2) 외환수급 청산

외환시장은 대외거래에서 발생하는 외환의 수요와 공급을 청산하는 역할을 한다. 예컨대 외환의 수요자인 수입업자 및 외환의 공급자인 수출업자는 환율을 매개로 외환시장을 통해 대외거래의 결제를 수행한다. 이러한 외환시장의 대외결제 기능은 국가간 무역 및 자본거래 등 대외거래를 원활하게 해준다.

(3) 국제수지 조절

변동환율제도에서는 환율이 외환의 수급 사정에 따라 변동함으로써 국제수지의 조절기능을 수행한다. 따라서 국제수지가 적자를 나타내면 외환에 대한 초과수요가 발생하여 환율이 상승, 즉 자국통화의 가치가 하락하는데, 이 경우 수출상품의 가격경쟁력이 개선됨으로써 국제수지의 불균형이 해소될 수 있다.

(4) 외환위험 대처

외환시장은 경제주체들이 환율변동에 따른 외환위험을 회피할 수 있는 수단을 제공한다. 경제주체들은 외환시장에서 거래되는 선물환, 통화선물, 통화옵션 등 다양한 파생상품거래를 통해 환위험을 회피할 수 있다. 또한 외환시장에서는 투기거래도 가능하여 이를 통해 환차익을 얻거나 환차손을 볼 수 있다.

5. 외환시장의 특징

무역자유화에 따라 경상거래가 확대되고 자본시장의 개방에 힘입어 국제적 자본이동이 활발해지면서 외환거래도 급격히 증가했다. 또한 컴퓨터와 정보통신기술이 발달하면서 외환거래의 범위가 확대되고 외환거래의 방식도 크게 바뀌었다. 외환시장의 성격은 다음과 같이 다섯 가지의 특징으로 설명할 수 있다.

첫째, 외환시장은 하루 24시간 거래가 이루어지는 시장이다. 외환규제의 완화, 시장정보의 확산, 거래범위의 광역화가 이루어지면서 외환시장은 범세계적 시장의 기능을 수행하고 있다. 특히 1980년대에 들어 각국의 자본 및 외환거래에 대한 규제가 크게 완화되면서 하나의 세계시장으로서 성격을 갖게 되었다.

둘째, 외환거래의 대부분은 장외거래로 이루어진다. 장외거래는 거래소에서 이루어지는 장내거래와는 달리 전화나 컴퓨터 단말기로 외환거래의 당사자간에 거래가 직접 이루어지는 형태를 말한다. 오늘날 외환거래는 전화, 컴퓨터 등 다양한 통신수단을 이용하여 은행간거래와 대고객간 외환거래가 수행되고 있다.

셋째, 외환시장에서 외환거래자들의 손익은 중앙은행의 외환시장개입이 없다고 가정하면 기본적으로 제로섬게임(zero sum game)의 성격을 갖는다. 요컨대 외환시장에 참여하는 한 거래자가 외환거래에서 이익을 실현했다면 다른 거래자는 반드시 외환거래에서 이에 상응하는 손실이 발생할 수밖에 없기 때문이다.

넷째, 외환시장은 소매거래보다는 도매거래 위주로 이루어진다. 외환거래는 은행과 고객간에 소액단위로 이루어지는 대고객거래와 은행간 포지션조정에 의해 거래가 이루어지는 은행간거래로 구분되며 거래의 대부분은 은행간거래이다. 주요 외환시장에서 은행간거래의 규모는 전체 외환시장의 대부분을 차지한다.

다섯째, 외환시장의 중개인은 국제외환시장을 커버할 수 있는 통신시설을 갖추고 여러 은행에 국제적인 거래를 동시에 중개한다. 이러한 중개임무의 국제화로 중개인들은 효율적인 금융서비스를 제공할 수 있다. 중개인은 은행을 위해 여러 가지 서비스를 제공하고 수수료를 매도자와 매입자 쌍방으로부터 받는다.

6. 외환시장의 결제

외환결제는 외환시장에서 외환매매의 거래에 따라 발생하는 채권과 채무관계를 외환의 매도 및 매입기관간에 사고판 통화를 서로 교환하여 지급함으로써 종결하는 행위를 말한다. 외환시장에서 외화자금의 결제는 은행권 수수나 수표발행으로 이루어지는 경우는 거의 발생하지 않으며 주로 환거래 네트워크를 이용한다.

외환시장에서 거래와 결제를 원활하게 하려면 효율적인 은행간 통신시스템이 필수적이다. 대표적인 통신시스템은 1973년 5월 유럽은행을 중심으로 벨기에 브뤼셀에 설치된 SWIFT(Society for Worldwide International Financial Telecommunication)가 널리 이용되며, 다른 결제시스템에 자동연계되어 신속한 결제처리가 가능하다.

세계 대부분의 금융기관들은 여기에 가입하고 있으며, 우리나라도 1992년 3월부터 모든 국내은행 및 외국은행 국내지점들이 회원으로 가입하고 있다. 현재 세계 외환거래는 대부분 달러 위주이고, 달러화가 아닌 통화간의 거래도 달러화를 거쳐 이루어지고 있으며 대부분의 외환거래 결제는 미국의 결제제도를 경유한다.

미국의 은행간 결제는 CHIPS(Clearing House Interbank Payments System) 및 Fed-wire (연방전신이체)로 구성되어 있는데, 대부분의 외환 및 금융거래는 CHIPS를 통해 결제된다. 또한 유로화의 지급결제를 위한 범유럽실시간통화결제시스템인 TARGET(Trans-European Automatic Real-Time Gross Settlement Express Transfer), 국제은행들의 결제시스템인 CLSB(Continuous Linked Settlement Bank)가 있다.

한국은행은 1994년 12월부터 실시간총액결제(RTGS : Real Time Gross Settlement System)방식으로 금융기관간 자금이체를 수행하는 거액결제시스템인 한은금융망(BOK-Wire)을 운영해왔고 2009년 4월부터 기존 한은금융망의 기능을 개선하였다. 한은금융망에 가입은 한국은행과 당좌예금거래약정을 체결한 기관으로 한국은행이 정하는 경영건전성, 이용건수의 기준에 충족하는 금융기관으로 제한하고 있다.

【그림 2-2】 한은금융망 네트워크 구성

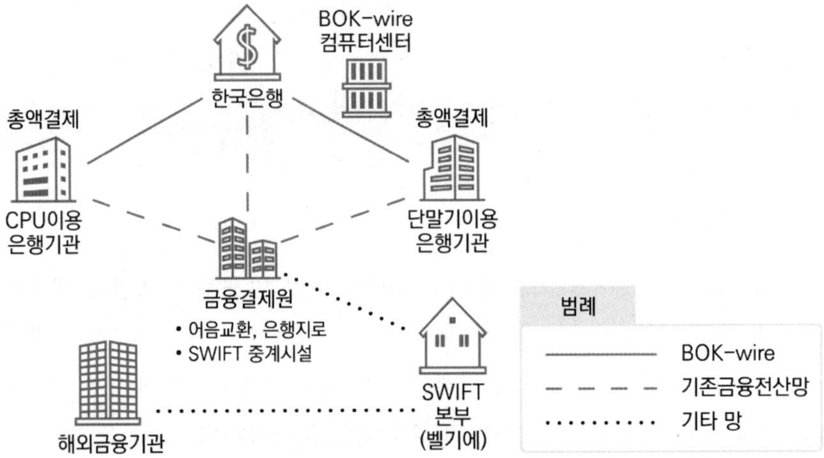

7. 외환시장의 구조

외환시장은 외환거래의 성격에 따라 대고객시장과 은행간시장, 외환거래가 이루어지는 장소에 따라 장내시장과 장외시장, 외환거래의 형태에 따라 현물환시장과 선물환시장, 외환상품에 따라 전통적 외환시장과 파생적 외환시장, 외환거래자들이 외환시장에 참여하는 범위에 따라 국내외환시장과 국제외환시장으로 구분된다.

(1) 대고객시장

대고객시장은 외환서비스의 실수요자인 개인과 기업 그리고 정부가 수출입, 해외투자, 해외송금 등을 위해 은행과 외환을 매매할 때 형성되는 시장으로 거래규모가 작아 소매시장으로서의 성격을 가지고 있다. 특히 기업은 상품교역과 금융자산의 자본거래를 수행할 때 외화의 수취 또는 지불이 필요하여 외환시장을 이용한다.

(2) 은행간시장

은행간시장은 은행들이 외환포지션을 조정하는 과정에서 외환의 매매가 이루어지는 시장으로 거래규모가 커서 도매시장으로서의 성격을 가지고 있다. 은행은 고객과 외환을 거래하는 과정에서 환율변동이 발생하면 환위험을 부담하며, 환위험을 회피하고자 한다면 다른 은행에 외환을 매도하거나 매입하여 포지션을 조정한다.

▌그림 2-3▐ 외환시장의 구조

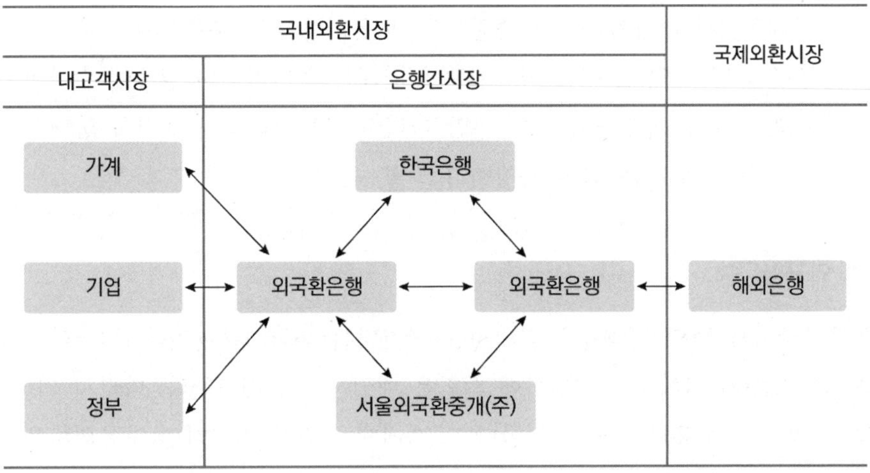

8. 외환시장의 참가자

외환시장의 참가자에는 재화와 용역의 대외거래에 수반하여 서로 다른 통화간의 매매가 필요한 수출입업자, 국제금융시장에서 외화자산의 포지션 및 금리·환위험을 관리하는 재무관리자, 외국환은행, 외환매매를 중개하는 외환중개인, 정부거래를 대행하고 외환시장의 개입업무를 수행하는 중앙은행 등이 있다.

(1) 일반고객

일반고객은 대외거래의 발생에 따라 외환을 매매하고 외환에 대한 직접적인 수요자와 공급자의 역할을 하는데 수출입업체, 해외투자자, 해외여행자 등이 해당한다. 외국에서 차관을 들여오면 정부도 고객이 된다. 대고객시장은 외환의 실수요자인 고객과 외국환은행간에 외환거래가 이루어지는 시장을 의미한다.

그리고 다국적기업과 같은 비금융기관도 환율의 변동에 따른 환위험이 커지면서 자산가치의 보전 또는 환차익의 실현을 위해 통화선물, 통화옵션, 통화스왑과 같은 다양한 파생금융상품을 활용하면서 외화자산의 적극적인 포지션관리에 나서고 있기 때문에 이들도 숙달된 외환시장의 참가자로서 주목을 받고 있다.

(2) 비은행금융기관

오늘날 외환시장의 참가자로서 증권회사, 보험회사, 자산운용사와 같은 비은행금융기관들도 주목을 받고 있다. 이들 금융기관의 거래는 일반거래의 결제에 수반된 상업은행의 외환거래에 비해 거래규모가 클 뿐만 아니라 포트폴리오의 전략상 상대적으로 투기적인 성향을 띠고 있다는 점이 특징이라고 할 수 있다.

(3) 외국환은행

외환시장에서 중요한 역할을 담당하는 참가자는 외국환은행이다. 외국환은행은 일반고객들의 요청에 의해 자기책임하에 외환을 매입하거나 매도한다. 따라서 외국환은행은 외환을 충분히 보유하고 있어야 한다. 고객에게 외환을 매각하면 보유외환은 감소하고 고객으로부터 외환을 매입하면 보유외환은 증가한다.

이와 같이 외국환은행들간의 외환거래로 형성되는 은행간 외환거래는 은행간 직접거래와 중개인거래로 구분되며 은행간거래와 중개인거래는 상호보완적인 기능을 수행한다. 일반적으로 은행간 직접거래는 거래은행들간의 호혜주의원칙에 따라서 전화, 컴퓨터 단말기를 통한 외환거래가 은행간에 직접 이루어진다.

외국환은행은 외국환거래법에 따라서 모든 외국환업무를 취급할 수 있다. 다만, 외국환거래법상 외국환의 매입포지션 및 매도포지션에 한도를 제한하는 규제가 있으며, 외환거래로 인한 외국환 순포지션 상쇄를 위한 원화 또는 외화자금을 외화자금시장에서 조달해야 하므로 두 시장의 연계성은 강할 수밖에 없다.

(4) 외환중개인

외환중개인은 외국환은행과 외국환은행 또는 외국환은행과 일반고객간의 외환거래를 중개하고 수수료를 받는다. 외환중개인은 자기 포지션을 보유하느냐 또는 보유하지 않느냐에 따라 외환브로커와 외환딜러로 구분된다. 외환브로커는 외환을 자기계정으로 직접 보유하지 않고 매매자들간 외환거래를 중개한다.

따라서 외환브로커는 환율변동에 따른 환위험을 부담하지 않는다. 반면에 외환딜러는 외환을 자기계정으로 직접 보유하고 일반고객의 요구에 따라 외환을 매입하거나 매도한다. 따라서 환율변동은 딜러가 보유하고 있는 외환의 가치를 변동시키기 때문에 외환딜러는 환율의 변동에 따른 환위험을 부담하게 된다.

(5) 중앙은행

각국의 중앙은행은 외환보유액(대외지급준비자산)의 운용, 정부 외환거래의 대행, 국제기구와의 외환거래를 위해 외환시장에 참여한다. 중앙은행은 외환시장의 동향을 모니터링하고, 인위적으로 자국통화의 가치를 조절하거나 환율을 안정시킬 필요가 있을 경우에는 직접 외환거래에 참여하는 시장참여자가 된다.

제2절 환율의 개요

1. 환율의 정의

환율(exchange rate)은 외국통화 한 단위를 얻기 위해 지불해야 하는 자국통화의 양을 말하며 자국통화와 외국통화의 교환비율을 나타낸다. 따라서 환율은 외국통화의 국내통화표시가격을 의미하기 때문에 자국통화의 입장에서는 자국통화의 대외가치를 나타내고, 외국통화의 입장에서는 외국통화의 국내가치를 나타낸다.

일반적으로 가격이 재화시장에서 재화의 수요와 공급에 의해 결정되는 것과 같이 환율도 외환시장에서 외환에 대한 수요와 공급에 의해 결정된다. 국제환경이 변화하면서 환율의 결정에 영향을 미치는 요인도 바뀌어 왔다. 종전에는 상품거래의 비중이 커서 물가, 국민소득 등 실물경제변수가 환율에 큰 영향을 미쳤다.

그러나 최근에는 자본거래가 활발해지면서 금리, 주가 등 자산가격 결정변수가 큰 영향을 미치고 있다. 그리고 환율은 수출입되는 생산물가격에 직접적으로 영향을 미치기 때문에 물가, 산출량, 국제수지 등의 결정에 중요한 요인으로 작용하며 물가, 금리, 소득, 통화량, 경제성장 등 여러 요인에 의해 영향을 받는다.

2. 환율의 표시방법

일반적으로 가격은 재화 1단위와 교환되는 화폐의 단위수로 표시된다. 그러나 환율은 두 나라의 통화 중 어느 한 통화의 1단위와 교환되는 다른 통화의 단위수로 표시되어 하나의 가격에 두 가지 방법이 존재한다. 환율은 어느 나라의 통화를 기준으로 하느냐에 따라서 자국통화표시법과 외국통화표시법으로 구분된다.

(1) 자국통화표시법

자국통화표시법(European terms)은 외국통화를 기준으로 외국통화 한 단위의 가치를 자국통화의 가치로 표시하는 방법을 말하며 지급환율 또는 직접표시법이라고도 한다. 대부분의 국가는 자국통화표시법을 사용한다. 예컨대 미국 달러화와 한국 원화의 환율을 $1 = ₩1,000로 표시하는 방법은 직접표시법에 해당한다.

(2) 외국통화표시법

외국통화표시법(American terms)은 자국통화를 기준으로 자국통화 한 단위의 가치를 외국통화의 가치로 표시하는 방법을 말하며 수취환율 또는 간접표시법이라고도 한다. 영국 등 일부 국가는 외국통화표시법을 사용한다. 예컨대 미국 달러화와 한국 원화의 환율을 ₩1 = $0.001로 표시하는 방법은 간접표시법에 해당한다.

3. 환율의 종류

외환시장은 외환의 매입자와 매도자 그리고 이러한 매매를 중개하는 외환딜러와 브로커로 구성되며 주요 참가자에는 고객, 외국환은행, 외환브로커, 중앙은행 등이 있다. 외환시장은 외환거래의 종류에 따라 현물환시장, 선물환시장, 통화선물시장, 통화옵션시장, 통화스왑시장, 외환스왑시장 등으로 구분된다.

(1) 외환거래의 성격

① 현물환율

현물환거래는 모든 외환거래의 기본이 되는 거래로서 외환거래의 체결일로부터 외환의 인수도와 대금결제가 2영업일 이내에 이루어지는 거래를 말한다. 현물환율(spot exchange rate)은 현물환시장에서 이루어지는 현물환거래에 적용되는 환율을 말하며 일반적으로 외국환은행과 일반고객간에 이루어진다.

② 선물환율

선물환거래는 외환거래의 체결일로부터 외환의 인수도와 대금결제가 2영업일 경과한 후에 이루어지는 거래를 말한다. 선물환율(forward exchange rate)은 선물환거래에 적용되는 환율로 선도환율이라고도 한다. 선물환율이 현물환율보다 높으면 선물할증(premium), 낮으면 선물할인(discount)이라고 한다.

③ 스왑레이트

스왑거래는 외국통화를 매도(매입)하고 미래의 일정시점에서 그 외국통화를 다시 매입(매도)할 것을 약정한 현물환거래와 선물환거래가 결합된 거래형태를 말한다. 스왑률(swap rate)은 어느 통화의 현물환거래에 적용되는 현물환율(spot rate)과 선물환거래에 적용되는 선물환율(forward rate)의 차이를 말한다.

| 표 2-1 | 스왑포인트 고시

스왑률 고시상태	선물환율 결정
매입률(bid rate) < 매도율(ask rate)	현물환율 + 스왑률
매입률(bid rate) > 매도율(ask rate)	현물환율 − 스왑률

(2) 통화가치의 평가

① 명목환율

명목환율(nominal exchange rate)은 외환시장에서 매일 고시되는 각국 화폐의 명목가치를 기준으로 하는 자국화폐와 외국화폐의 교환비율로서 은행간거래에 적용되는 환율을 말한다. 일반적으로 환율이라고 하면 명목환율을 의미하며 우리나라의 경우에는 통상 시중은행이 고시하는 환율이 명목환율이 된다.

② 실질환율

실질환율(real exchange rate)은 명목환율에 양국 물가수준을 반영한 물가지수로 나누어 상대국의 물가변동을 감안한 자국상품의 가격경쟁력을 나타낸다. 따라서 실질환율이 상승하면 자국재화가격이 상대적으로 저렴하여 가격경쟁력이 높아지고, 실질환율이 일정하면 가격경쟁력에 변화가 없음을 의미한다.

③ 실효환율

명목환율과 실질환율은 자국통화와 어떤 하나의 특정 외국통화 사이의 가격을 나타낸다. 실효환율(effective exchange rate)은 변동환율체제에서 두 나라 이상의 외국과 교역을 할 경우에 자국통화와 복수의 교역상대국 통화간의 환율을 상대국의 비중에 따른 가중치를 감안하여 가중평균한 환율을 말한다.

(3) 환율의 고시방법

일반적으로 외환시장에서 외환딜러는 매입환율과 매도환율의 두 가지를 동시에 고시한다. 스프레드(bid－ask spread)는 매입환율과 매도환율의 차이를 말하며 거래비용의 성격을 띤다. 일반적으로 스프레드는 거래빈도가 높은 국제통화간에 작게 나타나고, 대고객거래보다 은행간거래에서 더 작게 나타난다.

① 매입환율

매입환율(bid rate, buying rate)은 외환시장에서 가격제시자(price maker)의 역할을 수행하는 외국환은행이나 외환딜러가 일반고객으로부터 외환을 매입할 경우에 적용하는 환율을 말한다. 따라서 가격추종자(price follower)인 고객의 입장에서는 가격제시자의 매입환율에 외환을 매도해야 한다.

② 매도환율

매도환율(ask rate, offered rate)은 외환시장에서 가격제시자(price maker)의 역할을 수행하는 외국환은행이나 외환딜러가 일반고객에게 외환을 매도할 경우에 적용하는 환율을 말한다. 따라서 가격추종자(price follower)인 고객의 입장에서는 가격제시자의 매도환율에 외환을 매입해야 한다.

(4) 환율의 변동여부

① 고정환율

고정환율(pegged exchange rate)은 각국 통화가치의 기준을 금에 고정시켜 일정범위 내에서만 통화가치가 변화할 수 있도록 하는 환율결정방식을 말한다. 환율을 안정시켜 국제간의 무역 및 자본거래와 관련된 불확실성을 제거하지만 각국 물가수준의 변화를 반영하지 못해 국제무역수지의 불균형을 초래할 수 있다.

② 변동환율

변동환율(floating exchange rate)은 외환시장에서 각국의 통화에 대한 수급에 의해 통화가치가 자유롭게 변할 수 있도록 하는 환율결정방식을 말한다. 완전한 변동환율제를 채택하는 나라는 거의 없으며, 대부분 중앙은행이 환율결정에 개입하여 환율이 일정범위에서 결정되도록 하는 관리변동환율제도를 시행한다.

(5) 외환거래의 상대

환율은 외국환은행이 외환자금과 외환보유고를 조정하기 위해 외국환은행간에 외환을 매매하게 되는데 여기서 형성되는 매매율이 은행간의 외환거래에 적용하는 은행간환율, 은행과 고객간의 외환거래에 적용하는 대고객환율로 나누어 고시된다. 일반적으로 외환시장에서 결정되는 환율은 은행간환율을 의미한다.

① 은행간환율

은행간환율(inter-bank exchange rate)은 외국환은행간의 외환매매에 적용되는 화폐의 교환비율을 말하며 거래규모가 커서 도매환율의 성격을 갖는다. 미달러의 경우 전신환매매율의 중간율이 적용되지만, 다른 나라 통화는 중간율에 일정한 마진을 가감하여 매매되며, 전신환매매율보다는 유리하게 책정된다.

② 대고객환율

대고객환율(customer exchange rates)은 외국환은행이 고객을 상대로 외환업무를 수행할 때 적용하는 환율을 말하며 거래규모가 작아 소매환율의 성격을 갖는다. 대고객환율은 은행이 고객으로부터 어떤 형태의 외환을 거래하느냐에 따라 현금매매율, 전신환매매율, 여행자수표매매율, 일람출급환율로 구분된다.

(6) 환율의 계산방법

① 기준환율

기준환율(basic rate)은 외국환은행이 고객과 외환을 매매할 때 기준이 되는 시장평균환율을 말한다. 우리나라는 미국과 대외거래가 많이 이루어져 미국 달러화에 대한 환율이 기준환율이며, 금융결제원의 자금중개실을 경유하여 외국환은행간에 거래되는 원화의 대미 달러화 현물환율과 거래액을 가중평균하여 산출한다.

② 교차환율

교차환율(cross rate)은 자국통화가 개재되지 않은 외국통화간의 환율을 의미한다. 우리나라에서는 엔/달러 환율이나 달러/유로 환율 등이 교차환율에 해당한다. 그러나 국제금융시장에서는 기축통화인 미달러화를 기준으로 자국환율을 표시하므로 미달러화의 개재가 없는 다른 통화간의 환율을 교차환율이라 한다.

③ 재정환율

재정환율(arbitrage rate)은 세계 각국 통화에 대한 환율을 결정할 때 미국 달러화와 자국통화의 교환비율인 기준환율을 결정한 후 기준환율에 교차환율를 이용하여 간접적으로 산정하는 제 3 국 통화간의 환율을 말한다. 예컨대 엔화에 대한 원화의 재정환율은 원/달러환율에 엔/달러 교차환율의 역수를 곱해 산출한다.

❙그림 2-4❙ 환율의 관계

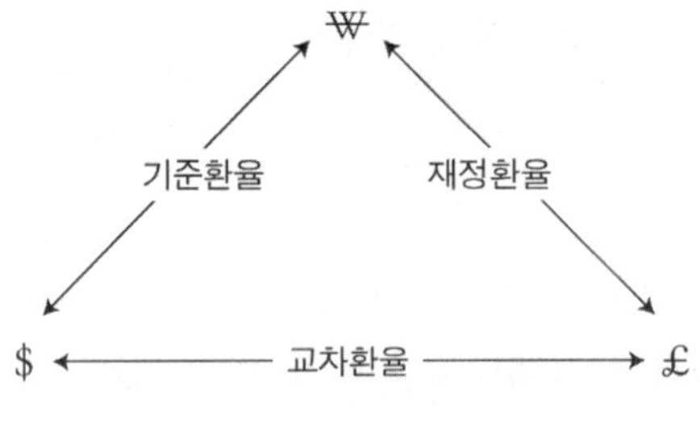

예제 2-1 재정환율과 차익거래

국내외환시장에서 미국 달러화에 대한 원화의 환율이 ₩1,150/$, 국제금융시장에서 미국 달러화에 대한 영국 파운드화의 환율이 $1.6/￡이라고 가정하여 다음의 물음에 답하시오.

1. 영국 파운드화에 대한 원화의 재정환율을 구하시오.

2. 영국 파운드화에 대한 원화의 환율이 ₩2,000/£에 거래될 경우에 차익거래가 존재하는지를 확인하시오.

3. 1,150만원을 보유한 투자자를 가정하여 차익거래의 과정을 설명하고 차익거래의 이익을 구하시오.

4. 영국 파운드화에 대한 원화의 환율이 ₩1,600/£에 거래될 경우에 차익거래가 존재하는지를 확인하시오.

5. 1,000만원을 보유한 투자자를 가정하여 차익거래의 과정을 설명하고 차익거래의 이익을 구하시오.

풀이

1. 영국 파운드화에 대한 원화의 재정환율은 다음과 같이 구할 수 있다.

   ₩1,150/$ × $1.6/£ = ₩1,840/£

2. 차익거래기회가 발생하지 않으려면 세 나라 통화간에 다음의 관계가 성립해야 한다.

   $$\frac{₩}{\$}\times\frac{\$}{£}\times\frac{£}{₩}=1$$

   현재 외환시장에서 $\frac{1,150}{1}\times\frac{1.6}{1}\times\frac{1}{2,000}=0.92<1$이므로 차익거래가 가능하다.

   국내에서는 원화가 과대평가(달러화는 과소평가), 미국에서는 달러화가 과대평가(파운드화는 과소평가), 영국에서는 파운드화가 과대평가(원화는 과소평가)되어 있다.

3. 현재 1,150만원을 보유한 투자자는 다음과 같은 차익거래가 가능하다.

   ① 원화를 매도하여 과소평가된 달러화를 매입한다. 11,500,000÷1,150 = $10,000

   ② 달러화를 매도하여 과소평가된 파운드화를 매입한다. 10,000÷1.6 = £6,250

   ③ 파운드화를 매도하여 과소평가된 원화를 매입한다.
   6,250 × 2,000 = ₩12,500,000

   이러한 차익거래를 통해서 투자자는 1,000,000원의 차익거래이익을 얻을 수 있다.

4. 현재 외환시장에서 $\frac{1,150}{1}\times\frac{1.6}{1}\times\frac{1}{1,600}=1.15>1$이므로 차익거래가 가능하다.

   국내에서는 원화가 과소평가(달러화는 과대평가), 미국에서는 달러화가 과소평가(파운드화는 과대평가), 영국에서는 파운드화가 과소평가(원화는 과대평가)되어 있다.

5. 현재 1,000만원을 보유한 투자자는 다음과 같은 차익거래가 가능하다.

① 원화를 매도하여 과소평가된 파운드화를 매입한다.
10,000,000÷1,600 = £6,250

② 파운드화를 매도하여 과소평가된 달러화를 매입한다.
6,250 × 1.6 = $10,000

③ 달러화를 매도하여 과소평가된 원화를 매입한다.
10,000 × 1,150 = ₩11,500,000

이러한 차익거래를 통해서 투자자는 1,500,000원의 차익거래이익을 얻을 수 있다.

4. 환율의 변동

환율의 변동은 특정 통화의 다른 통화에 대한 상대적 가치의 변화를 나타낸다. 직접표시법에 의해 외국통화 한 단위의 가치를 자국통화로 표시했을 때 환율이 상승하면 외국통화의 가치가 자국통화의 가치에 비해 상대적으로 상승하고, 자국통화의 가치는 외국통화의 가치에 비해 상대적으로 하락했다는 의미이다.

반대로 환율이 하락할 경우에 외국통화의 가치는 상대적으로 하락한 반면에 자국통화의 가치는 상대적으로 상승했다는 의미가 된다. 예컨대 외환시장에서 환율이 ₩1,200/$에서 ₩1,300/$로 변화하면 달러화에 대한 원화의 환율은 상승한 반면 원화의 대외가치는 달러화의 관계에서 평가절하(devaluation)되었다.

환율이 ₩1,200/$에서 ₩1,100/$로 변화하면 달러화에 대한 원화의 환율은 하락했으나 원화의 대외가치는 달러화의 관계에서 평가절상(revaluation)되었다. 이때 가치가 상승

❙표 2-2❙ 환율변동의 효과

환율하락(평가절상)	환율상승(평가절하)
$1 = ₩1,100 ← $1 =	₩1,200 → $1 = ₩1,300
수출감소, 수입증가 국내경기 침체가능성 외채부담의 감소 국제수지의 악화	수출증가, 수입감소 물가상승 발생가능성 외채부담의 증가 국제수지의 개선

한 통화는 평가절상 또는 가치상승(appreciation)되었다고 하고, 가치가 하락한 통화는 평가절하 또는 가치하락(depreciation)되었다고 한다.[1)]

5. 환율의 변동요인

변동환율제도에서 환율은 외환의 수요와 공급에 따라 결정된다. 즉 외환의 수요가 공급을 초과하면 자국통화의 가치가 하락하고 반대로 외환의 공급이 수요를 초과하면 자국통화의 가치가 상승한다. 그러나 환율은 국내외 여건, 기술적 요인 등에 의해 복합적으로 영향을 받아 외환수급으로 설명하는데 한계가 있다.

(1) 중장기 요인

① 물가수준의 변동

환율을 결정하는 가장 근본요인은 해당 국가와 상대국의 물가수준 변동을 들 수 있다. 통화가치는 구매력의 척도이므로 결국 환율은 상대 물가수준을 반영한 상대적 구매력에 의해 결정된다. 예컨대 특정 국가의 물가가 상승하면 그 나라의 구매력이 하락하므로 통화의 상대가격을 나타내는 환율은 상승하게 된다.

② 생산성의 변화

장기적으로 환율에 영향을 미치는 또 다른 변수는 생산성의 변화를 들 수 있다. 예컨대 한 나라의 생산성이 다른 나라보다 빠른 속도로 향상(악화)되면 자국통화는 절상(절하)된다. 이는 생산성이 개선되면 재화생산에 필요한 비용이 절감되어 낮은 가격에 재화를 공급할 수 있어 물가가 하락하고 통화가치는 올라간다.

③ 대외거래의 결과

중기적 관점에서 환율에 영향을 미치는 중요한 요인은 대외거래이다. 대외거래의 결과 국제수지가 흑자를 보이면 외환공급이 증가하여 환율은 하락하고, 국제수지가 적자를 보여 외환의 초과수요가 지속되면 환율은 상승한다. 이러한 환율상승은 국제수지의 개선으로 작용하여 국제수지가 균형을 회복하는데 도움이 된다.

---

1) 평가절상과 평가절하라는 용어는 고정환율제도에 적합하며 현재 변동환율제도에는 적절하지 못하다.

외환시장에서 외환수급 상황은 국제수지표를 이용하여 종합적으로 파악할 수 있다. 경상수지와 금융계정의 합계에서 준비자산 증감을 제외한 값은 해당 기간 외환시장의 초과공급 또는 초과수요를 나타낸다. 국제수지표는 모든 경제적 거래를 발생주의에 따라 계상하여 외환시장에서 발생한 수치와 다소 차이가 있다.

④ 거시경제의 정책

중앙은행의 통화정책 등 거시경제정책도 환율에 영향을 미칠 수 있다. 중앙은행이 통화정책을 긴축적으로 운영하면 통화의 공급이 감소하여 국내금리는 상승한다. 이론적으로 외국의 통화량에 변화가 없을 경우 우리나라의 통화량이 감소하게 되면 시중에 원화의 상대적인 공급이 줄어들어 환율이 하락(원화절상)한다.

그러나 국내금리의 상승이 반드시 환율하락을 초래한다는 것에 대한 반론도 적지 않다. 왜냐하면 국내금리가 상승하면 경기가 위축되어 외국인 주식투자자금이 유출됨으로써 환율상승 요인으로 작용할 수 있기 때문이다. 한편 거시경제정책이 환율에 미치는 영향을 분석하기 경제모형은 자산시장접근법이 대표적이다.

⑤ 중앙은행의 개입

중앙은행의 외환시장 개입이 환율의 수준에 직접적인 영향을 미칠 수 있다. 국제단기자본이동 등 대외충격에 의해서 환율이 단기간에 큰 폭으로 상승할 경우 중앙은행이 직접 외환시장에 참여하여 외환보유액(대외지급준비자산)을 매도하고 자국통화 유동성을 흡수함으로써 환율의 급격한 절하를 방지할 수 있다.[2)]

(2) 단기적 요인

중장기 요인으로 매일 또는 실시간의 환율의 변동을 설명하기에는 한계가 있다. 왜냐하면 환율은 단기적으로 외환시장 참가자들의 기대나 주변국의 환율변동, 각종 뉴스, 대고객거래의 결과 발생하는 은행 자신의 외국환포지션(외화자산－외화부채) 변동에 의해서도 많은 영향을 받을 수 있기 때문이다.

---

2) 우리나라는 환율이 원칙적으로 외환시장에서 자율적으로 결정되도록 하고 있으나 한국은행법 제82조 및 제83조, 외국환거래규정 제2~제27조에 의거 외환시장 안정을 위해 필요하다고 인정될 경우 중앙은행이 외환시장에 개입할 수 있다.

① 시장참가자의 기대

다양한 요인들에 의해 시장참가자들의 환율에 대한 기대가 변화하면 자기실현적 거래에 의해 환율의 변동이 초래된다. 예컨대 대부분의 외환시장 참가자들이 환율상승을 예상할 경우에 환율이 상승하기 전에 미리 외환을 매입하면 환차익을 볼 수 있기 때문에 외환에 대한 수요가 증가하여 실제로 환율이 상승한다.

② 주요국의 환율변동

주요국의 환율변동도 자국통화의 가치에 많은 영향을 주게 된다. 수출경쟁관계에 있는 나라의 통화가 절하될 경우 자국의 대외 수출경쟁력이 약화되므로 수출이 부진하여 외환의 공급이 감소할 것이라는 시장기대가 형성되어 자국통화도 절하된다. 특히 우리나라 원화는 일본 엔화의 가치변동에 밀접한 관련을 보인다.

③ 경제 및 해외뉴스

경제뉴스는 물론 국내외 각종 뉴스도 시장참가자들의 기대변화를 통해 환율변동에 영향을 미친다. 일례로 2015년 6월 18일 미국의 FOMC 회의결과 완화적 통화정책이 보도되면서 원/달러 환율이 단기적으로 하락했고, 2015년 8월 대북 확성기 포격사건으로 지정학적 리스크가 부각되며 원/달러 환율이 급등하였다.

④ 외국환포지션 변동

은행의 외국환포지션(외화자산－외화부채)이 매도초과 또는 매입초과 한 방향으로 노출될 경우 포지션을 조정하기 위한 거래가 발생하고 그 결과 환율이 변동한다. 예컨대 은행의 선물환포지션이 매도초과를 보일 경우 환율변동에 따른 위험에 노출되지 않기 위해 현물환 매입수요를 증가시키면 환율이 상승하게 된다.

제3절 외환거래의 형태

외환시장에서 이루어지는 외환거래의 형태는 여러 기준에 따라 분류할 수 있다. 일반적으로 결제일 및 거래목적에 따른 분류를 많이 이용하고 있다. 외환거래는 계약체결 후 외환의 결제시점에 따라 현물환거래, 선물환거래, 스왑거래로 분류하고 거래목적에 따라 헤지거래, 투기거래, 차익거래로 분류한다.

1. 결제시점에 따른 분류

외환거래는 계약체결이 이루어지는 거래일과 계약체결 후 실제로 외환의 수도와 결제가 이루어지는 결제일이 다를 수 있다. 여기에는 외환거래에 대한 계약이 체결되면 계약일에 결제가 이루어지는 현물환거래, 일정시점 이후에 결제가 이루어지는 선물환거래, 두 개의 거래가 결합된 스왑거래로 분류한다.

(1) 현물환거래

현물환거래는 외환거래가 이루어진 후 즉시 대금결제가 이루어지는 거래, 즉 거래일과 결제일이 일치하는 거래를 말한다. 그러나 현실적으로 지역간에 시차가 존재하여 계약을 이행하고 최종 사무처리에 시간이 필요하기 때문에 보통 대금결제가 2영업일 이내에 이루어지는 경우를 현물환거래로 분류한다.

현물환거래는 약정일로부터 몇 번째 영업일에 외환수도와 대금결제가 이루어지는가에 따라 당일물, 익일물, 익익일물로 구분한다. 거래당일에 결제되는 당일물(value today), 거래 다음 영업일에 결제되는 익일물(value tomorrow), 거래 후 둘째 영업일에 결제되는 것은 익익일물(value spot)이라고 지칭한다.

현물환거래는 손익을 짧은 시간에 실현시킬 수 있어 신용위험에 노출되는 시간이 제한적이다. 따라서 높은 수익성과 낮은 신용위험 때문에 시장의 거래량은 급증해왔고 이에 따라 현물환시장은 높은 변동성과 높은 유동성으로 대표되어진다. 현물환거래에 적용되는 환율을 현물환율(spot rate)이라고 한다.

(2) 선물환거래

선물환거래는 외환매매계약 체결일로부터 일정기간 경과 후 특정일에 외환의 수도와 대금결제를 약정한 거래를 말하며 약정된 결제일까지 거래당사자의 현금결제가 유보된다는 점에서 현물거래와 차이가 있다. 선물환거래는 결제일에 적용할 환율, 즉 선물환율(forward rate)을 거래시점에 미리 정한다.

선물환거래의 만기일 결정에는 확정일 방식과 선택일 방식이 있다. 전자는 계약체결시 만기일을 특정일로 지정하고, 후자는 계약체결시 우선 일정기간을 정하고 그 기간 중에 고객이 만기일을 사후적으로 지정한다. 선물환계약의 만기는 7일, 30일, 90일, 180일, 360일 등이 일반적으로 널리 통용된다.

(3) 스왑거래

스왑거래는 현물거래로서 외국통화를 매도(매입)하고 동시에 미래의 일정시점에 해당 외국통화를 다시 매입(매도)하기로 약정하는 일종의 현물환거래와 선물환거래가 동시에 이루어지는 거래를 말한다. 따라서 결제일과 거래방향을 달리하는 두 개의 현물환거래와 선물환거래가 결합된 형태로 이루어진다.

스왑거래시 적용되는 가격은 현물환율과 선물환율의 격차인 스왑률 또는 스왑마진을 이용하여 고시된다. 그런데 스왑은 한 시점의 매입(또는 매도)거래와 다른 시점의 매도(또는 매입)거래가 교환되는 것에 해당하여 매입률과 매도율 중 어느 쪽의 스왑률을 적용할 것인가 하는 문제가 발생할 수 있다.

2. 거래목적에 따른 분류

외환거래는 외환시장의 참가자들이 어떠한 동기를 가지고 외환거래에 참여하는가에 따라서 실수요거래, 헤징거래, 투기거래, 차익거래로 구분할 수 있다. 여기에서 실수요거래는 재화의 수출입이나 외화표시 금융자산의 매매에 따라 외환을 수취하거나 대금을 결제하기 위해 외환시장에서 이루어지는 거래를 말한다.

(1) 헤징거래

헤징거래(hedging)는 환율변화에 따른 환위험을 회피하거나 축소시키는 거래를 말한다. 요컨대 외환거래자가 오픈포지션을 취하는 경우에 환위험이 발생할 수 있는데, 이러한 경우 선물환 또는 통화선물에서 반대거래를 통해 종합포지션을 스퀘어포지션으로 취하여 환위험이 발생하지 않도록 하는 거래를 말한다.

헤징거래는 환율변화에 수반하여 나타나는 환위험을 감소시킴으로써 국가간 상품 및 서비스 거래는 물론 국제금융거래를 원활하게 할 뿐만 아니라 금리재정거래와 동일하게 현물 및 선물환율과 국내 및 국외금리간 일정한 균형체계를 유지할 수 있도록 해준다. 외환시장은 환위험을 회피할 수 있는 기회를 제공한다.

반도체제품을 외국에 수출하는 국내회사가 미국에 제품을 판매하고 대금을 3개월 후에 회수하기로 했다고 하자. 만일 여러 가지 상황변화로 3개월 동안 환율이 하락하면 수출업자는 예상하지 못한 환율변화로 손실이 발생한다. 따라서 수출업자는 환율하락에 따른 위험을 회피하기 위해 선물환거래를 통해 미래에 수령해야 할 금액을 미리 정하고자 할 것이다. 이때 수출업자는 수출계약으로 롱 포지션이 발생했으므로 선물환 매도를 통해 숏 포지션을 취하면 환위험을 회피할 수 있다.

다국적기업이 국제금융시장에서 만기 3개월의 달러자금을 차입했다고 하자. 만일 외환시장이 불안한 조짐을 나타내 3개월 동안 환율이 상승하면 손실이 발생한다. 이때 차입한 달러를 현물환시장에서 매각하여 원화로 환전한 후 운용하고 동시에 차입한 달러의 원리금에 상당하는 달러화 3개월 선물환을 매입하는 스왑거래를 실행한다. 스왑거래는 현물환의 매도거래와 선물환의 매입거래가 동시에 발생하여 자금의 운용기간이나 차입기간에 발생할 수 있는 환위험을 회피할 수 있다.

(2) 투기거래

투기거래(speculation)는 미래가격의 향방에 대한 예상에 근거하여 이익을 얻기 위해 위험을 감수하는 거래를 말한다. 외환시장에서도 미래의 환율변화에 대한 예상을 한 후 이익을 얻기 위해 투기거래가 발생한다. 따라서 투기거래자의 예상이 적중하면 이익을 얻고, 투기거래자의 예상이 빗나가면 손해를 본다.

투기거래가 없는 경우 헤지거래에 대응하는 거래가 발생할 수 없다. 따라서 투기거래는 외환시장에서 다양한 거래가 활발하게 이루어지고 거래의 연속성이 유지되도록 해준다. 과거에는 외국환은행의 외환부서, 투기적 다국적기업 등이 주요 외환투기거래자였으나 최근에는 개인 및 소규모기업들도 가세하고 있다.

외환거래자들은 외환시세가 상승할 것으로 예상할 경우 현재의 현물환시장에서 외환을 매입한 후 추후 강세시장 후반에 재매도하는 강세투기를 하게 된다. 이와는 반대로 외환시세가 계속 하락할 것으로 예상할 경우 현재의 현물환시장에서 외환을 매도한 후 추후 약세시장 후반에 재매입하는 약세투기를 하게 된다.

(3) 차익거래

외환시장에서 동일한 현물환의 가격이 일물일가의 법칙을 이탈하여 격차를 보일 경우에 환차익을 얻기 위한 차익거래가 발생한다. 차익거래(arbitrage)는 일정시점에 동일한 자산의 가격차를 이용하여 위험이 없는 매매차익을 실현하는 재정거래를 말하며 크게 환차익(또는 통화차익)거래와 이자차익거래로 구분된다.

환차익은 환율의 차이로 발생하는 무위험이윤을 말하며, 차익거래에는 공간적 차익이라 불리는 직접차익과 삼각차익이라 불리는 간접차익이 있다. 전자는 동일한 통화간 현물환율에 격차가 존재하면 저가의 외환시장에서 해당 통화를 매입하고 이를 다시 고가의 외환시장에 매도하여 이익을 실현하는 형태를 말한다.

예를 들어 동일한 두 통화에 대해 도쿄외환시장에서 $1 = 120엔에 거래되고, 뉴욕외환시장에서 $1 = 115엔에 거래된다고 하자. 이러한 경우에 먼저 뉴욕외환시장에서 115엔을 가지고 1달러로 바꾼 후 도쿄외환시장에서 1달러를 120엔과 바꾸면 순식간에 아무런 위험부담 없이 1달러당 5엔의 차익을 얻을 수 있게 된다.

후자는 3개국 통화간 형성되는 환율간에 차이가 발생할 때 차익을 얻을 수 있는 형태를 말한다. 예를 들어 외환시장에서 환율이 $1 = 1,000원, $1 = 100엔, 100엔 = 950원으로 형성되면 원/$환율과 엔/$환율을 이용하여 계산한 교차환율인 원/엔 환율은 100엔 = 1,000원이지만 외환시장에서 원－엔거래를 통해 형성된 환율은 100엔 = 950원이다. 따라서 950원을 가지고 100엔으로 바꾼 다음 100엔을 1달러로 바꾼 후 1달러를 1,000원으로 바꾸면 1달러당 50원의 차익을 얻을 수 있다.

이자차익은 이자율의 차이로 인해 발생하는 차익을 말하며 여기에는 시간차익거래와 무위험이자차익거래가 있다. 시간차익거래는 외환만기일에 따라 환율차이가 발생하는 경우 차익을 얻기 위한 외환거래를 말한다. 예를 들어 선물환시세가 만기의 기간에 비례하여 호가되지 않고 다음과 같이 형성되었다고 가정하자.

	1개월물	2개월물	3개월물
백분율 매입호가	+ 0.30%	+ 0.45%	+ 0.60%

선물환할증률(또는 할인율)은 이자율을 고려하여 기간별로 비례해야 하는데 2개월물 및 3개월물의 프리미엄이 상대적으로 낮게 제시되어 있다. 이 중에서 3개월물이 상대적으로 가장 낮게 제시되어 있으므로 3개월물을 매입하고 2개월물을 매도하면 이자율의 차이에 따른 차익을 확보할 수 있다.

무위험이자차익거래는 환위험을 부담하지 않고 국내통화표시 금융자산과 외국통화표시 금융자산간 수익률이 다를 때 차익을 얻기 위한 거래를 말한다. 차익거래는 무위험이자율평가가 성립하지 않는 경우에 발생하며, 이를 통해 현물 및 선물환율과 국내금리 및 외국금리간 균형체계가 유지된다.

제4절 외환위험의 관리

대외거래의 비중이 높은 기업이 미래의 불확실한 환율변동으로 인한 환위험을 효율적으로 관리하려면 합리적인 관리체제를 마련할 필요가 있다. 환위험의 관리는 다양한 종류의 환노출을 방지하기 위한 방안들을 말하며 어느 환노출을 중점적으로 관리해야 하는가는 기업의 목적 및 경제상황에 따라서 달라진다.

1. 환포지션의 개요

(1) 환포지션의 정의

환포지션(foreign exchange position)은 일정시점에 일반고객, 외국환은행, 외환딜러, 통화당국 등 외환거래당사자가 보유한 외화표시자산과 외화표시부채의 차이로 환위험에 노출된 금액을 나타낸다. 즉 환포지션은 거래대상이 외환인 경우에 거래당사자의 외화표시자산에서 외화표시부채를 차감한 것을 말한다.

$$\text{환포지션} = \text{외화표시자산} - \text{외화표시부채} \tag{2.1}$$

(2) 환포지션의 종류

환포지션은 크게 스퀘어 포지션과 오픈 포지션으로 구분된다. 스퀘어 포지션(square

position)은 외화표시자산과 외화표시부채가 동일하여 환율이 변하더라도 환위험에 노출되지 않는다. 스퀘어 포지션은 자산이나 부채를 나타내는 네 변의 길이가 동일한 스퀘어 즉 정사각형 상태를 의미한데서 나온 용어이다.

반면에 오픈 포지션(open position)은 외화표시자산과 외화표시부채가 같지 않은 경우를 말한다. 즉 정사각형에서 변의 길이가 같지 않으면 사각형이 열리므로 외화표시자산과 외화표시부채의 크기가 동일하지 않을 경우 오픈 포지션이라고 한다. 오픈 포지션은 매입초과포지션과 매도초과포지션으로 구분된다.

롱 포지션(long position) 또는 매입초과포지션(overbought position)은 외화표시자산이 외화표시부채보다 많은 경우를 의미하며 외환거래당사자가 소유한 외화표시자산이 갚아야 할 외화표시부채보다 길기(long) 때문에 붙여진 용어이다. 향후 환율이 상승하면 환차익이 발생하고, 환율이 하락하면 환차손이 발생한다.

숏 포지션(short position) 또는 매도초과포지션(overbought position)은 외화표시자산이 외화표시부채보다 작은 경우를 말하며 외환거래당사자가 소유한 외화표시자산이 갚아야 할 외화표시부채보다 짧기(short) 때문에 붙여진 용어이다. 향후 환율이 하락하면 환차익이 발생하고, 환율이 상승하면 환차손이 발생한다.

2. 환위험의 개요

(1) 환위험의 정의

환위험(foreign exchange risk)은 예상하지 못한 환율의 변동으로 외화표시순자산을 자국통화로 평가할 때 그 가치가 변동하는 것을 말한다. 즉 장래에 예상하지 못한 환율의 변동으로 원화로 환산한 자산가치가 감소하거나 부채가치가 증가하여 기업의 재무적 성과 또는 경제적 가치가 변화될 가능성의 정도를 말한다.

따라서 환위험은 미래에 예상하지 못한 환율변동으로 인한 환차익과 환차손의 발생가능성을 모두 포괄한다. 환위험은 환율의 변동성과 환노출의 요인에 의해 결정되고, 그 크기는 환율의 변동성과 환노출의 곱으로 측정된다. 이러한 환위험이 계량화되어 외환거래당사자들이 실제로 부담하는 것을 환부담이라고 한다.

$$\text{환위험} = \text{환율의 변동성} \times \text{환노출} \tag{2.2}$$

여기서 환노출 또는 환부담(foreign exchange exposure)은 예상하지 못한 환율의 변동에 의해 기업의 재무적 성과 또는 경제적 가치가 얼마나 민감하게 영향을 받는가 하는 민감도를 나타낸다. 환노출은 외화로 표시된 자산과 부채, 현금의 유입과 유출에 의해 결정되며, 그 크기는 다음과 같이 순노출로 측정된다.

$$\text{순노출} = \text{노출된 자산(현금유입)} - \text{노출된 부채(현금유출)} \tag{2.3}$$

외환거래의 당사자가 직면하는 환위험의 크기는 외화포지션의 보유형태 및 규모와 장래 환율의 변동방향 및 크기에 따라서 결정된다. 외환매입액과 외환매도액이 균형을 이루어 일정시점에서 외화표시자산과 외화표시부채가 동일한 스퀘어포지션을 취하고 있다면 환율의 변화에 관계없이 환위험에 노출되지 않는다.

따라서 환위험은 오픈 포지션인 경우에 발생한다. 외화표시자산이 외화표시부채보다 많은 롱 포지션의 경우에 환율이 상승하면 환차익을 얻고 환율이 하락하면 환차손을 입는다. 그러나 외화표시자산이 외화표시부채보다 작은 숏 포지션의 경우에 환율이 상승하면 환차손을 보고 환율이 하락하면 환차익을 얻는다.

| 표 2-3 | 외환포지션과 환위험

구분	스퀘어포지션	오픈포지션	
		매입포지션	매도포지션
환율상승	중립	환차익	환차손
환율하락	중립	환차손	환차익

환노출은 환율변동에 따른 환차손과 환차익이 발생할 가능성을 모두 포괄하는 중립적인 개념인 반면에 환위험은 환차손의 발생가능성만을 의미한다. 그러나 일반적으로 환노출은 미래의 예상하지 못한 환율의 변동에서 드러나는 위험의 노출부분 자체를 의미하는 것으로 인식되기 쉽고 개념적 구분이 명확하지 못하다.

환노출은 환위험이 발생할 수 있는 상태를 계량화하여 사전적으로 파악한 개념에 해당하며, 환위험은 사후적으로 파악한 개념이다. 예상하지 못한 환율변동은 기업이 통제할 수 없는 변수이지만, 환노출은 기업이 통제할 수 있는 요인이다. 따라서 환위험을 줄이려면 환노출을 파악하고 이에 대한 적절한 관리가 필요하다.

일반적으로 환노출은 환율변동에 따른 기업의 현금흐름, 시장가치의 변동성을 측정하며 회계적 노출, 거래적 노출 그리고 경제적 노출로 구분된다. 회계적 노출은 환율변동 이전에 완료된 거래에, 거래적 노출은 거래가 발생했으나 결제를 하지 않은 경우에 나타난다. 경제적 노출은 환율변동 이후의 거래와 관련된다.

▌그림 2-5▐ 환율변동시점에 따른 환노출의 구분

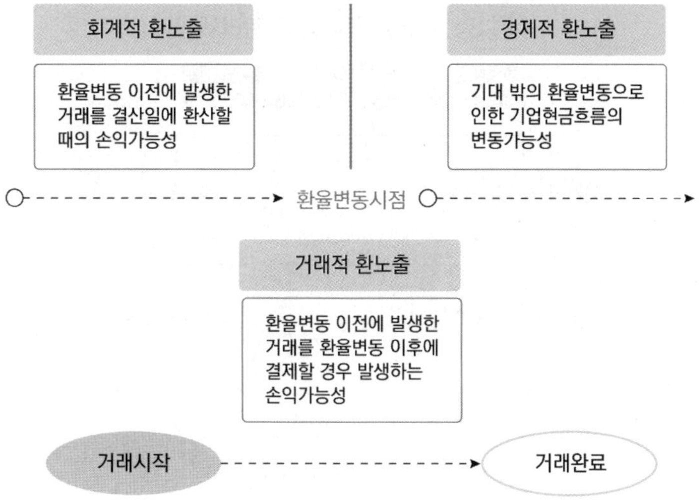

(2) 환위험의 관리

환위험의 관리는 다양한 종류의 환노출을 방지하기 위한 방안을 말한다. 기업의 목적이 기업가치의 극대화에 있다면 미래현금흐름에 영향을 미치는 경제적 노출의 관리가 중요하다. 그러나 특정시점에 경영성과를 발표해야 한다면 경제적 노출보다는 회계적 노출 및 거래적 노출의 관리가 더 중요하다.

외환시장이 일시적 불균형상태에 있다면 회계적 노출 및 거래적 노출을 중점관리해 환율변동의 영향을 최소화해야 한다. 그러나 불균형이 일시적 현상이 아니라면 장기적 관점에서 경제적 노출의 관리에 주력하면서 환율변동으로 인한 미래현금흐름의 불확실성을 최소화하기 위해 노력해야 할 것이다.

기업이 환노출을 관리할 경우에 경제적 노출과 회계적 노출 및 거래적 노출간에 서로 상충되는 결과가 나타날 수 있다. 회계적 노출은 지나간 과거 행위에 효과가 반영되는 반면에 미래의 환율 예측에 근거하여 향후의 영업행위에 대한 의사결정은 경제적 노출을 고려하는 것이 바람직하다.

환위험을 효율적으로 관리하려면 [그림 2-6]과 같이 체계적인 과정을 구축해야 한다. 우선 환위험의 문제가 발생할 가능성이 있으면 관리대상이 되는 환위험의 성격을 명확히 정립해야 한다. 따라서 환노출의 유형을 신속하고 정확하게 구분하여 회계적 노출, 거래적 노출, 경제적 노출로 분류한다.

┃그림 2-6┃ 환위험의 관리체계

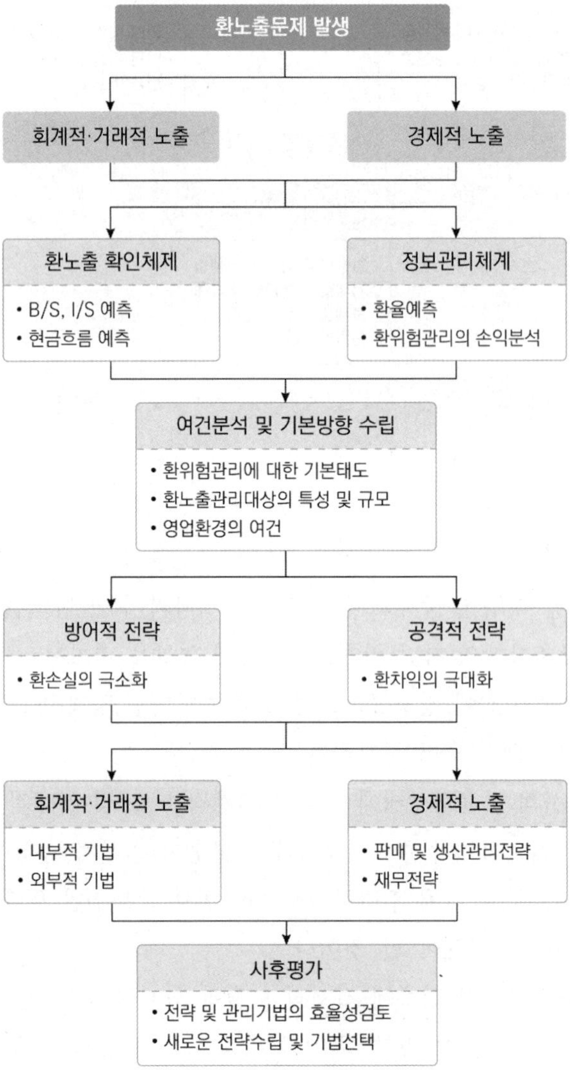

둘째, 환위험 정보체계는 환노출의 확인체계와 정보관리체계로 구성된다. 환노출의 확인체계는 재무상태표, 손익계산서 등을 분석하여 영업수지 및 현금흐름을 파악한다. 정보관리체계는 환율예측, 환차손익에 영향을 미치는 외환관리제도의 변동 등 환노출전략에 필요한 정보를 수집하고 분석한다.

셋째, 환위험 정보체계에 의해 파악된 각종 정보와 향후 영업환경을 고려한 후 환위험의 관리에 대한 기본방향을 설정해야 한다. 환위험 관리전략에서 적극적 전략을 선택할 경우에는 환율변동에 따른 이익을 극대화하는데 주력하는 반면에 소극적 전략에서는 손실을 극소화하는데 주력하게 된다.

넷째, 환노출을 제거하기 위해 환위험 관리기법을 선택하여 실행한다. 환위험 관리기법은 기업이 대외거래의 수행시 발생할 수 있는 환위험의 가능성으로부터 기업의 이익을 보호하기 위해 수립하는 재무기법을 말한다. 환위험의 관리기법은 크게 내부적 관리기법과 외부적 관리기법으로 구분된다.

끝으로 사후적 평가단계에서는 환위험 관리전략 및 관리기법의 성과를 종합적으로 평가한다. 이를 기초로 위험관리에 대한 경험을 축적하고 위험관리에 대한 높은 인식과 이해를 조직문화의 일부로 정착시켜 향후 환위험 관리의 효율성을 향상시킬 수 있는 새로운 환위험 관리전략을 수립해야 한다.

(3) 환노출의 유형

환위험은 장래에 예상하지 못한 환율의 변동으로 인한 기업의 수익성, 현금흐름 그리고 시장가치의 변동가능성을 측정한다. 이러한 환위험을 실제로 부담하는 환노출은 거래의 발생시점, 결제시점, 환율의 변동시점을 기준으로 회계적 환노출, 거래적 환노출 그리고 경제적 환노출로 분류할 수 있다.

1) 회계적 환노출

회계적 환노출(translation exposure)은 다국적기업의 연결재무제표 작성시 외국 자회사의 외화표시 재무제표를 보고통화, 즉 모기업 국가통화로 환산해야 하기 때문에 발생하는 소유주지분의 회계적 변동가능성을 말하며 환율변동으로 인해 가치변동이 초래되는 외화표시 자산과 부채의 차이로 측정된다.

회계적 환노출은 외화로 표시된 해외지점의 재무제표를 자국의 통화가치로 환산할 때 환율이 변동하여 발생하는 재무상태나 경영성과의 변동가능성으로 환산노출이라고도 한다. 환산환노출은 외화표시 재무제표를 자국통화로 환산할 경우 어떤 환율을 적용하느냐에 따라 달라지며 네 가지 방법이 있다.

① 유동성·비유동성법

전통적인 회계과목 분류기준에 따라 재무상태표 항목을 유동성 항목과 비유동성 항목으로 구분한다. 유동성·비유동성법은 유동성 자산과 부채 항목에는 재무상태표일 현재의 현행환율을 적용하는 반면에 비유동성 자산과 부채 항목에는 거래가 발생한 당시의 역사적 환율을 적용하는 방법을 말한다.

② 화폐성·비화폐성법

화폐성·비화폐성법은 재무상태표 항목을 화폐성 항목과 비화폐성 항목으로 구분하여 화폐성 자산과 부채 항목에는 결산일 현재의 현행환율을 적용하고, 비화폐성 자산과 부채 항목에는 거래가 발생한 당시의 역사적 환율을 적용한다. 그러나 손익계정의 환산시에는 회계기간의 평균환율을 적용한다.

③ 현행환율법

현행환율법은 재무상태표의 모든 자산과 부채의 항목에는 현행환율을 적용하여 환산하는 방법으로 자본항목은 예외적으로 역사적 환율을 적용한다. 한편 포괄손익계산서의 수익과 비용항목은 실제 발생일의 역사적 환율을 적용하도록 하고 있지만, 편의상 회계기간의 평균환율을 적용하여 환산한다.

④ 시제법

시제법은 원가산정 방법에 초점을 맞추어 거래가 발생한 시점의 취득원가로 산정한 항목은 역사적 환율을 적용하고, 현재의 시장가치로 산정된 항목은 현행환율을 적용한다. 오늘날 기업회계기준의 회계원칙은 취득원가주의를 채택하고 있어 시제법이 화폐성 비화폐성보다 일반적 형태라고 할 수 있다.

▌표 2-4▐ 회계적 환노출의 환산방법 비교

	유동성/비유동성법	화폐성/비화폐성법	시제법	현행환율법
자산				
현 금 예 금	C	C	C	C
외상매출금	C	C	C	C
재 고 자 산				
(원가평가)	C	H	H	C
(시가평가)	C	H	C	C
비유동자산	H	H	H	C
영 업 권	H	H	H	C
부채 및 자본				
외상매입금	C	C	C	C
단 기 부 채	C	C	C	C
장 기 부 채	H	C	C	C
이 연 세	H	C	C	C
자 본 금	H	H	H	H

주 : 1) C=현행환율, H=역사적 환율
2) 포괄손익계산서의 수입과 지출은 원칙적으로 기간중 평균화율로 환산하나, 재무상태표의 항목과 관련된 수입과 지출에 대해서는 재무상태표에 적용한 환율에 의해 환산함.

우리나라는 2017년 9월에 개정된 기업회계기준에서 화폐성 외화자산과 외화부채는 현행환율로 환산한 가액을 기록하고, 비화폐성 외화자산과 외화부채는 역사적 환율로 환산하도록 되어 있다. 그리고 화폐성 자산과 부채를 환산하여 발생한 외화환산손익은 기타포괄손익으로 처리하도록 규정하고 있다.

2) 거래적 환노출

거래적 환노출(transaction exposure)은 환율변동 이전에 거래가 발생했으나 환율변동 이후에 결제가 이루어지는 외화표시자산 또는 부채의 가치변동을 측정한다. 즉 외환표시 채권과 채무가 확정된 후 환율이 변동하여 결제시점에 실제로 회수 또는 지급해야 하는 자국통화금액이 거래당시의 금액과 달라질 가능성을 말한다.

거래는 환율변동시점 이전에 발생하고 결제는 환율변동시점 이후에 이루어지는 경우에 부담하는 환위험이며 외화로 수출입대금을 결제하거나 외화를 차입하거나 대출하는 경우에 발생한다. 따라서 기업이 외화표시채무를 보유한 경우 환율상승시 손실이 발생하고, 외화표시채권을 보유한 경우 환율하락시 손실이 발생한다.

3) 경제적 환노출

경제적 환노출(economic exposure)은 예상하지 못한 환율의 변동으로 인해 장래에 기대되는 현금흐름이 변동할 기업가치의 변동가능성을 말하며 환율변동이 미치는 영향을 순현재가치의 개념으로 측정한 것이다. 일반적으로 기업가치는 미래에 유입될 것으로 기대되는 현금흐름의 총현재가치라고 할 수 있다.

편의상 환노출을 회계적 환노출, 거래적 환노출, 경제적 환노출로 구분하였다. 그러나 이들은 부분적으로 또는 시차적으로 서로 연관성을 가지고 있다. 경제적 노출은 일정 시점에서 회계적 환노출로 기록된다. 그리고 대부분의 회계적 환노출은 정도의 차이는 있으나 경제적 노출과 관련되어 있다고 볼 수 있다.

3. 환위험의 관리체계

환위험의 관리는 환율변동으로 경제적 가치가 변동할 수 있는 가능성을 사전적 예측이나 사후적 인식을 통해 여러 관리기법을 이용하여 환차손을 극소화하거나 환차익을 극대화시키는 것을 말한다. 즉 환위험의 관리는 그 자체로 수익을 창출하지 않지만 경영활동의 불확실성을 낮추어 기업가치를 높이는 활동이다.

그렇다면 환위험을 어느 수준까지 관리하는 것이 적절한가에 대한 정답은 없다. 즉 환위험에 노출된 자산과 부채를 그대로 방치하는 것도 바람직하지 않으며 기계적으로 환위험을 완전히 제거하는 것도 바람직하지 않다. 따라서 기업의 경영목표, 재무상황, 시장상황 등을 종합적으로 고려한 판단이 필요할 것이다.

환산노출을 관리하는 방법으로 모회사와 자회사 또는 자회사와 자회사간의 자산과 부채의 조정, 각 자회사내의 자산부채관리(재무상태표 헤징) 그리고 파생금융상품을 이용한 헤징 등 크게 세 가지를 고려할 수 있다. 처음 두 가지 방법은 내부적 관리기법에 해당하고, 세 번째 방법은 외부적 관리기법에 해당한다.

일반적으로 환위험의 관리기법은 기업이 내부적으로 자산부채관리와 가격정책, 생산관리 등을 통해 관리하는 대내적 관리기법과 외부기관간의 계약관계를 활용하여 관리하는 대외적 관리기법으로 구분한다. 외부적 관리기법에는 선물환거래, 통화선물거래, 통화옵션거래, 통화스왑거래, 외환스왑거래 등이 있다.

┃그림 2-7┃ 환위험의 관리체계와 기법

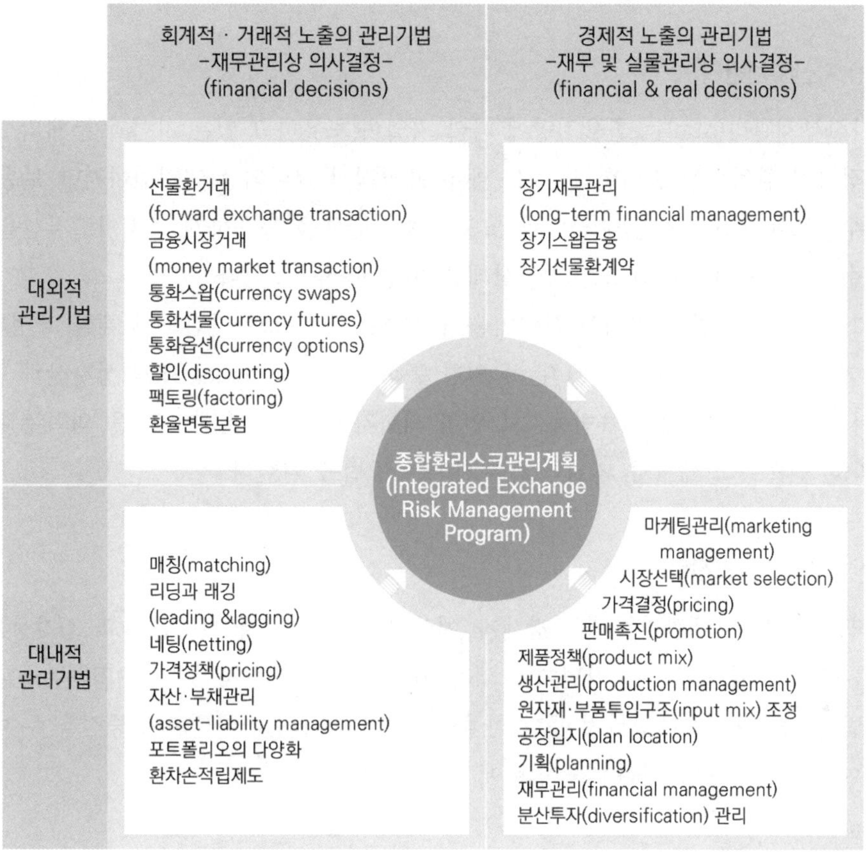

(1) 회계적 환노출의 관리

환노출은 환위험에 노출되는 성격에 따라 회계적 노출과 경제적 노출로 구분되며, 회계적 노출은 다시 환산노출과 거래노출로 구분된다. 회계적 노출의 관리방법에는 기업 내부적으로 환위험을 관리하는 내부적 기법과 외환시장과 금융시장에서의 대응거래를 통해 환위험을 관리하는 외부적 기법으로 구분한다.

1) 내부적 관리기법

내부적 관리기법은 별도의 추가적인 거래 없이 환위험을 기업내부에서 자체적으로 흡수하여 해결하는 것을 말한다. 이는 재무제표의 조정, 가격정책의 변화, 현지생산의 비중조정 등 일상적인 영업활동을 통해 환위험을 회피하거나 감소시키는 것을 말하며, 경우에 따라서는 환차익을 얻는 것까지 포함할 수 있다.

① 자산부채관리

자산부채관리(ALM)는 환율전망에 따라 기업이 보유하고 있는 자산과 부채의 포지션을 조정하여 환위험을 관리한다. 이는 매우 포괄적인 의미의 관리기법이지만 보통 기업의 재무제표에서 노출자산의 금액과 노출부채의 금액을 동등하게 스퀘어포지션을 유지하여 순노출액을 0으로 만드는 재무상태표 헤징전략을 말한다.

그러나 적극적인 차원에서 환이익을 실현하는 방향으로 자산과 부채를 조정하기도 한다. 재무상태표 헤지(B/S hedge)는 동일한 통화로 표시되어 있는 화폐성자산과 화폐성부채의 규모를 일치시켜 환율변동으로 인한 외화자산의 평가손실(이익)을 외화부채의 평가이익(손실)으로 상쇄시켜 환위험을 제거하는 방법을 말한다.

㉠ 적극적 관리전략

적극적 자산부채관리전략은 강세가 예상되는 통화의 자산은 늘리고 조기상환이나 결제를 통해 부채를 줄이는 반면에 약세가 예상되는 통화는 자산을 줄이고 부채를 늘리는 방법을 말한다. 즉 예상하지 못한 환율변동에서 환차익의 극대화에 중점을 두며 투자자의 예상대로 환율이 변동했을 경우에 이익을 얻는다.

| 표 2-5 | 적극적 관리전략

구분	강세예상 통화표시	약세예상 통화표시
자산항목	증가	감소
부채항목	감소	증가

㉡ 소극적 관리전략

소극적 자산부채관리전략은 강세통화와 약세통화를 구별하지 않고 통화별·만기별로 자산과 부채 및 수취와 지급의 규모를 일치시키는 방법을 말하며 예상하지 못한 환율변동에서 초래되는 환위험의 극소화에 중점을 둔다. 즉 환위험에 노출된 자산과 부채의 금액을 일치시켜 순노출이 0이 되도록 하는 전략이다.

② 상계

상계(netting)는 외화부채를 외화자산으로 상계한 후 차액만을 결제하는 방법을 말한다. 즉 모기업과 자회사간 또는 자회사간에 일정기간 발생한 채권과 채무를 개별적으로 결제하지 않고 일정기간 경과한 후에 이들 채권과 채무를 상계하여 차액만을 결제하는 방법으로 결제자금 규모를 축소시켜 비용을 절감할 수 있다.

상계는 간단하여 내부적 관리전략으로 가장 많이 사용되고 있다. 그러나 상계제도를 이용하면 상계기간까지 수입과 지출이 지체되고 실제거래에서 사용하는 통화와 상계에서 사용하는 통화가 달라질 수 있다. 그리고 기업 외부적으로 각 자회사의 소재국 정부에서 상계와 관련해서 외환통제를 할 수 있다는 단점이 있다.

상계는 자금관리비용을 절감하고 기업내부의 결제기능을 강화시킨다. 즉 자금관리기구가 회사간 거래를 통제하여 결제를 통제하고 기업의 국제간 자금거래를 전담하여 국가간 거래들을 수행하고 조정하는데 필요한 시간을 최소화할 수 있어 기업 전체의 유동성과 환위험의 관리에 유용한 정보를 집중적으로 획득할 수 있다.

상계의 형태에는 양자간 상계와 다자간 상계가 있다. 전자는 모기업과 자회사간 채권과 채무를 일정시점에 상계하고 차액만 결제한다. 후자는 3개 이상의 모기업과 자회사간 채권과 채무를 상계하는 제도로서 기업내에 중앙집권적 상계센터가 채권과 채무를 총괄적으로 관리하고 다각적으로 상계시켜 주는 역할을 수행한다.

③ 매칭

매칭(matching)은 외화자금의 흐름을 일정하게 일치시키는 전략을 말한다. 즉 미래에 수취할 금액과 지불할 금액을 통화별 또는 만기별로 일치시켜 외화자금흐름의 불일치에서 발생할 수 있는 환차손위험을 원천적으로 제거하는 방법을 말하며 다국적기업, 무역회사의 본사와 지사간 또는 제3자간의 환거래에 이용되고 있다.

매칭은 거래당사자간에 이종통화가 지속적으로 이루어지고 특히 환위험의 관리체제가 중앙집중식 관리방식을 취하고 있는 경우에 쉽게 활용될 수 있다. 매칭에는 통화별로 자금의 수입과 지출을 일치시키는 자연적 매칭과 환율변동의 추세가 유사한 다른 통화의 현금수지와 일치시키는 평행적 매칭의 두 가지 방법이 있다.

㉠ 자연적 매칭

자연적 매칭(natural matching)은 동일한 통화로 외환의 수취금액과 지급금액을 시기별로 일치시키는 것으로 환위험을 거의 완전하게 제거할 수 있는 이상적인 방법에 해당한다. 그러나 미래의 환율이 예상과 다르게 변동하면 환위험의 헤지가 불가능하고, 외환의 수취와 지급의 양쪽에서 모두 손실이 발생할 수도 있다.

㉡ 평행적 매칭

평행적 매칭(parallel matching)은 동일한 통화 대신에 환율변동의 방향이 유사한 이종통화에 대해 자금수취액과 자금지급액을 시기별로 일치시키는 매칭을 말한다. 따라서 환율의 변동폭이 동일할 경우에는 환위험이 발생하지 않는 반면에 환율의 변동폭이 상이할 경우에 환위험이 발생할 수 있어 완전헤지는 불가능하다.

④ 리딩과 래깅

리딩과 래깅은 향후 환율변동에 대한 예상에 따라 외화표시자금의 결제시기를 의도적으로 앞당기거나(leading) 또는 지연(lagging)시켜 환위험을 관리하는 방법을 말하며 주로 모기업과 자회사간에 이용한다. 이는 환율변동에 따른 환위험을 극소화하거나 환차익을 극대화하기 위해 사용하는 단기적인 기법이다.

다국적기업에서 널리 이용되는 수출입업자의 리딩과 래깅을 살펴보면 환율이 하락하여 자국통화가치의 상승이 예상되는 경우에는 외화채권의 수취를 앞당기고 외화채무의 지급을 늦춘다. 그리고 환율이 상승하여 자국통화가치의 하락이 예상되는 경우에는 외화채권의 수취를 늦추고 외화채무의 지급을 앞당긴다.

리딩과 래깅의 경우 환율예측이 손익을 결정짓는 중요한 요소가 되기 때문에 환위험을 완전히 헤지했다고 볼 수 없다. 뿐만 아니라 환율변동에 대한 예측을 전제로 한 것이기 때문에 환위험이 수반되므로 반드시 한도관리를 해야 한다. 리딩과 래깅의 특징을 다른 관리기법과 비교하여 살펴보면 다음과 같다.

첫째, 리딩과 래깅은 기업전체에서 쉽게 일어난다. 즉 제3자와의 거래에서는 거래당사자의 이해관계가 상충되기 때문에 어느 한쪽이 이익을 실현하면 다른 한쪽은 반드시 손실이 발생하기 때문에 활용이 쉽지 않고 그룹간 리딩과 래깅은 기업전체의 이익을 추구하는 전략에서 보다 용이하게 실행될 수 있다.

둘째, 리딩과 래깅은 세계 각지에 자회사·지사·공장 등을 확보하고, 생산과 판매활동을 국제적 규모로 수행하는 다국적 기업에서 자회사들간의 효율적 자금관리의 기법으로 사용될 수 있다. 예컨대 다국적기업은 약세통화국에서 강세통화국으로 자금을 이동시킴으로써 자금의 활용도를 더욱 높일 수 있다.

셋째, 리딩과 래깅은 위험이 수반되는 투기적 요소를 내포하고 있다. 예컨대 수출업자가 향후 자국통화의 환율이 평가절하될 것으로 예상하여 상품의 선적이나 환어음의 매도시기를 지연시켰으나 결제시점의 환율이 오히려 평가절상되었다면 자국통화표시 수출대금수입액이 감소하여 환차손이 발생할 수도 있다.

넷째, 자회사 소재국의 정부가 신용통제나 외환통제를 하는 경우에 리딩과 래깅을 적극적으로 활용하는데에는 상당한 제약이 수반될 수 있다. 왜냐하면 리딩과 래깅은 특정 국가의 외환과 국제수지에 영향을 미치므로 많은 국가들은 신용기간에 상한을 설정하여 일정한 범위 내에서만 허용하고 있기 때문이다.

| 표 2-6 | 수출입업자의 리딩과 래깅

구분	자국통화의 약세전망시	자국통화의 강세전망시
수출업자	수출대금 수취지연	수출대금 수취촉진
수입업자	수입대금 결제촉진	수입대금 결제지연

⑤ 가격정책

경제적 노출을 관리하기 위한 가격정책과 관련해 기업은 가격정책의 주안점을 시장점유율과 이익 중 어디에 둘 것인가를 고려해야 한다. 가격정책(pricing policy)은 구매비용의 극소화 또는 판매수익의 극대화를 위한 가격결정 및 가격선택정책을 말한다. 가격정책은 크게 가격조정과 거래통화의 선택문제로 요약된다.

가격조정은 환율변동으로 인해 발생할 수 있는 손실을 줄이기 위해 수출입상품가격의 조정시점과 조정폭을 결정하는 것이다. 거래통화의 선택은 수출입상품가격을 어떤 통화로 표시하여 거래할 것인가를 결정하는 것인데 거래통화의 결정과정에서 거래당사자 간에 이해가 대립되어 계약이 성사되기 어려울 수도 있다.

이러한 경우에는 수출입업자간에 50 대 50 방식을 이용하여 쌍방이 거래규모의 절반을 각각 자국통화표시거래로 계약하면 환위험 부담을 균등하게 배분할 수 있게 된다. 또한 다국적 기업은 그룹지사간의 수출입가격을 상호간에 적절히 조정하여 그룹 전체의 순이익을 극대화할 수 있는 가격정책이 이용될 수 있다.

⑥ 결제통화의 조정

환위험의 관리수단으로서 결제통화의 조정은 수출입거래에서 결제통화를 신축적으로 선택하여 환위험을 회피하는 것을 말한다. 적극적 측면에서 수출대금은 강세예상통화로 회수하고 수입대금은 약세예상통화로 지급한다. 그러나 미래의 환율이 예상과 반대로 움직이면 이에 상응하는 환위험을 추가로 부담해야 한다.

소극적 측면에서는 수출입거래를 모두 자국통화로 결제함으로써 환위험을 회피할 수 있다. 그러나 수출입업자가 결제통화를 선택하는 과정에서 쌍방간 이해상충으로 계약의 성립에 어려움이 발생할 수 있다. 이때 수출입업자가 거래규모의 절반을 각각 자국통화로 결제하면 환위험 부담을 균등하게 배분할 수 있다.

⑦ 환차손준비금

환차손준비금은 장래 환차손의 발생에 대비하여 영업이익의 일부를 환차손준비금으로 적립하고, 실제로 환차손이 발생한 경우에 이 적립금을 일정기간에 걸쳐 이연분산시킴으로써 특정 기간 동안 발생한 이례적인 환차손익에 의해 왜곡될 수 있는 경영성과를 평준화하는 사후적 환위험 관리기법을 의미한다.

⑧ 환변동보험

환변동보험은 결제기간이 보통 1년 이상의 수출입에 수반되는 환차손을 보상하기 위한 환보험제도이다. 일반적으로 결제기간이 1년 미만의 단기수출입거래에 수반되는 환위험은 선물환거래를 이용하여 헤지할 수 있다. 그러나 중장기 수출거래에서는 환율예측의 불확실성이 수반되어 선물환의 이용이 어렵다.

▌표 2-7▐ 선물환과 환변동보험의 비교

구분	선물환	환변동보험	환변동보험의 이점
거래주체	금융기관	무역보험공사	공사 신용도로 거래
계약환율	통화간 금리차+기업별 마진	4개 이상의 은행 평균 환율	국가 기관에 제공되는 높은 환율
비 용	선물환율에 마진포함 (0.06%~0.54% 수준)	보험료 (0.008%~0.063%)	저렴한 비용
담 보	필요	없음	없음
최소금액	50만불 이상	제한 없음	소액 헷지거래 가능
거래한도	신용도에 따라 제한	수출실적 기준 실수요헷지금액	금융기관보다 상대적으로 많은 한도
손익정산	실물인도	차액정산	간편한 정산 방식
거래기간	통상 1년 이내	최장 3년	장기거래 헷지 가능

환차손준비금은 환차손이 발생할 것에 대비하여 기업 내부적으로 이익잉여금에 준비금을 설정하는 내부적 관리기법에 해당한다. 반면에 환변동보험은 환차손이 발생할 것에 대비하여 기업 외부에 보험료를 납부하고, 일정한 비율이나 금액 이상의 환차손이 발생할 경우 보험금을 청구하는 외부적 관리기법이다.

2) 외부적 관리기법

환위험의 외부적 관리는 환위험을 외환시장과 금융시장에서 대응거래를 통해 거래상대방에게 전가시킨다. 외부적 관리기법에는 단기금융시장을 이용한 헤지, 선물환거래, 통화선물, 통화옵션, 통화스왑, 외환스왑, 환변동보험 등이 있다. 외화자금관리자는 환위험을 회피할 경우 헤지비용이 저렴한 방법을 모색해야 한다.

① 단기금융시장

외환채권의 보유자는 미래에 외화를 수령하여 매도하고, 외화채무의 보유자는 미래에 채무를 상환하기 위해 외화를 매입해야 한다. 금융시장은 외화표시채권과 채무의 발생시점에서 특정통화로 일정금액을 차입하여 다른 통화로 환산한 후 그 국가의 금융시장에 결제시점까지 투자하여 환위험을 회피하는 방법을 말한다.

기업이 외화채권을 보유한 경우에는 미래에 수취할 액면가액을 외국의 이자율로 할인한 현재가치만큼 외화로 차입하여 원화로 환산한 후 국내의 단기금융시장에 투자하면 채권결제일에 채권액을 받아서 차입원리금을 상환할 수 있기 때문에 환율의 변동에 관계없이 국내에서 안정된 투자수익을 확보할 수 있다.

반면에 외화채무를 부담할 경우에는 미래에 상환할 원리금의 현재가치를 원화로 환산한 금액만큼 국내의 단기금융시장에서 차입하여 외화로 환산한 다음 외국의 단기금융시장에 투자하면 환율의 변동에 관계없이 원리금을 상환할 수 있게 되고 채무상환에 필요한 금액은 국내의 차입금액에 대한 원리금이다.

② 통화선물거래

통화선물(currency futures)은 각국의 통화를 기초자산으로 하는 금융선물거래로 미래의 특정시점에 특정통화를 일정한 교환비율로 교환할 것을 약정한 거래라는 점에서 선물환거래와 차이가 없다. 그러나 계약이 표준화되어 있고 선물환거래와 달리 만기 이전에 대부분 반대매매를 통해 계약이 청산된다.

선물환거래는 미래의 자금흐름에 맞추어 만기일을 조정할 경우에 환위험을 회피할 수 있다. 외화표시채권과 채무의 발생시점에서 채권과 채무상당액에 대해 채권 또는 채무결제일을 만기일로 하는 통화선물을 이용하면 결제시점의 환율을 현재시점의 환율로 확정시켜 환위험을 회피할 수 있다.

따라서 외화채권을 보유하는 경우에는 미래시점에 외화를 수취해서 매도해야 하므로 해당통화에 대한 선물을 매도하면 환위험을 헤지할 수 있다. 반면에 외화채무를 부담하는 경우에는 채무상환을 위해 미래의 외화를 매입해야 하므로 해당통화에 대한 선물을 매입하면 환위험을 헤지할 수 있다.

③ 통화옵션거래

통화옵션(currency options)은 미래의 일정시점에 특정통화를 약정환율로 매입 또는 매도할 수 있는 권리를 말한다. 통화옵션에서 매입자는 환율이 유리하면 권리를 행사하고 불리하면 권리행사를 포기한다. 통화옵션은 선물환, 통화선물 등 통화관련 다른 파생상품과 달리 보험적 성격의 권리를 매매하는 거래이다.

외화표시채권과 외화표시채무의 발생시점에 채권발생일 또는 채무결제일을 만기일로 하는 통화옵션을 이용할 경우 환위험에서 벗어날 수 있다. 따라서 외화채권을 보유한 경우에는 풋옵션을 매입하면 환율하락위험을 회피할 수 있고, 외화채무를 부담한 경우에는 콜옵션을 매입하면 환율상승위험을 헤지할 수 있다.

④ 통화스왑거래

통화스왑(currency swap)은 상이한 통화로 차입한 자금의 원리금을 교환하여 이행하기로 약정하는 거래를 말한다. 즉 거래당사자는 상이한 통화로 표시된 명목원금을 교환하고 만기까지 명목원금에 기초하여 상이한 통화로 표시된 이자를 지급하며 만기에는 계약시점에 약정한 환율로 명목원금을 다시 교환한다.

통화스왑은 거래당사자가 보유하고 있는 외화자산과 외화부채를 서로가 필요로 하는 통화로 매매하고 만기일이 도래하면 체결시의 환율로 동일한 금액을 다시 반대매매하는 거래를 말한다. 이때 계약기간에 이자지급의무에 대해서도 계약조건에 따라 서로 교환함으로써 이자와 관련된 환위험을 회피할 수 있다.

일반적으로 통화스왑은 채권의 발행 또는 대출과 연계되어 거래되는 경우가 대부분이다. 따라서 차입자가 자신에게 유리한 국제금융시장에서 채권을 발행하거나 자금을 차입한 후 통화스왑을 통해 자신이 원하는 통화로 교환하게 되면 외환위험과 이자율위험을 회피하고 차입비용을 절감할 수 있다는 장점이 있다.

⑤ 외환스왑거래

외환스왑은 외환매매의 당사자가 근일(near date)의 매매와 동시에 반대방향으로 동일한 금액의 원일(far date)의 매매를 하는 것을 말한다. 외환스왑은 두 거래가 반대로 일어나 전체포지션이 스퀘어가 되어 환위험은 없으며, 스왑기간에 다른 통화의 자금을 창출하여 사용하는 일종의 외화차입의 형태에 해당한다.

외환스왑은 이자지급의무를 교환하지 않아 일시적인 특정 통화의 과부족을 처리하거나 단기간에 환위험을 부담하지 않고 높은 수익을 실현할 목적으로 사용된다. 외환스왑을 이용하면 단기금융거래에 소요되는 대출관련 부대비용을 절감할 수 있고 보유통화를 담보로 설정하여 채무불이행위험을 축소시킬 수 있다.

⑥ 팩터링

팩터링(factoring)은 금융기관들이 상품을 수출한 기업으로부터 상업어음과 외상매출채권을 매입하고 이를 바탕으로 자금을 빌려주는 단기금융기법을 말한다. 팩터링금융은 기업들이 상거래의 대가로 현금대신 받은 매출채권을 신속히 현금화하여 기업의 경영활동을 돕자는 취지로 1920년대 미국에서 처음으로 도입되었다.

팩터링회사는 기업이 상품을 수출하고 수령한 매출채권을 매입한 후 채권을 관리하며 회수한다. 매입한 매출채권이 부도가 날 경우 위험은 팩터링회사가 부담한다. 따라서 상품을 수출한 기업은 외상판매를 하고도 현금판매와 동일한 효과를 얻을 수 있고 채권관리 및 회수에 필요한 인력과 비용을 덜 수 있는 이점이 있다.

미국에서는 팩터링의 역사가 오래되었고 상거래에서 필수불가결한 존재로 되어 있다. 팩터링회사(신용판매회사)는 신용상태가 좋은 물품구입자 대신에 물품대금을 매출자에게 지급해주는 업무, 외상매출채권의 매입, 채권인수업, 선대업체의 신용조사 및 보증업무, 매출기업의 회계관리, 상품개발의 유도와 재고금융도 해준다.

팩터링은 수출업자가 환어음을 은행에 매입 또는 추심하여 결제하는 대신에 팩터에게 매출채권을 매각하고 팩터가 매출채권을 수입업자로부터 직접 회수하는 방법으로 외화표시 수출대금이 입금되기 전에 자국통화표시로 금융지원을 받아 수출대금을 이용할 수 있고 환위험을 회피할 수 있다. 그러나 팩터링을 이용하면 비용이 수반되므로 팩터링비용과 예상환차손을 비교하여 팩터링여부를 결정해야 한다.

국제팩터링은 신용장 없이 무역거래를 할 경우 팩터링회사가 신용조사, 신용위험인수, 금융제공, 대금회수 등의 서비스를 제공하는 것을 말한다. 우리나라에서는 중소기업이 10만 달러 이하의 소규모거래를 할 때 이용되고 있다. 국제팩터링방식에서 거래당사자는 수출업자, 수출팩터, 수입업자 그리고 수입팩터로 구성된다.

수출팩터는 수출업자와 약정에 따라 수출채권의 매입한도를 결정하며, 수입팩터는 수출팩터의 요청에 따라 수입업자의 신용상태를 조사해 수출팩터에게 신용승락 여부를 통보한다. 수출업자가 신용승락을 받게 되면 수입업자와 계약에 따라 물품을 선적할 수 있다. 팩터링방식의 수출입절차는 [그림 2-8]과 같이 제시한다.

▍그림 2-8 ▍ 팩터링방식에 의한 수출입절차

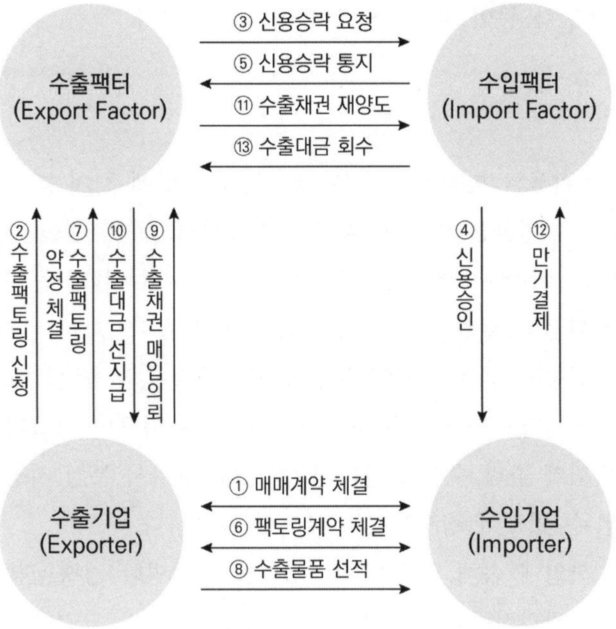

⑦ 할인

할인(discounting)은 수출대금이 환어음으로 결제될 경우에 어음의 만기일까지 발생할 수 있는 환위험을 회피하기 위해 어음할인시장에서 환어음을 할인하여 매각하고 자국통화로 환전하는 기법을 말한다. 할인은 자국통화의 평가절상이 예상되거나 만기일 이전에 자금이 필요한 경우에 많이 이용되는 방법이다.

수출업자는 수출환어음을 만기 이전에 은행에 할인·매각하여 수출대금을 조기에 회수할 수 있으나 환어음을 매각하면 할인료 등의 비용이 수반되므로 환율변동을 고려하여 할인여부를 결정해야 한다. 반면에 은행은 수출업자로부터 매입한 수출환어음을 다시 은행인수어음시장에 매각하여 자금을 조달하게 된다.

(2) 경제적 환노출의 관리

경제적 노출은 예상하지 못한 환율의 변동이 기업의 전반적인 경제활동에 영향을 미치면서 발생하며 회계적 노출 및 거래적 노출과 달리 장기적 성격을 갖고 있다. 따라서 경제적 노출을 효과적으로 관리하려면 기업의 장기전략과 함께 마케팅관리전략, 생산관리전략, 재무관리전략 등이 효과적으로 연계되어야 한다.

1) 장기경영전략

예상하지 못한 환율의 변동은 기업의 경영활동 전반에 걸쳐 변화를 초래하여 기업의 경쟁력에 결정적인 영향을 미친다. 따라서 신규산업으로의 진출, 기존산업에서 철수 등 기업의 장기전략 차원에서 경제적 노출방안을 고려하기 위해서는 환율변동과 경쟁력 간의 관계에 대한 다음과 같은 특성을 염두해 두어야 한다.

첫째, 환율의 변동은 모든 기업에 동일하지만 동일한 환율변화에도 기업간 경쟁상태나 경쟁전략에 따라 경제적 노출은 다르게 나타날 수 있으며 기업의 경쟁포지션과 경쟁기업들의 전략변화에 따라 수시로 달라질 수 있다. 따라서 특정 시장만을 고려해 경제적 노출을 파악할 수 없으며 경쟁환경의 분석이 중요하다.

둘째, 동일한 산업에 속해 있을지라도 기업들이 당면한 경쟁환경이 다르기 때문에 모두 동일한 환위험 관리전략을 구사해야 하는 것은 아니다. 그러나 환위험 관리전략에 차이가 있어도 환위험관리의 효율성이 경쟁력에 중요한 영향을 미친다는 점을 고려하여 경쟁기업보다 뛰어난 헤지전략을 마련해야 할 것이다.

셋째, 국제시장에서 최우량상품을 개발·생산·판매하면서 세계시장을 선도하는 글로벌기업은 그만큼 경제적 노출이 작다. 왜냐하면 독점적인 기술력을 바탕으로 한 상품

| 그림 2-9 | 경제적 환노출의 관리체계

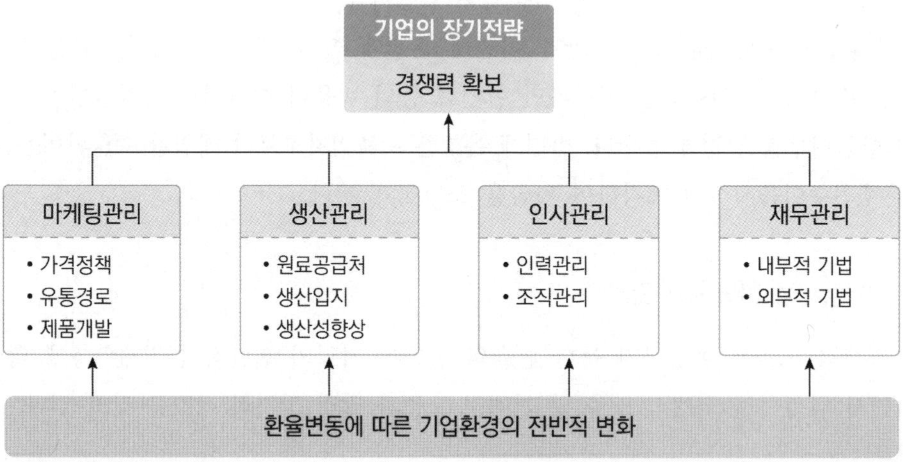

은 상대적으로 가격탄력성이 작기 때문에 미래의 환율변화를 가격변화에 반영시켜 현금 유입에 큰 변화가 발생하지 않도록 할 수 있기 때문이다.

넷째, 세계적 기업은 영업활동과 자금조달 및 운용이 세계에 걸쳐 이루어지기 때문에 위험이 잘 분산되고 다양한 환위험 관리기법을 신축적으로 이용할 수 있다. 이는 기업이 장기적 측면에서 경제적 노출을 관리하면 가격경쟁력보다 세계시장을 선도할 수 있는 기술경쟁력을 확보하는데 주력해야 한다는 것이다.

2) 마케팅관리전략

① 시장선택

환율변화는 상품의 상대가격과 총지출의 변동을 통해 기업의 수출입물량에 영향을 미치고 이는 결국 기업이 영업이익과 현금흐름에 영향을 미치게 된다. 시장선택은 환율변동에 대응하여 판매시장을 선택하는 것으로 장기적인 관점에서 경제적 노출을 적정수준에서 관리하여 영업이익을 안정적으로 확보하는데 있다.

적극적인 전략에서는 환율변화로 경쟁력이 강화될 수 있는 지역에 마케팅활동을 집중시켜 시장점유율을 제고하는데 있다. 소극적인 전략에서는 특정 시장에 대한 지나친 의존도를 줄이고 판매시장을 다변화시켜 환율변동에 따른 일부 시장의 손실을 다른 시장의 이익으로 상쇄시켜 현금흐름의 안정성을 높이게 된다.

② 가격정책

수출기업은 자국통화표시의 이윤극대화를 위해 환율변동에 따른 가격조정정책이 필요하다. 환율변동에 따른 수출가격의 조정은 수출의 가격탄력성, 제3국과의 가격경쟁력, 소비장의 기호 그리고 규모의 경제 등을 고려하여 결정된다. 기업들은 가격정책의 주안점을 시장점유율과 이익 중 어디에 둘 것인가를 고려해야 한다.

외환시장에서 환율이 변동하면 국제시장에서 기업의 가격경쟁력이 영향을 받게 된다. 예컨대 원화가 달러화에 강세를 나타내 환율이 $1 = 1,200원에서 $1 = 1,100원으로 하락하면 환율변동전에 원가 120만원인 국내수출품의 달러화표시가 $1,000가 환율이 하락한 후 $1.090가 되어 해외시장에서 가격상승압력으로 작용한다.

이러한 상황에서 기업이 수익성 제고에 중점을 두면 환율변화를 최대한 가격에 반영하겠지만, 시장점유율에 중점을 두면 가급적 가격을 변화시키지 않고 이윤폭을 조정하려고 할 것이다. 따라서 가격에 반영되는 환율의 가격전가는 기업의 주안점, 상품의 가격탄력성, 소비자의 기호, 규모의 경제 등에 의해 영향을 받는다.

수요의 가격탄력성이 크고 경쟁이 치열하면 약간의 가격상승에도 판매가 급감할 수 있어 가격변화 대신 마진을 조정하여 환율변화의 영향을 흡수하려 할 것이다. 규모의 경제가 적용되는 기업들은 마진이 다소 감소하더라도 시장점유율을 유지하는 것이 바람직하므로 환율의 변화를 가격상승으로 전가시키지 않을 것이다.

③ 유통경로

유통경로전략은 장기적인 측면에서 경제적 노출을 적정한 수준에서 관리하면서 기업의 영업이익을 안정적으로 확보하는데 목적이 있다. 유통경로전략은 수출대상국을 선택하는 시장선택(market selection)전략과 개별국가의 시장을 상품별 또는 수요의 계층별로 나누는 시장분할(market division)전략으로 구분할 수 있다.

㉠ 시장선택

시장선택은 장래의 환율변동에 대응하여 생산물의 판매시장을 어느 국가로 할 것인가를 선택하는 것을 말한다. 적극적인 전략 차원에서 경제적 노출의 관리는 미래 환율변동에 따라 기업의 국제경쟁력이 높아지는 국가나 지역을 선택하여 마케팅활동을 강화함으로써 시장점유율을 제고하는 것을 말한다.

반면에 소극적인 전략 차원에서 경제적 노출의 관리는 특정 시장에 대한 의존도를 낮추고 제품의 판매시장을 다변화해 나가는 것을 말한다. 따라서 환율변동으로 인해 일부 제품시장에서 손실이 발생하더라도 다른 시장에서 얻은 이익에 의해 상쇄되기 때문에 장래 현금흐름의 안정성을 높이게 된다.

㉡ 시장분할

시장분할전략은 상품별 또는 수요계층별로 시장을 나누어 마케팅활동을 하는 것을 말한다. 자국통화가 절상될 것으로 예상되면 차별화된 상품을 개발하여 마케팅활동을 강화하는 것이 유리하다. 반면에 자국통화가 절하될 것으로 예상되면 가격경쟁력을 활용할 수 있는 상품에 마케팅활동을 집중한다.

④ 제품개발

급격한 환율변화는 제품개발계획과 판매촉진전략 등에 변화를 가져오는데, 이는 신제품의 생산과 판매에 수반되는 위험이 크기 때문이다. 그러나 장기적인 측면에서 환율변화에 의한 이익감소를 극복하려면 부가가치가 높은 제품으로 전환하거나 가격변화에 민감하지 않은 차별화된 제품을 개발해야 한다.

3) 생산관리전략

환율변동은 수입원자재와 부품의 가격변동을 통해 생산비용에 영향을 미치므로 생산관리의 측면에서 전략적으로 접근해야 한다. 경제적 노출을 관리하는 적극적인 전략에는 원자재와 부품의 공급처 이전, 생산기지 이전, 생산성 향상 등이 있고 소극적인 전략에는 원자재 공급처와 생산기지의 다변화전략 등이 있다.

① 납품업체의 이전

환율변동은 외국에서 수입하는 원자재 및 부품의 조달비용을 변동시킴으로써 기업의 국제경쟁력에 영향력을 미친다. 따라서 자국통화가 평가절하되면 수입원자재 및 부품가격이 상승하므로 기업은 해외보다 국내에서 조달하는 것이 유리한 반면 자국통화가 절상되면 국내보다 해외에서 조달하는 것이 유리하다.

예컨대 국내통화가치가 강세로 되면 부품과 원자재를 국내보다 해외에서 조달하는 것이 유리하고, 환율이 변화하면 지금까지 조달한 지역보다 약세통화지역에서 조달하는 것이 비용을 절감할 수 있다. 그리고 환율변동에 따른 시장별 원자재 수입비용이 변동하는 경우에는 수입비용의 극소화를 도모해야 한다.

② 생산기지의 이전

수출입기업은 환율변동의 불확실성에 대비한 예비적인 환위험 관리계획의 수립이 반드시 필요하다. 외환시장에서 환율의 변화가 일시적인 현상이 아니고 구조적인 경우보다 장기적인 관점에서 생산기지를 해외로 분산시키거나 장기적으로 통화가치가 약세인 지역으로 생산기지를 이동시키는 전략을 많이 사용한다.

부품과 원자재의 생산기지를 통화가치가 약세인 지역에서 조달받으면 전체 비용에서 약세통화 비중이 높아 현금유출이 작아 순현금유입을 증대시킨다. 그러나 약세통화국에서 높은 인플레이션이 진행되면 생산비용이 현지통화가치 하락보다 빨리 하락하여 생산여건이 불리해져 생산비용의 절감효과가 사라질 수 있다.

③ 생산성의 향상

생산기지의 이전은 일단 실행되면 철수가 쉽지 않아 입지적 우위가 얼마나 오래 지속될 수 있는가를 신중히 검토한 후 결정되어야 한다. 과도한 생산기지의 이전은 국내산업의 공동화를 초래하고 국가경쟁력을 약화시킨다. 따라서 국내통화가 약세를 보이면 오히려 해외공장의 생산비 부담이 더 커질 수도 있다.

따라서 원자재와 부품의 공급처 변경, 생산기지의 이전 등과 같은 가격경쟁력 약화를 만회하기 위한 방안보다는 기업이 장기적 관점에서 경영혁신과 기술혁신 등을 통해 생산성을 향상시키고 새로운 제품을 개발하여 수요를 창출함으로써 기업의 경쟁력을 지속적으로 확보해 나가는 것이 바람직하다고 할 수 있다.

4) 인사관리전략

① 인력관리

일반적으로 다국적기업 등 해외진출기업은 해외자회사에 본국의 인력을 파견하는 동시에 현지에서 필요한 노동인력을 채용하여 작업현장에 종사시키게 된다. 따라서 경제적 노출의 관점에서 보았을 때 인력관리는 본국 파견인력이나 현지 채용인력에게 보수를 어느 국가의 통화로 지급하느냐의 문제로 요약된다.

예컨대 현지통화로 보수를 지급할 경우 현지 채용인력에게는 환위험이 발생하지 않는다. 그러나 본국에서 파견한 직원이 보수의 일부를 국내 가족에게 송금해야 한다면 환위험을 파견직원이 부담하게 된다. 이때 보수의 일부를 현지통화로 지급하고 나머지를 본국통화로 지급하면 환위험을 조금 줄일 수 있다.

② 조직관리

기업간 경쟁이 치열해지고 환율도 급격히 변하면서 환위험의 체계적 관리는 기업의 생존에도 영향을 미치게 되었다. 따라서 기업이 환위험을 체계적으로 관리하기 위해서는 이를 담당하는 특정한 조직을 설치하여 운영해야 한다. 조직관리전략은 기업이 환위험을 효과적으로 관리할 수 있는 조직을 갖추는 것이다.

5) 재무관리전략

재무관리 측면에서 경제적 노출은 전술한 내부적 관리기법과 선물환거래, 통화선물, 통화옵션, 통화스왑, 외환스왑과 같은 외부적 기법을 원용하여 관리할 수 있다. 그러나 경제적 노출은 미래의 환율변동을 예측하여 관리해야 하기 때문에 이미 거래가 종결된 회계적 노출 및 거래적 노출에 비해 관리가 훨씬 어렵다.

안정적인 수출시장을 확보한 다국적기업은 수출입시장의 확보와 동시에 환위험의 회피방안으로 수출대상국 통화표시 부채를 보유하면 환위험을 관리할 수 있다. 따라서 환위험관리는 단기적인 헤지수단의 성격을 가지고 있으며 장기적인 환위험 관리전략에는 생산시설의 조정과 입지변경이 중요한 정책과제가 된다.

경제적 노출을 감소시키려고 자본조달을 분산시키면 차입통화의 구성과 영업활동으로 유입되는 통화의 구성을 매칭시켜 통화불일치에 따른 채무불이행위험을 방지할 수 있다. 그러나 자금조달 및 운용의 다변화전략은 환율예측을 통한 차익거래나 투기거래에서 얻을 수 있는 이익을 포기해야 한다는 단점이 존재한다.

▌표 2-8▐ 환위험의 관리기법

관리대상위험	대내적 관리기법	대외적 관리기법
회계적 환노출	대차대조표 헤지 전통적 관리기법	
거래적 환노출	상계(netting) 매칭(matching) 자금이전시기의 조정 가격정책	통화선물을 이용한 헤지 통화옵션을 이용한 헤지 화폐시장을 이용한 헤지 통화스왑을 이용한 헤지
경제적 환노출	영업활동 및 재무활동을 여러 국가로 다변화	

4. 환노출의 관리체제

환노출 관리체제는 기업특성, 경영전략 그리고 외환관리제도 등 기업환경에 따라 서로 다른 형태를 갖게 되며 집중관리체제, 분산관리체제, 절충형 관리체제가 있다. 일반적으로 환노출의 효율적 관리를 위해서는 기업내부의 환노출 관리기능이 횡적 또는 종적으로 연계되면서 동시에 환노출의 집중관리가 이루어져야 한다.

(1) 환노출의 집중관리체제

환노출의 집중관리는 다국적기업에 있어 모기업과 자회사들의 환노출을 효율적으로 통합하여 관리하기 위해 환노출통제의 기능과 권한을 모기업 또는 특정의 재무관리 부서에 집중시키는 방법을 말하며 경우에 따라서는 환노출만을 전담하여 관리하는 별개의 법인회사를 통해서 이루어질 수도 있다.

환노출의 집중관리는 모기업 또는 특정 자회사에 의해 수행되는데 자회사나 기업의 각 영업단위가 환노출 관련정보를 본부의 환노출 관리조직에 보고하고 본부의 환노출 관리조직은 이들 정보의 분석을 통해서 환노출관리에 관한 전략을 결정하고 이를 각 부문에 지시하는 환노출의 관리방식을 말한다.

여기에는 중앙관리조직이 자신의 명의와 계정으로 자회사의 환노출을 헤지하거나 자회사에 특정의 환노출 관리기법의 이용 및 헤징여부를 지시하기도 한다. 그러나 집중화의 정도가 낮은 경우 중앙관리조직이 자회사에 재량권을 부여하여 일반적인 지침만을 시달하고 구체적인 관리기법의 실행은 각 부문에 위임한다.

(2) 환노출의 분산관리체제

환노출의 분산관리는 다국적기업의 각 영업단위가 해당 부문의 환노출을 일정한 원칙에 따라 자율적으로 관리해 나감으로써 기업 전체의 환위험이 효율적으로 관리되는 방법을 말한다. 이러한 분산관리방식은 시장이 급변하는 상황에서 환노출을 신속하게 관리할 수 있는 장점이 있다.

그러나 각 영업활동단위와 총체적인 위험관리 전담조직간의 유기적인 정보교환체제가 없어 각 부서가 전문적인 외환딜러들을 확보하여 독립적으로 환노출을 관리함으로써 불필요한 자원을 낭비할 수 있다. 흔히 각 부문의 환노출관리자로 구성된 환노출관리위원회를 설치하여 정보분석이나 포괄적인 관리전략을 수립한다.

(3) 환노출의 혼합관리체제

환노출에서 집중관리방식과 분산관리방식을 절충한 혼합관리방식은 모회사나 중앙관리조직이 회사 전체의 환노출을 관리하고 각 부서는 제한된 범위 내에서 자체포지션의 환위험을 관리하게 된다. 즉 모회사는 전체 환노출 포지션관리에 역점을 두고 자회사나 해당부서는 자체포지션 범위 내에서 환노출을 관리한다.

보론 2-1 선물환율과 스왑레이트

1. 선물환율의 정의

선물환율은 외환거래당사자간의 계약에 따라 미래의 일정시점에서 외환의 수도·결제시에 적용되는 환율을 말한다. 선물환율이 현물환율보다 높은 경우를 프리미엄, 낮은 경우를 디스카운트라고 한다. 자국통화표시의 경우 고금리국가에서는 선물환율이 현물환율보다 높고 저금리국가에서는 선물환율이 현물환율보다 낮다.

예컨대 엔화의 현물환율(￥120.28/U$)이 3개월 선물환율(￥119.83/U$)을 상회할 경우 기준통화인 미달러화의 금리가 엔화의 금리보다 높기 때문에 엔화를 대가로 미달러화를 현물환으로 매입할 때보다 선물환으로 매입할 때 더 적은 엔화금액을 지급한다. 여기서 엔화의 현물환율과 선물환율의 차이인 0.45엔(= ￥120.28/U$ - ￥119.83/U$)은 미달러화의 엔화에 대한 선물환 디스카운트에 해당한다.

미달러의 선물환 디스카운트가 엔화의 입장에서 선물환 프리미엄이 되는데, 이는 미달러화를 대가로 엔화를 현물환으로 매입할 때보다 선물환으로 매입할 때 더 많은 미달러화를 지급해야 하기 때문이다. 결국 양국 통화간의 선물환거래에서 한 나라의 통화가 선물환 프리미엄이 되면 상대국 통화는 선물환 디스카운트가 된다.

따라서 이종통화간의 현물환율과 선물환율의 차이는 양국 통화간의 금리차이에 기인한다. 선물환거래에서 고금리통화를 매도하여 저금리통화를 매입한 경우에 고금리통화는 선물환 디스카운트가 되며 저금리통화는 선물환 프리미엄이 된다. 이는 선물환거래에서 고금리통화는 높은 이자수익을 실현하지만 저금리통화는 낮은 이자수익을 얻게 되어 이자수익의 차이를 선물환율에 반영해야 하기 때문이다.

예컨대 A는 고금리통화인 미달러화를 그리고 B는 저금리통화인 일본엔화를 각각 보유하고 있다고 가정하자. 현재 A와 B 두 거래자가 만기 3개월의 선물환거래를 체결했을 경우 A는 미리 약정한 환율에 따라 3개월 후에 미달러화를 B에게 지급하고 대신 B는 엔화를 A에게 지급한다. A는 선물환 계약일로부터 결제일까지 3개월간 고금리통화인 미달러화를 운용하여 상대적으로 많은 이자수익을 실현한다.

반면에 B는 저금리통화인 일본엔화를 운용하여 미달러화보다 적은 이자수익을 실현한다. 이러한 이자수익의 불균형을 조정하려면 선물환 결제시에 B는 A로부터 현물환거래보다 금리차이 만큼의 고금리통화를 선물환 프리미엄으로 더 받게 된다. A는 B로부터 현물환거래보다 금리차이 만큼의 저금리통화를 적게 받게 되어 선물환 디스카운트가 된다. 이러한 관례를 그림으로 제시하면 [그림 2-10]과 같다.

▌그림 2-10▐ 양국 통화간 금리차이와 선물환 프리미엄 및 디스카운트

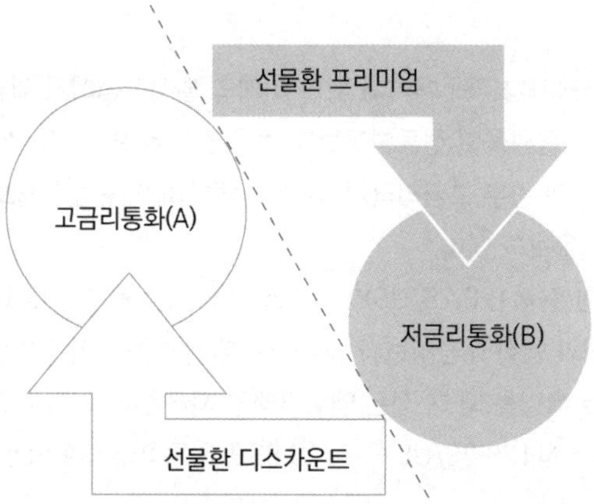

2. 선물환율과 스왑레이트

선물환율의 표시방법은 현물환율과 같이 전체의 숫자로 환율을 표시하는, 즉 ￥119.83/U$과 같은 아웃라이트(outright) 표시방법과 선물환율과 현물환율의 차이인 스왑레이트(swap rate)로 표시하는 방법이 있다. 연율로 표시된 스왑레이트는 이자율평가설에서 양국 통화간의 금리차이와 동일하다.

외환시장에서 고객이 선물환율의 제시를 요구하면 딜러는 선물환율을 통상 아웃라이트 대신 스왑레이트로 제시한다. 따라서 스왑레이트가 고시되어 있을 때 선물환율을 산정하려면 현물환율에 스왑레이트(프리미엄 또는 디스카운트)를 가감하여 산출하는데 구체적인 산출방법을 살펴보면 다음과 같다.

외환시장에서 환율은 매입률과 매도율의 두 가지로 고시된다. 환율고시에 있어 매입률과 매도율고시의 기본원칙을 살펴보면 현물환율과 선물환율에 관계없이 매입율(bid rate)은 매도율(asked rate)보다 작아야 한다. 또한 스프레드의 경우 선물환율의 매매율차는 현물환율의 매매율차보다 커야 한다.

따라서 매입률의 스왑레이트가 매도율의 스왑레이트보다 큰 경우(스왑레이트가 감소)에는 현물환율에서 스왑레이트를 차감하여 선물환율을 구한다. 반대로 매입률의 스왑레이트가 매도율의 스왑레이트보다 작은(스왑레이트가 증가)경우에는 현물환율에 스왑레이트를 가산하여 선물환율을 계산한다.

보론 2-2 대고객환율의 구조

대고객매매율은 금융결제원에서 산출한 매매기준율을 바탕으로 적용하는 환율이다. 은행은 매매기준율에 마진을 가산하여 대고객매매율을 결정한 후 매입율과 매도율을정하여 매일 고시한다. 은행이 고객에 대해 적용하는 대고객환율은 현찰매매율, 전신환매매율(T/T rate), 여행자수표 매매율(TC rate)로 구분한다.

1. 매매기준율

매매기준율(MAR : Market Average Rate)은 외환시장의 평균환율로 은행거래의 기본이 되는 시장환율로 이해하면 된다. 최근 거래일의 외국환중개회사를 통해 거래가 이루어진 미국 달러화의 현물환매매 중 익익영업일 결제거래에서 형성되는 환율과 그 거래량을 가중평균하여 산출되는 시장평균환율을 말한다.

2. 현찰매매율

현찰매매율은 외화현금을 매매하는 경우에 적용되는 환율이다. 즉 현찰매매율은 외국에 나가는 경우 은행에서 달러나 기타 통화로 환전할 때 적용하는 환율이다. 은행은 대고객매매율 중 현찰매매율에 상대적으로 높은 마진(스프레드)을 적용하는데, 기본 스프레드는 매매기준율 대비 약 1.5% 정도이다.

외화현금을 매매하는 경우 거래대상이 되는 외화현금의 보관비용, 운송비용이 소요되고 외화자산의 운용 측면에서 외화현금시제액은 비수익적이기 때문에 이러한 위험부담과 손실 보전을 고려하여 결정한다. 일반적으로 현찰매도율과 매입율은 외국환은행 대고객매매율의 최고율과 최저율 사이가 된다.

3. 여행자수표 매매율

여행자수표 매매율(TC : Traveler's Check rate)은 해외여행자가 현금 대신 사용할 수 있어 여비 휴대의 편의를 도모하고, 현금을 지참함으로써 발생하는 위험을 방지하기 위해 사용하는 여행자수표를 환전할 경우 적용된다. 은행이 발행하는 수표 형식을 취하며 현금과 똑같이 취급되며 본인만 사용이 가능하다.

여행자수표는 은행, 백화점, 호텔 등 일부 매장에서 사용가능하며, 2020년 초에 발발한 코로나19의 여파로 해외여행수요가 급락하면서 아멕스 측이 대한민국의 은행들에 여행자수표 취급 중단을 요청하여 2020년 6월 30일을 마지막으로 여행자수표를 더 이상 발행하지 않으면서 구시대의 유물로 전락하고 말았다.

4. 전신환매매율

전신환매매율(T/T : Telegraphic Transfer rate)은 현금이 아니라 전신환으로 거래되는 경우로서 실제 현금의 유출입이 아닌 전산상의 숫자로만 처리된다. 따라서 자금결제기간에 따른 금리요소가 개입되지 않은 당·타발 송금, 수입어음 결제, 외화예금 입출금, 수출환어음 매입, 외화수표 매입 등의 거래에 적용된다.

전신환매매율은 외환을 전신으로 결제하거나 자산이나 채권이 통화로 즉시 전환될 수 있는 경우에 적용되며 기본 스프레드는 매매기준율 대비 약 1% 정도이다. 이때 자금결제가 1일 이내에 이루어지므로 환어음의 우송기간에 금리요인이 개입되지 않아 순수한 대고객환율이 되며, 대고객매매의 기준매매율이 된다.

❙그림 2-11❙ 대고객환율의 구조(미국 달러화)

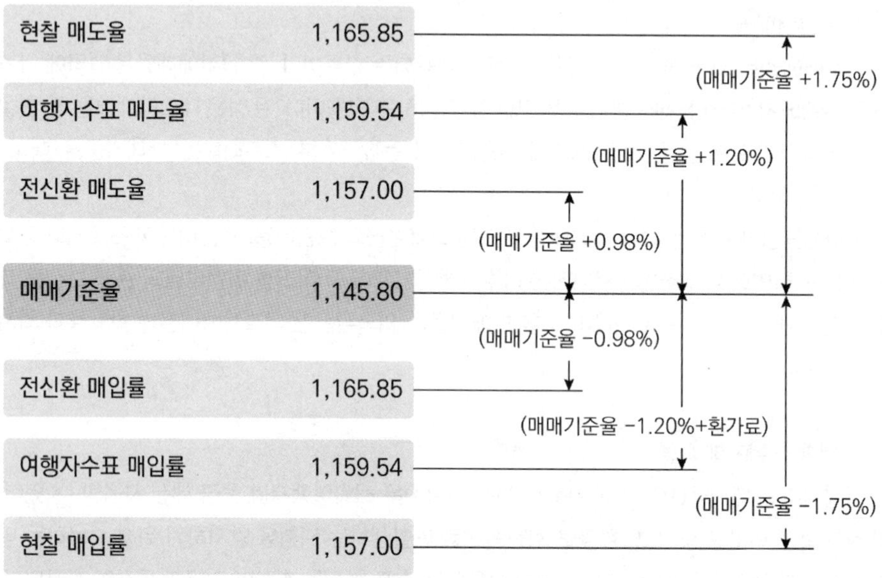

주 : 2013년 6월 20일 14시 18분에 A은행에서 고시한 환율임.

보론 2-3 국제수지표

국제수지는 한 나라가 일정기간에 다른 나라와 행한 경제적 거래를 체계적으로 분류한 것을 말하고, 이를 표로 나타낸 것을 국제수지표라고 한다. 경제활동의 본거지가 어디에 있는가 하는 점이 분류의 중요한 기준이 된다. 또한 모든 재화 및 용역의 거래, 국가간의 이전거래, 자본거래 등 모든 거래를 포함한다.

우리나라의 국제수지표는 한국은행이 국제통화기금의 국제수지매뉴얼에 의거하여 매월 작성하여 공표하며 통계작성과 관련된 조사대상, 조사방법 등은 한국은행 통계전용 홈페이지인 경제통계시스템에 수록하고 있다. 국제수지표는 거래의 특성에 따라 크게 경상수지, 자본수지, 금융계정, 오차 및 누락으로 구분된다.

1. 경상수지

경상수지에는 상품거래, 서비스거래, 본원소득거래, 이전소득거래에 따른 수입과 지출이 기록된다. 경상수지는 국민경제의 산업생산, 고용, 국민소득 등에 큰 영향을 미치기 때문에 일국의 대외경쟁력을 측정하는 척도로서 중시되고 있다. 경상수지는 상품수지, 소비스수지, 본원소득수지, 이전소득수지로 구분된다.

2. 자본수지

자본수지(capital account)는 거주자와 비거주자간에 발생하는 자본이전과 비생산·비금융자산으로 구분된다. 자본이전에는 자산소유권의 무상이전, 채권자에 의한 채무변제 등이 기록된다. 한편 비생산·비금융자산에는 브랜드네임, 상표 등 마케팅 자산과 기타 양도가능한 무형자산 등의 취득과 처분이 기록된다.

3. 금융계정

금융계정에는 민간기업, 금융회사, 정부, 통화당국 등 모든 거주자의 대외금융자산과 부채의 변동이 기록된다. 금융계정은 투자성격에 따라 경영참여를 목적으로 하는 직접투자, 투자수익을 목적으로 하는 증권투자, 파생금융상품, 기타투자, 외환보유액의 거래에 의한 증감을 기록하는 준비자산증감으로 구분된다.

4. 오차 및 누락

국제수지표는 무역통계, 외환수급통계 등 기초통계 계상시점 및 오류, 평가방법 차이, 통계작성의 과정에서 보고 잘못 및 누락으로 차변의 합계와 대변의 합계가 일치하지 않는다. 오차 및 누락은 이러한 불일치를 말하며, 모든 대외거래를 기록한 후 사후적으로 계산하여 차변의 합계와 대변의 합계를 일치시킨다.

국제수지표는 모든 경상거래 및 금융거래의 결과를 사후적으로 복식부기의 원리에 의해 기록하므로 항상 차변(외환의 지급)의 합계와 대변(외환의 수취)의 합계가 일치하는 항등관계가 성립한다. 반면에 국제수지의 균형은 경상거래 및 금융거래로 발생하는 외환의 수요와 공급이 사전적으로 일치하는 상태를 말한다.

한 국가의 국제수지는 균형을 이루는 것이 바람직하다. 지출이 수입보다 많으면 국가의 보유외화가 고갈되고 긴급한 재화마저 수입할 수 없어 경제가 파탄에 이를 수 있기 때문이다. 한편 수입이 지출보다 많은 경우도 바람직하다고 볼 수 없는데, 이것은 수출재화가 제값을 받지 못하고 싸게 수출되었기 때문이다.

▌그림 2-12▐ 국제수지표의 구성

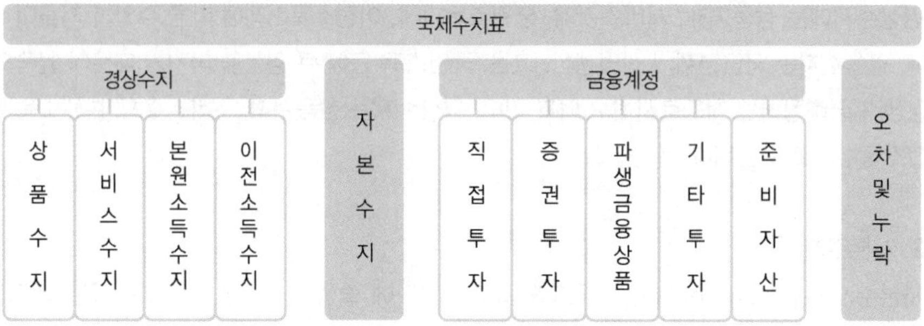

• 핵심요약 •

제1절 외환시장의 개요

1. 외환의 정의 : 외화로 표시되어 있는 채권과 채무를 결제하는 수단
2. 외환거래의 방법 : 자금을 지급하는 송금환, 자금을 수령하는 추심환
3. 외환시장의 정의 : 외환을 다른 통화표시 외환으로 교환하는 매매시장
4. 외환시장의 기능 : 구매력 이전, 거래의 청산, 국제수지 조절, 외환위험 대처
5. 외환시장의 특징 : 범세계적 시장, 24시간 시장, 장외시장, 제로섬시장, 도매시장, 이중가격시장, 금융거래시장
6. 외환시장의 거래
   외환시장의 결제는 유럽은행 중심으로 벨기에 브뤼셀에 설치된 SWIFT 이용
7. 외환시장의 구조 : 외환거래의 성격에 따라 대고객시장과 은행간거래
8. 외환시장의 참가자 : 고객, 비은행금융기관, 외국환은행, 외환중개인, 정부

제2절 환율의 개요

1. 환율의 정의 : 두 나라 통화간 교환(매매)비율
2. 환율의 표시방법

(1) 자국통화표시법 : 외국통화 한 단위당 자국통화 단위수로 표시, 직접표시법

(2) 외국통화표시법 : 자국통화 한 단위당 외국통화 단위수로 표시, 간접표시법

3. 환율의 종류

(1) 외환거래의 성격 : 현물환율, 선물환율, 스왑레이트

(2) 통화가치의 평가 : 명목환율, 실질환율, 실효환율

(3) 환율의 고시방법 : 매입환율, 매도환율

(4) 환율의 변동여부 : 고정환율, 변동환율

(5) 외환거래 상대방 : 대고객환율, 은행간환율

(6) 환율의 계산방법 : 기준환율, 교차환율, 재정환율

4. 환율의 변동 : 특정 통화의 다른 통화에 대한 상대적 가치의 변화

<table>
<tr><th>환율하락(평가절상)</th><th>환율상승(평가절하)</th></tr>
<tr><td colspan="2">$1 = ₩1,100 ← $1 = ₩1,200 → $1 = ₩1,300</td></tr>
<tr><td>수출감소, 수입증가
국내경기 침체가능성
외채부담의 감소
국제수지의 악화</td><td>수출증가, 수입감소
물가상승 발생가능성
외채부담의 증가
국제수지의 개선</td></tr>
</table>

5. 환율의 변동요인

(1) 중장기 요인 : 물가수준, 생산성, 대외거래, 거시경제정책, 중앙은행 개입

(2) 단기적 요인 : 시장참가자 기대, 주요국 환율변동, 각종 뉴스, 외국환포지션

제3절 외환거래의 형태

1. 결제시점에 따른 분류 : 현물환거래, 선물환거래, 스왑거래
2. 거래목적에 따른 분류 : 헤징거래, 투기거래, 차익(재정)거래

제4절 외환위험의 관리

1. 환포지션의 개요

(1) 환포지션의 정의

일정시점에 외환거래 당사자가 보유한 외화표시자산과 부채의 차액

(2) 환포지션의 종류 : 스퀘어포지션 VS 오픈포지션

2. 환위험의 개요

(1) 환위험의 정의

예상하지 못한 환율변동으로 순외화자산 가치가 변동할 가능성의 정도

(2) 환위험의 관리 : 환위험은 환율의 변동성과 환노출의 크기에 의해 결정

(3) 환노출의 유형 : 회계적 환노출, 거래적 환노출, 경제적 환노출

3. 환노출의 관리체계

(1) 회계적 환노출의 관리 : 환노출에 대한 사후적 관리로서 단기적 성격

① 내부적 관리기법 : 자산부채관리, 상계, 매칭, 리딩과 래깅, 가격정책, 결제통화의 조정, 환차손준비금

② 외부적 관리기법 : 단기금융시장, 통화선물, 통화옵션, 통화스왑, 외환스왑, 팩터링, 할인

(2) 경제적 환노출의 관리

미래현금흐름 순가치를 극대화하기 위한 사전적 관리로서 장기적 성격

① 장기경영전략

② 마케팅전략 : 시장선택, 가격정책, 유통경로, 제품개발

③ 생산관리전략 : 납품업체 이전, 생산기지 이전, 생산성의 향상

④ 인사관리전략 : 인력관리, 조직관리

⑤ 재무관리전략

4. 환노출의 관리체제 : 집중관리체제, 분산관리체제, 혼합관리체제

연·습·문·제

1 **다음 중 외환시장에 대한 설명으로 옳지 않은 것은?**

① 외환에 대한 초과공급이 발생하면 국내화폐의 가치가 상승한다.

② 달러당 환율이 1,000원에서 1,200원으로 변하면 원화의 가치가 하락한 것이다.

③ 국제수지가 흑자이면 외환시장에서 외환의 초과공급이 발생하고 균형환율이 더 낮아진다.

④ 외국인이 달러를 가지고 국내주식을 매입하면 원화에 대한 수요가 증가하여 원/달러 환율이 상승한다.

⑤ 외환시장에서 달러에 대해 초과수요가 발생하면 달러의 가치가 상승한다.

| **해설** | 외국인이 달러를 가지고 국내주식을 매입하면 달러화에 대한 공급이 증가하여 원화의 가치가 상승하므로 환율은 하락한다.

2 **다음 중 외환의 공급이 증가하는 경우는?**

① 해외투자가 증가할 때 ② 외채상환이 증가할 때

③ 수출품의 국제가격이 상승할 때 ④ 수입품의 국내수요가 증가할 때

⑤ 수출품의 외국수요가 감소할 때

| **해설** | 외환의 공급증가를 가져오는 요인은 수출증가, 외채도입, 자본유입 등이 있다. 보기 ①, ②, ④는 외환의 수요를 증가시키는 요인, 보기 ⑤는 외환의 공급을 감소시키는 요인에 속한다.

3 **미국의 달러당 환율이 1,000원에서 950원으로 하락했을 경우에 다음 중 옳지 않은 것은?**

① 환율이 하락하였다. ② 달러의 가치가 하락하였다.

③ 원화의 가치가 절상되었다. ④ 수출물량이 감소할 것이다.

⑤ 교역조건이 악화되었다.

| **해설** | 1달러의 가격이 하락했으므로 달러의 가치가 하락하고 원화의 가치가 상승하였다. 이때 수출물량은 줄 것이다. 또한 교역조건은 수출재/수입재의 가격비율을 나타내므로 원화의 가치가 상승하면 교역조건은 호전된다.

4 **모든 다른 조건이 일정할 때, 다음 중 국내통화 가치를 상승시키는 것은?**

① 국내기업이 해외에 생산공장을 설립한다.

② 외국인들이 보유한 국내주식을 매각한다.

③ 수입자동차에 대한 관세가 인하된다.

④ 정부가 외국산 전투기를 대규모로 구매한다.

⑤ 금융통화위원회가 기준금리 인상을 단행한다.

| 해설 | 외환에 대한 수요가 증가하면 환율이 상승하여 국내통화의 가치는 하락한다.

① 국내기업이 해외에 생산공장을 설립하기 위해서는 필요한 자금을 가지고 나가야 하므로 외환에 대한 수요가 증가한다.

② 외국인들이 보유한 국내주식을 매각하면 그 매각대금을 본국으로 가지고 나갈 것이므로 외환에 대한 수요가 증가한다.

③ 수입자동차에 대한 관세가 인하되어 외국산 자동차의 수입이 증가하는 경우 외환에 대한 수요가 증가한다.

④ 정부가 외국산 전투기를 대규모로 구매하는 경우에도 외환에 대한 수요가 증가한다.

⑤ 기준금리가 인상되면 해외에서 자본유입이 이루어지므로 외환의 공급이 증가하여 환율이 하락한다. 즉 국내통화의 가치가 상승한다.

5 **다음 중 환율에 대한 설명으로 적절한 것은?**

① 원/달러 환율은 미국재화의 가격을 한국재화의 가격으로 나눈 것이다.

② 1달러당 원화의 교환비율이 상승하면 원화는 평가절상된다.

③ 원/달러 환율이 상승하면 미국에 수출하는 국내제품의 가격경쟁력이 떨어진다.

④ 명목환율의 상승률은 외국물가의 상승률에서 국내물가의 상승률을 뺀 값에 실질환율의 상승률을 더한 값과 같다.

⑤ 빅맥(Big Mac) 햄버거의 한국 판매가격이 3,000원이고 미국은 2달러이다. 실제환율이 1,000원/달러라면, 환율은 원화의 구매력을 과대평가하고 있다.

| 해설 | ① 원/달러 환율은 한국재화의 가격을 미국재화의 가격으로 나눈 값이다.

② 1달러당 원화의 교환비율이 상승하면 1달러를 받기 위해 더 많은 원화를 지불해야 하므로 원화의 평가절하가 이루어진다.

③ 원/달러 환율이 상승하면 달러로 표시한 수출품의 가격이 더 저렴해지므로 미국에 수출하는 국내재화의 가격경쟁력은 높아진다.

④ 명목환율의 상승률은 국내물가상승률에서 해외물가상승률을 뺀 값으로 나타낼 수 있다.

⑤ 빅맥지수 = 3,000 / 2 = 1,500 실제 환율은 달러당 1,000원이므로, 원화의 구매력을 과대평가하고 있다.

6 **다음 중 환율에 대한 설명으로 옳지 않은 것은?**

① 변동환율제도에서 원/달러 환율이 950원에서 900원으로 변하면 원화가 평가하락한 것이다.
② 외환시장에서 달러화의 초과수요가 발생하면 원화의 가치가 하락할 것이다.
③ 외환시장에서 달러화의 초과공급이 발생하면 환율이 하락할 것이다.
④ 고정환율제도에서 환율을 상승시키면 자국화폐를 평가절하시킨 것이다.
⑤ 원/달러 환율이 950원에서 1,000원으로 변하면 국내제품의 가격경쟁력이 향상된 것이다.

| **해설** | 원/달러 환율이 하락하면 원화의 가치가 상승한 것이다.

7 **다음 중 환율에 대한 설명으로 옳지 않은 것은?**

① 다른 조건이 일정할 때 명목환율이 상승하면 실질환율도 상승한다.
② 실질환율이 상승하면 교역조건은 오히려 악화된다.
③ 국내물가가 상승하면 실질환율이 하락한다.
④ 실질환율이 상승하면 상대적으로 국내에서 생산한 재화가 비싸진다.
⑤ 실질환율이 상승하면 수출이 증가한다.

| **해설** | 실질환율은 외국재화 1단위와 교환되는 국내재화의 수를 나타내어 실질환율이 상승했다는 것은 국내재화의 상대가격이 하락했음을 뜻한다. 따라서 실질환율의 상승은 수출이 증가하여 국내에서 생산된 재화가격의 하락, 즉 교역조건의 악화를 의미한다.

8 **다음 중 자국통화로 표시한 환율에 대한 설명으로 옳지 않은 것은?**

① 통화론자에 의하면 자국의 소득증가는 화폐수요를 증가시켜 환율이 하락한다.
② 통화론자에 의하면 자국이자율 상승은 화폐수요를 감소시켜 환율이 상승한다.
③ 케인즈학파에 의하면 자국의 소득증가는 수입을 증가시켜 환율이 하락한다.
④ 케인즈학파에 의하면 자국이자율 상승은 자본유입을 증가시켜 환율이 하락한다.
⑤ 자국의 통화량 증가가 환율을 상승시킨다는 점에 대해서는 통화론자와 케인즈학파의 의견이 일치한다.

| **해설** | 자국의 국민소득이 증가하면 수입이 증가한다. 수입이 증가하면 외환의 수요가 증가하여 환율이 상승한다.

9 **2021년 미국의 물가상승률은 3%이고 한국의 물가하락률은 5%이며 대미명목환율이 7% 하락했다고 가정할 경우 대미실질환율은 어떻게 변동하였는가?**

① 1% 상승 ② 1% 하락
③ 5% 상승 ④ 5% 하락

| 해설 | 한국의 물가가 5% 하락하면 한국에서 생산된 재화가격이 상대적으로 5% 하락한다. 미국의 물가가 3% 상승하면 한국에서 생산된 재화의 가격이 상대적으로 3% 하락한다. 한편, 명목이자율이 7% 하락하면 한국에서 생산된 재화의 상대가격이 7% 상승하여 한국에서 생산된 재화의 상대가격이 1% 하락하고 실질환율은 1% 상승한다.

10 **우리나라와 미국의 인플레이션율이 각각 4%, 5%이고, 달러화 대비 원화가치가 하락하여 명목환율이 8% 상승할 경우에 달러화 대비 원화의 실질환율은 어떻게 변동하겠는가?**

① 1% 상승 ② 4% 상승
③ 9% 상승 ④ 3% 하락
⑤ 7% 하락

| 해설 | 국내물가가 4% 상승하면 국내에서 생산된 재화가격이 4% 상승하고, 미국물가가 5% 상승하면 미국에서 생산된 재화가격이 5% 상승한다. 한편, 명목환율이 8% 상승하면 국내에서 생산된 재화의 상대가격이 8% 하락한다. 양국의 물가상승률 차이로 인해 미국에서 생산된 재화의 상대가격이 1% 상승하고, 명목환율의 변화로 인해 국내에서 생산된 재화의 상대가격이 8% 하락하여 전체적으로 보면 국내에서 생산된 재화의 상대가격은 9% 하락한다. 즉 실질환율은 9% 상승한다.

11 **국내물가가 4% 상승하고 외국물가가 6% 상승했으며 명목환율이 10% 하락한 경우에 실질환율의 하락 정도는? (단, 명목환율은 외국화폐 단위당 자국화폐의 교환비율이다.)**

① 4% ② 6%
③ 8% ④ 10%
⑤ 12%

| 해설 | 실질환율 $\epsilon = \frac{e \times P_f}{P}$ 을 증가율로 나타낸 후 문제에 주어진 수치를 대입하면 실질환율 변화율은 -8%이다. $\frac{d\epsilon}{\epsilon} = \frac{de}{e} + \frac{dP_f}{P_f} - \frac{dP}{P} = -10\% + 6\% - 4\% = -8\%$

12 **원화와 엔화가 달러화에 비해 모두 강세를 보이고 있다. 그런데 원화의 강세가 엔화에 비해 상대적으로 더 강하다고 할 때 나타나는 현상에 대한 설명으로 옳지 않은 것은?**

① 일본에 여행하는 우리나라 관광객의 부담이 줄어들었다.

② 미국이 한국과 일본에서 수입하는 제품의 가격이 상승하였다.

③ 일본산 부품을 사용하는 우리나라 기업의 생산비용은 증가하였다.

④ 미국에 수출하는 우리나라 제품의 가격경쟁력은 일본에 비해 떨어졌다.

⑤ 엔화표시 채무를 가지고 있는 우리나라 기업의 원리금 상환부담은 감소하였다.

| **해설** | 원화와 엔화를 비교하면 원화가 더 강세라 할 수 있다. 따라서 일본으로부터 수입품의 원화가격은 더 저렴해진다. 이때 일본산 부품을 사용하는 우리나라 기업의 생산비용은 감소한다.

13 **다음 중 현재 원화의 대달러 환율(원/달러)에 미치는 효과가 다른 것은?**

① 국내 물가수준의 상승

② 미국인들의 소득감소

③ 미국 국채이자율의 상승

④ 국산 스마트폰에 대한 미국인들의 수요증가

⑤ 국내 항공사들의 미국산 항공기에 대한 수요증가

| **해설** | ① 국내 물가수준이 상승하면 국내에서 생산된 재화가 상대적으로 비싸져 순수출이 감소하여 환율이 상승한다.

② 미국인들의 소득이 감소하면 우리 기업들의 대미수출이 감소하여 외환공급이 감소하여 환율이 상승한다.

③ 마국 국채이자율이 상승하면 자본유출로 인해 외환수요가 증가하여 환율이 상승한다.

④ 국산 스마트폰에 대한 미국인들의 수요증가로 수출이 증가하면 외환공급이 증가하여 환율이 하락한다.

⑤ 국내항공사의 미국산 항공기에 대한 수요가 증가하면 와환수요가 증가하여 환율이 상승한다.

14 **다음 중 외환시장과 금융시장을 통하지 않고 기업이 내부적으로 활용할 수 있는 환리스크 관리기법으로 옳지 않은 것은?**

① 리딩과 래깅　　② 네팅(netting)

③ 통화옵션　　④ 매칭(matching)

| **해설** | 내부적 기법은 환위험을 관리하기 위해 기업이 사용하는 헤지기법 중 기업 외부기관과의 거래나 계약없이 기업 스스로 환위험을 낮추거나 회피할 수 있는 방법을 말하며 여기에는 리딩과 래깅, 네팅(상계), 매칭, 결제통화조정, 자산부채관리(ALM) 등이 있다.

15 다국적기업의 사내거래뿐만 아니라 제3자와의 거래에도 이용할 수 있는 대내적 환노출의 관리방법으로 통화별로 현금흐름의 수급금액 및 시기를 의도적으로 일치시키는 방법을 무엇이라고 하는가?

① 리딩(leading) ② 래깅(lagging)
③ 매칭(matching) ④ 상계(netting)

| 해설 | 매칭에 대한 설명이다. 리딩과 래깅은 결제시기를 앞당기거나 늦추는 기법을 말하며, 네팅은 채권과 채무를 서로 상계한 후 남는 순포지션만 수수하는 방법을 말한다.

16 약세통화국의 기업이 강세통화로 표시된 부채를 가지고 있는 경우에 약세통화의 가치가 더 하락하기 전에 외화부채를 가급적 빨리 지급하는 것을 무엇이라고 하는가?

① 네팅(netting) ② 리딩(leading)
③ 래깅(lagging) ④ 프로팅론(fronting loan)

| 해설 | 수취포지션 또는 지급포지션을 환율변동에 따라 수취시기와 지급시기를 앞당기거나 늦출 수 있는데 이를 리딩(leading)과 래깅(lagging)이라고 한다. 앞당기는 것을 리딩, 늦추는 것을 래깅이라고 한다.

17 다음 중 외부의 금융기관을 통하지 않고서도 활용할 수 있는 내부적 환위험 관리기법에 해당하지 않은 것은?

① 자산부채관리(ALM) ② 통화스왑(currency swap)
③ 상계(netting) ④ 리딩과 래깅(leading & lagging)

| 해설 | 선물환, 통화선물, 통화옵션, 통화스왑 등은 환위험의 외부적 관리기법에 해당한다. 내부적 관리기법에는 네팅, 매칭, 리딩과 래깅, 자산부채관리, 결제통화변경 등이 있다.

18 다음 중 환리스크의 크기를 결정하는 가장 중요한 요인에 해당하는 것은 어느 것인가?

① 기업의 규모 ② 환율의 절대적 수준
③ 외환익스포져의 크기 ④ 부채비율

| 해설 | 환리스크의 크기를 결정하는 3가지 요인은 외환 익스포져의 크기, 환율의 변동성, 외화자산 또는 외화부채의 보유기간이다.

19 **다음 중 환율의 변동으로 인해 기업의 미래현금흐름의 현재가치로 표시할 수 있는 기업가치가 변동할 가능성을 지칭하는 것은?**

① 거래환위험 ② 환산환위험

③ 영업환위험 ④ 총체적 환위험

| 해설 | 환위험은 거래환위험, 환산환위험, 영업환위험으로 구분된다. 거래환위험은 경상거래나 자본거래의 계약시점과 결제시점의 환율의 차이로 발생하는 위험을 말한다. 환산환위험은 해외자회사나 지사의 재무제표를 모회사의 통화로 환산할 때 발생하는 환위험을 말한다. 영업환위험은 예상하지 못한 환율의 변화로 미래 판매량, 판매가격, 매출원가 등에 영향을 미쳐 기업가치가 변동할 가능성을 말한다.

20 **다음 중 영업환위험(경제적 환위험)을 관리하기 위한 가장 효과적인 방안은 어느 것인가?**

① 선물환을 통한 헤징

② 금융시장을 통한 헤징

③ 통화옵션을 통한 헤징

④ 영업 및 자금조달원의 국제적 분산

| 해설 | 영업환위험을 관리하는 가장 효율적인 방법은 영업활동을 다변화하여 분산효과를 도모하는 것이다. 즉 수출시장, 수입선, 차입통화, 생산거점 등을 다변화할 경우 환율이 변동하더라도 손실과 이익이 서로 상쇄되어 기업가치를 안정적으로 유지할 수 있다.

21 **다음 중 거래적 환노출에 대한 헤지방법을 연결한 것으로 가장 적절하지 않은 것은?**

① 달러 롱 포지션 – 선물환 달러매입

② 달러 현금유출 – 달러 콜옵션매입

③ 달러 수출대금 수취예정 – 달러 풋옵션매입

④ 만기도래하는 달러장기차입금 – 선물환 달러매입

| 해설 | 미래에 달러 현금유입이 있을 경우 달러 롱 포지션을 가지며 달러 풋옵션을 매입하거나 선물환 달러매도를 통해 헤지된다. 그리고 미래에 달러 현금유출이 있을 경우 달러 숏 포지션을 가지며 달러 콜옵션을 매입하거나 선물환 달러매입을 통해 헤지한다.

22 **한국에서 제품을 생산하여 미국에 수출하는 기업에서 달러가치가 장기적으로 하락할 것으로 예상될 때 환위험에 대응하는 방법으로 적절하지 않은 것은?**

① 생산의 전부 또는 일부를 미국으로 이전한다.

② 부품이나 원자재를 미국에서 조달한다.

③ 미국 이외의 시장으로 판매를 다변화한다.

④ 미국시장 판매가격을 낮추는 등 미국시장 판매확대를 위해 노력한다.

| 해설 | 한국에서 제품을 생산하여 미국시장에 수출하는 기업은 달러가치가 하락하면 불리한 영향을 받게 된다. 이러한 영향에 대처하려면 미국시장 매출의 비중을 줄이거나 미국에서 생산이나 부품조달 등 미국 달러화 표시의 현금유출을 증가시키면 불리한 영향을 완화할 수 있다. 미국시장의 판매를 늘리는 것은 달러가치 하락의 불리한 영향을 더욱 커지게 한다.

23 **한국에서 제품을 생산하여 미국에 수출하는 기업의 환노출에 대해서 설명한 것으로 적절하지 않은 것은?**

① 미국에 수출하는 기업은 달러 롱 포지션의 환노출을 가지고 있다.

② 직접투자를 통해서 미국에서 생산하면 환노출은 오히려 증가한다.

③ 달러 차입을 증가시키면 환노출은 감소한다.

④ 원자재를 미국에서 조달하면 환노출은 감소한다.

| 해설 | 한국에서 제품을 생산하여 미국에 수출하는 기업의 환노출은 달러의 현금유입을 가진 영업구조로 달러 롱 포지션에 있다. 달러의 현금유출을 가져오는 변화는 환노출을 감소시키는 반면에 달러의 현금유입을 가져오는 변화는 환노출을 증가시킨다. 미국에 직접투자하여 제품을 생산하거나 달러 차입의 증가, 원자재의 미국에서 조달 등은 모두 달러의 현금유출을 가져오는 변화로서 제품을 수출하는 기업의 환노출을 줄이게 된다.

24 **한국의 공장에서 제품을 생산하여 미국에 수출하는 기업이 환노출을 지나친 것으로 판단하여 환노출을 줄이기 위한 대책을 수립하려고 한다. 이 기업의 환노출 유형과 대책을 맞게 연결한 것은?**

① 달러 매입포지션 – 미국시장 매출 증가에 노력

② 달러 매입포지션 – 미국에 현지공장 설립

③ 달러 매도포지션 – 달러 차입의 증대

④ 달러 매도포지션 – 미국 현지의 아웃소싱 확대

| 해설 | 기업이 환노출에 노출되면 기업의 이익과 가치가 환율변동에 영향을 받는다. 환율이 상승하면 매입포지션에는 긍정적 영향을 미치고, 매도포지션에는 부정적 영향을 미친다. 문제의 기업은 한국에서 제품을 생산하여 미국에 수출하고 있기 때문에 매입포지션을 가지고 있으

며 환율상승에 긍정적 영향을 받는다. 따라서 매입포지션의 환노출을 줄이기 위해서는 매도 포지션을 만들어야 한다. 즉 달러의 현금유출을 증가시키는 대책이 필요하다. 이를 위해서는 미국 현지에 공장설립을 통한 미국에서 생산증대, 미국에서 아웃소싱, 달러 차입 등의 방법을 고려해 볼 수 있을 것이다.

25 **일본에서 원자재를 수입하여 가공해서 미국시장에 완제품을 수출하는 기업이 달러가치가 하락하고 엔화가치가 상승할 것으로 예상되는 상황에서 취할 대안이라고 할 수 없는 것은?**

① 달러표시 수출대금의 외상기간을 늘린다.

② 수입대금의 표시통화를 현재의 환율수준으로 엔화에서 달러로 바꾸어 달라고 요구한다.

③ 엔화표시 수입대금의 외상기간을 연장한다.

④ 원자재 공급자를 일본에서 미국으로 바꾼다.

| 해설 | 예상되는 환율변동에 따라 영업상 발생하는 계약의 외상기간 연장이나 단축, 거래결제통화나 공급업자를 변경할 수 있다. 외화지급거래시 강세통화는 외상기간을 줄이고 약세통화는 늘린다. 외화수취거래시 강세통화는 외상기간을 늘리고 약세통화는 줄인다. 그리고 가격조건에 영향을 미치지 않는다면 외화지급거래의 결제통화는 약세통화로, 외화수취거래의 결제통화는 강세통화로 변경을 요구할 수 있다. 또한 원자재의 공급업자도 약세통화국의 기업으로 변경하는 것도 고려해 볼 수 있다.

26 **환율변동에 대한 예측을 기업의 의사결정에 반영하는데 공격적 입장과 방어적 입장으로 구분할 수 있다. 다음 중 공격적 입장에 있는 설명은 어느 것인가?**

① 통화가치가 장기적으로 하락할 것으로 예상되는 나라에 생산을 집중하도록 투자한다.

② 생산시설을 주요 시장국에 분산하여 배치한다.

③ 환율예측을 신뢰하지 않고 의사결정에 크게 반영하지 않는다.

④ 제품판매를 지역적으로 다변화한다.

| 해설 | 환율변동의 예측에 대해서 공격적인 입장은 환율예측을 적극적으로 의사결정에 반영하는 반면에 방어적인 입장은 환율예측을 의사결정에 반영하지 않고 제품의 생산과 판매를 여러 나라에 다각화하는 의사결정을 하는 것을 말한다.

27 **다음 중 환율전망에 따른 국제자금관리 방안으로 옳지 않은 것은?**

① 약세통화국에 소재한 자회사로의 송금시기를 앞당긴다.

② 약세통화국에 소재한 자회사로의 수출이전가격을 가능한 높게 책정한다.

③ 약세통화를 강세통화로 전환하는 선물환계약을 체결한다.

④ 약세통화국에 소재한 자회사의 배당성향을 증가시킨다.

| 해설 | 약세통화를 가능하면 보유하지 않은 것이 좋다.

① 약세통화국에 소재한 자회사로의 송금시기를 앞당기면 그만큼 약세통화를 오랫동안 보유하는 것이 된다.

② 약세통화국에 소재한 자회사로의 수출이전가격을 높이면 약세통화국에 있는 자금이 모회사로 이전하게 된다.

③ 약세통화를 강세통화로 전환하는 선물환계약을 체결하면 자금이전은 발생하지 않았지만 약세통화 환율하락 이전에 환율을 고정시키는 효과를 가져온다.

④ 약세통화국에 소재한 자회사의 배당성향을 높이면 약세통화국에 있는 자금이 모회사로 이전하게 된다.

28 **(주)한국기업은 달러화가치가 상승할수록 기업가치가 상승하는 경제적 환노출을 가지고 있다. 다음 중 (주)한국기업의 환위험 관리방법으로 가장 적절하지 않은 것은?**

① 미국에 생산공장을 설립한다. ② 수출국가를 다변화한다.

③ 달러 선물환 매입헤지를 한다. ④ 달러화표시 부채를 늘린다.

| 해설 | (주)한국기업은 달러매입포지션에 있기 때문에 헤지거래는 매도포지션이어야 한다. 따라서 선물환계약의 경우 매도헤지를 해야 한다. 경제적 환노출은 장기적이고 대규모이기 때문에 파생상품과 같은 계약에 의한 헤지거래가 어렵다.

29 **영업구조상 과도한 달러 매입포지션을 가진 기업이 환노출을 줄이기 위해 사용할 수 있는 방법이 아닌 것은?**

① 달러화 표시 채권발행으로 차입

② 미국에 제품생산 공장의 설립

③ 미국에서 원자재조달 비중의 확대

④ 미국시장 판매증대를 위한 노력

| 해설 | 영업구조상 과도한 달러 매입포지션을 가진 기업은 달러가치가 하락할 경우 손실이 발생할 가능성이 높다. 이러한 매입포지션을 줄이기 위해서는 달러화 표시 부채의 증가, 미국에 직접투자의 증대, 미국에서 원자재 조달 등으로 달러화 표시 비용증가의 방법을 사용할 수 있다. 미국시장에 판매증대는 달러 매입포지션을 더욱 크게 만들 수 있기 때문에 달러화 매입포지션을 축소하는 대안이라고 할 수 없다.

30 **한국에서 제품을 생산하여 미국에 수출하는 기업이 달러 환노출을 줄이는데 효과적인 방법이라고 할 수 없는 것은?**

① 미국의 자회사에 보다 많은 자금을 대여한다.
② 미국에 해외직접투자로 공장을 설립한다.
③ 미국에서 부품과 원자재 조달비중을 늘린다.
④ 달러화 차입을 늘린다.

| 해설 | 한국에서 제품을 생산하여 미국에 수출하는 기업은 달러매입포지션에 있어 환노출을 효과적으로 줄이려면 달러로 현금유출(매도포지션)이 발생해야 한다. 달러 현금유출이 발생하려면 미국에서 제품을 생산하거나 미국에서 조달되는 부품이나 원자재의 비중을 높이고 달러 차입을 하는 것도 달러매도포지션을 만드는 효과적인 방법이다. 그러나 미국 자회사에 달러를 대여하는 것은 달러매입포지션을 더욱 크게 만들기 때문에 효과적인 방법이 아니다.

정답

1. ④	2. ③	3. ⑤	4. ⑤	5. ⑤	6. ①	7. ④	8. ③	9. ①	10. ③
11. ③	12. ③	13. ④	14. ③	15. ③	16. ②	17. ②	18. ③	19. ③	20. ④
21. ①	22. ④	23. ②	24. ④	25. ③	26. ①	27. ①	28. ③	29. ④	30. ①

C·h·a·p·t·e·r 03

국제통화제도

국제통화제도는 금본위제도, 브레튼우즈체제를 거쳐서 변동환율제도로 이행되었다. 국제통화제도가 고정 및 변동을 반복하는 까닭은 환경이 변화되면서 기존의 제도가 새로운 환경에 부합되지 않았기 때문이다. 따라서 국제통화제도가 효율적이고 성공적으로 정착되려면 기본적으로 안정성과 유동성을 확보할 수 있어야 한다.

제1절 국제통화제도의 개요

1. 국제통화제도의 정의

국제통화제도는 세계무역 및 금융환경의 변화에 맞추어 제2차 세계대전 직후 금본위제도와 고정환율제도를 근간으로 성립되었던 브레튼우즈체제가 1960년대 후반 달러위기로 붕괴되고 1970년대 초반 변동환율제도로 이행되었다. 최근에 국제통화제도의 문제점 및 금융체제를 개편하기 위한 논의가 활발히 진행되고 있다.

국제통화제도는 국가간 상품 및 서비스의 이동이나 자본이동에 수반되는 국가간 결제를 원활히 하기 위한 국제유동성의 적정한 공급, 각국의 환율안정 그리고 국제수지의 조정기능 등을 수행하면서 국제무역의 균형적 확대와 국제자본의 원활한 이동을 지원하는 국제적인 통화제도 및 결제메커니즘을 말한다.

국제통화제도는 각국의 대내균형과 상충되는 경우가 많은 각국의 경제정책 목표와 대내균형의 조화를 도모하여 국가간의 교역확대와 균형성장을 이룩함으로써 궁극적으로는 국제적인 완전고용의 달성, 실질소득의 증대, 생산자원의 개발 그리고 세계자원의 합리적 배분을 도모하는데 그 근본목적이 있다.

국제통화제도가 이러한 기능을 수행하기 위해서는 국제거래를 원활하게 뒷받침할 수 있는 결제수단을 공급하는 기능과 신속히 충격을 최소화하면서 국제수지의 불균형을 시정할 수 있는 기능을 갖추어야 한다. 국제통화제도에서는 국내화폐제도와 마찬가지로 국제적으로 통용될 수 있는 국제통화가 필요하다.

국제통화제도는 세계경제 구조변화, 국가간 이해상충, 각국의 경제력과 정치력의 성쇠에 따라 변천되어 왔다. 국내에서는 중앙은행이 발행한 통화가 법적 통용력을 가진 지불수단의 기능을 하지만 국제거래에서는 법적 통용력을 가진 지불수단은 존재하지 않으며 국제통화제도의 변천에 따라 지불수단은 변화되어 왔다.

2. 국제통화제도의 기능

국제통화제도의 성립목적은 정의에서 볼 수 있듯이 국가간 교역과 해외직접투자 등 자본이동의 원활화와 촉진이며, 이러한 목적을 달성하기 위해 국제유동성의 적절한 공급, 국제유동성의 부족사태 해결, 구조적이고 만성적인 국제수지의 불균형 조정, 국제결제통화의 신뢰도 유지 등의 기능을 수행한다.

국제통화제도의 기능은 대외결제수단을 나타내는 국제유동성의 공급과 국제수지의 조정으로 구분된다. 국제통화제도가 국제교역과 자본이동의 확대를 통해 세계의 생산자원을 합리적으로 배분하는 기능을 제공함으로써 세계경제의 성장을 촉진하기 위해서는 다음과 같은 기능을 수행할 수 있어야 한다.

첫째, 국제통화제도는 국제경제거래로 발생하는 대차가 원활하게 결제될 수 있도록 국제유동성을 적절히 공급해야 한다. 국제유동성의 부족은 국제결제를 어렵게 함으로써 국제경제거래를 제약한다. 그러나 지나친 국제유동성의 공급은 국제적 인플레이션을 유발함으로써 자원배분의 왜곡을 초래한다.

둘째, 국제통화제도는 국제교역과 자본이동에서 발생하는 이익을 거래당사국간에 공평하게 배분할 수 있어야 한다. 이를 위해서 국제통화제도는 국제수지 불균형의 시정이 어려운 경우에 신속히 충격을 최소화하면서 국제수지의 불균형을 적기에 원활하게 조정할 수 있는 제도적 장치를 갖추고 있어야 한다.

셋째, 국제통화가치는 국제적으로 신인성을 유지할 수 있어야 한다. 국제통화를 공급하는 국가가 만성적으로 국제수지적자를 보이거나 경제위기를 맞게 되면 국제통화의 신인성이 떨어져 국제통화제도가 혼란을 겪게 된다. 따라서 국제통화체제의 안정적인 유지는 국제교역의 성장에 중요한 역할을 담당한다.

넷째, 국제통화제도는 하나의 제도나 체계로서 형성·유지·관리할 수 있는 메커니즘을 갖추고 있어야 본연의 기능을 수행할 수 있다. 국제통화관계가 제한을 받지 않을 때 발생할 수 있는 혼란을 방지하고 결제수단을 공급하기 위해서는 국제통화관계를 조정하고 관리하는 관리체계가 갖추어져 있어야 한다.

제2절 국제통화제도의 유형

외환거래에서 기본이 되는 것은 환율의 결정방식에 해당하는 환율제도이다. 환율의 결정방법은 환율을 일정수준에서 고정시키는 고정환율제도와 외환시장의 수급에 의한 시장원리에 따라 환율이 변동하도록 하는 변동환율제도가 있다. 현재 대부분의 국가들은 자유변동환율제도와 관리변동환율제도를 채택하고 있다.

▌표 3-1▐ 국가별 환율제도 및 통화정책 운영체계 현황

통화정책 운영체계 / 환율제도	환율목표제	통화량목표제	물가안정목표제	기타
고유의 법정통화가 없는 경우(13)	에콰도르, 엘살바도르, 파나마 등	–	–	–
통화위원회제도(12)	홍콩, 불가리아, 리투아니아, 브루나이 등	–	–	–
전통적 페그제도(44)	카타르, 베네수엘라, UAE, 덴마크, 사우디아라비아, 쿠웨이트, 리비야, 네팔 등	–	–	솔로몬 제도
안정적 환율제도(21)	이라크, 카자흐스탄, 레바논, 싱가포르, 베트남 등	방글라데시, 콩고, 스리랑카 등	–	볼리비아, 이집트 등
크롤링페그제도(2)	니카라과, 보츠와나	–	–	–
유사크롤링제도(15)	자메이카, 크로아티아 등	중국, 우즈베키스탄 등	아르메니아, 과테말라	아르헨티나, 라오스, 스위스 등
수평밴드페그제도(1)	통가	–	–	–
변동환율제도(36)	–	우루과이, 우크라이나 등	한국, 브라질, 뉴질랜드, 인도네시아, 콜롬비아, 터키, 필리핀 등	인도, 몽골, 잠비아 등
자유변동환율제도(29)	–	–	호주, 캐나다, 칠레, 일본, 멕시코, 영국, 스웨덴 등	미국, EMU (독일, 프랑스 등)

국제통화기금(IMF)은 환율제도를 [표 3-1]에서 보는 바와 같이 완전고정(hard peg) 환율제도, 일반고정(soft peg)환율제도, 일반변동환율제도, 변동(floating)환율제도, 관리변동환율제도로 구분한다. 그리고 이를 환율의 신축성 정도와 회원국의 환율변동에 대한 대응형태에 따라 10가지 유형으로 세분화하고 있다.

1. 고정환율제도

고정환율제도는 정부가 환율을 일정수준으로 고정시키고 이를 유지하기 위해 중앙은행이 외환시장에 개입하는 제도를 말한다. 환율이 갖는 균형복원의 가격기능을 포기하고 통화량, 이자율, 국제수지 등 거시경제변수의 관리나 통화당국의 직접적인 외환시장 개입이 환율을 일정수준으로 유지시키는 수단으로 사용된다.

고정환율제도는 환위험이 없어 환투기를 노린 단기자본이동이 제거될 수 있다. 그러나 본질적인 가치의 변동에 관계없이 투기거래나 일시적인 수급불균형으로 환율이 변동할 경우에 시장의 불확실성이 증가하여 불필요한 비용이 발생하고 국제수지 불균형이 자동적으로 조정되지 않아 디플레이션이 발생할 수 있다.

그리고 각국의 물가상승률이 달라 균형환율이 고정환율에서 더 이탈하면 대외불균형은 증폭된다. 중앙은행이 외환보유고를 사용하여 고정환율을 유지할 수 있지만, 이를 장기간 유지하는 것은 엄청난 비용을 수반한다. 한정된 준비자산은 고갈될 것이고 외국에서 유리한 조건으로 대규모의 차관을 얻는 것도 쉽지 않다.

고정환율제도에서는 고정환율과 균형환율의 차이로 발생하는 국제수지 불균형이 해결될 수 없어 통화당국이 환율을 조정해야 한다. 이때 고평가된 고정환율을 유지하려던 국가의 환율은 평가절하될 것이다. 이러한 과정에서 평가절하가 예상되는 국가로부터 평가절상이 예상되는 국가로 대규모의 투기자금이 이동한다.

그 결과 중앙은행의 외환보유고가 소진되면 외환위기에 직면할 수 있다. 지난 몇십년간 국가간 자본이동의 규모가 크게 증가하면서 단기자본의 이동 규모는 한 국가의 준비자산을 소진시킬 수 있을 정도로 확대되었다. 따라서 기존 방식 이외의 수단을 동원하지 않고는 환율을 인위적으로 유지시키는 것이 어려워졌다.

통화당국의 사용가능한 방안은 대외무역거래, 금융자산거래, 자본이동 등에 직접통제를 가하는 것인데 근본적인 해결책은 될 수 없다. 또한 인위적인 통제는 분배의 효율성을 떨어뜨리고 국가간의 적대감과 보수주의를 유발한다. 결국 직접통제도 얼마간은 효력을 나타내겠지만 궁극적으로 환율조정의 필요성은 존속된다.

(1) 완전고정환율제도

완전고정환율제도는 자국통화의 가치를 특정통화에 완전히 고정시키는 환율제도로서 개별국의 법적통화가 없는 제도와 통화위원회제도로 구분된다. 개별국의 법적통화가 없는 제도는 특정 국가내에서 통용되는 법적통화가 자국통화가 아니며 유로연합과 같은 통화동맹이나 외국통화를 법적통화로 도입하는 형태가 있다.

통화위원회제도는 자국통화가 외국통화와 일정한 환율로 교환될 수 있도록 명확하게 규정하여 통화정책을 운영하는 가장 극단적인 형태의 고정환율제도를 말한다. 자국통화의 환율을 기축통화에 고정시키고 자국의 화폐발행액을 외환보유액에 연계하여 자국화폐소유자가 요구할 경우 고정환율로 무제한 태환을 허용한다.

따라서 통화위원회제도를 운영하는 각국의 중앙은행은 자국의 화폐발행액을 항상 외환보유액 규모와 일치시켜야 하는 부담을 갖게 된다. 즉 환율을 고정된 수준에서 안정적으로 유지할 수 있는 장점이 있는 반면에 화폐발행액이 외환보유액에 직접 연계되어 있어 자국 통화정책의 자율적인 운영이 어려운 단점이 존재한다.

(2) 일반고정환율제도

일반고정(soft peg)환율제도는 자국통화의 가치를 특정통화 등에 고정시키되 일정한 범위내에서 약간의 환율변동을 허용하는 환율제도를 말한다. 일반고정환율제도는 전통적 페그환율제도, 안정적 페그환율제도, 크롤링 고정환율제도, 크롤링형 페그환율제도, 목표환율제도로 세분화된다.

전통적 페그환율제도는 자국통화의 환율을 미달러화나 유로화 등 단일통화 또는 특별인출권(SDR)이나 복수통화로 구성된 통화바스켓에 연동(peg)시켜 고정된 중심환율을 유지시키거나 중심환율로부터 ±1% 이내의 제한된 범위에서 환율의 변동을 허용하는 가장 보편적인 유형의 고정환율제도를 말한다.

안정적 페그환율제도는 전통적 페그환율제도보다 환율변동의 허용범위가 넓어 현물환율이 2% 범위 내에서 유지하는 제도를 말한다. 크롤링 고정환율제도는 단기적으로 고정된 중심환율을 유지하되 장기적으로 사전에 정해진 환율수준에 수렴하도록 중심환율을 주기적으로 미조정(crwal)하는 제도이다.

크롤링형 고정환율제도는 변동환율제도는 아니지만 지난 6개월간 통계적으로 증명된 추세와 비교하여 2% 범위 내에서 유지하는 제도를 말한다. 수평밴드페그제도는 중심환율을 정해 놓고 상하로 일정한 변동범위(band)에서 움직이도록 허용하되 이를 벗어나면 자동적으로 개입하는 환율제도를 말한다.

2. 변동환율제도

1971년 8월 브레튼우즈체제의 붕괴로 주요 선진국들은 고정환율제도에서 변동환율제도로 전환한다. 변동환율제도는 외환시장에서 외환의 수급에 의해 환율이 결정되는 제도로 환율을 일정수준으로 유지하기 위해 중앙은행이 시장에 개입하는 관리변동환율제도와 시장개입을 최소화하는 자유변동환율제도로 구분된다.

시장개입은 통화량, 이자율, 국제수지 등과 같은 거시경제변수를 통한 간접적인 개입과 외환보유고를 이용하여 특정통화를 거래하는 직접적인 개입이 있다. 그러나 1980년대 이후 국제자본이동이 자유로워지면서 시장개입은 무의미해졌다. 어설픈 시장개입이 투기꾼들에게 이익기회만 만들어주는 결과를 초래하였다.

우리나라 환율제도는 1980년 이전에는 원화의 가치가 미국 달러화에 대해 고정되는 달러연동환율제도였으며, 이후에는 달러화 이외에 여러 가지 통화들로 바스켓을 구성하고 원화의 가치를 바스켓의 가치에 연동시키는 복수통화바스켓제도로 전환하게 된다. 1990년대에 비로소 외환시장의 수급상황에 따라 결정된 주요 은행의 환율을 거래량으로 가중평균하여 다음날의 기준환율을 결정하도록 하였다.

그러나 1997년 외환위기로 IMF 구제금융체제에 들어서면서 환율변동폭이 철폐되었고 정부도 외환시장의 개입을 자제하면서 우리나라의 환율제도는 자유변동환율제도로 바뀌었다고 할 수 있다. 또한 외환위기 이후 급속히 진행된 개방화와 자율화 시책은 외환시장을 포함한 금융시장의 개방과 외환자금 거래규모의 확대를 촉진하여 환율의 결정이 시장기능에 맡겨지고 환율의 변동성도 커지게 되었다.

우리나라의 외환시장은 자본거래를 포함한 모든 외환거래의 공공성과 안정성을 중시하여 외환관리법, 실수요증명제도, 외환포지션관리제도 등에 의해 엄격하게 규제되어 왔다. 따라서 투기적인 거래가 쉽지 않았고 주요 시장참가자인 은행이 시장조성자(market maker)의 역할을 제대로 수행하지 못했으며 효율적인 외환중개제도가 확립되지 못함으로써 외환거래의 시장기능이 제약되어 왔다.

외환위기를 계기로 정부의 외환자유화와 외환시장 육성정책이 가속화되어 외환과 관련된 각종 규제가 폐지되면서 외환거래규모가 증가하고 외환시장이 활성화되는 기틀이 마련되었다. 변동환율제도는 국제수지 불균형이 환율변동에 의해 조정되며 국가간의 자본이동이 자유로운 반면에 투기적인 외환의 이동이 환율의 변동폭을 늘리고 외환시장을 교란시키며 환율의 안정을 저해할 수 있다.

중앙은행이 외환시장에 개입하지 않고 외환시장의 수요와 공급에 따라서 환율이 자유롭게 결정되는 변동환율제도를 옹호하는 사람들은 변동환율제도가 정부나 중앙은행이 외환시장에 개입하여 환율을 고정시키는 고정환율제도에 비해서 다음과 같은 몇 가지 중요한 장점을 가지고 있다고 주장한다.

첫째, 변동환율제도에서는 환율이 자동안정화장치의 역할을 한다. 예컨대 국내수출품에 대한 외국으로부터 수요가 줄어 자국화폐에 대한 수요가 감소하면 국내화폐의 가치가 하락하고 환율이 상승할 것이다. 그리고 환율이 상승하면 국내수출품의 가격이 상대적으로 싸져 수출이 다시 증가할 것이다. 결국 변동환율제도는 자동적인 환율조정을 통해 수출과 생산 등 실물부문의 충격을 쉽게 흡수할 수 있다.

둘째, 변동환율제도에서는 중앙은행이 화폐금융정책의 자율성을 확보할 수 있다. 따라서 환율이 외부충격을 흡수하는 완충기의 역할을 수행하기 때문에 중앙은행은 실업해소나 생산증대 등의 내적균형 달성에 주력할 수 있다. 그리고 인위적인 환율유지를 위해 자원배분의 효율성을 떨어뜨리는 조치 즉 국제거래에 직접통제를 가할 유인이 줄어들고 국제분비금을 보유할 필요성도 줄어들게 된다.

그러나 주요국 통화간 환율이 기초적 경제여건을 반영하는 균형환율로부터 장기에 걸쳐 지속적으로 괴리되어 움직이는 것으로 나타나 환율이 국제수지 조정기능을 제대로 발휘하지 못함으로써 국가간 경상수지 불균형을 심화시키고 국제유동성을 편재시키는 결과를 초래하는 많은 불안한 요소가 존재한다. 따라서 변동환율제도를 반대하는 사람들은 특히 다음과 같은 문제점을 지적하고 있다.

첫째, 변동환율제도에서는 환율이 단기적으로 불안정할 수 있다. 한 국가의 수출에 대한 수요의 가격탄력성은 장기적으로 1보다 큰 경향이 있다. 따라서 환율이 아주 약간만 변화해도 수요량이 크게 변화할 것이므로 외부충격은 장기적으로 쉽게 조정될 수 있다. 그러나 공급자들이 상대가격 변동에 적절히 반응하는데는 시간이 걸리며, 단기적으로 수요의 가격탄력성이 장기수준에 비해 훨씬 낮다.

따라서 환율상승 후 일정기간 오히려 무역수지가 악화될 수 있는데, 이것이 소위 J커브 효과(J-curve effect)이다. 이렇게 무역수지가 악화되면 외환수요가 더욱 증가하여 단기적으로 환율이 더욱 상승할 수 있고 단기 가격탄력성이 장기적인 수준보다 낮으면 환율은 장기균형수준을 오버슈팅할 수 있다. 즉 새로운 균형환율로 이행하는 과정에서 환율이 필요한 변화폭보다 더욱 크게 변할 수 있다.

둘째, 환율의 단기적 불안정으로 화폐금융정책의 자율성 유지가 쉽지 않아 환율이 크게 변동할 경우 통화당국이 대내균형을 유지하는 것이 어려워진다. 즉 환율이 크게 상승하면 국내물가가 상승하여 통화당국은 인플레이션 억제에 더욱 곤란을 겪게 된다. 그리고 환율상승이 예상치 못한 국내수요의 팽창에 기인한 것이라면 환율의 오버슈팅으로 인해 국내수요관리는 매우 어려워질 수 있다.

셋째, 변동환율제도에서는 급격한 환율의 변동이 있는 경우에 무역거래와 설비투자가 위축될 수 있다는 비판이 있다. 그리고 환율의 변동이 극심하면 교역재 생산으로부터 얻은 이윤 역시 불안정해진다. 따라서 이윤변동이 극심하고 미래의 불확실성이 증가하면 산업 및 투자활동이 위축될 수밖에 없게 된다.

이러한 비판에 대응하여 완전변동환율제도를 옹호하는 사람들은 단기에 수요의 가격탄력성이 매우 낮다는 것을 인정하지만, 단기불안을 상쇄시키는 다른 움직임이 있다고 주장한다. 즉 단기에 환율을 안정시키는 투기자들의 자본이동으로 대규모의 환율 오버슈팅과 같은 단기 불안정은 발생하지 않는다는 것이다.

(1) 관리변동환율제도

관리변동환율제도는 원칙적으로 환율이 국제외환시장에서 자유롭게 결정될 수 있도록 신축적인 변동을 허용하지만 필요한 경우에는 중앙은행이 외환시장에 개입함으로써 급격한 환율변동을 억제하면서 점진적인 환율변동을 유도하는 고정환율제도와 변동환율제도를 혼합한 환율제도를 말한다.

완전자유변동환율제도는 중앙은행이 외환시장에 개입하지 않고 외환시장의 수요와 공급이 일치하는 수준에서 환율이 자유롭게 결정되는 제도를 말한다. 현재 완전한 의미의 자유변동환율제도를 택하는 국가는 없다고 할 수 있으나 미국, 영국, 일본 등 주요 선진국의 환율제도는 여기에 가깝다.

(2) 자유변동환율제도

자유변동환율제도는 환율의 자유로운 변동을 허용함으로써 환율이 외환시장에서의 수요와 공급의 원리에 따라 결정되도록 하는 제도를 말한다. 다만, 정책당국이 환율의 단기적인 급변동을 완화시키거나 비정상적인 상황으로 환율이 일시적으로 이탈하는 것을 시정하기 위해 외환시장에 간혹 개입하기도 한다.

자유변동환율제도하에서 환율은 특정시점에 시장에서의 모든 매도물량과 매수물량을 청산한 가격이다. 그렇다면 중앙은행이 외환시장에 개입하는 것은 타당한가? 진정한 변동환율제도하에서 중앙은행은 외환시장에 개입하지 않는다. 그러나 완전히 순수한 변동환율제도가 상당기간 지속되는 경우는 찾아보기 어렵다.

고정환율제도와 마찬가지로 변동환율제도도 정부는 외환시장에 개입하여 환율에 영향을 미치려고 한다. 정부가 외환시장에 개입하는 경우를 관리변동이라고 하여 그렇지 않은 순수변동과 구별한다. 국제적으로 단기자본 이동이 증가하여 환율이 불안정해지고 환율의 단기적 불안정이 정부의 시장개입을 정당화시킨다.

표 3-2 환율제도의 비교

구분	고정환율제도	변동환율제도
국제수지불균형	조정되지 않음	환율변동을 통해 조정
환투기 발생가능성	낮음	높음
국제무역과 투자	국제무역과 투자가 활발	국제무역과 투자가 저해
해외교란요인의 파급	국내로 쉽게 전파	국내경제 영향 별로 없음
금융정책 자율성여부	국제수지의 변화에 따라 통화량변화 → 자율성 상실	국제수지 불균형이 환율변동에 따라 조정 → 자율성 유지
정책효과	재정정책이 효과적	금융정책이 효과적
투기적 단기자본이동	작다	많다
환율	정부의 정책변수(외생변수)	국제수지에 따라 조정 (내생변수)

제3절 국제통화제도의 변천

국제통화제도의 변천은 기존의 환율제도가 새로운 환경에 부합하지 않았기 때문에 변화를 모색하는 과정에서 이루어져 왔다. 본 절에서는 국제통화제도의 선택과 관련하여 각 환율제도가 갖는 상대적인 장점과 단점이 어떻게 작용했는지 역사적 과정을 대내외적인 여건변화를 중심으로 살펴보고자 한다.

1. 금본위제도

금본위제도(gold standard system)는 각국이 자국화폐단위의 가치를 순금의 일정량으로 설정하고 금화의 무제한 주조와 자유로운 수출입을 허용하며 지폐나 예금통화 등은 아무런 제한없이 금화와 교환할 수 있는 제도를 말하며 19세기와 20세기 초에 세계 주요국에서 채택하였던 전형적인 고정환율제도에 해당한다.

1870년대 금본위제도가 원활히 운용될 수 있었던 것은 금이 그 성격상 상품화폐로서 가장 적합한 수단이었고 특히 당시 세계금융경제에서 선도적 역할을 담당한 영국의 국제수지와 금보유 상태가 건실하였을 뿐만 아니라 미국과 남아프리카에서 대규모 금광이 발견되어 화폐용 금의 충분한 공급이 가능했기 때문이다.

제1차 세계대전 이후 각국은 그동안의 과다했던 전비지출의 유산인 인플레이션과 정치적 불안정 등 경제내외의 문제에 직면하고 있는 상태에서 영국은 파운드화의 가치를 전쟁 이전의 금평가로 되돌리는 결정을 했다. 그러나 파운드화의 과대평가정책은 막대한 실업과 교역재산업의 경기침체를 가져오게 되었다.

독일은 특히 극심한 초인플레이션의 양상을 보이게 되었다. 제1차 세계대전을 종식시키는 베르사이유조약에 따라 패전국인 독일은 연합국들에게 배상금을 지불해야했는데 전쟁에서 패배한 독일정부로서는 조세의 증대가 불가능했기 때문에 통화를 증발할 수밖에 없어서 독일에서 초인플레이션이 발생하게 되었다.

이러한 초인플레이션은 1923년 절정에 달했다. 당시 프랑스는 독일이 베르사이유조약을 충실히 이행하지 않는다는 이유로 루르 지방에 군대를 파견했다. 이에 독일노동자들이 프랑스 점령에 반대하여 파업을 했고 독일정부는 이들 노동자들을 지원하기 위해 보다 많은 통화를 발행하여 임금을 지속적으로 지불했다.

1930년대 대공황은 국제통화질서에 회복하기 어려운 결정타를 가했다. 미국 월가의 붕괴는 급속히 전 세계로 파급되어 오스트리아와 독일의 연쇄적인 파산을 가져왔고 독일에 막대한 자금을 대부했던 영국은 1931년 파운드화의 금태환정지를 공표함으로써 금본위제도가 붕괴되고 금환본위제도로 이행하게 되었다.

이 시기의 쓰라린 경험은 훗날 IMF의 창설에 지대한 영향을 미쳤다. 환율의 극심한 변동이 경제불안의 원인이라고 생각한 주요 선진국들은 전후 새로운 통화제도를 구상함에 있어 환율안정에 중점을 둔 통화제도를 지지하게 되었다. 고정환율제도를 근간으로 하는 브레튼우즈체제는 이러한 맥락에서 출범하게 되었다.

2. 금환본위제도

제2차 세계대전이 끝날 무렵인 1944년 7월 주요 선진국은 미국의 주도하에 새로운 국제통화질서의 확립을 위해 미국 브레튼우즈(Bretton Woods)에서 44개국 대표들이 모인 가운데 국제통화기금(IMF : International Monetary Fund)이 창설되었다. 이와 함께 출범한 새로운 국제통화제도를 '브레트우즈'체제라고 한다.

브레튼우즈체제는 미국의 달러화를 기축통화로 하는 금환본위제도와 조정가능한 고정환율제도를 근간으로 하고 있다. 제2차 세계대전 이후 세계 공적 금보유량의 80% 이상을 차지하게 된 미국은 기축통화국의 역할을 수행하였고 외국 통화당국이 요청하는 경우에는 금 1온스당 미화 35달러로 태환을 보장하였다.

브레튼우즈체제하에서 일시적인 국제수지 불균형이 생길 경우 IMF 각 회원국이 출자한 자금을 공여하여 불균형을 해소하고, 국제수지의 구조적 불균형상태에서만 환율의 변동이 허락되었다. 브레튼우즈체제는 고정환율제도를 통해 환율을 안정시키고 국제수지의 불균형을 해소하며 국제무역의 증진을 목적으로 했다.

브레튼우즈체제는 1960년대에 이르기까지 환율의 안정을 유지하며 국제수지의 불균형을 해소하고 세계무역의 증진에 기여해 왔으나 미국의 경제력이 쇠퇴하면서 미국 주도의 국제통화체제관리메커니즘이 작동하기 어렵게 되었다. 따라서 브레튼우즈체제는 근본적으로 다음과 같은 몇 가지 문제점을 가지고 있었다.

첫째, 세계 각국의 경제성장속도와 인플레이션율이 국가별로 서로 다른 상황에서 고정환율제도를 유지하기가 쉽지 않았다. 예컨대 1970년대 초 1차 석유파동이 일어났을 때 각국 경제에 미친 여파는 각각 달랐고 이에 대응하는 정부의 정책도 상이하여 국가간에는 격심한 인플레이션율의 차이가 발생하였기 때문이다.

둘째, 국제적으로 보편적인 통용력을 갖는 국제유동성의 확보와 달러화의 신뢰도이다. 브레튼우즈체제에서 금이나 달러화가 유동성의 역할을 수행했다. 이러한 유동성은 국제무역의 증대에 따라 적절히 공급되어야 하는데 브레튼우즈체제에서 유동성공급은 금의 생산증대나 미국의 국제수지적자를 통한 방법밖에 없었다.

그러나 금의 생산량 증가에 한계가 있어 미국의 국제수지 적자를 통해 유동성이 공급되었는데, 이러한 유동성의 증대는 달러화의 신뢰도를 떨어뜨리는 부작용을 가져왔다. 따라서 브레튼우즈체제는 유동성 증대와 신뢰도 확보라는 상호 모순되는 과제를 안고 있었는데, 이를 유동성딜레마(liquidity dilemma)라고 한다.

제2차 세계대전 직후 국제금융시장은 달러화 부족상태에 있었으나 1960년대 월남전을 통해 미국의 만성적인 국제수지적자가 악화되면서 유동성부채가 증가하고 달러화는 공급과잉의 상태에 빠지게 되었다. 특히 미국의 금준비가 유동성부채를 밑돌면서 달러화의 국제적 가치가 의심받아 국제통화위기가 발생하였다.

1960년대 일부 국가는 미국에 달러화의 금태환을 요구했고 일부 국가는 런던의 금시장을 통해 달러화를 금으로 전환했다. 즉 민간부문에 의한 달러화와 금과의 투기적 거래가 유발되면서 국제통화의 질서가 흔들리기 시작했다. 이러한 통화위기를 해결하기 위해 IMF는 특별인출권(SDR)을 창출해 유동성을 공급하였다.

그리고 금풀제와 금의 이중가격제를 실시해 달러화의 국제신뢰도를 회복하려고 노력했다. 금풀제는 런던 금시장에서 투기목적의 금거래를 막기 위해 주요국들이 금시세를 1온스당 35달러에서 유지시켰던 조치로서 금에 대한 민간부문의 투기를 억제하는데 성공적이었으나 투기의 원인을 완전히 제거하지는 못했다.

금의 이중가격제는 여러 차례에 걸친 골드러쉬(gold rush)에 따른 국제통화위기를 극복하기 위해 1968년 3월에 취해진 조치로 1961년 이래 유지된 금풀제를 대체한 제도이다. 따라서 각국 중앙은행간의 금거래에는 1온스당 35달러의 공정가격을 적용하였고 일반거래에는 그 가격이 자유금시장에서 결정되도록 하였다.

그리고 자유금시장을 통한 금융당국의 금공급과 금매입을 중단시킴으로써 금의 자유시세가 금의 공정가격을 능가할 경우에 금융당국의 금매입에 의한 수익도모를 방지했다. 그러나 이러한 조치들에도 불구하고 달러화가 국제적 신뢰도를 회복하지 못한 채 1971년 8월 닉슨행정부는 '금태환중지선언'을 하기에 이르렀다.

닉슨의 금태환중지선언이 있던 1971년 12월 워싱턴의 스미소니언 박물관에서 고정환율제도를 유지하기 위해 달러화를 8.57% 평가절하하고 과거 기준환율의 1% 수준에서 제한했던 환시세의 변동폭을 2.25%로 확대하는 와이더밴드환율제의 채택을 골자로 하는 스미소니언협정(Smithsonian Agreement)이 체결되었다.

그러나 1972년 6월 영국은 잇따른 파운드화 파동을 견디지 못하고 변동환율제도를 채택하였고, 프랑스, 벨기에, 이탈리아 등도 이중환율제도를 선택하였다. 결국 미국은 1973년 2월 금 1온스당 38달러에서 42.22달러로 다시 10%의 평가절하를 단행할 수밖에 없었고 EC 제국은 공동변동환율제도로 이행하게 되었다.

스미소니언체제가 브레튼우즈체제의 문제점을 해결하지 못하고 와해된 이후 각국은 자국의 경제여건에 따라 다양한 환율제도를 유지하였으며, IMF는 1974년 6월 변동환율운용지침을 설정·운영하기에 이르렀다. 결국 브레튼우즈 협정의 양대 지주에 해당하는 달러화 및 금태환과 고정환율제도는 완전히 붕괴되었다.

3. 변동환율제도

(1) 킹스턴체제

1976년 1월 자메이카의 킹스턴(kingston)에서 새로운 국제통화질서가 수립되어 브레튼우즈체제에서 킹스턴체제로 넘어가게 되었다. 킹스턴체제는 브레튼우즈체제가 붕괴된 이후에 현존하는 통화체제를 인정한 것으로 새로운 국제통화체제를 향한 과도기적 체제라 할 수 있는데 기본내용을 살펴보면 다음과 같다.

첫째, 킹스턴체제는 각 회원국으로 하여금 자국의 기초적 경제여건에 적합한 독자적인 환율제도를 선택할 수 있는 재량권을 부여함으로써 오늘날 대부분의 선진국이 실시하고 있는 변동환율제도를 사실상 인정하였다. 그리하여 환율의 변동이 국제수지 불균형의 조정기능을 상당한 정도까지 담당하게 되었다.

둘째, 금의 공정가격이 폐지되어 금이 가치척도로서 기능을 상실하고 그 기능을 페이퍼 골드(paper gold)라고 불리는 특별인출권(SDR)이 맡게 되었다. 이에 따라 SDR을 IMF의 모든 권리와 의무의 가치단위로 사용하도록 하였으며 IMF와 거래할 경우에 통화간 교환비율을 SDR을 기준으로 산정하도록 하였다.

셋째, 킹스턴체제는 SDR의 적절한 창출과 관리로 국제유동성 부족 문제와 특정 통화에 대한 지나친 의존에서 오는 국제통화 신뢰도의 문제를 해결하기 위해 SDR의 국제통화로서 기능과 위치를 강화하기 위해 사용범위를 크게 확대했다. 그러나 SDR의 사용은 주로 중앙은행간의 공적 거래에 국한되었다.

넷째, 국제통화기금은 IMF 가맹국간의 국제수지 불균형 문제를 국제통화체제의 안정을 저해하는 가장 기본적인 요인 중의 하나로 지적했다. 따라서 킹스턴체제는 금문제를 비롯하여 IMF의 국제수지조정 지원기능을 확대하기 위해 IMF 쿼타를 증액하여 신용제도를 크게 확대하였고 이용조건도 완화하였다.

(2) 석유파동과 달러화 상승

1970년대 초 변동환율제도로 이행한 직후 세계경제는 두 차례의 혹독한 시련을 거친다. 제1차 석유파동이 닥쳤을 때 미국은 경기침체를 우려해 팽창정책의 기조를 선택한 반면에 다른 국가들은 인플레이션을 우려해 대부분 팽창정책을 주저했다. 그러나 제2차 석유파동이 발생했을 때 미국은 인플레이션을 억제하려고 긴축금융정책과 조세감면정책을 선택해 금리가 급등하고 달러가치가 급상승하였다.

제2차 석유파동으로 인플레이션의 어려움을 겪고 있던 이들 국가는 달러가치의 상승을 완화시키기 위해 외환시장에 개입하여 달러를 매도하고 자국통화를 매입하게 되었다. 또한 자본의 해외유출을 막기 위해 선진국들도 이자율을 올리고 긴축금융정책을 채택한 결과, 이들 국가의 경기침체현상이 장기간 지속되었다.

1980년대 초 미국의 레이건정부는 공급경제학을 신봉하여 개인의 일할 인센티브를 제고하기 위한 조세감면정책을 실행에 옮겼다. 미국의 조세감면정책은 세계경제를 회복시키는 효과는 있었다. 그러나 미국의 이자율을 인상함으로써 달러가치를 상승시켜 미국의 경상수지를 더욱 악화시켰고 소득증대효과를 반감시켰다.

더구나 조세감면정책에 따른 재정적자는 경상수지의 적자로 이어져 미국경제를 더욱 어렵게 만들었다. 조세감면에 따른 제정적자가 민간부문의 저축증가로 많은 부분 상쇄되었다면 경상수지가 악화되지는 않았겠지만 실질적으로 민간저축의 증가현상은 별로 나타나지 않아 미국의 재정적자는 경상수지 적자로 이어졌다.

달러가치의 상승은 수출재의 가격을 비싸게 만들고 수입재의 가격을 하락시켜 미국의 인플레이션 완화에 기여했으나 국제재화시장에서 미국재화에 대한 수요가 크게 줄었다. 또한 달러가치가 장기간 고평가되어 제조업분야에서 경쟁력을 상실하고 산업공동화현상으로 보호주의무역에 대한 요구가 거세게 일어나게 되었다.

(3) 정책공조와 환율안정

미국정부는 경상수지 적자가 누적되고 국제경쟁력을 상실함에 따라 더 이상 달러의 고평가현상이 바람직하지 않다는 생각을 하게 되었다. 그리고 일본, 독일 등도 계속해서 국제수지 흑자를 누적시킬 경우에 미국과의 무역마찰이 증가할 것을 우려하여 미달러화의 평가절하가 필요하다는 생각을 가지게 되었다.

미국, 영국, 독일, 프랑스, 일본 등 5개국 재무장관들이 1985년 9월 미국 뉴욕시의 플라자호텔에서 회의를 열고 플라자협정을 발표하였다. 이는 플라자협정에 의한 정책협조의 일환으로 미달러화의 강세현상을 시정하기 위해 5개국 중앙은행들이 외환시장에 동시에 개입하여 보유한 달러를 매각하겠다는 것이다.

플라자협정을 계기로 달러의 가치는 급락하기 시작했다. 각국의 중앙은행이 외환시장에 개입해도 그 규모는 자본거래량에 비하면 상대적으로 작은 편이다. 따라서 플라자협정이 성공할 수 있었던 이유는 미달러화의 고평가현상이 더 이상 계속될 수 없다는 생각을 투자자들에게 확고히 심어주었기 때문이다.

그런데 미달러의 계속된 평가절하에도 경상수지 적자는 개선되지 않아 미국정부는 국제수지를 개선하고자 일본과 독일에 팽창수요관리정책의 선택을 종용하였다. 그러나 인플레이션을 우려한 일본과 독일은 팽창수요관리정책을 채택하지 않았고 미국에 재정적자를 줄여 경상수지를 개선할 것을 요구했다.

달러의 가치가 계속 하락하면서 1987년 2월 선진 6개국(G－5 + 캐나다)의 재무장관과 중앙은행장들은 파리의 루브르 박물관에 모여 환율안정을 위한 루브르협정을 체결하기에 이르렀다. 이들 선진국은 목표환율대를 설정하고 외환시장의 개입을 통해 이 환율대 안에서 환율을 안정시키자는데 합의를 보았다.

목표환율대는 미국의 경상수지 적자가 누적되면서 지켜지지 못했고 엔화와 마르크화의 절상이 계속되었다. 즉 자국의 경제상황과 괴리되는 환율대 설정은 지켜질 수 없었고 많은 선진국은 환율안정을 위해 중앙은행의 외환시장개입보다는 재정정책과 금융정책을 적절히 사용하는 것이 효율적이라는 결론을 얻었다.

(4) 국제금융위기

1990년대에 달러, 엔, 마르크 등 주요 국제통화들간의 환율이 때때로 불안하기도 했지만 각국의 외환시장개입은 1980년대에 비해서 많지 않았다. 이는 외환시장의 개입이 근본적으로 환율을 안정시키는데 한계가 있었으며 국제자본의 이동규모가 커지면서 외환시장에 개입이 더욱 어려워졌기 때문이다.

그럼에도 불구하고 1995년 달러화가 사상 최저치를 기록하자 시장개입을 합의하는 등 필요하면 외환시장에 개입하고 있다. 1990년대 국제금융체제의 불안은 경상수지 악화에 따른 거시경제변수에 의한 주요 국제통화들간의 환율불안정보다 신흥시장국가의 자본자유화에 따른 외환위기에서 비롯되었다.

국제자본이동이 자유로워지고 대내적 경제여건과 환율 등 대외적 경제여건 사이에 괴리가 발생하면서 대규모의 자본유입과 급속한 유출에 의해 세계 도처에서 외환위기가 발생했다. 1990년대 후반 중남미와 아시아의 외환위기는 현행 국제통화 및 금융체제의 관리기능이 작동하지 않음을 보여주고 있다.

Ⅰ표 3-3Ⅰ 국제통화제도의 변천과정

구분	통화체제(존속기간)	준비자산	환율제도
IMF 이전체제	국제금본위체제 (1870~1914)	금본위제	고정환율제도
	세계대전 혼란기 (1914~1944)	금본위제 파괴	혼란기
브레튼우즈체제	브레튼우즈체제 (1947~1971)	금환본위제	조정가능 고정환율제
	스미소니언체제 (1971~1973)	$본위제	조정가능 고정환율제
킹스턴체제	비협조체제 (1973~1984)	SDR본위제	자유변동환율제도
	협조체제(1985~)	SDR본위제	자유변동환율제도

제4절 국내환율제도의 변화

우리나라 환율제도는 1945년 광복 이후 1960년대 전반기까지 고정환율제도에서 1960년대 중반 이후 1970년대의 단일변동환율제도를 거쳐 1980년 2월부터는 복수통화바스켓식 변동환율제도, 1990년 3월부터 시장평균환율제도 그리고 1997년 2월부터 현재까지 자유변동환율제도를 채택하는 순으로 변천되어 왔다.

1. 고정환율제도

우리나라는 1945년 10월 미화 1달러당 15圓으로 최초의 공정환율이 책정되어 고정환율로 운영되었고 수출업무가 개시된 1947년 1달러당 5圓으로 원화가치가 평가절상되었다. 1949년 6월에 정부보유외환에 적용되는 공정환율과 일반외환에 적용되는 일반환율로 구분하는 복수환율제도를 채택했는데 1950년 5월에 폐지되었다.

1951년 11월 10일부터 1달러당 6圓으로 결정되었으며 통화개혁에 따라 1953년 2월 14일부터 통화가치의 평가에는 변함없이 1달러당 60환으로 조정되었다. 1961년에는 1달러당 환율이 1,300환으로 책정되었으며 구번째 통화개혁에 따라 1962년 6월 10일부터 통화가치의 평가에는 변함이 없이 1달러당 130원으로 조정되었다.

2. 단일변동환율제도

우리나라는 공정환율을 외환시장의 수급에 따라 조정하여 공정환율의 실세화를 도모하고자 1964년 5월에 미화 1달러당 130원의 고정환율제도를 폐지하고 달러당 255원을 하한으로 하는 단일변동환율제도를 채택했으나 한국은행의 시장개입으로 환율이 미달러화에 고정되어 원화환율의 실세반영이 이루어지지 않았다.

그러나 공정환율은 지속적인 인플레이션으로 국내의 인플레이션이 외국에 비해 훨씬 높은 상황에서 대미 달러화에 환율이 고정되어 있어 우리나라 수출재는 국제시장에서 가격경쟁력을 잃게 되었으며 이를 보완하기 위해 실시된 수출재에 대한 각종의 보조금정책은 자원의 효율적인 배분을 저해하는 요인이 되었다.

그리고 1970년대 주요 선진국들이 변동환율제도로 이행함에 따라 달러화에 연동된 고정환율제도에서는 원화가치의 변동없이 달러가치의 변동에 의해 원화의 대외가치가 자동적으로 변동하게 되었다. 특히 오일파동 이후 달러화가 주요 선진국 통화에 대해 강세를 보이면서 원화의 과대평가현상이 두드러지게 되었다.

이러한 문제점을 해결하기 위해 미 달러화에 연동된 종전의 환율결정방식을 복수군통화제도로 전환함으로써 달러화 이외의 통화에 대해서도 안정적인 환율변동을 유지하려고 하였다. 또한 과거와 같이 환율을 대폭 인상하는 방식을 피하고 환율이 점진적으로 실세를 반영하여 국제수지 조정기능을 회복시키려고 하였다.

3. 복수통화군제도

복수통화군제도는 앞에서 언급한 원화의 대미 달러화 고정에서 나타난 문제점을 해결하기 위해 원화가치를 SDR통화군과 교역량을 가중치로 한 독자통화군을 결합한 복수통화군에 연동시키면서 환율이 외환의 실세를 적절히 반영한 관리변동환율제도를 말하며 환율은 식(3.2)의 환율결정식에 의해 결정되었다.

$$E = \beta \times SDR\text{통화군} + \beta' \times \text{독자통화군} + \alpha \tag{3.2}$$

여기서 E는 대미환율, β와 β'는 각각 SDR통화군[3] 및 독자통화군[4]의 가중치, α는 정책변수인 실세반영장치를 나타낸다. 환율은 SDR통화군과 독자통화군에 의해 미달러화 환율을 산출하여 이를 각 통화군의 가중치로 가중평균하고 여기에 국내외 이자율 차이, 인플레이션, 외환시장의 전망 등을 반영해 결정된다.

복수통화군 중에 독자통화군을 포함한 이유는 우리의 대외교역이 미국과 일본에 편중되어 있어 우리의 가격경쟁력 유지를 위한 환율산출에 이를 반영할 필요가 있기 때문이다. 그러나 독자통화군만 포함할 경우 자본거래에서 중요한 비중을 차지하는 주요 통화가 과소평가될 수 있어 SDR통화군도 포함시켰다.

그러나 SDR통화군과 독자통화군에 부여된 가중치(β, β'), 독자통화군의 구성통화 그리고 실세반영장치(α)가 공표되지 않아 환율을 예측하기 어려웠다. 그리고 환율이 외환시장의 수요와 공급에 의해서만 결정되는 것이 아니고 통화당국에 의해 인위적으로 결정되면서 환율의 가격기능이 제대로 발휘되지 못했다.

4. 시장평균환율제도

복수통화군제도는 주요국의 다수통화에 연동시킴으로써 재화의 가격경쟁력을 유지하고 실효환율을 안정시킨다는 장점이 있다. 그러나 환율이 국내외환시장에서 외환의 수급상황을 원활히 반영하지 못하는 문제점이 있었다. 또한 대외적으로 한국의 통화당국이 환율을 인위적으로 조작한다는 인상을 초래하였다.

이에 정책당국은 환율의 결정과정에서 시장기능을 살리면서 외환시장의 활성화를 촉진할 수 있는 방안의 일환으로 1990년 3월에 시장평균환율제도를 도입하였다. 따라서 환율이 국내외환시장에서 외환의 수급에 따라 결정되어 고시되기 때문에 환율운영에 따른 대외통상마찰요인을 완화할 수 있게 되었다.

우리나라에서 시행되었던 시장평균환율제도는 자유변동환율제도로 이행하기 위한 전초단계에 해당한다. 과거의 복수통화군제도와 비교하면 환율이 일정범위 내에서 시장원리에 의해 결정된다는 점이 다르며, 자유변동환율제동와는 정책당국의 외환시장개입이 허용된다는 점에서 차이가 있다고 할 수 있다.

외환시장의 수급에 따라 환율이 결정되려면 외환시장기능의 활성화가 중요하다. 정

3) SDR 통화군은 당시 SDR(IMF 특별인출권)의 가치를 구성하는 각국 통화의 구성을 말한다. 즉 미국 달러화, 일본 엔화, 영국 파운드화, 독일 마르크화, 프랑스 프랑화 등 5개국 통화의 가치에 의해 결정된다.

4) 독자통화군은 우리나라의 주요 교역상대국 통화로 구성되지만 그 구체적 내용은 대외적으로 알려진 바 없다.

부는 외환시장의 기능을 활성화하기 위해 1990년 3월부터 해외에서 발생한 외화는 국내로, 국내에 들어온 외화는 외국환은행으로, 외국환은행의 외화는 한국은행으로 집중하는 외환집중제를 완화하는 정책을 수립하였다.

결국 외환집중제는 모든 외환이 한국은행에 집중되도록 하여 외환의 누출을 방지하는데 주안점을 두었기 때문에 외환시장의 기능을 무력하게 한다. 따라서 시장평균환율제도가 시행되면서 외환집중제가 존속하게 되면 대규모 외화를 거래하는 기업들은 환율의 유동성에 대처할 융통성이 부족하게 된다.

5. 자유변동환율제도

1990년 3월 시장평균환율제도를 도입하여 환율의 변동폭을 상하 0.4%에서 제한했으나, 1993년 10월에 1.0%로, 1995년 12월에 상하 2.25%로 확대되었다. 1997년에 대기업의 잇단 도산, 금융시장의 불안정, 대외신인도 하락 등의 악재가 연쇄적으로 발생하면서 국내에 유입된 해외자본이 이탈하기 시작했다.

그리고 원화가치의 방어와 대외 단기채무 상환에 따라 한국은행이 보유한 외환보유액이 바닥을 보이기 시작하였다. 외환위기가 현실로 다가오면서 우리나라의 외환시장은 극도로 불안정해지기 시작해졌고, 환율은 투기적 요인에 의해 큰 폭의 변동을 보이며 거래중단선까지 상승하면서 외환보유액을 잠식하였다.

자유변동환율제도는 1997년 12월 16일부터 기존에 상하 10% 이내인 1일 환율변동폭의 제한이 완전히 폐지되고 자유변동환율에 따라 거래환율이 결정되는 제도를 말한다. 자유변동환율제도의 도입에 따라 환율변동폭에 제한을 두지 않고 정부의 통제없이 외환의 수요와 공급에 의해 환율이 결정되게 되었다.

자유변동환율제도의 채택은 국제통화기금(IMF)체제하에 정부가 IMF의 자금지원을 받으면서 한국의 환율제도에서 환율변동의 제한폭을 두는 것이 외환시장의 안정보다는 오히려 외환시장의 왜곡으로 불안을 초래하므로 환율결정을 시장기능에 맡기는 것이 바람직하다는 IMF의 의견을 수용한 결과라고 할 수 있다.

정부의 기존 외환정책에 따르면 2000년에 이르러 환율의 변동폭을 없애고 선진국형의 변동환율제도로 이행할 예정이었다. 그러나 변동환율제도로 조기에 이행되었는데 이는 정부의 판단과 공개적인 스케줄에 의한 것이 아니라 외환시장의 마비사태와 IMF 압력이라는 급박한 상황에서 전격적으로 이루어졌다.

외환의 실수요자들이 환위험을 회피할 수 있는 헤징수단 등 제도적 여건이 미비한 상태에서 환율변동이 전격 자유화되어 수출입업자들과 금융기관들은 환위험에 그대로 노출되었다. 또한 증권시장의 자유화가 단행되어 핫머니의 유출입에 무방비로 노출된 상황에서 투기자들의 공격은 거세어질 것으로 보인다.

| 표 3-4 | 국내환율제도의 변천추이

환율제도	기간	내용
고 정 환 율 제 도	1945.10~1964. 5	정부가 환율을 일정범위내로 조정
단일변동환율제도	1964. 5~1980. 2	외환시장에서 형성되는 외환증서율대로 환율이 변동
복수통화군제도	1980. 3~1990. 2	환율을 미달러화와 주요 교역상대국 통화의 국제시세에 연동
시장평균환율제도	1990. 3~1997.12	전일 외환시장의 거래환율을 가중평균해 당일 시장평균환율이 결정
자유변동환율제도	1997.12~현재	외환의 수요와 공급에 의해 환율이 결정

보론 3-1 환율제도의 선택

고정환율제도는 한 국가의 대외의존도나 특정국가에 대한 수출비중이 높고, 정책당국의 물가정책에 대한 신뢰도가 낮은 경우에 적합한 것으로 알려지고 있다. 변동환율제도는 경제규모가 크고 금융산업이 고도로 발달되어 있거나 해외충격에 대한 노출과 자본이동성이 큰 국가에 바람직하다는 견해가 많다.

고정환율제도는 환율변동에 따른 충격을 완화하고 통화정책의 자율성을 확보할 수 있는 장점이 있으나, 이를 위해서는 자본이동의 제약이 불가피하여 국제유동성이 제한을 받을 수 있다. 따라서 국제수지의 대외불균형이 지속되거나 경제의 기초여건이 악화되면 환투기 공격에 쉽게 노출되는 단점이 있다.

변동환율제도는 자본이동이 자유롭게 이루어지므로 국제유동성 확보가 용이하고 외부충격이 환율변동에 의해 흡수됨으로써 통화정책의 자율적 수행이 쉽다. 다만 외환시장 규모가 작고 외부충격의 흡수능력이 미약한 개발도상국의 경우 환율변동성이 커짐으로써 경제의 교란요인으로 작용할 가능성이 크다.

환율제도의 선택은 통화정책의 자율성, 국제유동성의 확보를 위한 자본자유화, 통화가치의 신뢰성 확보를 위한 환율안정 등 세 가지 목표를 추구하게 된다. 그러나 이 세 가지 정책목표를 동시에 만족시키는 환율제도는 없기 때문에 이를 삼불원칙(impossible trinity) 또는 삼각의 딜레마(trilemma)라고 한다.

┃그림 3-1┃ 환율제도의 선택문제

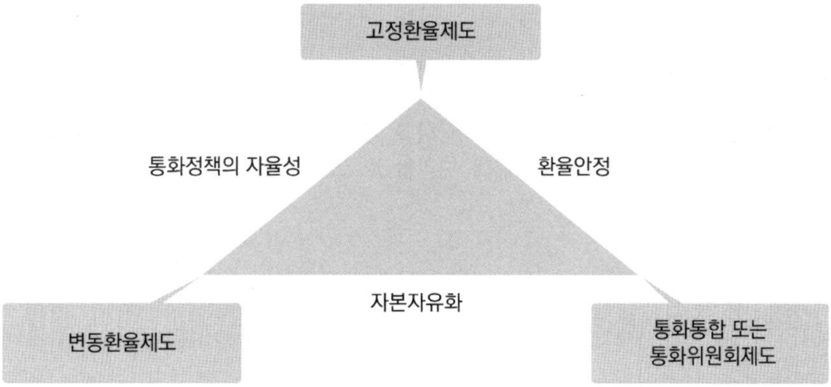

제1절 국제통화제도의 개요

1. 국제통화제도의 정의

국제거래와 자본이동에 수반된 국가간 결제사항을 국제적으로 합의해 제도화

2. 국제통화제도의 기능

국제유동성 적절한 공급, 국제수지의 불균형 조정, 국제결제통화 신뢰도 유지

제2절 국제통화제도의 유형

1. 고정환율제도

(1) 완전고정환율제도 : 자국통화의 가치를 특정통화에 완전히 고정시키는 환율제도

(2) 일반고정환율제도 : 자국통화의 가치를 특정통화에 고정시키되 일정범위내에서 변동을 허용한 환율제도 → 전통적 고정환율제도, 안정적 고정환율제도, 크롤링고정환율제도, 크롤링형 고정환율제도, 목표환율대제도

2. 변동환율제도

(1) 관리변동환율제도 : 국제외환시장에서 환율이 자유롭게 변동하되 중앙은행이 외환시장에 개입하여 환율의 안정을 꾀하면서 점진적인 변동을 유도하는 제도

(2) 자유변동환율제도 : 중앙은행의 개입없이 외환시장에서의 수요와 공급이 일치되는 점에서 환율이 자유롭게 결정되는 제도

제3절 국제통화제도의 변천

1. 금본위제도

통화단위를 순금의 일정한 중량으로 정하고 금화의 자유주조를 허용하며 지폐나 예금통화는 아무런 제한없이 금화와 교환할 수 있는 제도

2. 금환본위제도

미국의 달러화와 금과의 일정교환비율을 유지하고 각국의 통화는 기축통화와의 기준환율을 설정·유지하여 환율을 안정시키고자 했던 제도

3. 변동환율제도

외환시장의 수요와 공급에 의해 환율이 자유롭게 결정되도록 하는 제도

제4절 국내환율제도의 변화

환율제도	기간	내용
고 정 환 율 제 도	1945.10~1964. 5	정부가 환율을 일정범위내로 조정
단일변동환율제도	1964. 5~1980. 2	외환시장에서 형성되는 외환증서율대로 환율이 변동
복수통화군제도	1980. 3~1990. 2	환율을 미달러화와 주요 교역상대국 통화의 국제시세에 연동
시장평균환율제도	1990. 3~1997.12	전일 외환시장의 거래환율을 가중평균해 당일 시장평균환율이 결정
자유변동환율제도	1997.12~현재	외환의 수요와 공급에 의해 환율이 결정

1 **다음 중 환율제도에 대한 설명으로 적절하지 않은 것은?**

① 고정환율제도는 장기적으로 물가안정에 도움이 된다.

② 고정환율제도하에서 금융정책은 효과가 없다.

③ J곡선효과에 따르면 경상수지 적자국의 환율인하는 일시적으로 경상수지를 악화 시키지만 궁극적으로는 개선시킨다.

④ 고정환율제도하에서 국가간 자본이동이 완전차단되면 재정정책은 실질소득을 변동시키는 효과가 없다.

⑤ 자본이동이 자유로운 변동환율제도에서 재정정책의 효과는 약해진다.

| **해설** | J곡선효과는 환율인하(평가절상)가 아니라 환율인상(평가절하)이 이루어지면 일시적으로 경상수지가 악화되지만 장기적으로 경상수지가 개선되는 효과를 말한다.

2 **다음 중 고정환율제도와 변동환율제도를 비교한 내용으로 옳지 않은 것은?**

① 고정환율제도의 가장 큰 장점의 하나는 환위험이 존재하지 않는 것이다.

② 고정환율제도에서는 통화량이 외생변수이므로 금융정책의 자율성이 유지된다.

③ 일반적으로 고정환율제도에서는 재정정책, 변동환율제도에서는 금융정책이 효과적이다.

④ 고정환율제도에서는 국제수지의 불균형이 발생해도 환율조정이 이루어지지 않기 때문에 만성적 국제수지 불균형문제가 발생한다.

⑤ 변동환율제도는 국내경제에 불안정적인 효과를 가져올 수 있다.

| **해설** | 고정환율제도에서는 국제수지의 변화에 따라 통화량이 변화하여 금융정책의 자율성이 상실되어 재정정책이 효과적이다. 반면에 변동환율제도에서는 금융정책이 효과적이고 자본이동성 정도가 클수록 정책효과는 더욱 커진다.

	고정환율제도	변동환율제도
재정정책	자본이동성 클수록 효과적임	자본이동성 클수록 효과 없음
금융정책	자본이동성 클수록 효과 없음	자본이동성 클수록 효과적임

3 **다음 중 브레튼우즈체제에 대한 설명으로 옳지 않은 것은?**

① 전형적인 고정환율제도와는 달리 각국 통화의 평가는 불변으로 고정되지 않고 조정이 가능하도록 하였다.

② 브레튼우즈체제하의 국제통화제도는 금본위제도라 할 수 있다.

③ 국제통화제도의 기본원칙을 마련한 국제통화기금(IMF)가 창설되었다.

④ 국제수지조정을 위한 단기자금 지원기능이 수행되었다.

⑤ 국제수지의 조정과정에서 미국과 다른 국가들간에 비대칭성이 존재하였다.

| 해설 | 브레튼우즈체제는 고정환율제도이나 만성적인 국제수지의 불균형이 존재하는 경우 환율을 조정할 수 있는 고정환율제도에 해당한다.

4 **다음 중 브레튼우즈체제에 대한 설명으로 옳지 않은 것은?**

① 제2차 세계대전이 끝나는 시점에 도입된 환율공조제도로 금에 미국달러를 고정시키고 다른 통화들은 미국 달러에 고정시키는 고정환율제도이다.

② 미국의 무역적자 누적으로 인해 닉슨의 금태환정지 선언으로 붕괴되었다.

③ 각국의 경제성장 차이, 무역수지 불균형 등의 태생적 문제를 안고 있었다.

④ 브레튼우즈체제의 붕괴 이후 금본위제도에 따른 문제점을 보완하기 위해 IMF 특별인출권(SDR)이 도입되었다.

| 해설 | 브레튼우즈체제는 제2차 세계대전이 끝나가던 1944년 브레튼우즈에서 44개 연합군 대표가 모여 만든 국제적인 환율공조제도를 말하며 미국의 재정적자 누적 등으로 1971년 미국의 닉슨대통령이 금과의 불태환 선언으로 붕괴되었다. SDR(IMF 특별인출권)은 1968년 도입과 관련된 개정안이 채택되었고 닉슨의 금태환 선언 이전인 1970년부터 도입되었다.

5 **다음 중 고정환율제도의 특징에 해당하는 것은?**

① 환율이 안정적이기 때문에 기업의 환위험에 대한 걱정이 줄어든다.

② 환율이 외환시장에서 외환에 대한 수급을 반영하여 융통성 있게 조정된다.

③ 환율의 변동으로 국제수지의 불균형이 수시로 조정된다.

④ 투기목적의 외환거래가 활발하게 이루어진다.

| 해설 | 고정환율제도는 환율이 안정적이기 때문에 기업의 환위험에 대한 걱정이 줄어드는 반면에 국제수지에 따른 외환수급의 변동을 국가가 조정해 환율을 고정시켜야 하므로 국내경제정책이 제약을 받을 수 있다.

6 다음 중 변동환율제도의 특징에 해당하는 것은?

① 환율이 안정적이므로 환율변동위험에 대한 걱정이 작다.

② 경제정책들이 국가간에 서로 파급된다.

③ 국제수지에 관계없이 국내의 경제상황에 따라 경제정책을 자유롭게 집행할 수 있다.

④ 국내의 경제정책은 국제수지에 대한 고려 때문에 제약을 받게 된다.

| **해설** | ①, ②, ④는 고정환율제도의 특징이며 ③은 변동환율제도의 특징이다. 국제수지는 환율의 변동으로 자동으로 조정되어 국제수지에 관계없이 경제정책을 집행할 수 있다.

7 다음 중 변동환율제도의 장점으로 옳은 것은?

가. 외부충격에 대해 점진적인 조정이 가능
나. 시장개입을 위한 대규모의 외환보유 필요
다. 장기간 균형이 아닌 환율을 방어하기 위한 노력 불필요
라. 인위적인 환율조정이 필요하지 않음

① 가, 다 ② 가, 나, 다

③ 가, 다, 라 ④ 가, 나, 다, 라

| **해설** | 변동환율제도를 사용하는 국가의 경우에 한 국가의 높은 물가상승률은 다른 국가의 재화와 서비스의 값을 상대적으로 저렴하게 하여 수요를 증가시킨다. 그러나 증가된 수요는 다른 국가의 환율을 높여 물가상승률에 영향을 미치지 않는다. 변동환율제도는 국제수지가 불균형일 경우에 환율이 외환의 수급에 의해 변동하므로 자동적인 조절이 가능하다.

8 다음 중 변동환율제도의 장점을 모두 고른 것은?

가. 중앙은행은 환율을 일정하게 유지하기 위해서 외환시장에 개입하지 않아도 되므로 통화정책을 독립적으로 사용하여 거시경제의 안정을 도모할 수 있다.
나. 통화정책을 적극적으로 실행하지 않더라도 외환시장에서 환율이 신속하게 조정되어 대내외균형이 유지될 수 있다.
다. 환율변동에 따른 환위험을 최소화할 수 있다.

① 가, 나 ② 나, 다

③ 가, 다 ④ 가, 나, 다

⑤ 다

| **해설** | 고정환율제도에서는 환율이 고정되어 있어 환위험이 발생하지 않는 반면에 변동환율제도에서는 환율변화에 따른 환위험이 발생한다.

9 고정환율제도를 사용하고 있는 두 국가의 경우 한 국가의 높은 물가상승률이 상대편 국가에 미치는 영향으로 옳은 것은?

① 한 국가의 높은 물가상승률이 상대편 국가의 실업률을 높인다.

② 한 국가의 높은 물가상승률이 상대편 국가의 물가상승률을 높인다.

③ 한 국가의 높은 물가상승률이 상대편 국가의 물가상승률을 낮춘다.

④ 한 국가의 높은 물가상승률이 상대편 국가의 이자율을 높인다.

| 해설 | 고정환율제도를 사용하는 국가의 경우 한 국가의 높은 물가상승률은 상대편 국가의 재화와 서비스의 가격을 상대적으로 낮게 하여 수요를 증가시킨다. 그러나 증가된 수요는 상대편 국가의 재화와 서비스의 가격을 올려 상대편 국가의 물가상률을 높인다.

10 변동환율제도를 사용하고 있는 두 국가의 경우 한 국가의 높은 물가상승률이 상대편 국가에 미치는 영향으로 옳은 것은?

① 한 국가의 높은 물가상승률이 상대편 국가의 실업률을 높인다.

② 한 국가의 높은 물가상승률이 상대편 국가의 물가상승률을 높인다.

③ 한 국가의 높은 물가상승률이 상대편 국가의 물가상승률을 낮춘다.

④ 한 국가의 높은 물가상승률이 상대편 국가의 이자율을 높인다.

| 해설 | 변동환율제도를 사용하는 국가의 경우 한 국가의 높은 물가상승률은 상대편 국가의 재화와 서비스의 가격을 상대적으로 낮게 하여 수요를 증가시킨다. 그러나 증가된 수요는 상대편 국가의 재화와 서비스의 가격을 올려 상대편 국가의 물가상률을 높인다.

11 다음 중 고정환율제도의 특징에 해당하지 않은 것은?

① 환율이 안정적이므로 환율변동위험에 대한 걱정이 적다.

② 경제정책들이 서로 파급된다.

③ 국제수지에 관계없이 국내의 경제상황에 따라 경제정책을 자유롭게 수행할 수 있다.

④ 국내의 경제정책은 국제수지에 대한 고려 때문에 제약을 받게 된다.

| 해설 | 고정환율제도는 정부가 국제수지에 관계없이 환율을 일정하게 유지시키는 제도를 말한다. 국제수지가 적자이면 정부가 보유한 외환을 시장에 매도하고, 국제수지가 흑자이면 외환을 시장에서 매입하여 환율을 일정하게 유지할 수 있다. 따라서 국내의 경제상황에 따라 보유 외환을 운용해야 하므로 경제정책에 제약을 받는다.

12 **다음 중 고정환율제도하에서 어떤 나라가 자국의 통화가치를 고평가된 상태로 유지하고자 할 경우에 나타나는 현상은?**

① 중앙은행의 외환보유고가 증가한다.
② 민간투자가 위축된다.
③ 통화량이 증가한다.
④ 국내경기가 활성화된다.
⑤ 국제수지가 개선된다.

| 해설 | 고정환율제도하에서는 중앙은행이 외환시장에 개입하여 환율을 일정한 수준으로 유지하려면 많은 외화준비금이 필요하여 충분한 외환을 보유해야 하는 반면에, 변동환율제도하에서는 중앙은행이 외환시장에 개입할 필요가 없으므로 고정환율제도하에서보다 적은 규모의 외환을 보유하더라도 별 문제가 없다. 중앙은행이 외환시장에서 달러를 매각하면 달러 매각대금이 중앙은행으로 유입되므로 국내통화량이 감소한다. 통화량이 감소하면 이자율이 상승하고, 민간투자가 감소하여 총수요가 위축된다.

13 **다음 중 변동환율제도에서 통화량이 증가했을 때 효과로 옳지 않은 것은?**

① 환율이 상승한다.
② 이자율이 하락한다.
③ 총수요곡선이 우측으로 이동한다.
④ 총공급곡선이 우측으로 이동한다.
⑤ 수입원자재의 가격이 상승한다.

| 해설 | 통화량이 증가하면 이자율이 하락하므로 자본유출이 발생한다. 자본유출이 발생하면 외환수요가 증가하므로 환율이 상승한다. 평가절하가 이루어지면 순수출이 증가하므로 총수요가 증가한다. 한편, 평가절하가 이루어지면 원자재의 가격이 상승하므로 비용인상이 발생하여 총공급곡선이 좌측으로 이동한다.

14 **다음 중 변동환율제도에서 환율의 하락을 유발하는 요인이 아닌 것은?**

① 해외기업의 국내투자 확대
② 외국제품의 수입증가
③ 해외거주자의 국내부동산 매입
④ 국내제품의 수출증가
⑤ 경기과열을 억제하기 위한 긴축통화정책

| 해설 | ①, ③, ④, ⑤는 모두 외환시장에서 외환의 공급증가를 가져오는 요인이다. 외환의 공급이 증가하면 환율이 하락한다. 경기과열을 위해 긴축통화정책을 실시하면 이자율이 상승하고, 그에 따라 자본의 유입이 이루어지므로 외환의 공급이 증가한다. 그러나 ②는 외환의 수요증가를 가져오는 요인이다. 외환의 수요가 증가하면 환율이 상승한다.

15 다음 중 변동환율제도에 대한 설명으로 옳지 않은 것은?

① 변동환율제도는 원칙적으로 중앙은행이 외환시장에 개입하지 않고 외환의 수요와 공급에 의해 환율이 결정되는 제도를 말한다.

② 브레튼우즈체제는 대표적인 변동환율제도라 할 수 있다.

③ 변동환율제도하에서는 환율이 단기적으로 불안정해질 위험이 있다.

④ 변동환율제도하에서 자본이동이 완전히 자유로울 경우 확대재정정책은 순수출을 감소시킨다.

⑤ 변동환율제도하에서 자본이동이 완전히 자유로울 경우 확대금융정책은 총수요를 증대시킨다.

| 해설 | 브레튼우즈체제는 변동환율제도가 아니라 고정환율제도에 해당한다. 변동환율제도하에서 확대재정정책을 실시하면 이자율이 상승하여 자본유입이 이루어지므로 평가절상이 이루어져 순수출이 감소한다. 그러나 확대금융정책을 실시하면 이자율이 하락하여 자본유출이 발생하므로 평가절하가 이루어져 순수출이 증가하므로 총수요가 증가한다.

16 다음 중 자본이동이 자유로운 변동환율제도를 채택할 경우에 확대재정정책의 효과로 옳은 것은?

① 소득이 증가하고 물가가 상승하나 다른 변수는 영향을 받지 않는다.

② 물가상승으로 실질금리가 하락하고 자본이 외국으로 유출된다.

③ 자본의 해외유출로 자국화폐가 평가절하되어 수출이 증가하고 경기를 더욱 부양시키는 효과를 갖는다.

④ 금리상승에 따른 외국자본의 유입으로 자국화폐가 평가절상되어 재정정책의 효과를 부분적으로 상쇄한다.

⑤ 재정확대는 국제수지의 흑자를 수반하는 것이 일반적이다.

| 해설 | 확대재정정책을 실시하면 IS곡선이 우측으로 이동하므로 이자율이 상승한다. 이자율이 상승하면 자본유입이 이루어지므로 외환공급이 증가한다. 외환공급이 증가하면 환율이 하락하므로 순수출이 감소하여 다시 IS곡선이 좌측으로 이동하기 때문에 확대재정정책의 효과가 일부 상쇄된다.

17 **다음 중 변동환율제도의 특징에 해당되지 않은 것은?**

① 국내경제정책은 국제수지에 대한 고려 때문에 제약을 받는다.

② 환율의 변동을 통해 국제수지의 불균형이 수시로 시정된다.

③ 환투기자들의 변동을 촉진시킬 수 있다.

④ 단기간에 환율이 대폭 변할 수 있어 환위험이 커진다.

| 해설 | 변동환율제도는 국제수지에 따라 환율이 자동으로 변화하기 때문에 정부는 국내경제정책을 수행할 때 국제수지에 대한 고려를 하지 않아도 된다.

18 **다음 중 자유변동환율제도에 관한 설명으로 옳지 않은 것은?**

① 고정환율제도에 비해 상대적으로 통화정책의 자주성을 확보할 수 있다.

② 환율의 신속한 시장수급 조절기능은 대외균형의 유지에 도움이 된다.

③ 환율변동에 따른 교역당사자의 환위험 부담이 있다.

④ 각국의 정책당국들이 경쟁적으로 평가절상정책을 실시한다.

⑤ 각국의 이자율수준이 환율결정에 영향을 미친다.

| 해설 | 자유변동환율제도하에서는 환율이 외환시장에서 수요와 공급에 의해 결정되므로 정책당국이 개입할 필요가 없다.

19 **A국은 완전한 자유변동환율제도를 채택하고 자본시장이 완전히 개방되어 있다. 다음의 상황이 발생할 때 그 결과로 나타나는 환율의 변화방향이 다른 하나는?**

① 국내물가가 하락한다. ② 해외경기가 침체된다.

③ 내국인의 해외여행이 대폭 감소한다. ④ 대규모 무역수지 흑자가 발생한다.

⑤ 외국에서 대규모 상업차관을 도입한다.

| 해설 | 해외경기가 침체되면 수출감소로 외환공급이 감소하여 환율이 상승한다. 나머지 보기들은 모두 환율하락을 가져오는 요인에 해당한다.

20 **다음 중 변동환율제도에서 환율(원/달러)을 하락시키는 요인이 아닌 것은?**

① 미국 달러자본의 국내 투자 확대 ② 미국산 제품의 국내 수입 증가

③ 미국 달러자본의 국내 부동산 매입 ④ 국내산 제품의 수출 증가

⑤ 미국 달러자본의 국내 주식 매입

| 해설 | 미국산 제품의 수입이 증가하면 외환의 수요가 증가하므로 환율이 상승한다. 나머지 보기는 외환의 공급을 가져오는 요인이다. 외환의 공급이 증가하면 환율이 하락한다.

정답

1. ③ 2. ② 3. ② 4. ③ 5. ① 6. ③ 7. ③ 8. ① 9. ② 10. ②
11. ③ 12. ② 13. ④ 14. ② 15. ② 16. ④ 17. ① 18. ④ 19. ② 20. ②

Chapter 04

국제평가관계

국제평가관계는 국제금융거래를 결정하는 금리, 물가, 환율의 세 변수들을 연계시켜 주는 이론적 균형관계를 말한다. 국제평가관계는 국제금융시장의 여러 현상을 분석하고 이해하는데 기본적인 틀이 되며, 여기에는 국제상품거래에서 균형을 나타내는 구매력평가와 국제금융거래에서 균형을 나타내는 이자율평가로 구분된다.

제1절 국제평가관계의 개요

1. 구매력평가설

구매력평가설(purchasing power parity)은 상품시장에서 일물일가의 법칙을 전제로 동일한 품질의 상품은 어느 나라에서나 동일한 가격을 갖게 되어 차익거래가 발생하지 않는다는 것이다. 구매력평가설은 화폐수량설을 개방경제에 연계시켜 두 나라의 물가상승률 차이를 반영해서 현물환율이 결정된다는 이론을 말한다.

(1) 절대적 구매력평가설

절대적 구매력평가설은 환율과 양국의 절대물가수준간의 평가관계를 파악한 것으로 양국의 공통된 소비재의 가격비율을 균형환율이라고 가정한다. 요컨대 절대적 구매력평가설은 국내의 물가수준과 외국의 물가수준의 비율이 양국의 균형환율에 반영되어야 한다는 이론으로 다음과 같이 표시할 수 있다.

$$P_0^a = S_0 \times P_0^b \rightarrow S_0 = P_0^a / P_0^b \tag{4.1}$$

식(4.1)에서 S_0는 자국통화로 표시한 외국통화의 가격인 환율, P_0^a는 국내의 물가수준, P_0^b는 외국의 물가수준, 0는 어떤 주어진 기준시점을 나타낸다. 따라서 어떤 주어진 시점의 환율(S_0)이 관련된 양국의 물가수준 비율(P_0^a/P_0^b)과 동일할 경우에 국제적으로 일물일가의 법칙이 성립하게 된다.

식(4.1)에서 환율은 외국물가에 대한 국내물가의 비율로 표시할 수 있다. 물가는 통화구매력과 역의 관계에 있기 때문에 환율은 자국통화 1단위의 구매력에 대한 외국통화 1단위의 구매력의 비율로 표시될 수 있다. 따라서 절대적 구매력평가설은 환율과 양국의 절대물가간 평가관계를 나타낸다.

그러나 현실적으로 절대적 구매력평가설의 성립을 제약하는 요인들이 많다. 우선 국가무역은 운송비, 관세 등 거래비용을 수반하고 각국이 물가지수를 산출할 때 일부 품목만 고려하여 물가를 정확히 반영하지 못할 수 있다. 또한 독과점 상품시장은 가격차별화로 인해 국내가격과 해외가격이 다를 수 있다.

(2) 상대적 구매력평가설

국가간 무역 운송비, 관세와 같은 거래비용, 국가간 상이한 소비바스켓, 시장의 불안정성 등으로 인해 일물일가의 법칙에 근거한 절대적 구매력평가설은 성립하기 어렵다. 그러나 절대적 구매력평가설을 제약하는 요인들이 안정적이라면 환율의 변동률은 양국의 물가변동률과 안정적인 관계를 유지하게 된다.

상대적 구매력평가설은 두 나라의 상대물가 변동률이 환율의 변동률과 동일하다는 이론을 말한다. 즉 양국의 물가상승률의 차이를 반영해서 현물환율이 변화하는데 어떤 주어진 기간 동안 국내의 물가상승률이 외국의 물가상승률보다 높을 경우에 국내의 통화가치는 이를 반영하여 하락하게 된다는 것이다.

이렇게 되어야 국제적인 차익거래를 통해 이익을 얻을 기회가 없어지고 국제적인 일물일가의 법칙이 성립한다. 따라서 상품시장의 완전성을 가정할 경우에 환율이 양국의 물가상승률의 차이를 정확히 상쇄시키게 된다. 어떤 균형시점부터 미래의 특정시점까지 1기간 동안에 양국의 물가는 다음과 같이 변한다.

$$P_1^a = P_0^a(1+I_a),\ P_1^b = P_0^b(1+I_b) \tag{4.2}$$

절대적 구매력평가설을 이용하면 1기간 후의 현물환율은 다음과 같이 표시된다.

$$S_1 = \frac{P_1^a}{P_1^b} = \frac{P_0^a(1+I_a)}{P_0^b(1+I_b)} \tag{4.3}$$

식(4.1)과 식(4.3)에서 다음의 관계가 성립해야 하는데 이를 구매력평가설이라고 한다.

$$\frac{S_1}{S_0} = \frac{1+I_a}{1+I_b} \tag{4.4}$$

식(4.4)의 양변에서 1을 차감하여 정리하면 다음과 같이 정리할 수 있다.

$$\frac{S_1}{S_0} - 1 = \frac{1+I_a}{1+I_b} - 1 \rightarrow \frac{S_1 - S_0}{S_0} = \frac{I_a - I_b}{1+I_b} \quad (4.5)$$

식(4.5)에서 b국의 기대인플레이션율이 크지 않다면 우변의 분모에서 I_b를 0이라고 볼 수 있으므로 다음과 같은 근사식을 얻을 수 있다.

$$\frac{S_1 - S_0}{S_0} = I_a - I_b \quad (4.6)$$

따라서 어떤 기준시점부터 미래의 특정시점까지 일정기간 동안에 현물환율의 변화율은 양국의 물가상승률의 차이와 근사적으로 같다는 의미를 갖는다. 식(4.6)은 $(1 + I_b)$가 1과 큰 차이가 없다고 가정하는 근사식에 해당하기 때문에 만일 외국의 물가상승률이 매우 높다면 이러한 논리는 성립하지 않을 것이다.

일정기간 환율의 변화율은 같은 기간 두 나라의 물가상승률의 차이와 대략 동일할 때 균형을 이룬다. 이때 물가상승률이 상대적으로 높은(낮은) 나라의 통화는 상대통화에 대해 물가상승률의 차이만큼 가치가 하락(상승)해야 국제시장에서 경쟁적 균형이 유지될 것이고, 국제적 일물일가의 법칙이 성립할 것이다.

(3) 구매력평가설의 장점

구매력평가설은 단기적인 환율의 움직임은 잘 나타내지 못하는 반면에 장기적인 환율의 변화추세는 잘 반영하여 환율예측의 수단으로 이용될 수 있다. 실증분석에 의하면 구매력평가환율이 단기적으로는 실제환율과 상당한 괴리를 보였으나 장기적으로 두 환율의 변동이 대체로 동일한 방향으로 움직이는 것으로 나타났다.

따라서 구매력평가설이 환율결정이론이 되기 위해서는 사전적으로 그리고 사후적으로 성립할 수 있어야 한다. 즉 환율을 조정한 물가나 물가수준이 구매력평가에 의한 환율에서 이탈하거나 이탈하려고 할 때 이러한 실제적인 또는 잠재적인 이탈을 신속하게 제거할 수 있는 차익거래의 메커니즘이 작동하고 있어야 한다.

(4) 구매력평가설의 단점

구매력평가설은 국가간의 무역이 자유롭게 이루어지고 상품시장에서 일물일가의 법칙을 가정하고 있으나 국가간 교역에는 수송비와 관세 등으로 인해 현실적으로 일물일가의 법칙이 성립하지 않는다. 그리고 균형환율의 결정요인으로 물가만 고려하고 외환의 수요와 공급에 영향을 미치는 다른 요인들은 고려하지 못한다.

구매력평가설은 각국의 물가수준을 그 나라의 통화공급에 비례하여 움직이는 통화수량설에 근거하여 상대가격의 변동을 화폐적 현상으로 설명하는데, 기술진보와 같은 구조적인 요인에 의해 상대가격이 변동하고 상품시장과 외환시장에서 가격조정의 메커니즘이 서로 다르기 때문에 동 이론이 현실적으로 성립하기 어렵다.

예제 4-1 구매력평가설

미국 달러화에 대한 한국 원화의 현재 현물환율은 ₩1,000/$이며, 향후 1년 동안의 한국과 미국의 예상인플레이션율이 각각 10%와 5%이다. 구매력평가설에 의하면 1년 후에 예상되는 현물환율은 얼마가 되어야 하는가?

풀이

1. 균형식에 의할 경우

$\frac{S_1}{S_0} = \frac{1+I_a}{1+I_b}$에서 $\frac{S_1}{1{,}000} = \frac{1+0.10}{1+0.05}$ → ∴ S_1 = ₩1,047.62/$

2. 근사식에 의할 경우

$\frac{S_1 - S_0}{S_0} = I_a - I_b$에서 $\frac{S_1 - 1{,}000}{1{,}000} = 0.1 - 0.05$ → ∴ S_1 = ₩1,050/$

2. 이자율평가설

(1) 국제자본이동

국가간에 자본이 이동하는 이유는 동일한 위험에 대해 최대의 수익을 얻기 위한 투자기회를 찾기 때문이다. 국내의 금리가 낮으면 투자자들은 자국보다 해외에 투자할 것이고 자본이 해외로 이동한다. 그러나 해외에 투자할 때는 환율변화는 물론 투자대상국의 제도와 규제에 따라 수익률이 영향을 받을 수 있다.

그러나 자본이동은 단순히 투자수익률뿐만 아니라 위험도 동시에 고려하여 투자결정이 이루어진다는 분산투자이론에 의해서도 발생한다. 즉 투자자들은 수익률이 높고 위험도가 낮은 투자를 원하기 때문에 한곳에 투자하는 것보다 여러 지역에 분산투자하는 것이 동일한 수익을 보장하면서 위험을 줄일 수 있다.

따라서 자국에만 투자하지 않고 다양한 지역에 투자를 분산시키는 과정에서 해외투자가 발생한다. 투자수익 및 위험분산 이외에 해외직접투자에 의한 자본이동은 무역장벽의 극복, 현지기업의 기술이나 노하우의 습득, 정보수집, 시장개척, 거래비용을 감소시키기 위한 내부화 등의 목적 때문에 이루어지기도 한다.

(2) 이자율평가설

이자율평가설(interest rate parity)은 국가간의 자본이동이 자유롭고 거래비용과 과세문제가 존재하지 않는 완전자본시장의 가정하에서 양국간의 명목이자율의 차이와 환율의 균형관계를 설명한다. 즉 완전자본시장에서 양국간의 금리격차는 선물환율의 할인율 또는 할증률과 동일하다는 이론을 말한다.

구매력평가설이 경상수지의 관점에서 환율을 설명하는 이론이다. 반면에 이자율평가설은 자본수지의 관점에서 환율을 설명하는 이론으로 금융시장에서 일물일가의 법칙을 전제로 하고 금리평가설이라고도 한다. 완전자본시장의 가정하에서 동일한 금융상품은 국제적으로 동일한 가격(이자율)을 갖는다.

여기서 동일한 금융상품은 위험의 크기, 만기 그리고 유동성이 동질적임을 의미한다. 만약 동일한 금융상품에 대해 국가간에 가격이 서로 다르면 차익거래의 기회가 발생할 것이며, 그 결과 금융상품의 가격과 환율이 변화함으로써 궁극적으로 차익이 발생하지 않는 균형상태를 이루게 된다는 것이다.

따라서 동일한 상품에 대해 국가간에 가격이 서로 다르면 과소평가된 시장에서 매입하고 과대평가된 시장에서 매도함으로써 추가적인 자금부담이나 위험부담 없이 이익을 추구하는 차익거래가 발생한다. 차익거래를 통해 금융상품의 가격과 환율이 변화하여 균형상태에 도달하면 차익거래기회는 소멸한다.

선물환율이 어떻게 결정되는지를 설명하는 이자율평가설은 어떤 투자자가 자국통화표시의 자산에 투자하는 경우와 외국통화표시의 자산에 투자하는 경우에 균형상태에서 두 투자안의 수익률은 같아야 한다는 이론이다. 이자율평가설을 이해하기 위하여 다음과 같은 두 가지 투자전략을 고려하여 보자.

전략 1 : ₩1을 한국(a국) 금융시장에 1년간 투자
전략 2 : ₩1을 달러화로 환전($\$1/S_0$)하여 미국(b국) 금융시장에 1년간 투자하고 1년 후에 예상되는 투자수익을 1년 만기 달러선물을 이용하여 매도

두 가지 투자전략에서 원화로 표시된 1년 후의 투자수익은 다음과 같다.

전략 1의 투자수익 $= 1 \times (1 + N_a)$
전략 2의 투자수익 $= \frac{1}{S_0} \times (1 + N_b) \times F_1$

차익거래가 발생하지 않기 위해서는 두 가지 전략에서 투자수익이 같아야 한다. 따라서 다음의 관계가 성립해야 하는데, 식(4.7)를 이자율평가설이라고 한다.

$$\frac{1}{S_0} \times (1 + N_b) \times F_1 = 1 \times (1 + N_a) \rightarrow \frac{F_1}{S_0} = \frac{1 + N_a}{1 + N_b} \quad (4.7)$$

식(4.7)의 양변에서 1을 차감하면 다음과 같이 정리할 수 있다.

$$\frac{F_1}{S_0} - 1 = \frac{1 + N_a}{1 + N_b} - 1 \rightarrow \frac{F_1 - S_0}{S_0} = \frac{N_a - N_b}{1 + N_b} \quad (4.8)$$

식(4.8)에서 b국의 명목이자율이 크지 않다면 우변의 분모에서 N_b을 0이라고 볼 수 있으므로 다음과 같은 근사식을 얻을 수 있다. 만일 외국의 이자율이 매우 높은 경우에는 오차가 발생하여 식(4.9)의 근사식은 성립하지 않는다.

$$\frac{F_1 - S_0}{S_0} = N_a - N_b \tag{4.9}$$

식(4.9)의 좌변 $[(F_1 - S_0)/S_0]$이 일반적으로 정(+)이면 선물환 할증이라고 하고 부(−)이면 선물환 할인이라고 한다. 이것은 선물환율이 현재의 현물환율로부터 변화하는 정도를 나타낸다. 요컨대 식(4.9)는 일정시점 후를 만기로 하는 선물환의 할증율 또는 할인률이 양국의 명목이자율의 차이와 대략 동일할 때 균형을 이룬다.

따라서 이자율평가설은 자본이동에 제약이 없다면 선물환율의 변동률이 양국의 명목이자율의 차이와 동일하게 된다. 왜냐하면 투자에 대한 의사결정을 할 때 투자자는 이자율의 차이뿐만 아니라 환율변동에서 오는 환위험도 고려하기 때문이다. 이자율평가설은 단기자금시장과 외환시장이 서로 상충관계에 있음를 나타낸다.

고금리 통화로 차입하여 저금리 통화에 투자하면 단기자금시장에서는 금리차만큼 손실이 발생하나, 외환시장에서는 선물환 할증으로 그 손실만큼 보상을 받는다. 반대로 저금리 통화로 차입하여 고금리 통화에 투자하여 단기자금시장에서 높은 수익률을 얻게 되는 경우에는 외환시장에서 그만큼 선물환이 할인되어 상쇄된다.

따라서 해외투자시 예상수익률은 해외이자율과 환율의 예상상승률의 합으로 표시된다. 국내투자수익률이 해외투자수익률보다 높다면 한국으로 자본유입이 발생하고 미국에서의 투자수익률이 더 높다면 미국으로 자본유입이 이루어진다. 그러나 장기채권이나 직접투자에는 이자율평가가 잘 성립되지 않는 것으로 알려져 있다.

이자율평가설은 외환시장의 효율성을 전제조건으로 하므로 현물환시장 또는 선물환시장이 비효율적인 경우에는 성립하지 않는다. 또한 서로 다른 국가의 시장간에 중앙은행의 외환시장 개입가능성, 자본 및 외환통제와 같은 정치적 위험이 상이한 경우에 위험부담이 추가로 발생하여 이자율평가설이 성립하지 않을 수 있다.

(3) 커버된 이자율 차익거래

식(4.7)의 균형관계가 성립하지 않으면, 현물환율 및 선물환율과 두 나라의 명목이자율이 균형에 도달하지 못하고 있어 차익거래로 이익을 실현할 수 있다. 이러한 차익거래를 커버된 이자율 차익거래(covered interest arbitrage)라고 한다. 차익거래를 통해 이익을 얻는 방법에는 다음의 두 가지가 있다.

① $\frac{F_1}{S_0} > \frac{1+N_a}{1+N_b}$

가. 두 나라의 명목이자율을 비교하여 분석

현물환율과 선물환율의 관계에 비해 상대적으로 한국(a국)의 명목이자율은 낮고, 미국(b국)의 명목이자율은 높아 다음과 같은 차익거래를 통해 이익을 얻을 수 있다.

㉠ 한국(a국) 금융시장에서 1년간 자금을 차입한다.

㉡ 현재의 현물환율을 적용하여 원화 차입금을 미국 달러화로 환전한 후 미국(b국) 금융시장에 1년간 투자한다.

㉢ 1년 후에 예상되는 달러화 투자수익에 대해 선물을 매도한다.

나. 현물환율과 선물환율을 비교하여 분석

두 나라의 명목이자율 관계에 비해 현물환율은 과소평가되고, 선물환율은 과대평가되어 자금을 차입하여 달러현물을 매입하고, 달러선물을 매도하는 차익거래를 통해 이익을 얻을 수 있다. 이때 차익거래의 과정은 위와 같다. 위 ㉠과 ㉡에서 원화를 차입하여 달러화로 환전하는 것은 자금을 차입하여 달러현물을 매입하는 거래에 해당하고, 위 ㉢에서 달러화 투자수익에 선물을 매도하는 것은 달러선물을 매도하는 거래에 해당한다. 따라서 선물환율이 현물환율에 비해 과대평가되어 있으면 한국(a국) 금융시장에서 차입하여 미국(b국) 금융시장에 투자하는 차익거래가 발생한다.

② $\frac{F_1}{S_0} < \frac{1+N_a}{1+N_b}$

가. 두 나라의 명목이자율을 비교하여 분석

현물환율과 선물환율의 관계에 비해 상대적으로 한국(a국)의 명목이자율은 높고, 미국(b국)의 명목이자율은 낮아 다음과 같은 차익거래를 통해 이익을 얻을 수 있다.

㉠ 미국(b국) 금융시장에서 1년간 자금을 차입한다.

㉡ 현재의 현물환율을 적용하여 달러화 차입금을 한국 원화로 환전한 후 한국(a국) 금융시장에 1년간 투자한다.

㉢ 1년 후에 상환해야 하는 달러화 원금과 이자에 대해 선물을 매입한다.

나. 현물환율과 선물환율을 비교하여 분석

두 나라의 명목이자율 관계에 비해 현물환율은 과대평가되고, 선물환율은 과소평가되어 자금을 차입하여 달러현물을 매도하고, 달러선물을 매입하는 차익거래를 통해 이익을 얻을 수 있다. 이때 차익거래의 과정은 위와 같다. 위 ㉠과 ㉡에서 달러화를 차입하여 원화로 환전하는 것은 달러현물을 매도하는 거래에 해당하고, 위 ㉢에서 상환해야 하는 달러화 원금과 이자에 선물을 매입하는 것은 달러선물을 매입하는 거래에 해당한다. 따라서 선물환율이 현물환율에 비해 과소평가되어 있으면 미국(b국) 금융시장에서 차입하여 한국(a국) 금융시장에 투자하는 차익거래가 발생한다.

예제 4-2 이자율평가설

2022년 1월 3일 현재 국내외환시장에서 미국 달러화에 대한 한국 원화의 현물환율은 ₩1,000/$이다. 한국의 명목이자율은 연 5%이고, 미국의 명목이자율은 연 3%라고 가정하여 다음의 물음에 답하시오.

1. 이자율평가설에 의하면 미국 달러화에 대한 한국 원화의 1년 만기 선물환율은 얼마가 되어야 하는가?
2. 다음의 각 경우에 차익거래의 과정을 설명하고 차익거래를 이용한 이익을 계산하시오. 단, 한국에서는 100만원, 미국에서는 $1,000를 차입할 수 있다.
   (1) 1년 만기 선물환율이 ₩1,050/$일 경우
   (2) 1년 만기 선물환율이 ₩1,010/$일 경우

풀이

1. 이자율평가설에 의한 1년 만기 선물환율
   (1) 균형식에 의할 경우

$$\frac{F_1}{S_0} = \frac{1+N_a}{1+N_b} \text{에서 } \frac{F_1}{1{,}000} = \frac{1.05}{1.03} \rightarrow \therefore F_1 = 1{,}019.42/\$$$

   (2) 근사식에 의할 경우

$$\frac{F_1 - S_0}{S_0} = N_a - N_b \text{에서 } \frac{F_1 - 1{,}000}{1{,}000} = 0.05 - 0.03 \rightarrow \therefore F_1 = 1{,}020/\$$$

2. (1) 1년 만기 선물환율이 ₩1,050/$이면 다음의 관계가 성립한다.

$$\frac{F_1}{S_0} = \frac{1,050}{1,000} = 1.05 > \frac{1+N_a}{1+N_b} = \frac{1.05}{1.03} = 1.0194$$

한국의 명목이자율은 미국의 명목이자율에 비해 상대적으로 낮으므로 국내에서 자금을 차입하여 미국의 금융상품에 투자하면 다음과 같은 차익거래를 통해 1년 후에 31,500원의 이익을 얻을 수 있다.

① 국내에서 연 5%의 이자율로 1년간 100만원을 차입한다.

② 차입금을 달러화로 환산하여 $1,000를 미국의 금융상품에 1년간 투자한다.

③ 달러화 차입원리금의 합계액 $1,030에 대해서 1년 만기의 선물환 매도계약을 ₩1,050/$에 체결한다.

거 래	현재의 현금흐름	1년 후의 현금흐름
국내차입 미국투자 선물매도	1,000,000원($1,000) −$1,000 −	−1,050,000원[*1] $1,030[*2] 1,081,500원 − $1,030[*3]
합 계	0	31,500원

*1 차입원리금상환 = −1,000,000(1 + 0.05) = −1,050,000원

*2 투자수익 = 1,000(1 + 0.03) = $1,030

*3 ₩1,050/$에 $1,030을 인도 = $1,030 × 1,050 − $1,030

(2) 1년 만기 선물환율이 ₩1,010/$이면 다음의 관계가 성립한다.

$$\frac{F_1}{S_0} = \frac{1,010}{1,000} = 1.01 < \frac{1+N_a}{1+N_b} = \frac{1.05}{1.03} = 1.0194$$

한국의 명목이자율은 미국의 명목이자율에 비해 상대적으로 높으므로 미국에서 자금을 차입하여 한국의 금융상품에 투자하면 다음과 같은 차익거래를 통해 1년 후에 9,700원의 이익을 얻을 수 있다.

① 미국에서 연 3%의 이자율로 1년간 $1,000를 차입한다.

② 차입금을 원화로 환산하여 1,000,000원을 국내의 금융상품에 1년간 투자한다.

③ 달러화 차입원리금의 합계액 $1,030에 대해서 1년 만기의 선물환 매입계약을 ₩1,010/$에 체결한다.

거 래	현재의 현금흐름	1년 후의 현금흐름
미국차입 한국투자 선물매입	\$1,000(1,000,000원) −1,000,000원 −	−\$1,030[*1] 1,050,000[*2] \$1,030 − \$1,030 × 1,010[*3]
합 계	0	9,700원

*1 차입원리금상환 = −\$1,000(1 + 0.03) = −\$1,030

*2 투자수익 = 1,000,000(1 + 0.05) = 1,050,000원

*3 ₩1,010/\$에 \$1,030을 인수 = \$1,030 − \$1,030 × 1,010

3. 피셔효과

피셔효과(Fisher effect)는 명목이자율이 실질이자율과 예상물가상승율을 반영하고 있다는 이론이다. 즉 투자자는 명목이자율이 상품가격수준의 예상상승률을 보상할 수 있을 만큼 충분히 높을 경우에 금융자산에 투자한다. 명목이자율(N)은 실질이자율(R)과 예상물가상승률(π^e)에 대한 합과 대략 동일할 때 균형을 이룬다.

$$(1 + N) = (1 + R)(1 + \pi^e) \tag{4.10}$$

$$N = R + \pi^e + (R \times \pi^e)$$

$$\fallingdotseq R + \pi^e \tag{4.11}$$

예컨대 향후 1년 동안 물가상승률이 6%로 예상될 경우에 어떤 투자자가 10%의 명목이자율로 종잣돈을 대출했다고 가정하면 실질이자율은 단지 4%에 불과하다. 투자자는 원금보다 10% 더 많은 금액을 수령하지만, 투자기간 동안 상품과 서비스의 가격이 상승하여 실질적인 구매력의 증가는 단지 4%에 불과하게 된다.

명목이자율은 인플레이션 프리미엄의 성격을 갖고 있다. 자금대여자의 입장에서 보면 일정 예상물가상승률하에서 만기에 회수될 원리금의 실질구매력이 감소할 것이므로 명목이자율이 예상물가상승률만큼 조정되어 이를 충분히 보상해야 하기 때문이다. 실질이자율은 실물자산의 수익과 위험프리미엄에 의해 결정된다.

피셔효과는 국내에서뿐만 아니라 외국에서도 피셔등식이 성립해야 한다. 또한 완전 자본시장에서 만약 두 나라의 실질이자율에 차이가 발생하면 차익거래가 이루어져 실질 이자율이 높은 국가로 투자가 집중될 것이다. 즉 국제적으로 실질이자율의 차이가 존재 하면, 이 차이를 얻기 위해 국가간 자본이 이동하게 된다.

국제자본의 이동은 실질이자율이 높은 국가로 집중된다. 따라서 실질이자율이 높은 국가는 자본이 상대적으로 풍부해져 실질이자율이 하락한다. 실질이자율이 낮은 국가에서는 자본이 유출되어 상대적으로 자본이 희구하여 실질이자율은 상승한다. 그 결과 두 나라의 실질이자율의 차이는 소멸되고 차익거래는 중단된다.

식(4.11)을 국제적인 맥락에서 표시해보자. 자국의 $N_a = R_a + \pi^e$와 외국의 $N_b = R_b + \pi^e$에서 양국의 실질이자율 차이가 소멸되면 R_a와 R_b이 동일하여 두 식의 차이는 식(4.12)와 같이 표시할 수 있다. 실질이자율이 국제적으로 동일할 경우 국가간 명목이자율의 차이는 각국의 예상물가상승률 차이와 같을 때 균형을 이룬다.

$$N - N^* \fallingdotseq \pi^e - \pi^{e*} \tag{4.12}$$

4. 국제피셔효과

환율의 변화와 이자율의 변화간의 관계를 설명하는 이론에는 이자율평가설 이외에 국제피셔효과(International Fisher effect)가 있다. 이자율평가설에서 환율은 현재의 현물환율과 미래의 만기가 되는 선물환율인 반면에 국제피셔효과에서 환율은 현재의 현물환율과 미래의 현물환율이라고 하는 차이가 있다.

국제피셔효과는 유위험이자율평가(uncovered interest rate parity)라고도 하는데, 두 국가간 금융자산이 완전대체적일 때 성립한다. 즉 두 나라의 금융자산이 완전대체적이라면 동일한 통화로 표시할 경우에 두 금융자산은 동일한 것으로 간주될 수 있다. 따라서 투자에 따른 기대수익률도 동일해진다는 것이다.

국제피셔효과는 구매력평가설과 피셔효과를 결합하여 두 나라의 명목이자율 차이와 환율의 예상변화율과의 관계를 설명한다. 따라서 국제피셔효과는 두 나라의 명목이자율의 차이와 현물환율의 예상변화율이 동일해야 한다는 이론을 말하며 현물환율의 변화율과 명목이자율간에 다음과 같은 관계가 성립한다.

$$\frac{S_1}{S_0} = \frac{1+N_a}{1+N_b} \tag{4.13}$$

식(4.13)의 양변에서 1을 차감하여 정리하면 다음과 같다.

$$\frac{S_1}{S_0} - 1 = \frac{1+N_a}{1+N_b} - 1 \rightarrow \frac{S_1 - S_0}{S_0} = \frac{N_a - N_b}{1+N_b} \tag{4.14}$$

식(4.14)에서 b국의 명목이자율이 크지 않다면 우변의 분모에서 N_b를 0이라고 볼 수 있으므로 다음과 같은 근사식을 얻을 수 있다.

$$\frac{S_1 - S_0}{S_0} = N_a - N_b \tag{4.15}$$

식(4.15)는 일정기간 동안 현물환율의 예상변화율$[(S_1 - S_0)/S_0]$은 관련된 두 나라의 명목이자율의 차이와 대략 동일할 경우에 균형에 도달한다는 의미를 갖는다. 따라서 명목이자율이 상대적으로 높은(낮은) 나라의 통화는 상대방 통화에 대해서 명목이자율의 차이만큼 가치가 하락(상승)하게 된다.

국제피셔효과도 단기금융시장과 외환시장간에 상충관계(trade-off relation)가 성립함을 나타낸다. 따라서 단기금융시장에서의 금리차이가 외환시장에서의 예상환율변화에 의해 정확히 상쇄된다는 것이다. 그렇지 않으면 금리차이에서 이익을 실현하려고 하는 차익거래가 발생할 수 있을 것이다.

예컨대 국내 원화표시 채권금리가 연 6.00%이고 미국 달러화표시 채권금리가 연 4.50%이면 원화환율은 향후 1년간 1.50% 상승할 수 있다. 이는 미국투자자가 국내 원화표시 채권에 투자하면 1.50% 더 많은 이자를 받지만 원화가치가 1.50% 하락할 수 있어 어느 곳에 투자하건 기대수익률은 동일하다.

이자율평가설이 단기금융시장과 외환시장간의 균형을 투자시점에 결정되는 선물환율을 이용하는 확정적인 관계로 설명하는 반면에, 국제피셔효과는 이들의 관계를 사전적인 또는 투자시점에 확실히 알 수 없는 만기일의 예상환율을 이용하는 불확정적인 관계로 설명하고 있다는 점에서 차이가 있다.

그리고 국제피셔효과는 국내자산 투자수익률과 해외자산 투자수익률간의 관계를 나타내기도 한다. 예컨대 투자자들이 본국통화표시 금융자산에 투자할 경우에는 국내금리만 고려하면 된다. 그러나 외국통화표시 금융자산에 투자할 경우에는 외국금리뿐만 아니라 환율변동까지 추가로 고려해야 한다.

국제피셔효과에 의하면 국내금리는 외국금리에 환율의 기대변동률을 합산한 것과 평가관계를 이루게 된다. 그러나 투자자가 예상한 대로 환율이 변동하지 않을 경우에 투자자는 환위험을 감수해야 한다. 따라서 국제피셔효과를 (환위험)이 커버되지 않는 또는 유위험 국제금리평가라고 부른다.

예제 4-3 국제피셔효과

국제피셔효과는 현물환율과 두 국가간 명목이자율 사이에 균형관계가 성립할 경우 차익거래의 기회가 존재하지 않는다는 논리로 도출할 수도 있다. 다음과 같은 두 가지 투자전략을 고려하여 보자.

전략 1 : ₩1을 한국(a국) 금융시장에 1년간 투자
전략 2 : ₩1을 달러화로 환전($1/S_0$)하여 미국(b국) 금융시장에 1년간 투자한 후 1년 후에 예상되는 현물환율을 이용하여 원화로 환전

두 가지 투자전략에서 원화로 표시된 1년 후의 투자수익은 다음과 같다.

전략 1의 투자수익 $= 1 \times (1+N_a)$
전략 2의 투자수익 $= \dfrac{1}{S_0} \times (1+N_b) \times S_1$

차익거래가 발생하지 않기 위해서는 두 가지 전략에서 투자수익이 같아야 하므로 다음의 관계가 성립하는데, 이는 식(4.13)과 동일함을 알 수 있다.

$$\frac{1}{S_0} \times (1+N_b) \times S_1 = 1 \times (1+N_a) \rightarrow \frac{S_1}{S_0} = \frac{1+N_a}{1+N_b}$$

예제 4-4 국제피셔효과

미국 달러화에 대한 한국 원화의 현물환율은 ₩1,100/$이며, 한국과 미국의 연간 실질이자율이 5%로 동일하다. 향후 1년간 물가상승률이 한국은 10%로 예상되며, 미국은 5%로 예상될 경우에 다음 물음에 답하시오.

1. 한국과 미국의 연간 명목이자율을 구하시오.

2. 국제피셔효과에 의한 내년의 현물환율을 구하시오.

풀이

1. 한국(a국)과 미국(b국)의 명목이자율

(1) 균형식에 의할 경우

$$(1+N_a)=(1+R)(1+I)=(1+0.05)(1+0.10) \rightarrow N_a=0.1550$$

$$(1+N_b)=(1+R)(1+I)=(1+0.05)(1+0.05) \rightarrow N_b=0.1025$$

(2) 근사식에 의할 경우

$$N_a=0.05+0.10=0.15$$

$$N_b=0.05+0.05=0.10$$

2. 국제피셔효과에 의한 내년 현물환율

(1) 균형식에 의할 경우

$$\frac{S_1}{S_0}=\frac{1+N_a}{1+N_b}\text{에서 }\frac{S_1}{1,100}=\frac{1+0.1550}{1+0.1025} \rightarrow \therefore S_1=1,152.38/\$$$

(2) 근사식에 의할 경우

$$\frac{S_1-S_0}{S_0}=N_a-N_b\text{에서 }\frac{S_1-1,100}{1,100}=0.15-0.10 \rightarrow \therefore S_1=1,155/\$$$

5. 효율적 시장가설

효율적 시장가설은 외환시장이 효율적이어서 환율결정과 관련된 이용가능한 모든 정보가 즉시 그리고 충분히 반영되기 때문에 현재의 선물환율은 미래의 현물환율의 기대값과 밀접한 관계를 가지고 있다는 가설을 말한다. 따라서 선물환계약의 매입 및 매도 의사결정은 미래의 현물환율에 대한 기대에 달려 있다.

외환시장이 균형상태에 있으면 선물환율은 미래의 현물환율에 대한 불편추정치(unbiased estimator)가 되어야 한다. 즉 외환시장이 효율적이어서 이자율평가설과 국제피셔효과가 모두 성립하면 선물환율의 할인율(또는 할증률)과 현물환율의 변화율이 현물환율의 차이와 같을 것이므로 다음의 관계가 성립한다.

$$\frac{S_1}{S_0} = \frac{F_1}{S_0} \rightarrow \frac{S_1 - S_0}{S_0} = \frac{F_1 - S_0}{S_0} \rightarrow \therefore\ F_1 = S_1 \quad (4.16)$$

제2절 국제평가관계의 종합

국제금융의 메커니즘을 이해하기 위해서는 국제평가관계의 이해가 중요하다. 외환시장에서 환율은 각국의 상대적인 물가상승률, 명목이자율, 선물환율 등의 상호작용에 의해 결정되며 국제간의 차익거래를 통해서 균형에 도달한다. 경제변수들의 상호작용에 의한 환율의 결정과정을 도식하면 [그림 4-1]과 같다.

▌그림 4-1▌ 국제평가관계의 종합

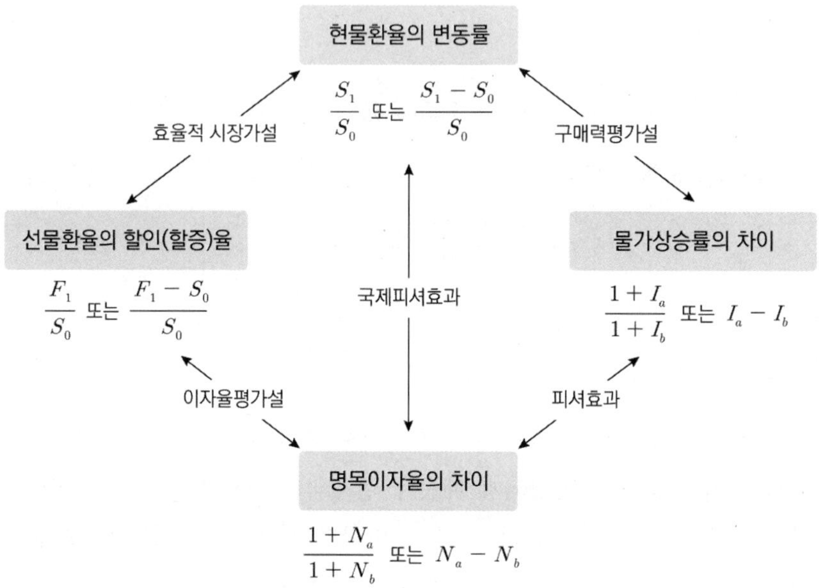

첫째, 물가상승률의 차이와 현물환율의 변동률 간에는 상대적 구매력평가설이 도출된다. 둘째, 명목이자율의 차이와 선물환율의 할인(할증)율 간에는 이자율평가설이 도출된다. 셋째, 물가상승률의 차이와 명목이자율의 차이 간에는 피셔효과가 도출된다. 넷째, 명목이자율의 차이와 현물환율의 변동률 간에는 국제피셔효과가 도출된다. 끝으로 선물환율의 할인(할증)율과 현물환율의 변동률 간에는 선물환율의 미래현물환율에 대한 불편성 또는 선물환평가가 도출된다.

보론 4-1 빅맥지수

영국의 주간 경제전문지 Economist는 1986년부터 맥도널드의 빅맥지수(Big Mac Index)를 발표한다. [표 4-1]은 2015년 1월의 빅맥지수를 나타낸다. 빅맥지수는 세계 각국에서 동일한 규격 및 품질에 판매되는 빅맥햄버거 가격을 미국에서의 가격과 같게 만들어주는 환율을 말한다. 즉 현재환율이 이보다 높으면(낮으면) 해당국가의 통화는 과소평가(과대평가)되어 있음을 의미한다.

[표 4-1]에 따르면 빅맥햄버거는 러시아에서 가장 싸게(개당 1.36달러) 팔리고, 스위스에서 가장 비싸게(개당 7.54달러) 팔리며, 우리나라는 미국보다 저렴한(개당 3.78달러) 가격에 팔리고 있다. 따라서 대부분 국가들의 통화는 과소평가되어 대미달러 환율이 하락해야 한다. 하지만 스위스, 덴마크 등 일부 국가의 통화는 과대평가되어 대미달러 환율이 상승해야 한다.

[표 4-1] 빅맥지수(2015년 1월 31일 기준)

국가	국내가격	달러가격	빅맥지수	현재환율	과소(−)/과대(+), %
미국	4.79달러	4.79	1	1	0
아르헨티나	28페소	3.25	5.85	8.61	−32.11
호주	5.3달러	4.32	1.11	1.23	−9.84
브라질	13.5헤알	5.21	2.82	2.59	8.7
영국	2.89파운드	4.37	0.6*	0.66*	−8.81
캐나다	5.7달러	4.64	1.19	1.23	−3.14
중국	17.2위안	2.77	3.59	6.21	−42.19
덴마크	34.5크로나	5.38	7.20	6.42	12.23
유로지역	3.68유로	4.26	0.77**	0.86**	−10.98
홍콩	18.8달러	2.43	3.92	7.75	−49.37
인도네시아	27939루피	2.24	5832.78	12480	−53.26
일본	370엔	3.14	77.24	117.77	−34.41
말레이시아	7.63링기트	2.11	1.59	3.62	−55.94
노르웨이	48크로너	6.30	10.02	7.62	31.46
멕시코	49페소	3.35	10.23	14.63	−30.07
필리핀	163페소	3.67	34.03	44.41	−23.37

국가	국내가격	달러가격	빅맥지수	현재환율	과소(−)/과대(+), %
러시아	89루블	1.36	18.58	65.23	−71.51
싱가포르	4.7달러	3.53	0.98	1.33	−26.4
한국	4100원	3.78	855.95	1083.3	−20.99
스위스	6.5프랑	7.54	1.36	0.86	57.49
대만	79달러	2.51	16.49	31.49	−47.63
태국	99바트	3.04	20.67	32.61	−36.61

*1파운드당 달러, **1유로당 달러

자료 : Economist(http://www.economist.com), 2015.2.1.

▌그림 4-2▐ 2021년 빅맥지수 순위 TOP 25

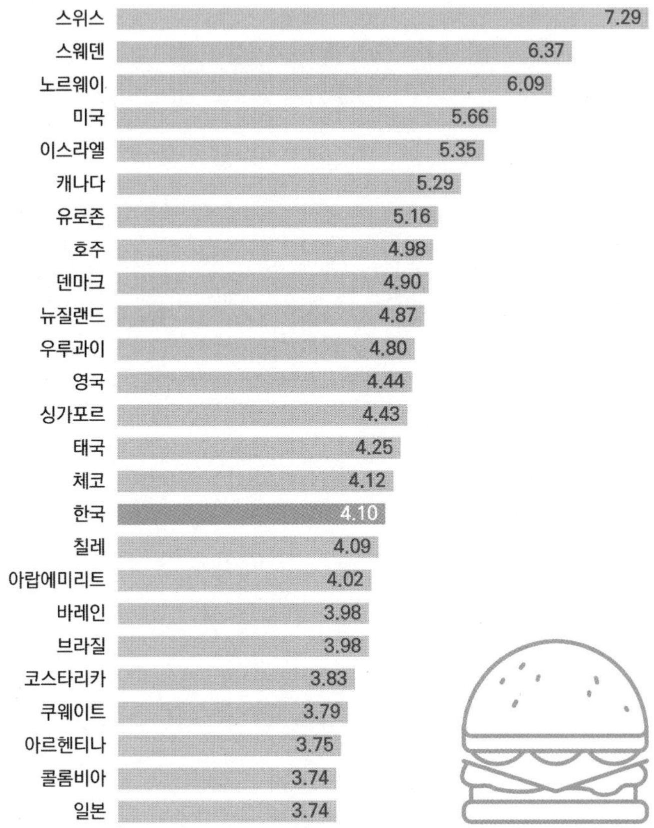

[그림 4-2]는 2021년 3월의 빅맥지수를 보여준다. 빅맥햄버거는 일본($3.74)에서 가장 싸게 팔리고, 스위스($7.29)에서 가장 비싸게 팔렸다. 그다음으로 스웨덴($6.37), 노르웨이($6.09), 미국($5.66), 이스라엘($5.35), 캐나다($5.29), 유로화를 통화로 사용하는 유로존($5.16)의 순이었다. 한국은 4.10달러로 16위를 차지했는데, 이는 일본($3.74)보다 0.36달러 더 높은 금액이다.

그러나 빅맥이 세계 거의 모든 나라에서 판매되고 있으나 과연 동일한 재화인가에 대해서는 의문의 여지가 존재한다. 주재료인 소고기값이 무역장벽으로 나라마다 차이가 있고 건물임대료, 인건비, 조세제도, 지역별 시장구조 등도 천차만별이다. 따라서 빅맥은 교역이 강하지 않은 서비스 재화의 측면도 강하기 때문에 구매력평가의 척도로서 빅맥지수 환율은 무리가 있을 수밖에 없다.

그럼에도 불구하고 빅맥지수는 유용한 경제학적 함의를 준다. 예컨대 물가보다는 명목환율의 변동이 실질환율의 변동을 주도한다는 결과가 있다. 또한 빅맥지수 환율은 비록 간단하지만 미래 환율의 움직임을 예측하는 유용한 지표가 된다는 연구결과도 있었다. 그리고 달러에 대한 국가별 통화평가, 한 국가 국민의 구매력지표, 각 국가의 물가수준, 환율의 조작가능성을 파악할 수 있다.

보론 4-2 캐리 트레이드

일반적으로 투자자들은 금융시장에서 낮은 금리로 자금을 차입하기를 원하고, 여유자금을 굴릴 경우에는 높은 수익을 달성할 수 있는 금융상품에 투자하고자 한다. 최근 금융의 세계화가 급속히 진전됨에 따라서 자금을 조달하고 투자하는 행위가 국내금융시장뿐만 아니라 국경을 넘어서 국가 간에도 나타나고 있다.

캐리트레이드(Carry Trade)는 투자자들이 국가별 금리차를 이용하여 수익을 내는 형태의 투자행위를 말한다. 즉 금리가 낮은 국가에서 자금을 차입하여 이를 환전한 후 상대적으로 금리가 높은 국가의 자산에 투자하여 수익을 올리는 거래로서 이때 저금리국가 통화를 조달통화, 고금리국가 통화를 투자통화라고 한다.

예컨대 엔 캐리트레이드는 금리가 낮은 일본의 엔화로 자금을 조달하여 금리가 높은 다른 나라의 금융상품에 투자하는 것을 말한다. 와타나베부인은 일본의 저금리를 피해 해외의 고금리 자산에 투자하는 일본의 개인투자자를 가리키는 말이다. 처음에는 일본의 주부 재테크 사단을 지칭하는 용어로 사용되었다.

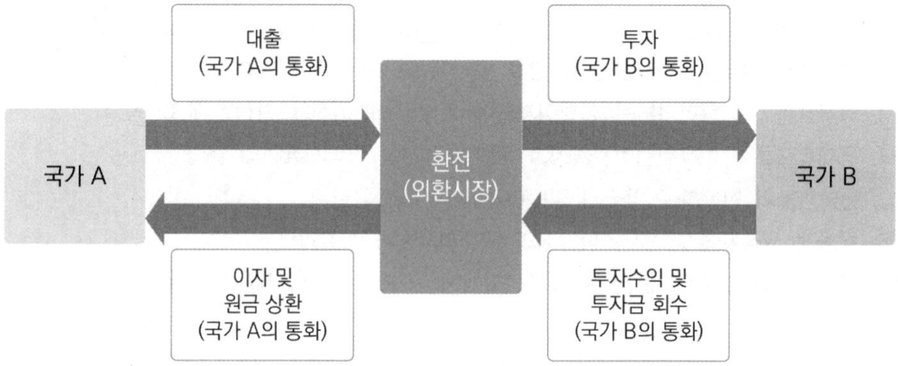

• 핵심요약 •

제1절 국제평가관계의 개요

1. 구매력평가설 : 국제상품거래에서 일물일가의 법칙을 가정

(1) 절대적 구매력평가설

환율은 본국통화 1단위 구매력에 대한 외국통화 1단위 구매력 비율과 동일

(2) 상대적 구매력평가설

환율의 변동률은 본국 물가변동률에서 외국 물가변동률 차감한 값과 동일

(3) 구매력평가설의 장점

중장기 환율예측의 수단, 초인플레이션 국가의 환율예측에 사용

(4) 구매력평가설의 단점

비교역상품 존재, 물가와 환율의 결정요인 차이, 상품/외환시장의 성격차이

2. 이자율평가설 : 국제금융거래에서 일물일가의 법칙을 가정

(1) 국제자본이동 : 투자수익률, 위험분산, 무역장벽 극복, 노하우 습득, 내부화

(2) 이자율평가설 : 무위험이자율평가

선물환율의 할인율 또는 할증률은 양국의 명목이자율 차이와 동일

(3) 커버된 이자율 차익거래

현물환율 및 선물환율과 양국의 명목이자율이 균형에 도달하지 못하는 경우 양국의 현물환시장과 선물환시장을 동시에 이용하는 차익거래

3. 피셔효과 : 명목이자율은 실질이자율에 기대인플레이션을 가산한 값과 동일

4. 국제피셔효과 : 유위험이자율평가, 구매력평가설과 피셔효과의 결합

현물환율의 변동률은 양국의 명목이자율 차이와 동일

5. 효율적 시장가설 : 이자율평가설과 국제피셔효과의 결합

외환시장이 효율적이면 선물환율은 미래에 기대되는 현물환율의 불편추정치

제2절 국제평가관계의 종합

① 물가상승률 차이와 현물환율의 변동률 간에는 상대적 구매력평가설이 도출

② 명목이자율 차이와 선물환율의 할인율 간에는 무위험 이자율평가설이 도출

③ 물가상승률의 차이와 명목이자율의 차이 간에는 피셔효과가 도출

④ 명목이자율의 차이와 현물환율의 변동률 간에는 국제피셔효과가 도출

⑤ 선물환율의 할인율과 현물환율의 변동률 간에는 선물환평가가 도출`

연·습·문·제

1 **현재 한국의 대미환율이 $1 = 1,000원, 한국의 물가수준은 2,000 그리고 미국의 물가수준은 1이라고 가정하자. 구매력평가설이 정확하게 성립되는 한국의 명목환율과 이때의 실질환율은?**

① 명목환율은 1,000, 실질환율은 1
② 명목환율은 1,000, 실질환율은 2
③ 명목환율은 2,000, 실질환율은 1
④ 명목환율은 2,000, 실질환율은 2
⑤ 명목환율은 2,000, 실질환율은 1

| 해설 | 구매력평가설이 성립하면 국제적으로도 일물일가의 법칙이 성립해야 한다. 일물일가의 법칙이 성립하면 국내의 재화가격과 원화로 나타낸 외국의 재화가격이 일치한다. 미국의 물가수준이 1이고, 한국의 물가수준이 2,000이므로 명목환율은 2,000이 되어야 한다. 구매력평가설이 성립하면 실질환율은 1이 된다.

2 **한국 국채의 명목이자율이 6%이고, 미국 국채의 명목이자율이 3%일 경우 A는 미국 국채에 투자하기로 결정하였다. 두 국채 모두 신용위험이 없다면 A는 환율이 어떻게 변화하리라 예상하고 있는가?**

① 원화가 달러화에 비해 2% 이상 평가절상할 것으로 예상
② 원화가 달러화에 비해 3% 이상 평가절상할 것으로 예상
③ 원화가 달러화에 비해 4% 이상 평가절상할 것으로 예상
④ 원화가 달러화에 비해 2% 이상 평가절하할 것으로 예상
⑤ 원화가 달러화에 비해 3% 이상 평가절하할 것으로 예상

| 해설 | 해외투자수익률은 외국의 이자율과 원화환율의 예상상승률을 합한 값이다. 한국의 이자율이 6%이고, 미국의 이자율이 3%일 때 미국국채에 투자하기로 결정했다는 것은 투자자가 예상하는 원화의 평가절하율이 3%를 넘는다는 것을 의미한다.

3 **미국의 1년 만기 채권의 연수익률이 5%이고, 현재 1달러당 환율이 1,200원이며, 만기일의 1달러당 예상환율이 1,250원이라고 가정하자. 다음 중 한국 채권에 투자하는 것이 유리한 것을 모두 고른 것은?**

사례	한국 채권 연수익률
가	10%
나	9.5%
다	9.0%
라	8.5%

① 가, 나, 다, 라
② 가, 나, 다
③ 가, 나
④ 가
⑤ 없음

| 해설 | 해외투자시 예상수익률은 해외이자율과 환율상승률의 합으로 나타낼 수 있다. 미국채권의 수익률이 5%이고, 환율상승률이 4%이므로 미국투자시의 수익률은 9%이다. 따라서 한국채권의 수익률이 9%를 초과하면 한국에 투자하는 것이 유리하다.

4 **국제적으로 자본시장이 균형상태에 있고 현재환율이 1달러에 1,200원이고 1년 후의 선물환율은 1달러에 1,176원이라고 가정한다. 미국에서의 이자율이 7%라면 한국에서의 이자율은 얼마일까?**

① 2% ② 3%
③ 5% ④ 8%
⑤ 15%

| 해설 | 해외투자수익률 = 해외이자율 + 환율상승률 = 7% + (−2%) = 5%이다. 국제적으로 자본시장이 균형상태에 있다면 국내이자율은 5%일 것이다.

5 **실질이자율이 4%, 기대인플레이션율이 8%이며 명목이자소득에 25%의 세금이 부과될 경우에 피셔효과가 성립하면 세후 명목이자율과 세후 기대실질이자율은 각각 얼마인가?**

① 8%, 9% ② 9%, 1%
③ 9%, 4% ④ 9%, 8%
⑤ 4%, 9%

| 해설 | 명목이자율은 실질이자율 4%와 기대인플레이션율 8%를 합한 12%이다. 12%의 명목이자소득에 25%의 세금이 부과되면 3%를 세금으로 납부해야 하므로 세후 명목이자율은 9%이다. 세후 명목이자율이 9%이고 기대인플레이션율이 8%이므로 세후 실질이자율은 1%가 된다.

6 **다음 중 구매력평가설에 대한 설명으로 옳지 않은 것은?**

① 구매력평가설에 의하면 일물일가의 법칙이 성립될 수 있도록 환율이 결정된다.
② 절대적 구매력평가설에 의하면 국내 인플레이션율과 해외 인플레이션율은 항상 같다.
③ 절대적 구매력평가설이 성립하면 실질환율은 1이 된다.
④ 무역장벽이 높을수록 구매력평가설의 현실 설명력은 감소한다.
⑤ 비교역재의 존재가 구매력평가설의 현실 설명력을 떨어뜨리는 요인이 된다.

| 해설 | 절대적 구매력평가설에 의하면 국제적으로 일물일가의 법칙이 성립할 경우 환율은 양국의 물가수준의 비율로 나타낸다.

7 **다음 중 구매력평가설에 대한 설명으로 옳지 않은 것은?**

① 절대적 구매력평가설은 국내물가수준과 해외물가수준이 동일하도록 균형환율이 결정된다.
② 절대적 구매력평가설은 일물일가의 법칙을 전제로 한다.
③ 상대적 구매력평가설은 환율의 변화율이 양국간 물가상승률의 차이와 동일해야 한다는 것이다.
④ 구매력평가설로 균형환율의 변화를 설명하는데 지수문제가 발생한다.
⑤ 현실적으로 비교역재의 존재가 구매력평가설의 현실 설명력을 높여준다.

| 해설 | 비교역재가 존재하면 국가간에 일물일가의 법칙이 성립하지 않아 구매력평가설의 설명력이 오히려 낮아진다. 지수(index)문제는 각국의 물가지수에 포함된 재화와 서비스가 동일하지 않아 구매력평가설이 성립하는데 한계가 있음을 의미한다.

8 **다음 중 구매력평가설의 성립에 대한 설명으로 옳지 않은 것은?**

① 자국의 통화량이 증가할 때 실질환율은 변화하지 않는다.
② 외국의 양적 완화정책으로 외국의 물가가 상승하면 자국의 순수출이 증가한다.
③ 양국 물가상승률의 차이가 명목환율의 변화율에 영향을 준다.
④ 양국간 무역전쟁에서 재정거래에 의한 수익을 얻을 수 없다.
⑤ 양국 물가수준의 상대적 비율이 명목환율에 영향을 준다.

| 해설 | 절대적 구매력평가설에 의하면 국제적으로 일물일가의 법칙이 성립하면 환율은 양국의 물가수준의 비율로 나타낼 수 있다. 상대적 구매력평가설에 의하면 환율의 변화율은 국내의 인플레이션율 차이와 같다.

9 **다음 중 절대적 구매력평가설에 대한 설명으로 옳지 않은 것은?**

① 장기적 환율결정이론이다.
② 구매력평가설이 성립하면 실질환율은 1이다.
③ 명목환율은 두 나라 화폐간의 구매력 차이를 반영한다.
④ 일물일가의 법칙에 근거하여 도출된다.
⑤ 구매력평가설이 성립하면 순수출은 순자본유출과 크기가 같다.

| 해설 | 구매력평가설은 경상수지의 관점에서 환율을 설명하는 이론으로 자본이동과는 관계가 없다.

10 **다음 중 절대적 구매력평가설에 대한 설명으로 옳지 않은 것은?**

① 일물일가의 법칙에 근거한 환율결정이론이다.

② 차익거래가 균형환율을 결정한다고 본다.

③ 국제자본의 이동이 환율결정에서 가장 중요하다는 관점이다.

④ 거래비용과 비교역재가 없다면 성립할 가능성이 크다.

⑤ 빅맥지수는 구매력평가설을 활용한 한 예이다.

| **해설** | 구매력평가설 $P = e \times P_f$에서 환율을 결정하는 가장 중요한 변수는 양국의 물가이다.

11 **다음 중 구매력평가설이 장단기적으로 완벽히 적용될 수 있다면 옳은 것은?**

① 순수출은 실질소득과 실질환율에 의존하게 된다.

② 순수출은 단지 실질소득에 의존하게 된다.

③ 순수출은 정책입안자들에 의해 외생적으로 결정된다.

④ 순수출은 오직 실질환율의 변화에 의존하게 된다.

⑤ 순수출은 오직 외국의 변수들에 의해 결정된다.

| **해설** | 구매력평가설에 의하면 환율은 양국의 물가상승률 차이로 나타낼 수 있다. 구매력평가설이 완벽히 적용된다면 양국에서 물가수준이 변화할 때 환율이 즉각적으로 조정되므로 항상 양국의 물가수준은 동일하다.

12 **다음 중 절대적 구매력평가설이 현실에 잘 적용이 안되는 이유는?**

가. 경제 내에서 비교역재의 비중이 크다.
나. 비교대상국과의 물가지수 가중치가 많이 다르다.
다. 일물일가의 법칙이 성립하기 때문이다.
라. 차익거래가 너무 빈번하게 발생한다.

① 가, 나 ② 가, 나, 다

③ 가, 다, 라 ④ 나, 다

⑤ 다, 라

| **해설** | 현실적으로 절대적 구매력평가설의 성립을 제약하는 요인에는 국가무역은 거래비용을 수반하고, 국가간 이동이 불가능한 비교역상품이 존재하며, 양국간 물가지수 가중치의 차이, 독과점 상품시장은 가격차별로 인해 국내가격과 해외가격이 다를 수 있다.

13 구매력평가설에 의해 미국의 물가상승률이 한국의 물가상승률보다 높을 경우에 원화로 표시한 달러의 환율은 어떻게 되겠는가?

① 실질환율이 하락한다. ② 실질환율이 상승한다.
③ 명목환율이 상승한다. ④ 명목환율이 하락한다.

| 해설 | 절대적 구매력평가설이 성립하면 실질환율은 항상 1이 되어 미국의 물가상승률이 한국의 물가상승률보다 높더라도 실질환율은 변하지 않는다. 상대적 구매력평가설에 의하면 환율변동율은 양국의 인플레이션 차이와 동일하여 외국의 물가상승률이 국내의 물가상승률보다 높다면 명목이자율은 하락한다. 예컨대 미국의 물가상승률이 5%, 국내의 물가상승률이 3%라면 명목이자율은 2% 하락한다. 이는 미국의 물가상승률이 국내의 물가상승률보다 높다면 달러에 비해 원화의 구매력이 높아졌다는 의미이다.

14 다음 중 달러화에 대한 원화의 실질환율과 명목환율에 대한 설명으로 옳지 않은 것은?

① 명목환율이 일정할 때 실질환율이 상승(절하)되면 미국 제품에 비해 국내 제품의 가격이 더 비싸진다.
② 양국의 물가수준이 일정할 때 명목환율이 상승(절하)되면 실질환율도 상승한다.
③ 실질환율이 하락(절상)되면 장기적으로 우리나라의 순수출은 감소한다.
④ 구매력평가설에 의하면 미국의 물가수준이 상승하고 국내의 물가수준이 하락할 때 명목환율이 변한다.
⑤ 구매력평가설에 의하면 국내 제품의 가격과 미국 제품의 원화표시 가격의 상대적 비율은 일정하다.

| 해설 | 실질환율은 외국재화 1단위와 교환되는 국내에서 생산된 재화의 수량을 나타내므로 양국에서 생산된 재화의 상대가격을 의미한다. 따라서 실질환율의 상승은 외국재화 1단위와 교환되는 국내재화의 수량이 많아졌음을 의미한다. 즉 국내에서 생산된 재화의 상대가격이 하락했음을 나타낸다.

15 한국과 미국의 내년 예상 물가상승률이 각각 4%와 6%라고 가정하자. 현재 환율은 1,200원/달러이다. 상대적 구매력평가설이 성립할 경우에 내년 환율은 얼마로 예측할 수 있는가?

① 1,176원/$ ② 1,224원/$
③ 1,320원/$ ④ 1,480원/$
⑤ 1,560원/$

| 해설 | 구매력평가설에 의하면 환율변화율은 양국의 물가상승률의 차이와 같다. 미국의 예상물가상승률이 6%, 한국의 예상물가상승률이 4%로 환율은 2% 하락이 예상된다. 따라서 현재 환율이 1달러에 1,200원이어 원화가 2% 하락하면 내년 예상환율은 1,176원이 된다.

16 **한국 원화와 미국 달러화간에 구매력평가설이 성립할 경우 한국 물가가 5% 상승하고 미국 물가가 2% 상승할 때 옳은 것은?**

① 한국 원화가 미국 달러화에 대해 3% 절상한다.
② 한국 원화가 미국 달러화에 대해 5% 절상한다.
③ 한국 원화가 미국 달러화에 대해 3% 절하한다.
④ 한국 원화가 미국 달러화에 대해 5% 절하한다.
⑤ 두 통화간에 상대적 화폐가치의 변동이 없다.

| **해설** | 구매력평가설에 의하면 환율은 양국의 인플레이션율만큼 변한다. 한국물가가 미국물가보다 3% 더 상승한다면 원화의 가치는 달러에 비해 3% 하락한다.

17 **다음 표는 일정시점에 5개 국가의 빅맥(Big Mac) 가격과 실제 환율을 기록한 것이다. 당시 미국에서 빅맥은 3달러에 판매되었다고 가정한다. 빅맥에 구매력평가설이 성립한다고 가정할 경우에 실제 환율이 상승할 것으로 예상되는 국가를 모두 고르면?**

	국가	빅맥 가격	실제 환율
가	일본	250엔	107엔/달러
나	인도네시아	14.6루피아	9.5루피아/달러
다	영국	1.9파운드	0.6파운드/달러
라	스위스	6.3스위스프랑	1.3스위스프랑/달러
마	캐나다	3.3캐나다달러	1.2캐나다달러/달러

① 가, 나
② 다, 라
③ 가, 나, 다
④ 나, 다, 라
⑤ 다, 라, 마

| **해설** | 각국 구매력평가환율을 계산하면 엔/달러 = 250/3 = 83.33, 루피아/달러 = 14.6/3 = 4.87, 파운드/달러 = 1.9/3 = 0.63, 스위스프랑/달러 = 6.3/3 = 2.1, 캐나다달러/달러 = 3.3/3 = 1.1이다. 실제 환율을 구매력평가환율과 비교하면 실제환율이 구매력평가에 비해 고평가된 통화는 파운드, 스위스프랑이다. 따라서 환율이 상승할 것으로 예상되는 국가는 영국과 스위스이다.

18 **한국의 시장금리와 미국의 시장금리가 각각 연 8%와 연 4%이고, 현물환율이 1달러당 1,200원일 경우 이자율평가설에 의하면 3개월 후 미래 현물환율은?**

① 1,200원　　② 1,212원
③ 1,220원　　④ 1,224원
⑤ 1,236원

| 해설 | 이자율평가설은 국제적으로 자본시장 균형상태에서 환율의 예상변화율은 양국의 이자율 차이와 같다는 이론이다. 한국의 이자율이 연 8%이고 미국의 이자율이 연 4%이므로 3개월간 이자율 차이는 1%(=2%−1%)이다. 이자율평가설이 성립하면 3개월간의 이자율차이와 동일한 1%가 되어야 하므로 3개월 후에 예상현물환율은 1,212원이 될 것이다.

19 **한국의 연간이자율이 8%이고 미국의 연간이자율이 6%이며 미화 1달러당 현물환율이 1,000원이라고 하자. 무위험 이자율평가설에 의하면 미국 달러화의 3개월 만기 적정 선물환율은 얼마가 되어야 하는가?**

① 1,003원　　② 1,004원
③ 1,005원　　④ 1,006원
⑤ 1,007원

| 해설 | 무위험(커버된) 이자율평가설에 의하면 양국간 이자율차이와 선물환 프리미엄(또는 디스카운트)가 동일해야 한다. 따라서 고금리 통화는 양국의 이자율의 차이만큼 선물환 디스카운트 상태에 놓인다. 한국과 미국의 이자율 차이가 연 2%이므로 3개월간 이자율 차이는 0.5%이다. 현재 환율이 1달러에 1,000원이고 원화가 0.5% 선물환 디스카운트 상태에 있어야 하기 때문에 적정한 선물환율은 1,005원이다.

20 **미국의 달러화에 대한 원화의 환율이 1달러에 1,240원이고, 미국과 한국의 명목이자율은 각각 연 6%와 8%이다. 차익거래가 존재하지 않기 위해서는 1년 만기의 균형 선물환율은 얼마가 되어야 하는가? 단, 소수점 이하는 반올림하시오.**

① 1,217원　　② 1,240원
③ 1,263원　　④ 1,314원
⑤ 1,339원

| 해설 | $\frac{S_1}{S_0} = \frac{1+N_a}{1+N_b}$에서 $\frac{S_1}{1,240} = \frac{1+0.08}{1+0.06} \rightarrow \therefore S_1 = 1,263/\$$

21 **A국의 대표적인 장기명목이자율인 국공채이자율이 5%이다. 현재 인플레이션율은 3%이고 예상인플레이션율을 2%로 가정할 경우에 사전적(ex ante)인 실질이자율은 얼마인가?**

① 2%　② 3%
③ 5%　④ 8%
⑤ 15%

| 해설 | 피셔효과에 의하면 실질이자율은 명목이자율에서 예상인플레이션율을 차감한 값이다. 따라서 명목이자율이 5%, 예상인플레이션율이 2%이므로 사전적 실질이자율은 3%이다.

22 **한국과 미국간에 이자율평가설이 성립한다. 현재 한국의 명목이자율이 2%, 미국의 명목이자율이 1%, 예상환율이 1달러당 1,212원일 때 현재환율은?**

① 1,164원　② 1,188원
③ 1,200원　④ 1,212원
⑤ 1,236원

| 해설 | $\frac{S_1}{S_0} = \frac{1+N_a}{1+N_b}$에서 $\frac{1,212}{S_0} = \frac{1+0.02}{1+0.01} \rightarrow \therefore S_0 = 1,200/\$$

23 **다음 중 이자율평가설의 의미에 대한 설명으로 옳지 않은 것은?**

① 이자차익거래에 의해 국내금융자산에 대한 투자수익률과 해외금융자산에 기대수익률이 일치하게 된다.
② 다른 조건이 일정할 때 국내 명목이자율의 상승은 원화의 평가절상을 초래한다.
③ 다른 조건이 일정할 때 외국 명목이자율의 상승은 원화의 평가절하를 초래한다.
④ 이자차익거래는 미래의 예상환율에 의해 영향을 받지 않는다.
⑤ 예상환율과 양국의 명목이자율이 주어지면 이자율평가설에서 균형환율을 도출할 수 있다.

| 해설 | 해외투자수익률은 해외이자율과 환율의 예상상승률의 합이므로 미래의 예상환율이 상승하면 해외투자의 예상수익률이 높아지므로 자본유출이 발생한다. 따라서 이자차익거래에서는 미래의 예상환율에 직접적인 영향을 받는다.

24 **국내와 미국에 투자를 고려하고 있는 국내투자자를 가정할 경우 이자율평가설에 대한 설명 중 옳지 않은 것은?**

① 다른 조건이 일정할 때 원/달러 환율과 달리 예금의 기대수익률간에는 음(−)의 상관관계가 존재한다.

② 외환시장이 균형상태에 있을 때 국내투자자의 양국에서 기대수익률이 일치해야 함을 의미한다.

③ 다른 조건이 일정할 때 달러 예금 금리의 상승은 원화의 절하를 초래한다.

④ 다른 조건이 일정할 때 원화 예금 금리의 상승은 원화의 절상을 초래한다.

⑤ 다른 조건이 일정할 때 미래의 기대 원/달러 환율의 상승은 원화의 절상을 초래한다.

| 해설 | 해외투자의 기대수익률은 해외이자율과 환율의 예상상승률 합으로 나타낼 수 있다. 미래의 예상환율과 해외이자율이 주어진 상태에서 현재환율이 상승하면 환율의 예상상승률이 작아지므로 해외투자의 예상수익률은 낮아진다. 따라서 다른 조건이 일정할 때 현재의 환율과 달러예금의 기대수익률간에는 음의 관계가 존재한다.

25 **한국의 국채 이자율은 3%, 회사채 이자율은 7%이고 미국의 국채 이자율은 2%, 회사채 이자율은 5%라고 가정한다. 채권의 만기는 모두 1년이다. 현재 대미달러 원화환율이 1,500원/$일 경우 다음 설명 중 옳지 않은 것은?**
(단, 거래비용은 없다고 가정한다.)

① 이자율평가설에 따를 때 두 나라의 국가부도위험에 차이가 없다면 1년 후 대미달러 원화환율은 약 1% 상승할 것으로 기대된다.

② 1년 후 대미달러 원화환율에 변화가 없을 것으로 기대된다면 한국의 국가부도위험이 높다고 볼 수 있다.

③ 두 나라의 국가부도위험에 차이가 없다면 1년 후 인도되는 달러의 선물환율은 약 1,515원/$일 것이다.

④ 회사채 이자율로 판단한 위험프리미엄은 미국시장보다 국내시장에서 더 크다.

⑤ 한국의 국채와 회사채 이자율이 미국보다 높기 때문에 자본수지는 흑자를 기록할 것이다.

| 해설 | 한국의 국채와 회사채 수익률이 미국보다 높다고 하더라도 이자율평가설이 성립하면 양국의 투자수익률이 동일하므로 자본의 유출입은 발생하지 않는다.

26 **다음 중 환율결정이론에 관한 설명으로 타당하지 않은 것은?**

① 피셔효과가 성립할 경우 양국간 명목이자율의 차이는 기대인플레이션의 차이와 같게 된다.

② 구매력평가설에 따르면 양국 통화간 현물환율의 기대변동률은 양국간 기대인플레이션의 차이와 같게 된다.

③ 국제피셔효과는 양국 통화간 현물환율의 기대변동률이 양국간 명목이자율의 차이와 같게 되는 현상을 말한다.

④ 이자율평가설에 따르면 양국간 실질이자율의 차이는 선물환율의 할인율 또는 할증률과 같게 된다.

⑤ 이자율평가설과 국제피셔효과가 성립하면 선물환율은 미래 현물환율의 불편추정치가 된다.

| **해설** | 이자율평가설에 따르면 양국간 명목이자율의 차이는 선물환율의 할인율 또는 할증률과 같게 된다.

27 **다음 중 이자율과 관련된 피셔효과의 설명으로 옳은 것은?**

① 기대인플레이션율이 상승하면 명목이자율은 상승한다.

② 피셔효과는 실질이자율에서 물가상승률을 차감한 값이다.

③ 통화량이 증가하면 이자율은 하락한다.

④ 소득이 증가하면 이자율은 상승한다.

⑤ 통화량 증가와 이자율은 연관이 없다.

| **해설** | 피셔효과에 의하면 '명목이자율 = 실질이자율 + 기대인플레이션율'의 관계가 성립한다. 따라서 피셔효과가 성립할 경우에 기대인플레이션율이 상승하면 명목이자율이 비례적으로 상승한다.

28 **다음 중 일물일가의 법칙이 적용되는 조건이나 사례로 옳지 않은 것은?**

① 구매력평가설이 잘 성립한다.

② 각국간에 무역장벽이 별로 없으며, 차익거래가 잘 발달되어 있다.

③ 빅맥지수에 의해 각국의 환율을 예측해 볼 수 있다.

④ 한국의 물가상승률이 미국보다 높으면 원/달러 환율이 상승한다.

⑤ 경제전체에서 무역이 차지하는 비중이 낮은 편이다.

| **해설** | 무역이 차지하는 비중이 낮으면, 즉 비교역재의 비중이 크면 일물일가의 법칙이 잘 성립하지 않는다.

29 **미국의 달러화와 원화 환율에 대한 90일 만기 선물환율이 현재 국내외환시장과 뉴욕외환시장에서 각각 1,250원과 0.00077$/원에 형성되었다고 가정하자. 국내은행의 외환딜러가 두 시장에서 동시에 거래할 수 있다면 어떤 차익거래를 수행해야 하는가?**

① 한국시장에서 달러매도, 뉴욕시장에서 원화매도 선물환 체결
② 한국시장에서 달러매입, 뉴욕시장에서 원화매도 선물환 체결
③ 한국시장에서 달러매도, 뉴욕시장에서 원화매입 선물환 체결
④ 한국시장에서 달러매입, 뉴욕시장에서 원화매입 선물환 체결
⑤ 차익거래의 기회가 존재하지 않는다.

| 해설 | 뉴욕외환시장의 선물환율을 원/달러 환율로 바꾸어 국내외환시장에서 선물환율과 비교하면 다음과 같다.

$$\text{국내외환시장} = 1{,}250\text{원/\$} < \frac{1}{0.00077} = 1{,}298.7\text{원/\$} = \text{뉴욕외환시장}$$

국내외환시장에서는 상대적으로 원화가치가 과대평가되어 있고, 뉴욕외환시장에서는 상대적으로 달러화가치가 과대평가되어 있다. 따라서 국내외환시장에서는 원화를 매도하고 달러화를 매입해야 하며, 뉴욕외환시장에서는 달러화를 매도하고 원화를 매입해야 한다.

30 **현재 국제적으로 자본시장이 균형상태에 있다. 국내이자율은 7%이고, 미국의 이자율은 4%이다. 선물환평가이론에 의하면 다음 설명 중 옳은 것은?**

① 원화가 달러에 대해 3% 선물환 할인상태에 있다.
② 원화가 달러에 대해 3% 선물환 할증상태에 있다.
③ 원화의 선물환율이 현물환율보다 더 낮은 상태에 있다.
④ 국내이자율이 해외이자율보다 높아 국내로 자본유입이 이루어진다.
⑤ 국내이자율이 해외이자율보다 높지만 해외로 자본유출이 발생한다.

| 해설 | 국제적으로 자본시장이 균형상태에 있으면 국가간 자본이동이 이루어지지 않는다. 선물환평가이론(무위험 이자율평가설)에 의하면 자본시장 균형상태에서 양국의 이자율 차이와 선물환 할인율 또는 할증률은 동일해야 한다.

$$r - r_f = \frac{f_t - e_t}{e_t}$$

선물환평가이론에 의하면 위의 식이 성립해야 하므로 고금리통화는 양국의 이자율 차이만큼 선물환 할인상태에 놓인다. 국내이자율이 7%이고, 해외이자율이 4%이므로 원화가 달러화에 대해 3% 선물환 할인상태에 놓인다.

정답

1. ③	2. ⑤	3. ②	4. ③	5. ②	6. ②	7. ⑤	8. ②	9. ⑤	10. ③
11. ②	12. ①	13. ④	14. ①	15. ①	16. ③	17. ②	18. ②	19. ③	20. ③
21. ②	22. ③	23. ④	24. ⑤	25. ⑤	26. ④	27. ①	28. ⑤	29. ④	30. ①

PART
2

국제자본시장

C·h·a·p·t·e·r 05

국제금융시장

국제금융시장은 단순히 국내금융시장을 국제적으로 확장한 수준을 넘어 각국의 중앙은행, 국제금융기구 그리고 투자자들이 복잡하게 얽혀 있으며 거래표시통화 및 거래방식에 따라 다양한 구조를 가지고 있다. 따라서 국제자본거래에 대한 명확한 이해를 위해서는 국제금융시장을 올바로 이해하는 것이 중요하다.

제1절 국제금융시장의 개요

1. 국제금융시장의 정의

국내금융은 개별경제주체가 국내거주자를 상대로 자금을 융통하는 것을 말한다. 반면에 국제금융은 국제무역, 해외직접투자, 해외간접투자 등과 수반하여 국가간에 자금융통이 이루어지는 경우를 말한다. 따라서 국제금융은 국경을 넘어서 발생하는 자금의 융통뿐만 아니라 자금의 이동과 관련된 모든 현상을 지칭한다.

요컨대 국제금융은 외화표시자금을 해외시장에서 조달하는 것을 말하며 국내금융과 그 원리는 동일하지만 지리적, 제도적 차이로 인해 국내금융보다 위험이 높기 때문에 대외공신력이 있는 금융중개기관이 개입하게 된다. 국제금융은 서로 다른 국가의 통화간에 이루어지는 거래이므로 대부분 외환시장을 경유한다.

국제금융시장은 국경을 넘어 국제적인 금융거래가 형성되는 시장을 말하며 주요 금융중심지나 그 지역에서 운용되고 있는 구체적 장소를 나타내는 개념으로 사용된다. 또한 추상적 개념으로 국제자금의 수요와 공급을 지속적으로 연결해주는 모든 거래의 기구, 기능, 거래내용 등을 총칭하는 개념으로 사용되고 있다.

역사적으로 국제금융시장은 19세기 영국을 중심으로 국제무역이 급격하게 신장됨에 따라 영국의 은행들이 자국기업들의 해외영업활동을 지원하면서 생성되었고 1950년대 말에 유로달러시장의 형성과 미국계 은행들의 유럽진출과 함께 급속히 성장하였다. 이후 1970년대 오일달러의 환류와 1980년대 국제간 무역불균형 심화에 따른 국제자본의 증대에 힘입어 괄목할 만한 성장을 지속해 왔다.

전통적으로 국제금융시장은 국제간 무역금융을 지원하여 국제교역량을 증가시키고 해외투자활동을 뒷받침하며 실물거래에 따른 자금의 과부족을 보정하는 본원적 동기에서 주로 이루어졌다. 그리고 국제금융시장은 국내거주자간에 자금의 대차가 이루어지는 국내금융시장과 대칭되는 개념으로 이용되어 왔다.

그러나 최근에는 금융환경이 바뀌면서 해외에서 유리한 조건으로 자금을 조달하여 운용하거나 환위험의 회피 또는 차익거래를 이용한 이익획득을 목적으로 하는 파생적 동기에서 많이 이루어지고 있다. 그리고 각국의 규제가 완화되고 정보통신기술의 발전으로 금융시장의 통합화현상이 가속화되면서 국제금융시장은 장소적 구분을 초월하여 총체적인 메커니즘으로 이해되고 있다.

2. 국제금융시장의 기능

전통적으로 국제금융시장은 국가간 자금거래를 원활히 함으로써 실물경제 성장을 뒷받침하고 기업의 생산활동을 효율적으로 수행할 수 있게 하는 수당을 담당했다. 따라서 국제금융의 형태도 국제무역의 결제, 무역금융의 제공, 실물투자의 자금조달을 위한 예금과 대출 등 간접금융방식으로 이루어졌다.

그러나 금융시장이 글로벌화되면서 실물경제와 무관하게 국제금융자산의 효율적 운용으로 이익창출, 금융자산의 최적배분을 통해 자본의 생산성 증대, 무역 및 투자확대, 국제유동성의 조절 등의 기능이 더 중시되고 있다. 따라서 은행을 통한 간접금융보다는 증권 중심의 직접금융이 보편화되고 있다.

국제금융시장은 세계적 차원에서 자금을 효율적으로 배분시켜 자본의 생산성을 제고하고 무역 및 투자를 확대하며 국제유동성을 조절하여 세계경제의 발전을 촉진하고 있다. 그러나 금융환경이 바뀌면서 구조적 측면에서 커다란 변화를 겪고 있다. 국제금융시장의 기능을 구체적으로 살펴보면 다음과 같이 정리할 수 있다.

첫째, 국제금융시장은 국제무역, 해외직접투자, 포트폴리오투자 등 자본거래에 수반되는 국가간 대금의 결제를 원활하게 해준다. 그리고 재화 및 용역의 수출입대금을 국가간 융통하여 줌으로써 국제교역을 촉진한다. 또한 국제금융시장은 국제자금의 수요와 공급을 지속적으로 연결시킴으로써 국제교역을 촉진하고 있다.

둘째, 국제금융시장에 소재한 금융기관들은 치열한 경쟁에서 우위를 점하기 위해 새로운 금융상품 및 금융기법을 개발하는 과정에서 혁신의 창출과 소멸이 반복되는 진화적 특성으로 국제자금관리를 더욱 원활하게 한다. 또한 국제금융은 각국 금융시장의 연계성을 높임으로써 금융시장의 개방화 및 국제화를 촉진시킨다.

3. 국제금융시장의 원칙

국내거주자간에 자금융통이 이루어지는 국내금융시장과 달리 국제금융시장에서 자금을 관리할 때는 외화로 표시된 자산과 함께 부채의 측면도 효율적으로 관리되어야 한다. 국제금융시장에서 자금을 관리하는 담당자들이 항상 고려해야 하는 몇 가지 기본원칙을 살펴보면 다음과 같이 제시할 수 있다.

(1) 안정성의 원칙

국제적인 대여나 차입을 위한 금융거래를 할 경우에는 무엇보다도 안정성에 초점을 두어야 한다. 갈수록 장래를 예측하기 어려운 국제금융시장의 특성을 감안할 경우에 국제적으로 이루어지는 자금을 관리하는 업무에 종사하는 사람들은 원리금을 완전하게 회수할 수 있는 원칙을 항상 확인해야 한다.

특히 금융기관은 어떠한 기업이나 영리단체보다도 보수적인 영업활동을 수행해야 한다. 운영에 필요한 소요자금을 자본금과 차입금으로 조달할 수 있지만 금융기관은 수많은 예금주의 재산을 안전하게 관리해야 하는 사회적 책임이 수반된다. 따라서 국제금융시장에서 안정성이 가장 중요시되어야 한다.

(2) 유동성의 원칙

금융기관을 비롯한 국제금융에 참여한 기업들은 적정수준의 지불준비상태를 유지하고 만기일이 도래하면 차입금을 무난히 상환할 수 있도록 항상 유동성을 점검해야 한다. 재무제표상으로 건전한 재무상태를 보일지라도 보유자산의 환금성이 부족하여 만기일에 도래하는 차입금을 상환하지 못하면 생존하기 어렵다.

유동성의 원칙을 달성하려면 유동자산을 충분히 유지하는 방법과 수익창출을 통해 소요자금의 조달원을 여유있게 확보하는 방법이 있다. 그러나 자산운용을 단기유동자산에 치우치면 영업수익의 기반이 약화되는 상충관계에 있다. 따라서 수익기반을 다지면서 유동성을 확보하려면 자산부채종합관리(ALM)가 필요하다.

(3) 수익성의 원칙

기업이 안정성과 유동성에만 너무 집착하다 보면 실현이익이 적어지게 되고 장래의 경영전략 추진에 필요한 자본투자에 제약을 받게 되어 오히려 경쟁력을 상실할 수도 있다. 따라서 이윤을 추구하는 영리법인으로서 금융기관이나 다국적기업들은 수익성의 제고에도 많은 비중을 두어야 한다.

위험을 극소화하고 수익을 극대화하는 것은 무엇보다도 중요하지만 어떤 방법으로 이를 달성할 것인지는 실로 어려운 일이다. 이를 해결하기 위해서는 국제금융업무에 종사하는 사람이 전문가가 되어야 한다. 우리나라도 국제금융 전문인력 양성에 보다 많은 투자와 노력을 기울여야 할 것이다.

(4) 적법성의 원칙

국제금융거래는 다른 거래와 달리 해외금융기관에 자금을 차입하거나 외국의 유자증권에 투자하는 경우 해당 국가들의 주요 법규를 사전에 별도로 확인하는 기본과정이 있다. 그 이유는 각국마다 해당업무나 거래과정에 제약을 두거나 차별적인 대우조항이 있는 경우가 많이 존재하기 때문이다.

4. 국제금융시장의 구성

국제금융시장의 참가자에는 차입자, 투자자 그리고 자금중개인이 있다. 차입자는 자신들의 경제활동에 필요한 자금을 저렴하고 안전하게 조달하기 위해 국제금융시장에 참여한다. 여기에는 기업, 각국의 중앙정부와 지방정부 그리고 국제통화기금(IMF), 세계은행(IBRD), 국제결제은행(BIS) 등의 국제금융기구가 있다.

❙표 5-1❙ 국제금융시장의 참가자

참가자	투자자	금융기관	차입자
참가기관	연금기금 상호기금 보험회사 중앙은행	국제투자은행 국제상업은행 외환딜러 외환브로커	기업 정부 국제금융기구
주요역할	국제포트폴리오 구성	국제자금의 중개	국제자금의 조달

투자자는 자산을 운용하는 과정에서 최소의 위험으로 최대의 수익을 획득하려고 국제금융시장에 참여한다. 여기에는 각국의 연금기금, 상호기금, 금융기관 등의 기관투자가가 중요한 역할을 하지만 다국적기업도 여유자금의 운용을 위해 참여한다. 개인투자자는 직접투자보다 기관투자가를 통한 간접투자가 대부분이다.

중개인은 차입자와 투자자를 연결시켜 주는 국제자금중개의 역할을 하고 있다. 여기에는 예금과 대출을 통해 자금중개기능을 수행하는 국제상업은행, 유가증권의 발행시장에서 주간사 역할을 담당하는 국제투자은행, 유통시장의 중개회사가 있다. 그러나 일부 국제상업은행들은 국제투자은행의 역할도 수행한다.

❙그림 5-1❙ 국제금융시장의 구성

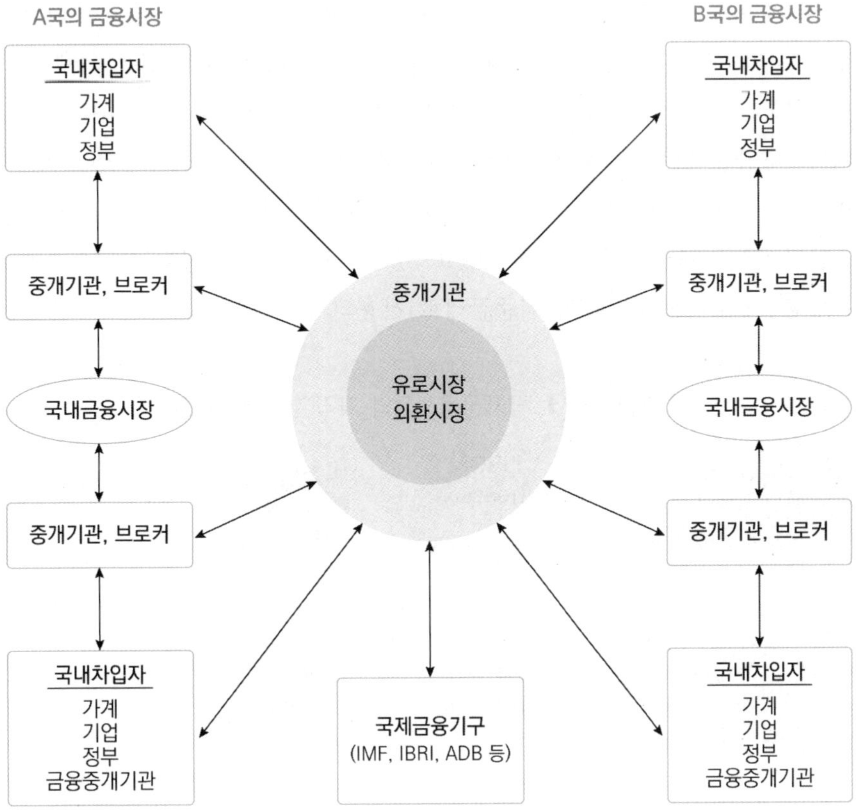

5. 국제금융시장의 메커니즘

국제금융시장에서는 장단기 기준금리에 일정률의 가산금리(credit spread)를 더해 대출금리나 채권수익률을 결정한다. 기준금리는 국제금융시장에서 자금에 대한 수요와 공급에 의해서 결정되며, 자금에 대한 수요와 공급은 각국의 경제성장률, 물가상승률, 통화량, 주가수익률 등과 같은 거시경제변수에 의해 결정되었다.

그러나 금융의 국제화, 자율화, 개방화 추세에 따라 각국의 금융장벽이 무너지면서 은행, 연금, 상호기금, 생명보험회사 등과 같은 기관투자가들의 역할이 크게 증대되었다. 이에 따라 이들 기관투자가 내지 포트폴리오 투자자들의 투자패턴이 국제금융시장에서 자금의 수요와 공급에 지대한 영향을 미치고 있다.

차입자에 대한 가산금리는 차입자의 신용상태에 따라 달라진다. 일반적으로 국제금융시장에서 차입자 국가의 국가위험이나 정치적 위험, 차입자의 채무불이행위험, 이자율의 통화구조에 따른 위험으로 구매력평가설과 관련한 인플레이션위험과 국제피셔효과와 관련한 환위험도 고려하여 대출금리나 채권수익률을 결정한다.

이러한 다양한 위험요소들을 반영하여 국제금융시장에서는 런던은행간 대출이자율 리보(LIBOR)나 미국의 장기재정증권 수익률과 같은 기준금리에 적절한 가산금리를 더하여 대출금리 또는 채권수익률을 결정하고 있다. 그러나 최근에는 영국 국채금리(Gilt yield)나 일본 장기국채 수익률이 기준금리로 사용되기도 한다.

❙그림 5-2❙ 국제금융시장의 가격결정 메커니즘

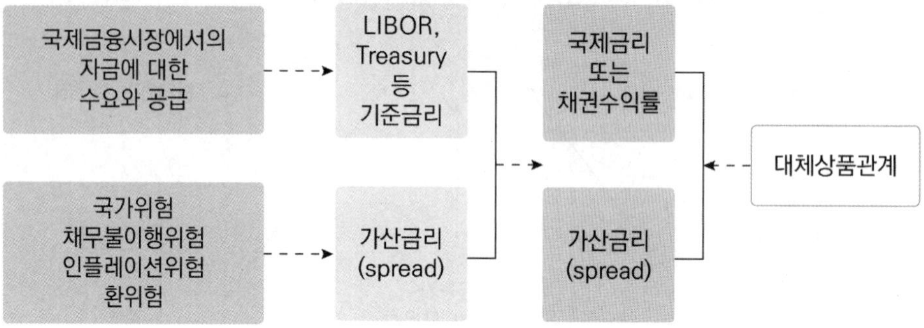

6. 국제금융시장의 분류

국제금융은 어떠한 형태의 거래라도 국가간 통화의 이동이므로 국제수지에 영향을 미치게 된다. 국제금융시장은 국제무역, 해외투자, 자금의 대차거래에 수반하여 금융자산의 거래가 국제적 차원에서 이루어지는 장소를 말하며 금융중개의 방식, 금융기관의 소재, 금융상품의 만기를 기준으로 다음과 같이 구분한다.

(1) 금융중개의 방식

각국의 국내금융시장은 저마다 발전단계에 따라 상이한 제도나 역사적 배경을 가지고 있다. 그러나 역내금융시장으로서 해당국 통화표시 금융자산 및 금융부채가 거래된다는 공통점을 가지고 있다. 일반적으로 국제금융시장은 금융기관의 중개여부에 따라 직접금융시장과 간접금융시장으로 구분된다.

가. 직접금융시장

직접금융시장은 자금의 대차거래가 수요자와 공급자의 직접적인 거래에 의해 이루어지는 시장을 말하며 자금의 수요자가 발행한 증권을 자금의 공급자가 매입하는 형식으로 이루어진다. 즉 국제금융시장에서 자금수요자가 증권을 발행하고 자금공급자인 투자자는 증권을 매입함으로써 증권발행자는 자금을 조달한다.

나. 간접금융시장

간접금융시장은 자금의 대차거래가 금융중개기관을 통해 이루어지는데 자금의 공급자가 예금한 자금을 금융중개기관이 자금의 수요자에게 대출하는 형식으로 이루어진다. 자금공급자가 자국은행에 예금을 하고 자국은행은 국제금융센터에 예금을 하면 자금수요자는 국제금융센터에서 대출받는 형식으로 이루어진다.

▍그림 5-3▍ 국민경제의 순환과 금융시장

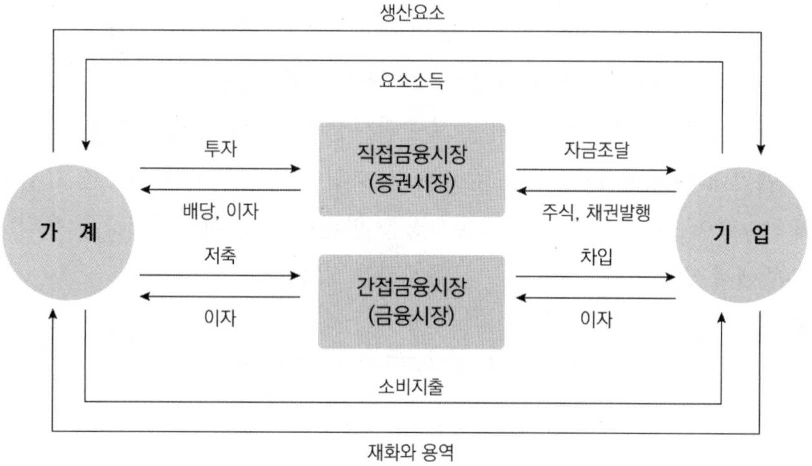

(2) 금융기관의 소재

국제금융시장은 기능별, 지역별로 구분할 수 있다. 기능별 구조는 국제금융시장에서 수행하는 역할로 구분하고 지역별 구조는 지리적 위치로 구분한다. 국제금융시장을 지역적 측면에서 살펴보면 지역별로 국제금융의 역할을 수행하는 역내금융시장과 특정국가의 규제나 통제를 받지 않는 역외금융시장으로 구분된다.

가. 역내금융시장

역내금융시장은 내국인과 외국인간 또는 외국인 상호간의 금융거래가 금융기관 소재국의 통화로 이루어지는 경우를 말한다. 역내금융시장은 직접금융과 간접금융에 따라 외국증권시장과 국제여신시장으로 구분한다. 일반적으로 역내시장의 예금금리는 역외시장보다 낮고, 역내시장의 대출금리는 역외시장보다 높다.

국내은행들은 예금 및 대출금리 책정에 정부로부터 간섭을 받지만, 유로은행은 정부의 간섭을 받지 않는다. 역외시장에서 중개업무를 하는 은행은 역내은행과는 달리 예금에 대해 지급준비금을 적립할 필요가 없으므로 수익성 높은 대출을 할 수 있다. 이러한 이유로 역내시장과 역외시장은 금리의 차이가 발생한다.

나. 역외금융시장

역외금융시장은 금융기관 소재국 이외의 통화로 이루어지는 경우로 유로금융시장이라 불린다. 역외금융센터는 비거주자로부터 자금을 조달하여 비거주자를 대상으로 운영하는 금융중개시장으로 조세 및 금융상의 우대조치를 부여하여 정책적으로 창설된 금융센터를 말하며 싱가포르, 홍콩, 바레인, 바하마 등이 있다.

역외금융시장은 직접금융시장인 유로증권시장과 간접금융시장인 유로통화시장으로 구분한다. 예컨대 유로달러채시장은 우리나라 기업이 달러화표시 채권을 유럽에서 발행하고 국제인수단이 인수·매출하는 금융시장을 말한다. 유로커런시시장은 우리나라 기업이 유럽은행에서 달러화를 차입하는 금융시장을 말한다.

┃그림 5-4┃ 국제금융시장의 일반적 분류

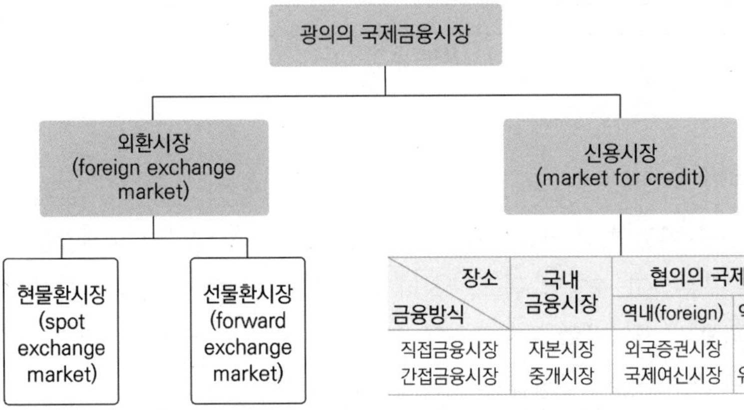

장소 / 금융방식	국내 금융시장	협의의 국제금융시장	
		역내(foreign)	역외(external)
직접금융시장	자본시장	외국증권시장	유로증권시장
간접금융시장	중개시장	국제여신시장	유로커런시시장

(3) 금융상품의 만기

금융시장은 금융자산의 만기에 따라 국제금융시장과 국제자본시장으로 구분된다. 국제금융시장은 단기자금의 수급불균형을 조절하기 위해 1년 미만의 단기금융자산이 거래되는 단기금융시장이다. 국제자본시장은 자금부족부문이 자금잉여부문에서 필요한 자금을 주식이나 채권을 발행하여 조달하는 중장기금융시장이다.

가. 국제금융시장

국제금융시장은 만기가 1년 이내의 금융자산이 거래되는 시장을 말하며 각국의 금융시장, 유로시장과 같은 역외시장 그리고 이들 금융시장간의 거래를 연계시키는 외환시장을 포괄하고 있다. 국제금융시장은 개인, 기업, 금융기관이 일시적인 여유자금을 운용하거나 부족한 자금을 조달하는데 활용되고 있다.

국제금융시장은 유로통화시장과 미국, 영국, 독일, 일본 등 주요국의 단기금융시장으로 구분할 수 있다. 유로통화시장은 대고객거래와 은행간거래를 중개하는 도매금융시장으로 유로정기예금, 유로CD, 유로CP 등이 거래된다. 대고객거래는 대부분 다국적기업, 정부기관, 환거래은행 등이 단기자금을 거래한다.

국내금융시장은 경제주체들의 단기적 자금유출입의 불균형을 해소시켜 줄 뿐만 아니라 정부의 재정적자 조달, 환율정책을 포함한 금융정책의 효율성 제고, 신용배분 등 중요한 역할을 수행한다. 국내금융시장에서는 기업어음(CP), 은행인수어음(BA), 양도성예금증서(CD), 환매조건부증권(RP) 등이 거래된다.

단기금융상품은 주식과 채권 등의 장기금융상품에 비해 거래가 대규모로 이루어지고 유동성이 높으며 만기가 짧아 금리변동에 따른 자본손실위험이 작은 편이다. 따라서 다국적기업이 국제금융시장을 이용하여 자금을 조달할 경우에 국제금융시장의 선택과 금융상품의 만기선택에 대한 의사결정을 해야 한다.

국제금융시장은 단기금융상품이 거래되는 국제단기금융시장과 중장기상품이 거래

▌표 5-2▐ 국제자금조달의 유형

구분	역내시장	역외시장
직접금융시장(국제자본시장)	외국증권시장	유로증권시장
간접금융시장(국제은행시장)	외국대출시장	유로통화시장

되는 국제자본시장으로 구분된다. [표 5-2]는 국제금융시장의 신용시장을 직접금융/간접금융과 역내/역외의 기준에 따라 구분한 것이다. 직접금융시장은 국제자본시장에 해당하고, 간접금융시장은 국제은행시장에 해당한다.

나. 국제자본시장

국제자본시장은 만기가 1년 이상의 금융자산이 거래되는 시장을 말하며 기업이나 정부 등 자금부족부문이 자금잉여부문으로부터 장기적으로 필요한 자금을 조달하는데 활용되어 장기금융시장이라고도 부른다. 국제자본시장에서는 신디케이트대출, 주식과 채권 등 장기금융자산이 거래된다.

신디케이트대출은 몇몇 금융기관이 차관단을 형성하여 특정 차입자 즉 정부, 공공기관 등 차입자에게 일정조건으로 대규모의 중장기자금을 융자하는 것을 말한다. 이러한 협조융자형식은 유로시장뿐만 아니라 각국 국내금융시장에서도 이루어지고 있으나 유로시장에서 신디케이트대출이 일반적이다.

채권은 단기금융상품에 비해 유동성이 낮고 주식은 가격변동폭이 커서 투자위험이 크다. 따라서 유가증권은 미래의 자금지출에 대한 불확실성이 낮은 금융기관이나 개인들이 장기적인 관점에서 투자하는 경우가 많으며 투자위험을 회피하기 위해 파생금융상품에 대한 투자를 병행하는 경우가 많다.

① 국제주식시장

국제주식시장은 자국 기업의 주식은 물론 외국기업의 주식도 매매되는 국제적으로 개방된 주식시장을 말한다. 그동안 국제주식시장은 국제채권시장에 비해 규모도 작고 거래실적도 부진했다. 그러나 새로운 자금조달원을 확보하기 위해 각국의 주식시장이 국제화, 통합화되면서 국제주식시장이 발달하고 있다.

② 국제채권시장

국제채권시장은 국제금융시장에서 중요한 역할을 수행하며 국제자본이동이 심화되면서 국제채권에 대한 투자는 크게 증가하고 있다. 국제채권시장은 기업이나 정부기관 등이 해외에서 채권을 발행하여 자금을 조달하거나 발행된 국제채권이 유통되며 기본적으로 만기 10년 이상의 장기 채무증서시장을 말한다.

▌표 5-3▌ 국제금융시장의 기능별 분류

구분			주요 상품
국제금융시장	국제단기금융시장	유로커런시시장	유로 CD, 유로 CP
		주요국 단기금융시장	T-bill, BA
	국제자본시장	국제대출시장	신디케이트대출
			NIF 등 퍼실리티
		국제채권시장	유로채
			외국채
		국제주식시장	DR, 폐쇄형 국가펀드
	파생금융상품시장		선물, 옵션, 스왑
	외환시장		현물환, 선물환

7. 국제금융센터의 개요

(1) 국제금융센터의 구분

국제금융센터는 국제금융기관들이 지점이나 현지법인의 형태로 영업망을 집중시켜 국제금융거래가 지속적으로 이루어지는 장소를 말한다. 국제금융센터는 국제수지의 융통기반이 되고 다국적기업의 투자에 대한 자금융통의 거점과 금융혁신의 개발근거지 역할을 수행한다. 국제통화기금은 국제금융센터를 금융서비스의 범위에 따라 전통적 국제금융센터, 지역금융센터, 역외금융센터로 구분한다.

① 전통적 국제금융센터

자국통화의 국제적 신인도가 높고 자본유출입 규모가 큰 대국경제에 해당하며 다양한 국제금융기관이 참가하고 풍부한 유동성을 갖춘 금융시장, 거래소와 같은 금융인프라, 적절한 법률 및 규제환경을 갖추어 다양하고 대규모 국제금융거래가 이루어지는 금융중심지로 런던, 뉴욕, 도쿄 금융센터를 들 수 있다.

② 지역금융센터

지역금융센터는 전통적 국제금융센터와 유사할 정도로 잘 발달된 금융시장과 금융인프라를 갖추고 있는 반면 경제규모가 상대적으로 작은 국제금융센터를 말한다. 소규모 경제를 갖고 있는 스위스 취리히, 독일 프랑크푸르트, 호주 시드니, 홍콩, 싱가포르, 룩셈부르크 등이 대표적인 지역금융센터에 해당한다.

③ 역외금융센터

역외금융센터는 경제규모가 작고 국내금융시장이 잘 발달되어 있지 않아 전방위적인 국제금융서비스를 제공할 여건을 갖추고 있지 않지만, 느슨한 금융규제(차명거래 허용, 금융거래정보 비공개)와 조세혜택을 강점으로 외국금융기관과 외국인투자자를 대상으로 금융서비스에 주력하는 국제금융센터를 말한다.

(2) 국제금융센터의 요건

조세회피처의 역할을 수행하는 역외금융센터를 제외한 일반적인 국제금융센터가 갖추어야 할 요건들을 크게 요약하면 [표 5-4]와 같이 제시할 수 있다. 무엇보다도 국제금융센터는 안정적인 경제환경하에 잘 발달된 금융시장과 금융인프라를 갖추고 있어야 하며, 외국금융기관 유치에 적합한 유인을 제공해야 한다.

▎표 5-4▎ 국제금융센터의 자격요건

자격요건	세부 내용
기초적 경제 요건	• 안정적인 자본주의 경제시스템 • 정치적·사회적 안정 • 자국통화가치의 안정
국내금융시장 요건	• 단기금융시장, 자본시장, 외환시장 발달 • 선진화된 금융인프라(거래소 등 정산결제시스템) • 국제화된 금융기관 및 우수한 금융전문인력 보유
제도 및 규제 요건	• 자유로운 국가간 자본이동 보장 • 시장친화적 규제, 규제의 전문성 및 투명성 • 금융투자자 보호
해외금융기관 유치 요건	• 외국인 친화적 생활여건(영어 등 언어문제, 주거환경) • 본국과의 지리적 근접성 • 세제상 혜택, 유연한 노동법 • 회계법인, 로펌, 컨설팅 등 관련 서비스산업 발달

제2절 국제은행업무의 개요

1. 국제은행업무의 정의

국제은행업무는 외국통화표시 거래, 외국인과의 거래, 해외에서 이루어진 거래 등 국내금융업무를 벗어나는 거래로 정의할 수 있다. 국제은행업무의 영역에는 단순한 무역관련업무로부터 프로젝트파이낸싱, 해외인수합병(M&A) 등 특수금융에 이르기까지 지역적·기능적으로 매우 다양한 업무들이 포함된다.

국제은행업무는 영업의 유형에 있어서 국내은행업무와 공통점이 있는 반면, 동시에 국내은행과는 달리 두 개 이상의 통화, 법적 환경 및 제도의 차이, 환위험, 정치적 위험을 추가적으로 고려해야 한다. 그러나 세계화가 진전되고 금융시장이 통합될수록 국내업무와 국제업무의 구분이 어려워지고 있다.

한편 다국적기업을 대상으로 하는 경우 국내업무와 국제업무를 통합해서 처리할 수 있는 업무체제의 구축이 필요하다. 더욱이 금융시장의 통합에 따라 국내영업분야에서도 외국금융기관과 무한경쟁을 해야 하기 때문에 국내업무도 국제경쟁의 대상이 되는 등 국내외 구분이 모호해지고 있는 실정이다.

그러나 이러한 업무영역의 구분은 글로벌 금융환경에서 점점 부적절해지고 있다. 금융산업의 업무영역에 대한 규제가 완화되고 전통적인 은행업무의 많은 부분이 직접금융에 의해 대체되어 가면서 상업은행들은 생존을 위해서도 증권업무나 보험업무와 같은 금융분야로 진출하지 않으면 안 되게 되었다.

국제은행업무는 국내업무와 국제업무 또는 상업은행업무와 투자은행업무의 구분보다 금융세계화 및 금융시장 통합에 따라 나타나는 고객들의 다양한 요구에 부합하는 금융업무를 통합적인 형태로 제공해야 한다. 유니버설은행(universal bank)은 다양한 금융서비스를 포괄적으로 제공하는 은행을 말한다.

2. 국제은행의 구분

국제은행은 국제금융시장을 활동무대로 하는 다국적은행을 말하며, 일반적인 은행분류법에 따라 국제상업은행과 국제투자은행으로 구분한다. 국제상업은행은 예금 및 대출의 자금중개기능을 국제금융시장에서 수행하고, 국제투자은행은 증권의 발행·인수,

증권매매 등 투자은행업을 국제금융시장에서 수행한다.

국제상업은행과 국제투자은행은 고객으로부터 받은 여유자금을 투자해 그 수익의 일부를 고객에게 돌려준다는 점에서 비슷하다. 그러나 국제상업은행은 약정금리에 따라 고객에게 이자를 지급하는 반면 국제투자은행은 투자대상에 대한 투자성과에 따라 고객에게 돌려주는 수익이 달라진다는 점에서 차이가 있다.

3. 국제은행의 현황

▌표 5-5▐ 2018년도 세계 20대 은행

(단위 : 10억 달러)

순위	은행명	국적	총자산
1	Industrial and Commercial Bank of China	China	4,006.24
2	China Construction Bank	China	3,397.69
3	Agricultural Bank of China	China	3,233.21
4	Bank of China	China	2,989.65
5	Mitsubishi UFJ Financial Group	Japan	2,815.27
6	J,P. Morgan Chase	United States	2,533.60
7	HSBC Holdings	United Kingdom	2,521.77
8	China Development Bank	China	2,450.81
9	BNP Paribas	France	2,350.93
10	Bank of America	United States	2,281.23
11	Credit Agricole	France	2,114.57
12	Wells Fargo	United States	1,951.76
13	Mizuho Financial Group	Japan	1,866.82
14	Citigroup	United States	1,842.47
15	Sumitomo Mitsui Financial Group	Japan	1,803.22
16	Deutsche Bank	Germany	1,768.65
17	Banco Santander	Spain	1,732.15
18	Barclays	United Kingdom	1,531.19
19	Societe Generale	France	1,529.26
20	Groupe BPCE	France	1,510.94

자료 : The Banker(www.thebanker.com).

[표 5-5]는 2018년 말 총자산을 기준으로 한 세계 20대 은행을 나타내고 있다. 중국계, 미국계, 프랑스계 은행들이 가장 많고, 일본계 및 영국계 은행의 순이다. 이는 뉴욕, 런던, 동경, 파리 등이 주요 국제금융중심지 기능을 하며, 중국 경제가 부상함에 따라 중국의 역할도 커지고 있다는 의미이다.

금융이 발전하지 못한 아시아계 은행들을 제외하고 세계 굴지의 은행들이 40% 이상을 해외에서 적극적으로 영업하고 있다. 이는 국제은행들이 다양한 수익원을 확보하기 위해 해외로 진출하고 있으며 경제통합이 진전되고 금융시장 개방폭이 확대되면서 은행산업의 국제화가 심화되고 있기 때문이다.

제3절 국제은행시장의 개요

1. 국제은행시장의 정의

국제은행시장은 국제은행업무 전체를 포괄하는 시장으로 국제상업은행의 금융중개 기능을 통해 예금 및 대출거래가 이루어지는 일종의 간접금융시장을 의미한다. 국제은행시장은 국내에서 국내통화를 외국인에게 예금 및 대출해주는 외화자금시장과 외화를 거래하는 유로통화시장으로 구분된다.

은행시장은 예금과 대출이 이루어지는 자금중개시장을 말하며 거래대상이 되는 통화와 자금중개에 개입되는 거래상대방의 거주성에 따라 [표 5-6]과 같이 구분한다. 국제은행시장(② + ③ + ④)은 거래통화와 무관하게 비거주자를 거래대상으로 하거나 외국통화를 거래대상으로 하는 시장을 말한다.

국제은행시장은 거래대상이 되는 통화와 무관하게 비거주자를 대상으로 자금거래가 이루어지는 국경간은행시장(② + ④)과 거래상대방의 거주성과 무관하게 외국통화로 자금거래가 이루어지는 유로통화시장(③ + ④)으로 구분된다. 국제금융거래에 해당하는 ②, ③, ④를 모두 합친 것을 국제은행시장이라고 부른다.

▌표 5-6▐ 국제은행시장의 분류

구분		거래상대방의 거주성	
		거주자	비거주자
거래대상통화	자국통화	① 국내은행시장	② 전통적 외국은행시장
	외국통화	③ 유로통화시장	④ 유로통화시장

주 : 비거주자를 대상으로 하는 ②+④를 international(cross-border) lending market이라 하며, +③+④를 international banking operation이라고 함

자료 : Johnston(1982)

2. 국제은행시장의 상품

국제은행시장에서 거래되는 상품은 기본적으로 예금 및 대출이다. 국제결제은행(BIS)의 국제은행시장 통계는 일반적인 예금 및 대출 이외에도 환매조건부채권 거래, 금융리스, 약속어음, 후순위대출, 무역 관련 신용 등을 포함시키고 있다. 고객에 대한 컨설팅이나 자문서비스 등도 국제은행의 업무에 포함된다.

(1) 예금

국제은행시장에서 예금은 주로 개인, 기업, 중앙은행, 정부기관 등 비은행고객으로부터 받아서 조성되는데, 만기는 1일에서 5년까지 다양하나 7일에서 6개월 만기의 단기예금이 주종을 이룬다. 국제은행거래의 특성상 소매금융보다는 도매금융의 비중이 크며, 전체 예금의 70~80%가 은행간 예금에 해당한다.

(2) 대출

국제은행시장에서 대출은 개별은행이 제공하는 개별융자와 여러 은행들로 구성된 차관단이 제공하는 신디케이트대출로 구분된다. 신디케이트대출은 2개 이상의 은행들이 차관단을 구성해 일정조건으로 대규모의 중장기자금을 융자하는 것을 말한다. 이러한 공동융자방식은 유로통화시장에서 빈번하게 이루어진다.

3. 국제은행시장의 현황

[표 5-7]은 1990년대 이후 국제은행시장 및 신디케이트대출의 추이를 나타낸다. 국

┃표 5-7┃ 국제은행시장의 추이

	1993	1998	2003	2008	2013	2017
총대외자산	7,827.3	11,116.8	18,357.6	35,341.7	33,045.6	33,748.9
국경간대출	6,403.2	9,693.7	15,719.1	30,639.2	28,479.3	29,176.6
외국통화대출	1,305.3	1,256.2	2,345.1	4,070.5	4,242.4	4,397.6
기타	118.8	166.9	293.4	632.0	323.9	174.7

주 : 총대외자산 = total claims, 국경간자산 = cross-border positions, 국내외국통화자산 = local positions in foreign currency.

자료 : BIS.

제은행시장은 2000년대 들어 급격히 성장하여 30조 달러를 상회했으나 2008년 글로벌 금융위기 이후 국제금융시장의 불안정으로 다소 주춤하고 있다. 또한 국제은행시장은 국경간거래의 비중이 거의 90% 수준에 도달하고 있다.

국제은행시장의 통화구성을 살펴보면 미국의 달러화와 유로화 비중의 합이 70% 이상을 차지한다. 1990년대 후반 이후 2000년대 중반까지 유로화의 비중은 글로벌 금융위기 이전에는 달러화의 비중과 비슷한 수준을 보였다. 그러나 글로벌 금융위기 이후 유로화 비중은 축소되고 달러화의 비중이 다시 확대되었다.

일본 엔화의 경우 1990년대 말까지는 10% 이상의 비중을 차지하여 어느 정도 중요한 역할을 했으나 2000년대 이후에는 5% 정도로 축소되었다. 우리나라는 2005년부터 국제결제은행(BIS)에 보고를 시작했는데, 국제은행시장에서 거래규모가 2008년 2,345억 달러에서 2017년 3,194억 달러로 빠르게 증가하고 있다.

┃표 5-8┃ 국경간자산의 통화구성

	1993	1998	2003	2008	2013	2017
USD	3,142.9	4,507.7	6,775.7	12,949.6	12,689.7	14,247.0
EUR	1,561.3	2,665.7	6,088.3	12,151.6	9,744.7	8,432.7
JPY	1,029.8	1,426.9	962.9	1,590.1	1,490.5	1,649.0
GBP	209.7	428.6	886.3	1,724.6	1,392.7	1,309.7
CHF	204.0	266.1	287.2	492.2	628.1	485.8
Others	255.5	398.7	718.7	1,731.1	2,533.6	3,052.4

자료 : BIS.

제4절 외화자금시장의 개요

1. 외화자금시장의 정의

외화자금시장은 금리를 매개변수로 하여 외환의 대차거래가 이루어지는 시장을 말한다. 일반적으로 은행의 외화자금조달과 운용은 장기보다는 단기로 이루어지며 일시적으로 자금이 부족할 경우 초단기로 자금을 융통한다. 따라서 외화자금시장은 1년 미만으로 은행들간에 외화자금을 조달하고 운영하는 시장이다.

정부, 금융기관, 대기업의 외화조달은 장기외화조달과 단기외화조달로 구분된다. 외화자금시장도 국제자금시장의 영역인 단기 외화자금시장과 국제자본시장의 영역인 장기 외화자금시장으로 구분한다. 금융경색이 발생하는 경우 짧은 시간에 외국인의 외화유동성의 회수가 일어나는 시장은 단기 외화자금시장이다.

2. 외화자금시장의 분류

(1) 국제자금시장

단기외화조달은 국내은행들이 주로 외화자금 과부족을 해소하기 위해 외화를 단기 외화자금시장에서 외국은행으로부터 차입하는 것을 말한다. 주로 국내은행이 차입자(차주), 상대적으로 외화유동성이 풍부한 해외은행 또는 해외본점으로부터 외화차입이 용이한 외국은행 국내지점이 외화대부자(대주)에 해당한다.

은행은 수출입기업의 대금결제, 외화대출, 외환시장에서 은행간 외환거래, 대고객 외환거래, 외화채권 발행 및 상환 등에 따라 일시적인 외화 과부족이 발생한다. 이때 단기외화조달이 필요한 경우 단기외화자금시장을 이용한다. 장기외화조달이 쉽지 않을 경우 단기외화조달을 통해 연속적으로 차환해 갈 수 있다.

우리나라의 단기 외화자금시장은 은행간의 단기 외화 과부족 현상을 조정하기 위한 거래가 이루어지는 시장으로 볼 수 있다. 은행간 외화예치거래도 넓은 의미에서 외화자금시장으로 볼 수 있으나 런던이나 싱가포르와 같은 국제금융중심지와는 달리 우리나라의 경우는 외화예치거래가 활발하지 않은 편에 속한다.

(2) 국제자본시장

장기외화조달은 정부, 금융기관, 대기업이 국제자본시장에서 중장기 외화채권을 발행하거나 해외증권거래소에 주식을 상장하여 이루어진다. 정부는 외국환평형기금 운용을 위해 국제자본시장에서 외화표시 외평채를 발행하여 외화조달을 도모한다. 정부는 외국환평형기금을 이용하여 외환보유고, 환율 등을 관리한다.

3. 외화자금시장의 금리

외화자금시장에서 외화차입에 적용하는 금리는 달러화의 경우 외평채는 미국 T－Note + 외평채 가산금리, 외화콜은 싱가폴시장 초단기금리 $\pm\alpha$, 단기외화대차는 LIBOR + 외평채 가산금리에 금융기관 신용을 감안한 추가적 가산금리, 금융기관의 장단기 외화대차 가산금리는 한국정부 외평채가산금리와 연동된다.

4. 외화차입금리의 기능

외화자금시장의 거래기준이 되는 외화차입금리는 중요한 정보를 포함한다. 외화를 차입하는 정부, 국내금융기관의 채무불이행위험이 외화차입금리에 반영된다. 국내주체의 외화차입금리 기저는 정부의 부도위험을 나타내는 외평채 가산금리이다. 통화스왑 스프레드 거래주체의 부도위험에 대한 주요지표도 된다.

신용부도스왑(CDS)은 국제자본시장에서 채권의 채무불이행위험을 분리하여 이를 대상으로 하는 신용파생상품이므로 보장매수자와 보장매도자간 CDS 계약의 매개변수인 CDS 프리미엄이 부도확률에 대한 직접적인 지표에 해당한다. 한국 정부가 발행한 외화채권에 대한 CDS 프리미엄이 국가 CDS 프리미엄이다.

외환시장에서 통화교환의 비율 즉 원화의 달러화로 환산한 가치인 원/달러 환율에도 채무불이행위험이 반영되어 있지만, CDS 프리미엄이나 외화차입금리가 반영하는 것보다는 간접적이다. 따라서 외환거래에서 원/달러 환율이 원화를 부채로 수행한 한국은행의 채무불이행위험을 반영한다고 보기는 어렵다.

5. 외화자금시장의 역할

국내외환시장 및 외화자금시장은 국내금융시장과 국제금융시장의 경계 영역에서 중첩되면서 이 두 시장을 연결하는 역할을 수행한다. 원화는 국제화되어 있지 않기 때문에 외국인투자자에 의한 국내금융시장과 국내자본시장간의 자본이동은 반드시 국내외환시장에서 실물 원화와 외환의 교환을 경유해야 한다.

원화가 국제화되어 국제통화시장에서 원화가 거래된다면 국내외환시장 및 외화자금시장의 정의, 역할, 중요성은 크게 감소할 것이며, 역내외 자본유출입시 국내외환시장을 거칠 필요가 없게 된다. 따라서 원화의 국제화가 실현되면 국내외에서 원화가 거래되는 통화시장은 국내외 금융시장으로 흡수될 것이다.

6. 외화자금시장의 특징

국내자금시장은 외환스왑레이트를 매개로 만기 1년 이내의 외화자금을 조달 및 운용하는 시장이다. 한국을 포함한 국제화된 통화를 갖지 않은 경우 외화자금의 수요자인 국내은행은 외화자금 부족을 해소하기 위해 차입 등을 통해 외화를 조달한 외화자금의 공급자인 외국은행 국내지점에서 외화자금을 차입한다.

(1) 글로벌 충격의 전이 경로

국내자금시장의 특징 중 하나는 글로벌 유동성 충격시 이를 국내금융시장으로 전이하는 핵심적인 작용을 한다는 점이다. 한국의 외화자금시장은 2000년대 상반기 이후 조선업체의 수주 호조 및 글로벌 주가상승에 따른 해외증권투자의 증가로 인해 환헤지 수요가 높아진데 따른 외화자금 수요 증가로 크게 성장하였다.

이러한 외화자금시장에 대한 높은 의존도는 대외 불안에 대한 국내 금융시스템의 취약성을 내포한다. 실제 금융위기로 디레버리징(deleveraging)이 발생하자, 외국은행 국내지점을 중심으로 외환스왑시장에서 달러를 회수하면서 단기 외환스왑레이트가 급락하고 국내은행은 심각한 달러화 부족 상황에 직면하였다.

(2) 국내채권시장과 높은 연계

외화자금시장은 저평가된 외환스왑레이트를 매개로 한 채권시장과의 연계구조이다. 수출기업 및 해외증권투자자의 환헤지 수요(선물환 매도)로 국내은행(선물환 매입)이 스왑시장에서 달러를 조달해야 하는 상황이 지속되면서 한국 외화자금시장에서 외환스왑레이트는 내외금리차 대비 저평가된 수준을 보여왔다.

국내은행의 선물환 매도 및 현물환 매입 수요(buy & sell)에 대응하여 외국인이 외화를 공급(sell & buy)하고 보유 원화를 스왑계약기간 동안 국채나 통안채에 투자한다. 반면에 국내투자자는 해외투자시 환위험을 헤지(buy & sell)하기 때문에 해외분산투자의 증가는 외환스왑레이트저평가를 더욱 심화시켜 왔다.

(3) 현물시장과 낮은 연관관계

외화자금시장에서 스왑거래는 현물환시장에 영향을 미치지 않아 환율에 영향을 미친다고 보기는 어렵다. 다만 글로벌시장이 안정적인 상황에서 수출업체의 선물환매도가 증가하면 은행의 현물환 매도가 증가하고 매도한 외화를 외환스왑시장에서 조달하면 외환스왑레이트가 하락하여 환율과 같은 방향으로 움직인다.

선진국의 양적완화로 글로벌 유동성이 풍부하면 외환스왑레이트는 상승하고, 경상수지흑자로 환율이 하락하면 환율과 외환스왑레이트는 반대 방향으로 움직인다. 즉 외화자금시장과 현물환시장이 분리되어 있으나 외환스왑레이트가 현물환시장 참가기관의 시장환경에 영향을 주어 간접적으로 환율에 영향을 미친다.

제5절 유로금융시장의 개요

1. 유로금융시장의 정의

유로금융시장은 자금의 대차거래가 금융기관 소재국 이외의 통화로 이루어지는 역외금융시장을 말한다. 유로는 유로달러가 런던을 중심으로 유럽에 예치된 데에서 기인한다. 최근에 유로시장은 유럽은 물론 세계적으로 확산되었고 거래통화표시도 달러는 물론 유로엔, 유로파운드 등이 거래되어 넓은 의미로 사용된다.

유로금융시장은 각국의 금융규제를 벗어나 다양한 금융거래가 중개되는 초국가적 금융시장이다. 유로은행들은 금융거래의 자율성을 바탕으로 효율적인 투자기법을 개발하고 새로운 금융상품을 개발하는 금융기법을 혁신적으로 발전시켜 국제금융시장의 효율성 제고에 기여하면서 국제금융시장의 발달을 선도하고 있다.

유로금융시장에서의 자금거래는 시간적·공간적 제약에서 자유롭다. 통신기술의 발달로 전 세계에 퍼져있는 국제금융센터를 통해 모든 통화표시자산이 24시간 자유롭게 거래가 가능하기 때문에 국제금융시장에 유입되는 정보가 금융자산의 가격에 즉시 그리고 충분히 반영되어 금융시장의 효율성 제고에 기여하고 있다.

2. 유로금융시장의 구성

유로시장은 유로통화자금을 대상으로 간접금융거래가 이루어지는 유로통화시장과 유로채의 발행과 매매 등 유로채를 대상으로 직접금융거래가 이루어지는 유로채시장으로 구분된다. 유로통화시장은 만기 1년 미만의 단기자금이 거래되는 유로금융시장과 만기 1년 이상의 중장기자금이 거래되는 유로대출시장으로 구분된다.

(1) 유로금융시장

유로금융시장은 유로은행의 대고객거래 및 은행간거래를 중개하는 도매금융시장으로 대고객거래는 대부분 다국적기업, 정부기관, 환거래은행과의 거래로 유로예금의 예수 및 단기대출의 자금거래를 말한다. 유로금융시장은 유로예금의 창출과 함께 형성되며 예금 위주의 시장이라는 점에서 유로예금시장이라고도 한다.

유로예금은 유로통화의 발행국 내 은행에 예치된 자금을 발행국 이외의 지역에 소재하는 은행으로 단순히 이체함으로써 창출되는 예금을 말한다. 일단 창출된 유로예금은 고객에 대한 대출 또는 은행간 재예치 등으로 활용된다. 유로예금시장은 고객으로부터 수취한 예금과 은행간시장에서 형성된 예금으로 구성된다.

유로통화시장의 거래에서 기준이 되는 금리는 런던의 주요 은행간에 단기자금을조달하는 이자율(LIBOR : London inter－bank offered rate)이다. 이는 런던이 오랫동안 국제금융 중심지의 역할을 수행해왔기 때문이다. 리보금리는 영국은행가협회를 대신하여 톰슨로이터가 집계하여 매일 오전 11시 30분에 발표한다.

(2) 유로대출시장

유로대출(Eurocredit)시장은 유로은행이 단기유로자금을 기업, 정부 등의 차주에게 대출해주는 대출시장을 말한다. 유로대출시장은 다수의 금융기관으로 구성된 차관단이 차주에게 거액의 공동융자를 제공하는 신디케이트대출시장과 개별 유로은행이 주로 개인에게 개별융자가 이루어지는 대출시장으로 구분된다.

1) 신디케이트대출의 정의

신디케이트대출(syndicated loan)은 복수의 대주들이 대주단(syndicated lenders)을 구성하여 하나의 대출계약서에 의해 공통의 조건으로 차주에게 자금을 대출하는 거래를 말한다. 신디케이트대출은 하나의 대주가 차주에게 단독으로 자금을 대출하는 단독대출 또는 양자간대출과 대비되는 개념이다.

신디케이트대출은 차주의 입장에서는 자금조달의 규모가 커서 한 금융회사로부터의 대출로 전액을 조달하기 어려운 경우에, 대주의 입장에서는 법령상 동일한 차주에 대한 신용공여금액에 제한을 받거나 동일한 차주에 대해 과도한 신용위험을 부담하는 것을 회피하고자 하는 경우에 이용된다.

신디케이트대출은 유로시장은 물론 미국 금융시장에서 대규모 중장기자금을 대출하는 중요한 수단의 하나로 이용되고 있는데, 유로시장의 신디케이트대출이 일반적이다. 신디케이트 방식에 의한 유로시장의 대출은 전통적인 상업은행의 대출업무와 투자은행의 인수업무를 혼합한 성격을 지니고 있다.

우리나라에서 신디케이트대출은 기업금융, 프로젝트금융, 자산금융, 인수금융 등 다양한 목적의 금융조달에 이용된다. 그런데 국내기업이 외국에서 대출을 받는 경우에는 원칙적으로 이자 및 수수료에 대한 법인세 또는 소득세(부가세 포함)가 원천징수되고 이로 인해 자금조달비용이 높아지게 된다.

따라서 신디케이트대출은 국내기업이 국내 금융회사로부터 국내에서 자금을 차입하거나 국내기업이 해외건설 등을 위해 현지금융을 조달하는 경우에 이용된다. 국내기업이 외국에서 자금을 차입하는 방식으로는 조세특례제한법에 따라 소득세 또는 법인세가 면제되는 외화표시 사채의 해외발행이 선호된다.

2) 신디케이트대출의 특징

첫째, 신디케이트대출은 광범위하게 참여은행을 모집하고 이를 계층별로 구분하여 능력별 대출이 이루어지도록 함으로써 거액을 쉽게 차입할 수 있도록 하고 상호 위험분산을 도모하고 있다. 유로시장은 유동성이 풍부하여 신디케이트대출의 만기는 보통 5~10년의 중장기 장기물이 대부분으로 장기성 대출이 가능하다.

둘째, 신디케이트대출은 무담보의 신용대출이 이루어질 수 있다. 차입자의 높은 신용도, 국제간 담보관리의 어려움에 따라 신디케이트대출은 물적 담보없이 행해지는 것이 관례이다. 따라서 계약서에 채권보전을 위한 법적 의무조항이 규정되어 있지만 신용도가 낮은 차입자에 대해서는 금융기관의 지급보증이 요구된다.

셋째, 신디케이트대출은 중장기의 대규모 대출이기 때문에 대출은행이 단기로 자금을 조달하여 중장기로 대출함에 따른 금리위험에 직면할 수 있다. 이러한 위험을 관리하기 위해 금리를 만기까지 고정시키지 않고 매 이자지급일마다 당시의 은행간 변동금리에 일정 가산금리를 덧붙이는 변동금리부로 대출이 이루어진다.

3) 신디케이트대출의 구조

신디케이트대출에 관련되는 당사자들은 주간사은행, 간사은행, 참가은행, 차입자, 지급보증인, 대리은행, 법무법인 등으로 구성된다. 주간사은행은 신디케이트를 구성하고 대출업무를 전체적으로 주관하는 국제은행을 말하며 이 은행의 국제적 신인도는 신디케이트의 구성범위나 차입조건 등에 큰 영향을 미치게 된다.

간사은행은 참가은행들을 대상으로 차관단 여신을 판매하고 미판매부분을 인수하여 차관단 금액조성에 책임을 지며 차관단계약서 등 관련 문서를 작성함에 있어 주간사은행을 돕는다. 간사은행은 일반 참가은행보다 대출분담액이 크다는 이유로 우대를 받지만 실제로 모집과정에서 그 역할이 주도적인 것은 아니다.

▎그림 5-5▐ 신디케이트대출의 구조

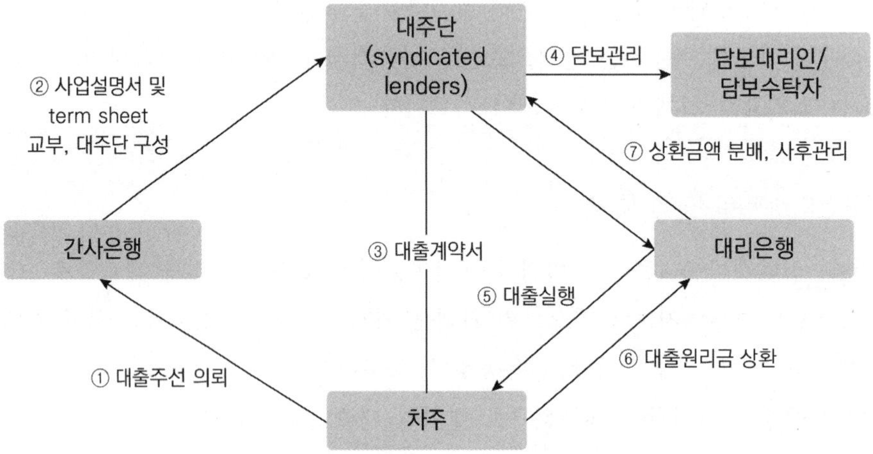

참가은행은 주간사은행이 제시한 계약서상 조건을 받아들여 대출금의 일부 분담을 약정하고 차관단의 하부구조를 이룬다. 대리은행은 대출금리의 산정, 원리금의 수취, 참가은행들의 원리금배분 등의 업무를 맡는다. 대개 주간사은행이 대리은행의 기능을 수행하며 주간사은행과 간사은행들을 간사단이라고 부른다.

4) 신디케이트대출의 절차

신디케이트대출은 차입자의 대출시장 조사와 대출을 주선하는 주간사은행의 차입자에 대한 정보수집에서 시작한다. 즉 차입자는 신디케이트대출을 할 수 있는 국제은행과 접촉하여 차입조건 등을 주간사은행과 협의한다. 차입조건이 합의되면 주간사은행은 차입자로부터 차입의향서를 받게 되고 간사단을 구성한다.

차입자와 주간사은행이 협의하여 대출조건이 결정되고 차입자로부터 차입위임장을 받게 되면 주간사은행은 차입자에 대한 정보와 해당 대출에 대한 상세한 내용을 포함한 모집계획서를 잠재적 참여은행에게 공개적으로 발송한다. 이때 잠재적 참여은행들의 호응이 크고 차입자가 원하면 대출규모를 확대할 수 있다.

5) 신디케이트대출의 금리

신디케이트대출에 적용되는 금리는 대부분 변동금리방식(기준금리 + 스프레드)으로 이루어진다. 기준금리는 시장금리(LIBOR, 미국의 prime rate 등)를 그대로 적용하기 때문에 신디케이트대출의 가격결정은 일정한 가산금리(spread)와 여러 가지 수수료의 결정으로 귀착된다. LIBOR는 통상 6개월 단위로 적용된다.

가산금리는 시장의 자금수급사정(차입자시장 혹은 대출자시장), 금리수준 및 금리의 안정성, 차입자의 신용도, 차입자가 속한 국가의 신용도, 만기 그리고 대출규모 등에 영향을 받는다. 예컨대 자금공급이 풍부한 차입자시장에서는 가산금리가 작아지고, 자금수요가 많은 공급자시장에서는 가산금리가 커진다.

그리고 금리가 불안정하면 위험프리미엄이 높아져서 가산금리가 커지고, 금리가 안정된 경우에는 가산금리가 작아진다. 차입자의 신용도가 낮으면 대출을 정상적으로 갚지 못할 신용위험이 높아져서 가산금리가 커진다. 대출의 만기가 장기일수록 유동성이 낮아지고 신용위험이 높아져서 가산금리가 커진다.

6) 신디케이트대출시 수수료

국제금융시장에서 신디케이트대출을 통해 자금을 차입할 경우 대출금리 이외에 참여은행에 신디케이트대출을 구성하기 위해 차입교섭 단계부터 차관단계약이 완료될 때까지 시간과 노력을 투자한 대가로 일정한 수수료를 지급한다. 여기에는 약정수수료, 간사수수료, 참가수수료, 대리은행수수료 등이 있다.

약정수수료는 약정대출금 중 일정기간에 인출되지 않은 미인출잔액에 대해 참여은행에 정기적으로 지급하는 일정비율의 수수료를, 간사수수료는 기채의뢰서를 받은 주간사은행에게 지급되는 수수료로 도입교섭에서 종료시점까지 차관단을 구성하는데 수행한 노력에 대한 대가로 지급되는 수수료를 말한다.

참가수수료는 차입계약이 체결될 때 주간사은행 등 신디케이트 참여은행에게 차입자가 일시불로 지불하는 수수료를 가리킨다. 대리은행수수료는 차입자가 정기적으로 대리은행에게 지급하는 일정액의 수수료를 말하며, 참여은행과의 연락 등 대출의 실제 집행과 관련된 업무를 수행하는 대가로 지급한다.

(3) 유로채권시장

유로채권시장은 중장기 유로채의 발행·인수 및 매매가 이루어지는 국제자본시장을 말한다. 유로채는 외국금융기관과 외국기업이 다른 나라에서 그 나라의 통화가 아닌 통화로 발행·거래되는 채권을 말하며 두 나라 이상의 채권인수업자들로 구성된 국제적 신디케이트의 인수를 통해 국제적으로 유통된다.

유로채도 채권이 발행되는 국가에 따라 별칭으로 부르는데, 우리나라의 김치본드, 일본에서 엔화 이외의 통화로 발행되는 쇼군본드, 홍콩에서 홍콩달러가 아닌 위안화로 발행되는 딤섬본드 등이 있다. 김치본드는 2006년 미국투자은행 베어스턴스(Bear stearns)가 국내에서 3억 달러의 회사채를 처음 발행하였다.

• 핵심요약 •

제1절 국제금융시장의 개요

1. 국제금융시장의 정의 : 외환시장 + 신용시장 + 파생상품시장
   국제금융거래가 국가간에 또는 외국통화를 기반으로 이루어지는 시장

2. 국제금융시장의 기능
① 자본거래에 수반되는 국가간 대금결제를 원활하게 이행
② 국제자금의 수요와 공급을 지속적으로 연결하여 국제교역 촉진
③ 각국 금융시장의 연계성 높여 금융시장의 개방화 및 국제화 촉진

3. 국제금융시장의 원칙 : 안전성, 수익성, 유동성, 적법성

4. 국제금융시장의 구성
(1) 차입자 : 다국적기업, 각국 정부, 공기업, 국제금융기구(IMF, 세계은행 등)
(2) 투자자 : 연기금, 상호기금, 국부펀드, 헤지펀드, 국제상업은행, 국제투자은행

5. 국제금융시장의 메커니즘
   대출금리 또는 채권수익률 = 기준금리(LIBOR 등) + 가산금리(spread)

6. 국제금융시장의 분류
(1) 금융중개의 방식 : 직접금융시장 vs 간접금융시장
(2) 금융기관의 소재 : 역내금융시장 vs 역외금융시장
(3) 금융상품의 만기 : 국제금융시장 vs 국제자본시장

7. 국제금융센터의 개요
   국제금융기관이 영업망을 집중시켜 국제금융거래가 지속적으로 이루어지는 장소

제2절 국제은행업무의 개요

1. 국제은행업무의 정의
   국내금융업무를 벗어난 외국통화표시거래, 외국인 또는 해외에서 이루어진 거래

2. 국제은행의 구분 : 국제상업은행 vs 국제투자은행

3. 국제은행의 현황

제3절 국제은행시장의 개요

1. 국제은행시장의 정의

   국제상업은행의 금융중개기능을 통해 예금 및 대출이 이루어지는 간접금융시장

2. 국제은행시장의 현황

   국제은행시장은 2000년대 들어 급격히 성장하고 최근에는 30조 달러를 상회함

제4절 외화자금시장의 개요

1. 외화자금시장의 정의

   금리를 매개변수로 하여 외환(주로 달러화)의 대차거래가 이루어지는 시장

2. 외화자금시장의 분류

   단기외화자금시장(국제자금시장) vs 장기외화자금시장(국제자본시장)

3. 외화자금시장의 금리

① 외평채 = 미국 T-Note + 외평채 가산금리

② 외화콜 = 싱가폴 초단기금리(미국 연방기금금리에 연동) ± α

③ 단기외화대차 = LIBOR + 외평채 가산금리에 금융기관 신용을 감안한 가산금리

④ 금융기관의 단기 및 장기외화대차 가산금리는 한국정부 외평채 가산금리와 연동

4. 외화차입금리의 기능

   외화를 차입하는 정부나 국내금융기관의 채무불이행위험이 외화차입금리에 반영

5. 외화자금시장의 역할

   국내금융시장과 국제금융시장의 경계영역에 중첩되며 두 시장을 연결하는 역할

6. 외화자금시장의 특징

   글로벌 충격의 전이 경로, 국내채권시장과 높은 연계, 현물시장과 낮은 연계

제5절 유로금융시장의 개요

1. 유로금융시장의 정의

   자금의 대차거래가 금융기관 소재국 이외의 통화로 이루어지는 역외금융시장

2. 유로금융시장의 구성

   예금 및 대출이 거래되는 유로통화시장 vs 유가증권이 거래되는 유로채권시장

연·습·문·제

1 **다음 중 직접금융과 간접금융에 대한 설명으로 옳지 않은 것은?**

① 직접금융은 자금공여에 따른 위험을 자금의 최종공급자가 부담한다.

② 간접금융은 금융중개기관이 직접증권을 발행하여 자금을 조달한다.

③ 직접금융은 자금대여자가 차입자가 발행한 본원적 증권을 매입하여 자금융통이 이루어진다.

④ 간접금융은 금융중개기관이 다수의 저축자를 통해 자금을 조달하므로 자금공급이 안정적이다.

⑤ 금융중개기관은 장기차입을 원하는 차입자와 단기대출을 원하는 저축자를 모두 만족시킬 수 있다.

| 해설 | 자금의 최종수요자가 발행한 주식, 회사채 등을 직접증권 또는 본원적 증권이라 하고, 금융중개기관이 발행한 예금증서, 보험증서 등을 간접증권 또는 2차적 증권이라 한다.

2 **다음 중 금융시장에 대한 설명으로 적절하지 않은 것은?**

① 발행시장은 직접발행보다 인수기관이 증권의 발행사무를 대행하는 간접발행이 일반적이다.

② 통화시장과 자본시장은 금융상품의 만기 1년을 기준으로 구분한다.

③ 파생상품시장은 기초자산에 따라 주식, 주가지수, 금리, 통화, 일반상품 등으로 구분할 수 있다.

④ CD의 발행기간은 최단만기만 90일 이상으로 제한되어 있다.

| 해설 | CD는 최단만기만 30일 이상으로 제한되어 있고 최저발행금액에 대한 제한은 없다. 현재 한국수출입은행을 제외한 모든 은행이 CD를 발행할 수 있다.

3 **금융시장은 만기에 따라서 통화시장과 자본시장으로 구분된다. 다음의 국제금융시장의 금융상품들 가운데 통화시장에서 거래되는 상품이라고 할 수 있는 것은?**

① 유로채(Eurpbond)　　② CP(commercial paper)

③ 국제 신디케이트대출　　④ 변동금리채(FRN)

| 해설 | 금융시장은 금융상품의 만기에 따라 만기가 1년 미만인 자금시장과 만기가 1년 이상인 자본시장으로 구분된다. 유로채나 외국채와 같은 채권, 신디케이트대출, 변동금리채 등은 만기가 1년 이상인 자본시장의 금융상품에 해당하고, CP는 기업이 발행하는 어음으로 통화시장의 상품에 해당한다.

4 **금융의 글로벌화가 진행되고 있다. 다음 중 글로벌화의 현상으로 볼 수 없는 것은?**

① 국제금융시장의 연계성이 확대되고 있다.

② 금융시장의 규제완화로 간접금융의 비중이 증가한다.

③ 금융산업에 대한 규제완화가 진행되고 있다.

④ 금융의 글로벌화로 금융시장이 통합되면 국제분산투자효과는 줄어든다.

| **해설** | 금융시장에 대한 규제완화는 거래비용의 측면에서 직접금융에 의한 자본조달을 증가시킨다. 국제분산투자는 상관관계가 낮은 곳에 투자하여 체계적 위험을 줄이는데 있으므로 금융의 통합화가 이루어지면 국제분산투자의 효과는 줄어든다.

5 **국제금융시장은 유로시장을 중심으로 발달해 왔다. 다음 중 유로시장에 대한 설명으로 옳지 않은 것은?**

① 유로시장은 현지 금융당국의 규제가 적용되지 않은 역외시장이다.

② 유로시장은 유럽에서 일어나는 국제금융거래를 말한다.

③ 달러로 받은 수출대금을 런던의 은행에 예금을 했다면 이는 유로거래에 속한다.

④ 유로시장은 기본적으로 거래단위가 매우 큰 도매금융시장이다.

| **해설** | 유로시장은 거래가 발생한 국가의 현지통화가 아닌 통화로 표시된 국제금융거래를 말한다. 유로시장의 구분은 금융거래가 유럽에서 발생했다는 의미가 아니다. 유로거래는 현지 금융당국이 별도로 규제하지 않은 역외금융시장으로 달러의 거래가 미국이 아닌 곳에서 발생한 경우를 말한다. 유로시장은 일반소비자들이 참여할 수 있는 시장은 아니며 대부분 은행간거래와 같이 규모가 큰 도매금융시장에 해당한다.

6 **다음 중 금융의 증권화현상의 일환으로 발행되는 것으로 볼 수 없는 것은?**

① 환매조건부증권(Repurchase Agreement)

② 자산담보부증권(Asset Backed Securities)

③ 자동이체담보부증권(Mortgage Pool Pass through)

④ 주택저당담보부증권(Mortgage Backed Securities)

| **해설** | 금융의 증권화는 증권을 이용한 자금조달 및 운용이 확대되는 것으로 금융시장의 금융중개방식이 직접금융화되거나 대출채권이 금융시장에서 증권화되는 현상으로 나타난다. 즉, 금융시장에서의 자금조달방식이 간접금융방식에서 직접금융방식으로 전환되거나 금융기관의 자금조달방식이 예금 등에서 CD, 금융채 또는 수익증권, CMA 등 유가증권연계 금융상품으로 전환되고, 금융기관의 대출채권 또는 기업의 매출채권을 담보로 증권을 발행하는 것을 말한다. 환매조건부채권(RP)은 금융기관이 일정기간 후 확정금리를 가산해 매입하는 조건으로 발행하는 채권을 말하며 경과기간에 따른 확정이자를 지급하고 금융기관이 보유한 국공채, 특수채, 신용우량채권 등을 담보로 발행하므로 환금성이 보장되는 이점이 있다.

7 **글로벌기업이 국제금융시장에서 자금조달할 때 조달금리는 기준금리에 가산금리를 더해 결정된다. 다음 중 가산금리의 결정요인으로 가장 거리가 먼 것은?**

① 기업의 채무불이행위험
② 미국달러의 중앙은행 재할인율
③ 시장의 위험회피도
④ 해당기업 본국의 국가신용도

| 해설 | 가산금리는 자금조달기업의 신용도에 따라 결정되며 기준금리에 더해 조달금리를 결정한다. 조달기업의 신용도는 해당기업 본국의 국가신용도와 해당기업의 채무불이행위험 등에 따라 결정되며 시장에서 위험회피도 등에 따라 달라진다. 미국달러 중앙은행 재할인율은 기준금리의 결정과 관련되며 개별기업 자금조달의 가산금리 결정과는 거리가 있다.

8 **다음 중 국내기업이 부채로 자본을 조달할 경우에 적절하지 못한 전략은 어느 것인가?**

① 국제수지의 흑자가 예상되는 국가의 자본시장에서 자본조달
② 기업이미지가 잘 알려진 국가의 자본시장에서 자본조달
③ 국제수지의 적자가 예상되는 국가의 자본시장에서 자본조달
④ 통화가치가 하락할 것으로 예상되는 통화로 자본조달

| 해설 | 국제수지흑자가 예상되는 경우에는 해당 통화가치가 상승한다. 따라서 부채로 자본을 조달하는 경우에 장래 상환해야 하는 금액이 증가하기 때문에 불리하다.

9 **세계 1위의 선박수주량을 자랑하는 우리나라의 선박업체들은 대부분 달러화로 선박을 수출하고 있다. 따라서 예상하지 못한 원/달러 환율하락은 조선업체의 경영성과에 부정적인 영향을 미치게 되므로 조선업계에서는 환위험관리가 가장 중요한 의사결정의 하나로 인식되고 있다. 만일 당신이 국내 조선업체의 재무담당임원이라면 아래의 어떠한 기법을 이용하여 환위험을 관리하겠는가?**

① 달러화로 미리 차입을 한 후 차입한 자금을 달러화로 예금해 둔다.
② 달러화로 미리 차입을 한 후 원화로 환전하여 운영자금으로 사용한다.
③ 원화를 지급하고 달러를 매입할 수 있는 달러화 콜옵션을 매입한다.
④ 원화를 지급하고 미국달러를 수취하는 선물환계약을 체결한다.

| 해설 | 선박의 수출업체인 국내조선업체들은 달러매입포지션에 있어 환율하락시 손실이 발생하기 때문에 헤지거래는 매도포지션이어야 한다. 매도헤지에는 선물환 매도, 통화선물 매도, 달러 풋옵션 매입, 달러차입 등이 있다.

10 **한국전력은 국제금융시장에서 자금을 조달한 후 국내에 발전소를 건설하여 전력수급을 안정화하려는 계획을 세웠다. 국제금융시장 자금조달과 함께 환위험을 최소화할 수 있는 방안은?**

① 유로달러본드 발행 + (달러지급/원화수취 통화스왑)

② 사무라이본드 발행 + (원화수취/엔화지급 통화스왑)

③ 양키본드 발행 + (달러수취/원화지급 통화스왑)

④ 달러 FRN 발행 + (변동금리수취/고정금리지급 통화스왑)

| **해설** | 국제금융시장에서 채권을 발행하여 자금을 조달하고 통화스왑을 체결하면 환위험을 줄일 수 있다. 그런데 국내에 발전소를 건설하면 원화의 현금유입이 발생하므로 환위험을 최소화하려면 원화로 차입해야 한다. 외화표시 채권발행에 해당통화를 수취하고 원화를 지급하는 통화스왑을 결합하면 원화차입과 동일한 결과를 얻을 수 있으며 외화차입에 따르는 환위험을 회피할 수 있다. 양키본드는 달러차입을 의미하며 달러수취, 원화지급 통화스왑을 통해 목적을 달성할 수 있다.

정답 1. ② 2. ④ 3. ② 4. ② 5. ② 6. ① 7. ② 8. ① 9. ② 10. ③

Chapter 06

국제주식시장

국제자본시장은 만기가 1년 이상의 금융자산이 거래되는 시장으로 국제주식시장과 국제채권시장으로 구분된다. 국제자본시장은 기업이나 정부 등 자금부족부문이 자금잉여부문으로부터 장기자금을 조달하는데 활용되어 장기금융시장이라고 부른다. 국제자본시장에서는 신디케이트대출, 주식과 채권 등 장기금융자산이 거래된다.

제1절 국제자본시장의 개요

1. 국제자본시장의 정의

국제자본시장은 넓은 의미로는 국제금융시장과 비슷한 개념으로 쓰이지만 일반적으로 정의하여 국제금융거래 중 상대적으로 장기인 금융거래의 집합을 가리킨다. 즉 국제금융시장은 단기거래를 수행하고, 국제자본시장은 장기거래를 수행한다. 따라서 은행과의 장기금융거래나 채권시장, 주식시장 등이 여기에 해당된다.

국제자본시장은 기업, 금융기관, 정부가 증권을 발행하여 자금을 조달하고, 발행된 유가증권이 유통되는 국제금융시장을 말한다. 국제자본시장의 중요한 기능은 특정 부문이나 지역의 여유자금을 투자수익이 높은 부문이나 지역에 공급하여 세계경제의 자금부족부문과 자금잉여부문의 자금수급불균형을 조절하는데 있다.

또한 국제자본시장은 세계 각국의 회사채 수익률과 주가 등 금융자산의 가격을 결정함으로써 기업의 투자결정과 내부경영에 영향을 미칠 수 있다. 기업은 회사채나 주식발행이 원활하고 자금조달비용이 예상 투자수익률보다 낮을 경우에 투자를 확대하고 그렇지 않은 경우에는 투자를 기피하게 된다. 따라서 국제자본시장에서 회사채나 주식 등의 금융자산 가격변동에 따라 기업의 투자행태가 달라진다.

한편 국제자본시장은 높은 수익률의 금융자산을 제공함과 동시에 적절한 분산효과를 통해 위험을 분산시킴으로써 투자자들에게 자산운용의 효율성을 높여준다. 자본시장에서 거래되는 유가증권은 금리변동에 따른 자본손실위험 및 신용위험이 비교적 커서 이들 자산의 수익률은 단기금융상품에 비해 높은 것이 일반적이다.

중앙은행이 유동성을 조절하기 위해 단기금리를 변동시키면 여러 경로를 통해서 자본시장의 장기수익률에 영향을 미치고 기업의 자본비용을 변동시켜 궁극적으로 기업의 투자결정에 영향을 미친다. 동시에 주식 및 채권의 자산가치 변동으로 부의 효과를 통해 가계소비에도 영향을 미쳐 국민경제의 총수요를 변화시킨다.

2. 국제자본시장의 구분

국제자본시장의 가장 전형적인 분류는 국제자본시장에서 거래되는 금융상품의 권리 및 의무를 기준으로 국제주식시장과 국제채권시장으로 구분하는 것이다. 국제자본시장은 신디케이트대출 등 장기대출시장을 포함하지만, 여기서는 주식과 채권 등 증권이 발행되고 유통되는 국제금융시장의 개념으로 사용한다.

(1) 국제주식시장

국제주식시장은 특정 기업에 대한 지분을 나타내는 주식이 발행되어 거래되는 시장을 말한다. 국제주식거래는 국내거래소에서든 외국거래소에서든 국내투자자의 외국기업 주식거래 및 외국인투자자의 국내기업 주식거래를 모두 포괄하는 개념이다. 국제주식거래의 발달은 국제채권거래와는 차이점이 존재한다.

국제채권거래는 국가의 통치권 밖에 존재하는 유로시장을 중심으로 발달되어 온 반면에 국제주식거래는 국가의 통치권 범위 안에 존재하는 각국의 거래소시장을 중심으로 발달되어 왔다. 따라서 국제주식시장은 해당 국가의 거래소에서 국내기업의 주식은 물론 외국기업의 주식도 거래되는 시장을 의미한다.

(2) 국제채권시장

국제채권시장은 차입자가 약정이자를 지불하고 원금상환을 약속한 채무증서인 채권을 발행해 자금을 조달하고 발행된 채권이 거래되는 시장이다. 채무증서는 만기 1년 이내의 단기채, 1년에서 10년 사이의 중기채 그리고 10년 이상의 장기채로 구분하며, 여기서 말하는 국제채권시장은 중장기증권시장을 말한다.

| 표 6-1 | 주식과 채권의 비교

구분	주식(stock)	채권(bond)
자금조달방법	자기자본	타인자본
증권소유자의 위치	주주의 지위	채권자의 지위
증권소유에서 권리	결산시 경영성과에 따른 배당을 받을 권리	확정이자수령권리, 만기도래시 원금을 상환받을 권리
존속기간	영구증권	기한부증권

기업청산시 채권자는 우선변제권을 행사할 수 있는 반면에 주주는 기업채무를 청산한 후 잔여재산에 대해 지분권을 행사할 수 있다. 그리고 채권자는 원리금을 수령하여

미래의 현금흐름이 안정적인 반면에 주주는 주식가치의 변동에 따라 손실을 볼 수도 있기 때문에 주식은 채권보다 자산가치의 변동성이 크다.

그리고 국제자본시장은 거래단계에 따라서 발행시장과 유통시장으로 구분된다. 발행시장은 금융상품이 새로이 발행되는 시장을 말하고, 유통시장은 이미 발행된 금융상품이 거래되는 시장을 말한다. 한편 국제자본시장은 금융상품의 거래장소와 거래방법에 따라 거래소(장내)시장과 장외시장으로 구분된다.

(1) 장내시장

장내시장은 시장참가자가 금융상품에 대한 주문을 거래소에 보내면 거래소는 이를 일정한 준칙에 따라 처리하는 거래소시장을 말한다. 장내시장은 시장참가자들의 거래관계가 다면적이고 거래소에 집중된 매매주문의 상호작용에 의해 가격이 결정되어 상대방을 알 수 없고 거래정보가 투명하다는 특징이 있다.

(2) 장외시장

장외시장(off-board market)은 거래소 이외의 장소에서 금융상품의 거래가 이루어지는 시장을 말하며, 직접거래시장과 점두시장(OTC : over the counter market)으로 구분된다. 직접거래시장은 증권회사 등 금융중개기능을 거치지 않고 매매당사자간의 개별적인 접촉에 의해 거래가 이루어지는 시장을 말한다.

점두시장은 딜러/브로커가 거래를 중개하는 시장으로 딜러/브로커가 고시한 매매가격을 거래상대방이 승낙하여 가격이 결정되기 때문에 거래정보의 투명성이나 거래상대방의 익명성이 낮다는 특징이 있다. 장외거래는 거래당사자간에 자율적으로 이루어지기 때문에 동일한 상품에 가격이 다르게 결정될 수 있다.

제2절 국제주식시장의 개요

1. 국제주식시장의 정의

주식은 주주가 주식을 발행한 회사에 대해 가지고 있는 지분으로 자본의 구성분자로서의 금액의 의미와 주주의 회사에 대한 권리의무의 단위로서 주주의 법적 지위(주주권)의 의미가 존재한다. 주주는 배당을 통해 수익을 분배받으며 기업청산시 채무자에게 부채를 상환한 후 잔여재산에 대한 청구권을 갖는다.

발행자의 입장에서 주식은 채권과 달리 상환의무가 없는 자기자본으로 안정적인 장기자본조달의 수단이 될 수 있다. 한편 투자자의 입장에서 주식은 발행자의 경영성과나 미래전망에 따라 수시로 변동하기 때문에 채권에 비해 위험이 크다. 이는 이자 및 원금상환이 확정되는 고정소득증권인 채권과 대조적이다.

국제주식시장은 해당국가의 통치권 범위 안에 존재하는 거래소에서 국내기업의 주식뿐만 아니라 외국기업의 주식도 거래되는 국제적으로 개방된 시장을 의미한다. 국제주식시장은 국제채권시장에 비해 규모도 작고 거래도 부진했으나 2000년대 들어 자본이동의 주식화가 진전되면서 확대되고 있다.

국제주식시장의 규모는 2008년 글로벌 금융위기 이후 일시적으로 줄었으나 글로벌 경제의 저성장 및 저금리 기조가 장기화되면서 선진국의 연기금을 중심으로 해외주식 투자비중이 확대되고 있다. 특히 유럽과 미국의 기업들이 국제적으로 주식을 발행하면서 글로벌 주식시장이 급속히 신장되고 있다.

이러한 국제주식시장이 탄생하면서 국내기업은 국내시장을 벗어나 해외에서 주식을 발행할 수 있어 자본조달비용을 줄이고 자본구조를 효율적으로 관리할 수 있게 되었다. 그리고 국제적으로 인정을 받은 다국적기업이 탄생하였고 자본의 대규모화로 투자자의 기반이 확대되면서 유동성이 증대되었다.

2. 국제주식시장의 특징

최근에 새로운 자금조달원을 확보하기 위해 주식시장이 국제화, 통합화되고 있다. 특히 유럽과 미국의 기업들이 국제적으로 주식을 발행하면서 이제는 국내에 한정되지 않은 글로벌 주식시장이 출현하고 있다. 이러한 국제주식시장이 탄생하면서 기업은 국내시장을 벗어나 해외시장에서 주식을 발행할 수 있게 되었다.

국제주식시장은 주식이 국제화되어 국제적으로 거래되는 시장을 말한다. 국제주식시장에서는 국내주식의 국제적 거래를 원활하게 하기 위해 고안된 주식예탁증서(DR), 폐쇄형 국가펀드 등이 거래되고 발행기업이 자국이 아닌 제3국의 주식시장에서 발행하거나 또는 런던의 국제증권거래소에서 상장되는 주식도 있다.

기업이 해외에서 주식을 발행하려면 제도적인 차이 이외에도 여러 가지 불편이 수반된다. 이러한 불편을 해소하기 위해 주권을 발행회사 소재국의 은행에 보관시키고 국제적 명성이 있는 해외은행 또는 신탁회사가 그 주권을 담보로 해외에서 발행하여 유통한 증권을 주식예탁증서(DR : depositary receipt)라고 한다.

주식예탁증서(DR)는 해외에서 발행되어 유통되므로 다양한 주주기반을 확보할 수 있고 기업의 내용과 이미지가 외국에 널리 홍보되어 해외시장확보에 도움을 준다. 또한 주식예탁증서의 발행은 자기자본에 의한 자금조달이므로 환위험이 전혀 발생하지 않는 가장 안정된 장기자금 조달방법이 될 수 있다.

국제채권시장은 국가의 통치권 밖에 존재하는 유로시장을 중심으로 발달되어 온 반면에 국제주식시장은 국가의 통치권 안에서 존재하는 각국의 거래소시장을 중심으로 발달되어 왔다. 따라서 거래소에서 자국내 기업의 주식뿐만 아니라 외국기업의 주식도 거래되는 시장을 국제주식시장이라고 할 수 있다.

이러한 국제주식시장이 탄생하면서 기업은 국내를 벗어나 해외시장에서 주식을 발행할 수 있어 국제주식시장은 동전의 양면처럼 보는 입장에 따라 서로 다른 의미를 갖게 된다. 이렇게 국제주식시장이 다양한 의미를 갖는 이유는 국내주식에만 한정되지 않고 해외주식이 함께 발행되어 유통되기 때문이다.

국내투자자의 입장에서는 기대수익률을 극대화시키고 위험을 극소화시키기 위해 해외기업의 주식에 분산투자함으로써 포트폴리오를 구성할 수 있는 기회를 갖게 된다. 그리고 주식을 발행하는 기업의 입장에서는 여러 나라의 사람들로 주주를 구성하여 경영활동에 필요한 자금을 조달하는 시장을 의미한다.

금융투자회사는 외국투자자를 포함한 고객을 대상으로 국내외 증권회사와 경쟁적으로 주식발행과 유통업무를 담당하는 시장을 말하고, 한국거래소는 외국의 증권거래소와 경쟁적으로 주식거래를 성사시키는 시장을 의미한다. 이렇게 국내주식과 해외주식이 함께 발행되어 유통되므로 다양한 의미를 갖는다.

3. 국제주식시장의 구성

국제주식시장은 기업이 발행한 주식이 처음으로 투자자들에게 모집·매출되는 발행시장과 이미 발행된 주식이 투자자들 상호간에 매매되는 유통시장으로 이루어져 있다. 따라서 발행시장은 발행된 주식이 유통시장에서 활발하게 매매될 수 있어야 하고, 유통시장은 발행시장의 존재를 전제로 하여 성립한다.

(1) 국제주식의 발행시장

1) 발행시장의 정의

발행시장은 증권의 발행자가 증권을 발행하고 투자자가 이를 매수하여 자본의 수요자인 발행자에 의해 신규로 발행된 증권이 일반투자자, 기관투자자, 외국인투자자에게 매각됨으로써 자본이 투자자로부터 발행자에게 이전되는 추상적 시장으로 최초로 증권이 발행되어 1차 시장(primary market)이라고도 한다.

이러한 발행시장의 기능은 경제적인 관점에서 볼 때 기업이나 공공단체의 소요자금이 증권화되는 과정이며, 투자자들이 가지고 있는 단기자금이 기업이나 공공단체가 필요로 하는 장기자본으로 전환되는 직접금융(directing financing)의 과정이다. 발행시장은 원칙적으로 주식발행자의 자본조달시장에 해당한다.

그러나 광의로 보면 주식이 무상교부되거나 국공채가 일시적 급부금을 대신하여 발행되는 증권교부시장 그리고 전환증권의 전환권이 행사될 경우와 주식분할 또는 주식합병으로 인해 증권이 상호교환될 때 형성되는 증권교환시장도 발행시장에 포함된다. 따라서 발행시장은 증권을 모집하고 매출하는 시장이다.

2) 주식의 발행방법

주식의 발행은 자금의 수요자인 발행자가 주식을 소화시키는 모집방법에 따라서 공모발행과 사모발행, 발행위험의 부담과 발행사무의 절차를 어떻게 정하느냐에 따라서 직접발행과 간접발행으로 구분한다. 여기서 발행위험은 발행된 증권이 투자자에게 완전히 매각되지 않고 잔여증권이 존재할 가능성을 말한다.

가. 공모발행과 사모발행

공모발행(public offering)은 주식의 발행자가 일반투자자에게 발행가격과 발행시점 등을 균일한 조건으로 하여 주식을 공개적으로 모집·매출하는 방법을 말한다. 공모발행은 발행주식에 대한 매점매석을 방지할 수 있고 투자자들을 분산시킨다는 점에서 바람직한 반면에 발행위험도 크고 사무절차도 복잡하다.

공모발행에서 모집은 통상 50인 이상의 불특정 다수의 투자자를 대상으로 최초로 발행되는 주식의 취득을 위한 청약을 권유하는 행위를 말하고, 매출은 50인 이상의 투자자들에게 이미 발행된 주식의 매도나 매수의 청약을 권유하는 행위를 말한다. 그러나 전문투자자나 특정연고자는 50인 산정에서 제외한다.

사모발행(private offering)은 주식발행자가 특정 개인이나 은행, 보험, 증권회사 등 기관투자가를 대상으로 주식을 발행하는 방식으로 비공개(직접)모집발행이라고도 한다. 사모발행은 발행자의 경비를 절감시키고 단기간에 모집할 수 있는 장점이 있으나 공모발행에 비해 주식발행의 소화능력에 한계가 있다.

나. 직접발행과 간접발행

직접발행은 주식의 발행자가 주식발행위험과 발행업무를 직접 담당하면서 일반투자자에게 주식을 발행하는 것으로 직접모집 또는 자기모집이라고 한다. 은행, 증권회사와 같은 기관투자가는 모집능력이 충분하거나 발행규모가 상대적으로 적어 발행위험과 발행업무가 간단한 경우에 이용이 가능하다.

직접발행은 주식발행의 비전문기관인 발행자가 직접 대규모의 복잡한 주식발행의 사무를 담당하기가 매우 어렵고 발행위험도 높아 현실성이 희박한 주식발행의 방법이다. 그리고 응모총액이 발행총액에 미달될 때 이사회의 결의에 의해 잔량을 처리하며 인수능력이 없으면 발행 자체가 성립하지 않는다.

간접발행은 주식의 발행자가 모집·매출을 직접 담당하는 것이 아니라 주식발행의 전문기관인 은행, 증권회사 등의 발행기관을 중개자로 개입시켜 주식발행의 구체적인 업무를 담당하도록 하는 간접적인 주식발행의 방법을 말한다. 그리고 발행기관의 인수비용이나 매출비용은 주식의 발행자가 부담한다.

간접발행은 주식발행시 금융사정에 정통한 증권관계기관을 중개자로 활용하여 주식발행업무를 원활하게 처리하고 중개자의 신용을 이용하여 주식을 확실하게 발행할 수 있다는 장점이 있다. 간접발행은 발행위험이 소재 및 발행위험의 부담정도에 따라 위탁모집, 잔액인수, 총액인수의 방법으로 분류된다.

3) 주식의 발행형태

국제주식의 발행형태에는 해외주식시장에서 직접발행과 주식예탁증서(DR : depository receipts)를 통한 간접발행, 주식의 형태에 따라 보통주와 우선주 발행으로 구분한다. 또한 전환사채(CB : convertible bond), 신주인수권부사채(BW : bond with warrant)와 같은 주식관련 파생상품이 있다.

4) 주식의 발행절차

국제주식의 발행절차를 해외시장에서 직상장을 중심으로 간략히 살펴보면 발행가격 결정 및 상장 등의 주요한 기준일을 전후하여 준비작업, 투자설명서 작성 및 기업실사, 로드쇼, 상장 및 거래의 단계로 이루어진다. 해외상장을 위한 준비작업은 기업공개절차를 총괄하는 주간사 증권을 선정함으로써 시작된다.

5) 발행시장의 구조

주식의 직접발행과 간접발행이 이루어지는 발행시장은 발행자, 발행기관, 투자자로 구성된다. [그림 6-1]에 제시된 것처럼 주식의 발행이 중개기관을 거치지 않고 발행자와 투자자간에 직접 이루어지는 경우도 있지만, 대부분은 발행자와 투자자 간에 전문기관인 발행기관이 개입되는 간접발행으로 이루어진다.

❙그림 6-1❙ 발행시장의 구조

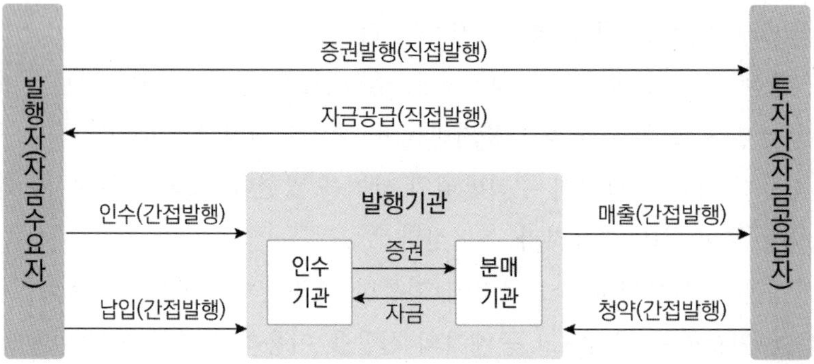

증권의 발행주체는 경영활동에 필요한 부족자금을 조달하기 위해 주식과 채권을 공급하는 주체에 해당된다. 따라서 주식이나 회사채를 발행하는 주식회사, 국채를 발행하는 국가, 지방채를 발행하는 지방자치단체, 특수채를 발행하는 특수법인 그리고 금융채를 발행하는 특수은행 등은 모두 증권의 발행주체가 된다.

발행기관은 발행자와 투자자의 중간에서 발행자를 위해 인수단을 구성하고 발행업무와 발행위험을 대행하는 기관을 말한다. 인수단은 발행증권을 발행자로부터 인수하는 기능을 담당하는 기관으로 은행, 증권회사 등이 이에 속한다. 인수단은 발행증권을 대량으로 인수하여 이를 청약기관에 도매하는 기능을 수행한다.

청약기관은 인수단으로부터 취득한 증권을 일반투자자에게 직접 판매하는 기관을 말한다. 그러나 인수단과는 달리 매출하지 못한 잔여증권이 있을 경우에도 이를 인수할 의무가 없어 인수위험을 부담하지 않고 불특정투자자를 모집하여 청약업무만을 대행하는 기관으로 투자매매업자·투자중개업자가 그 기능을 담당한다.

일반투자자는 개인의 자격으로 자산을 증식하거나 또는 기업을 지배할 목적으로 주식이나 채권에 투자하는 자연인을 말한다. 기관투자가는 은행, 증권회사, 보험회사, 연금기금 등과 같이 법인을 구성하는 투자기관으로 증권투자에 대한 전문적인 지식을 갖추고 투자규모도 방대하여 증권시장에 미치는 영향은 지대하다.

(2) 국제주식의 유통시장

1) 유통시장의 정의

유통시장은 발행시장을 통해 발행된 주식이 투자자 상호간에 매매되는 구체적 시장으로 2차 시장(secondary market)이라고 한다. 유통시장에서 거래가 활발하면 발행시장에서 수요가 촉진되고, 발행시장에서 많은 주식이 발행되면 유통시장에서 투자자의 투자기회가 확대되어 유통시장과 발행시장은 보완관계에 있다.

2) 유통시장의 기능

유통시장은 발행된 증권의 시장성과 유통성을 높여 투자자의 투자를 촉진시켜 발행시장에서 장기자본조달을 원활하게 해 주고, 유통시장에 의한 증권의 시장성과 유통성은 적정가격으로 유가증권을 처분하여 현금화할 수 있기 때문에 유가증권에 대한 담보력을 높여주고 유가증권을 담보로 한 차입이 용이하다.

유통시장은 금융투자회사의 중개에 의해 성립되는 시장으로 다수의 매도자와 다수의 매수자에 의해 거래가 이루어지는 자유경쟁시장이므로 여기에서 형성되는 주식이나 채권의 가격은 공정한 시장가격이라 할 수 있다. 또한 유통시장에서 형성된 가격은 발행시장에서 유가증권의 가격을 결정하는 기능을 한다.

(3) 국제주식시장의 현황

국제주식시장의 현황은 주식시장의 규모를 통해 살펴볼 수 있다. 세계 각 지역의 주식시장 규모는 [그림 6-2]에 제시된 각 시장의 상장주식 시가총액을 통해 비교할 수 있다. 2017년 현재 전 세계 주식시장의 규모는 총 79조 2,240억 달러로 전 세계 GDP 대비 주식시장의 규모가 112.4%에 도달하고 있다.

선진국 시장이 전체의 60%를 차지하는데, 북미시장의 규모가 크다. 미국시장이 큰 것은 미국의 경제규모를 반영한 것이며, 일본은 경제가 1990년대 붕괴하면서 주식시장이 위축되었고 유럽도 유로존 위기로 주식시장이 폭락했다. 최근에는 경제성장과 자본시장 개방으로 아시아·태평양 비중이 확대되고 있다.

▌그림 6-2▐ 세계 주식시장의 규모(2017년 : 79조 2,240억 달러)

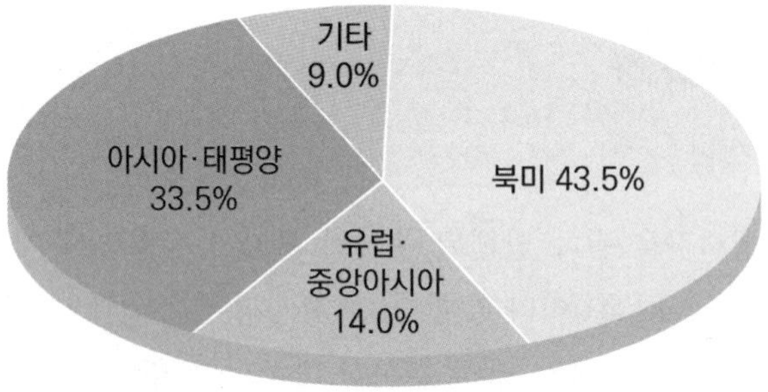

자료 : World Bank.

4. 주요국의 주식시장

(1) 미국

2021년 6월 말 미국 증권거래위원회에 등록된 증권거래소는 총 24개에 이른다. 미국의 대표적인 주식시장인 뉴욕증권거래소(NYSE)에서는 경쟁매매 원칙에 따라 100주 단위로 거래가 이루어진다. 결제일은 매매계약 체결일 다음 2영업일(T + 2일), 정규매매 거래시간은 09:30~16:00이다. 개별종목에 대한 가격제한제도는 없으나 S&P500지수가 일정기준 이상 하락하면 주식시장의 거래를 일정시간 중단하는 매매거래중단제도(circuit breakers)를 운영하고 있다. 또한 개별종목의 과도한 변동성을 제한하기 위해 동적 변동성 완화장치(Limit Up/Limit Down Plan)를 도입하여 발동 직전 5분간 거래된 평균가격의 일정 범위로 가격변동폭을 제한하고 있다.

미국 주식시장의 움직임을 종합적으로 나타내는 주가지수에는 다우존스산업평균지수(DJIA), S&P500지수 및 나스닥(NASDAQ)지수가 있다. 다우존스산업평균지수는 뉴욕증권거래소와 나스닥시장에 상장된 30개 대형주를 대상으로 주가평균방식으로 산출된다. S&P500지수는 뉴욕증권거래소와 나스닥시장에서 거래되는 500개 대기업을 대상으로 시가총액방식으로 작성된다. 나스닥지수는 나스닥시장에 등록된 모든 종목을 대상으로 시가총액방식으로 산출된다. 한편 2021년 6월 말 현재 뉴욕증권거래소에 상장된 기업은 1,940개사, 나스닥시장 등록기업은 3,361개사이며, 시가총액은 뉴욕증권거래소가 24.9조 달러, 나스닥시장이 22.1조 달러에 이른다.

(2) 일본

일본의 대표적인 증권거래소인 동경증권거래소는 대기업이 상장되는 1부, 중견기업 중심의 2부, Mothers(Market of the High-growing and Emerging Stocks), JASDAQ 등으로 구성되어 있다. 정규매매 거래시간은 전장(09:00~11:30)과 후장(12:30~15:00)으로 구분되며, 결제는 매매계약 체결일 다음 2영업일(T + 2일)에 이루어진다. 개별종목의 일중 가격변동폭은 주가수준별로 34단계로 구분하여 정액제로 결정하며, 매매거래중지제도는 공시와 관련하여 개별종목에만 적용된다.

대표적인 주가지수로는 TOPIX(Tokyo Stock Price Index), NIKKEI225지수, JASDAQ지수가 있다. TOPIX는 제1부에 상장된 자국주식을 대상으로 시가총액방식으로 작성되고, NIKKEI225지수는 제1부에 상장된 225개 종목을 대상으로 주가평균방식으로 산출된다. JASDAQ지수는 JASDAQ시장에 등록된 모든 종목을 대상으로 시가총액방식으로 산출되는 지수이다. 한편 2021년 6월 말 현재 동경증권거래소에 상장된 일본 국내기업은 3,777개사이며 시가총액은 742.8조 엔이다.

(3) 중국

중국의 주식시장은 1984년 주식 발행이 시작된 이후 1990년 상해증권거래소와 1991년 심천증권거래소가 개설되고, 1992년 중국증권감독위원회가 설립되면서 발전하였다. 1998년 증권법이 제정되고 2004년 5월 심천증권거래소에 중소기업 전용시장(中小板, SME Board)이 설립되었으며 2006년 1월 비상장기업의 주식을 거래하는 장외시장이 개설되었다. 미국의 나스닥과 유사한 첨단기술 중심의 시장에는 2009년 10월 심천증권거래소에서 출범한 차스닥시장(創業板, ChiNext)과 2019년 7월 상해증권거래소에서 시작된 스타마켓(科創板, STAR market)이 있다.

중국의 주식시장은 투자자 및 거래통화, 기업의 설립과 상장지역에 따라 A주시장, B주시장, H주시장, Red Chip시장으로 구분된다. A주시장은 내국인이 위안화로 거래하는 시장이고, B주시장은 외국인이 외국통화로 거래하는 시장이다. 다만 2001년 2월부터는 내국인의 B주시장 투자가 허용되었으며, 2002년 12월 QFII제도가 도입되어 다음해 5월부터 외국 기관투자자의 A주시장 진출이 허용되었다.

H주시장과 Red Chip시장은 홍콩증권거래소에 개설되어 있다. 상해·심천증권거래소의 정규매매 거래시간은 09:30~11:30 및 13:00~15:00이다. 개별 종목의 일중 가격변동폭은 10%(차스닥시장, 스타마켓은 20%), CSI300 지수 기준으로 매매거래중단제도를 운영한다. 2021년 6월 말 상해 및 심천 증권거래소의 상장기업수는 각각 1,931개, 2,455개이고 시가총액은 각각 49.2조 위안, 37.2조 위안이다.

| 표 6-2 | 중국의 주식시장 규모

(단위 : 개, 십억 위안)

구분	2006	2008	2010	2012	2014	2016	2018	2020	2021.6
상장기업수	1,421	1,604	2,063	2,494	2,613	3,052	3,584	4,154	4,386
상장주식 시가총액	8,940	12,137	26,542	23,036	37,255	50,769	43,492	83,859	86,373
상해종합지수	2,675	1,821	2,808	2,269	3,235	3,104	2,494	3,473	3,544
심천종합지수	551	553	1,291	881	1,415	1,969	1,268	2,329	2,430

주 : 상해 및 심천증권거래소, 기말 기준
자료 : 각 증권거래소

(4) 유럽지역

1990년대 유럽통합이 가속화되면서 각 국가별로 산재해있던 거래소 통폐합이 활발해졌다. 2000년 프랑스, 벨기에, 네덜란드 3개국 거래소가 통합하여 Euronext가 설립되었고 2003~2007년 스웨덴 OMX가 북유럽 9개국 거래소를 통합하였고, 2007년 영국 런던거래소가 이탈리아 Borsa Italiana를 인수하였다. 2007년 미국의 NYSE가 Euronext를, 2008년 NASDAQ이 OMX를 인수하는 M&A도 성사되었다. 2013년 Intercontinental Exchange가 NYSE를 인수하였고, 2014년 Euronext가 유럽 주식시장에 IPO를 실시하면서 Intercontinental Exchange와 분리되었다.

그리고 2016년 런던거래소와 독일 Deutsche Borse가 합병에 합의했으나 독점 우려에 따른 EU 집행위원회의 불허로 무산되었다. 2020년 런던거래소가 Borsa Italiana를 Euronext에 매각하기로 합의(2020년 10월)하였고 EU의 승인을 거쳐 2021년 4월 28일 매각이 완료되었다. 유럽지역 거래소의 시가총액을 살펴보면 Euronext가 가장 크며 다음으로 London Stock Exchange, Deutsche Börse, Nasdaq OMX Nordic Exchanges, SIX Swiss Exchange(스위스)의 순이다

┃표 6-3┃ 유럽지역 주식시장 시가총액

(단위 : 십억 달러)

	2006	2008	2010	2012	2014	2016	2018	2020	2021.6
Euronext	3,708	2,102	2,930	2,832	3,319	3,464	3,730	5,444	7,066
London Stock Exchange[1)]	3,781	1,868	3,613	3,397	4,013	3,467	3,638	4,046	3,710
Deutsche Börse	1,638	1,111	1,430	1,486	1,739	1,718	1,755	2,284	2,574
Nasdaq OMX Nordic Exchange	1,123	563	1,042	996	1,197	1,250	1,323	2,110	2,393
SIX Swiss Exchange	1,213	880	1,229	1,233	1,495	1,415	1,441	2,002	2,165

주 : 1) 2008년 이후는 London Stock Exchange Group 기준
자료 : 세계거래소연맹(WFE)

❙표 6-4❙ 주요국 주가지수 개요

국가	지수명[1]	기준일(기간)	포괄종목	작성기관
미 국	다우존스산업 평균지수(DJIA)	1896년 5월 26일 = 40.94	뉴욕증권거래소, 나스닥 상장 30개 우량 종목	S&P Dow Jones Indices
	나스닥지수(NASDAQ Composite)	1971년 2월 5일 = 100	나스닥 상장 전종목	NASDAQ
	S&P 500	1941~1943년 = 10	뉴욕증권거래소, NASDAQ 상장 500개 우량 종목	S&P Dow Jones Indices
	필라델피아 반도체지수(SOX)	1993년 12월 1일 = 200	반도체 관련 30개 종목	NASDAQ
일 본	NIKKEI 225	1949년 5월 16일 = 176.21	도쿄증권거래소 1부 상장 225개 우량 종목	일본경제신문
영 국	FTSE 100	1983년 12월 30일 = 1,000	런던증권거래소 상장 시가상위 100개 종목	FTSE
독 일	DAX 30	1987년 12월 31일 = 1,000	프랑크푸르트증권거래소 상장 시가상위 30개 종목	Deutsche Börse
프 랑 스	CAC 40	1987년 12월 31일 = 1,000	Euronext Paris 상장 시가상위 40개 종목	Euronext
대 만	대만가권지수(TAIEX)	1966년 평균 = 100	대만증권 거래소 상장 전종목[2]	대만증권거래소
홍 콩	Hang Seng 지수(HSI)	1964년 7월 31일 = 100	홍콩거래소 상장 시가상위 50개 종목	Hang Seng Indexes
	H지수(HSCEI)	2000년 1월 3일 = 2,000	홍콩거래소 상장 중국기업 중 40개 우량 종목	Hang Seng Indexes
중 국	상해종합지수	1990년 12월 19일 = 100	상해증권거래소 상장 전종목[3]	상해증권거래소
	심천종합지수	1991년 4월 3일 = 100	심천증권거래소 상장 전종목[3]	심천증권거래소
싱가포르	STI	2008년 1월 9일 = 3,344.53[4]	싱가포르증권거래소 상장 시가상위 30개 종목	FTSE

주 : 1) 약어설명 : DJIA(Dow Jones Industrial Average), SOX(Semiconductor Sector Index), FTSE(Financial Times Stock Exchange), DAX(Deutscher Aktien Index), CAC(Cotation Assistee en Continu), STI(Straits Times Index), HSCEI(Hang Seng China Enterprises Index), TAIEX(Taiwan Stock Exchange Capitalization Weighted Stock Index)

2) 우선주, 위험주(full-delivery stocks), 1개월 이내 신규 등록 종목 등 일부 종목 제외

3) A주(내국인 전용), B주(외국인 전용) 모두 포함, A주 지수 및 B주 지수도 별도 산출

4) 2008년 1월 10일자로 지수 개편

제3절 국제주식투자의 유형

1. 해외주식에 대한 직접투자

(1) 해외주식 직접투자 추이

국제주식투자의 첫걸음은 국내투자자들이 외국거래소에 상장된 주식에 투자하는 방법이다. 국제주식거래가 활발한 것은 외국인의 국내주식시장 참여를 금지한 규제를 완화하여 외국인의 국내주식시장 참여와 내국인의 해외주식투자를 허용한 자본자유화와 금융시장개방 조치의 직접적인 결과라고 할 수 있다.

주요국 투자자들의 홈트레이딩시스템(HTS) 등 주식거래 인프라가 발달하고 해외기업에 대한 정보수집이 쉬워지면서 해외주식에 대한 직접투자를 확대하고 있다. 우리나라도 주요 증권사들이 개인투자자들을 대상으로 해외주식에 대한 직접투자 서비스를 제공하고 있으며 투자규모가 꾸준히 증가하고 있다.

국내투자자의 해외주식투자는 1996년 일반투자자의 해외증권 투자한도를 폐지한 이후 빨리 성장하고 있다. 2000년대 중반 해외펀드 비과세혜택 등 정부의 해외증권투자 활성화정책을 계기로 해외주식투자가 급성장했으며, 글로벌 금융위기 당시 일시적인 감소세를 기록한 이후 다시금 성장세가 확대되고 있다.

최근에는 국내 연기금 성장에 따른 해외주식투자 수요증가가 국내투자자의 해외주식투자 성장세를 주도하며, 민간부문도 저금리 기조 및 국내주식시장 가격상승폭 정체 등으로 투자자의 관심이 해외시장으로 확대되고 있다. 해외주식투자 확대의 가장 큰 동인은 해외투자를 통한 위험조정 수익률 제고에 있다.

이러한 측면에서 해외주식투자의 지역별 자산배분은 중요한 의미를 갖는다. 해외주식투자의 장점은 포트폴리오 확대에 따른 위험조정 수익률 극대화에 있다. 해외주식투자의 장점을 최대한 활용하기 위해서는 투자수익률이 높고 분산투자를 통한 위험감소가 가능한 지역으로의 자산배분이 필요하기 때문이다.

국내투자자의 해외주식투자는 2000년대 초반 이후 빠른 증가세를 지속하고 있다. 2021년 3분기에 국내투자자의 해외주식투자 잔액은 약 5,527억 달러로 2003년 말 잔액(34억 달러) 대비 160배 이상 증가하였다. 글로벌 금융위기 이전에는 금융기관 중심으로 확대되었으나, 이후에는 연기금 등이 주도하고 있다.

국내 최대 해외주식투자 주체인 국민연금의 해외주식 보유비중은 총자산의 약 1/4에 달하는 것으로 추정되며, 국민연금을 포함한 일반정부 부문의 해외주식투자 잔액은 국내투자자의 해외주식 보유잔액의 과반을 상회한다. 최근에는 주요 금융기관 및 민간부문의 해외주식투자 잔액도 상승세를 보이고 있다.

┃그림 6-3┃ 국내투자자의 해외주식투자 잔액 추이

(억 달러)

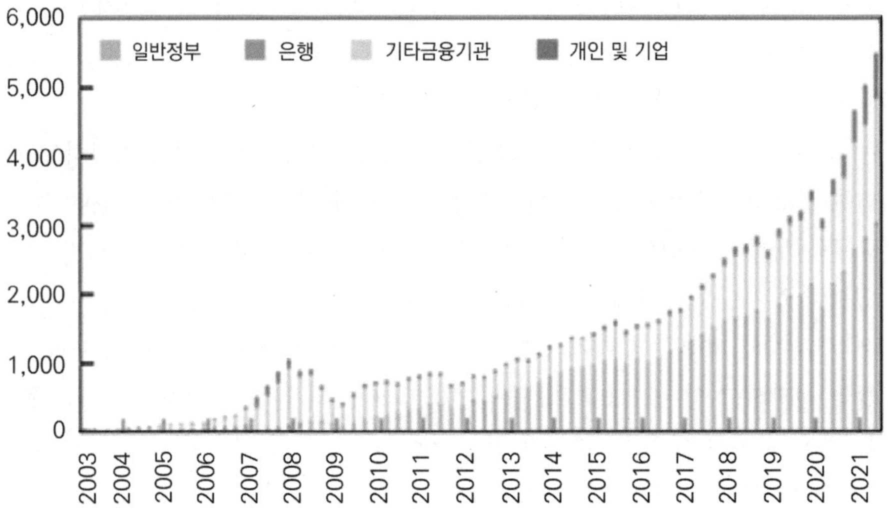

자료 : 한국은행 국제투자대조표

개인투자자의 해외주식 직접투자 추이는 한국예탁결제원의 해외주식 보관잔액 통계를 통해 간접적으로 추정해 볼 수 있다. 2021년 10월 말 국내투자자가 한국예탁결제원을 통해 보유한 해외주식투자 잔액은 약 680억 달러로 코로나 위기 발생 이전 시점인 2019년 말 대비 5배 이상 증가한 것으로 나타났다.

개인투자자와 일반법인 등 예탁결제원 외화증권 예탁계좌를 통해 보관중인 해외주식을 포함하고 있으나, 최근의 확대 추세는 개인투자자의 해외주식 직접투자 증가분에 따른 것으로 추정된다. 이는 개인의 해외주식투자 경로가 해외펀드를 통한 간접투자방식에서 직접투자방식으로 이동하고 있음을 보여준다.

▍그림 6-4▍ 해외주식 직접투자 및 해외펀드 잔액 추이

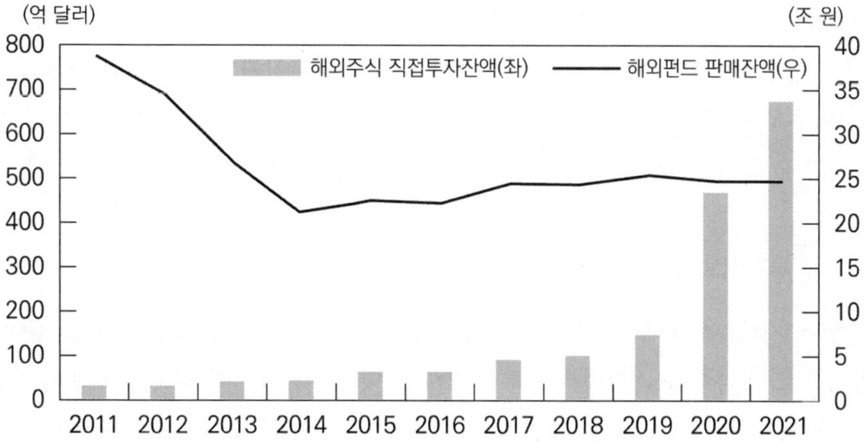

주 : 해외주식 직접투자 잔액은 예탁원 외화증권 보관 잔액 기준 : 해외펀드는 해외자산 투자비중 30% 이상, 펀드 판매잔액 기준 : 2021년은 각 10월 18일(해외주식 직접투자) 및 8월말(해외펀드) 기준

자료 : 한국예탁결제원, 금융투자협회(김한수(2021)에서 재인용)

(2) 해외주식 직접투자 구조

우리나라는 1994년 7월 일반투자자의 외화증권 직접투자를 허용한 이후 2006년 개인을 포함한 모든 거주자의 해외주식 직접투자 관련 제한이 대부분 폐지되었다. 현재 외국환거래법상 국내거주자가 투자할 수 있는 외화증권투자 한도 및 대상에 대한 제한이 존재하지 않으며 사전신고의무도 2006년 이후 폐지되었다.

따라서 국내거주자는 해외주식 등 다양한 외화증권을 자유로이 거래할 수 있으나, 내국인의 외화증권 매매거래방식 등에는 외국환거래법 및 자본시장과 금융투자업에 관한 법률(이하 '자본시장법'으로 표기)상 일부 규정이 존재한다. 내국인의 외화증권 매매방식에 대한 규정은 투자자 유형에 따라 상이하게 적용된다.

1) 기관투자자의 경우

기관투자자는 현재 외화증권 매매거래의 방식에 별도의 제한이 존재하지 않는다. 외국환거래규정에는 기관투자자의 외화증권 거래실적 보고관련 규정 외 별개의 규정이 존재하지 않으며, 자본시장법에서도 외화증권 매매방식 관련 규정은 일반투자자 대상으

로 한정하여 기관투자자는 임의로 매매방식을 선택할 수 있다.

대규모 기관투자자는 해외에 소재한 외국 금융기관을 통해 별도의 신고 없이 해외주식 매매거래를 이행하는 것으로 알려져 있으나, 기관투자자의 경우에도 국내 증권사를 통해 해외주식 매매거래를 이행하는 경우에는 국내 증권사에 적용되는 국내법에 따라 일반투자자와 동일한 방식으로 해당 거래를 진행하게 된다.

2) 일반투자자의 경우

일반투자자는 외국환거래규정 및 자본시장법에서 국내 투자중개업자를 통해 위탁매매방식으로 해외주식을 거래하도록 규정하고 있다. 즉 일반투자자는 국내 투자중개업자를 통해 외화증권거래계좌를 개설하고, 해당 증권의 매매를 위탁받은 투자중개업자는 외국증권회사에 계좌를 개설하여 일반투자자의 매매를 중개한다.

투자중개업자는 국내 외국환은행에 외국환증권투자전용 외화계정을 개설하여 외화증권매매에 따른 외화의 송금 및 수령 업무를 진행하고, 한국예탁결제원에 외화증권 예탁결제 계좌를 개설하여 해당증권의 예탁자가 되어 예탁결제원을 통해 보유 외화증권을 관리한다. 해외주식 직접투자경로는 [그림 6-5]와 같이 진행된다.

❙그림 6-5❙ 일반투자자의 해외주식 직접투자 구조

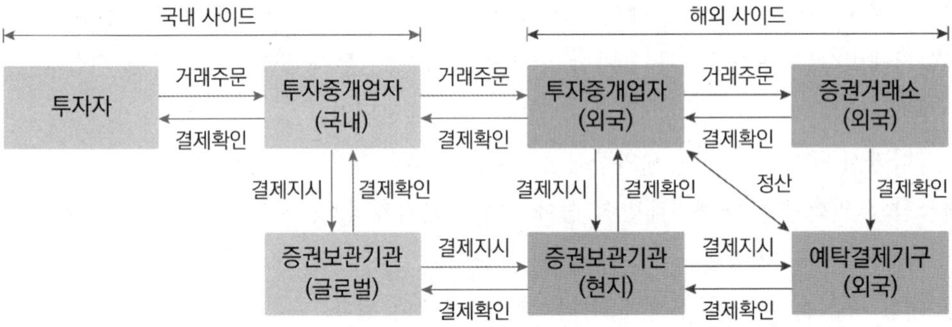

국내 투자중개업자는 해외증권의 매매거래를 하기 위해 해당증권 소재국의 투자중개기관에 계좌를 개설하고 글로벌 증권보관기관을 경유하여 현지 자본시장에서의 매매 및 결제 업무가 진행된다. 이러한 복잡한 거래구조에 따라서 해외주식거래는 국내주식거래 대비 비용적 측면에서의 제약요인이 존재한다.

국내투자자가 부담하는 거래비용에는 국내기관의 중개수수료와 해외시장의 중개 및 보관수수료가 포함된다. 해외에서 발행 및 유통되는 주식을 거래하는 해외주식투자는 국경간 거래의 특성상 다수의 금융기관을 경유하는 경로를 거치며 국내거래 대비 높은 거래비용 및 환위험 등 추가적 위험요인을 수반한다.

특히 국제거래의 특성상 현지와 국내와의 시차 및 현지에서 처리되는 결제업무 속도 등이 국가별로 상이함에 따라 국내거래 대비 추가적인 시간이 소요된다. 또한 매매처리 관련 정보의 취득과 관련해서 다수의 기관을 경유해야 하는 구조적 특성으로 인해 국내거래 대비 정보의 취득 및 이용이 제한적이다.

또한 국제거래에는 언어 및 시차에 따른 투자정보의 비대칭성 등으로 인한 다양한 진입장벽이 존재한다. 이러한 다양한 제약요인으로 인해 일반적으로 소규모 개인투자자의 직접투자방식의 해외주식투자는 대부분 국가의 경우 해외펀드 등을 활용한 간접투자방식 대비 제한적인 수준으로 알려져 있다.

특히 최근 주요국 증권거래소에는 해외주식 상장지수펀드(ETF) 상품 등이 상장되어 있어 소규모 개인투자자들은 국내주식거래와 동일한 방식으로 손쉽게 해당상품의 거래가 가능하다. 이러한 측면에서 최근 국내투자자의 직접투자방식의 해외주식투자 확대 추세는 다소 이례적인 상황으로 볼 수 있다.

(3) 해외주식 직접투자 확대

최근 내국인의 해외주식 직접투자 확대 추세는 코로나19 발발 이후 개인투자자의 해외주식에 대한 관심 확대와 국내시장의 높은 해외주식 직접투자 편의성이 반영된 결과이다. 자본시장법은 국내 투자중개업자가 취득하는 외화증권은 국내증권과 동일하게 예탁결제원을 통해 집중예탁할 것을 의무화하고 있다.

우리나라는 한국예탁결제원이 국내 증권사 등을 대상으로 해외주식 결제 및 보관업무를 대리하는 외화증권 집중예탁 구조를 보유하고 있으며, 이러한 국내의 집중예탁방식은 규모의 경제 및 서비스 제공자의 업무 구축 용이성 등의 측면에서 국내투자자의 해외주식 직접투자 편의성 제고에 일조하고 있다.

이는 예탁자산 보관규모에 따라 수수료를 차등 부과하여 집중예탁시 규모의 경제가 존재한다. 예탁결제원이 국내 증권사에 부과하는 해외주식 결제 및 보관비용은 예탁자산 규모에 따라 감소한다. 국내 증권사는 집중예탁을 통해 개인투자자의 해외주식투자 지원업무 구축이 용이해 거래비용이 감소한다.

┃표 6-5┃ 예탁결제원 외화증권 집중예탁서비스 제공지역

보관기관	서비스 제공 지역
씨티은행	대만, 미국, 베트남, 싱가포르, 에스토니아, 호주, 인도, 일본, 중국, 헝가리, 홍콩
HSBC	그리스, 남아공, 네덜란드, 노르웨이, 뉴질랜드, 덴마크, 독일, 멕시코, 벨기에, 스웨덴, 스위스, 스페인, 아랍에미리트, 아르헨티나, 아일랜드, 영국, 오스트리아, 이스라엘, 이태리, 인도네시아, 캐나다, 태국, 포르투갈, 프랑스, 핀란드, 필리핀
Euroclear	유로시장, 러시아
Clearstream	유로시장
미래에셋브라질	브라질

자료 : 한국예탁결제원.

해외 네트워크 구축이 어려운 소규모 증권사도 집중예탁방식을 통한 해외증권 계좌 개설 및 서비스 구축이 가능하다. 국내 23개 증권사가 개인투자자 대상 해외주식 직접투자 서비스를 제공하고, 다수의 증권사가 참여하여 수수료 인하 경쟁 등을 통한 금융소비자 측면에서 편익이 발생하는 것으로 판단된다.

이러한 경제적 편익에도 불구하고 개인투자자의 해외주식 직접투자 확대 추세가 국제분산투자 측면에서의 경제적 편익을 충분히 활용하고 있다고 보기에는 어려운 측면이 존재한다. 이는 개인투자자의 직접투자 행태는 기관투자자 등 다른 투자주체들에 비해서 비효율적인 성향이 나타나고 있기 때문이다.

개인투자자의 국제분산투자 목적 투자행태가 관찰되지 않고, 지역별 해외투자편향도 다른 투자주체 대비 높은 것으로 나타났다. 이러한 결과는 개인투자자가 해외주식투자를 국제적 위험분산을 고려한 포트폴리오투자의 일환으로 활용하기보다는 고수익을 추구하는 경향이 크게 반영되고 있음을 시사한다.

그리고 개인투자자는 공격적 투자행태에 따른 위험요인과 해외주식투자 관련 국내외 규제차이에 기인한 투자자보호 측면에서의 위험에 노출되고 있다는 점에서도 주의가 필요하다. 이는 개인투자자가 국내 증권사를 통해 취득할 수 있는 해외주식 관련 상품에는 레버리지를 활용한 다양한 상품이 포함되어 있다.

그러나 외국법에 의해 조성된 해외상품에는 국내법에 따른 접근성 제한 및 투자자

보호 관련 조항이 적용되지 않는다. 예컨대 내국인이 국내 레버리지 ETF 상품에 투자할 경우 사전교육 및 기본예탁금 납입 등의 의무조항을 이수해야 하지만 외국법에 의해 조성된 해외상품에는 이러한 조항이 적용되지 않는다.

┃표 6-6┃ 투자주체별 해외투자편향도 현황(2018년)

국가	일반정부		기타금융기관		개인·기타	
	투자비중[1)]	편향도	투자비중	편향도	투자비중	편향도
미 국	51.42%	**−0.230**	39.49%	0.109	46.18%	**−0.033**
중 국	3.73%	0.603	11.50%	**−0.025**	24.57%	**−0.169**
일 본	7.26%	0.156	1.73%	0.776	15.91%	**−0.089**
영 국	6.58%	**−0.023**	3.79%	0.130	0.22%	0.950
프랑스	3.39%	0.230	1.25%	0.637	0.29%	0.916
독 일	3.04%	**−0.003**	0.90%	0.646	2.00%	0.217
호 주	1.78%	0.067	2.36%	**−0.005**	0.09%	0.950
스위스	2.47%	**−0.004**	0.34%	0.839	0.08%	0.960
캐나다	2.27%	0.196	0.37%	0.870	0.99%	0.649
베트남	0.00%	0.982[2)]	2.77%	**−0.026**	4.01%	**−0.038**
총 합[3)]	81.8%	0.249	64.5%	0.406	94.4%	0.497

주 : 1) 각 투자주체별 해외주식투자 총액 대비 비중
2) 음영은 편향도 측정치 절대값 0.8 이상을 표시하며, 굵은 숫자는 과대투자 편향(마이너스)을 표시
3) 투자비중 총합은 상위 10개국 투자비중 총합이며, 편향도는 10개국 편향도 절대값 평균치

해외주식투자의 편익은 국제분산투자를 통한 위험조정 수익률 제고에 있다. 우리나라는 주요국 대비 모국투자편향(Home Bias)이 높은 수준임을 반영할 때 접근성 개선을 통한 해외주식투자 활성화는 경제적 측면에서의 추가적 편익을 도모할 수 있는 기회를 제공한다는 점에서 긍정적인 측면이 존재한다.

개인투자자의 과도한 해외주식 직접투자 확대는 추가적 위험을 동시에 내포하며, 개인투자자의 해외주식투자 행태가 고위험·고수익 투자방안에 가깝다는 현실을 고려할 때 국제분산투자 차원에서의 해외주식투자 활용 필요성에 대한 개인투자자의 인식을 제고하는 방향으로의 노력이 필요할 것으로 판단된다.[5)]

5) 김한수, 국내투자자의 지역별 해외주식투자 현황 및 특성분석, 자본시장연구원 이슈보고서, 2020.

개인투자자의 해외주식투자 확대는 국내 증권사의 관련 부문 수익확대로 나타나고 있다. 2020년 말 국내 증권사의 해외주식 거래수수료 수입은 약 4,700억원으로 전년 말 대비 4배 이상 증가한 것으로 나타났으며, 일부 대형사의 전체 거래수수료 대비 해외주식거래 수수료 수입 비중이 빠르게 확대되고 있다.

이러한 상황은 증권사 간 수수료 인하를 유도하여 개인투자자 입장에서 해외주식 거래수수료 인하에 따른 접근성 개선요인으로 작용한다. 국내 증권사의 해외주식거래 수수료는 약 7~25bp 수준이며, 일부 증권사는 한시적 수수료 무료 이벤트를 제공하는 등 수수료 인하 경쟁이 치열해지는 양상을 보이고 있다.

┃표 6-7┃ 주요 증권사 해외주식 거래수수료 수입 및 비중

구분	2018		2019	2020
미래에셋대우	363억원		483억원	1,348억원
	비중	8%	15%	18%
삼성증권	276억원		367억원	1,162억원
	비중	8%	14%	16%
키움증권	35억원		47억원	745억원
	비중	2%	3%	11%
한국투자증권	72억원		166억원	589억원
	비중	3%	9%	13%
NH투자증권	97억원		115억원	373억원
	비중	3%	5%	6%

주 : 비중은 전체 거래수수료(국내 및 해외)대비 해외주식 거래수수료 수입 비중
자료 : 금융투자협회 전자공시서비스.

2. 해외펀드에 대한 간접투자

주식투자의 방법에는 직접투자와 간접투자가 있다. 간접투자는 투자자들이 전문가들이 운용하는 상품에 가입하여 간접적으로 투자하는 것을 말한다. 개인투자자는 해외주식에 대한 정보력이 낮아 직접투자가 쉽지 않다. 이러한 경우에 단순히 해외펀드를 매입함으로써 해외주식 직접투자의 효과를 누릴 수 있다.

펀드(fund)는 불특정 다수의 투자자로부터 자금을 모아 대규모 공동기금을 형성하여 이를 다양한 증권이나 자산에 분산투자하여 최종적으로 달성한 성과를 투자자에게 투자비율에 따라 배분하는 실적배당상품이다. 따라서 투자자산의 운용결과에 따라 높은 수익을 얻을 수 있지만 원금손실이 발생할 수도 있다.

(1) 펀드투자의 분류

펀드는 모집방식에 따라 공모펀드와 사모펀드, 펀드규모의 증대여부에 따라 추가형펀드와 단위형펀드, 환매여부에 따라 개방형펀드와 폐쇄형펀드, 투자지역에 따라 국내펀드와 해외펀드로 구분한다. 자본시장법에서는 특수한 형태로 폐쇄형펀드, 종류형펀드, 전환형펀드, 모자형펀드, 상장지수펀드로 구분한다.

1) 모집방식에 따른 분류

펀드는 모집방식에 따라 공모펀드와 사모펀드로 분류한다. 공모펀드는 불특정 다수를 대상으로 투자자의 자격이나 투자금액에 제한이 없고 투자자를 모집하는 방법에 제한이 없다. 반면에 사모펀드는 기관투자가와 일정금액 이상을 투자하는 적격투자자 또는 49인 이하의 소수투자자로부터 자금을 모집한다.

2) 규모증대에 따른 분류

펀드는 규모의 증대가능여부에 따라 추가형펀드와 단위형펀드로 구분한다. 추가형펀드는 이미 설정된 펀드에 추가로 설정이 가능하여 펀드의 규모가 증대될 수 있는 공모펀드를 말한다. 그러나 단위형펀드는 이미 설정된 펀드에 추가로 설정을 할 수가 없어서 펀드의 규모가 제한을 받는 사모펀드를 말한다.

3) 환매여부에 따른 분류

펀드는 환매방식에 따라 개방형펀드와 폐쇄형펀드로 구분한다. 개방형펀드는 투자자가 요구하면 언제든지 만기와 무관하게 중도에 환매할 수 있다. 그러나 폐쇄형 펀드는 미리 약정한 만기가 종료될 때까지 환매가 불가능하기 때문에 환금성을 제고하기 위해 거래소에 상장하여 주식처럼 매매하도록 되어 있다.

4) 투자방식에 따른 분류

펀드는 투자방식에 따라 거치식 펀드와 적립식 펀드로 구분한다. 목돈을 굴리는 거치식 펀드는 목돈을 한꺼번에 납입하는 펀드이고, 목돈을 만드는 적립식 펀드는 일정기간마다 일정금액을 납입하는 펀드로서 반드시 매달 투자하지 않아도 되고 금액의 제한도 없으며 납입기간도 투자자가 임의로 정할 수 있다.

5) 투자지역에 따른 분류

펀드는 투자지역에 따라 국내의 법률에 따라 국내에서 설정되어 국내자산에 투자하는 국내펀드와 국내에서 설정되어 해외자산에 투자하는 해외펀드로 구분한다. 그리고 해외펀드는 국내에서 설정되고 국내에서 판매되는 역내펀드와 외국의 법률에 따라 외국에서 설정되어 국내에서 판매되는 역외펀드로 구분한다.

국내펀드는 환매신청 후 환매대금을 수령할 때까지 3~4일, 해외펀드는 7~10일이 소요된다. 해외펀드는 투자국가와 투자대상에 따라 환매기간에 차이가 있어 투자설명서를 꼼꼼히 확인해야 한다. 국내펀드는 환매신청 다음 날 환매금액이 확정되지만, 해외펀드는 환매신청 후 대부분 4영업일 후에 환매금액이 결정된다.

해외증권에 대한 투자비중에 따라 컨트리펀드(country funds), 섹터펀드(sector funds), 글로벌펀드(global funds), 국제펀드(international funds)로 구분된다. 컨트리펀드는 투자자들의 자금을 중국펀드, 남미펀드, 브릭스(BRICS) 등 특정 국가나 경제권의 증시에 상장된 주식종목군에 투자하는 펀드를 말한다.

글로벌펀드는 특정 지역만을 투자대상으로 하지 않고 국내 및 해외를 포함한 전 세계의 자산을 투자대상으로 하여 개방형으로 설정된 펀드를 한다. 따라서 특정 국가나 특정 지역을 투자대상으로 할 때 부담하는 각국 경제의 요인에 관련된 비체계적 위험은 제거하고 전 세계 주식시장의 체계적 위험만을 부담한다.

섹터펀드는 전통적인 투자대상이었던 주식, 채권, 부동산 등에서 탈피하여 비슷한 경제구조를 가진 국가들(예 : 원자재 생산국)이나 다수 국가의 특정산업을 투자대상으로 하는 펀드를 말한다. 국제펀드는 개방형펀드라는 점에서 글로벌펀드와 유사하지만, 주로 해외지역의 자산에만 집중투자한다는 차이점이 존재한다.

(2) 펀드투자의 장점

첫째, 펀드투자는 개인투자자가 해외증권에 직접 참여하기 어려운 현실을 보완해준다. 개인투자자가 해외주식에 직접투자하면 많은 거래비용과 정보수집비용이 수반되는데, 펀드투자는 이러한 비용을 줄일 수 있다. 또한 직접투자시 당면할 여러 법적, 제도적 장벽을 회피하는 수단이 될 수 있다.

둘째, 펀드투자는 국제분산투자에 따른 추가적인 이익을 창출하는데 있어서 해외주식에 직접투자하는 것보다 장점을 가질 수 있다. 펀드투자는 주식, 채권, 부동산, 파생상품뿐만 아니라 통화까지 포함시켜 얼마든지 다양하게 포트폴리오를 구성할 수 있기 때문에 국제분산투자의 효과가 커진다.

셋째, 펀드투자는 투자대상에 대한 전문지식과 고도의 정보를 가진 금융기관에 의해 운용되기 때문에 개인투자자의 해외주식 직접투자에 비해 규모의 경제를 실현하고 효율적인 투자를 가능하게 한다. 따라서 펀드투자를 통해 개인투자자는 자산운용회사의 전문지식의 혜택을 누릴 수 있게 된다.

(3) 펀드투자의 단점

첫째, 펀드는 전문적인 투자관리자에 의한 운용결과가 투자자에게 귀속되는 실적배당상품으로 투자원금을 보장하지 않고 예금자보호대상에서도 제외된다. 자본시장법은 실적배당원칙을 구현하기 위해 집합투자업자와 투자매매·중개업자가 투자자의 펀드투자에 따른 손실을 보전하거나 이익을 보장·보전하는 행위를 금지한다.

둘째, 투자자는 전문가를 고용하여 자산을 운용하거나 재산을 안전하게 보관하려면 운용보수, 수탁보수 등 일정한 수수료를 지불해야 한다. 또한 집합투자증권을 판매하는 행위에 대한 대가로 투자매매업자 또는 투자중개업자에게 판매수수료를 지급해야 한다. 그리고 회전율이 높은 펀드의 경우 상당한 거래비용을 수반한다.

셋째, 부동산, 실물자산, 파생상품 등 다양한 형태의 펀드는 복잡한 구조로 인해 사전에 정확한 이해 없이 투자할 경우 지나친 위험에 노출될 가능성이 존재한다. 또한 대량환매(fund run)로 비정상적인 운용위험 및 부실자산이 발생할 수 있으며, 공동위험이 특정 투자자에게만 집중되고 전가되는 문제가 발생할 수 있다.

넷째, 펀드매니저의 능력에 따라서 투자성과의 차이가 날 수 있어 펀드 선택이 중요하다. 예컨대 저평가된 종목을 찾는 가치주 펀드, 미래의 성장가능성에 투자하는 성장주

펀드, 유망산업에 집중투자하는 섹터펀드, 연말에 배당소득을 원하는 배당주 펀드 등 펀드매니저의 운영철학이 있는 펀드를 선택하는 것이 좋다.

(4) 펀드투자의 실제

첫째, 펀드는 수익률을 보장하는 상품이 아니므로 투자성과에 따라 손실이 발생할 수 있으며 어떤 경우에는 원금의 전액 손실이 발생할 수도 있다. 따라서 펀드투자는 투자자 자신의 투자성향과 재무상태를 감안하여 스스로 결정하고 그 결과에 대한 모든 책임은 투자자 본인이 부담하는 것이 원칙이다.

둘째, 펀드도 분산해서 투자하는 것이 좋다. 펀드는 원칙적으로 분산투자를 하고있지만 특정 산업이나 테마에 한정된 펀드도 많이 있고, 특정 지역에 집중된 해외펀드의 경우 국가리스크가 발생할 수 있기 때문이다. 따라서 펀드도 섹터, 테마, 지역, 운용회사 등을 분산해서 투자하는 것이 바람직하다.

셋째, 펀드에 따라 판매수수료와 보수체계가 다양하고 환매조건이 다르기 때문에 펀드에 가입할 때 부담하는 선취수수료 또는 돈을 출금할 때 납부하는 후취수수료, 판매보수와 운용보수, 펀드를 환매할 때 납부하는 환매수수료 등 계약조건을 면밀히 검토한 후에 자신에게 유리한 펀드를 선택해야 한다.

넷째, 펀드의 과거 수익률을 참조하되 맹신해서는 안 된다. 펀드를 선택할 때 최근에 수익률이 높은 펀드를 선택하는 경우가 많다. 그런데 과거의 투자성과가 앞으로 계속해서 이어진다는 보장이 없고 많은 실증분석의 결과도 과거 수익률과 미래 수익률은 별다른 상관관계가 없는 것으로 나타나고 있다.

다섯째, 펀드투자에도 하이리스크 하이리턴의 원칙이 적용되어 기대수익률이 높은

┃표 6-8┃ 해외주식 직접투자 및 해외펀드 간접투자의 비교

구분	해외주식에 대한 직접투자	해외펀드에 대한 간접투자
투 자 결 정	시장가격을 참고로 매매가격과 시점을 결정	매매가격을 모르는 상태에서 투자 결정 (미래순자산가치에 따라 결정)
투 명 성	투자자가 투자종목과 비중을 결정하므로 실시간으로 가격을 확인	보통 2개월 전 포트폴리오 구성내역을 공시하므로 실시간 확인이 어려움
비 용	매매수수료	운용보수와 판매보수
환위험 헤지	환헤지 비율 낮음	환헤지 비율 높음

고수익펀드에 투자하면 손실가능성이 높아진다. 따라서 펀드에 가입한 후 지속적인 관리가 필요하다. 대부분의 펀드는 정기적으로 운용성과와 포트폴리오를 공개하는데, 펀드투자자는 이것을 꼼꼼히 확인할 필요가 있다.

3. 주식예탁증서를 통한 투자

선진국 투자자들이 신흥국 증시에 상장된 기업에 투자하려면 신흥국에 주식계좌를 개설하고 투자금액을 송금한 후 신흥국 통화로 환전해야 하는 불편이 수반된다. 이러한 국경간 주식투자시 거래관습이나 제도, 거래통화의 차이에 따른 불편을 축소하기 위해 주식예탁증서(DR)에 대한 투자를 할 수 있다.

주식예탁증서(DR : Depository Receipts)는 원주를 발행회사 소재국 은행에 보관시키고 국제적 명성이 있는 해외은행 또는 신탁회사가 그 주식을 담보로 해외에서 발행하여 유통시키는 증권을 말한다. DR은 발행지역 및 특성에 따라 여러 종류가 발행되고 있으나 국내기업은 ADR과 GDR을 주로 활용한다.

한국예탁증서(KDR)은 외국기업이 국내에서 주식을 발행하고 한국거래소에 상장한 예탁증서를 말한다. 1981년 자본시장 국제화 장기계획에 따라 외국기업의 한국거래소 상장을 통해 균형화된 자본시장의 국제화를 도모하고 국내투자자의 외국주식에 대한 투자기회를 제공할 목적으로 1996년 5월 1일부터 시행하였다.

미국예탁증서(ADR)은 미국시장에서 발행하는 주식예탁증서를 말하고, 유럽예탁증서(EDR)는 유럽, 특히 런던의 은행이 외국증권의 예탁을 받고 발행하는 증권으로 런던을 중심으로 유럽시장에서 거래된다. 발행형태는 ADR과 거의 동일하며 주식을 은행에 예탁하고 그것을 담보로 은행이 예탁증서를 발행한다.

글로벌 주식예탁증서(GDR)은 뉴욕, 런던, 동경 등 세계 주요 금융시장에서 동시에 발행하는 주식예탁증서로 특정지역의 부침에 영향을 받지 않아 신용도가 우수한 기업들이 주로 발행한다. GDR은 ADR에 비해 발행비용이 많이 들어가지만 전 세계 시장을 대상으로 분산발행되므로 발행가격은 ADR보다 유리하다.

주식예탁증서는 주권 소재국의 보통주와 동일한 배당지급청구권, 신주인수권, 의결권을 갖게 된다. 주권발행국 주식의 소유자는 명의상으로 수탁기관이지만 실질적인 주주는 예탁증서 소유자라고 할 수 있다. 따라서 주식예탁증서 소유자는 수탁기관을 매개로 하여 실질적인 주주의 권리를 행사할 수 있다.

일반적으로 주식예탁증서는 혼성증권상품으로 외국현지에서 증권딜러들을 통해서 장외거래의 방식으로 거래가 이루어신다. 주식예탁증서의 서래가격은 주권 발행국 자체의 주식가격 변동에 따라서 비례적으로 변동하지만 해외 유통시장에서 개별 주식예탁증서에 대한 수요와 공급사정에 따라서도 변동한다.

보론 6-1 글로벌 벤치마크 지수

글로벌 벤치마크(bench-mark) 지수는 전 세계 각국의 글로벌 증시에 투자하는 투자자 또는 외국 대형 펀드들이 투자실적을 비교하고 각국별 주식투자비중의 산정 등에 기준으로 삼는 지수를 말하며 MSCI(Morgan Stanley Capital International) 인덱스와 FTSE(Financial Times Stock Exchange) 인덱스가 대표적이다.

MSCI 인덱스는 미국 모간스탠리의 자회사인 MSCI(Morgan Stanley Capital International)에서 작성하며 미국계 투자자들의 투자기준이 되고 있다. MSCI는 세계 증시를 지역별·국가별·산업별 지수 등으로 분류하여 작성하며, 국가의 경제발전 정도에 따라 선진국 지수(MSCI World Indices), 신흥국 지수(MSCI Emerging Indices), 프런티어 지수(MSCI Frontier Indices)로 분류하여 제공한다.

FTSE 인덱스는 영국 경제신문 파이낸셜 타임스와 런던증권거래소가 공동 설립한 FTSE (Financial Times Stock Exchange) 인터내셔널에서 작성하는 지수를 말하며 주로 유럽계 투자자들의 참고지표로 활용되고 있다. FTSE는 전 세계 각국의 글로벌증시를 선진국(Developed), 준선진국(Advanced Emerging), 신흥국(Secondary Emerging), 프런티어(Frontier) 등 4가지로 분류하여 작성하고 있다.

한편 FTSE는 2009년에 우리나라를 준선진국에서 선진국으로 편입시킨 바 있다. FTSE 선진국지수에서 우리나라의 편입 비중은 2021년 9월말 현재 1.7%로 9위를 차지하고 있다. 반면 MSCI는 2009년에 우리나라를 선진국 편입 검토 대상으로 지정하였으나 현재까지 신흥국지수에 포함시키고 있다. 그리고 MSCI 신흥국 지수내에서 우리나라는 2021년 9월 말 현재 12.6%로 3위를 차지하고 있다.

┃표 6-9┃ MSCI 지수와 FTSE 지수내 국가별 편입비중 비교[1]

	MSCI 지수	FTSE 지수
선진국지수	미국(67.7%), 일본(7.0%), 영국(4.2%), 프랑스(3.3%) 등	미국(65.1%), 일본(7.8%), 영국(4.5%), 프랑스(3.1%) 등
신흥국지수[2]	중국(34.0%), 대만(14.7%), 인도(12.2%), 브라질(4.5%) 등	중국(37.2%), 대만(16.9%), 인도(15.2%), 브라질(5.7%) 등
지수내 한국 순위	신흥국지수내 3위(12.6%)	선진국지수내 9위(1.7%)

주 : 1) 2021년 9월 말 기준, () 내는 각국의 시가총액이 해당 벤치마크 지수의 시가총액에서 차지하는 비중
2) FTSE 지수는 준선진국지수와 신흥국지수를 모두 포함
자료 : MSCI, FTSE

• 핵심요약 •

제1절 국제자본시장의 개요

1. 국제자본시장의 정의

증권을 발행하여 자금을 조달하고 발행된 증권이 유통되는 국제금융시장

2. 국제자본시장의 구분

증권의 권리와 의무를 기준으로 국제주식시장과 국제채권시장으로 구분

제2절 국제주식시장의 개요

1. 국제주식시장의 정의

국가의 통치권 범위 안에 존재하는 거래소에서 국내기업의 주식과 외국기업의 주식이 거래되는 국제적으로 개방된 시장

2. 국제주식시장의 특징

① 발행자는 자본조달경로를 국내에서 해외로 다변화하여 국제적 명성을 제고

② 투자자는 다양한 포트폴리오를 구성해 국제분산투자에 따른 위험분산 가능

3. 국제주식시장의 구성

(1) 국제주식의 발행시장

① 발행시장의 정의

주식발행자가 경영활동에 필요한 자본을 조달하는 추상적 시장, 제1차 시장

② 주식의 발행방법 : 공모발행과 사모발행, 직접발행과 간접발행

③ 발행시장의 구조 : 주식발행자, 주식발행기관, 주식투자자

(2) 국제주식의 유통시장

① 유통시장의 정의

이미 발행된 주식이 투자자들 상호간에 매매되는 구체적 시장, 제2차 시장

② 유통시장의 기능

증권의 시장성과 유통성을 높여 투자를 촉진, 유가증권에 대한 담보력 제고

(3) 국제주식시장의 현황

① 2017년 세계주식시장의 규모는 79조 2,240억 달러로 세계 GDP 대비 112.4%

② 선진국 주식시장이 전체의 60%를 차지하는데, 북미시장의 규모가 가장 크다.

제3절 국제주식투자의 유형

1. 해외주식에 대한 직접투자

(1) 해외주식 직접투자 추이

① 1996년 일반투자자 투자한도 폐지와 2000년대 정부의 해외증권 투자활성화 정책을

계기로 해외주식투자 급증

② 2021년 3분기 국내투자자의 해외주식투자 잔액은 5,527억 달러로 2003년말 잔액 (34억 달러) 대비 160배 증가

(2) 해외주식 직접투자 구조

① 일반투자자는 외국환거래규정과 자본시장법에서 국내투자중개업자의 위탁매매방식으로 해외주식을 거래하도록 규정

② 국내투자자가 부담하는 해외주식 직접투자 거래비용은 국내기관의 중개수수료와 해외시장 중개 및 보관수수료 포함

(3) 해외주식 직접투자 확대

① 코로나19 발발 이후 개인투자자의 해외주식에 대한 관심 확대와 국내시장의 높은 해외주식 직접투자 편의성 반영

② 2020년 말 국내 증권사들의 해외주식 직접투자 거래수수료 수입은 약 4,700억원으로 전년 말 대비 4배 이상 증가

2. 해외펀드에 대한 간접투자

(1) 펀드투자의 분류

① 모집방식에 따른 분류 : 공모펀드 vs 사모펀드

② 규모증대에 따른 분류 : 추가형펀드 vs 단위형펀드

③ 환매여부에 따른 분류 : 개방형펀드 vs 폐쇄형펀드

④ 투자방식에 따른 분류 : 거치식펀드 vs 적립식펀드

⑤ 투자지역에 따른 분류 : 국내펀드 vs 해외펀드(역내펀드, 역외펀드)

(2) 펀드투자의 장점

① 직접투자에 비해 거래비용의 절약과 법적, 제도적 장벽을 회피하는 수단

② 다양한 포트폴리오 구성으로 국제분산투자에 대한 추가적인 이익을 창출

③ 직접투자에 비해 규모의 경제를 실현하고 자산운용회사의 전문지식 혜택

(3) 펀드투자의 단점

① 실적배당상품으로 투자원금을 보장하지 않고 예금자보호대상에서도 제외

② 간접투자상품으로 운용보수, 수탁보수, 판매수수료 등 거래비용이 발생

③ 펀드의 복잡한 구조 이해없이 투자시 지나친 위험에 노출될 가능성 존재

(4) 펀드투자의 실제

① 원금손실이 발생할 수 있어 투자성향과 재무상태를 감안하여 투자결정

② 해외펀드는 국가리스크가 발생할 수 있어 지역, 섹터, 테마 등 분산투자

③ 판매수수료, 보수체계, 환매조건을 면밀히 검토한 후 유리한 펀드 선택

3. 주식예탁증서를 통한 투자

① 주식예탁증서는 국제자본시장에서 주식의 유통수단으로 이용되는 대체증권

② 발행지역 및 특성에 따라 여러 종류가 발행되나 국내기업은 ADR과 GDR을 활용

연·습·문·제

1 **다음 중 채권과 주식에 설명으로 적절하지 않은 것은?**

① 채권은 타인자본으로 계상하고, 주식은 자기자본으로 계상한다.
② 채권은 대부분 기한부증권이지만 주식은 영구증권에 해당한다.
③ 채권은 원리금 상환청구권이 있고, 주식은 이익배당청구권이 있다.
④ 회사가 해산하면 주주는 채권자에 우선하여 변제받을 권리가 있다.

| 해설 | 회사가 해산하면 채권자는 주주에 우선하여 변제받을 권리가 있다.

2 **다음 중 주식과 채권에 대한 설명으로 적절하지 않은 것은?**

① 주주는 경영참가권 등을 가지고 채권자는 원리금 상환청구권을 갖는다.
② 주주는 경영성과에 따라 배당금을 받지만, 채권자는 경영성과에 관계없이 확정된 이자를 지급받는다.
③ 회사가 해산하는 경우 채권자는 주주에 우선하여 변제받을 권리가 있다.
④ 채권은 간접적인 자금조달이고, 주식은 직접적인 자금조달이다.

| 해설 | 주식과 채권은 모두 직접적인 자금조달수단에 해당한다.

3 **다음 중 주식투자의 위험과 수익률에 대한 설명으로 옳지 않은 것은?**

① 투자자산의 가치는 기대되는 주식이 클수록, 위험이 작을수록 커진다.
② 투자자의 위험회피정도가 클수록 높은 요구수익률을 요구한다.
③ 기대수익률은 기대할 수 있는 수익의 최대값을 말한다.
④ 위험은 수익률이 기대수익률에서 벗어나는 변동성으로 정의한다.

| 해설 | 기대수익률은 가능한 수익률의 평균이지 기대할 수 있는 최대값이 아니다.

4 **다음 중 경기가 변동하는 과정에서 생산물시장, 금융시장, 주식시장은 어떤 순서로 변동하는가?**

① 생산물시장 – 금융시장 – 주식시장
② 생산물시장 – 주식시장 – 금융시장
③ 금융시장 – 주식시장 – 생산물시장
④ 주식시장 – 생산물시장 – 금융시장
⑤ 주식시장 – 금융시장 – 생산물시장

| 해설 | 주식시장의 종합주가지수는 경기선행지수, 생산물시장의 산업생산지수는 경기동행지수, 금융시장의 회사채수익률은 경기후행지수에 포함된다. 따라서 경기가 변동하는 과정에서 주식시장–생산물시장–금융시장의 순으로 변화가 발생한다.

5 오늘날 국제경제가 글로벌화되면서 주식가치로 평가되는 기업가치는 환율변동에 직접적인 영향을 받게 된다. 다른 조건이 동일한 경우에 원화가치 상승시 주가가 하락할 가능성이 가장 높은 기업은?

① 외국인 주식투자 성향이 높은 기업

② 매출액 가운데 수출비중이 높은 기업

③ 외화부채가 많은 기업

④ 원자재를 도입, 가공해 국내시장에 판매하는 기업

| 해설 | 원화가치가 상승하면 달러화 환율이 하락한다. 따라서 외국인 투자성향이 높은 기업은 원화가치가 상승하면 외국인 투자가 증가하므로 주가가 상승할 가능성이 높다. 외화부채가 많은 기업은 원화가치가 상승하면 원화환산 부채액이 줄어들기 때문에 유리한 영향을 받는다. 원자재를 수입 가공하여 국내시장에 판매하는 기업은 원화환산비용이 줄어들기 때문에 유리한 영향을 받는다. 매출 가운데 수출비중이 높은 기업은 원화가치가 상승하면 원화환산 매출액이 줄어들기 때문에 불리한 영향을 받아 주가가 하락할 가능성이 높다.

6 다음 중 주식예탁증서(DR)에 대한 설명으로 옳지 않은 것은?

① 원주 1주는 주식예탁증서 1주에 해당된다.

② 자기자본에 대한 자금조달이므로 환위험이 발생하지 않는다.

③ 주식예탁증서 소유자는 주권소재국의 보통주 주주와 동일한 권리를 갖는다.

④ 해외에 다양한 주주기반을 확보하는 효과가 있다.

| 해설 | 주식예탁증서는 자국 주식을 외국에서 거래하면 주식의 수송, 법률, 제도, 거래관행, 통화 등의 문제로 원활한 유통이 어려운데, 이러한 문제를 해결하기 위해 외국의 예탁기관으로 하여금 해외 현지에서 증권을 발행하여 유통시킴으로써 원주(原株)와 상호 전환이 가능하도록 한 주식대체증서를 말한다. 1927년 미국 모건 개런티 트러스트(Morgan Guaranty Trust Co.)가 발행한 미국 예탁증서가 최초이며, 제2차 세계대전 이후에는 유럽에서도 많이 발행되었다. 주식예탁증서를 발행하기 위해서는 주식보관기관과 예탁기관이 있어야 한다. 보관기관은 주식을 보관하고, 예탁기관은 보관주식을 근거로 그 금액만큼의 예탁증서를 발행하게 된다. 주식 발행회사는 예탁은행과 예탁계약을 맺고, 주주의 권리를 예탁증서 보유자에게 부여하는데, 예탁증서에는 예탁은행과 예탁증서 보유자간의 권리 및 의무가 명시되어 있어 예탁증서 보유자가 예탁증서 권면과 원주식을 교환할 수 있다. 또한 주식 발행회사는 주주명부에 예탁은행을 명의인으로 내세워 단일주주로 기재하고, 예탁은행은 예탁증서 보유자에게 관련 통지 및 배당금 지급 등의 의무를 부담한다. 미국시장에서 발행하는 것을 ADR, 유럽시장에서 발행하는 것을 EDR, 런던시장에서 발행하는 것을 LDR이라고 한다.

7 **다음 중 주식 발행시장의 기능과 관계가 먼 것은?**

① 경제의 양적·질적 고도화

② 금융정책 및 경기조정 기능

③ 투자수단의 제공으로 소득분배의 촉진

④ 공정하고 적정한 가격의 형성

| **해설** | 발행시장의 기능에는 자금조달의 원활화, 경제의 양적·질적 고도화, 경기조정 역할, 투자수단의 제공을 들 수 있다. 공정하고 적정한 가격형성은 유통시장의 기능에 해당한다.

8 **다음 중 주식의 신주발행에 해당하지 않은 것은?**

① 유상증자에 의한 발행

② 교환사채 발행에 따른 교환권 행사

③ 신주인수권부사채의 신주인수권 행사

④ 전환사채 발행에 따른 전환권 행사

| **해설** | 교환사채는 일반사채에 교환권이 첨가된 채권을 말한다. 따라서 교환권을 행사하면 투자자가 보유한 채권이 발행회사가 보유 중인 다른 회사 주식으로 교환되어 새로운 신주발행이 이루어지지 않는다.

9 **다음 해외자본조달의 수단 중 환위험의 회피가 필요 없는 상품은?**

① 기업어음(CP : commercial paper)

② 양도성예금증서(CD : certificate of deposit)

③ 주식예탁증서(DR : depositary receipt)

④ 은행인수어음(BA : banker's acceptance)

| **해설** | 상환기간이 있는 외화채무와 달리 자기자본에 의한 자금조달은 환위험이 발생하지 않는다. 주식예탁증서(DR)는 다국적기업이 해외의 증권거래소에 주식을 상장하는 경우에 예상되는 발행 및 유통상의 문제점을 고려하여 원주는 본국에 소재한 금융기관에 보관하고, 해외의 투자자에게는 원주에 대한 소유권을 인정하는 표시로 발행하여 주는 증서를 말한다.

10 **일반적으로 국제포트폴리오 투자전략은 국내포트폴리오 투자전략에 비해 보다 공격적인 전략이 중심이 되어 왔다. 다음 중 공격적인 포트폴리오 투자전략에 대한 설명으로 적절하지 않은 것은?**

① 예측을 보다 적극적으로 사용하여 포트폴리오를 구성한다.
② 국제포트폴리오 투자에서는 자산배분의 문제가 더욱 중요하다.
③ 국제주식시장은 국내주식시장에 비해 분리되고 비효율적이다.
④ 벤치마크 지수를 보다 적극적으로 따라가는 전략이다.

| 해설 | 포트폴리오 투자전략은 공격적(적극적) 투자전략과 방어적(소극적) 투자전략으로 구분된다. 공격적 투자전략은 적극적으로 예측에 근거하여 포트폴리오를 구성하여 보다 높은 수익률을 추구하는 전략이다. 국제포트폴리오 투자에서는 국가간의 거시경제변수 특히 환율 등의 예측을 통해 높은 수익률을 추구하는 공격적 전략으로 이루어져 왔다. 그러나 증권시장이 효율적으로 작동할 경우에는 벤치마크를 따라가는 방어적 전략이 효과적이다.

11 **다음 중 국제분산투자에 대한 설명으로 적절하지 않은 것은?**

① 각국 주식시장간 상관계수가 낮을수록 국제분산투자효과는 크다.
② 국제자본시장의 글로벌화는 국제분산투자효과를 더욱 크게 한다.
③ 각국의 서로 다른 경기순환이 국제분산투자효과를 가져온다.
④ 각국의 경제가 높은 관련성을 가지면 각국 주식시장간 상관관계가 높아진다.

| 해설 | 국제분산투자효과는 각국 주식시장간 서로 다른 움직임이 상쇄되어 위험이 낮아지는 효과를 말한다. 각국의 경기순환 차이가 주식시장간 서로 다른 움직임을 가져온다. 그러나 각국의 경제가 상호관련성을 가지면 각국의 주식시장간 상관관계가 높아지고 국제분산투자효과는 작아진다. 따라서 글로벌화의 진전은 국제분산투자효과를 약화시킨다.

12 **다음 중 해외 포트폴리오투자에 대한 설명으로 옳지 않은 것은?**

① 상관관계가 높은 주식에 투자할수록 투자위험은 증가한다.
② 기업의 경영권이나 통제권을 확보하기 위해 자본이득을 극대화한다.
③ 투자대상국의 통화가치가 상승하는 경우 원화로 환산한 실효수익률은 증가한다.
④ 이자수익과 배당소득을 통한 자본이득의 획득을 목적으로 한다.

| 해설 | 해외 포트폴리오투자는 기업의 경영권이나 통제권 확보를 목적으로 하지 않고 이자, 배당을 통한 자본이득의 획득을 목적으로 한다. 위험자산인 주식에 투자하는 경우 위험을 낮추기 위해 상관관계가 낮은 주식에 분산투자를 한다. 투자대상국의 통화가치가 상승하면 원화환율이 상승하므로 원화로 환산한 실효수익률은 증가한다.

13 **다음 중 해외펀드에 대한 설명으로 가장 거리가 먼 것은?**

① 환매에 소요되는 기간이 국내펀드보다 길다.

② 해외주식의 매매차익에 대해 소득세를 부과한다.

③ 판매수수료는 국내펀드에 비해 비싸게 책정된다.

④ 역내펀드는 투자자가 환위험을 관리해야 한다.

| **해설** | 역내펀드의 환위험 관리는 펀드 내에서 이루어진다. 투자자 본인이 하는 것은 역외펀드이다.

14 **다음 중 펀드의 비용에 대한 설명으로 적절하지 않은 것은?**

① 수수료는 1회성 비용이고 보수는 투자기간 동안 지속적으로 부담하는 비용이다.

② 선취수수료는 펀드를 구입할 때 지불하고, 후취수수료는 펀드를 환매할 때 지불한다.

③ 판매수수료는 투자자가 직접 부담하는데 납입 또는 환매금액의 1%를 초과할 수 없다.

④ 판매보수는 펀드에서 각출하며 순자산총액의 평균잔액에 1%를 초과할 수 없다.

| **해설** | 판매수수료는 납입 또는 환매금액의 2%를 초과할 수 없다.

15 **다음 중 펀드의 환매에 대한 설명으로 적절하지 않은 것은?**

① MMF는 제한적으로 당일 환매도 가능하다.

② 환매가격은 환매청구일 이전 최근 기준가격으로 정한다.

③ 환매청구일로부터 25일 이내에 환매대금을 지급해야 한다.

④ 환매수수료는 환매를 청구한 투자자가 부담하며 이는 펀드에 귀속시킨다.

| **해설** | 환매가격은 환매청구일 이후에 계산된 기준가격(미래가격)으로 해야 한다.

16 **다음 중 펀드에 대한 설명으로 적절하지 않은 것은?**

① 대체투자상품은 주식, 채권과 같은 전통형 투자상품과 달리 주식과 채권의 중간 정도의 수익률과 위험을 갖는 상품을 말한다.

② 자산배분형 펀드는 여러 가지 자산집단에 대해 투자비중을 유연하게 변동시킬 수 있는 펀드를 말한다.

③ 부동산펀드는 자금을 모아 부동산이나 개발사업 등에 투자하거나 대출하여 수익률을 배당하는 실적배당상품으로 거액의 투자자만 가입이 가능하다.

④ 재간접펀드는 펀드자산을 다른 펀드가 발행한 집합투자증권을 운용자산의 50% 이상 투자하는 펀드를 말한다.

| **해설** | 부동산펀드는 소액투자자도 가입할 수 있어 소액으로 부동산에 투자하는 효과를 갖는다.

17 **최근 해외투자펀드의 단기적 이익을 목적으로 국내기업에 대한 적대적 M & A가 증가하고 있다. 다음 중 적대적 M & A의 공격수단이 아닌 것은?**

① Golden Parachute　　② LBO(Leveraged Buy Out)

③ Proxy Contest　　④ TOB(Takeover Bid)

| 해설 | Golden Parachute(황금낙하산)은 정관에 기업매수로 최고경영진이 사임하는 경우 막대한 보상을 하도록 하여 기업매수 의지를 떨어뜨리는 적대적 M & A의 방어수단이다. LBO(Leveraged Buy Out)는 인수기업의 자산을 담보로 금융기관에서 인수자금을 차입하고 인수후 기업의 자산을 매각하여 인수자금을 상환하는 방법을 말한다. Proxy Contest(위임장 대결)은 주주들로부터 의결권을 위임받아 주주총회에서 표대결로 경영권을 획득하는 방법을 말한다. TOB (Takeover Bid)는 주식매수에 의한 기업인수의 방법을 말한다.

18 **국제간접투자에서 중심적인 역할을 해 온 헤지펀드에 대한 설명으로 적절하지 않은 것은?**

① 헤지펀드 투자자들은 공격적인 투자를 선호한다.

② 헤지펀드 투자자들의 목적은 위험분산보다는 수익률 제고에 있다.

③ 국제자본시장이 통합되고 효율화될수록 헤지펀드의 투자성과는 높아진다.

④ 국제투자에서 헤지펀드의 중요한 수익원은 환차익이다.

| 해설 | 헤지펀드는 투자위험 대비 높은 수익을 추구하는 적극적 투자자본을 말한다. 투자지역이나 투자대상 등 당국의 규제를 받지 않고 고수익을 노리지만 투자위험도 높은 투기성자본이다. '헤지'란 본래 위험을 회피 분산시킨다는 의미이지만 헤지펀드는 위험회피보다는 투기적인 성격이 더 강하다. 뮤츄얼펀드가 다수의 소액투자자를 대상으로 공개모집하는 펀드인 반면에 헤지펀드는 소수의 고액투자자를 대상으로 하는 사모 투자자본이다. 또한 뮤추얼펀드가 주식, 채권 등 비교적 안전성이 높은 상품에 투자하는 반면에 헤지펀드는 주식 채권뿐만 아니라 고위험, 고수익을 낼 수 있는 파생상품에도 적극적으로 투자를 한다.

19 **국제포트폴리오 투자에서 포트폴리오의 구성을 위한 자산배분에 대한 설명으로 옳지 않은 것은?**

① 국가비중을 결정함에 있어서 환율예측은 가장 중요한 고려사항이다.

② 세계경제가 글로벌화된 산업으로 구성되었다면 자산배분의 문제는 산업과 기업의 비중결정이 우선된다.

③ 자산배분결정에 국제벤치마크의 편입비중이 의사결정기준이 된다.

④ 글로벌화의 진전에 따라 국가비중의 결정은 더욱 중요해진다.

| **해설** | 국제포트폴리오 투자에서 자산배분은 중요한 의사결정이다. 자산배분의 접근방법은 국가의 비중을 먼저 결정하는 하향식과 기업의 비중을 먼저 결정하는 상향식으로 구분된다. 각 산업이 완전히 글로벌되었다면 국가별 비중결정의 문제는 중요하지 않지만 아직은 글로벌화가 완전하지 않아 국가별 비중결정은 중요한 문제이다. 국가별 비중결정의 문제에서 환율예측이 가장 중요한 고려요인이 된다. 국제벤치마크는 자산배분결정에 기준이 된다.

20 **투자자 홍길동은 투자금액의 70%를 한국 주식시장에, 30%를 미국 주식시장에 투자하고 있다. 한국 주식시장에서 기대수익률은 15%, 미국 주식시장에서 기대수익률은 10%로 예상하고 있다. 투자기간 동안 원화환율이 10% 평가절하될 것으로 예상되는 경우 환율변동을 감안한 실효수익률은?**

① 13.5% ② 14.5%

③ 16.8% ④ 17.2%

| **해설** | 실효수익률 = [한국주식시장투자비중 × (1 + 한국기대수익률)] + [미국주식시장투자비중 × (1 + 미국기대수익률) × (1 + 원화평가절하율)] = [0.7 × (1.15)] + [0.3 × (1.1)(1.1)] = 1.168%

정답

1. ④	2. ④	3. ③	4. ④	5. ②	6. ①	7. ④	8. ②	9. ③	10. ④
11. ②	12. ②	13. ④	14. ③	15. ②	16. ③	17. ①	18. ③	19. ④	20. ③

C·h·a·p·t·e·r 07

국제채권시장

국제채권시장은 기업, 금융기관, 정부 등이 해외에서 채권을 발행하여 자금을 조달하고 기발행된 채권이 유통되는 시장이다. 국제채는 발행 및 거래가 역내에서 이루어지는 외국채와 역외에서 이루어지는 유로채로 구분된다. 글로벌채는 여러 해외시장에서 발행되기 때문에 대규모기채가 가능하고 유동성이 높다.

제1절 국제채권시장의 개요

1. 국제채권시장의 정의

채권시장은 차입자가 만기까지 약정이자를 지급하고 만기에는 원금을 상환하겠다는 채무증서인 채권을 발행하여 자금을 조달하고, 발행된 채권이 거래되는 시장을 말한다. 채무증서는 만기 1년 이내의 단기증권(T-bill), 1년에서 10년 사이의 중기증권(T-note), 10년 이상의 장기증권(T-bond)으로 구분된다.

국제채권시장은 다국적기업이나 정부기관 등의 자금수요자가 해외에서 채권을 발행하여 부족한 자금을 조달하거나 발행된 국제채권이 유통되는 시장을 말한다. 국제채권시장은 기본적으로 발행소재국가에 따라서 해외에서 현지통화로 발행되는 외국채시장과 유로시장에서 발행되는 유로채시장으로 구분된다.

국제채권시장은 국제금융시장에서 가장 중요한 역할을 수행하며 국제자본이동이 심화되면서 국제채권에 대한 투자는 크게 증가하고 있다. 국제채권시장은 기업이나 정부기관 등이 해외에서 채권을 발행하여 자금을 조달하거나 발행된 국제채권이 유통되며 기본적으로 만기 10년 이상의 장기 채무증서시장을 말한다.

국제채권에 대한 투자는 주식투자에 비해 투자수익률은 낮을 수 있지만 안정적인 수익을 확보할 수 있고 국내채권투자에 비해 금리변동위험을 관리하는데 효율적일 수 있다. 그러나 채권에는 기본적으로 의결권이 주어지지 않으므로 국제채권투자를 통해서는 해당기업의 의사결정에 참여할 수 없다는 단점이 있다.

국내채권시장에서 채권을 발행하여 자금을 조달할 경우 정부의 규제와 조세 등의 적용으로 조달비용이 높아지거나 외국의 차입자가 접근하기 어려울 때가 많다. 이러한 국내시장에서의 규제와 조세 등의 제약조건을 벗어나 유리한 조건에서 자금조달이 이루어질 수 있는 국제채권시장의 필요성이 제기되었다.

1970년대 두 차례의 석유위기, 브레튼우즈체제의 붕괴, 금리변동의 확대로 국제채권시장은 구조적인 변화를 겪게 되었고 국제채권투자자들은 과거의 단순한 자금대출의 투자행태에서 변화를 보였다. 이러한 채권투자자들의 수요변화로 규제완화가 이루어지면서 국제채권시장은 급속한 발전을 이루게 되었다.

1980년대 중반 이후에는 다양한 파생금융상품과 결합하여 차입자나 투자자의 요구에 부응하는 금융혁신이 계속되어 국제채권시장에서는 수많은 상품들이 개발되고 있다.

향후에도 국제채권시장의 발전은 더욱 가속화될 것으로 예상되며 투자자나 차입자의 요구에 부응할 수 있는 상품개발이 계속될 것이다.

2. 국제채권시장의 구조

일반적으로 채권시장은 자금의 수요자인 발행자, 자금의 공급자인 투자자, 그리고 두 당사자의 금융활동을 연결하여 주는 중개전문기관이 어우러져 채권의 발행과 유통이 이루어지는 시장을 말한다. 따라서 국제채권시장도 기본적으로 국제채의 발행자, 투자자, 발행 주선기관 그리고 유통 중개기관으로 구성된다.

국제채의 발행자는 각국정부, 지방자치단체, 세계은행 등 국제기구, 금융기관 그리고 다국적기업이 대부분을 차지한다. 대부분 무기명식으로 발행되는 국제채의 투자자는 개인투자자와 기관투자가로 구성된다. 기관투자가는 중앙은행, 정부기관, 투자기금, 연금기금, 보험회사, 기업, 은행 등 그 범주가 다양하다.

국제채의 발행은 미국의 투자은행, 유럽계 은행, 일본 증권사 등 발행 주선기관에 의해 주도되고 있는데 이들은 적합한 차입자를 발굴하여 채권발행을 주선·인수하고 각 금융기관의 거래원이나 판매원들과 유기적 활동을 통해 채권소화를 촉진한다. 유통 중개기관은 발행채권에 유동성을 제공하여 거래를 성립시킨다.

거래원(dealer)은 매수호가와 매도호가를 동시에 발표하는 이중호가에 의해 자기계정으로 채권매매를 성립시킨다. 반면에 중개인(broker)은 매수인과 매도인을 찾아 연결하고 수수료를 받는다. 거래원은 스프레드를 이익으로 확보하는 반면 중개인은 이중호가 없이 거래성립시의 수수료 수입에 의존한다는 차이가 있다.

국제채권시장은 투자자의 입장에서 최적의 포트폴리오를 구성할 수 있고 차입자의 입장에서 보다 저렴한 자금조달을 가능하게 한다. 즉 투자자는 자국의 채권으로만 포트폴리오를 구성하는 것보다 국내 경기변동에 영향을 적게 받는 국제채에 투자함으로써 이익증대를 추구하고 투자위험 분산을 극대화할 수 있다.

최근에는 런던, 뉴욕, 동경 등 국제금융센터를 중심으로 국제금융시장의 연계성이 증대되어 국제유동성의 편재 문제가 시정되고 세계금융자산의 최적배분이 촉진되고 있다. 특히 국가별 금리, 환율변동에 따라 국제적으로 투자자금을 수시로 이동시키는 투자의 중요성이 증가하면서 금융시장의 연계성이 강화되고 있다.

3. 국제채권시장의 구분

일반적으로 국제채권시장은 발행소재국가에 따라 크게 해외에서 현지통화로 발행되는 외국채시장과 유로시장에서 발행되는 유로채시장으로 구분된다. 국제채권시장을 구성하고 있는 외국채시장과 유로채시장은 채권발행에 따른 제약, 인수단의 구성, 채권의 유통방법 등에서 다음과 같은 차이점이 있다.

첫째, 외국채는 통화표시 발행국에서 투자자를 모집하고 주로 해당 발행국에서 판매되기 때문에 발행국의 채권시장에 대한 규제를 그대로 적용받는다. 반면에 유로채는 주로 통화표시 발행국 이외의 지역에서 모집되고 판매되기 때문에 관할기구, 허가, 등급결정 등에 대한 제약없이 이루어지고 있다.

둘째, 인수단을 구성하는 경우에 외국채는 주로 발행국의 금융기관으로 구성된다. 반면 유로채는 여러 나라의 인수자가 공동으로 참여하는 국제적 인수단으로 구성된다. 그리고 채권의 유통방법에서 외국채는 발행국의 증권거래소에 상장되어 유통되는 반면 유로채는 주로 장외시장(OTC)에서 이루어진다.

(1) 외국채

외국채(foreign bond)는 외국차입자가 외국의 자본시장에서 그 나라 통화로 그 나라의 국내채처럼 발행 유통시키는 채권을 말한다. 즉 비거주자가 국내에서 국내통화로 채권을 발행하는 경우인데 통상 소지인식으로 채권자의 익명성이 보장되고 발행국에서 비거주투자자들의 이자소득에는 원천세가 면제된다.

차입자가 미국자본시장에서 달러표시채권을 발행하면 양키본드(yankee bond), 영국자본시장에서 파운드화표시채권을 발행하면 불독본드(bulldog bond), 일본자본시장에서 엔화표시채권을 발행하면 사무라이본드(samurai bond), 한국자본시장에서 원화표시채권을 발행하면 아리랑본드(Arirang bond)라고 부른다.

양키본드의 경우에 발행채권을 미국 증권거래위원회(SEC)에 등록해야 하고 신용평가기관인 Moody's, S&P, Fitch－IBCA로부터 등급을 평가받아야 하는 등 발행절차가 매우 까다롭다. 이들 평가기관들은 Baa(BBB) 이상의 등급을 받은 채권을 투자적격채권, Ba(BB)이하의 채권을 투자부적격채권으로 분류한다.

외국채는 현지에서 현지통화로 발행되어 현지의 투자자들에게 판매되기 때문에 발행사항 및 유통절차에 관해 현지정부의 규제와 감독을 받는다. 따라서 현지정부가 요구하는 등록요건을 만족하지 못하면 외국채를 발행할 수 없기 때문에 외국채를 발행했다는 것은 발행기업의 국제적인 신인도 제고에 도움이 된다.

개인투자자는 보유자금을 다양화하고 투자수익을 극대화하기 위해 외국채시장에 참여하고 있다. 기관투자가에는 국제기구, 각국의 중앙은행, 정부기관, 연금기금, 은행, 기업 등이 포함된다. 각국의 중앙은행은 유동성과 안정성을 유지하기 위해 자국의 외환보유고를 주로 미국과 일본의 외국채시장에서 운용하고 있다.

(2) 유로채

유로채(Eurobond)는 한 나라의 차입자가 외국에서 제3국 통화로 표시된 채권을 각국의 투자자들에게 발행하여 매각하는 경우, 즉 발행국가 통화표시채권이 발행국가 이외의 여러 지역에서 발행되어 유통되는 채권을 말한다. 이때 채권의 인수단과 판매그룹은 통상 여러 나라의 국제은행 및 증권회사들로 구성된다.

유로채를 발행하기 위해서는 유로시장에서 충분히 소화될 수 있을 정도의 인지도와 신용도가 필요하다. 이는 신용위험이 낮은 차입자만 유로채를 발행하는 것을 의미한다. 최근에 선진국들의 유로채 발행은 줄어드는 반면에 개도국이나 후진국에서 유로채 발행을 통해 자금을 조달하는 비중이 점차 높아지고 있다.

유로채는 1,000달러 단위의 소액으로 발행되며 발행형식은 익명의 소지인식으로 채권자의 익명성이 보장되고 이자소득에 대한 원천세 등이 면제된다. 유로달러채가 주종을 이루고 있으나 유로스위스프랑채, 유로엔채, 유로스털링채도 발행되고 있다. 일본 엔화표시채권이 영국 런던에서 발행되면 유로엔화채권에 해당한다.

유로채는 성격상 대부분 공모발행의 형식을 취한다. 유로채의 발행절차는 주간사은행을 선정하여 발행내용을 검토하는 준비단계, 발행공고와 함께 신디케이트가 구성되는 모집기간, 발행가격이 결정된 후 채권을 판매하는 판매기간 그리고 신디케이트와 발행자간에 채권과 발행대금을 상환하는 종료단계로 이루어진다.

유로통화시장의 자금공급자와 수요자는 각국의 중앙은행, 정부, 금융기관, 대기업들이다. 유로통화시장에서는 유로달러가 가장 규모가 커 약 70%를 차지한다. 유로통화시장에서 차입자에게 적용되는 금리는 런던은행간이자율(LIBOR)이나 유럽은행간이자율(EURIBOR)의 기준금리에 가산금리를 합한 스프레드를 적용한다.

┃표 7-1┃ 외국채와 유로채의 비교

구 분	외국채	유로채
인 수 단	기채국시장의 금융기관	2개국 이상의 국제인수단
표시통화	기채국시장의 법정통화	기채국시장 이외의 통화
법적규제	기채국시장 법률의 규제를 받음	기채국시장 법률의 규제가 없음
판매형태	기채국시장에서 판매	표시통화국 이외의 국가에서 판매
증권형식	기명식 또는 무기명식	무기명식
조세부과	각국 법률에 의거 원천세 징수	투자자의 이자소득에 원천세 면세
유통시장	기채국시장에서 이루어짐	대부분 장외시장에서 이루어짐
증권상장	기채국 자본시장에 상장	대표적 국제자본시장에 상장

(3) 글로벌채

최근에 외국채와 유로채 양 시장에서 동시에 거래가 가능한 글로벌채권의 발행이 활발히 이루어지고 있다. 글로벌채(global bond)는 외국채나 유로채 등과 같이 특정지역의 투자자를 대상으로 발행하지 않고 전 세계의 투자자를 대상으로 발행되며 유동성이 높아 폭넓은 투자자들을 확보할 수 있다는 장점이 있다.

글로벌채는 1989년 세계은행이 최초로 발행한 이후 국제기구, 각국정부, 다국적기업 등 최우량차입자가 주로 이용하고 있다. 동 채권은 미국, 유럽, 아시아 등 전 세계적으로 여러 나라의 자본시장에서 발행하여 대규모로 자금을 조달할 수 있고 결제도 국내결제와 Euroclear 등을 통한 국제결제가 모두 가능하다.

4. 국제채권시장의 상품

국제채권시장은 국내채권시장에 비해 훨씬 변화가 빠르고 혁신적이어서 시장의 규모가 급성장하고, 이에 따라 금융상품도 다양한 형태로 발전하고 있다. 국제채권시장의 상품은 이자확정여부, 채권의 만기, 표시통화, 중도상환 가능 여부에 따라 다양하게 나타난다. 여기에서는 국제채권시장의 주요 상품을 살펴보자.

(1) 이자확정여부

1) 고정금리채

고정금리채(fixed rate bond)는 채권의 발행시점에 표면이자율이 미리 확정되어 만기일까지 약정이자가 지급되는 채권을 말하며 이표채, 무이표채, 복리채 등이 여기에 속한다. 일반적으로 국내고정금리채는 6개월마다 표면이자를 지급하는 반면 유로고정금리채는 보통 1년에 1회 표면이자를 지불한다.

고정금리채는 채권의 발행 당시 표면이자율이 확정되어 만기까지 장기간 약정이자가 지급되므로 투자자들이 발행자의 신인도에 민감하게 반응한다. 따라서 신인도에 따른 금리격차가 상대적으로 커지게 되고, 신인도가 높은 다국적기업이나 국제금융기관들이 대표적인 고정금리채의 발행자에 해당한다.

2) 변동금리채

변동금리채(FRN : floating rate note)는 일정기간마다 기준금리에 연계된 이자율로 액면이자를 지급하는 채권으로 매기 초에 이자가 확정되고 매기 말에 이자가 지급된다. 기준금리(reference rate)는 LIBOR, 우대금리(prime rate) 등이 이용되며 여기에 일정 스프레드를 가산하여 표면이자율이 결정된다.

채권은 발행자의 신인도나 인지도에 따라 금리수준이 달라지게 된다. 그런데 변동금리채의 경우에는 신인도에 따라 적용되는 금리격차가 상대적으로 작은 편이다. 따라서 차입자들은 주로 신인도가 낮은 다국적기업 또는 개발도상국 금융기관들로서 은행차관단이 대표적인 변동금리채의 발행자에 해당한다.

(2) 중장기채권

중장기채권(MTN : medium term note)은 발행한도와 차입기간을 설정한 후 그 범위 내에서 수시로 어음(note)을 발행할 수 있는 채권이다. 차입기간은 15~20년으로 어음의 금리와 만기가 발행할 때마다 달라 차입자는 자금의 여건에 따라 어음의 만기를 선택할 수 있어 자금조달의 신축성을 기할 수 있다.

MTN은 1972년 GMAC(General Motors Acceptance Corp.)에 의해 소개되었다. 모회사인 제너럴 모터스와 자동차금융과 연계시킨 어음을 투자자에게 매도했는데 1980년대에

MTN시장이 확장되어 어음의 만기도 3년에서 30~40년으로 연장되었고 발행자도 정부, 정부기관, 금융기관, 기업으로 다양화되었다.

유로MTN은 유로CP를 통한 단기자금 조달과 유로본드를 통한 장기자금 조달간의 간격을 메우기 위한 수단으로 도입되었다. 유로본드는 한 번에 대규모로 발행되는 반면 유로MTN은 만기일까지 미리 설정된 발행한도 내에서 소규모의 단기증서가 연속적으로 여러 차례에 걸쳐서 발행된다는 차이점이 있다.

유로MTN이 매번 발행될 때의 형태는 인수약정이 없는 단기증서로 발행되어 유로CP와 같으면서도 실제 만기는 유로본드와 동일할 수 있다는 장점이 있다. 유로MTN의 만기는 1~5년이 주류를 이룬다. CP와 마찬가지로 유로MTN은 신용등급평가를 받는 반면에 국내MTN은 신용등급평가를 받지 않는다.

(3) 통화관련채권

1) 이중통화채

이중통화채(dual currency bond)는 국제통화간의 환율과 금리전망을 바탕으로 기채통화와 상환통화를 달리하여 발행되는 채권을 말한다. 즉 기채 및 이자지급은 저금리 강세통화로 발행하고, 상환은 고금리 약세통화로 하며, 상환금액의 산정은 발행시점에서 시세보다 낮게 평가하여 책정한 환율을 적용한다.

따라서 투자자는 만기일에 상환받는 통화가치가 발행일의 통화가치보다 높아지면 이익이 발생하고, 통화가치가 변동해도 채권발행시 내재된 환율보다 만기일에 받는 통화가치가 하락하지 않으면 이익이 발생한다. 요컨대 이중통화채는 일반사채에 선물환거래를 가미하여 투자자를 유인하는 발행방식에 해당한다.

2) 복합통화채

복합통화채(composite currency bond)는 단일통화 대신에 여러 개의 복수통화를 혼합한 복수통화바스켓 단위로 표시된 채권으로 통화칵테일채(currency cocktail bond)라고도 한다. 복수통화바스켓의 내용은 계약당사자가 임의로 정할 수 있지만 보통은 IMF의 SDR(Special Drawing Rights)이 사용된다.

복합통화채는 여러 통화가 혼합되어 있어 일종의 통화포트폴리오 성격을 가지고 있기 때문에 환율변동에서 오는 환위험이 여러 통화에 분산되어 차입자와 투자가가 분담하는 효과가 있다. 따라서 복합통화채는 다양한 통화로 거래를 수행하고 있는 다국적기업에게 매력적인 자금조달의 수단이 될 수 있다.

3) 통화연계채

통화연계채(currency linkage formula)는 기채통화와 다른 특정 통화간의 환율을 일정 수준으로 약정하여 발행하는 채권을 말한다. 따라서 채권의 표시통화가 만기일에 약세가 되더라도 투자자는 당초 약정한 환율에 따라 환차손을 보상받아 환위험의 부담없이 약세통화표시 채권에 투자할 수 있게 된다.

(4) 주식연계채권

1) 전환사채

전환사채(CB : convertible bond)는 만기 이전의 일정기간에 채권자가 전환권을 행사하면 미리 정해진 전환가격에 따라 발행회사 또는 그 모회사나 자회사의 보통주로 전환할 수 있는 권리가 부여된 채권을 말한다. 전환사채는 주가변동에 따라 가치가 변하지만 채권이 지니는 안정성도 함께 갖는다.

발행자의 입장에서 전환사채는 일반사채에 전환권이라는 옵션이 첨가되어 있기 때문에 일반사채보다 낮은 이자율로 발행할 수 있어 자본조달비용을 줄일 수 있고 채권자가 전환권을 행사하기 이전에는 부채가 되지만 전환권을 행사하면 주식으로 전환되어 재무구조을 개선하는 효과를 얻을 수 있다.

투자자의 입장에서 만기일 이전에 전환권을 행사하지 않으면 확정이자 및 만기일에 원금을 회수할 수 있어 안전하다. 또한 전환사채를 발행한 기업의 주가가 상승할 경우에는 전환권을 행사해 보통주로 전환하여 매도하면 자본이득(capital gain)을 실현할 수 있어서 높은 수익률을 달성할 수 있다.

2) 신주인수권부사채

신주인수권부사채(BW : bond with warrant)는 채권자가 사전에 정해진 기간에 신주인수권을 행사하면 신주의 일정부분에 약정가격으로 기존의 주주와 함께 증자에 참가하여 발행자의 보통주를 매입할 수 있는 권리가 부여된 채권으로 채권과 주식의 성격이 혼합된 혼성증권(hybrid security)에 해당한다.

발행자의 입장에서 신주인수권부사채는 일반사채에 신주인수권이라는 콜옵션이 첨가되어 있기 때문에 일반사채보다 낮은 이자율로 발행할 수 있어 자본조달비용을 줄일 수 있고 채권투자자가 신주인수권을 행사하는 경우에 신주인수권부사채는 그대로 존속하면서 추가자금이 유입되어 총자산이 증가한다.

투자자의 입장에서 신주인수권을 행사하면 현금납입에 의한 주식매입으로 자본이득을 얻을 수 있고 신주인수권이 행사되더라도 사채는 소멸하지 않아 확정이자와 원금을 확보할 수 있다. 그리고 회사가 청산절차에 들어가더라도 보통주주에 우선하여 투자자금을 회수할 수 있어 안정적인 투자수단이다.

신주인수권부사채는 신주인수권을 채권에서 분리시켜 독립적으로 거래될 수 있는 분리형과 사채와 신주인수권이 사채권면에 하나로 붙어 있어 신주인수권만 양도할 수 없는 비분리형으로 구분된다. 보통 국제시장에서는 유동성 확보를 위해서 분리형으로 발행되고 국내시장에서는 비분리형으로 발행한다.

3) 교환사채

교환사채(EB : exchangeable bond)는 채권투자자에게 일정기간이 경과하면 일정한 가격으로 채권을 발행한 기업이 보유하고 있는 주식으로 교환을 청구할 수 있는 권리인 교환권이 부여된 채권을 말한다. 따라서 다른 조건은 동일하고 전환권만 없는 일반사채에 교환권이 결합된 혼성증권으로 볼 수 있다.

교환사채와 전환사채는 사채의 안정성과 주식의 투기성을 함께 가지고 있으며 교환권이나 전환권을 행사하면 사채는 소멸한다. 그러나 전환사채는 채권소유자의 전환권 청구로 기채회사가 신주를 발행하는 반면에 교환사채는 발행회사가 소유하고 있는 상장주식과 교환한다는 점에서 권리의 내용이 다르다.

| 표 7-2 | CB, BW, EB의 비교

구분	전환사채(CB)	신주인수권부사채(BW)	교환사채(EB)
주식취득권리	전환권	신주인수권	교환권
권리대상	발행회사 신주	발행회사 신주	발행회사 보유 주식
권리행사시 현금유입	신규자금 유입 없음	신규자금 유입 있음	신규자금 유입 없음

<table>
<tr><th>구분</th><th>전환사채(CB)</th><th>신주인수권부사채(BW)</th><th>교환사채(EB)</th></tr>
<tr><td>권리행사시
사채권 존속</td><td>사채권 소멸</td><td>사채권 존속</td><td>사채권 소멸</td></tr>
<tr><td>주식취득권리의
거래</td><td>채권 자체만 거래
(전환권은 거래 불가능)</td><td>채권과 신주인수권 각각
거래 가능</td><td></td></tr>
<tr><td>재무구조 변경</td><td>부채감소·자본증가</td><td>자산증가·자본증가</td><td>부채감소·자산감소</td></tr>
<tr><td>주식취득가격</td><td>전환가격</td><td>행사가격</td><td>교환가격</td></tr>
<tr><td>주주효력발생</td><td>전환청구시</td><td>신주대금 납입시</td><td>교환청구시</td></tr>
<tr><td rowspan="3">연리이자율
(권면이자율)</td><td>일반회사채보다 낮음</td><td>일반회사채와 전환사채
중간</td><td>전환사채보다 낮음</td></tr>
<tr><td colspan="3">교환사채(EB) < 전환사채(CB) < 신주인수권부사채(BW) < 일반회사채</td></tr>
<tr><td colspan="3">*BW는 CB에 비해 신주대금을 별도 납입(현금납입형의 경우) → 투자자에게 불리하므로 보통 CB보다 이자율을 높게 발행
*EB는 CB, BW와 달리 신주발행 없음 → 주식의 희석화 위험 없이 교환대상 주권의 향후 주가상승에 따른 매매차익을 얻을 수 있으므로 이자율은 낮게 책정되는 것이 일반적</td></tr>
<tr><td rowspan="2">장점 [발행자]</td><td colspan="3">일반회사채보다 낮은 이자율로 발행</td></tr>
<tr><td>주식전환시 원리금
상환의무 소멸
(부채감소·자본증가)</td><td>신주인수권 행사시
추가자금 유입
(자산증가·자본증가)</td><td>교환권 행사시 원리금
상환의무 소멸
(부채감소·자산감소)</td></tr>
<tr><td rowspan="2">장점 [투자자]</td><td>주가상승시 전환권 행사
→ 자본이득 가능</td><td>주가상승시 신주인수권
행사 → 자본이득 가능</td><td>주가상승시 교환권 행사
→ 자본이득 가능</td></tr>
<tr><td colspan="2">주가 정체·하락시 만기까지 채권 보유 →
만기보장수익률</td><td></td></tr>
</table>

(4) 수의상환사채

수의상환사채(callable bond)는 채권발행자가 정해진 기간 이내에 약정된 가격(수의상환가격)으로 사채를 상환할 수 있는 권리인 수의상환권(call provision)이 첨가된 사채를 말한다. 수의상환사채의 발행자는 이자율이 하락하여 채권가격이 수의상환가격보다 높을 경우 수의상환권을 행사하여 수의상환가격에 채권을 매입한다.

수의상환권은 채권발행자에게 유리한 반면에 채권투자자에게 불리하게 작용하여 수의상환사채의 가치는 일반사채의 가치보다 콜옵션의 가치만큼 낮은 수준에서 형성된다. 따라서 수의상환사채의 가치는 일반사채의 가치에서 콜옵션가격결정모형으로 구한 수의상환권의 가치를 차감하여 구할 수 있다.

▎그림 7-1 ▎ 수의상환사채의 가치와 콜옵션

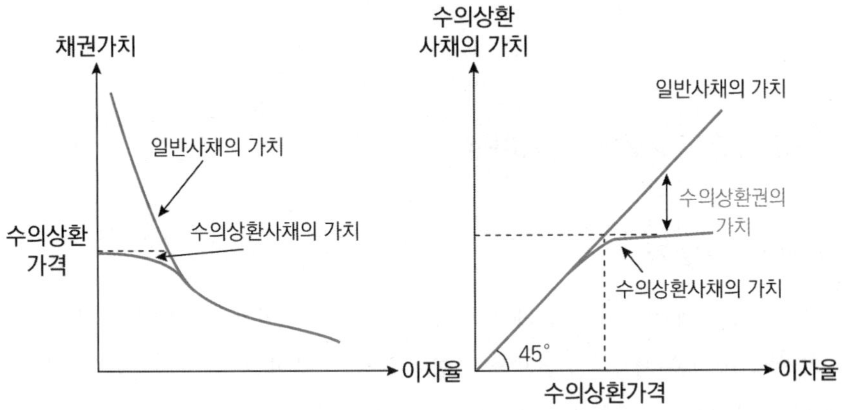

(5) 상환청구사채

상환청구사채(puttable bond)는 수의상환사채와 반대로 채권투자자가 정해진 기간 이내에 약정된 가격(상환청구가격)으로 사채의 상환을 요구할 수 있는 권리인 상환청구권이 첨가된 사채를 말한다. 따라서 상환청구권부사채는 일반사채와 상환청구권이 결합된 혼성증권으로 볼 수 있다.

▎그림 7-2 ▎ 상환청구사채의 가치와 풋옵션

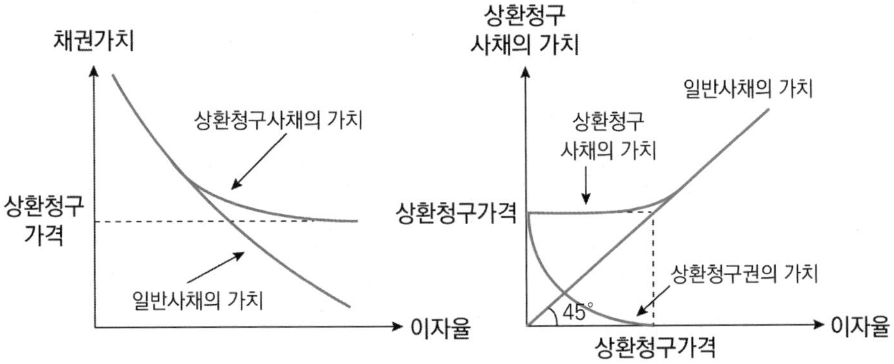

상환청구사채를 보유한 투자자는 이자율이 상승하여 채권가격이 하락하면 상환청구권을 행사하여 회수한 자금을 높은 이자율로 재투자할 수 있고, 발행자의 신용도가 급락할 경우 원리금을 조기에 회수할 수 있다. 상환청구권은 일반사채를 기초자산으로 하고 상환청구가격을 행사가격으로 하는 풋옵션으로 볼 수 있다.

제2절 채권의 가치와 듀레이션

1. 채권의 가치평가

채권의 가치는 채권투자자가 채권을 보유할 경우에 얻게 될 미래의 현금흐름(이자와 원금)을 적절한 할인율(시장이자율 또는 채권수익률)로 할인한 현재가치를 말한다. 채권은 발행조건이 다양하여 간단하게 분류하기는 쉽지 않지만 표면이자율과 만기의 유무에 따라서 이표채, 무이표채, 영구채로 구분된다.

(1) 이표채

이표채(coupon bond)는 만기와 표면이자율이 정해져 있어서 만기일까지 매기 정해진 확정이자(= 액면가액 × 표면이자율)를 지급하고, 만기일에는 원금(액면가액)을 상환해주는 채권을 말한다. 채권의 만기가 n기간이고 매기 말 수령하는 이자가 I, 액면가액이 F인 이표채의 가치는 다음과 같이 평가할 수 있다.

$$P_0 = \frac{I}{(1+r)^1} + \frac{I}{(1+r)^2} + \cdots + \frac{I+F}{(1+r)^n} = \sum_{t=1}^{n} \frac{I}{(1+r)^t} + \frac{F}{(1+r)^n} \qquad (7.1)$$

식(7.1)에서 할인율 r은 채권투자자들이 해당 채권에 대하여 요구하는 수익률을 나타내며, 이를 시장이자율이라고 한다. 이표채는 식(7.1)에서처럼 약정한 확정이자를 지급해야 하기 때문에 확정이자채권이라고 하며 표면이자율과 시장이자율의 관계에 따라 다음과 같이 할증채, 액면채, 할인채로 구분된다.

❙표 7-3❙ 이표채의 종류

종류	표면이자율과 시장이자율의 관계	액면가액과 시장가격의 관계
할증발행	표면이자율 > 시장이자율	액면가액 < 시장가격
액면발행	표면이자율 = 시장이자율	액면가액 = 시장가격
할인발행	표면이자율 < 시장이자율	액면가액 > 시장가격

예제 7-1 이표채의 평가

한국기업은 액면가액이 10,000원, 표면이자율은 연 10%, 이자를 매기 말에 지급하는 3년 만기의 회사채를 발행하고자 한다. 투자자들이 요구하는 수익률(시장이자율)을 8%, 10%, 12%로 가정하여 채권의 가치를 계산하시오.

풀이

1. 시장이자율이 8%인 경우

$$P_0 = \frac{1,000}{(1+0.08)^1} + \frac{1,000}{(1+0.08)^2} + \frac{11,000}{(1+0.08)^3} \rightarrow \therefore P = 10,515$$

2. 시장이자율이 10%인 경우

$$P_0 = \frac{1,000}{(1+0.10)^1} + \frac{1,000}{(1+0.10)^2} + \frac{11,000}{(1+0.10)^3} \rightarrow \therefore P = 10,000$$

3. 시장이자율이 12%인 경우

$$P_0 = \frac{1,000}{(1+0.12)^1} + \frac{1,000}{(1+0.12)^2} + \frac{11,000}{(1+0.12)^3} \rightarrow \therefore P = 9,520$$

(2) 무이표채

무이표채(zero coupon bond)는 채권의 만기일까지 이자지급은 없고 만기일이 도래하면 원금(액면가액)만 상환하는 채권을 말하며 항상 할인발행되기 때문에 제로쿠폰채 또는 순수할인채(pure discount bond)라고도 한다. 채권의 만기가 n이고 액면가액이 F인 무이표채의 가치는 다음과 같이 평가할 수 있다.

$$P_0 = \frac{F}{(1+r)^n} \tag{7.2}$$

(3) 영구채

영구채(perpetual bond, consol)는 만기가 무한대인 채권, 즉 채권의 만기일이 도래하더라도 원금(액면가액)을 상환하지 않고 매기 말에 정해진 확정이자만 영구적으로 지급하는 채권을 말한다. 따라서 매기 말에 I만큼의 약정이자가 영원히 계속해서 발생하는 영구채의 가치는 다음과 같이 평가할 수 있다.

$$P_0 = \frac{I}{(1+r)^1} + \frac{I}{(1+r)^2} + \cdots + \frac{I}{(1+r)^\infty} = \sum_{t=1}^{\infty} \frac{I}{(1+r)^t} = \frac{I}{r} \tag{7.3}$$

2. 채권가격의 특성

일반적으로 채권가격은 시장이자율, 만기, 표면이자율에 의해 결정된다. 이러한 요인을 기초로 Malkiel(1962)은 채권수익률과 채권가격간에는 다음과 같은 관계가 성립한다는 채권가격정리(bond price theorem)를 제시하였다. 채권가격은 시장이자율과 반비례 관계에 있어 원점에 대해 볼록한 곡선으로 나타난다.

(1) 채권가격과 시장이자율

채권가격은 시장이자율과 반비례 관계에 있어서 시장이자율이 하락하면 채권가격은 상승하고 시장이자율이 상승하면 채권가격은 하락한다. 따라서 시장이자율이 하락할 것으로 예상되면 채권투자(매입)을 늘리고 이자율이 상승할 것으로 예상되면 채권매도(공매)의 방법을 사용하는 것이 유리하다.

시장이자율의 변동폭이 동일할 경우에 이자율의 하락으로 인한 채권가격의 상승폭은 이자율의 상승으로 인한 채권가격의 하락폭보다 크게 나타난다. 따라서 시장이자율이 하락하면 채권가격이 상승하여 채권투자성과가 크게 나타나므로 더욱 많은 채권을 매입하는 것이 유리하다고 할 수 있다.

▌그림 7-3▐ 채권가격과 이자율의 관계

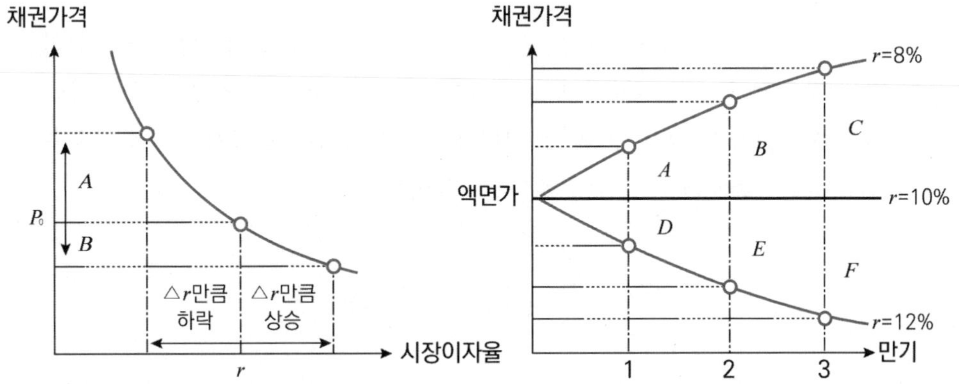

(a) 시장이자율과 채권가격　　(b) 만기와 채권가격

(2) 채권가격과 만기

다른 조건이 동일하면 채권의 만기가 길수록 일정한 이자율변동에 따른 채권가격의 변동폭이 크게 나타난다. 따라서 이자율이 하락할 것으로 예상되면 장기채에 대한 투자를 증가시켜 시세차익을 극대화시키고, 이자율이 상승할 것으로 예상되면 보유하고 있는 채권을 다른 채권으로 교체하는 매매전략이 유리하다.

이자율의 변동에 따른 채권가격의 변동폭은 만기가 길수록 증가하나 만기 한 단위 증가에 따른 채권가격의 변동폭은 감소한다. 따라서 시세차익을 높이려면 만기가 긴 장기채를 많이 보유하지 않는 것이 유리하다고 할 수 있다. 또한 잔존만기가 감소할수록 만기 한 단위 감소에 따른 채권가격의 상승폭은 커진다.

(3) 채권가격과 표면이자율

다른 조건이 동일하면 일정한 이자율변동에 대해서 표면이자율이 낮을수록 채권가격의 변동폭이 크게 나타난다. 따라서 채권에 투자하여 높은 매매차익을 얻기 위해서는 표면이자율이 낮은 채권이 유리하다. 요컨대 일정한 이자율변동에 대해 표면이자율이 0%인 순수할인채의 가격변동폭이 가장 크게 나타난다.

3. 채권수익률의 정의

채권수익률은 채권에 투자해서 얻을 수 있는 투자수익률로 채권발행자의 원리금 상환능력 및 시장상황에 따라 다양하게 형성된다. 채권수익률은 채권에 투자한 금액과 채권을 만기일까지 보유할 경우 얻게 될 원리금의 현재가치를 일치시키는 할인율을 말한다. 즉 식(7.4)를 만족시켜 주는 r이 채권수익률이다.

$$P_0 = \sum_{t=1}^{n} \frac{I}{(1+r)^t} + \frac{F}{(1+r)^n} \tag{7.4}$$

채권의 액면가액이 10,000원, 표면이자율이 10%, 만기가 2년인 채권의 시장가격이 9,662원일 경우에 만기수익률은 다음과 같이 구할 수 있다.

$$9,662 = \frac{1,000}{(1+r)^1} + \frac{11,000}{(1+r)^2} \rightarrow \therefore r = 12\%$$

채권수익률은 채권의 투자금액과 투자한 채권의 미래현금흐름의 현재가치 사이에서 산출되는 것으로 사용하는 관점에 따라 시장에서 여러 가지 수익률 개념으로 호칭되어 투자수익률, 시장수익률, 유통수익률, 내부수익률(IRR : internal rate of return), 만기수익률(YTM : yield to maturity)이라고도 한다.

채권수익률은 동전의 앞뒷면처럼 수익률과 할인율 두 가지 개념으로 모두 사용된다. 수익률은 현재의 투자금액에 대해 미래에 발생하는 수익의 비율을 말하고, 할인율은 미래가치를 현재가치로 환산하는데 사용되나, 현재가치와 미래가치가 서로 불가분의 관계를 갖고 있어 보통 이자율로 통칭되어 사용된다.

만기수익률은 투자자가 채권을 현재의 시장가격으로 매입해서 만기일까지 보유하고, 약속된 이자와 원금을 약정대로 지급받으며, 매기 수령하는 이자를 만기일까지 만기수익률로 재투자한다고 가정할 경우 얻을 수 있는 연평균투자수익률을 말한다. 따라서 채권투자에 따른 내부수익률(IRR)과 동일한 개념이다.

따라서 채권을 현재시점에서 9,662원에 매입하여 약속대로 1년 후에 이자 1,000원과 2년 후에 이자와 원금 11,000원을 지급받고, 1년 후에 수령하는 이자 1,000원을 2년 후까지 12%의 수익률로 재투자한다고 가정할 경우에 채권에 투자하는 2년 동안 연평균 12%의 수익률을 달성할 수 있다는 의미이다.[6)]

4. 듀레이션의 개요

듀레이션(D : duration)은 McCaulay가 금리변화에 따른 채권가격의 민감도를 측정하기 위해 고안했으며 채권투자에서 발생하는 현금흐름을 회수하는데 걸리는 평균기간을 말하며, 각 기간별 현금흐름의 현재가치가 전체 현금흐름의 현재가치에서 차지하는 비율을 가중치로 하여 현금흐름이 발생하는 기간을 곱해 산출한다.

$$D = \sum_{t=1}^{n} t \times \frac{\frac{C_t}{(1+r)^t}}{\sum_{t=1}^{n} \frac{C_t}{(1+r)^t}} = \sum_{t=1}^{n} t \times \frac{\frac{C_t}{(1+r)^t}}{P_0} \tag{7.5}$$

예제 7-2 듀레이션의 계산

고려기업은 액면가액이 10,000원이고 표면이자율이 연 12% 이자후급이며 만기 3년의 채권을 발행하였다. 시장이자율을 10%로 가정하여 고려기업이 발행한 채권의 시장가격과 듀레이션을 계산하시오.

풀이

1. 채권의 시장가격

$$P_0 = \frac{1,200}{(1+0.10)^1} + \frac{1,200}{(1+0.10)^2} + \frac{11,200}{(1+0.10)^3} = 10,497$$

2. 채권의 듀레이션

기간	C	PVIF(10%)	C의 현재가치	가중치	가중치 × 기간
1	1,200	0.9091	1,090.92	0.1039	0.1039
2	1,200	0.8265	991.80	0.0945	0.1890
3	11,200	0.7513	8,414.56	0.8016	2.4049
합계			P = 10,497.28		D = 2.6977

$$D = \left[1 \times \frac{1,200}{(1.1)^1} + 2 \times \frac{1,200}{(1.1)^2} + 3 \times \frac{11,200}{(1.1)^3}\right] \frac{1}{10,497.28} = 2.6977\text{년}$$

6) 만기수익률이 갖는 의미는 다음과 같이 확인할 수 있다. $1,000(1+0.12)+11,000=9,662(1+r)^2 \rightarrow \therefore\ r=12\%$

이표채에 투자하면 전체현금의 일부가 이자를 통해 만기 전에 회수되어 이표채의 듀레이션은 만기보다 짧다. 무이표채에 투자하면 현금흐름이 만기에만 발생하여 무이표채의 듀레이션은 만기와 일치한다. 만기가 무한대인 영구채의 듀레이션은 시장이자율이 변동하지 않는다면 시간의 경과에 관계없이 일정한 값을 갖는다.

시장이자율이 변화하면 채권가격이 변화하게 되는데, 일정한 이자율 변화에 대해 채권가격이 어느 정도 변화할 것인가는 채권가격의 이자율탄력성을 이용하여 측정할 수 있다. 시장이자율의 변화에 따른 채권가격의 변화정도를 측정하는 채권가격의 이자율탄력성(ε)은 다음과 같이 듀레이션을 이용하여 구할 수 있다.

$$\varepsilon = \frac{dP_0/P_0}{dr/r} = -(\frac{r}{1+r})D \tag{7.6}$$

식(7.6)에서 채권가격의 이자율탄력성은 음수(−)로 나타나는데, 이는 채권가격의 변화가 시장이자율의 변화와 반비례관계에 있음을 의미한다. 또한 듀레이션이 길수록 채권가격의 이자율탄력성이 크게 나타나는데, 이는 듀레이션이 긴 채권이 일정한 시장이자율의 변화에 따른 채권가격의 변화율이 큰 채권임을 의미한다.

다른 조건이 동일하면 만기가 길수록, 표면이자율과 만기수익률이 낮을수록 채권가격의 변동위험이 크게 나타난다. 따라서 금리하락이 예상되면 만기가 길고 표면이자율이 낮은 채권을 매입하여 자본이득을 극대화하고, 금리상승이 예상되면 만기가 짧고 표면이자율이 높은 채권을 매입하면 자본손실을 극소화할 수 있다.

❙그림 7-4❙ 듀레이션과 채권가격의 변화

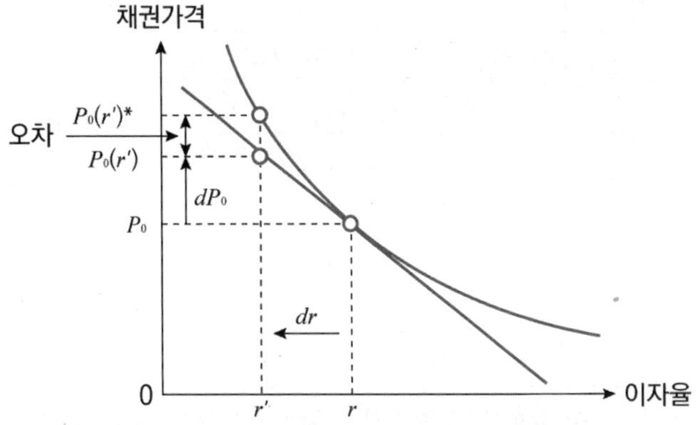

이자율의 변화가 작을 경우에는 듀레이션에 의해 측정되는 접선상의 채권가격과 실제 채권가격이 거의 동일하여 듀레이션이 채권가격의 변화를 측정하는 유용한 수단이 될 수 있다. 그러나 이자율의 변화가 클 경우에는 듀레이션에 의해 예측된 채권가격과 실제 채권가격간의 오차가 발생하여 볼록성을 추가로 고려해야 한다.

볼록성(convexity)은 시장이자율과 채권가격간의 관계를 나타내는 채권가격선의 볼록한 정도를 말한다. 수학적으로는 이자율의 변화에 따른 채권가격선의 기울기의 변화율을 나타내며 채권가격을 이자율로 2차 미분한 값에 해당한다. 따라서 볼록성을 고려하면 듀레이션에 의해 예측된 채권가격의 오차문제를 해결할 수 있다.

예제 7-3 듀레이션을 이용한 채권가격의 변화

한국기업은 액면가액이 10,000원이고 표면이자율 연 10% 이자후급이며 만기 3년의 채권을 발행하고자 한다. 시장이자율을 8%로 가정하여 다음 물음에 답하시오.

1. 한국기업이 발행하는 채권의 현재 시장가격을 계산하시오.
2. 한국기업이 발행하는 채권의 듀레이션을 계산하시오.
3. 시장이자율이 8%에서 10%로 상승할 경우 채권의 가격은 얼마나 변화하는가?
4. 한국기업이 발행하는 채권의 새로운 가격을 계산하시오.
5. 시장이자율이 10%일 때 실제 채권가격을 계산하고 4의 결과와 비교하시오.

풀이

1. 한국기업이 발행하는 채권의 시장가격은 다음과 같이 구할 수 있다.

$$P_0 = \frac{1{,}000}{(1+0.08)^1} + \frac{1{,}000}{(1+0.08)^2} + \frac{11{,}000}{(1+0.08)^3} = 10{,}515.42\text{원}$$

2. 한국기업이 발행하는 채권의 듀레이션은 다음과 같이 구할 수 있다.

$$D = \left[1 \times \frac{1{,}000}{(1.08)^1} + 2 \times \frac{1{,}000}{(1.08)^2} + 3 \times \frac{11{,}000}{(1.08)^3}\right] \frac{1}{10{,}515.42} = 2.74\text{년}$$

3. $dP_0 = -\frac{D}{1+r} \times dr \times P_0 = -\frac{2.74}{1.08} \times (0.02) \times (10{,}515.42) = -533.56\text{원}$

4. 3으로부터 한국기업 채권의 새로운 가격은 다음과 같이 구할 수 있다.

$$P_0 = 10{,}515.42 - 533.56 = 9{,}981.86\text{원}$$

5. 시장이자율이 10%일 때 실제 채권가격은 다음과 같이 구할 수 있다.

$$P_0 = \frac{1,000}{(1+0.1)^1} + \frac{1,000}{(1+0.10)^2} + \frac{11,000}{(1+0.10)^3} = 10,000$$

4의 결과와 비교하면 듀레이션으로 측정된 채권가격이 실제 채권가격보다 적다. 이는 채권가격과 채권수익률의 관계가 원점에 볼록한 형태를 가지고 있기 때문이다.

제3절 채권수익률의 위험구조

채권은 지급이자와 원금상환이 계약에 의해 정해진 확정소득증권이지만 발행자의 경영위험과 재무위험으로 원리금을 지급할 수 없는 경우도 있고 수의상환가능성과 같이 불확실성을 내포할 수 있다. 채권수익률의 위험구조는 채권발행자나 발행조건이 달라짐에 따라서 나타나는 채권수익률의 체계적 차이를 말한다.

1. 체계적 위험

(1) 이자율변동위험

이자율변동위험은 채권에 투자하는 기간 동안 시장이자율이 변동하여 투자종료시점의 투자수익이 채권매입시점에 예상했던 것과 일치하지 않을 가능성을 말한다. 채권투자에 따른 수익은 투자기간에 수령하는 액면이자에 대한 재투자수익과 투자종료시점에 채권을 처분하여 수령하는 채권가격의 합으로 구성된다.

이자율변동위험은 재투자수익위험과 가격위험으로 구분된다. 재투자수익위험은 이자율이 변동하면 투자기간에 수령하는 이자를 재투자해서 얻게 될 수익이 예상했던 것과 달라질 수 있는 가능성을 말하고, 가격위험은 투자종료시점에 채권을 처분해서 받게 될 가격이 기대했던 것과 달라질 수 있는 가능성을 말한다.

이자율변동은 재투자수익위험과 가격위험에 상반된 영향을 미친다. 이자율이 상승하면 이자의 재투자로부터 얻는 재투자수익은 증가하지만 채권을 처분해서 받는 가격은 예상보다 하락한다. 이자율이 하락하면 이자의 재투자로부터 얻는 재투자수익은 감소하지만 채권을 처분해서 받는 가격은 예상보다 상승한다.

┃그림 7-5┃ 채권투자시 가격위험과 재투자수익위험

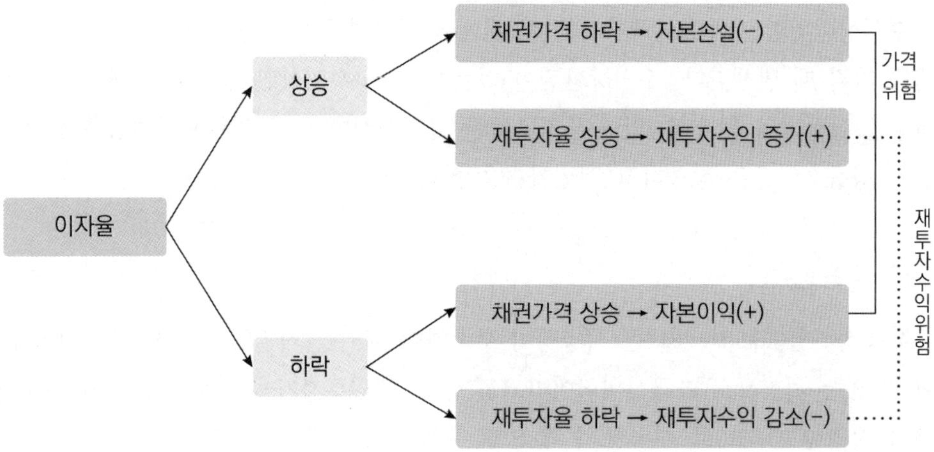

(2) 인플레이션위험

인플레이션위험(inflation risk)은 물가상승으로 인해 채권의 실질수익률이 하락하는 위험을 말한다. 채권수익률은 실질이자율과 기대인플레이션율의 합으로 결정된다. 미래에 예상되는 인플레이션율이 높을수록 실질수익률이 하락할 가능성이 증가하기 때문에 채권의 명목수익률은 상승하고 채권가격은 하락한다.

2. 비체계적 위험

(1) 채무불이행위험

채무불이행위험(default risk)은 채권발행자가 원리금을 약정대로 지급하지 못할 가능성으로 지급불능위험이라고도 한다. 채무불이행위험이 높을수록 약속수익률이 실현되지 않을 가능성이 높아 채권투자자들은 불확실성에 따른 위험프리미엄을 요구하게 되어 채권의 명목수익률은 상승하고 채권가격은 하락한다.

채무불이행위험은 신용평가기관의 채권평정으로 측정된다. 채권평정은 채권등급을 평가하는 전문기관이 채권발행자의 신용도와 채무불이행의 가능성을 평가하여 그 정도에 따라 채권의 등급을 결정하는 것으로 질적 평정(quality rating)이라고도 한다. 따라서 신용등급이 낮은 채권일수록 채무불이행위험이 크다.

(2) 수의상환위험

수의상환위험은 채권발행자가 만기 전에 약정가격에 채권을 매입할 수 있는 수의상환권을 가질 때 발생한다. 수의상환권이 있는 채권은 수의상환권이 없는 채권보다 약속수익률을 달성하지 못할 수 있어 투자자들은 불확실성에 따른 위험프리미엄을 요구하여 채권의 명목수익률은 상승하고 채권가격은 하락한다.

(3) 유동성위험

유동성위험(liquidity risk)은 시장성이 부족하여 채권을 적절한 가격으로 단시일에 매각할 수 없는 위험으로 환금성위험이라고도 한다. 채권투자자들은 보유한 채권을 채권시장에서 적정한 가격으로 매각할 수 없으면 유동성 부족에 대한 위험프리미엄을 요구하여 채권의 명목수익률은 상승하고 채권가격은 하락한다.

제4절 국제채권시장의 구성

1. 국제채권의 발행시장

(1) 발행시장의 정의

채권의 발행시장은 정부나 기업 등 발행자가 채권을 발행하여 투자자에게 이를 제공하고 자금을 공급받은 제1차 시장(primary market)으로 투자자의 여유자금을 정부나 기업 등이 필요로 하는 재정정책의 재원 및 산업자금으로 전환하며 발행주체를 기준으로 국공채, 특수채, 회사채시장으로 크게 나눌 수 있다.

채권은 직접 발행되는 경우도 있지만 유가증권의 인수업무를 고유업무로 영위하는 금융투자회사를 통해 공모로 발행된다. 채권의 발행은 발행요건이 관련 법률에 의해 엄격히 제한되어 국채는 국회의 사전의결을 얻어야 하고, 회사채는 금융위원회가 증권신고서를 수리하여 효력이 발생한 다음에 발행할 수 있다.

(2) 발행시장의 구조

채권의 발행시장은 채권의 발행기관이 채권인수기관에 처음으로 채권을 이전시키는 시장을 말한다. 일반적으로 개인투자자들은 발행시장보다는 유통시장을 통해서 채권을 거래한다. 채권의 발행시장은 크게 채권발행자, 발행중개기관, 채권투자자로 구성된다. 발행시장의 구조는 [그림 7−6]과 같이 제시할 수 있다.

▌그림 7-6▌ 발행시장의 구조

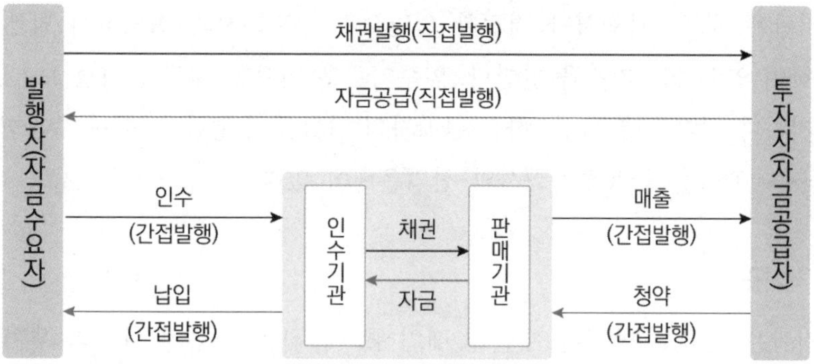

1) 발행자

채권을 발행하여 자금을 조달하는 주체로서 정부, 지방자치단체, 특별법에 의해 설립된 법인, 금융기관, 주식회사가 있다. 채권의 발행주체는 투자자가 채권투자전략을 수립하는데 미치는 영향 때문에 중요한 의미를 갖는다. 이는 채권의 발행조건과 투자위험이 발행주체에 따라 달라질 수 있기 때문이다.

2) 발행기관

채권의 발행기관은 채권발행자와 채권투자자 사이에서 채권발행에 따른 제반 업무를 수행하고 미발행채권에 대한 위험부담 및 기발행된 채권의 판매기능을 담당하는 전문기관을 말한다. 여기에는 채권의 발행시장에서 수행하는 역할에 따라서 주관회사, 인수기관, 청약기관으로 구분된다.

① 주관회사

주관회사는 인수기관을 대표하여 채권발행의 타당성, 소화가능, 발행시기, 발행조건 등을 결정하며 채권발행에 대한 모든 업무를 총괄하는 기관이다. 채권발행의 규모가 크면 간사단을 구성하여 공동으로 주관업무를 수행하는데, 주관회사를 대표하는 회사를 대표주관회사, 기타 주관회사를 공동주관회사라고 한다.

② 인수기관

인수기관은 대표주관회사가 지정한 기관으로 주관회사와 협의하여 발행된 채권을 직접 매입하여 인수하는 기관을 말한다. 인수기관은 인수한 채권을 직접 보유할 수도 있고 일반투자자나 청약기관에 매도하는 판매자의 역할을 수행한다. 현재 주관회사의 자격을 지닌 금융기관에는 금융투자회사와 산업은행이 있다.

③ 청약기관

청약기관은 신규로 발행된 채권을 매입하고자 하는 불특정 다수의 투자자에 대한 청약업무만를 대행해주는 기관으로 인수기관과 달리 이들에게 할당된 채권을 매각함으로써 판매액에 대한 일정한 수수료를 수령한다. 일반적으로 청약업무는 인수업무를 허가받은 금융투자회사의 본점과 지점을 통해 이루어지고 있다.

3) 투자자

채권투자자는 채권발행시장에서 모집·매출되는 채권의 청약에 응하여 채권발행자가 발행하는 채권을 취득하는 자를 말하며, 전문적인 지식과 대규모의 자금을 운용하며 법인형태를 취하는 기관투자자와 개인자격으로 자산운용을 목적으로 채권에 투자하는 개인투자자가 있다. 우리나라는 기관투자가의 비중이 높다.

(3) 채권의 발행방법

채권의 발행방법은 앞에서 소개한 주식의 발행방법을 준용한다. 채권의 발행방법은 채권을 발행하는 투자자의 대상범위에 따라 공모발행과 사모발행으로 구분된다. 채권의 공모발행은 발행기관의 채권발행업무 대행 및 미발행채권에 대한 위험부담 귀속여부에 따라 직접발행과 간접발행으로 나누어진다.

1) 공모발행

공모발행은 불특정다수 50인 이상의 투자자를 대상으로 채권을 발행하는 방법을 말한다. 직접발행은 채권발행에 따른 위험을 발행자 또는 발행기업이 부담하는 반면에, 간접발행은 인수기관이 발행자로부터 발행채권의 전부 또는 일부를 인수하여 발행위험을 부담하고 사무를 직접 담당하는 경우를 말한다.

① 직접발행

채권의 직접발행(직접모집)은 채권의 발행주체가 채권발행에 따른 제반 업무를 수행하고 미발행채권에 대한 위험부담 및 기발행채권에 대한 판매기능을 담당하는 방법을 말한다. 채권의 직접발행은 채권의 발행조건을 발행 전에 미리 결정하고 발행하는지의 여부에 따라 매출발행과 입찰발행으로 구분된다.

② 간접발행

채권의 간접발행은 채권의 발행주체가 채권발행에 따른 제반 업무와 위험부담을 직접 담당하지 않고 발행중개기관을 통해 불특정다수의 투자자들에게 채권을 발행하는 방법을 말한다. 간접발행은 채권의 발행총액 미달에 대한 부담의 정도에 따라서 위탁모집, 잔액인수, 총액인수로 구분된다.

2) 사모발행

사모발행은 채권의 발행기관이 직접 특정투자자와 사적인 교섭을 통해 채권을 매각하는 방법을 말한다. 사모발행은 공모로 발행해도 인수기관을 찾을 수 없거나 단기운영자금 조달을 위해 소규모로 발행할 경우에 이용되며, 감독기관에 증권신고서 등을 제출하지 않아 신속하게 발행할 수 있다는 장점이 있다.

그러나 사모발행에 따른 발행금리는 금융투자협회에서 고시하는 최종호가수익률에 해당 회사의 신용등급에 따라 매수회사와 협의한 일정한 스프레드를 감안하여 결정되어 높은 금리로 발행된다. 우리나라에서 사모사채는 자금대출의 성격을 갖기 때문에 은행이나 보험회사를 상대로 발행하는 경우가 일반적이다.

2. 국제채권의 유통시장

발행시장에서 채권을 취득한 투자자는 채권의 만기일까지 발행자에게 원금상환을 청구할 수 없다. 따라서 만기 전에 채권을 현금화하려는 투자자에게 환금성을 제공하려면 유통시장이 필요하다. 유통시장은 이미 발행된 채권이 거래되는 제2차 시장으로 채권이 투자자간에 수평적으로 이동되는 횡적시장을 말한다.

유통시장은 이미 발행한 증권을 매매하여 금융상품의 유동성을 높여주고, 금융상품의 발행가격을 결정하는데 중요한 역할을 한다. 예컨대 유통시장의 가격이 높을수록 발행가격도 높아져 발행기업은 낮은 비용으로 자금을 조달하는 반면 유통시장의 비효율성으로 가격이 낮게 형성되면 자금조달비용이 늘어난다.

이러한 유통시장의 기능이 원활히 수행되기 위해서는 일정한 수준 이상의 물량이 계속적으로 거래되어야 한다. 따라서 채권의 발행물량이 많아야 하고 발행된 채권이 특정한 소수가 아닌 불특정 다수에게 분산되어 있어야 한다. 또한 채권의 매매거래제도가 확립되고 채권가격과 거래량의 변동성이 있어야 한다.

국제채권시장은 유가증권의 거래장소와 거래방법에 따라 장내시장과 장외시장으로 구분된다. 장내시장(on-board market)은 자본시장의 참가자가 금융상품에 대한 매매주문을 중앙집중적 장소인 거래소에 보내고 거래소는 이를 경쟁입찰원칙 등 표준화된 규칙에 의해 처리하는 거래소시장을 말한다.

장외시장(off-board market)은 증권거래소 이외의 장소에서 금융상품의 거래가 이루어지는 시장을 말하며, 직접거래시장과 점두시장으로 구분된다. 직접거래시장은 증권회사 등 금융중개기관을 거치지 않고 금융상품의 매매당사자간의 개별적인 접촉에 의해 직접거래가 이루어지는 시장을 말한다.

점두시장(OTC : over the counter market)은 증권거래소 밖에서 유가증권의 매매가 이루어지는 비조직적인 상대매매시장으로 창구거래라고도 한다. 점두시장은 딜러와 브로커가 고시한 매매가격을 거래상대방이 승낙하여 가격이 결정되기 때문에 거래정보의 투명성이나 거래상대방의 익명성이 낮다.

3. 국제채권시장의 현황

[그림 7-7]은 2017년 현재 국제채권시장의 현황을 보여주고 있다. 세계 채권시장에

서 발행잔액은 112조 5,000억 달러이며, 국내채권시장이 88조 6,000억 달러이고 국제채권시장이 23조 9,000억 달러를 차지한다. 각 통화별 구성내역에서 달러화, 엔화, 유로화, 파운드화가 큰 비중을 차지하고 있다.

| 그림 7-7 | 국내채권시장 및 국제채권시장의 발행현황(2017년)

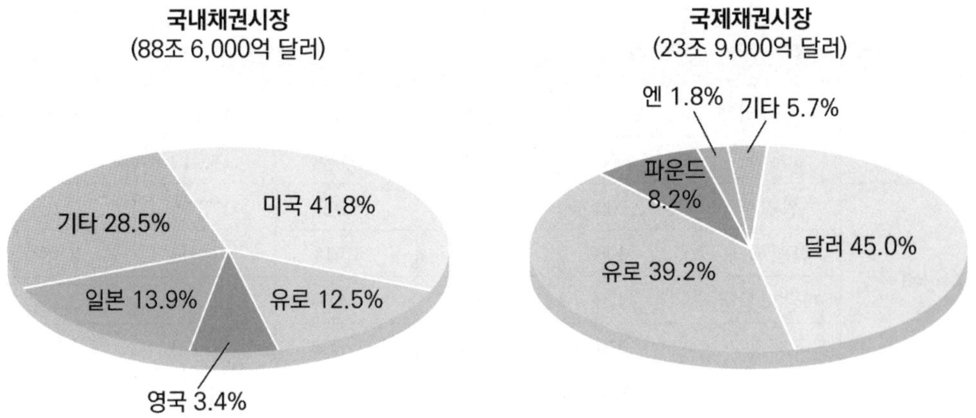

자료 : BIS, Quarterly Review.

국내채권시장과 비교해 볼 경우 아직까지는 국제채권시장의 규모가 상대적으로 작지만, 국제채권시장은 1990년대 들어 국제금리의 하락세에 따른 각국 정부 및 아시아지역 차입자의 채권발행 증가로 활황세를 보이고 있다. [표 7-4]는 아시아 위기 이후 국제채권의 발행잔액 규모를 제시하고 있다.

상품별 채권의 발행현황에서 고정금리채의 발행이 약 70% 정도를 차지하고 있어 가장 중요한 채권발행수단으로 확고한 위치를 차지하고 있다. 나머지의 대부분은 변동금리채의 발행이 차지하고 있으며, 전환사채 및 신주인수권부사채와 같은 주식연계채권의 발행은 그 비중이 미미한 수준으로 나타났다.

지역별 채권의 발행현황에서 1990년대 선진국의 비중이 70% 수준에 머물렀으나 2000년대 들어서는 80% 수준을 넘어서고 있다. 그러나 아시아, 라틴아메리카를 포함한 개발도상국의 비중은 상대적으로 감소하는 추세를 보이고 있다. 반면에 국제기구의 채권발행은 꾸준히 증가하고 있는 추세에 있다.

통화별 채권의 발행현황에서 1990년대에는 미 달러화의 비중이 컸으나 2000년대 에는 유럽경제통합에 따라 유로화의 비중이 증가하다 최근에는 달리화의 비중이 커지고 있다. 반면에 엔화의 비중은 1990년대 일본경제의 붕괴, 엔화의 약세로 하락했고, 파운드화는 꾸준히 일정한 비중을 차지하고 있다.

▌표 7-4▐ 국제채권시장의 잔액 추이

(단위 : 10억 달러)

구분		1998	2003	2008	2013	2017
상품별	고정금리채	2,992	7,067	11,944	16,255	18,054
	기타	966	2,604	6,938	5,019	5,812
지역별	선진국	2,708	7,791	15,825	17,725	17,264
	역외센터	398	763	1,511	1,848	2,453
	개발도상국	478	610	886	1,684	2,430
	국제기구	374	506	660	1,473	1,720
통화별	달러	1,808	3,679	5,754	8,182	10,758
	유로	1,018	4,118	9,343	10,190	9,387
	파운드	328	849	1,840	2,201	1,965
	엔	488	501	769	498	431
	기타	316	524	1,176	1,958	1,325
합계		3,958	9,671	18,882	22,729	23,866

자료 : BIS, Quarterty Review.

4. 주요국의 채권시장

(1) 미국

1) 발행시장

미국의 2021년 6월 말 현재 채권 발행잔액은 50.4조 달러이며, 정부가 발행한 국채가 21.7조 달러로 전체 발행잔액의 43.1%를 차지하고 있다. 다음으로는 주택저당증권(MBS) 11.7조 달러(23.2%), 회사채 10.0조 달러(19.8%), 지방채 4.0조 달러(7.9%), 정부기관채권, 자산유동화증권(ABS) 등의 순이다.

❙표 7-5❙ 미국의 채권종류별 발행잔액[1)]

(단위 : 십억 달러, %)

국채	지방채	정부기관 채권	MBS	ABS	회사채	합계
21,733.0 (43.1)	4,002.4 (7.9)	1,521.3 (3.0)	11,671.0 (23.2)	1,514.7 (3.0)	9,971.7 (19.8)	50,414.0 (100.0)

주 : 1) 2021년 6월 말 기준, ()내는 구성비
자료 : SIFMA.

미국의 국채는 일반적으로 연방정부채 중 시장성국채인 T-Bills, T-Notes, T-Bonds 등 재무부채권을 말하며 단일 종목의 발행잔액으로는 세계 최대규모에 해당한다. 국채의 종류별로는 중기국채(T-Notes)의 발행규모가 12.1조 달러로 가장 높은 비중(55.7%, 2021년 6월 말 기준)을 차지하고 있다.

❙표 7-6❙ 미국의 국채종류별 발행잔액[1)]

(단위 : 십억 달러, %)

T-Bills	T-Notes	T-Bonds	TIPS[2)]	FRN[3)]	합계
4,275 (19.7)	12,106 (55.7)	3,180 (14.6)	1,618 (7.4)	553 (2.5)	21,733 (100.0)

주 : 1) 2021년 6월 말 기준, ()내는 구성비
2) 물가연동국채(Treasury Inflation Protected Securities)
3) 변동금리부채권(Floating Rate Notes)
자료 : SIFMA.

국채는 경쟁입찰에 의해 발행되며 낙찰금리는 단일금리방식(dutch auction)으로 발행된다. 경쟁입찰에 앞서 입찰신청을 마감하는 비경쟁입찰에는 국내 소액투자자, 외국 중앙은행, 국제금융기구 등이 참가한다. 이들 비경쟁입찰 참가자는 500만 달러 범위 내에서 응찰할 수 있고 경쟁입찰에서의 낙찰금리를 적용한다.

회사채는 대부분 만기 10~30년의 장기채 발행이며 신용등급이 높은 우량기업 발행채권이 대부분을 차지하고 있다. 또한 1970년대 중반 이후 기업의 매수합병 및 구조조정 과정에서 다수의 기업들이 경영악화와 부채증가 등으로 투자부적격 등급으로 하락하면서 정크본드(junk bond) 시장이 형성되기 시작하였다.

| 표 7-7 | 미국 국채의 종류

	Treasury Bills					Treasury Notes				
만 기	4주	8주	13주	26주	52주	2년	3년	5년	7년	10년
발행주기	매주(목요일)		매주(월요일)		매월(화요일)	매월	매월	매월	매월	매분기 1) (2, 5, 8, 11월)
입찰방법	Dutch 방식(경쟁 및 배경쟁 입찰)									
발행조건	할인채					이표채				

	Treasury Bonds		Floating Rate Notes(FRN)	TIPS[2]	회사채	합계
만 기	20년	30년	2년	5년	10년	30년
발행주기	매분기[1] (2, 5, 8, 11월)		매분기[1] (1, 4, 7, 10월)	반기[3] (4, 10월)	반기[4] (1, 7월)	반기[5] (2월)
입찰방법	Dutch 방식(경쟁 및 배경쟁 입찰)					
발행조건	이표채					

주 : 1) 매분기 신규발행 및 신규발행이 없는 달에는 재발행(reopen)
2) 물가연동국채(Treasury Inflation Protected Securities)
3) 매반기 신규발행 및 6, 12월 재발행(reopen)
4) 매반기 신규발행 및 3, 5, 9, 11월 재발행(reopen)
5) 매반기 신규발행 및 8월 재발행(reopen)
자료 : Treasury Direct.

2) 유통시장

유통시장은 장외시장과 장내시장(거래소시장)으로 구분된다. 채권은 대부분 장외시장에서 거래되며 장내거래는 뉴욕증권거래소, 아메리칸증권거래소에서 소규모로 이루어지고 있다. 2021년 6월 장외시장에서 일평균 채권거래액은 9,693억 달러이며 국채가 6,537억 달러로 67.4%를 차지하고 있다. MBS(27.4%)도 비교적 활발히 거래되고 있는 반면에 회사채의 거래 비중(3.9%)은 낮은 수준이다.

▌표 7-8▐ 미국의 채권종류별 일평균 거래규모[1)]

(단위 : 십억 달러, %)

국채	지방채	정부기관채	MBS	ABS	회사채	합계
653.7 (67.4)	9.0 (0.9)	2.5 (0.3)	265.2 (27.4)	1.2 (0.1)	37.6 (3.9)	969.3 (100.0)

주 : 1) 2021년 6월 중, ()내는 구성비
자료 : SIFMA.

미국은 재무부 채권이 지표채권의 역할을 담당한다. 지표채권은 신규채권 발행에 따라 최근물(on-the-run issue)로 신속하게 교체되며 신규발행 채권과 기존 지표채권과의 수익률 괴리도 1~2bp로 작아 지표채권 변경에 따른 수익률 시계열의 불연속성 문제는 심각하지 않다. 2001년 10월 이전에는 만기 30년 장기국채(Treasury Bonds)가 지표채권의 역할을 수행했으나 2001년 10월 만기 10년 초과 장기국채의 발행 중단을 계기로 만기 10년 국채가 지표채권의 역할을 수행한다.

(2) 일본

1) 발행시장

일본의 2021년 6월 말 현재 채권 종류별 발행잔액은 1,166조 엔에 달하고 있다. 구체적으로 살펴보면 정부 단기증권을 포함한 국채 발행이 993조 엔(85.2%)이며 압도적으로 높은 비중을 차지하고 있다. 다음은 회사채 78.8조 엔(6.8%), 지방채 63조 엔(5.4%), 금융채 5.8조 엔(0.5%) 순으로 채권이 발행되었다.

▌표 7-9▐ 일본의 채권종류별 발행잔액[1)]

(단위 : 조 엔, %)

국채	지방채	정부기관채	금융채	회사채[2)]	계
993.2 (85.2)	63.0 (5.4)	25.2 (2.2)	5.8 (0.5)	78.8 (6.8)	1,166.0 (100.0)

주 : 1) 2021년 6월 말 기준, ()내는 구성비
2) 전환사채 및 신주인수권부사채 포함
자료 : 일본은행, 금융경제통계월보.

일본의 국채는 만기 10년 이상의 장기국채 위주로 발행되고 있다. 2021년 6월 말 현재 장기국채 발행잔액은 약 723조 엔에 달하여 전체 국채 발행잔액의 약 69%를 차지하고 있다. 특히 10년 만기 국채는 1966년 1월부터 매월 정기적으로 발행되고 있으며 일본 채권시장에서 지표채권의 역할을 담당하고 있다.

┃표 7-10┃ 일본의 만기별 국채 발행잔액[1)]

(단위 : 조 엔, %)

장기국채 (10, 15, 20, 30, 40년)	중기국채 (2, 3, 4, 5, 6년)	단기국채 (6, 12월)	정부단기증권 (3월 이내)	계
723.2 (69.2)	164.9 (15.8)	53.9 (5.2)	103.2 (9.9)	1,045.2 (100.0)

주 : 1) 2016년 6월 말 기준, ()내는 구성비
자료 : 일본 재무성.

그리고 1999년 30년 만기 이표채, 2000년 5년 만기 이표채, 변동금리부 이표채(15년), 2004년 10년 만기 물가연동국채, 2007년 40년 만기 이표채가 도입되었다. 2003년에는 개인투자자만 투자할 수 있는 10년 만기 국채가 도입되었다. 국채의 발행방법은 경쟁입찰 또는 비경쟁입찰이며 채권의 종류에 따라 단일금리방식과 복수금리방식이 혼용되고 있다. 2004년에 전문딜러제도를 도입하였으며 종전 10년 만기 국채의 국채인수단 인수제도는 2006년 3월 폐지하였다.

┃표 7-11┃ 일본 국채의 종류

	정부단기증권	단기국채		중기국채	
만기	3개월	6개월	1년	2년	5년
주기	매주	월 2회	매월	매월	
방법	경쟁입찰	경쟁입찰		경쟁입찰	
종류	할인채	할인채		이표채	

	장기국채	초장기국채			FRN[1]	물가연동국채
만기	10년	20년	30년	40년	15년	10년
주기	매월	매월	매월	1년에 6회	격월	1년에 4회
방법	경쟁입찰	경쟁입찰			경쟁입찰	경쟁입찰
종류	이표채	이표채			이표채	이표채

주 : 1) 2008년 5월부터 발행 중단
자료 : 일본 재무성.

2) 유통시장

유통시장은 장외시장과 장내시장(거래소시장)으로 구분되며 대부분 장외시장에서 거래되고 장내거래는 미미하다. 장외시장에서의 거래규모는 2021년 6월 1,932조 엔이며 국채가 1,927조 엔으로 전체의 99.8%를 차지한다. 그러나 회사채의 거래비중 및 지방채의 거래비중은 1%에 미치지 못하여 매우 낮게 나타났다.

장내시장에서는 장기국채, 전환사채, 정부보증채, 지방채, 회사채 중 상장된 일부종목이 거래되고 있다. 일본의 지표채권은 만기 10년 국채인데 대형 증권회사 등 채권딜러 간의 거래가 특정종목에 집중되면서 자연스럽게 시장에서 결정되며 지표채권의 결정과정은 미국에서와 같이 최근월물로 결정되기보다는 최근월물 이전의 경과물이 수개월에 걸쳐서 지표종목의 역할을 수행하는 경우도 있다.

❙표 7-12❙ 일본의 채권종류별 월평균 거래규모[1)]

(단위 : 조 엔, %)

국채	지방채	정부보증채	금융채	회사채	합계
1,927.4 (99.8)	1.0 (0.1)	1.1 (0.1)	0.1 (0.0)	2.1 (0.1)	1,931.7 (100.0)

주 : 1) 2021년 6월 중, ()내는 구성비
자료 : 일본은행, 금융경제통계월보.

(3) 유로지역

유로지역의 2021년 6월 말 현재 채권의 종류별 발행잔액은 19.5조 유로에 달한다.

국채(9.2조 유로)가 전체 발행잔액 46.9%를 차지하고, 은행채(4.4조 유로)가 22.8%를 차지한다. 회사채(1.6조 유로)는 8.2%에 불과하다. 한편 국가별로는 프랑스의 채권시장 규모가 가장 크고 다음으로 독일, 이탈리아 순이다.

표 7-13 유로지역의 채권종류별 발행잔액[1)]

(단위 : 십억 유로, %)

국채	은행채	비은행 금융기관채	회사채	기타[2)]	계
9,165.9	4,449.2	3,434.9	1,594.0	904.1	19,548.2
(46.9)	(22.8)	(17.6)	(8.2)	(4.6)	(100.0)

주 : 1) 2021년 6월 말 기준, ()내는 구성비
2) 지방정부, 국제기구 등의 발행채권
자료 : ECB.

독일 국채는 장기채인 Bunds(만기 10·30년), 중기채인 Bobles(5년), Schatze(2년), 단기채인 Bubills(6개월), Schatzwechsel(1개월~1년) 등이 있다. 독일 국채의 발행잔액은 2021년 6월 말 현재 1.5조 유로이다. 독일의 장기국채인 Bunds는 수익률과 스프레드의 산정에서 유로지역 국채의 기준이 되고 있다.

한편 프랑스 국채는 장기채인 OATs(7~30년), 중기채인 BTANs(5년 이내), 단기채인 BTFs(1년 이내) 등이 있다. 그리고 이탈리아 채권은 중장기채인 BTP (3·5·10·15·30년), 단기채인 BOT(1년 이내) 등이 있다. 그리고 유로지역에서 국채의 시장규모는 이탈리아, 프랑스, 독일의 순서로 규모가 크다.

표 7-14 유로지역의 국가별 국채 발행잔액[1)]

(단위 : 십억 유로, %)

이탈리아	프랑스	독일	스페인	벨기에	네덜란드
2,255.4	2,111.1	1,485.9	1,191.3	433.3	366,4
(136.6)	(91.7)	(44.1)	(106.2)	(96.0)	(45.8)

주 : 1) 2021년 6월 말 기준, ()내는 각국의 2020년 경상 GDP 대비 비중
자료 : ECB.

유럽 통화통합 이후 유로지역 국채는 환위험이 제거되고 유로지역 국가간 대체성이 높아지면서 수요기반이 강화되고 있는 반면 세제, 회계, 결제 등의 측면에서 국별로 상당한 격차가 존재한다. 국채발행은 국별로 차이가 있으나 대부분 경쟁입찰 방식과 신디케이트 방식을 혼합한 방식으로 이루어지고 있다.

국채 신용등급에서 독일, 프랑스, 네덜란드, 벨기에는 신용등급이 높은 반면 스페인, 이탈리아, 포르투갈 등은 낮은 편이다. 회사채는 국채 및 금융채에 비해 크게 성장하지 못하였다. 기업들은 회사채 발행보다는 은행을 통해 자금을 조달하거나 소유한 비은행 자회사를 통해 채권을 발행하여 자금을 조달한다.

게다가 신용평가제도의 미발달 등으로 회사채 발행 및 수요기반이 미약한 것도 회사채시장 부진의 중요한 원인이 되고 있다. 더욱이 기관투자자들도 회사채보다는 국채나 금융기관의 담보부채권(covered bond) 등을 선호하고 있다. 또한 회사채의 시장규모는 프랑스, 독일, 이탈리아, 네덜란드 순으로 나타났다.

▌표 7-15▐ 유로지역의 국가별 회사채 발행잔액[1)]

(단위 : 십억 유로, %)

프랑스	독일	이탈리아	네덜란드	스페인	벨기에
692.3 (30.1)	231.2 (6.9)	160.1(9.7)	142.6 (17.8)	136.3 (12.1)	51.2 (11.4)

주 : 1) 2021년 6월 말 기준, ()내는 각국의 2020년 경상 GDP 대비 비중
자료 : ECB.

보론 7-1 채권평정

채권수익률의 위험구조에서 가장 중요한 것은 채권의 발행자가 원리금을 약정대로 지급하지 못할 수 있는 채무불이행위험이다. 그런데 채무불이행위험은 투자자 스스로 판단할 수도 있지만, 대부분은 전문적인 채권평가기관에서 여러 자료들을 분석하여 일반에게 공개하는 채권평정에 의존하는 것이 일반적이다.

채권평정(bond rating)은 신용평가기관이 채권발행자의 신용도와 채무불이행의 가능성을 평가하여 그 정도에 따라 채권의 등급을 결정하는 것을 말하며 질적 평정이라고도 한다. 우리나라는 한국신용평가회사와 한국신용정보 등이 채권평정을 하고 있으나 미국의 경우는 채권평정이 실무적으로 보편화되어 있다.

미국의 Moody's와 S & P의 채권평정이 널리 사용된다. 채권의 신용위험의 정도에 따라 무디스사는 Aaa에서 C까지 9개의 등급, S & P사는 AAA에서 E까지 11개의 등급을 부여한다. 이들은 투자자보호조항, 담보물, 이자보상비율, 자본화비율, 유동비율 그리고 기타 재무자료 등을 분석하여 일반투자자에게 공개하고 있다.

채권의 질적평정은 채권을 평가할 때 할인율에 영향을 미치며 채권가격은 할인율에 의해 결정되기 때문에 채권평정은 채권의 가격결정에 직접적인 영향을 미친다. 채권평정이 높은 고급채권일수록 채권수익률이 낮고 스프레드도 낮은 반면에 채권평정이 낮은 저급채권일수록 높은 채권수익률과 높은 스프레드를 갖는다.

그러나 채권평정과 할인율과의 관계는 항상 일정한 것은 아니며 정부의 재정금융정책, 자금의 수요공급 그리고 경기변동 등에 따라 변할 수 있다. 흔히 경기회복기에는 스프레드가 적고 경기후퇴기에는 스프레드가 커진다. 그 이유는 경기변동에 따라 채권투자자들의 위험에 대한 태도가 달라지기 때문이다.

따라서 낙관적인 분위기가 지배적인 경기회복기에는 일정한 위험에 대해서 보다 적은 위험프리미엄을 요구하고, 경기후퇴기에는 보다 큰 위험프리미엄을 요구하는 것이 일반적이기 때문이다. 채무불이행위험과 잔존기간과의 관계는 신용등급이 낮은 채권과 신용등급이 높은 채권의 경우로 나누어 볼 수 있다.

우리나라 신용평가기관들은 S & P사와 유사한 신용등급을 사용하고 있고 회사채 신용등급은 원리금의 상환능력에 따라 AAA~D까지 10개의 등급으로 분류된다. AAA~BBB까지는 투자적격등급, BB~D까지는 투기적 등급에 해당한다. 그리고 AA부터 B등급까지는 + 와 -를 추가하여 등급을 세분화하고 있다.

┃표 7-16┃ 한국신용평가회사의 신용등급과 의미

등급		정의
투자등급	AAA	원리금 지급능력이 최상급임
	AA	원리금 지급능력이 매우 우수하지만 AAA채권보다는 다소 열위임
	A	원리금 지급능력은 우수하지만 상위등급보다 경제여건 및 환경악화에 따른 영향을 받기 쉬운 면이 있음
	BBB	원리금 지급능력이 양호하지만 상위등급에 비해서 경제여건 및 환경악화에 따라 장래 원리금의 지급능력이 저하될 가능성을 내포하고 있음
투기등급	BB	원리금 지급능력이 당장은 문제가 되지 않으나 장래 안전에 대해서는 단언할 수 없는 투기적인 요소를 내포하고 있음
	B	원리금 지급능력이 결핍되어 투기적이며 불황 시에 이자지급이 확실하지 않음
	CCC	원리금 지급에 관하여 현재에도 불안요소가 있으며 채무불이행의 위험이 커 매우 투기적임
	CC	상위등급에 비하여 불안요소가 더욱 큼
	C	채무불이행의 위험성이 높고 원리금 상환능력이 없음
	D	상환불능상태임

주 : 한국신용평가회사의 무보증 선순위 회사채(금융채 포함) 신용등급 기준이며 위의 등급 중 AA등급에서 B등급까지는 등급 내 상대적 우열에 따라 +, −기호를 부가함.

❙표 7-17❙ 세계 3대 신용평가회사의 신용등급

<table>
<tr><th rowspan="2">구분</th><th colspan="2">Moody's</th><th colspan="2">S & P</th><th colspan="2">Fitch</th><th rowspan="2">설명</th></tr>
<tr><th>장기</th><th>단기</th><th>장기</th><th>단기</th><th>장기</th><th>단기</th></tr>
<tr><td rowspan="10">투자적격</td><td>Aaa</td><td rowspan="6">P-1</td><td>AAA</td><td rowspan="4">A-1+</td><td>AAA</td><td rowspan="4">F1+</td><td>신용도 매우 높음</td></tr>
<tr><td>Aa1</td><td>AA+</td><td>AA+</td><td rowspan="3">신용 상태 우수</td></tr>
<tr><td>Aa2</td><td>AA</td><td>AA</td></tr>
<tr><td>Aa3</td><td>AA-</td><td>AA-</td></tr>
<tr><td>A1</td><td>A+</td><td rowspan="2">A-1</td><td>A+</td><td rowspan="2">F1</td><td rowspan="3">신용상태 양호</td></tr>
<tr><td>A2</td><td>A</td><td>A</td></tr>
<tr><td>A3</td><td rowspan="2">P-2</td><td>A-</td><td rowspan="2">A-2</td><td>A-</td><td rowspan="2">F2</td></tr>
<tr><td>Baa1</td><td>BBB+</td><td>BBB+</td><td rowspan="3">신용상태 적절</td></tr>
<tr><td>Baa2</td><td rowspan="2">P-3</td><td>BBB</td><td rowspan="2">A-3</td><td>BBB</td><td rowspan="2">F3</td></tr>
<tr><td>Baa3</td><td>BBB-</td><td>BBB-</td></tr>
<tr><td rowspan="12">투자
부적격</td><td>Ba1</td><td rowspan="12">Not-Prime</td><td>BB+</td><td rowspan="6">B</td><td>BB+</td><td rowspan="6">B</td><td rowspan="3">현재 이행능력
있지만 악화 가능</td></tr>
<tr><td>Ba2</td><td>BB</td><td>BB</td></tr>
<tr><td>Ba3</td><td>BB-</td><td>BB-</td></tr>
<tr><td>B1</td><td>B+</td><td>B+</td><td rowspan="3">투자위험도 높은</td></tr>
<tr><td>B2</td><td>B</td><td>B</td></tr>
<tr><td>B3</td><td>B-</td><td>B-</td></tr>
<tr><td>Caa1</td><td>CCC+</td><td rowspan="5">C</td><td>CCC</td><td rowspan="3">C</td><td>위험도 매우 높음</td></tr>
<tr><td>Caa2</td><td>CCC</td><td>CC</td><td>극도록 투기적</td></tr>
<tr><td>Caa3</td><td>CCC-</td><td>C</td><td>부도위험 가능</td></tr>
<tr><td rowspan="2">Ca</td><td>CC</td><td rowspan="2">RD</td><td rowspan="3">/</td><td rowspan="2">제한적 부도 상태</td></tr>
<tr><td>C</td></tr>
<tr><td>C</td><td>D</td><td>/</td><td>D</td><td>부도 상태</td></tr>
</table>

보론 7-2 면역전략

면역전략은 채권투자자의 목표투자기간과 동일한 듀레이션을 갖는 채권에 투자하면 이자율변화에 따른 채권가격의 변화와 액면이자의 재투자수익의 변화가 서로 상쇄되어 이자율변화위험을 완전히 제거시키는 면역전략을 말하며 미래현금흐름의 편차를 적게 하면서 약속수익률을 실현할 수 있게 된다.

그러나 투자자가 원하는 목표투자기간과 동일한 듀레이션을 갖는 채권을 찾는다는 것은 쉬운 일이 아니며 시간이 경과하고 시장이자율이 변화할 때마다 채권의 듀레이션이 조금씩 변하므로 채권포트폴리오를 재면역시켜야 하고 채권포트폴리오를 재구성함에 따라 거래비용이 증가한다는 문제점이 있다.

예제 7-4 목표시기면역전략

국제기업은 액면가액 10,000원이고 표면이자율 연 12% 이자후급이며 시장이자율은 8%, 만기 3년의 채권을 발행하였다. 시장이자율이 10%로 상승할 경우 채권의 시장가격은 10,497원이고 듀레이션은 2.6977년이다. 다음 물음에 답하시오.

1. 시장이자율이 8%로 불변인 경우 2.7년 후 투자자의 부를 계산하시오.

2. 시장이자율이 10%로 상승한 경우 2.7년 후 투자자의 부를 계산하시오.

풀이

1. 시장이자율이 8%로 유지될 경우 2.7년 후에 투자자의 부는 13,578원이 된다.

① 이자소득의 재투자수익은 이자수입을 남은 기간 재투자수익률 8%에 재투자한다.

$$1,200(1.08)^{1.7} + 1,200(1.08)^{0.7} = 1,368 + 1,264 = 2,634\text{원}$$

② 2.7년 시점에서 채권의 매각대금은 시장이자율 8%로 할인하여 구한다.

$$11,200/(1.08)^{3-2.7} = 10,944\text{원}$$

∴ 2.7년 후의 부 = ① + ② = 2,634 + 10,944 = 13,578원

2. 시장이자율이 10%로 상승할 경우 2.7년 후에 투자자의 부는 13,578원이 된다.

① 이자소득의 재투자수익은 이자수입을 남은 기간 재투자수익률 10%에 재투자한다.

$$1,200(1.10)^{1.7}+1,200(1.10)^{0.7}=1,411+1,283=2,694\text{원}$$

② 2.7년 시점에서 채권의 매각대금은 시장이자율 10%로 할인하여 구한다.

$$11,200/(1.10)^{3-2.7}=10,884\text{원}$$

∴ 2.7년 후의 부 = ① + ② = 2,694 + 10,884 = 13,578원

시장이자율이 8%에서 10%로 상승하면 자본손실이 60원 발생하나, 이자수입의 재투자수익은 60원 증가하는 소득효과가 발생하여 서로 상쇄됨으로써 시장이자율이 8%로 유지되었을 경우 부와 동일하여 이자율변동위험을 제거시키는 채권면역이 가능하게 된다.

• 핵심요약 •

제1절 국제채권시장의 개요

1. 국제채권시장의 정의
   해외에서 채권을 발행하여 자금을 조달하고 기발행된 채권이 유통되는 시장

2. 국제채권시장의 구분
(1) 외국채 : 외국의 차입자가 발행지 국가의 통화표시로 발행한 채권
(2) 유로채 : 채권의 발행자가 외국에서 제3국의 통화로 표시된 채권
(3) 글로벌채 : 전 세계의 투자자를 대상으로 발행되는 채권

3. 국제채권시장의 상품
   고정금리채, 변동금리채, 이중통화채, 전환사채, 신주인수권부사채, 교환사채

제2절 채권가치와 듀레이션

1. 채권의 가치평가 : 채권투자로부터 얻게 될 이자(I)와 원금(F)의 현재가치

(1) 이표채 : $P_0 = \sum_{t=1}^{n} \frac{I}{(1+r)^t} + \frac{F}{(1+r)^n}$

(2) 무이표채 : $P_0 = \frac{F}{(1+r)^n}$

(3) 영구채 : $P_0 = \frac{I}{r}$

2. 채권가격의 특성
(1) 채권가격과 시장이자율
① 이자율이 하락하면 채권가격은 상승하고 이자율이 상승하면 채권가격은 하락
② 이자율의 변동폭이 동일하면 이자율 하락에 따른 채권가격의 상승폭은 이자율상승에 따른 채권가격의 하락폭보다 크게 나타남
(2) 채권가격과 만기
③ 만기가 길어질수록 일정한 이자율 변동에 대한 채권가격의 변동폭이 커짐
④ 만기가 길어질수록 만기의 한 단위 증가에 따른 채권가격의 변동폭은 감소
(3) 채권가격과 표면이자율
⑤ 표면이자율이 낮을수록 이자율 변동에 따른 채권가격의 변동률은 커짐

3. 채권수익률의 정의 : 채권을 만기일까지 보유할 경우에 얻게 될 연평균수익률

4. 듀레이션의 개요

(1) 듀레이션의 정의 : 채권투자에 따른 현금흐름을 회수하는데 걸리는 평균기간

(2) 듀레이션의 특성 : 만기↑→ D↑, 표면이자율↑→ D↓, 만기수익률↑ → D↓

(3) 듀레이션에 의한 채권가격변동 : $dP_0 = -\frac{D}{1+r} \times dr \times P_0$

(4) 볼록성의 정의 : 이자율변화에 따른 채권가격선 기울기의 변화율을 나타냄

제3절 채권수익률의 위험구조

1. 체계적 위험

(1) 이자율변동위험 : 시장이자율의 변동으로 채권투자자의 부가 채권의 매입시점에 예상했던 부와 일치하지 않을 가능성

(2) 인플레이션위험 : 예상되지 않은 인플레이션에 따른 채권의 실질수익률의 하락

2. 비체계적 위험

(1) 채무불이행위험 : 채권발행자가 원리금을 약속한 대로 지급하지 못할 가능성

(2) 수의상환위험 : 채권발행자가 만기 이전에 약정가격에 채권을 상환할 가능성

(3) 유동성위험 : 채권투자자가 보유한 채권을 적정가격에 매각할 수 없는 위험

제4절 국제채권시장의 구성

1. 국제채권의 발행시장

(1) 발행시장의 정의
자금수요자가 채권을 발행하여 자금공급자에게 제공하고 자금을 공급받는 시장

(2) 발행시장의 구조 : 발행자(자금수요자), 발행기관, 투자자(자금공급자)

2. 국제채권의 유통시장

채권양도를 통한 유통성과 시장성 부여, 투자원본의 회수와 투자수익의 실현, 채권의 공정한 가격형성과 담보가치 증대, 발행채권의 가격결정

3. 국제채권시장의 현황

① 상품별 채권의 발행현황에서 고정금리채의 발행이 약 70% 정도를 차지하고 있어 중요한 채권발행수단으로 확고한 위치를 차지

② 지역별 채권의 발행현황에서 1990년대 선진국의 비중이 70% 수준에 머물렀으나 2000년대 들어서는 80% 수준을 넘어서고 있음

③ 통화별 채권의 발행현황에서 1990년대 미 달러화 비중이 컸고 2000년대 유로화의 비중이 증가하다 최근 달러화 비중이 증가

연 · 습 · 문 · 제

1 **다음 중 채권에 대한 설명으로 옳지 않은 것은?**

① 만기수익률을 계산하려면 반드시 채권의 현재가격을 알아야 한다.

② 채권의 시장가격은 만기일에 근접할수록 액면가액에 접근한다.

③ 무이표채는 이표채와 달리 재투자수익위험은 없고 가격위험만 있다.

④ 시장이자율이 일정하면 할증채는 만기일에 근접할수록 채권가격은 상승한다.

⑤ 시장이자율이 불변이면 액면채의 가격은 시간의 흐름에 관계없이 일정하다.

| 해설 | 시장이자율이 현재수준으로 유지되면 할증채는 만기일에 접근할수록 채권가격은 하락한다.

2 **다음 중 시장이자율과 채권가격에 관한 설명으로 가장 적절하지 않은 것은?**

① 시장이자율이 상승하면 채권가격은 하락한다.

② 채권의 만기가 길수록 동일한 이자율변동에 대한 채권가격변동폭은 커진다.

③ 채권의 만기가 길수록 동일한 이자율변동에 대한 채권가격변동폭은 체감적으로 증가한다.

④ 시장이자율 상승시 채권가격의 하락보다 동일한 시장이자율 하락시 채권가격의 상승이 더 크다.

⑤ 액면이자율이 높을수록 동일한 이자율 변동에 대한 채권가격 변동률이 더 크다.

| 해설 | 다른 조건이 동일하면 액면이자율이 낮을수록 동일한 이자율 변동에 대한 채권가격 변동률이 더 크다.

3 **앞으로 시장이자율이 하락할 것으로 예상한 투자자가 1년 동안 수익률을 극대화하기 위해 취할 수 있는 채권투자전략 중 가장 유리한 것은?**

① 상대적으로 액면이자율이 낮은 만기 1년 이상의 장기채를 매도한다.

② 상대적으로 액면이자율이 높은 만기 1년 미만의 단기채를 매입한다.

③ 상대적으로 액면이자율이 낮은 만기 1년 미만의 단기채를 매입한다.

④ 상대적으로 액면이자율이 높은 만기 1년 이상의 장기채를 매입한다.

⑤ 상대적으로 액면이자율이 낮은 만기 1년 이상의 장기채를 매입한다.

| 해설 | 시장이자율이 하락하면 채권가격은 상승하므로 시장이자율의 변화에 대한 채권가격의 변화가 큰 채권을 매입하는 것이 유리하다. 따라서 만기가 길고 표면이자율이 낮은 채권을 매입해야 자본이득을 극대화할 수 있다.

4 **액면가액 10,000원, 만기 3년, 표면이자율 연 16%(이자는 매 분기말 지급)로 발행된 회사채가 있다. 만기일까지 잔존기간이 5개월 남은 현시점에서 회사채의 만기수익률이 연 12%이면 채권의 이론가격은? (가장 근사치를 고를 것)**

① 9,890원 ② 10,000원
③ 10,112원 ④ 10,297원
⑤ 10,390원

| 해설 | 마지막 원리금을 지급하는 시점은 만기일인 5개월 후이고, 그 직전 이자를 지급하는 시점은 만기일로부터 3개월 전이다. 회사채에 투자할 경우 미래 현금흐름은 2개월 후 이자 400원과 5개월 후 원리금 10,400원을 이용하여 채권의 이론가격을 계산하면 10,297원이다.

$$P_0 = \frac{400}{1+0.12\times 2/12} + \frac{10,400}{1+0.12\times 5/12} = 10,297\text{원}$$

5 **다음 중 국제채권의 발행에 대한 설명으로 옳지 않은 것은?**

① 국내기업이 런던에서 달러표시 채권을 발행하면 이것은 유로채(Eurobond)에 해당한다.
② 앞으로 달러의 금리가 하락할 것으로 예상되는 상황에서는 달러표시 변동금리채(FRN)의 발행이 유리하다.
③ 국내기업이 해외채권을 발행하기 위해서는 Moody's나 S & P와 같은 국제신용평가기관의 신용평가가 필요하다.
④ 국내기업이 미국에서 달러표시 채권을 발행하는 경우 무기명채권(bearer bond)이 일반적이다.

| 해설 | 국제채권은 채권의 표시통화국에서 발행되면 외국채가 되고, 표시통화국 이외에서 발행되면 유로채가 된다. 일반적으로 유로채는 무기명채권으로 발행되고 외국채는 기명채권으로 발행된다. 기업의 국제채권발행에는 국제신용평가기관의 신용평가가 요구된다. 그리고 향후 금리전망은 채권의 발행형태를 결정하는데 중요한 고려사항이다. 따라서 금리하락이 예상되면 변동금리채가 유리하고, 금리상승이 예상되면 고정금리채가 유리하다.

6 **다음 중 해외채권을 발행하여 외화자금을 조달하는데 필요한 정보나 분석방법이라고 할 수 없는 것은?**

① 국제금리변동 예측을 위한 분석 ② 각국 통화간의 통화스왑 조건
③ 환율변동의 예측을 위한 분석 ④ 국제자본예산

| 해설 | 국제채권을 발행하기 위해서는 환율변동의 예측이 필요하다. 또한 각국 통화간의 통화스왑은 원하는 통화로 직접 조달하는 것보다 통화스왑을 통해 유리한 차입조건을 만들 수 있어 필요한 정보와 분석이 된다. 국제자본예산의 분석은 해외투자결정시 필요한 분석에 해당하며 채권발행시 필요한 분석이라고 할 수 없다.

7 **다음 중 해외전환사채(CB)와 해외신주인수권부사채(BW)의 대한 설명으로 옳지 않은 것은?**

① 해외전환사채의 경우 전환권을 행사하여 주식으로 전환한 후에 환위험을 회피할 수 있다.

② 해외신주인수권부사채는 신주인수권을 행사하는 경우 추가적인 자금납입이 필요하다.

③ 해외전환사채는 전환권을 분리하여 유통할 수 있기 때문에 낮은 표면이자율로 발행할 수 있다.

④ 해외신주인수권부사채는 신주인수권을 행사하면 채권자의 지위에 주주의 지위가 추가된다.

| 해설 | 전환사채(CB)는 일반사채(SB)에 전환권이 첨가되어 사채권자가 전환권을 행사하면 보통주로 전환하여 매도하면 시세차익을 얻을 수 있고 전환권을 행사하지 않으면 만기전에 확정이자와 만기에 원금을 상환받을 수 있다. 신주인수권부사채(BW)는 일반사채에 신주인수권이 첨가되어 사채권자가 신주인수권을 행사하면 기존 주주와 함께 증자에 참여할 수 있다. 신주인수권부사채에는 사채와 신주인수권이 분리되어 거래되는 분리형과 신주인수권이 사채의 권면에 붙어 있어 신주인수권만 양도할 수 없는 비분리형으로 구분된다. CB와 BW는 일반사채에 전환권이나 신주인수권과 같은 옵션이 첨가되어 있어 일반사채에 비해 낮은 이자율로 발행할 수 있으므로 채권발행자는 자본조달비용을 줄일 수 있다.

8 **다음 중 국제채권의 발행에 대한 설명으로 옳지 않은 것은?**

① 스왑과 결합하여 단순한 채권발행보다 유리한 조달조건을 얻을 수 있다.

② 유로채는 무기명채권으로 투자자의 신분이 노출되지 않는다.

③ 양키본드의 경우에는 이자소득에 대한 소득세를 미국에 납부한다.

④ 달러화 이외의 통화로 조달하는 경우 유로채의 발행이 유리하다.

| 해설 | 채권의 발행자 입장에서 변동금리채로 발행하느냐 고정금리채로 발행하느냐는 향후 금리전망에 따라 달라질 수 있다. 금리하락이 예상되면 변동금리채가 유리한 반면 금리상승이 예상되면 고정금리채가 유리하다. 그리고 단순한 채권발행보다는 스왑과 결합하면 보다 유리한 조달조건을 얻을 수 있다. 유로채는 무기명채권이므로 투자자의 신분이 노출되지 않는 반면에 외국채(양키본드)는 기명채권이므로 투자자의 신분이 노출된다. 양키본드는 이자지급시 미국에서 소득세가 원천징수되는 반면에 유로채는 소득세가 원천징수되지 않아 본국에 송금되면 본국에서 과세된다. 양키본드와 유로본드의 구분은 채권표시통화와 무관하며 달러화 조달도 유로채를 이용할 수 있다.

9 **국내기업이 국제금융시장에서 채권발행을 통해 달러로 자금을 차입하고자 한다. 채권의 발행금리를 결정하는데 직접적인 영향을 미치는 요인에 해당하지 않는 것은?**

① 미국 국채수익률

② 해당기업의 Moody's 신용평가등급

③ 한국채권에 대한 국제채권시장의 수요

④ 해당기업 주가의 체계적 위험

| **해설** | 국제금융시장에서 채권을 발행할 때 국가신용등급과 해당기업의 신용등급이 직접적인 영향을 미친다. 채권의 금리는 장기금리이며 달러로 자금을 조달할 때 기준금리는 미국의 국채수익률이다. 따라서 미국의 국채수익률도 채권의 발행금리결정에 영향을 미친다. 한국채권에 대한 국제금융시장의 수요도 채권의 발행금리에 영향을 미친다. 그러나 해당기업 주가의 체계적 위험은 채권발행금리 결정에 직접적인 영향을 미친다고 볼 수 없다.

10 **다음 중 장단기 금리역전현상이 일어나는 현상이라고 볼 수 없는 것은?**

① 장기적으로 경기침체가 예상되고 있기 때문이다.

② 단기채보다 장기채에 대한 수요가 큰 폭으로 증가했기 때문이다.

③ 단기채보다 장기채에 대한 공급이 큰 폭으로 감소했기 때문이다.

④ 단기채보다 장기채에 대한 공급이 큰 폭으로 증가했기 때문이다.

| **해설** | 일반적으로 장기금리는 단기금리보다 높은 편이다. 그러나 장기금리가 단기금리보다 낮은 상태가 되기도 하는데 이를 금리역전현상이라 한다. 이러한 현상은 장기적으로 경기가 침체할 것이라는 견해가 지배적일 때 나타나며, 시장의 수급상황에 따라 일시적으로 나타날 수도 있다. 따라서 장기채에 대한 수요의 증가 또는 공급의 감소로 장기채 가격이 상승하면 장기채 금리의 하락이 나타날 수 있다.

11 **다음 중 채권의 만기수익률에 대한 설명으로 가장 옳지 않은 것은?**

① 채권을 만기까지 보유하고 중도에 지급된 이자를 만기수익률로 재투자한다고 가정하여 만기수익률을 계산한다.

② 투자자가 채권을 현재가격에 매입하여 만기까지 보유하는 경우에 얻게 되는 내부수익률이다.

③ 순수할인채의 만기수익률은 현물이자율이 되는 반면에 이표채의 만기수익률은 현물이자율과 다를 수 있다.

④ 만기수익률 10%인 이표채를 만기까지 보유하면 연 10%의 수익률을 달성한다.

⑤ 만기수익률 8%인 무이표채를 만기까지 보유하면 연 8%의 수익률을 달성한다.

| **해설** | 이표채는 중도에 지급되는 이자를 만기수익률로 재투자할 수 없으면 사후적인 채권의 수익률은 만기수익률이 되지 않는다.

12 **다음 중 투자자들의 요구수익률이 어떤 요인에 의해 달라졌을 경우에 어느 채권가격의 변화가 가장 크다고 생각하는가?**

① 쿠폰이자율이 높은 경우　　② 쿠폰이자율이 낮은 경우
③ 만기수익률이 높은 경우　　④ 액면가액이 높은 경우

| 해설 | 채권의 만기가 길수록, 표면이자율이 낮을수록, 만기수익률이 낮을수록 듀레이션이 길다. 따라서 시장이자율의 변동에 따른 채권가격의 변동이 커지려면 듀레이션이 긴 채권에 투자해야 하므로 만기가 길고 표면이자율이 낮은 채권에 투자해야 한다.

13 **다음 중 채권의 듀레이션에 대한 설명으로 옳지 않은 것은?**

① 채권을 소유함으로써 실현될 총수입의 현재가치에 대한 각 시점에 살현될 수입의 현재가치 비율을 그 수입 실현시기까지의 기간에 따라 가중평균한 값을 말한다.
② 각 시점의 미래현금흐름에 기간을 가중평균한 값을 현재가치화한 금액의 합계와 채권의 발행가액과의 비율을 말한다.
③ 시장이자율의 변동에 대한 채권가격의 탄력성을 나타낸다.
④ 채권의 표면이자율이 낮을수록 듀레이션은 커진다.
⑤ 장기채권의 듀레이션은 단기채권의 듀레이션보다 작다.

| 해설 | 만기가 길수록, 표면이자율이 낮을수록, 만기수익률이 낮을수록, 이자지급횟수가 적을수록 듀레이션이 길다. 따라서 듀레이션과 만기와는 비례관계에 있다.

14 **채권 A의 표면이자율은 연 8%, 채권 B의 표면이자율은 연 15%, 채권 C는 순수할인채이다. 이들 채권은 모두 액면가액이 10만원, 잔존만기 3년, 이자지급시기가 같고 현재시점에서 만기수익률도 12%로 동일할 경우에 다음의 설명 중 옳지 않은 것은?**

① 채권 A의 듀레이션은 3년보다 작다.
② 채권 C의 듀레이션은 3년이다.
③ 현재시점에서 채권 B의 가격이 가장 높다.
④ 시장이자율이 상승하면 채권 B의 가격하락률이 가장 높다.
⑤ 3년간 연 12%의 수익률을 실현하려면 채권 C를 매입해야 한다.

| 해설 | ① 이표채(A, B)의 듀레이션은 만기(3년)보다 짧다.
② 순수할인채(C)의 듀레이션은 만기와 동일하다.
③ 다른 조건이 동일하면 표면이자율이 높을수록 채권의 가격은 높다.
④ 표면이자율이 낮을수록 듀레이션이 커지는데 $D_B < D_A < D_C$ = 3년이므로 채권 C의 가격변동률이 가장 크다.
⑤ 순수할인채를 만기까지 보유하면 재투자위험과 가격위험이 없기 때문에 채무불이행위험이 없는 한 만기수익률 12%를 달성하려면 채권C를 매입해야 한다.

15 **다음 중 채권의 듀레이션에 관한 설명으로 적절하지 않은 것은? 단, 이표채의 잔존만기는 1년을 초과한다고 가정한다.**

① 영구채의 듀레이션은 (1 + 만기수익률)/만기수익률이다.

② 다른 조건이 동일할 때 액면이자율이 낮은 이표채의 듀레이션이 더 길다.

③ 모든 채권은 발행 이후 시간이 경과되면 그 채권의 듀레이션은 짧아진다.

④ 다른 조건이 동일할 때 만기수익률이 상승하면 이표채의 듀레이션은 짧아진다.

⑤ 이표채의 듀레이션은 만기보다 짧다.

| 해설 | 영구채는 시장이자율이 변하지 않으면 시간이 경과해도 듀레이션이 변하지 않는다. 또한 이표채 중에 만기가 긴 할인채는 만기가 증가하면 듀레이션이 짧아지는 경우도 있다. 따라서 할인채 중에는 시간이 경과함에 따라 듀레이션이 길어지는 채권이 있을 수 있다.

16 **다음 중 채권의 듀레이션에 대한 특징으로 잘못된 것은?**

① 순수할인채의 듀레이션은 만기와 같으며, 이표채의 듀레이션은 만기보다 크다.

② 다른 조건이 동일하다면 표면이자율이 낮을수록 듀레이션은 커진다.

③ 다른 조건이 동일하다면 만기가 길어질수록 듀레이션은 커진다.

④ 다른 조건이 동일하다면 만기수익률이 높을수록 듀레이션은 작아진다.

⑤ 듀레이션은 가법성을 갖는다.

| 해설 | 순수할인채의 듀레이션은 만기와 동일하여 정비례한다. 영구채의 듀레이션은 D = (1 + r)/r이므로 만기와 무관하고, 이표채의 듀레이션은 만기에 비례하나 만기보다 작다.

17 **이표이자를 1년마다 한 번씩 지급하는 채권의 만기수익률은 연 10%이며 듀레이션을 구한 결과 4.5년으로 나타났다. 이 채권의 만기수익률이 0.1% 상승할 경우 채권가격의 변화율은 근사치로 얼마이겠는가?**
단, 채권가격의 비례적인 변화율과 만기수익률 변화간의 관계식을 이용해야 한다.

① −0.4286% ② −0.4091%

③ −0.2953% ④ −0.2143%

⑤ −0.2045%

| 해설 | $\frac{dP_0}{P_0} = -\frac{D}{1+r} \times dr = -\frac{4.5}{1.1} \times (0.1\%) = -0.4091$

18 **현재 시장이자율이 6%이고 듀레이션이 3년인 채권에 1,000만원을 투자하였다. 만일 시장이자율의 변화에 의해 566원의 채권가격상승이 있었다면 시장이자율은 얼마로 변화한 것인가?**

① 3%　　② 4%

③ 6%　　④ 8%

⑤ 9%

| 해설 | $D' = \frac{D}{1+r} = \frac{3}{1.06} = 2.83$

$P_0 = -dr \times D'$에서 $\frac{566}{10,000} = -dr \times 2.83$에서 $dr = -0.02$

19 **다음 중 국제채권시장에서 분산투자해도 제거할 수 없는 위험은?**

① 이자율변동위험　　② 채무불이행위험

③ 수의상환위험　　④ 유동성위험

⑤ 신용등급 하락위험

| 해설 | 채무불이행위험, 수의상환위험, 유동성위험, 신용등급 하락위험은 전체 채권시장과 무관한 개별기업의 비체계적 위험이므로 분산투자를 통해 제거할 수 있다. 그러나 이자율변동위험과 인플레이션위험은 전체 채권시장에 영향을 미치는 체계적 위험이므로 분산투자를 통해 제거할 수 없다.

20 **다음 중 채권수익률의 위험구조에 대한 설명으로 옳지 않은 것은?**

① 채무불이행 위험이 높을수록 채권자들이 요구하는 수익률은 높아진다.

② 기대인플레이션이 높을수록 채권가격은 낮아진다.

③ 수의상환채권의 수익률은 수의상환권이 없는 일반채권의 수익률보다 낮다.

④ 유동성위험이 높을수록 채권가격은 낮아진다.

⑤ 채무불이행위험은 채권발행자가 약정대로 원리금을 상환하지 못할 가능성이다.

| 해설 | 수의상환권이 있는 채권은 없는 채권에 비해 약속된 수익률이 실현되지 않을 가능성이 높다. 따라서 투자자들은 불확실성에 따른 위험프리미엄을 요구하여 명목수익률은 상승하고 채권가격은 하락한다.

정답									
1. ④	2. ⑤	3. ⑤	4. ④	5. ④	6. ④	7. ④	8. ④	9. ④	10. ④
11. ④	12. ②	13. ⑤	14. ④	15. ③	16. ①	17. ②	18. ②	19. ①	20. ③

C·h·a·p·t·e·r 08

국제자본비용

다국적기업의 입장에서 새로운 사업투자 및 기업운영에 필요한 자금조달과 관련해 중요한 관심사는 국제자본비용을 최소화하는 최적자본구조를 달성하는 문제이다. 따라서 다국적기업의 자금조달에서는 다양한 국제적인 자금조달원의 활용가능성과 저렴한 자금조달비용이 가장 중요한 요소라고 할 수 있다.

제1절 국제자금조달의 개요

1. 국제자금조달의 정의

국제자금조달은 기업이 자금을 조달할 때 국내금융시장뿐만 아니라 국제금융시장을 통해 다양하게 자금을 조달하는 것을 말한다. 따라서 국제자금조달의 전략은 기업가치가 극대화될 수 있도록 다양한 국내외 금융상품을 활용하여 가중평균비용을 극소화하는 최적자본구조를 선택하는 것이라고 할 수 있다.

국제자금조달은 최적의 재무구조를 달성할 수 있도록 자금을 조달하는 것을 말한다. 자금을 사용하는 대가로 지불하는 자본비용은 기업가치를 극대화할 수 있는 최적 재무구조를 결정하기 위한 기준이 되는데, 이는 보통주의 자본비용인 자기자본비용과 부채비용인 타인자본비용의 가중평균으로 계산된다.

국제금융시장에서 자금을 조달하는 기업은 다양한 선택을 할 수 있어 국내금융시장에서만 자금을 조달하는 기업에 비해 저렴하게 자금을 조달할 수 있다. 그러나 다양한 통화에 따른 환율변화, 각국에서의 금리변화, 시장간 금융규제환경의 차이, 국가별 조세제도의 차이 등 많은 요인들을 고려해야 한다.

2. 국제자금조달의 방법

(1) 금융지원제도

우리나라는 국내기업이 해외투자 프로젝트를 진행할 경우에 해외활동에 필요한 자금조달을 쉽게 할 수 있도록 한국수출입은행의 대외경제협력기금, 한국산업은행의 해외직접투자자금대출, 외국환은행들의 해외투자특별외화대출, 중소기업진흥공단의 정책자금 융자 등의 다양한 금융지원제도를 운용하고 있다.

(2) 국제금융시장

국제금융시장은 금융거래가 국가간에 또는 외국통화를 기반으로 이루어지는 시장을 말한다. 국제금융시장은 이종통화의 매매시장인 외환시장, 예금과 대출이 이루어지는 자금대차시장(간접금융시장), 주식과 채권의 발행 및 유통이 이루어지는 자본시장(직접금융시장), 외환에 관한 파생상품시장으로 구성된다.

많은 기업, 금융기관, 정부 등은 자금수요자 및 자금공급자로서 국제금융시장에 참가한다. 따라서 자금수요자의 입장에서는 국제금융시장을 이용해 최적의 조건으로 자금을 조달하기 위한 전략을 마련하고, 자금공급자의 입장에서는 국제금융시장을 이용해 최대한의 수익을 올리기 위한 전략을 마련해야 한다.

(3) 현지금융기관

외국에 진출한 기업들이 현지에서 자금을 조달하는 방법에는 증권의 발행이나 현지금융기관의 차입을 생각할 수 있다. 중소기업은 증권의 발행보다는 현지은행에서의 차입을 많이 이용한다. 현지은행의 대출에는 상업대출, 부동산대출, 개인대출 등이 있으며, 상업대출은 운전자금대출과 중장기대출로 구분된다.

(4) 주식예탁증서

주식예탁증서는 국제자본시장에서 주식의 유통수단으로 이용되는 대체증권으로 기업이 해외 증권거래소에 주식을 상장할 경우에 예상되는 발행 및 유통상 문제점을 고려하여 원주는 본국에 소재한 금융기관에 보관하고, 해외의 투자자에게는 원주에 대한 소유권을 인정하는 표시로 발행하여 주는 증서를 말한다.

주식예탁증서는 발행지역에 따라 여러 가지 종류가 발행되고 있으나 국내기업은 ADR과 GDR을 주로 활용한다. 미국시장에서 발행한 경우에는 ADR, 유럽시장에서 발행한 경우에는 EDR(European Depository Receipts), 미국과 유럽 등 복수시장에서 동시에 발행한 경우에는 GDR(Global Depository Receipts)라고 한다.

(5) 해외전환사채

전환사채는 일반사채에 채권을 발행한 회사의 주식으로 전환할 수 있는 권리가 부여된 채권이다. 채권을 주식으로 전환방식은 전환사채 발행 당시에 결정하는데, 보통 채권과 주식을 얼마의 비율로 교환할 것인가 하는 전환가격을 정해두게 된다. 이때 전환사채의 주식으로 전환은 사채 발행 후 3개월부터 가능하다.

전환사채의 발행자는 낮은 이자를 지급하고 자금을 조달할 수 있어 호황장세에서 자금조달수단으로 이용하며, 일반사채처럼 이사회 결의로 발행할 수 있다. 그러나 주주를 보호하기 위해 전환사채 전환권을 주주에게 먼저 주고, 그렇지 않은 경우 정관에 특별한 규정이 없으면 주주총회의 특별결의를 거쳐 결정한다.

(6) 신주인수권부사채

신주인수권부사채는 일반사채에 기채회사가 신주발행시 미리 약정된 가격에 따라 신주를 인수할 수 있는 권리가 부여된 사채이다. 따라서 사채권자는 약정이자를 받으면서 만기에 원금을 회수할 수 있고, 주식가격이 발행가액보다 높은 경우 자신에게 부여된 신주인수권으로 회사측에 신주의 발행을 청구할 수 있다.

발행자는 일반사채에 없는 신주인수권을 부여하여 주가상승에 따른 시세차익을 기대할 수 있어 사채의 투자수요를 유발시켜 자금조달을 촉진시킨다. 신주인수권에 대한 대가로 저리의 사채를 모집할 수 있으며, 신주인수권을 행사하더라도 사채는 존속하면서 추가자금이 납입되어 새로운 자금조달을 도모할 수 있다.

투자자는 사채의 이자소득과 주식의 자본소득을 동시에 갖고 있어 투자의 안전성과 투기성이 존재한다. 신주인수권을 행사해도 사채는 채권자에게 있고 새로 발행회사의 주식을 취득하여 주주가 될 수 있다. 따라서 사채에 의한 이자소득과 주식에 의한 배당소득, 주가상승에 따른 이익을 동시에 도모할 수 있다.

(7) 벤처캐피탈

모험자본(venture capital)은 위험한 사업에 투하되는 자본을 말하고 이러한 자본으로 영위되는 사업을 모험사업이라 한다. 모험자본은 산업기반이 취약한 첨단기술분야의 중소기업에게 과감한 투자를 유도하기 위해 조성된 금융으로 투자자는 자본에 대한 직접투자를 통한 고율의 배당과 자본이익을 기대하게 된다.

기업을 성장시키기 위한 벤처캐피탈의 목표는 주식공개에 있어 벤처캐피탈의 지원을 받은 기업들이 주로 공개를 실시하는 장외시장의 성장이 벤처캐피탈 산업성장의 선결조건이다. 벤처캐피탈의 투자유형은 창업 및 초기단계, 창업 이후 단계, 기투자업체 추가, LBO(leveraged buyout)의 네 가지 유형으로 분류한다.

벤처캐피탈은 국제기업의 유용한 자금조달방법이 될 수 있다. 개발도상국 국제기업이 선진국에 진출할 경우 고도로 발달된 선진국의 벤처캐피탈을 활용할 수 있다. 우리나라의 경우 국제화의 일환으로 미국·일본 등 선진국의 벤처캐피탈업계와 업무제휴를 통해 중소기업의 해외투자 주선 및 자금지원을 추진하고 있다.

소규모 해외투자는 벤처캐피탈회사들의 다양한 현지정보망을 이용할 수 있고, 경영자문도 구할 수 있어 자금조달 외에도 벤처캐피탈 이용상의 이점이 많다. 따라서 국내기업이 해외직접투자의 방법으로 인수합병(M&A), 국제합작투자, 현지법인 설립을 추진할 경우 현지 벤처캐피탈회사와 교류를 적극 모색할 필요가 있다.

(8) 모기지

모기지(mortgage)는 부동산에 설정한 저당권을 담보로 채무자가 발행하여 채권자에게 교부하는 유가증권을 말한다. 모기지의 가장 큰 특징은 은행이 주택관련자금을 대출한 후 대출채권을 바탕으로 증권을 발행하여 매각시킴으로써 대출기관의 자금재조달(refinancing)을 가능하게 하는 대출채권의 유가증권화에 있다.

모기지는 저당권을 바탕으로 새로운 증권을 발행한다는 뜻에서 파생증권의 일종에 해당한다. 미국의 자금조달시장에서 모기지의 비중은 약 30%를 차지하고, 유럽에서도 계속 성장하고 있다. 모기지에는 고정금리부 모기지, 조정가능금리부 모기지, 변동금리부 모기지, 물가조정 모기지, 체증상환 모기지 등이 있다.

(9) 스왑금융

스왑(swap)은 두 거래당사자가 미래의 현금흐름을 일정기간 동안 교환하기로 약정한 계약을 말한다. 옵션과 선물은 거래소를 통하여 거래가 이루어지고 표준화된 조건에 따라 계약이 체결되는 반면에, 스왑은 계약내용이 당사자의 합의에 의해서 결정되고 장외시장(OTC)에서 개별적인 형태로 계약이 체결된다.

금리스왑은 동일한 통화로 표시된 채무를 부담하는 두 당사자가 일정기간 이자지급의무를 교환하여 부담하기로 약정한 계약을 말한다. 금리스왑에는 변동금리채무와 고정채무금리간의 이자를 교환하는 쿠폰스왑(coupon swap)과 산정방식이 서로 다른 변동금리채무간의 이자를 교환하는 기준금리스왑이 있다.

통화스왑은 서로 다른 통화로 표시된 채무를 부담하는 두 당사자가 일정기간 이자는 물론 원금상환의무까지 교환하여 부담하기로 약정한 계약을 말한다. 통화스왑은 서로 다른 통화의 교환이라는 점과 원금까지 교환한다는 점에서 금리스왑과 차이가 있다. 통화스왑에는 채무대상스왑과 직접통화스왑이 있다.

제2절 국제자금조달의 전략

1. 국제자금조달의 과정

국제자금조달의 과정에서 중요한 것은 기업의 자금수요와 전체적인 자금흐름의 특성을 고려해 다양한 자금조달방법을 선택함으로써 기업가치를 극대화할 수 있는 최적자본구조를 찾아야 한다. 국제금융시장을 이용해 기업의 가중평균자본비용을 최소화하기 위한 의사결정과정은 [그림 8-1]에 제시된 단계를 따른다.

▌그림 8-1▌ 국제자금조달의 결정과정

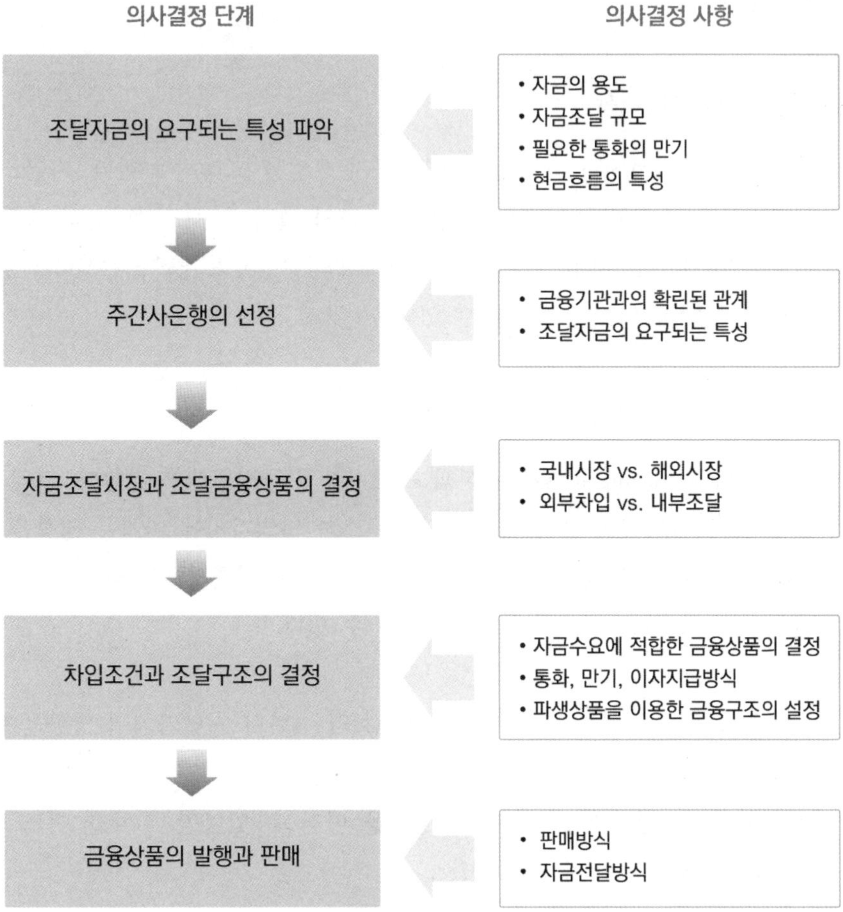

자료 : 김인준, 국제금융론, 율곡출판사, p.292.

첫째, 자금의 용도를 정하여 자금규모를 결정하고, 자금조달을 위한 금융상품의 표시통화, 발행지, 만기도 고려한다.

둘째, 자금이 원활히 조달되도록 차입계획의 수립부터 금융상품의 발행과 판매까지 중추적인 역할을 하는 금융기관을 선정해야 하는데, 금융기관의 전문성과 능력은 최적자금조달에 중요한 요인이다.

셋째, 국제금융시장에서 자금조달의 비중과 외부차입의 비중을 결정한다.

넷째, 금융상품의 구조와 특성을 보다 구체적으로 결정한다. 여기서 파생금융상품 등을 이용한 복합적인 차입구조를 만들어낼 수 있다.

다섯째, 이러한 과정을 통해서 결정된 금융상품을 발행하고 판매하여 필요한 자금을 확보하는 단계이다.

2. 자금조달시 고려사항

국제자금조달의 과정에서 단계별로 여러 가지 요인을 고려해야 한다. 자금조달구조의 결정과 관련하여 중요한 문제에는 최적자본구조의 결정, 부채조달방식의 결정(고정금리부채와 변동금리부채의 구성비율, 단기부채와 장기부채의 구성비율, 통화별 구성비율 등), 파생상품을 이용한 금융상품의 결정을 들 수 있다.

(1) 자본구조이론의 정의

자본구조(capital structure)는 타인자본과 자기자본의 구성상태를 말한다. 그리고 자본구조이론은 다른 조건이 동일한 상태에서 자본구조가 기업가치에 미치는 영향을 분석하여 기업가치를 극대화할 수 있는 자본구조를 찾고자 하는 이론을 말한다. 일반적으로 자본구조이론의 주요 논점은 다음과 같이 제시할 수 있다.

첫째, 다른 조건이 동일한 상태에서 자본구조의 변화가 기업가치에 영향을 미칠 수 있는가?

둘째, 자본구조의 변화가 기업가치에 영향을 미칠 수 있다면, 부채를 어느 정도 사용해야 기업가치를 극대화할 수 있는가?

기업가치(V)는 기업이 보유하고 있는 자산의 총가치를 말하며, 이는 기업이 보유하고 있는 자산으로부터 얻게 될 미래의 현금흐름(C_t)을 현금흐름의 위험이 반영된 적절한 할인율 또는 가중평균자본비용(k_0)으로 할인한 현재가치로 측정할 수 있다. 따라서 기업가치를 결정하는 요소는 다음과 같이 제시할 수 있다.

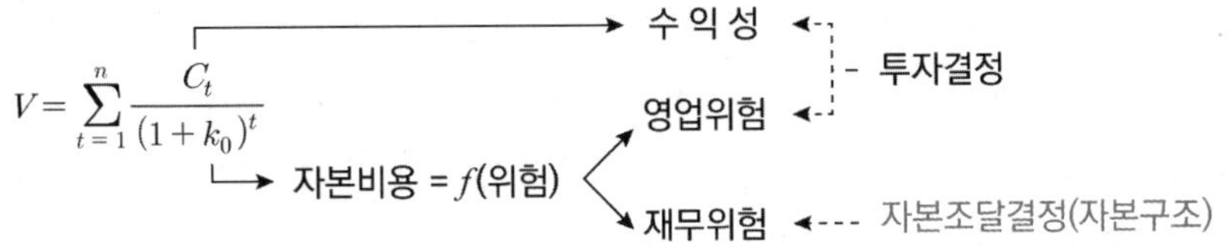

자본구조이론은 기업의 투자결정과 관련된 요소인 수익성(현금흐름)과 영업위험은 정해진 것으로 가정하고, 자본구조가 기업가치에 미치는 영향을 분석한다. 이 경우 자본구조의 변화는 자본구조 → 재무위험 → 원천별 자본비용 → 가중평균자본비용 → 기업가치의 순으로 영향을 미치게 된다.

요컨대 기업가치를 극대화하는 자본구조는 가중평균자본비용을 극소화하는 자본구조와 같은 의미가 된다. 따라서 자본구조이론은 기업의 자본구조가 가중평균자본비용에 미치는 영향을 분석하여 가중평균자본비용을 극소화할 수 있는 최적자본구조이론을 찾고자 하는 이론이라고 할 수도 있다.

(2) 최적자본구조의 정의

일반적으로 기업은 경영활동에 필요한 모든 자금을 자기자본이나 타인자본으로만 조달하는 것은 바람직하지 않고 양자를 적절히 혼합하는 것이 바람직하다고 할 수 있다. 그런데 기업이 타인자본을 사용하면 기업가치 또는 가중평균자본비용에 다음과 같이 두 가지 상충적인 영향을 미치게 된다.

첫째, 타인자본비용의 저렴효과는 타인자본의 사용이 증가할수록 상대적으로 자본비용이 저렴한 타인자본비용에 대한 가중치가 증가하여 가중평균자본비용이 낮아지고, 기업가치가 상승하는 효과를 말한다.

둘째, 자기자본비용의 상승효과는 타인자본의 사용이 증가할수록 주주들이 부담하는 재무위험이 증가함에 따라 자기자본비용이 상승하여 가중평균자본비용이 높아지고, 기업가치가 하락하는 효과를 말한다.

자본구조와 기업가치의 관계는 두 가지 상충적인 효과의 크기에 따라 달라진다. 불완전자본시장에서는 세금, 파산비용, 대리문제, 정보불균형 등의 요소가 주가로 영향을 미친다. 이러한 효과를 종합적으로 고려했을 때 가중평균자본비용이 최소가 되는 자본구조가 기업가치를 극대화하는 최적자본구조라고 할 수 있다.

Kraus & Litzenberger(1973)는 법인세와 파산비용을 동시에 고려한 자본구조이론을 제시하였다. 이들은 부채사용이 이자비용의 법인세 절감효과로 인한 기업가치의 증가효과와 파산비용으로 인한 기업가치의 감소효과를 동시에 가져다주기 때문에 기업가치를 극대화할 수 있는 최적자본구조가 존재한다고 주장하였다.

법인세와 파산비용을 동시에 고려하면 부채기업의 가치(V_L)는 무부채기업의 가치(V_U)에 법인세를 고려할 경우 레버리지이득(B·t_c)은 가산하고 기대파산비용의 현재가치(PVBC : present value of expected bankruptcy cost)는 차감해 다음과 같이 구할 수 있다. 레버리지이득은 부채의 사용정도에 비례하여 증가한다.

$$V_L = V_U + B \cdot t_c - PVBC \tag{8.1}$$

따라서 레버리지이득만 고려하면 부채사용이 증가할수록 기업가치도 비례해서 증가한다. 기대파산비용의 현재가치(PVBC)가 기업가치에 미치는 영향은 부채의 사용수준에 따라 달라진다. 부채의 사용수준이 미미해서 파산가능성이 없을 경우에는 PVBC가 기업가치에 아무런 영향을 미치지 않는다. 부채의 사용수준이 일정수준을 초과하면 PVBC가 급격히 증가해서 기업가치를 크게 하락시키게 된다.

이러한 사실을 감안해서 자본구조와 기업가치의 관계를 도시하면 [그림 8-2]와 같다. 다국적기업의 부채의 사용수준이 B/S^* 이하일 경우에는 파산확률이 없거나 아주 작기 때문에 부채의 추가사용으로 인한 한계 레버리지이득이 한계 PVBC보다 크게 나타나서 부채의 사용이 증가할수록 기업가치가 증가하게 된다.

그러나 부채의 사용수준이 B/S^*를 초과하면 파산확률이 급증하여 부채의 추가사용으로 인한 한계 레버리지이득보다 한계 PVBC가 더 커서 부채사용이 증가할수록 기업가치가 감소한다. 따라서 부채의 추가사용으로 인한 한계 레버리지이득과 한계 PVBC가 일치하는 B/S^*가 기업가치를 극대화하는 최적자본구조가 된다.

▌그림 8-2▌ 파산비용과 기업가치

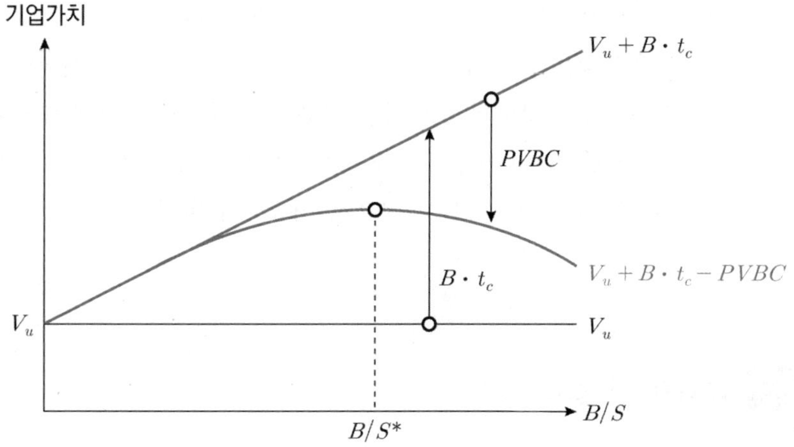

(3) 부채조달방식의 결정

부채비율을 결정하면 부채종류를 선택하기 위해 금리형태, 만기, 표시통화 등의 요소를 고려해야 한다. 이러한 요소를 고려할 때 기업은 부채의 구성을 자산에서 발생하는 현금흐름의 특성과 일치시켜야 한다. 이를 통해 파산이 발생할 가능성을 최소화하여 더 많은 부채조달에 의한 세금절감효과를 제고시킬 수 있다.

금리형태와 관련하여 상대적으로 고정수입을 가진 기업은 고정금리부채를 발행하는 것이 좋은 반면 변동금리로 대출하는 금융기관과 같이 수입이 시장금리에 따라 변하는 기업은 변동금리부채를 가져야 한다. 또한 만기와 관련하여 부채의 상환일정이 기업의 자산으로부터 기대되는 현금흐름과 일치해야 함을 의미한다.

일반적으로 기업은 이자율 및 환율을 정확하게 예측할 수 있는 독점적인 정보나 능력을 가지고 있지 않기 때문에 자금조달을 투기의 수단으로 이용하는 것은 도움이 되지 않는다. 시장에서 미래의 이자율 및 환율에 대한 예상은 선도금리 및 선도환율로 나타나는데, 미래의 가격이 이러한 시장의 예상과 달라질 수 있다.

(4) 국제금융상품의 결정

금리형태, 만기, 표시통화 등 부채조달방식이 결정되면 금융상품을 선택해야 한다. 예컨대 미달러화를 변동금리로 조달하면 변동금리부 채권(FRN)을 발행할 수 있고, 미달러표시 회사채를 발행하여 금리스왑을 하면 금리를 낮출 수 있다. 유로표시 유로채를 발행하여 통화스왑을 하면 저렴한 변동금리를 확보할 수도 있다.

기업들이 국제금융시장을 이용하여 자금을 조달하는 과정에서 구체적인 금융상품을 결정할 때 자본비용을 최소화시켜야 한다는 목표와 함께 자금조달에 수반되는 위험을 헤징하기 위해 파생금융상품을 이용할 수도 있다. 파생금융상품은 금리변동위험을 회피하거나 축소시킬 수 있는 헤징거래의 목적으로 이용해야 한다.

제3절 국제자본비용의 개요

기업의 최적자본구조는 자금조달에 따른 비용을 극소화함으로써 기업가치를 극대화시킬 수 있는 자기자본과 타인자본의 구성비율을 말한다. 따라서 국제금융시장에서 자금조달을 통해 최적의 자본구조를 달성하기 위해서는 우선 자금조달의 비용, 즉 가중평균자본비용이 어떻게 산출되는지를 이해해야 한다.

1. 국제자본비용의 정의

자본비용(cost of capital)은 기업이 자금을 제공한 주체에게 지급하는 자금의 사용에 대한 대가를 말한다. 자금조달정책은 여러 자금조달원을 이용하여 자본구조를 적절히 조절함으로써 자본비용을 극소화하는 정책을 말한다. 따라서 자본비용은 기업가치를 극대화하는 최적자본구조를 결정하는 기준이 된다.

기업이 경영활동에 사용하고 있는 자본은 조달원천에 따라 타인자본과 자기자본으로 구분한다. 타인자본(부채)는 차입금이나 회사채와 같이 채권자로부터 조달한 부분을 말한다. 이는 자기자본과 비교할 때 자금조달의 원천이 다르고 변제기한이 있으며, 배당이 아닌 이자가 지급된다는 점에서 차이가 있다.

따라서 기업의 경영활동이 어려운 불황기에도 원리금 지급이 불가피하여 기업의 안정성 측면에서 타인자본은 가능한 적게 사용하는 것이 바람직하다. 그러나 호황기에는 레버리지 효과가 존재하기 때문에 이를 적절히 조절할 필요가 있다. 반면에 자기자본은 유상증자를 통해 주주로부터 조달한 것을 말한다.

투자자 입장에서는 기업에 투자한 자본에 대해 최소한으로 기대하는 요구수익률이며, 경우에 따라서는 기회비용의 개념으로서 기업이 선택하지 않은 대체 투자안으로부터 얻을 수 있는 가장 높은 수익률을 의미하기도 한다. 따라서 자본비용은 기업의 투자결정에 중요한 영향을 미치는 요인 중 하나이다.

기업의 입장에서는 자본사용에 대한 대가를 지불하기 위해 벌어들여야 할 최소한의 요구수익률을 의미하므로 투자안의 가치를 평가하는 기준이 된다. 즉 투자안의 기대수익률이 자본비용을 초과해야 투자할 것이므로 투자의 기대수익률이 자본비용보다 높은가의 여부는 투자안의 선택에 결정적인 기준이 된다.

자본비용은 각 투자안의 위험을 고려하여 결정되는데, 기업의 재무구조가 부채와 자기자본으로 구성되어 있는 경우 타인자본비용과 자기자본비용을 가중평균한 자본비용이 사용된다. 그러나 자본비용은 각 투자안의 위험을 정확하게 측정하는 것이 불가능하여 주관적 판단의 개입 여지가 많다는 단점이 있다.

2. 국제자본비용의 종류

기업의 자금조달원천에는 타인자본(부채)과 자기자본이 있다. 원천별 자본비용(component cost of capital)은 부채와 자기자본에 대해 각각 부담해야 하는 자본비용을 말하고, 가중평균자본비용(weighted average cost of capital)은 원천별 자본비용을 타인자본과 자기자본의 구성비율로 가중평균한 값을 말한다.

(1) 타인자본비용

타인자본비용은 부채비용(cost of debt)으로 채권자들이 자본을 제공하는 대가로 요구하는 수익률이다. 타인자본비용의 추정치에는 평균차입금리, 발행채권의 표면금리, 자금조달원천별 차입금리의 가중평균 등이 있는데 미국은 기업의 발행채권과 유사한 신용위험을 가진 채권들의 평균금리를 주로 사용한다.

1) 세전 타인자본비용

타인자본비용은 부채로 자금을 조달할 경우에 기업이 부담하는 비용으로 채권자가 요구하는 수익률과 동일하다. 타인자본비용은 부채의 시장가치(P_0)와 부채조달의 대가로 지급해야 하는 이자(I)와 원금(F)의 현재가치를 일치시켜 주는 할인율이다. 따라서 식

(8.2)를 만족시키는 k_d가 채권자의 요구수익률이다.

$$P_0 = \sum_{t=1}^{n} \frac{I}{(1+k_d)^t} + \frac{F}{(1+k_d)^n} \tag{8.2}$$

2) 세후 타인자본비용

기업이 부채조달에 대한 대가로 지급하는 이자비용은 손익계산서상 비용으로 인정되기 때문에 법인세를 절감시켜 주는 효과가 있다. 따라서 기업이 실제로 부담하는 타인자본비용은 세전 타인자본비용 k_d에서 이자비용의 법인세절감효과 $k_d \times t_c$를 차감한 값이 되는데, 이를 세후 타인자본비용이라고 한다.

$$\text{세후 타인자본비용} = k_d - k_d \times t_c = k_d(1-t_c) \tag{8.3}$$

예제 8-1 타인자본비용

서울기업은 신규투자안에 필요한 투자자금 1억원 중에서 5,000만원을 부채로 조달할 예정이다. 무위험이자율은 10%, 시장포트폴리오의 기대수익률은 15%, 법인세율은 40%라고 한다. 다음의 각 경우에 부채로 조달하는 자금에 대해서 서울기업이 부담해야 하는 타인자본비용을 계산하시오.

1. 액면가액 100,000원, 표면이자율 10%, 만기 5년인 회사채를 액면가액으로 발행하여 조달할 경우
2. 베타가 0.4인 부채를 발행하여 조달할 경우
3. 무위험부채를 발행하여 조달할 경우

풀이

1. k_d = 표면이자율 = 10% → $k_d(1-t_c) = 10(1-0.4) = 6\%$
2. $k_d = R_f + [E(R_m) - R_f]\beta_d = 10 + (15-10)0.4 = 12\%$ → $k_d(1-t_c) = 12(1-0.4) = 7.2\%$
3. k_d = 무위험이자율 = 10% → $k_d(1-t_c) = 10(1-0.4) = 6\%$

(2) 자기자본비용

자기자본비용은 주식의 자본비용(cost of equity)으로 증권시장에서 기업이 주식을 발행하여 자금을 조달할 경우 주식투자자들에 의해 요구되는 수익률을 말한다. 자기자본비용은 기업의 주식가치와 밀접한 관련이 있으며 타인자본비용에 비해 측정하기가 어렵기 때문에 다양한 측정방법이 제시되고 있다.

1) 보통주의 자본비용

자기자본비용은 보통주를 발행하여 자금을 조달할 때 부담하는 비용을 말한다. 자기자본비용은 자본자산가격결정모형(CAPM)이나 차익거래가격결정모형(APM)과 같은 균형가격결정모형이나 배당평가모형을 이용하여 구할 수 있다. 일반적으로 가장 많이 이용되는 방법은 CAPM과 고든의 일정성장모형이다.

① CAPM을 이용하는 경우

증권시장선(SML)에 의해 산출되는 개별주식의 기대수익률은 주주들이 그 주식에 대해 요구하는 수익률이므로 기업의 입장에서 보면 주식을 발행하여 자금을 조달하고자 할 때 부담해야 하는 자기자본비용의 의미를 갖는다. 따라서 자기자본비용은 SML에 주식베타(β_i)를 대입하여 다음과 같이 구할 수 있다.

$$k_e = R_f + [E(R_m) - R_f]\beta_i \tag{8.4}$$

식(8.4)에서 $E(R_m)$과 R_f는 자본시장에서 결정되는 외생변수에 해당하여 체계적 위험을 나타내는 베타계수가 주주들의 기대수익률을 결정하는 변수가 된다. 따라서 체계적 위험을 나타내는 베타계수(β_i)에 주주들이 부담하는 위험을 적절히 반영하게 되면 체계적 위험이 반영된 기대수익률을 산출할 수 있다.

예제 8-2 자기자본비용 : 균형가격모형의 이용

대우기업의 현재 부채비율(B/S)은 현재 0.5이고, 주식베타는 1.56이다. 대우기업의 부채는 무위험부채이고 무위험이자율은 10%, 시장포트폴리오의 기대수익률은 20%, 법인세율은 40%라고 가정한다.

1. 대우기업의 자기자본비용을 구하시오.

2. 대우기업의 부채비율이 1로 변경되는 경우 자기자본비용을 구하시오.

풀이

1. 부채비율이 0.5인 경우 자기자본비용

   $k_e = R_f + [E(R_m) - R_f]\beta_i = 0.1 + (0.2-0.1) \times 1.56 = 0.256$

2. 부채비율이 1.0인 경우 자기자본비용

   대우기업의 자료를 이용하여 영업위험만 반영된 베타를 구하면 다음과 같다.

   $\beta_L = \beta_U[1+(1-t_c)\frac{B}{S}] \rightarrow 1.56 = \beta_U[1+(1-0.4)\times 0.5] \rightarrow \beta_U = 1.2$

   부채비율이 1로 변경된 경우 주식베타와 자기자본비용을 구하면 다음과 같다.

   $\beta_L = \beta_U[1+(1-t_c)\frac{B}{S}] = 1.2[1+(1-0.4)\times 1] = 1.92$

   $k_e = R_f + [E(R_m) - R_f]\beta_i = 0.1 + (0.2-0.1) \times 1.92 = 0.292$

② 배당평가모형을 이용하는 경우

주주가 요구하는 수익률(자기자본비용)은 주식가치평가모형을 이용해 구할 수도 있다. 주주의 요구수익률은 기업으로부터 수령할 배당금(d_t)의 현재가치가 자신이 제공한 금액(주식의 시장가치)을 일치시켜 주는 할인율을 의미한다. 따라서 식(8.5)를 만족시켜 주는 k_e가 주주의 요구수익률이다.

$$P_0 = \sum_{t=1}^{\infty} \frac{d_t}{(1+k_e)^t} \tag{8.5}$$

주식의 현재가격이 주식가치평가모형(배당평가모형)에 의해 산출된 경우에는 주식가격을 계산하기 위해 사용한 할인율을 자기자본비용(k_e)으로 이용한다. 배당평가모형을 이용하여 자기자본비용을 계산할 때 기업의 성장이 없는 제로성장모형의 경우에 자기자본비용은 다음과 같이 구할 수 있다.

$$P_0 = \frac{d_1}{k_e} \rightarrow k_e = \frac{d_1}{P_0} \tag{8.6}$$

고정성장모형은 미래의 주당배당금(DPS)이 영구히 일정한 비율 g %만큼 성장한다고 가정하는 모형을 말하며 고든(M.Gordon)이 제시하였다. 따라서 기업이 지속적으로 성장하여 주당배당금이 매년 일정비율로 영구히 증가하는 일정성장모형의 경우에 자기자본비용은 다음과 같이 구할 수 있다.

$$P_0 = \frac{d_1}{k_e - g} \rightarrow k_e = \frac{d_1}{P_0} + g \tag{8.7}$$

예제 8-3 자기자본비용 : 배당평가모형의 이용

부산기업의 보통주는 한국거래소에서 20,000원에 거래되고 있다. 다음의 각 경우에 부산기업의 자기자본비용을 구하시오.

1. 당기말 배당금이 1,000원으로 예상되고, 배당의 성장률이 연 6%로 일정한 경우
2. 전기말 배당금이 1,000원이고, 배당의 성장률이 연 5%로 일정할 경우
3. 당기말 주당이익이 2,000원으로 예상되고 이 중에서 40%를 배당으로 지급할 예정이며, 유보이익에 대한 재투자수익률이 연 10%로 일정할 경우

풀이

1. $k_e = \frac{d_1}{P_0} + g = \frac{1{,}000}{20{,}000} + 0.06 = 0.11$

2. $k_e = \frac{d_1}{P_0} + g = \frac{1{,}050^*}{20{,}000} + 0.05 = 0.1025$

* $d_1 = d_0(1 + g) = 1{,}000 \times 1.05 = 1{,}050$원

3. $k_e = \frac{d_1}{P_0} + g = \frac{800^{*1}}{20{,}000} + 0.06^{*2} = 0.10$

*1 $d_1 = d_0(1+g) = 2{,}000 \times 1.04 = 800$원

*2 $g = b \times r = (1-0.4) \times 0.1 = 0.06$

2) 우선주의 자본비용

우선주를 발행하여 자금을 조달하면 매년 일정한 배당금을 지급해야 하므로 매년 일정액의 이자를 지급하는 부채와 같이 타인자본으로 간주한다. 다만, 우선주에 대한 배당금은 이자비용과 달리 세후순이익에서 지급하므로 법인세절감효과는 발생하지 않는다. 따라서 우선주의 자본비용은 다음과 같이 구할 수 있다.

$$P_0 = \frac{d_p}{k_p} \rightarrow k_p = \frac{d_p}{P_0} \tag{8.8}$$

3) 유보이익의 자본비용

유보이익으로 자금을 조달하면 이자비용이나 배당금과 같은 명시적 비용은 없지만 보통주주에게 귀속될 이익을 재투자를 위해 유보한 것이므로 유보이익의 자본비용은 보통주의 자본비용과 같다. 그러나 보통주를 발행하면 자금조달비용이 발생하므로 보통주의 자본비용은 유보이익의 자본비용보다 크게 나타난다.

(3) 자금조달경비

자금조달경비(floatation cost)은 주식발행비나 사채발행비와 같이 자금을 조달하는 과정에서 발생하는 부대비용을 말한다. 투자금액의 조달과정에서 자금조달비용이 발생한 경우에는 이를 적절히 반영해서 자본비용을 산출해야 한다. 여기에는 자본비용에 반영하는 방법과 현금유출로 처리하는 방법이 있다.

1) 자본비용에 반영하는 경우

자금조달비용을 자본비용에 하는 것은 자금조달경비의 영향만큼 원천별 자본비용

을 높여주는 방법이다. 식(8.2)과 식(8.7)에서 P_0의 자금을 조달하는데 f만큼의 자금조달경비가 발생하면 순조달액은 $P_0 - f$가 된다. 따라서 자금조달경비를 고려한 타인자본비용(k_d)과 자기자본비용(k_e)은 다음과 같이 구할 수 있다.[7)]

$$P_0 - f = \sum_{t=1}^{n} \frac{I}{(1+k_d)^t} + \frac{F}{(1+k_d)^n} \tag{8.9}$$

$$k_e = \frac{d_1}{P_0 - f} + g \tag{8.10}$$

식(8.9)와 식(8.10)에서 자금조달경비는 투자자금의 조달금액을 감소시키기 때문에 원천별 자본비용을 상승시키는 효과가 있다. 그리고 자금조달경비가 손익계산서상에서 비용으로 처리되는 경우에는 법인세의 절감효과(tax shield)가 있으므로 법인세 절감효과를 반영한 자금조달경비는 $f(1-t_c)$가 되어야 한다.

2) 현금유출로 처리하는 경우

자금조달경비를 원천별 자본비용에 반영하지 않고 투자안의 현금유출로 처리할 수도 있다. 투자안의 현금유출로 처리할 경우에는 자금조달경비를 반영하지 않은 자본비용을 할인율로 사용해야 한다. 자세한 내용은 가중평균자본비용법의 한계점을 보충하는 [보론 8-1]의 수정현재가치(APV)법에서 살펴본다.

예제 8-4 주식발행비를 고려한 자기자본비용

현대공업의 보통주는 현재 증권시장에서 20,000원에 거래되고 있으며, 보통주를 발행하는데 1,000원의 주식발행비가 발생한다. 현대공업은 금년도말 1,000원의 배당을 지급할 예정이며 이익과 배당의 성장률은 10%이고 법인세율은 40%이다. 주식발행비를 당기비용으로 처리하는 경우 다음 물음에 답하시오.

1. 유보이익으로 자금을 조달하는 경우 자기자본비용을 구하시오.
2. 주식발행으로 자금을 조달하는 경우 자기자본비용을 구하시오.

---

7) CAPM은 완전자본시장을 가정하는 모형이기 때문에 자금조달경비를 고려한 자기자본비용을 계산할 때는 배당평가모형(항상성장모형)을 주로 이용한다.

풀이

1. 유보이익으로 자금을 조달하는 경우 자기자본비용은 다음과 같이 구할 수 있다.

$$k_e = \frac{d_1}{P_0} + g = \frac{1,000}{20,000} + 0.1 = 0.15$$

2. 주식발행으로 자금을 조달하는 경우 자기자본비용은 다음과 같이 구할 수 있다.

$$k_e = \frac{d_1}{P_0 - f} + g = \frac{1,000}{20,000 - 1,000} + 0.1 = 0.1526$$

(4) 가중평균자본비용

1) WACC의 정의

기업의 자본제공자인 채권자와 주주가 부담하는 위험은 서로 다르기 때문에 채권자가 요구하는 수익률(타인자본비용)과 주주가 요구하는 수익률(자기자본비용)은 서로 다르다. 일반적으로 주주가 부담하는 위험이 채권자가 부담하는 위험보다 크기 때문에 주주의 요구수익률은 채권자의 요구수익률보다 높다.

기업이 타인자본과 자기자본을 이용해서 자금을 조달할 경우 조달된 자금 전체에 대한 자본비용은 타인자본과 자기자본비용을 자본구성비율(타인자본과 자기자본이 각각 총자본에서 차지하는 비중)로 가중평균한 값이 되는데, 이를 가중평균자본비용(WACC : weighed average cost of capital)이라고 한다.

국내기업이 외국에 해외직접투자를 결정하는 과정에서 소요되는 대규모의 자금을 국제금융시장에서 조달할 경우에 조달한 총자본이 타인자본과 자기자본으로 구성되어 있다고 가정하자. 일반적으로 자본비용은 식(8.11)과 같이 타인자본비용(k_d)과 자기자본비용(k_e)의 가중평균자본비용(k_0)으로 구할 수 있다.

$$k_0 = k_d(1 - t_c)\frac{B}{S+B} + k_e\frac{S}{S+B} \tag{8.11}$$

2) 가중치의 기준

가중평균자본비용을 계산할 때 원천별 자본비용에 대한 가중치(부채와 자기자본이 총자본에서 차지하는 비중)의 부여방법에는 다음의 세 가지가 있다.

① 장부가치기준

장부가치기준은 타인자본과 자기자본의 장부가치를 기준으로 가중치를 부여하는 방법을 말한다. 장부가치는 재무제표상의 과거 회계자료를 그대로 이용하여 계산이 편리하다는 장점은 있지만 원천별 자본에 대한 과거의 역사적 가치만 나타내고 현재의 경제적 가치를 반영하지 못하므로 타당한 방법으로 볼 수 없다.

② 시장가치기준

시장가치기준은 증권시장에서 평가된 타인자본과 자기자본의 시장가치를 기준으로 가중치를 부여하는 방법을 말한다. 시장가치는 현재의 경제적 가치를 반영하여 장부가치를 기준으로 산출한 가중평균비용보다 타당하다고 할 수 있다. 그러나 시장가치가 변화할 때마다 가중평균비용이 달라진다는 단점이 있다.

③ 목표자본구조기준

목표자본기준은 기업이 목표로 하는 목표자본구조 또는 최적자본구조를 기준으로 가중치를 부여하는 방법을 말한다. 기업이 기업가치를 극대화시킬 수 있는 목표자본구조를 가지고 있다면 목표자본구조를 유지할 수 있도록 자본을 조달할 것이므로 목표자본구조를 가중치로 하는 것이 가장 타당하다고 할 수 있다.

예제 8-5 가중평균자본비용

홍익기업의 자금조달 원천별 장부가치와 세전 자본비용은 각각 다음과 같다.

원 천	장부가치	세전 자본비용
부 채 보통주	1,000만원 1,000만원	10% 16%

홍익기업의 부채는 액면가액 10,000원인 사채 1,000좌로 구성되고(액면발행), 주식가격은 15,000원이며, 발행주식수는 1,000주이다. 홍익기업의 목표자본구조(부채/총자본)는 30%이다. 법인세율을 50%라고 가정하여 다음 물음에 답하시오.

1. 장부가치를 기준으로 가중평균자본비용을 구하시오.
2. 시장가치를 기준으로 가중평균자본비용을 구하시오.

3. 목표자본구조를 기준으로 가중평균자본비용을 구하시오.

풀이

1. 장부가치를 기준으로 가중평균자본비용을 구하면 다음과 같다.

$$k_0 = k_d(1-t_c)\frac{B}{S+B}+k_e\frac{S}{S+B} = 0.1(1-0.5)\times\frac{1,000}{2,000}+0.16\times\frac{1,000}{2,000} = 0.105$$

2. 시장가치를 기준으로 가중평균자본비용을 구하면 다음과 같다.

$$k_0 = k_d(1-t_c)\frac{B}{S+B}+k_e\frac{S}{S+B} = 0.1(1-0.5)\times\frac{1,000}{2,500}+0.16\times\frac{1,500}{2,500} = 0.116$$

3. 목표자본구조를 기준으로 가중평균자본비용을 구하면 다음과 같다.

$$k_0 = k_d(1-t_c)\frac{B}{S+B}+k_e\frac{S}{S+B} = 0.1(1-0.5)\times\frac{3}{10}+0.16\times\frac{7}{10} = 0.127$$

보론 8-1 수정현재가치법

일반적으로 투자안을 평가하는데 가중평균자본비용법을 사용한다. 그러나 가중평균자본비용법은 투자안의 목표자본구조를 알 수 있다는 가정하에 자본조달의 효과를 할인율에 반영하여 투자안의 가치를 평가한다. 따라서 목표자본구조를 알 수 없는 경우에는 적용하기가 어렵다는 한계점을 지니고 있다.

가중평균자본비용을 산출할 때는 자본조달의 효과 중 부채사용에 따른 이자비용의 절세효과만 고려하는데, 현실에는 이자비용의 절세효과 이외에도 주식발행비, 사채발행비, 특혜금융의 효과 등의 자본조달의 효과도 있다. 이러한 효과들을 모두 반영해서 가중평균자본비용을 산출하는 것은 어려운 일이다.

수정현재가치법은 가중평균자본비용의 단점을 해결하기 위해 자본조달의 효과를 기대현금흐름에 반영하여 투자안의 가치를 평가한다. 따라서 목표자본구조를 알 수 없어도 부채조달액만 알 수 있으면 적용할 수 있고, 자본조달과 관련해서 발생하는 효과들을 모두 고려해서 투자안의 가치를 평가할 수 있다.

수정현재가치법의 논리는 기업가치를 평가하는 방법 중 MM의 수정이론을 이용하는 방법과 같다. MM의 수정이론은 무부채기업의 가치를 계산한 후 여기에 부채사용의 효과(레버리지이득)를 가산하여 부채를 사용하고 있는 기업의 가치를 구한다. 이를 순가치로 전환해서 적용한 것이 수정현재가치법이다.

국제재무관리에서 자본예산은 가장 중요한 재무의사결정 중의 하나이다. 수정현재가치법(adjusted present value method : APV법)에서는 투자자금을 모두 자기자본으로 조달해서 투자한다고 가정할 경우의 NPV(기본 NPV)를 산출한 후 여기에 자본조달효과의 NPV를 가산하여 투자안의 가치를 평가한다.

$$\text{APV} = \text{기본 NPV} + \text{자본조달효과의 NPV} \tag{8.12}$$

자본조달효과의 NPV에는 자금조달경비의 효과, 이자비용의 절세효과, 특혜금융의 효과 등이 있을 수 있다. 수정현재가치법은 투자안의 가치에 영향을 미치는 요소들을 따로따로 평가한 다음 이를 더해서 투자안의 가치를 평가하기 때문에 각 요소마다 현금흐름의 위험에 따라 할인율을 달리 적용해야 한다.

• 핵심요약 •

제1절 국제자금조달의 개요

1. 국제자금조달의 정의

   최적자본구조를 달성할 수 있도록 금융시장에서 금융상품을 이용해 자금조달

2. 국제자금조달의 방법

   금융지원제도, 국제금융시장, 현지금융기관, 주식예탁증서, 국제채권시장, 벤처캐피탈, 모기지, 스왑금융

제2절 국제자금조달의 전략

1. 국제자금조달의 과정

   기업의 자금수요와 전체 자금흐름의 특성을 고려해 자금조달방법 선택

2. 자금조달시 고려사항

   최적부채비율의 결정, 부채조달방식의 결정, 구체적인 금융상품의 결정

(1) 자본구조이론의 정의

   다른 조건이 동일한 상태에서 자본구조가 기업가치에 미치는 영향을 분석

(2) 최적자본구조의 정의

   기업가치가 최대가 되는(또는 가중평균자본비용이 최소가 되는) 자본구조

(3) 부채조달방식의 결정

   부채종류를 선택하기 위해 금리형태, 만기, 표시통화 등의 요소를 고려

(4) 국제금융상품의 결정

   자금조달에 수반된 위험을 헤징하고 자본비용을 최소화하는 금융상품 선택

제3절 국제자본비용의 개요

1. 국제자본비용의 정의

   기업이 자본을 사용하는 대가로 자본제공자들에게 지급하는 비용

2. 국제자본비용의 종류

(1) 타인자본비용 : 타인자본으로 자금을 조달할 때 부담해야 하는 자본비용

(2) 자기자본비용 : 자기자본으로 자금을 조달할 때 부담해야 하는 자본비용

(3) 자금조달경비 : 자금의 조달과정에서 발생하는 주식발행비와 사채발행비

(4) 가중평균자본비용 : 원천별 자본비용을 시장가치기준에 따라 자본구성비율로 가중평균 한 것

연·습·문·제

1 **다음 중 다국적기업의 자본비용에 대한 설명으로 가장 옳은 것은?**

① 자기자본비용은 부채의존도와는 무관하다.
② 타인자본비용이 자기자본비용보다 더 크다.
③ 신규투자안 평가시 기존의 WACC를 사용한다.
④ WACC이 최소가 되는 자본구성이 최적자본구조이다.
⑤ 사내유보이익을 투자재원으로 사용하는 경우 자본비용이 없다.

| **해설** | ① 부채사용이 증가할수록 주주의 위험이 커지기 때문에 자기자본비용은 부채사용이 증가함에 따라 상승한다.
② 일반적으로 채권자가 부담하는 위험이 주주가 부담하는 위험보다 작기 때문에 타인자본비용은 자기자본비용보다 작다.
③ 신규투자안을 평가할 경우에는 그 투자안의 위험이 반영된 자본비용을 사용해야 한다.
④ 가중평균자본비용(WACC)이 최소가 되는 자본구성이 기업가치를 극대화할 수 있는 최적자본구조에 해당한다.
⑤ 유보이익은 보통주주에게 귀속될 이익을 유보한 것이기 때문에 보통주를 이용하여 자금을 조달할 때와 동일한 자본비용을 부담한다.

2 **다음 중 다국적기업의 자본비용에 대한 설명으로 옳지 않은 것은?**

① 부채비용과 자기자본비용을 가중평균하여 기업전체의 자본비용을 구한다.
② 신용도가 높은 기업일수록 가중평균자본비용은 낮아진다.
③ 다른 조건이 같다면 자기자본비용이 부채비용보다 높다.
④ 부채비율이 낮을수록 가중평균자본비용이 낮아진다.

| **해설** | 자본비용은 기업가치를 결정하는 중요한 요인이며 투자결정의 기준이 된다. 가중평균자본비용(WACC)은 부채비용과 자기자본비용을 자본구성비율로 가중평균하여 산출한다. 다른 조건이 같다면 자기자본비용은 부채비용보다 높다. 가중평균자본비용은 자기자본비용보다 낮고 부채비용보다 높다. 신용도가 높은 기업일수록 부채비용이 낮아지므로 가중평균자본비용이 낮아진다. 부채비율이 낮을수록 가중평균자본비용이 낮아진다고 할 수 없다.

3 **다음 중 글로벌기업의 자본비용에 대한 설명으로 적절하지 않은 것은?**

① 부채비용과 자기자본비용을 가중평균하여 기업전체의 자본비용을 구한다.
② 신용도가 높은 기업일수록 가중평균자본비용은 낮아진다.
③ 다른 조건이 같다면 자기자본비용이 부채비용보다 높다.
④ 부채비율이 낮을수록 가중평균자본비용이 낮아진다.

| **해설** | 자본비용은 기업가치를 결정하는 중요한 요인이며 투자결정의 기준이 된다. 가중평균자본비용(WACC)은 부채비용과 자기자본비용을 자본구성비율로 가중평균하여 산출한다. 다른 조건이 같다면 자기자본비용은 부채비용보다 높다. 가중평균자본비용은 자기자본비용보다 낮고 부채비용보다 높다. 신용도가 높은 기업일수록 부채비용이 낮아지므로 가중평균자본비용이 낮아진다. 부채비율이 낮을수록 가중평균자본비용이 낮아진다고 할 수 없다.

4 다음 중 국내기업이 부채로 자본을 조달할 경우에 적절하지 못한 전략은 어느 것인가?

① 국제수지의 흑자가 예상되는 국가의 자본시장에서 자본조달

② 기업이미지가 잘 알려진 국가의 자본시장에서 자본조달

③ 국제수지의 적자가 예상되는 국가의 자본시장에서 자본조달

④ 통화가치가 하락할 것으로 예상되는 통화로 자본조달

| 해설 | 국제수지흑자가 예상되는 경우에는 해당 통화가치가 상승한다. 따라서 부채로 자본을 조달하는 경우에 장래 상환해야 하는 금액이 증가하기 때문에 불리하다.

5 부채가 전혀 없는 세종공업의 자기자본비용은 7%인데 신규사업을 위해 (무위험)부채를 조달한 후 부채비율(부채/자기자본)이 100%가 되었다. 무위험이자율은 5%이고 시장포트폴리오의 기대수익률은 9%이다. 법인세율이 40%일 때 세종공업의 자기자본비용은 얼마로 변하겠는가?

① 7% ② 7.4%

③ 7.8% ④ 8.2%

⑤ 12.2%

| 해설 | $k_e^L = \rho + (\rho - k_d)(1-t_c)\frac{B}{S} = 0.07 + (0.07 - 0.05)(1-0.4) = 0.082$

6 연세기업의 주식베타는 2.05이고 법인세율은 30%이다. 연세기업과 부채비율 이외의 모든 것이 동일한 고려기업은 부채 없이 자기자본만으로 자본을 구성하고 있는데 주식베타는 1.0이고 기업가치는 100억원이다. CAPM과 MM이론이 성립한다고 가정할 때 연세기업의 가치는 근사치로 얼마인가? 단, 하마다모형을 이용한다.

① 114억원 ② 118억원

③ 122억원 ④ 124억원

⑤ 167억원

| 해설 | $\beta_L = \beta_U\left[1+(1-t_c)\frac{B}{S}\right] \rightarrow 2.05 = 1.0\left[1+0.7\times\frac{B}{S}\right] \rightarrow \frac{B}{S} = 1.5 \therefore B = \frac{1.5}{2.5}V$

$V_L = V_U + B\times t_c \rightarrow V = 100 + \frac{1.5}{2.5}\times V\times 0.3 \rightarrow V = 121.95$억

7 현재 부채와 자기자본비율이 50:50인 대덕전자의 주식베타는 1.5이다. 무위험이자율이 10%, 시장포트폴리오의 기대수익률은 18%이다. 대덕전자의 재무담당자는 신주발행을 통해 조달한 자금으로 부채를 상환하여 부채와 자기자본비율을 30:70으로 변경하였다. 법인세가 없고 무위험부채의 사용을 가정할 경우 다음 설명 중 옳지 않은 것은? (단, 소수점 셋째 자리에서 반올림)

① 자본구조 변경 전의 자기자본비용은 22.0%이다.
② 자본구조 변경 전의 자산베타는 0.75이다.
③ 자본구조 변경 후의 주식베타는 1.07로 낮아진다.
④ 자본구조 변경 후의 자기자본비용은 20.56%로 낮아진다.
⑤ 자본구조 변경 후의 가중평균자본비용은 16%로 변경 전과 같다.

| 해설 | ① $k_e = R_f + [E(R_m) - R_f]\beta_L = 0.10 + (0.18 - 0.10) \times 1.5 = 0.22$

② $\beta_A = \beta_L \times \frac{S}{V} + \beta_B \times \frac{B}{V} = 1.5 \times 0.5 + 0 \times 0.5 = 0.75$

③ $1.5 = \beta_U \left[1 + (1-0)\frac{0.5}{0.5}\right] \rightarrow \beta_U = 0.75$

$\therefore \beta_L = 0.75\left[1 + (1-0)\frac{0.3}{0.7}\right] = 1.0714$

④ $k_e = 0.10 + (0.18 - 0.10) \times 1.0714 = 0.1857$

⑤ 자본구조 변경 전 : $k_0 = 0.1 \times 0.5 + 0.22 \times 0.5 = 0.16$

자본구조 변경 후 : $k_0 = 0.1 \times 0.3 + 0.1857 \times 0.7 = 0.16$

8 동아화성은 자동차부품 사업에 진출하는 투자안을 검토하고 있다. 신규투자안과 동일한 사업을 하고 있는 한농화성은 주식 베타가 1.5이며 부채를 사용하지 않는다. 동아화성은 신규투자안에 대해 목표부채비율(B/S)을 100%로 설정하였다. 필요한 차입금은 10% 무위험이자율로 조달할 수 있고, 법인세율은 40%, 시장포트폴리오의 기대수익률은 15%이다. 동아화성이 신규투자안의 순현재가치를 산출하기 위해 사용해야 할 적절한 할인율은 얼마인가?

① 10%
② 12%
③ 14%
④ 18%
⑤ 22%

| 해설 | $\beta_L = \beta_U\left[1 + (1-t_c)\frac{B}{S}\right] = 1.5[1 + (1-0.4) \times 1 = 2.4$

$k_e = R_f + [E(R_M) - R_f]\beta_L = 0.1 + (0.15 - 0.1) \times 2.4 = 0.22$

$k_0 = k_d(1-t_c) \times \frac{B}{V} + k_e \times \frac{S}{V} = 0.1(1-0.4) \times \frac{1}{2} + 0.22 \times \frac{1}{2} = 0.14$

9 **동일한 회사에서 자산, 부채, 자기자본에 대해서 요구되는 수익률을 큰 것부터 작은 것의 순서로 나열할 경우 옳은 것은?**

① 부채, 자산, 자기자본
② 자산, 부채, 자기자본
③ 자산, 자기자본, 부채
④ 자기자본, 부채, 자산
⑤ 자기자본, 자산, 부채

| 해설 | 주주의 요구수익률(자기자본비용)은 주주가 부담하는 영업위험과 재무위험으로 채권자의 요구수익률(타인자본비용)보다 높다. 자산의 자본비용(가중평균자본비용)은 자기자본비용과 타인자본비용을 가중평균한 것으로 자기자본비용과 타인자본비용의 중간에 속한다.

10 **다음 중 불완전자본시장에서 유보이익의 자본비용에 대한 옳은 설명은?**

① 신주발행에 의한 자기자본비용보다 작다.
② 신주발행에 의한 자기자본비용과 같다.
③ 신주발행에 의한 자기자본비용보다 크다.
④ 신주발행에 의한 자기자본비용과 무관하다.
⑤ 자본비용이 발생하지 않는다.

| 해설 | 거래비용이 없는 완전자본시장에서 유보이익의 자본비용은 자기자본비용과 동일하다. 그러나 거래비용이 있는 불완전자본시장에서는 신주발행시 거래비용이 발생하므로 신주발행의 자기자본비용이 유보이익의 자기자본비용보다 크다.

11 **현재 동국제강의 주식가격은 18,000원이고 주당배당금은 1,100원이며 배당의 연간 성장률은 10%이다. 무위험이자율이 10%이고 시장포트폴리오의 기대수익률이 15%인 경우 동국제강 주식의 베타는 얼마인가?**

① 0.86
② 0.95
③ 1.34
④ 1.38
⑤ 2.15

| 해설 | $k_e = \frac{D_1}{P_0} + g = \frac{1,100(1.1)}{18,000} + 0.1 = 0.1672$

$$k_e = R_f + [E(R_m) - R_f]\beta_i \rightarrow 0.1672 = 0.10 + (0.15 - 0.10)\beta_i \rightarrow \beta_i = 1.34$$

12 (주)벤처는 현재 부채 5,000만원과 보통주 5,000만원으로 이루어져 있으며, 총자산규모가 2억원이 되도록 사업규모를 확장하려고 한다. (주)벤처는 사업을 확장하더라도 현재의 최적자본구조를 계속 유지할 것이며, 사업확장에 필요한 자본은 지급이자율이 5%인 회사채와 보통주를 발행하여 조달하기로 결정하였다. 보통주의 시장가격은 20,000원이고, 배당금은 주당 1,000원을 지급하고 있으며 향후 5%로 계속 성장할 것으로 예상한다. 신주발행비용은 주당 2,500원이 소요되고 법인세율이 40%일 때 (주)벤처의 자본조달비용은? 단, 부채의 발행비용은 없고 조달된 자본으로 시작하는 사업은 현행과 동일하며, 위험변화는 없다고 가정한다.

① 6%
② 7%
③ 8%
④ 9%
⑤ 10%

| 해설 | (1) 주식을 발행하여 자금을 조달하는 경우 자금조달비용을 고려하면 자기자본비용은 다음과 같이 수정될 수 있다.

$$k_e = \frac{d_1}{P_0 - f} + g = \frac{1,000(1.05)}{20,000 - 2,500} + 0.05 = 0.11$$

(2) 목표자본구조는 부채 : 자기자본 = 5 : 5이므로 목표자본구조를 기준으로 가중평균자본비용을 구하면 다음과 같다.

$$k_0 = k_d(1-t_c) \times \frac{B}{S+B} + k_e \times \frac{S}{S+B} = 0.05(1-0.4) \times \frac{5}{10} + 0.11 \times \frac{5}{10} = 0.07$$

13 한솔제지의 주가는 20,000원이고 당기말 주당배당액은 1,000원으로 예상되며 이익 및 배당의 성장률은 6%이다. 한솔제지가 신주를 발행할 경우 2,000원의 경비가 발생한다면 유보이익과 보통주의 자본비용은 각각 얼마인가?

	유보이익	보통주 자본비용
①	11.00%	11.32%
②	11.00%	11.56%
③	11.32%	11.10%
④	11.56%	11.10%
⑤	11.10%	11.10%

| 해설 | (1) 유보이익으로 자금을 조달하는 경우 자기자본비용은 다음과 같이 구할 수 있다.

$$k_e = \frac{d_1}{P_0} + g = \frac{1,000}{20,000} + 0.06 = 0.11$$

(2) 주식발행하여 자금을 조달하는 경우 자기자본비용은 다음과 같이 구할 수 있다.

$$k_e = \frac{d_1}{P_0 - f} + g = \frac{1,000}{20,000 - 2,000} + 0.06 = 0.1156$$

14 중앙기업의 자본구조와 자금조달에 따른 자본비용은 다음과 같다. 법인세율이 30%이면 중앙기업의 가치를 계산하는데 적절한 가중평균자본비용은 얼마인가?

구 분	장부가치(억원)	시장가치(억원)	목표자본구조(%)	자본비용(%)
부 채	400	400	50	10
우선주	200	250	20	14
보통주	300	400	30	20

① 12.3%　② 12.9%
③ 13.6%　④ 14.1%
⑤ 14.8%

| 해설 | 기업의 장기적인 목표자본구조에 의해 가중평균자본비용을 구하면 다음과 같다.
$k_0 = 10\%(1-0.3)\times0.5 + 14\%\times0.2 + 20\%\times0.3 = 0.123$

15 대우건설의 자본구조는 부채 20%와 자기자본 80%로 구성되어 있다. 대우건설의 최고경영진은 부채를 추가로 조달하여 자사주매입 후 소각을 통해 부채비율을 100%로 조정하고자 한다. 현재 무위험수익률은 3%이고, 대우건설 보통주의 베타는 2.3이며 법인세율은 40%이다. 부채를 추가로 조달한 후의 베타에 가장 가까운 것은? 단, CAPM 및 MM의 수정이론(1963)이 성립하고, 부채비용은 무위험수익률과 동일하다고 가정한다.

① 3.05　② 3.10
③ 3.15　④ 3.20
⑤ 3.25

| 해설 | 부채는 무위험수익률과 동일하므로 부채는 무위험부채이다. 따라서 기존의 주식베타와 자본구조를 이용하여 영업위험만 반영된 베타를 구하면 다음과 같다.
$\beta_L = \beta_U\left[1+(1-t_c)\frac{B}{S}\right] \to 2.3 = \beta_U\left[1+(1-0.4)\times\frac{20}{80}\right] \to \beta_U = 2$
부채를 추가로 조달한 후의 베타는 $\beta_L = 2[1+(1-0.4)\times1] = 3.2$가 된다.

정답　1. ④　2. ④　3. ④　4. ①　5. ④　6. ③　7. ④　8. ③　9. ⑤　10. ①
11. ③　12. ②　13. ②　14. ①　15. ④

PART

3

국제경영전략

C·h·a·p·t·e·r 09

국제자본예산

국제자본예산은 다국적기업이 해외직접투자를 할 경우 고려되는 총괄적인 계획을 말하며 국내투자와 기본적으로 동일하다. 그러나 기업내 미시적인 측면뿐만 아니라 세계 및 국내의 경기동향 및 거시적인 요인의 분석도 포함되기 때문에 그 범위가 매우 광범위하며 환위험과 정치적 위험을 추가로 고려해야 한다.

제1절 국제자본예산의 개요

1. 국제자본예산의 정의

기업이 국제화를 하고 기업의 경영전략에 따라 해외직접투자의 필요성이 생기면 여러 투자안 중 기업가치를 극대화시킬 수 있는 투자안을 선택한다. 국제자본예산은 주어진 투자기회를 이용할 것인가 아니면 이용하지 않을 것인가를 판단하는 것으로 최고경영자에게는 의사결정기준과 이론적 체계가 필요하다.

국제자본예산(international capital budgeting)은 해외투자에 따른 기대이익, 비용, 위험 등을 계량화하여 투자결정을 가능하게 하는 기법을 말한다. 자본예산의 기법은 경영자가 여러 나라에 퍼져 있는 실물자산에 대한 투자기회를 객관적으로 평가하게 하여 희소한 경영자원을 효율적으로 배분하도록 돕는다.

요컨대 국제자본예산은 투자대상에서 현금흐름이 1년 이상의 장기에 걸쳐 나타나는 실물자산의 취득과 관련된 총괄적인 계획과 평가의 과정을 말한다. 실물자산에 대한 투자의 결과로 발생하는 영업현금흐름과 현금흐름의 불확실성은 기업가치를 결정하는 요인이므로 자본예산은 중요한 투자의사결정에 속한다.

2. 국제자본예산의 목표

다국적기업에게 주어진 자원은 한정되어 있어 해외직접투자를 수행할 경우 한정된 자원을 이용하여 기업목표를 효율적으로 달성하려면 투자안의 경제성분석이 필수적이다. 따라서 기업의 경영자는 해외투자를 결정할 때 각 대안별로 초기투자액과 이후에 발생할 현금흐름, 투자안의 관계 등을 파악해야 한다.

국제자본예산을 수행하는 기준은 실물자산에 대한 투자결정을 통한 순현재가치(NPV)의 극대화이다. 기업가치는 실물자산에 대한 투자에 의해 결정되며 NPV의 극대화를 이루는 투자결정에 의해 기업가치는 극대화된다. 즉 NPV의 극대화를 통해 기업가치의 극대화라는 국제재무관리의 목표를 달성할 수 있다.

순현재가치의 극대화 → 기업가치의 극대화 → 국제재무관리의 목표달성

3. 국제자본예산의 절차

국제자본예산을 수행하는 과정은 기업이 직면한 상황에 따라서 달라질 수 있지만 일반적으로 다음과 같은 과정을 거쳐 이루어진다. 국제재무관리에서 자본예산은 해외투자안에서 예상되는 영업현금흐름을 추정한 후 이를 평가해서 투자안의 채택여부를 결정하는 투자안의 경제성을 분석하는 것만을 의미한다.

해외투자안 탐색 → 현금흐름 추정 → 경제성분석 → 해외투자안 재평가

4. 국제자본예산의 중요성

첫째, 현대기업은 대규모의 자금을 생산시설에 집중투자함에 따라 유동성을 상실할 위험이 발생할 수 있다. 따라서 소요되는 대규모의 투자자금을 적기에 조달하기 위해서는 면밀한 자금조달계획이 필요하며, 기업의 장기적인 경영전략 및 미래의 경제상황에 대한 분석을 바탕으로 신중하게 수행되어야 한다.

둘째, 현대기업은 생산시설의 자동화를 통한 원가인하와 품질향상에 의해 경쟁기업에 경쟁우위를 유지할 수 있어 국가정책과 소비자욕구 등의 요인을 분석하여 투자를 결정한다. 그리고 자본지출은 현재에 이루어지는 반면에 미래의 현금유입은 불확실하여 수요의 시기와 규모에 대한 사전예측이 중요하다.

셋째, 국제자본예산은 투자효과가 장기간에 걸쳐 나타나서 불확실성에 노출되고 기업의 경영활동은 한번 내려진 투자결정으로 큰 제약을 받을 수 있다. 따라서 투자기간의 예측부터 최종투자안의 선정까지 미래의 자금수요와 투자효과에 대한 과학적 접근방법에 의한 합리적 예측을 바탕으로 이루어져야 한다.

5. 국제자본예산의 특수성

해외투자안을 평가하거나 대체적인 해외투자안의 우선순위를 결정하는 방법도 기본적으로는 국내자본예산과 동일하다. 다만, 국제자본예산에서는 다음과 같은 여러 가지 요인으로 국내자본예산에 비해 복잡하고 어려운 문제점이 발생하기 때문에 이러한 요인을 적절히 고려해서 투자안의 경제성을 평가해야 한다.

(1) 영업현금흐름의 추정

국제자본예산의 경우 모회사의 입장에서 추정한 현금흐름은 해외자회사의 입장에서 추정한 현금흐름과 다를 수 있다. 이러한 차이는 환위험, 국가위험, 외환통제로 인한 송금제한, 각국의 상이한 조세제도, 해외투자가 다국적기업의 수출에 미치는 간접적인 영향 등 여러 가지 요인에 의해 발생할 수 있다.

그렇다면 모회사의 입장과 해외자회사의 입장에서 추정한 현금흐름이 서로 다를 경우에 어떠한 방법으로 해외투자안을 평가해야 할 것인가? 기업재무이론에 의하면 해외투자로부터의 현금흐름은 최종투자자인 모회사 주주의 입장에서 추정해야 하기 때문에 국제자본예산도 모회사의 입장에서 편성해야 한다.

우선 해외자회사를 모회사와 분리된 독립적인 법인으로 간주하여 해외투자로부터의 현금흐름을 해외자회사의 입장에서 추정하고, 해외자회사를 다국적기업의 일부로 간주하여 모회사의 입장에서 현금흐름의 크기, 현금이체방법, 국제조세문제 등의 문제점을 고려하여 현금흐름을 추정하는 것이 바람직하다.

(2) 해외투자위험의 고려

복수의 해외투자안에 대한 우선순위를 결정할 경우에 대부분의 다국적기업은 물가가 안정되어 있고 환율변동이 심하지 않으며 정치적 위험이 높지 않은 국가에 대한 투자를 선호할 것이다. 그러나 현실적으로 이러한 지역에만 투자할 수 없으며 해외투자위험이 상존하는 국가에도 투자를 해야 하는 경우도 있다.

이러한 경우에 다국적기업은 환율변동이나 금리변동에 따른 시장위험뿐만 아니라 정치적 위험, 인플레이션위험, 과실송금제한과 같은 각종 해외투자위험을 신중하게 고려하여 해외투자의 선택여부를 결정해야 한다. 해외투자위험을 고려하는 방법에는 할인율을 조정하거나 현금흐름을 조정하여 자본예산을 편성한다.

(3) 현지정부의 각종 혜택

다국적기업이 해외투자안의 경제성을 평가하는 경우에는 환위험, 정치적 위험, 인플레이션위험, 송금제한위험 등의 각종 해외투자위험만을 고려할 것이 아니라 현지정부가 외국기업을 자국에 유치하기 위해 외국기업에 제공하는 각종 보조금이나 조세감면 등의 혜택도 고려하여 국제자본예산에 포함시켜야 할 것이다.

(4) 해외투자안의 자본비용

자본비용(cost of capital)은 기업이 경영활동에 필요한 자본을 조달하고 자본을 사용하는 대가로 자본제공자에게 지급하는 비용을 말한다. 자본비용은 기업의 입장에서 조달된 자본에서 벌어들여야 하는 최소한의 필수수익률을 나타내고, 투자자의 입장에서 제공한 자본에 대해서 요구하는 최소한의 수익률을 나타낸다.

그러나 기업의 자본제공자인 채권자와 주주가 부담하는 위험은 서로 다르기 때문에 각자의 요구수익률인 원천별 자본비용도 서로 다르다. 따라서 기업이 총자본에 대해 부담하는 비용은 원천별 자본비용을 원천별 자본비용이 총자본에서 차지하는 비율로 가중평균한 비용이 되는데, 이를 가중평균자본비용이라고 한다.

요컨대 국제금융시장을 이용하는 기업의 경우에는 자본조달의 원천이 다양하고 정치적, 경제적, 사회적 환경이 서로 다르기 때문에 국내기업의 자본비용과 다르다. 즉 해외투자안을 평가할 경우 사용되는 자본비용은 환위험, 정치적 위험, 국가위험, 과실송금제한 등의 요인으로 인해 국내투자안의 자본비용과 다르다.

첫째, 국제금융시장의 분리가능성에 따른 국제분산투자의 가능성, 재산몰수, 과실송금제한과 같은 외환통제, 불리한 세금정책 등의 국가위험과 환위험은 해외투자안의 자본비용을 증가시킨다. 국제자본예산에서 설명한 해외투자안에서는 세금을 제외한 모든 현금흐름이 본국에 송환되는 것으로 가정한다.

그러나 현지국 정부는 과실송금에 매우 민감하게 반응하며 실제로 과실송금에 제약을 가할 우려가 있다. 그리고 해외투자를 할 때 대개 양국 정부 사이에 이중과세방지협정을 체결하여 세금이 이중으로 부과되지 않도록 하지만 경제관행이나 문화 등의 차이로 인해 여러 가지 제약요인이 존재할 수 있다.

둘째, 해외투자안의 자본비용을 감소시켜 주는 국제분산투자효과이다. 세계 각국의 자본시장은 서로 완전한 상관관계에 있지는 않다. 따라서 자국내의 유가증권에만 투자하는 경우에 비해 분산투자효과를 크게 얻을 수 있다. 그리고 이러한 분산투자효과의 증가는 자본비용을 감소시키는 효과를 갖는다.

국제재무관리에서 해외투자와 함께 중요한 기업활동은 해외자본조달이다. 어떤 기업이 활발한 해외영업활동으로 해외에서의 자본조달이 용이하다면 그 기업은 자본의 이용가능성을 제고시켜 자본비용을 낮출 수 있다. 또한 효율적인 분산투자로 위험감소효과를 거둘 수 있다면 자본비용을 더 낮출 수 있다.

셋째, 국내외금융시장을 이용하는 기업이 자본조달비용을 최소화하기 위해서는 세율이 낮은 지역에서 자본을 조달하는 것이 유리할 것이다. 국제조세문제와 관련해서 자본조달비용을 줄이기 위해 법인세를 비롯한 각종 세금을 거의 부과하지 않는 조세천국(tax heaven)을 적절히 이용하는 방법이 있다.

조세천국은 법인세, 증여세, 원천징수세, 양도소득세 등의 각종 세금을 전혀 부과하지 않거나 아주 낮은 세율을 작용하는 국가를 말한다. 조세천국에서 유가증권을 발행하는 경우에는 투자자의 이자소득에 과세하지 않으므로 다른 지역에서보다 낮은 이자율에도 만족할 수 있어 조달비용을 줄일 수 있다.

(5) 해외투자안의 평가

일반적으로 투자결정을 비롯한 기업의 모든 의사결정은 현재시점에 이루어지는 반면 의사결정에 따른 현금흐름은 미래시점에 실현된다. 따라서 동일한 금액이라도 실현시점의 차이에 따른 현금흐름은 서로 다른 가치를 갖기 때문에 기업이 정확한 재무의사결정을 위해서는 화폐의 시간가치를 반드시 고려해야 한다.

해외투자안의 경제성평가는 기본적으로 국내투자안과 동일한 방법으로 이루어진다. 그러나 해외투자안의 경제성을 평가할 경우에는 환율변동에 따른 위험, 정치적 위험, 송금제한 등의 각종 해외투자위험과 현지국정부가 제공하는 각종 보조금 및 조세특혜 등 여러 가지 요인을 추가적으로 고려하여 분석해야 한다.

해외투자안의 경제성분석에서 순현재가치법과 내부수익률법은 해외투자안에서 발생하는 현금흐름과 화폐의 시간가치를 고려하여 많이 이용되는 분석방법들이다. 그러나 내부수익률법에 의한 평가결과는 재무관리의 목표인 기업가치의 극대화를 달성하지 못하는 경우도 있어 순현재가치법이 더 우수한 평가방법이다.

그리고 동일한 해외투자안에 대해 순현재가치법에 의한 평가결과와 내부수익률법에 의한 평가결과가 다르게 나타날 수 있다. 이러한 경우에 순현재가치법으로 평가하는 것이 내부수익률법으로 평가하는 것보다 더 우월하다. 그 이유는 자본비용으로 재투자한다는 순현재가치법의 가정이 보다 합리적이기 때문이다.

따라서 해외투자안에 대한 경제성분석은 순현재가치(NPV)법을 적용한다. 즉 해외투자안에서 발생하는 영업현금흐름을 추정한 후 현금흐름에 적절한 자본비용으로 할인한 현재가치를 산출하여 순현재가치(NPV)가 0보다 크면 투자안을 채택하게 된다. 일반적으로 해외투자안의 평가단계는 다음과 같이 이루어진다.

우선 해외투자안에서 발생하는 미래의 모든 영업현금흐름을 현지통화로 추정한 후에 미래의 기대현물환율을 적용하여 투자기간의 영업현금흐름을 자국통화가치로 환산한다. 그리고 자국통화가치로 추정된 미래의 영업현금흐름을 자국통화기준의 적절한 자본비용으로 할인하여 순현재가치(NPV)를 계산하게 된다.

그러나 해외투자안을 분석할 경우에는 고려해야 하는 요인들을 계량화하는 것이 복잡하다. 왜냐하면 국가마다 환율, 세금이 서로 다르고 위험에 영향을 미치는 요인들에 차이가 있기 때문이다. 따라서 순현재가치법으로 투자안을 분석할 경우 환율예측, 해당국의 조세체계 등을 감안해서 현금흐름을 추정해야 한다.

그리고 해외투자안의 순현재가치를 계산할 때 국제평가이론에 따라 산출된 환율을 토대로 현금흐름을 추정해야 한다는 점에 유의해야 한다. 예컨대 외환시장에서 예상되는 것보다 달러화 강세를 예상하여 달러화를 원화로 환산하게 되면 원화기준 현금흐름이 증가하여 순현재가치가 0보다 커질 수도 있기 때문이다.

기업이 선물환거래를 이용하면 환율을 고정시킬 수 있어 해외투자결정과 미래의 환율변동은 독립적이다. 따라서 투자안에서 발생하는 미국 달러화의 현금흐름을 토대로 현재시점에 선물환을 체결하여 선물환율로 고정시키면, 원화로 환산된 현금흐름은 대미달러화의 환율변동에 관계없이 확실한 값을 가질 수 있다.

▌그림 9-1▐ 국제자본시장의 자본비용

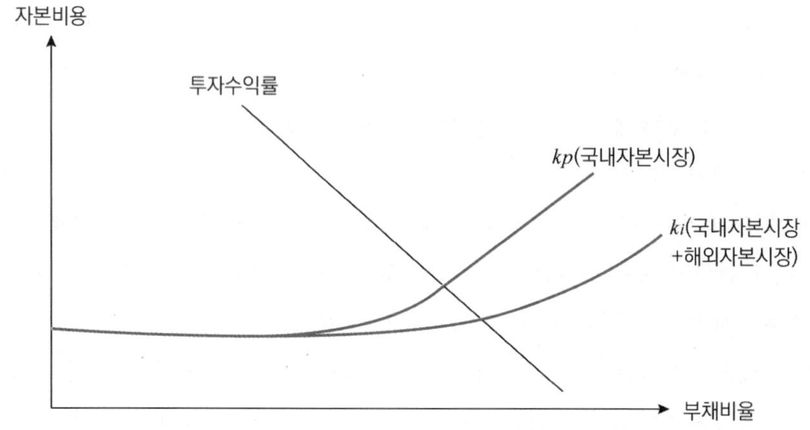

제2절 영업현금흐름의 추정

투자안의 가치는 투자안을 수행할 때 기내되는 영업현금흐름의 현재가치로 측정되며 투자안 선택의 궁극적인 기준은 NPV의 극대화 또는 기업가치의 극대화이다. 따라서 각 투자안에서 발생하는 미래의 영업현금흐름을 정확하게 추정하여 투자안의 채택여부를 결정하는 것이 자본예산을 수행하는데 중요한 부분이다.

1. 영업현금흐름의 정의

자본예산에서 측정대상이 되는 순현금흐름(net cash flow)은 투자로 인해 기업에 들어오는 내용연수 동안의 현금유입액에서 투자로 인해 기업에서 나가는 현금유출액을 차감한 영업활동에서 발생하는 현금흐름을 말한다. 이는 투자자금을 모두 자기자본으로 조달하여 부채를 사용하지 않는다고 가정하여 산출한 금액이다.

$$\text{순현금흐름} = \text{현금유입액} - \text{현금유출액} \tag{9.1}$$

2. 현금흐름의 추정원칙

실물자산에 대한 투자안의 평가는 회계적 이익이 아닌 투자안에서 예상되는 영업현금흐름을 기준으로 경제성분석을 실시해야 하고, 투자안의 현금흐름은 증분현금흐름으로 추정해야 한다. 따라서 기업의 영업활동과 관련된 현금흐름을 추정할 경우에 준수해야 할 기본원칙을 살펴보면 다음과 같다.

(1) 현금유출입의 시점

투자기간에 영업활동과 관련된 현금흐름은 연중 발생한다. 그러나 분석의 편의상 기초와 기말에만 현금유출입이 발생한다고 가정한다.

(2) 세후기준으로 추정

법인세비용은 명백한 현금유출에 해당하여 해외투자안의 현금흐름을 추정할 경우 법인세에 미치는 영향을 반드시 고려해야 한다. 따라서 어떤 항목이 법인세를 증가시키면 증가되는 법인세는 현금유출에 포함시키고, 어떤 항목이 법인세를 감소시키면 감소되는 법인세는 현금유입에 포함시킨다.

(3) 증분기준으로 추정

투자안의 현금흐름은 증분기준으로 추정해야 한다. 증분기준(incremental basis)은 특정 투자안을 선택한 결과로 나타나는 현금흐름의 변화만을 분석대상으로 하는 것을 말한다. 해외투자안을 증분기준으로 현금흐름을 추정할 경우에 부수적 효과, 잠식비용, 기회비용, 매몰비용에 유의해야 한다.

3. 영업현금흐름의 추정

투자안에서 발생하는 현금흐름에는 기계설비를 구입하여 사업을 시작하는 투자시점부터 영업활동기간, 투자종료시점까지 발생할 수 있는 모든 현금흐름이 포함된다. 신규투자에 따른 추정손익계산서가 [표 9－1]과 같이 제시되어 있다고 가정하고 영업활동에서 발생하는 현금흐름을 추정하여 보자.

▌표 9-1▐ 추정손익계산서

매출액의 증분(현금유입)	△R	1,000
현금지출비용의 증분(현급유출)	－△C	-400
감가상각비의 증분(현금x)	－△D	-100
영업이익의 증분	△EBIT	500
이자비용의 증분(현금x)	－△I	-200
법인세차감전순이익의 증분	△EBT	300
법인세(t, 40%)의 증분(현금유출. 단, 이자비용은 제외)	－(△R－△C－△D－△I)t	-120
순이익의 증분	△EAT	180

(1) 회계적 이익과의 차이

손익계산서상의 수익·비용과 현금의 유입·유출은 정확하게 일치하지 않는다. 따라서 회계적 이익과의 차이점으로 인해 영업활동에서 발생하는 현금흐름을 추정할 경우에는 다음과 같은 사항들에 유의하여 손익계산서상의 회계적 이익으로부터 차이가 발생하는 항목을 조정하여 영업현금흐름을 추정한다.

1) 법인세효과를 고려하여 추정

법인세는 명백한 현금유출이므로 반드시 법인세를 고려하여 현금흐름을 추정해야 한다. 즉 손익계산서상의 수익항목은 이익을 증가시켜 법인세를 많이 내게 하므로 현금유출을 증가시키고, 손익계산서상의 비용항목은 이익을 감소시켜 법인세를 적게 내게 하므로 증분기준에서는 현금유입으로 처리해야 한다.

2) 금융비용은 현금유출이 아님

국제자본예산에서 영업현금흐름은 자금조달방법과 관련없는 현금흐름이며 이자비용과 배당금을 지급하기 전의 영업이익을 기준으로 계산한다. 이자비용과 배당금은 명백한 현금유출이지만 투자안을 평가하는 과정에서 할인율에 반영되기 때문에 이를 현금유출로 처리하면 이중으로 계산하는 결과가 발생한다.

3) 감가상각비는 현금유출이 아님

감가상각비는 유형자산의 취득원가를 비용으로 배분하는 과정을 말하며 손익계산서상에서는 비용항목이다. 그러나 감가상각비는 실제로 지출하는 금액이 아니기 때문에 현금유출로 처리해서는 안 된다. 다만, 감가상각비의 법인세 절감효과(tax shield effect)는 현금유입에 포함시켜야 한다.

$$\text{감각상각비의 절감효과} = \text{감가상각비의 증분} \times \text{세율} = \Delta D \times t_c \qquad (9.2)$$

감가상각비의 크기와 절감효과는 기업이 사용하는 정액법, 정률법, 연수합계법, 이중체감법, 생산량비례법 등의 감가상각방법에 따라 달라진다. 식(4.2)는 감가상각비가 현금유출항목이 아니면서 비용으로 인정되어 세금유출을 감소시키기 때문에 기업에 가져다주는 현금유입효과를 나타낸다.

4) 인플레이션은 일관성있게 반영

자본예산은 현금흐름이 장기간에 걸쳐 발생하는 투자안에 대한 계획과 평가의 과정이다. 따라서 인플레이션이 발생하면 현금흐름과 할인율에 인플레이션을 일관성 있게 반영시켜야 한다. 즉 명목현금흐름은 명목할인율로 할인하고 실질현금흐름은 실질할인율로 할인하여 투자안을 평가하면 평가결과는 일치한다.

(2) 세후 영업현금흐름의 추정

회계적 이익과의 차이점에 유의하면서 영업활동으로부터 발생하는 세후현금흐름은 현금유입에서 현금유출을 차감하여 다음과 같이 구할 수 있다.

$$\begin{aligned}\text{세후 현금흐름} &= \text{현금유입} - \text{현금유출} \\ &= \text{매출액의 증분} - \text{현금지출비용의 증분} - \text{법인세의 증분} \\ &= \Delta S - \Delta O - (\Delta S - \Delta O - \Delta D)t_c \\ &= (\Delta S - \Delta O)(1 - t_c) + \Delta D t_c \qquad (9.3)\end{aligned}$$

(3) 현금흐름 추정시 유의사항

국제자본예산에서 현금흐름은 투자안에 소요되는 자금을 자기자본으로 조달하거나 타인자본으로 조달하거나 관계없이 자기자본으로 조달한다고 가정하여 투자안에 대한 자본조달정책은 투자결정을 위한 현금흐름과 무관하게 된다. 따라서 해외투자안에서 현금흐름을 추정할 경우에 다음의 사항들에 유의해야 한다.

① 부수효과

부수효과(side effect)는 새로운 투자안에 의해 기존 투자안의 현금흐름이 증가하는 경우에 발생하는 이익을 말한다. 예컨대 기존의 제품을 보완하는 새로운 제품의 생산으로 기존 제품의 매출이 증가하는 경우에 발생하는 이익은 새로운 투자안에 의해 발생한 것이므로 현금유입에 포함시켜야 한다.

② 잠식비용

잠식비용(erosion cost)은 새로운 투자안에 의해 기존 투자안의 현금흐름이 감소하는 경우에 발생하는 손실을 말한다. 예컨대 기업이 연구개발한 새로운 제품의 판매로 인해 기존 제품의 매출이 감소하는 경우에 발생하는 손실은 새로운 투자안에 의해 발생한 것이므로 현금유출에 포함시켜야 한다.

③ 기회비용

기회비용(opportunity cost)은 특정 자원을 현재 용도 이외의 다른 용도로 사용할 경우에 포기해야 하는 최대금액을 말하며 회계장부에 기록되지 않지만 새로운 투자안의 현금유출에 포함시켜야 한다. 예컨대 기업이 임대중인 토지를 신제품생산에 필요한 공장건설에 이용할 때 임대수익의 상실은 기회비용에 해당한다.

④ 매몰원가

매몰원가(sunk cost)는 과거의 의사결정에 의해 이미 발생한 비용을 말한다. 이는 새로운 투자안의 채택여부와 관련이 없는 회수불가능한 원가이므로 새로운 투자안의 현금흐름을 추정할 때 고려할 필요가 없다. 예컨대 대체투자시 구자산의 취득원가, 연구개발비, 시장조사비, 시험마케팅비 등은 매몰원가에 해당한다.

제3절 증분현금흐름의 추정

해외투자안의 내용연수 동안 영업현금흐름을 추정해야 하는데 현금흐름이 발생하는 시점이 현재가치에 직접적으로 영향을 미치기 때문에 시점별로 영업현금흐름을 추정해야 한다. 따라서 영업현금흐름을 시간의 흐름에 따라서 투자시점, 영업기간, 종료시점으로 구분하여 시점별로 현금흐름을 추정하는 것이 효율적이다.

1. 투자시점의 현금흐름

투자시점은 투자가 최초로 이루어지므로 정상적인 영업활동은 없으며 단지 유형자산에 대한 투자에 따른 현금흐름이 발생하는 단계를 말한다. 따라서 투자시점의 현금흐름은 다음과 같이 나타낼 수 있다.

$$\Delta CF_0 = -\Delta I_0 + ITC + DV - (DV - BV)t_c - \Delta WC_0 \qquad (9.4)$$

(1) 자산의 취득원가

실물자산의 취득원가는 유형자산을 취득하는 경우에 지급한 구입(제작)가격과 해당 자산을 의도된 용도로 사용할 때까지 소요되는 운반비, 설치비, 보험료, 등록세, 시운전비 등의 부대비용을 가산한 금액을 말한다. 따라서 유형자산의 취득원가는 구입가격뿐만 아니라 부대비용도 투자시점의 현금유출로 처리한다.

(2) 투자세액공제

투자세액공제(ITC : investment tax credit)는 기업이 신기술 개발, 생산성 향상, 에너지 절약 등 국가적 관점에서 투자를 촉진할 필요가 있는 사업분야에 투자했을 때 투자금액의 일정비율에 해당하는 금액을 산출세액에서 공제하는 제도를 말한다. 따라서 투자세액공제에 따른 법인세절감액은 현금유입으로 처리한다.

(3) 구자산 처분손익

새로운 자산을 구입하면 기존의 자산을 처분해야 하므로 구자산의 처분에 따른 현금흐름을 고려해야 한다. 구자산의 처분가액과 장부가액이 다르면 처분손익이 발생하고 법인세가 있으면 처분손익에 따른 세금효과를 반영하여 산출한다. 그러나 법인세를 무시하면 처분손익이 없어 세금효과가 발생하지 않는다.

$$\text{구자산의 처분에 따른 현금흐름} = DV - (DV - BV)t_c \tag{9.5}$$

처분가액 > 장부가액 → 처분이익 발생 → 법인세 납부액 증가 → 현금유출효과
처분가액 < 장부가액 → 처분손실 발생 → 법인세 납부액 감소 → 현금유입효과

예제 9-1 구자산의 처분손익

국제기업은 내용연수는 5년이고 취득원가는 1억원이며 잔존가치 2천만원으로 추정되는 기계설비를 정액법으로 감가상각하여 2년 동안 사용해왔다. 국제기업은 올해 새로운 기계설비로 대체하기 위해 사용중인 기계설비를 다음과 같이 처분할 경우에 구설비의 처분에 따른 현금흐름을 구하시오. 법인세율은 40%이다.

1. 8,000만원에 처분하는 경우
2. 5,000만원에 처분하는 경우

풀이

현재 사용하고 있는 구설비의 장부가액은 6,800만원 $\left[=1\text{억원}-\frac{(1\text{억원}-0.2\text{억원})}{5}\times 2\right]$이다.

1. 8,000만원에 처분하는 경우의 현금흐름

   처분이익 = 1,200만원, 세금효과 = 1,200 × 0.4 = 480만원

   현금흐름 = $DV-(DV-BV)t_c$ = 8,000 − (8,000 − 6,800) × 0.4 = 7,520만원

2. 5,000만원에 처분하는 경우의 현금흐름

   처분손실 = 1,800만원, 세금효과 = 1,800 × 0.4 = 720만원

   현금흐름 = $DV-(DV-BV)t_c$ = 5,000 − (5,000 − 6,800) × 0.4 = 5,720만원

(4) 추가운전자본

유형자산을 취득해서 제품을 생산하려면 원재료나 부품과 같은 재고자산이 필요하며 제품의 생산과 판매과정에서 매출채권과 매입채무가 발생한다. 따라서 대부분의 투자결정은 유형자산에 대한 투자뿐만 아니라 유동자산이나 유동부채와 같은 운전자본(WC : working capital)에 대한 투자를 필요로 한다.

$$\text{순운전자본} = \text{유동자산} - \text{유동부채} \tag{9.6}$$

신규투자가 가져오는 운전자본의 변화액은 추가적인 투자금액으로 인식하여 순 운전자본의 증가는 투자시점의 현금유출로 처리하고 종료시점에 모두 회수되는 것으로 가정하여 현금유입으로 처리한다. 그러나 운전자본의 변화액은 기업의 영업활동주기에 따라 투자와 회수가 반복된다는 점에 유의해야 한다.

운전자본 증가 → 유동자산에 투자한 금액 > 유동부채로 조달한 금액 → 현금유출
운전자본 감소 → 유동자산에 투자한 금액 < 유동부채로 조달한 금액 → 현금유입

2. 영업기간의 현금흐름

영업현금흐름은 정상적인 영업활동을 수행하는 영업기간에 영업활동을 통해 벌어들이는 현금흐름을 말한다. 영업현금흐름을 추정하려면 손익계산서의 세후순이익에 감가상각비를 가산하고, 설비투자가 완료된 이후 영업기간에 운전자본과 자본적 지출 등의 소요자본이 추가로 발생하면 이를 포함시켜야 한다.

$$\Delta CF_{1\sim n} = (\Delta S - \Delta O)(1 - t_c) + \Delta Dt_c - \Delta WC - \Delta CE \quad (9.7)$$

(1) 영업현금흐름

다국적기업이 유형자산에 대한 투자로 인해 국제영업활동에서 발생하는 현금흐름이 증가하면 (영업현금흐름 × 법인세율)만큼 법인세비용이 증가한다. 따라서 영업현금흐름의 증가액에서 법인세증가액을 차감한 후의 잔여금액이 다국적기업에 실질적으로 유입되는데, 이를 세후 영업현금흐름이라고 한다.

$$\text{세후 영업현금흐름} = (\Delta S - \Delta O - D)(1 - t_c) + D \quad (9.8)$$

매출액을 S, 감가상각비를 제외한 영업비용을 O, 감가상각비를 D라고 하면 세후영업현금흐름은 다음과 같이 세후영업이익의 증분에 감가상각비의 증분을 가산하여 구할 수도 있다. 영업활동에서 발생하는 현금흐름은 투자안 자체의 수익성만을 나타내며 자본조달결정과 무관하게 이루어진다는 점에 유의해야 한다.

$$\text{세후 영업현금흐름} = \Delta EBIT(1 - t_c) + \Delta D = (\Delta S - \Delta O)(1 - t_c) + \Delta Dt_c \quad (9.9)$$

(2) 감가상각비 감세효과

법인세를 무시하면 감가상각비가 현금흐름에 영향을 미치지 못한다. 그러나 법인세를 고려하면 감가상각비는 (감가상각비 × 법인세율)만큼 납부해야 할 법인세를 감소시

키는데, 이를 감가상각비 감세효과(tax-shield effect)라고 한다. 감가상각비 감세효과는 현금유출항목인 법인세를 감소시켜 현금유입으로 처리한다.

(3) 추가운전자본

영업기간에 추가운전자본이 필요한 경우에는 현금유출로 처리하고 종료시점에 모두 회수하는 것으로 가정하여 현금유입으로 처리한다. 따라서 영업활동을 수행하는 영업기간에 유동자산과 유동부채가 지속적으로 발생하여 순운전자본이 증가하면 현금유출로 처리하고 순운전자본이 감소하면 현금유입으로 처리한다.

(4) 자본적 지출

수익적 지출은 고정자산을 취득한 후 그 자산과 관련하여 고정자산의 원상을 회복하거나 능률유지를 위한 지출을 말한다. 반면에 자본적 지출(CE : capital expenditure)은 유형자산의 생산능력이 증대되고 제품의 품질이 향상되며 고정자산의 수명이 연장되는 지출을 말하며 유형자산의 취득원가에 가산한다.

3. 종료시점의 현금흐름

투자가 완료되는 종료시점에는 정상적인 영업활동으로 인한 현금흐름뿐만 아니라 잔존가치와 운전자본의 회수에 따른 현금흐름이 발생한다. 따라서 투자종료시점에 발생하는 추가적 현금흐름은 다음과 같이 구할 수 있다.

$$\Delta CF_n = \Delta DV - (\Delta DV - \Delta BV)t_c + \Delta WC_0 \tag{9.10}$$

(1) 영업현금흐름

투자가 완료되는 종료시점에도 영업활동을 수행하므로 세후 영업현금흐름은 다음과 같이 세후 영업이익의 증분에 감가상각비의 증분을 가산하여 구할 수 있다.

$$\text{세후 영업현금흐름} = (\Delta S - \Delta O)(1 - t_c) + \Delta D t_c \tag{9.11}$$

(2) 잔존가치회수

잔존가치는 유형자산에 대한 투하자본의 회수이므로 과세대상소득이 아니다. 하지만 투자안의 내용연수가 종료되면 실물자산을 처분해야 한다. 그런데 유형자산의 처분가액과 잔존가치가 일치하지 않으면 유형자산처분손익이 발생하기 때문에 이에 따른 법인세효과를 현금흐름에 반영해야 한다.

$$\begin{aligned} CF &= \text{신기계 처분에 따른 현금흐름} - \text{구기계 처분에 따른 현금흐름} \\ &= [DV_n - (DV_n - BV_n)t_c] - [DV_0 - (DV_0 - BV_0)t_c] \\ &= \Delta DV - (\Delta DV - \triangle BV)t_c \qquad (9.12) \end{aligned}$$

(3) 운전자본회수

일반적으로 해외투자의 종료시점에는 모든 영업활동이 완료되기 때문에 국제자본예산에서는 투자시점과 영업기간에 발생한 운전자본은 종료시점에 전액 회수하는 것으로 가정한다. 일반적으로 운전자본은 투자시점에 발생하고 종료시점에 모두 회수되는 것으로 가정하여 현금유입으로 처리한다.

예제 9-2 해외투자안의 평가

국내기업 (주)백석전자는 미국현지에 반도체공장의 설립을 검토하고 있다. 총투자금액은 8,000만 달러이고 투자로 인해 향후 3년간 매년 3,000만 달러의 현금흐름이 예상된다. 현재의 대미달러환율은 ₩1,200/$이고 향후 3년간 국내와 미국의 연평균 물가상승률이 각각 10%, 6%로 예상되며 투자안의 자본비용이 15%라고 가정할 경우 순현재가치법을 이용하여 (주)백석전자의 투자안을 평가하시오.

풀이

해외투자안을 평가하려면 현지통화로 추정된 미래현금흐름을 국내통화로 환산해야 하는데, 향후 3년간 대미달러화의 기대현물환율을 구매력평가설을 이용하여 추정한다.

1. 기대현물환율

미래 시점별 기대현물환율은 구매력평가설을 이용하여 다음과 같이 구할 수 있다.

① 1년도 말 대미달러화의 기대현물환율

$$\frac{S_1}{S_0} = \frac{1+I_a}{1+I_b} = \frac{1+0.10}{1+0.06} \rightarrow S_1 = S_0 \times \left(\frac{1+0.10}{1+0.06}\right) = 1,245.28$$

② 2년도 말 대미달러화의 기대현물환율

$$\frac{S_2}{S_1} = \frac{1+I_a}{1+I_b} = \frac{1+0.10}{1+0.06} \rightarrow S_2 = S_1 \times \left(\frac{1+0.10}{1+0.06}\right) = 1,292.27$$

③ 3년도 말 대미달러화의 기대현물환율

$$\frac{S_3}{S_2} = \frac{1+I_a}{1+I_b} = \frac{1+0.10}{1+0.06} \rightarrow S_3 = S_2 \times \left(\frac{1+0.10}{1+0.06}\right) = 1,341.03$$

2. 투자안의 타당성 평가

(주)백석전자의 해외투자안에서 발생하는 달러화 현금흐름을 기대현물환율을 적용하여 원화로 현금흐름으로 환산하면 다음과 같다.

항목	0	1	2	3
달러현금흐름	−$8,000만	$3,000만	$3,000만	$3,000만
기대현물환율	1,200.00	1,245.28	1,292.27	1,341.03
원화현금흐름	−9,600,000만원	3,735,840만원	3,876,810만원	4,023,090만원

투자안의 자본비용이 15%일 경우 해외투자안의 순현재가치는 다음과 같이 계산할 수 있다. 순현재가치(NPV)가 0보다 작아 기업가치를 감소시킬 수 있기 때문에 (주)백석전자는 미국현지에 반도체공장을 설립해서는 안 된다.

$$NPV = \left[\frac{3,735,840}{(1.15)^1} + \frac{3,876,810}{(1.15)^2} + \frac{4,023,090}{(1.15)^3}\right] - 9,600,000 = -774,771\text{만원}$$

제4절 국제자본예산의 기법

국제자본예산의 기법은 투자안의 경제성을 분석하여 투자여부를 결정하는데 이용되는 방법을 말한다. 여기에는 회수기간법, 회계적 이익률법 등 화폐의 시간가치를 고려하지 않는 전통적 현금흐름비할인법과 순현재가치법, 내부수익률법, 수익성지수법 등 화폐의 시간가치를 고려하는 현금흐름할인법으로 구분한다.

1. 회수기간법

(1) 회수기간법의 정의

회수기간법(payback period method)은 투자안의 현금흐름에서 투자금액을 회수하는데 걸리는 기간인 회수기간으로 투자안을 평가하는 방법을 말한다. 회수기간은 투자에 소요된 자금을 회수하는데 걸리는 기간을 의미하므로 유동성을 강조하고 회수기간이 짧을수록 좋은 투자안이라는 사고를 내포하고 있다.

회수기간법은 정확한 수익성 예측이 중요하지 않거나 여러 개의 복수투자안을 1차로 걸러낼 필요가 있고 투자기간 후반기의 현금흐름이 불확실한 경우에 주로 이용된다. 회수기간은 현금흐름이 연중 균등하게 발생하는 것으로 가정하며 매년 현금유입액이 동일하다면 다음과 같이 연 단위로 구할 수 있다.

$$\text{회수기간} = \frac{\text{투자금액}}{\text{현금유입액}} \qquad (9.13)$$

(2) 의사결정기준

① 상호독립적 투자안

투자안에서 산출된 회수기간이 기업에서 사전에 설정한 목표회수기간보다 짧으면 투자안을 채택하고 반대의 경우에는 투자안을 기각한다.

② 상호배타적 투자안

투자안에서 산출된 회수기간이 기업에서 사전에 설정한 목표회수기간보다 짧은 투자안 중에서 가장 짧은 회수기간을 갖는 투자안을 채택한다.

(3) 회수기간법의 장점

회수기간의 계산이 간단하고 이해하기 쉽다. 회수기간이 짧은 투자안을 채택하면 유동성을 제고할 수 있고, 인플레이션과 자산의 진부화의 위험을 회피할 수 있다. 회수기간은 해당 투자안의 위험도를 나타내는 위험지표의 역할을 수행하여 경영자에게 투자위험에 대한 유용한 정보를 제공할 수 있다.

(4) 회수기간법의 단점

투자금액이 회수되는 시점까지의 현금흐름만 고려하고 회수기간 이후에 발생하는 현금흐름을 고려하지 않아 투자안의 전체적인 수익성을 무시하고 투자안을 평가한다. 또한 회수기간의 현금흐름에 대한 화폐의 시간가치를 고려하지 않고 투자의사결정의 기준이 되는 목표회수기간의 설정이 주관적이다.

(5) 할인회수기간법

할인회수기간법(discounted payback period method)은 미래의 현금흐름을 현재가치로 환산하여 회수기간법을 적용한다. 화폐의 시간가치를 무시하는 회수기간법의 단점을 보완하려고 현금유입액의 현재가치의 누계와 투자금액의 현재가치가 같아지는 할인된 회수기간을 계산하여 투자안을 평가한다.

$$\text{투자금액의 현재가치} = \text{현금유입액의 현재가치 누계} \quad (9.14)$$

할인회수기간법은 투자금액이 회수되는 시점까지의 현금흐름에 대해서는 화폐의 시간가치를 고려하고 있다. 그러나 투자금액의 회수기간 이후에 발생하는 현금흐름은 고려하지 않는다. 그리고 목표회수기간의 설정이 객관적이지 못하고 주관적이기 때문에 회수기간법의 문제점은 그대로 가지고 있다.

예제 9-3 회수기간법과 할인회수기간법

연세기업은 다음과 같은 현금흐름을 갖는 투자안 A와 B를 고려하고 있다. 투자안의 자본비용은 10%이며, 기업이 설정한 목표회수기간은 3년으로 가정하여 다음 물음에 답하시오.

연도	현금흐름	
	투자안 A	투자안 B
0	−5,000	−5,000
1	4,000	2,000
2	1,000	3,000
3	2,500	1,000
4	2,000	2,500

1. 회수기간법에 의해 투자안을 평가하고 문제점을 설명하시오.
2. 두 투자안이 독립적이라면 어떤 투자안을 채택해야 하는가?
3. 할인회수기간법으로 투자안을 평가하고 문제점을 설명하시오.

풀이

1. 두 투자안 모두 회수기간이 2년으로 기업이 설정한 목표회수기간 3년보다 짧기 때문에 어느 투자안을 선택해도 상관없다. 회수기간의 현금흐름만 고려하되 화폐의 시간가치를 무시하고 목표회수기간의 선정이 주관적이라는 문제점을 가지고 있다.
2. 두 투자안의 회수기간이 모두 목표회수기간보다 짧기 때문에 상호독립적인 투자안이라면 두 투자안을 모두 채택해야 한다.
3. 두 투자안의 현금흐름을 현재가치로 환산하면 다음과 같이 나타낼 수 있다.

연도	투자안 A		투자안 B	
	현금흐름	현재가치	현금흐름	현재가치
0	−5,000	−5,000	−5,000	−5,000
1	4,000	3,636	2,000	1,818
2	1,000	826	3,000	2,479
3	2,500	1,878	1,000	751
4	2,000	1,366	2,500	1,708

투자안 A의 할인회수기간 $= 2 + \frac{(5{,}000 - 3{,}636 - 826)}{1{,}878} = 2.29$년

투자안 B의 할인회수기간 $= 2 + \dfrac{(5{,}000 - 1{,}818 - 2{,}479)}{751} = 2.94$년

따라서 할인회수기간법에 의하면 할인회수기간이 짧은 투자안 A가 유리하다. 회수기간 이내의 현금흐름에 대해 화폐의 시간가치를 고려하지만 회수기간 이후의 현금흐름은 무시하며 목표회수기간의 선정이 주관적이라는 문제점은 그대로 가지고 있다.

2. 회계적 이익률법

(1) 회계적 이익률법의 정의

회계적 이익률법(ARR : accounting rate of return method)은 투자안으로부터 얻게 될 연평균순이익을 연평균투자액 또는 총투자액으로 나누어 계산한 회계적 이익률로 투자안을 평가하며 평균이익률법이라고도 한다. 정액법으로 감가상각을 할 경우에 잔존가치가 없으면 연평균투자액은 최초투자액의 1/2이다.[8)]

$$ARR = \frac{\text{연평균순이익}}{\text{연평균투자액}} = \frac{\text{연평균순이익}}{\text{총투자액}} \tag{9.15}$$

연평균순이익은 해외투자안의 내용연수 동안 당기순이익을 모두 합산한 후 내용연수로 나누어 산출한다. 따라서 회계적 이익률을 계산할 경우에 투자안의 내용연수 동안의 당기순이익의 평균인 연평균순이익을 이용해야 한다는 점에 주의해야 하고 다음과 같은 당기순이익과 현금흐름간의 관계를 숙지해야 한다.

$$\text{연평균순이익} = \text{연평균현금흐름} - \text{연평균감가상각비} \tag{9.16}$$

연평균감가상각비는 감가상각의 방법에 관계없이 [(취득원가−잔존가치)/내용연수]로 계산하며 정액법에 의한 감가상각비와 일치한다. 그리고 연평균투자액은 내용연수 동안의 연평균장부가액을 의미한다. 따라서 해외투자안의 각 시점별 장부가액은 투자금액

---

8) 연평균투자액은 정액법을 가정할 경우에 [(투자원금 + 잔존가치)/2]를 이용하여 구할 수도 있다.

에서 감각상각누계액을 차감하여 산출한다.

(2) 의사결정기준

① 상호독립적 투자안

투자안에서 산출된 회계적 이익률이 기업에서 사전에 설정한 목표회계적 이익률보다 크면 투자안을 채택하고 반대의 경우에는 투자안을 기각한다.

② 상호배타적 투자안

투자안에서 산출된 회계적 이익률이 기업에서 사전에 설정한 목표회계적 이익률보다 큰 투자안 중에서 회계적 이익률이 가장 큰 투자안을 채택한다.

(3) 회계적 이익률법의 장점

회계적 이익률법은 계산이 간단하여 이해가 쉽고, 회수기간법과 달리 내용연수 동안의 수익성을 고려한다. 순이익을 이용하여 회계장부상의 자료를 그대로 사용할 수 있다. 회계적 이익률은 투자수익률(ROI)를 의미하여 회계적 이익률을 기준으로 투자의사결정을 하면 투자중심점의 성과평가와 일관성을 갖게 된다.

(4) 회계적 이익률법의 단점

회계적 이익률법은 화폐의 시간가치를 고려하지 않고, 현금흐름이 아닌 장부상의 회계적 이익에 근거하고 있다. 투자의사결정의 기준이 되는 목표회계적 이익률의 선정이 주관적이어 평가결과가 객관적이지 않다. 또한 유형자산의 감각상각방법에 따라 매년의 회계적 이익률이 달라질 수 있다는 문제점을 갖고 있다.

예제 9-4 회계적 이익률법

고려기업은 다음과 같은 현금흐름을 갖는 투자안 A와 B를 고려하고 있다. 두 투자안은 내용년수 3년 동안 정액법으로 완전상각되며 기업이 설정한 목표회계적 이익률은 20%로 가정하여 물음에 답하시오.

연도	현금흐름	
	투자안 A	투자안 B
0	-6,000	-6,000
1	2,000	3,000
2	3,000	4,000
3	4,000	2,000

1. 회계적 이익률법으로 투자안을 평가하고 문제점을 설명하시오.

2. 두 투자안이 상호독립적이라면 어떤 투자안을 채택해야 하는가?

풀이

1. 두 투자안의 순이익을 구하면 다음과 같이 제시할 수 있다.

연도	투자안 A		투자안 B	
	현금흐름	순이익*	현금흐름	순이익
0	-6,000	-	-6,000	-
1	2,000	0	3,000	1,000
2	3,000	1,000	4,000	2,000
3	4,000	2,000	2,000	0

* 현금흐름 = 당기순이익 + 감가상각비 → 당기순이익 = 현금흐름−감가상각비

각 투자안의 회계적 이익률을 구하면 다음과 같다.

$$ARR_A = \frac{연평균순이익}{연평균투자액} = \frac{(0+1,000+2,000)/3}{(6,000+4,000+2,000+0)/4} = 33.33\%$$

$$ARR_B = \frac{연평균순이익}{연평균투자액} = \frac{(1,000+2,000+0)/3}{(6,000+4,000+2,000+0)/4} = 33.33\%$$

두 투자안 모두 회계적 이익률이 33.33%로 기업이 설정한 목표회계적 이익률보다 높기 때문에 어느 투자안을 선택해도 상관없다. 현금흐름이 아닌 회계적 이익에 근거하며 화폐의 시간가치를 무시하고 목표회계적이익률의 선정이 주관적이라는 문제점을 가지고 있다.

2. 두 투자안의 회계적 이익률이 모두 목표회계적 이익률보다 짧기 때문에 독립적인 투자안이라면 두 투자안을 모두 채택해야 한다.

3. 순현재가치법

(1) 순현재가치법의 정의

순현재가치법(NPV : net present value method)은 투자안에서 발생하는 현금유입액의 현재가치에서 현금유출액의 현재가치(또는 투자원금)를 차감한 순현재가치(NPV)를 이용하여 투자안을 평가한다. 순현재가치는 기업가치의 증가분을 의미하며 순현재가치가 클수록 좋은 투자안이라는 기본사고를 내포하고 있다.

순재현가치의 계산시 최초투자가 이루어지는 시점이 투자시점이 되며 자본비용을 할인율로 사용한다. 식(9.17)에서 투자금액 C_0는 경제학에서의 한계비용(MC)에 해당하고, 현금유입의 현가는 한계수익(MR)에 해당한다. 따라서 순현재가치는 경제학적 의미로 해석하면 한계비용을 초과하는 한계수익이라고 할 수 있다.

$$NPV = [\frac{C_1}{(1+k)^1} + \frac{C_2}{(1+k)^2} + \cdots + \frac{C_n}{(1+k)^n}] - C_0 \quad (9.17)$$

(2) 의사결정기준

① 상호독립적 투자안

NPV > 0인 경우에는 투자안을 채택하고 NPV < 0인 경우에는 투자안을 기각한다.

② 상호배타적 투자안

NPV > 0인 경우에는 해외투자안들 중 NPV가 가장 큰 해외투자안을 선택한다.

(3) 순현재가치법의 장점

순현재가치법은 투자안의 내용연수 동안의 모든 현금흐름을 고려하고 있다. 또한 주관적 요인을 배제하고 기대현금흐름과 자본비용만을 이용하여 투자안을 평가하기 때문에 평가결과가 객관적이다. 또한 투자안에서 발생하는 영업현금흐름을 적절한 자본비용으로 할인하기 때문에 화폐의 시간가치를 반영하고 있다.

기업가치의 증가분을 의미하는 순현재가치가 극대화되도록 투자하면 기업가치를 극대화할 수 있다. NPV는 투자안의 절대가치(금액)를 나타내므로 가치가산의 원리(value additivity principle)가 적용된다. 따라서 여러 개의 투자안을 합산한 결합투자안의 순현가는 개별투자안의 순현가를 단순합계한 것과 일치한다.

$$NPV(A \pm B) = NPV(A) \pm NPV(B) \tag{9.18}$$

(4) 순현재가치법의 단점

순현재가치법은 해외투자안에서 발생하는 현금흐름을 자본비용으로 할인하여 계산하는데 적절한 국제자본비용을 결정하기가 어렵다. 순현재가치(NPV)는 절대치로 나타나기 때문에 투자규모가 다른 여러 개의 복수투자안이 존재할 경우에 각 해외투자안의 상대적 수익성을 비교하기가 어렵다는 단점도 가지고 있다.

예제 9-5 순현재가치법

한양기업은 다음과 같은 현금흐름을 갖는 투자안 A와 B를 고려하고 있다. 투자안의 자본비용은 10%로 가정하여 다음 물음에 답하시오.

연도	현금흐름	
	투자안 A	투자안 B
0	−3,000	−4,000
1	1,000	5,000
2	5,000	4,000

1. 각 투자안의 순현재가치를 구하고 투자안을 평가하시오.
2. 두 투자안이 상호독립적이라면 어떤 투자안을 채택해야 하는가?
3. 두 투자안의 합으로 이루어진 투자안 C의 순현가를 구하고 의미를 설명하시오.

풀이

1. $NPV_A = \frac{1,000}{(1.1)^1} + \frac{5,000}{(1.1)^2} - 3,000 = 2,041$만원

$NPV_B = \frac{5,000}{(1.1)^1} + \frac{4,000}{(1.1)^2} - 4,000 = 3,851$만원

$NPV_A < NPV_B$이므로 투자안 B를 선택해야 한다.

2. 두 투자안 모두 NPV > 0이므로 독립적 투자안이라면 두 투자안을 모두 채택해야 한다.
3. 두 투자안에 결합투자할 경우 결합투자안의 현금흐름을 구하면 다음과 같다.

연도	투자안 A	투자안 B	결합투자안
0	-3,000	-4,000	-7,000
1	1,000	5,000	6,000
2	5,000	4,000	9,000

따라서 자본비용이 10%일 경우 결합투자안의 순현재가치는 다음과 같다.

$$NPV(A+B) = \frac{6{,}000}{(1.1)^1} + \frac{9{,}000}{(1.1)^2} - 7{,}000 = 5{,}892\text{만원}$$

결합투자안의 순현가 5,892만원은 두 투자안의 순현가를 단순합계한 것과 같다.

$$NPV(A+B) = 2{,}041 + 3{,}851 = 5{,}892\text{만원}$$

4. 내부수익률법

(1) 내부수익률법의 정의

내부수익률법(IRR : internal rate of return method)은 해외투자안에서 발생하는 현금유입액의 현재가치와 현금유출액의 현재가치(투자원금)를 일치시키는 할인율인 내부수익률(IRR)을 이용하여 투자안을 평가하는 방법을 말한다. 이를 수식으로 표현하면 식(9.19)를 만족시켜 주는 IRR을 말한다.

$$NPV = \left[\frac{C_1}{(1+IRR)^1} + \frac{C_2}{(1+IRR)^2} + \cdots + \frac{C_n}{(1+IRR)^n}\right] - C_0 = 0 \quad (9.19)$$

$$= \sum_{t=1}^{n} \frac{C_t}{(1+IRR)^t} - C_0 = 0$$

식(9.19)에서 현금유입액의 현재가치가 현금유출액의 현재가치와 동일하면 순현재가치(NPV)는 0이 되고 수익성지수(PI)는 1이 된다. 따라서 IRR은 해외투자안의 순현재가치가 0이 되도록 하는 할인율 또는 수익성지수가 1이 되도록 하는 할인율에 해당하며 해당 해외투자안의 투자수익률을 나타낸다.

(2) 의사결정기준

내부수익률(IRR)은 다국적기업이 해외투자안에 투자할 경우에 투자기간 동안에 발생하는 현금유입액을 투자종료시점까지 내부수익률(IRR)로 재투자한다고 가정했을 경우에 얻게 될 연평균수익률을 말한다. 따라서 내부수익률법의 의사결정기준은 내부수익률(IRR)과 자본비용(K)을 비교하여 경제성을 평가한다.

① 상호독립적 투자안

IRR > k인 경우에는 투자안을 채택하고 IRR < k인 경우에는 투자안을 기각한다.

② 상호배타적 투자안

IRR > k인 경우에는 투자안들 중 내부수익률이 가장 높은 투자안을 채택한다.

(3) 내부수익률법의 장점

내부수익률법은 해외투자안에서 발생하는 모든 현금흐름을 고려하고, 현금흐름의 발생시점을 반영하여 화폐의 시간가치를 고려한다.

(4) 내부수익률법의 단점

내부수익률은 시행착오법으로 구하는데 내용연수가 3년 이상인 투자안의 경우에 계산과정이 복잡하고, 내부수익률의 계산에는 가치가산의 원리가 성립하지 않는다. 내부수익률법은 투자로 발생한 현금유입액이 투자기간동안 내부수익률로 재투자된다고 가정하는데, 내부수익률로 재투자된다는 가정은 너무 낙관적이다.

현금흐름의 양상에 따라 복수의 내부수익률이 존재하거나 내부수익률이 존재하지 않을 경우에 해외투자안을 평가하기가 어렵고, 투자규모를 고려하지 않아 상호배타적 투자안들 중에서 하나를 선택할 경우 잘못된 의사결정을 할 수 있다. 그리고 국제자본비용이 변하는 경우에 적용하기 어렵다는 문제점도 가지고 있다.

(5) 내부수익률의 의미

내부수익률(IRR)은 외부적 요인인 자본비용과는 관계없이 오로지 투자안 자체의 내부적 특성인 투자안에서 발생하는 현금흐름에 의해서만 측정되는 값을 말한다. 따라서 기업의 외부적 요인에 관계없이 내부적 요인에 의해서만 결정되기 때문에 내부수익률이라고 한다. 이를 구체적으로 살펴보면 다음과 같다.

① 투자안의 내용연수가 1년인 경우

$$\frac{C_1}{(1+IRR)^1} - C_0 = 0 \rightarrow IRR = \frac{C_1 - C_0}{C_0} = \frac{C_1}{C_0} - 1 \tag{9.20}$$

예컨대 어떤 투자대상에 현재 500만원(C_0)을 투자하여 1년 후에 1,000만원(C_1)의 현금유입이 있었다면 100%의 (연평균)투자수익률을 얻었다고 할 수 있다.

② 투자안의 내용연수가 n년인 경우

식(9.20)의 양변에 $(1 + IRR)^n$을 곱하여 정리하면 다음과 같이 제시할 수 있다.

$$C_1(1+IRR)^{n-1} + \cdots + C_{n-1}(1+IRR)^1 + C_n = C_0(1+IRR)^n \tag{9.21}$$

식(9.21)은 해외투자안에서 발생하는 현금흐름을 투자안 자체의 수익률인 IRR로 재투자할 경우 n년 후 해외투자안의 가치가 $C_0(1+IRR)^n$이 된다는 것을 나타낸다. 따라서 해외투자안에서 발생하는 현금흐름을 계속해서 IRR로 재투자할 경우에 최초투자금액 C_0에 대한 연평균투자수익률이 IRR이 된다는 것을 알 수 있다.

(6) 내부수익률의 특징

1) 타당성의 여부

내부수익률(IRR)을 계산할 경우에는 자본비용이 필요없다. 그러나 내부수익률법을 이용하여 해외투자안을 평가할 경우에는 자본비용이 필요하다. 또한 내부수익률은 기업의 외부적 요인인 자본비용과는 무관하며 투자규모를 표준화시킨 비율의 개념에 해당하기 때문에 가치가산의 원리가 적용되지 않는다.

$$IRR(A \pm B) \neq IRR(A) \pm IRR(B) \tag{9.22}$$

2) 시장이자율의 변동

해외투자안의 내용연수 동안 시장이자율이 변화하여 자본비용이 투자기간에 따라 달라질 경우에 연평균투자수익률을 나타내는 내부수익률을 여러 개의 자본비용 중에서 어느 것과 비교할 것인가 하는 문제가 발생할 수 있다. 이러한 IRR법의 단점은 NPV법에 의해 투자안을 평가할 경우에 해소될 수 있다.

(7) 내부수익률의 계산

일반적으로 내부수익률은 부록에 제시된 현가표를 이용하여 시행착오방법(trial & error method)으로 산출하며, 이 과정에서 보간법을 이용하기 때문에 계산과정이 매우 복잡하다고 할 수 있다. 그러나 IRR의 계산은 재무용계산기를 이용하면 쉽게 산출할 수 있어 계산상의 복잡성은 문제가 되지 않고 있다.

예제 9-6 내부수익률법

건국기업은 다음과 같은 현금흐름을 갖는 투자안 A와 B를 고려하고 있다.

연도	현금흐름	
	투자안 A	투자안 B
0	−800	−600
1	350	400
2	350	250
3	350	250
4	350	250

투자안의 자본비용은 10%로 가정하여 다음 물음에 답하시오.

1. 각 투자안의 내부수익률을 구하고 투자안을 평가하시오.
2. 두 투자안이 상호독립적이라면 어떤 투자안을 채택해야 하는가?

풀이

1. 투자안의 IRR은 다음의 식을 만족시키는 IRR을 계산함으로써 구할 수 있다.

$$NPV_A = \frac{350}{(1+IRR)^1} + \frac{350}{(1+IRR)^2} + \frac{350}{(1+IRR)^3} + \frac{350}{(1+IRR)^4} - 800 = 0$$

$$NPV_B = \frac{400}{(1+IRR)^1} + \frac{250}{(1+IRR)^2} + \frac{250}{(1+IRR)^3} + \frac{250}{(1+IRR)^4} - 600 = 0$$

위의 식에 임의의 할인율을 대입하여 보간법으로 내부수익률을 구하면 다음과 같다.

투자안 A

구간	할인율	NPV	구간
	25%	26만원	
	IRR_A −0.25	−26	
	IRR_A	0	
0.05			−67
	30%	−41만원	

투자안 B

구간	할인율	NPV	구간
	30%	57만원	
	IRR_B −0.3	−57	
	IRR_B	0	
0.10			−87
	40%	−30만원	

(1) 투자안 A의 내부수익률

$$(IRR_A - 0.25) : 0.05 = -26 : -67 \rightarrow IRR_A = 0.25 + \frac{26}{67} \times 0.05 = 26.94\%$$

(2) 투자안 B의 내부수익률

$$(IRR_B - 0.3) : 0.10 = -57 : -87 \rightarrow IRR_A = 0.3 + \frac{57}{87} \times 0.10 = 36.55\%$$

IRR_B 〉 IRR_A이므로 투자안 B를 선택해야 한다.

2. 두 투자안의 IRR이 모두 자본비용 10%보다 크므로 독립적 투자안이라면 두 투자안을 모두 채택해야 한다.

5. 수익성지수법

(1) 수익성지수법의 정의

수익성지수법(PI : profitability index method)은 다국적기업의 해외투자안에서 발생하는 현금유입액의 현재가치를 현금유출액의 현재가치(투자금액)로 나눈 비율인 수익성지수로 투자안을 평가하는 방법을 말한다. 수익성지수를 계산할 경우에 순현재가치와 마찬가지로 국제자본비용을 할인율로 사용한다.

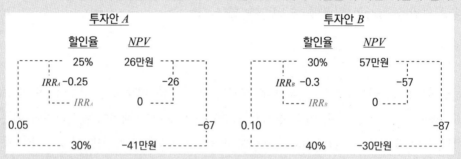

$$PI = \frac{\text{현금유입액의 현가}}{\text{현금유출액의 현가}} \tag{9.23}$$

수익성지수는 투자금액 1원에 대한 현금유입액의 현재가치를 나타내므로 기업의 투자자금이 제한되어 있다면 수익성지수가 큰 투자안을 선택하는 것이 유리하다. 여기서 제약요인은 자금이며 수익성지수는 단위당 공헌이익과 유사한 개념이므로 제한된 자금의 우선 투자순위를 결정하는데 많이 사용된다.

(2) 의사결정기준

① 상호독립적 투자안

$PI > 1$인 경우에는 투자안을 채택하고 $PI < 1$인 경우에는 투자안을 기각한다.

② 상호배타적 투자안

$PI > 1$인 경우에는 투자안들 중 수익성지수가 가장 높은 투자안을 채택한다.

(3) 수익성지수법의 특징

순현재가치(NPV)는 투자안의 경제적 공헌을 금액으로 나타내는 반면에, 수익성지수(PI)는 투자규모를 투자금액 1원으로 표준화시킨 비율의 개념이므로 투자금액의 단위당 효율성을 나타내는 지표에 해당한다. 그리고 내부수익률(IRR)법과 마찬가지로 비율의 개념이므로 가치가산의 원리가 적용되지 않는다.

$$\mathrm{PI}(\mathrm{A} \pm \mathrm{B}) \neq \mathrm{PI}(\mathrm{A}) \pm \mathrm{PI}(\mathrm{B}) \tag{9.24}$$

예제 9-7 수익성지수법

삼성전자는 다음과 같은 현금흐름을 갖는 투자안 A와 B를 고려하고 있다. 투자안의 자본비용은 10%로 가정하여 다음 물음에 답하시오.

연도	현금흐름	
	투자안 A	투자안 B
0	−3,000	−4,000
1	1,000	5,000
2	5,000	4,000

1. 각 투자안의 수익성지수를 구하고 투자안을 평가하시오.

2. 두 투자안이 상호독립적이라면 어떤 투자안을 채택해야 하는가?

풀이

1. $$PI_A = \frac{\frac{1,000}{(1.1)^1} + \frac{5,000}{(1.1)^2}}{3,000} = 1.68$$

$$PI_B = \frac{\frac{5,000}{(1.1)^1} + \frac{4,000}{(1.1)^2}}{4,000} = 1.96$$

$PI_A < PI_B$ 이므로 투잔안 B를 선택해야 한다.

2. 두 투자안 모두 수익성지수(PI) 〉 1이므로 독립적 투자안이라면 두 투자안을 모두 채택해야 한다.

• 핵심요약 •

제1절 국제자본예산의 개요

1. 국제자본예산의 정의 : 실물자산 취득에 대한 총괄적인 계획과 평가의 과정

2. 국제자본예산의 목표
   순현재가치의 극대화 → 기업가치의 극대화 → 국제재무관리 목표달성

3. 국제자본예산의 절차
   해외투자안 탐색 → 현금흐름의 추정 → 경제성분석 → 해외투자안 평가

4. 국제자본예산의 중요성
   유동성 위험이 존재하여 장기경영전략과 미래경제분석을 바탕으로 과학적 접근

5. 국제자본예산의 특수성
   영업현금흐름의 추정, 해외투자위험의 고려, 현지정부의 각종 혜택, 해외투자안의 자본비용

제2절 영업현금흐름의 추정

1. 영업현금흐름의 정의 : 순현금흐름 = 현금유입액 − 현금유출액

2. 현금흐름의 추정원칙 : 세후기준으로 추정, 증분기준으로 추정

3. 영업현금흐름의 추정

(1) 회계적 이익과의 차이 : 법인세효과를 고려, 인플레이션은 일관되게 반영

(2) 영업현금흐름의 추정
   세후 현금흐름 = 현금유입 − 현금유출 = $(\Delta S-\Delta O)(1-t_c)+\Delta D\cdot t_c$

(3) 현금흐름 추정시 유의사항 : 부수효과, 잠식비용, 기회비용, 매몰원가

제3절 증분현금흐름의 추정

1. 투자시점의 현금흐름 : $\Delta CF_0=-\Delta I_0+ITC+DV-(DV-BV)t_c-\Delta WC_0$

2. 영업기간의 현금흐름 : $\Delta CF_1 \sim n=(\Delta S-\Delta O)(1-t_c)+\Delta D\cdot t_c-\Delta WC-\Delta CE$

3. 종료시점의 현금흐름 : $\Delta CF_n=\Delta DV-(\Delta DV-\Delta BV)t_c+\Delta WC_0$

제4절 국제자본예산의 기법

1. 회수기간법

(1) 정의 : 회수기간 = 투자금액/현금유입액

(2) 의사결정기준

① 상호독립적 투자안 : 투자안 PP〈 기업이 설정한 목표PP이면 투자안 채택

② 상호배타적 투자안 : 목표회수기간보다 짧은 투자안 중 가장 짧은 회수기간

(3) 할인회수기간법 : 미래 현금흐름을 현재가치로 환산하여 회수기간법을 적용

2. 회계적 이익률법

(1) 정의 : ARR = 연평균순이익/연평균투자액

(2) 의사결정기준

① 상호독립적 투자안 : 투자안 ARR〉기업이 설정한 ARR보다 크면 투자안을 채택

② 상호배타적 투자안 : 목표ARR보다 큰 투자안 중 ARR이 가장 큰 투자안을 채택

3. 순현재가치법

(1) 정의 : NPV = 현금유입의 현재가치 − 현금유출의 현재가치

(2) 의사결정기준

① 상호독립적 투자안 : NPV〉0인 경우에 투자안을 채택

② 상호배타적 투자안 : NPV〉0인 투자안 중 NPV가 가장 큰 투자안을 선택

4. 내부수익률법

(1) 정의 : IRR = 현금유입의 현재가치 = 현금유출의 현재가치

(2) 의사결정기준

① 상호독립적 투자안 : IRR〉k인 경우에 투자안을 채택

② 상호배타적 투자안 : IRR〉k인 투자안 중 IRR이 가장 높은 투자안을 채택

5. 수익성지수법

(1) 정의 : PI = 현금유입액의 현재가치/현금유출액의 현재가치

(2) 의사결정기준

① 상호독립적 투자안 : PI〉1인 경우에 투자안을 채택

② 상호배타적 투자안 : PI〉1인 투자안 중 PI가 가장 높은 투자안을 채택

연·습·문·제

1 **다음 중 현금흐름을 추정할 때 고려사항으로 적절하지 않은 것은?**

① 현금흐름을 추정할 경우에 잠식비용을 고려해야 한다.
② 현금흐름을 추정할 경우에 증분개념을 이용하여 추정해야 한다.
③ 현금흐름을 추정할 경우에 기회비용은 현금유출로 처리한다.
④ 현금흐름을 추정할 경우에 감가상각비는 고려할 필요가 없다.
⑤ 현금흐름을 추정할 경우에 이자비용을 고려해야 한다.

| 해설 | ㉠ 감가상각비는 현금유출이 없는 비용이므로 현금흐름을 추정할 때 고려하지 않지만 감각상각비의 법인세절감효과는 고려해야 한다.
㉡ 이자비용, 이자비용에 따른 절세효과, 원금상환, 배당금 등의 자본조달관련비용은 현금흐름에 포함시켜서는 안 된다.

2 **다음 중 법인세가 존재할 경우 감가상각비가 투자안의 현금흐름에 미치는 영향으로 옳지 않은 것은?**

① 감가상각비는 현금유출이 없는 비용이므로 현금유출로 처리하지 않는다.
② 감가상각비는 현금유출에 포함되지 않지만 감각상각비의 법인세절감효과는 현금유입으로 처리해야 한다.
③ 감각상각방법이 달라지면 기간별 감가상각비가 달라지므로 현금흐름에 미치는 영향도 달라진다.
④ 투자시점에 감각상각비를 많이 계상하면 투자안의 가치는 감소할 것이다.
⑤ 물가상승이 예상되면 정액법으로 감각상각할 때보다 연수합계법으로 감가상각할 때 투자안의 NPV가 증가한다.

| 해설 | 화폐의 시간가치를 고려하면 투자시점에 감가상각비를 많이 계상할수록 감각상각비의 절세효과로 인한 투자시점의 현금흐름이 증가하여 투자안의 가치는 증가한다.

3 **다음 중 영업활동에 필요한 순운전자본이 증가하는 경우에 해당하는 것은?**

① 다른 상황이 동일한 조건에서 외상매출금이 증가하고 단기차입금도 증가하였다.
② 다른 상황이 동일한 조건에서 외상매출금이 증가하고 재고자산도 증가하였다.
③ 다른 상황이 동일한 조건에서 외상매입금이 감소하고 외상매출금도 감소하였다.
④ 다른 상황이 동일한 조건에서 외상매입금이 증가하고 지급어음도 감소하였다.
⑤ 다른 상황이 동일한 조건에서 매출채권이 감소하고 단기차입금도 감소하였다.

| 해설 | 순운전자본은 유동자산에서 유동부채를 차감한 것을 말한다. 유동자산의 증가만 있어 외상매출금의 증가액과 재고자산의 증가액 합만큼 순운전자본이 증가한다.

4 **강남기업은 1년 전 8억원에 매입한 토지에 창고를 건축할 것을 검토하고 있다. 토지 가격 이외 건축비는 5억원으로 추정되며 토지를 매각하면 10억원에 매도할 수 있고, 토지를 임대한다면 매년 영속적으로 7,000만원의 임대수입을 얻을 수 있으며 이자율은 10%라고 한다. 창고건축과 관련된 현금흐름을 추정할 때 옳은 것은?**

① 창고의 건축으로 토지임대수입을 포기해야 하므로 임대수입의 상실로 인한 현금흐름 감소분을 미래의 현금유출로 인식한다.

② 현재 보유한 토지를 활용하는 것이므로 토지가치는 매몰원가로 간주하여 현금흐름 추정에서 제외시킨다.

③ 창고의 건축으로 토지매각 기회가 상실되므로 매각대금 10억원을 최초투자액에 포함시킨다.

④ 토지매입대금 8억원을 창고건축 투자안의 최초투자액에 포함시킨다.

⑤ 토지는 실질가치의 증감이 없는 안전자산이므로 토지가치는 고려하지 않는다.

| **해설** | 창고의 건축에 대한 대안으로 토지의 매각과 임대를 고려할 수 있다. 매각대금은 10억원이고, 임대수입의 현재가치는 7억원(=7,000만/0.1)이므로 창고건축에 따른 기회비용은 10억원이다. 따라서 토지의 매각대금 10억원을 투자시점의 현금유출로 처리해야 한다.

5 **이미 구입하여 임대하고 있던 토지를 매각할 것인가 아니면 공장건물을 신축할 것인가에 관한 의사결정에 대한 현금흐름을 가장 적절히 표현한 것은?**

- 토지의 취득원가는 5억원이다.
- 토지를 현재 처분하여 받을 수 있는 금액은 7억원이다.
- 토지를 현재 임대하여 수취하는 임대료는 800,00원이다.

① 토지의 취득원가 5억원은 과거에 구입한 매몰원가이므로 고려대상이 아니다.

② 토지의 임대료 800,000원은 기회비용이므로 고려해야 한다.

③ 토지를 매각하여 받을 수 있는 7억원은 관련현금흐름이 아니다.

④ 공장건물의 신축비용은 고려대상이 아니다.

⑤ 매각가액 7억원과 장부가액 5억원의 차액인 2억원에 대한 예상이자수익은 현금흐름에 포함한다.

| **해설** | ① 토지의 취득원가 5억원은 과거에 구입한 매몰원가에 해당하기 때문에 현금흐름 추정시 고려하지 않는다.
② 토지매각과 건물신축의 의사결정에서 토지의 임대는 두 의사결정의 증분현금흐름에 영향을 미치지 못한다.
③ 토지를 매각하여 받을 수 있는 7억원은 기회비용이므로 현금흐름에 반영해야 한다.
④ 공장건물의 신축비용은 반드시 고려해야 하는 현금유출에 해당한다.
⑤ 금융비용은 분자의 현금흐름에 포함하지 않고 분모의 할인율에 반영한다. 그리고 예상이자수익을 반영한다면 2억원이 아닌 7억원 전부를 고려해야 한다.

6 **하나기업은 5년 전에 기계설비를 4,000만원에 구입하였다. 구입당시 하나기업은 이 기계를 8년 동안 사용하며 8년 후 잔존가치는 없을 것으로 예상하였다. 하나기업은 이 기계설비를 현재 2,000만원에 매각할 예정이다. 기계설비를 처분하는 시점의 현금흐름으로 적절한 금액은 얼마인가? 단, 감가상각비는 정액법으로 계산하며 법인세율은 30%이다.**

① 1,500만원 ② 1,650만원
③ 1,850만원 ④ 2,000만원
⑤ 2,150만원

| 해설 | (1) 기계의 장부가치 = 4,000 − 4,000 × 5/8 = 1,500만원
(2) 자산의 현금흐름 = 처분가액 − (처분가액 − 장부가치) × 법인세율
= 2,000 − (2,000 − 1,500) × 0.3 = 1,850만원

7 **다음 중 내부수익률법과 순현재가치법의 가장 근본적인 차이점은?**

① 화폐의 시간가치를 고려 ② 현금흐름으로 평가
③ 재투자수익률의 가정 ④ 회계적 이익의 고려
⑤ 회수기간의 고려

| 해설 | 순현재가치법과 내부수익률법의 차이는 재투자수익률의 가정이다. 재투자수익률을 순현재가치법은 시장이자율로 가정하고, 내부수익률법은 투자안의 내부수익률로 가정한다.

8 **다음 중 순현재가치법과 내부수익률법에 관한 설명으로 옳지 못한 것은?**

① 순현재가치법과 내부수익률법은 모두 현금흐름 할인모형이다.
② 순현재가치법은 자본비용으로 재투자된다고 가정하나, 내부수익률법은 내부수익률로 재투자된다고 가정한다.
③ 단일투자안의 경우 항상 동일한 결론을 가져다준다.
④ 순현재가치법이 내부수익률법보다 우수한 방법이다.
⑤ 복수의 상호배타적 투자안의 경우 항상 상반된 결과를 가져다준다.

| 해설 | ㉠ 상호배타적 투자안은 투자금액의 차이, 투자기간의 차이, 현금흐름의 차이로 인해 NPV법과 IRR법의 의사결정이 달라진다.
㉡ 상호배타적 투자안은 자본비용이 피셔의 수익률보다 작을 때 NPV법과 IRR법은 상반된 결과를 가져온다.

9 **다음 중 NPV법과 IRR법에 관한 설명으로 옳지 않은 것은?**

① NPV법은 투자안에서 발생하는 현금흐름을 시장이자율로 재투자할 수 있다고 가정한다.

② IRR법은 투자안에서 발생하는 현금흐름을 내부수익률로 재투자할 수 있다고 가정한다.

③ NPV법과 IRR법은 모두 가치가산의 원리를 충족시킨다.

④ NPV법과 IRR법은 모두 화폐의 시간가치를 반영한다.

⑤ NPV법과 IRR법은 경우에 따라서 서로 다른 투자결정을 내린다.

| **해설** | NPV법은 가치가산의 원리가 적용되며 자본비용으로 재투자한다고 가정하지만 IRR법은 가치가산의 원리가 적용되지 않으며 내부수익률로 재투자한다고 가정한다.

10 **자본예산에서 순현재가치법과 내부수익률법의 평가결과가 다른 경우 순현재가치법을 따르는 것이 바람직하다고 한다. 다음 중 순현재가치법의 우위를 설명하는 이유로 옳지 않은 것은?**

① 순현재가치법은 자본비용으로 재투자한다고 가정하나, 내부수익률법은 내부수익률로 재투자한다고 가정한다.

② 내부수익률법은 내부수익률이 존재하지 않거나 또는 내부수익률이 복수로 존재하는 경우가 있을 수 있다.

③ 할인율이 매기 변동하는 경우 내부수익률법은 이를 반영하는 것이 곤란하지만 순현재가치법은 비교적 용이하게 이를 반영할 수 있다.

④ 여러 개의 투자안을 결합하는 분석을 실시하는 경우 순현재가치법은 개별투자안의 순현재가치를 독립적으로 구하여 합산하면 되지만, 내부수익률법은 개별투자안의 내부수익률을 독립적으로 구하여 합산하는 방법을 사용할 수 없다.

⑤ 투자규모가 다른 투자안을 비교하는 경우 순현재가치는 각 투자안의 투자규모에 대비한 상대적 성과에 대한 정보를 제공하지만, 내부수익률은 절대적 성과에 대한 정보만 제공한다.

| **해설** | ② 혼합형 현금흐름의 경우에는 해가 존재하지 않거나 복수의 해가 존재할 수 있다.
③ NPV법은 가치가산의 원리가 적용되지만 IRR법은 가치가산의 원리가 적용되지 않는다.
⑤ NPV는 투자안의 절대적인 금액을 나타내고, IRR은 투자안의 상대적인 비율을 나타낸다.

11 **다음 중 증분현금흐름을 고려하여 투자의사결정을 해야 하는 상황에서 가장 적절하지 못한 주장은?**

① 은행이 부실기업에 대한 추가자금의 지원여부를 검토할 때 추가로 지원할 자금과 함께 이미 부도처리된 대출금에 대해서도 원금과 이자를 회수할 수 있는지 고려해야 한다.

② 100억원에 구입한 토지에 30억원을 들인 주차장시설을 철거하고 상가건물을 신축할지 여부를 검토할 때 장부가치인 120억원이 아니라 토지와 주차장시설을 매각하면 받을 수 있는 150억원(세후 기준)을 비용으로 고려해야 한다.

③ 제주도의 한 호텔이 인근 골프장 인수여부를 검토할 때 골프장 예약이 수월해짐에 따라 증가하는 투숙객으로부터 예상되는 수입과 호텔 예약이 수월해짐에 따라 증가하는 골프장 이용객으로부터 예상되는 수입도 고려해야 한다.

④ 신제품의 발매여부를 검토할 때 원자재의 추가구입에 따른 외상매입금의 증가와 재고자산 및 보관창고 비용의 증가 그리고 현금보유액의 증가도 고려해야 한다.

⑤ 직원을 해외로 교육연수 보낼지 여부를 검토할 때 항공료와 등록금은 물론 해당 직원의 업무를 맡은 신규채용 임시직원에게 지급할 급여도 함께 고려해야 한다.

| 해설 | ① 이미 부도처리된 대출금은 매몰원가이므로 추가자금의 지원여부를 고려할 때 의사결정에 반영하지 말아야 한다.

② 기존자산의 장부가치 120억원이 아닌 기존자산의 매각가치 150억원이 상가건물 신축과 관련된 증분현금흐름이다.

③ 골프장 인수시 호텔수입의 증가분은 골프장 투자안의 부수효과로서 증분현금흐름에 반영해야 한다.

④ 신제품 발매로 인한 순운전자본의 증감은 현금흐름을 추정할 때 고려해야 한다.

⑤ 신규채용 임시직원에게 지급할 급여도 기회비용이므로 고려해야 한다.

12 **다음 중 투자안의 경제적 타당성을 분석하는 방법에 대한 설명으로 옳지 않은 것은?**

① 순현재가치법은 투자의 한계수익률을 고려한 분석기법이고, 내부수익률법은 투자의 평균수익률을 고려한 분석기법이다.

② 순현재가치법은 주주들의 부를 극대화시키려는 기업의 목표와 일치하는 기법인 반면에 내부수익률법은 그렇지 못하다.

③ 순현재가치법은 가치가산의 원리를 충족시키나 내부수익률법은 그렇지 못하다.

④ 복수투자안의 경우라도 독립적인 경우에는 순현재가치법과 내부수익률법에 의한 평가결과가 언제나 일치한다.

⑤ 내용연수가 서로 다른 두 투자안 A와 B가 상호배타적이며 반복적 성격을 갖는 투자안일 경우 A투자안의 순현재가치가 B투자안의 순현재가치보다 크면 언제나 A투자안이 채택되어야 한다.

| 해설 | 투자기간이 서로 다른 경우 반복투자가 불가능하면 투자기간의 차이에 관계없이 NPV법을, 반복투자가 가능하면 투자기간의 차이를 고려하여 최소공배수법, 무한반복투자법, 연간균등가치법을 이용하여 투자안을 평가한다.

13 다음 중 국제자본예산에서 투자안의 경제성 평가방법에 대한 설명으로 옳지 않은 것은?

① 내부수익률(IRR)이 0보다 크면 투자안은 경제성이 있다고 평가한다.
② 정치적 위험을 반영하기 위해 현재가치를 계산할 때 할인율을 높였다.
③ 회수기간법은 화폐의 시간가치를 고려하지 않은 분석방법이다.
④ 순현재가치법과 내부수익률법에 의한 평가결과가 상반되게 나올 수 있다.

| 해설 | 내부수익률(IRR)법은 투자안에서 발생하는 현금유입액의 현재가치와 현금유출액의 현재가치를 일치시키는 할인율인 내부수익률을 이용해 투자안을 평가하며 내부수익률이 자본비용보다 크면 투자안을 채택하고 내부수익률이 자본비용보다 작으면 투자안을 기각한다. 회수기간법과 회계적 이익률법은 화폐의 시간가치를 고려하지 않은 현금흐름비할인법이다. 둘 이상의 상호배타적 투자안을 평가할 경우에 여러 투자안들 중에서 가장 유리한 투자안 하나를 선택해야 하는데 투자금액, 투자기간, 현금흐름이 다른 경우에 NPV법과 IRR법은 평가결과가 일치하지 않고 상반된 평가결과가 나올 수 있다.

14 한국기업이 미국현지에 200만 달러를 투자하여 1년 후에 220만 달러의 현금유입이 예상되는 투자안을 검토하고 있다. 현물환율은 1,000원/$이고 1년 만기 선물환율은 1,050원/$일 경우 이 투자안의 원화표시 내부수익률은?

① 10.0%
② 12.5%
③ 14.0%
④ 15.5%

| 해설 | 자본예산에서 투자안의 경제성을 평가할 때 내부수익률(IRR)은 현금유입의 현재가치와 현금유출의 현재가치를 일치시키는 할인율, 즉 순현재가치(NPV)를 0으로 하는 할인율을 말한다.
$200 \times 1{,}000 = (220 \times 1{,}050)/(1 + IRR) \rightarrow IRR = 15.5\%$

15 (주)성우의 CFO는 현재 100억원을 투자해야 하는 3년 수명의 상호배타적인 투자안 A와 투자안 B를 고려하고 있다. 두 투자안은 잔존가치 없이 3년간 정액법으로 감가상각되며 3년간 현금흐름은 다음과 같다. 두 개의 투자안 모두 자본비용은 20%이다. 투자결정과 관련된 다음의 내용 중 가장 옳지 않은 것은?

투자안	현금흐름			IRR	NPV
	1년 후	2년 후	3년 후		
A	+40억원	+60억원	+90억원	34.4%	27.1억원
B	+60억원	+60억원	+60억원	36.3%	26.4억원

① 회수기간법에 의하면 A의 회수기간이 2년으로 B의 회수기간 1.67년보다 더 길어서 B를 선택한다.

② 평균회계이익률(AAR)에 의하면 A의 AAR이 126.67%로 B의 AAR 120%보다 더 크므로 A를 선택한다.

③ IRR법에 의하면 A의 IRR이 B의 IRR보다 더 작으므로 B를 선택한다.

④ 증분내부수익률법에 의하면 A의 현금흐름에서 B의 현금흐름을 차감한 현금흐름의 IRR인 1.9%가 영보다 크므로 A를 선택한다.

⑤ 수익성지수(PI)법에 의하면 A의 PI인 1.27이 B의 PI인 1.26보다 크므로 A를 선택한다.

| 해설 | 투자안 A의 현금흐름에서 B의 현금흐름을 차감한 증분현금으로 산출한 증분IRR이 자본비용보다 크면 투자안 A가 유리한 것으로 판단한다.

$0=\frac{20}{(1+IRR)^1}+\frac{30}{(1+IRR)^3}$ → 증분 IRR(22.47%) 〉 자본비용(20%) ∴ A투자안을 선택

16 한국의 우리기업은 미국에 500만 달러를 투자하고자 한다. 할인율은 10%이고 예상되는 현금흐름과 환율은 다음과 같다. 우리기업의 미국투자안에 대한 순재현가치(NPV)의 근사값은?

	0년	1년	2년
현금흐름	−500만 달러	300만 달러	600만 달러
환율(₩/$)	1,000	1,050	1,100

① 231,818만원　② 331,818만원

③ 431,818만원　④ 531,818만원

| 해설 | 순현재가치는 현금유입액의 현재가치에서 현금유출액의 현재가치를 차감한 값이다.

$$NPV=\left[\frac{300\times1,050}{(1.10)^1}+\frac{600\times1,100}{(1.10)^2}\right]-500\times1,000=331,818\text{만원}$$

17 **(주) 감마기업은 다음 네 개의 투자안을 검토하고 있다. 투자기간은 모두 1기간이며, 각 투자안에 적용되는 가중평균자본비용은 10%로 동일하다. 다음 설명 중 적절하지 않은것은?**

투자안	투자금액(t = 0)	수익성지수(PI)
A	1억원	1.2
B	1억원	1.5
C	2억원	1.5
D	3억원	1.4

① 순현재가치(NPV)가 가장 큰 투자안은 D이다.

② 투자안 B와 투자안 C의 내부수익률(IRR)은 동일하다.

③ 투자안이 모두 상호배타적일 경우에 순현재가치법과 내부수익률법으로 평가한 결과는 상이하다.

④ 투자안이 모두 독립적이며 투자할 수 있는 총금액이 2억원으로 제약될 경우에 투자안 A와 투자안 B에 투자하는 것은 기업가치를 극대화시킬 수 있다.

⑤ 투자안이 모두 독립적이며 투자할 수 있는 총금액이 3억원으로 제약될 경우에 투자안 B와 투자안 C에 투자하는 것은 기업가치를 극대화시킬 수 있다.

| 해설 | 투자안이 상호독립적이며 투자금액이 2억원으로 제약될 경우 투자안 A와 투자안 B에 투자하면 NPV = 0.7억원이고 투자안 C에 투자하면 NPV = 1억원이다. 따라서 투자안 C에 투자하는 것이 기업가치를 극대화할 수 있다.

투자안	투자액(t = 0)	PI	유입액 PV	NPV	유입액 CF(t = 1)	IRR
A	1억	1.2	1.2억	0.2억	1.32억	32%
B	1억	1.5	1.5억	0.5억	1.65억	65%
C	2억	1.5	3.0억	1.0억	3.30억	65%
D	3억	1.4	4.2억	1.2억	4.62억	54%

18 **어떤 기업이 해외투자를 위해 자본예산을 분석하고 있다. 고려되는 프로젝트의 우선순위를 떨어뜨리는 분석결과나 고려요인에 해당하는 것은?**

① 낮은 내부수익률　　② 낮은 자본비용

③ 높은 순현재가치　　④ 큰 순현금유입

| 해설 | 자본예산의 고려요인에는 자본비용과 순현금유입이 있다. 자본비용이 낮을수록, 순현금유입이 클수록 프로젝트의 순현재가치는 커지므로 우선순위는 높아진다. 투자안의 경제성분석에는 내부수익률(IRR)법과 순현재가치(NPV)법 등이 있다. 내부수익률(IRR)이 높을수록, 순현재가치(NPV)가 클수록 프로젝트의 우선순위는 높아진다.

19 **해외공장을 건설하려는 해외직접투자결정을 위해 자본예산을 분석하고 있다. 다음 사항 중 순현재가치(NPV)를 증가시키고 투자의 우선순위를 높인다고 볼 수 없는 것은?**

① 자본비용의 하락
② 새로운 시장의 개척으로 매출액 증가
③ 현지국 통화가치의 하락으로 현지생산비용의 감소
④ 내부수익률(IRR)의 하락

| 해설 | 순현재가치(NPV)는 투자안에서 발생하는 현금유입액의 현재가치에서 현금유출액을 차감한 순현금유입의 현재가치를 말한다. 순현금유입의 현재가치가 투자금액보다 높아야 순현재가치가 정(+)의 값을 가지며 기업가치가 증가한다. 순현금유입이 증가하려면 매출증가를 통해 현금유입이 늘어나든지 비용이 감소하여 현금유출이 줄어들어야 한다. 순현재가치의 대안이 되는 내부수익률(IRR)은 투자로 발생하는 현금유입이 증가하면 높아지기 때문에 내부수익률이 높을수록 경제성이 있는 좋은 투자안으로 평가된다.

20 **자본예산기법을 사용하여 해외직접투자 프로젝트의 타당성을 분석하고자 한다. 다음 중 국제자본예산에 대한 설명으로 옳지 않은 것은?**

① 본사 관점에서 타당성을 높이기 위해서 기업전체의 가중평균자본비용을 할인율로 사용한다.
② 순현재가치법을 사용하는 경우 세후현금흐름을 추정하여 순현가를 계산한다.
③ 타당성을 분석하기 위해 이미 지출된 비용은 현금흐름의 추정에서 제외한다.
④ 투자금액의 추정에서 현지국에 있는 기존설비를 사용할 경우 투자금액으로 간주하지 않는다.

| 해설 | 해외프로젝트의 타당성을 분석하기 위해 국제자본예산분석을 실시하며 투자안의 경제성을 평가하는 방법으로 순현재가치(NPV)법을 많이 사용한다. NPV법은 투자안에서 발생하는 현금흐름을 자본비용으로 할인하여 순현가를 산출한다. 본사의 관점에서 프로젝트를 평가할 경우에 기업전체의 가중평균자본비용(WACC)을 할인율로 사용하는 것은 타당하다. 현금흐름을 추정할 때 과거의 의사결정에 의해 이미 지출한 매몰원가(sunk cost)는 회수불가능한 원가이므로 새로운 투자안의 현금흐름을 추정할 때 고려할 필요가 없다. 그러나 특정 자원을 현재 용도 이외의 다른 용도로 사용해야 할 경우에 포기해야 하는 기회비용(opportunity cost)은 새로운 투자안의 현금유출에 포함시켜야 한다.

정답

1. ⑤ 2. ④ 3. ② 4. ③ 5. ① 6. ③ 7. ③ 8. ⑤ 9. ③ 10. ⑤
11. ① 12. ⑤ 13. ① 14. ④ 15. ④ 16. ② 17. ④ 18. ① 19. ④ 20. ④

C·h·a·p·t·e·r 10

해외직접투자

글로벌 경영시대의 효과적인 투자전략은 환위험과 금리위험을 고려하면서 적절한 자본운용을 통해 수익성, 안정성, 유동성을 확보해야 한다. 따라서 기업가치를 극대화하려면 해외현지에 설립한 자회사를 통한 직접투자를 할 것인가 아니면 국제자본시장을 이용한 간접투자를 할 것인가에 대한 의사결정을 내려야 한다.

제1절 해외직접투자의 개요

1. 해외직접투자의 정의

일반적으로 해외투자는 국가간의 자본이동이라고 할 수 있다. 해외투자는 투자의 형태에 따라 이윤추구를 목적으로 국내자본, 생산기술, 경영능력 등 경영활동에 필요한 복합적 요소를 해외로 이전시키는 해외직접투자와 경영에 참가하지 않고 외국의 주식과 채권 등의 유가증권에 투자하는 해외간접투자로 구분할 수 있다.

해외직접투자는 피투자기업의 경영지배 또는 경영참여를 목적으로 외국의 실물자산을 매입, 해외기업의 매입, 해외자회사의 설립, 해외기업에 출자 그리고 국내의 자본, 생산기술, 경영기술, 상표 등을 해외로 이전하여 그 나라의 생산요소인 노동, 토지 등과 복합적으로 결합하여 생산 및 판매를 하는 기업의 활동을 말한다.

해외직접투자는 투자형태에 따라 국가경제에 미치는 영향이 상이하지만 국제수지, 생산, 고용 등에 영향을 준다. 해외 현지법인이 자국에 있는 모기업으로부터 원자재를 수입할 경우 해외 투자국의 수출이 증가하여 국제수지가 개선되는 반면에 해외 현지법인이 생산한 제품이 본국으로 역수입되면 국제수지가 악화된다.

해외직접투자가 증가하면 국내투자가 위축되고 자국 산업의 공동화현상을 초래하는 부정적 측면이 있으나 생산원가의 절감, 선진국의 경영기법 습득, 자국산업의 구조조정이라는 긍정적 효과를 얻을 수도 있다. 또한 해외직접투자는 해외투자기업의 이중과세를 방지하기 위해 국제적으로 이중과세방지협정이 체결되어 있다.

투자주체가 되는 국가를 투자국(home country), 투자대상이 되는 국가를 투자수입국(host country)이라고 한다. 투자국의 국제수지는 투자금액의 지출로 단기적으로 악화되나 시간이 경과하면서 투자수익이 회수되어 장기적으로 개선되고 투자수입국의 국제수지는 단기적으로 개선되나 장기적으로 악화되는 효과가 있다.

현지기업의 소유권(ownership)을 확보하기 위한 해외직접투자는 투자방법에 따라 단독으로 투자하는 해외단독투자와 공동으로 투자하는 국제합작투자로 구분되는데 이는 주로 신규투자사업에 해당한다. 반면에 기존의 기업이나 사업부문을 인수 또는 합병하여 해당사업에 진출하는 것을 외적 성장전략이라고 한다.

이러한 외적 성장전략은 단기간 내에 기술, 인력, 브랜드, 유통망 등을 확보할 수 있어 새로운 사업에 진출하는 시간을 최소화할 수 있으며 인수조건에 따라서 투자수익이 매우 크고 신규투자에 따른 위험이 제거될 수 있다. 그리고 기업간의 결합으로 인해 시너지효과를 창출할 수 있다는 장점을 가지고 있다.

이와 같이 외적 성장전략의 일환으로 해외현지에 있는 기존의 기업을 인수하거나 본국의 기업과 합병하는 것을 국제인수합병이라고 한다. 이는 국적이 다른 둘 이상의 기업들이 단일기업으로 통합되는 기업합병과 인수기업이 현지 인수대상기업의 주식을 매입하여 경영권을 획득하는 기업인수가 결합된 개념이다.

그러나 넓은 의미에서 해외인수합병은 주식이나 자산의 인수뿐만 아니라 구조조정을 위해 방만하게 운영되어 오던 사업부문이나 부채 등을 청산하기 위해 생산시설의 일부 또는 전부를 분할한 다음 외국자본에 처분하여 기업구조를 재편성하는 국제적 기업매각까지도 포함하는 개념이라고 볼 수 있다.

따라서 국제적 기업매각은 기업의 주력부문에서 제외되어 경영전략상 필요성이 적은 부문을 처분하거나 매각하여 높은 수익을 실현할 수 있는 부문을 외국기업 또는 투자자에게 처분하는 구조조정으로 기업규모를 축소하고 주력부문에 집중투자함으로써 기업경영을 보다 효율적으로 수행할 수 있게 된다.

해외직접투자가 이루어지면 이제는 더 이상 국내기업이 아니라 국제기업으로 탈바꿈했다는 것을 의미한다. 국제기업으로 변신하면 새롭게 이윤을 창출할 수 있는 기회를 확보할 수 있지만 환율변동에 따른 위험과 현지국가의 정치적·경제적 상황에 따른 위험을 추가로 부담해야 한다는 단점도 존재한다.

▌표 10-1▐ 해외직접투자와 해외간접투자

구 분	해외직접투자	해외간접투자
투자목적	기업에 대한 경영권 지배	배당수익, 이자수익, 시세차익
이동대상	기술, 경영노하우 등의 이전	금융자본의 국제이동
사업성격	현지기업과 위험을 공유함	위험을 공유하지 않음
산업범위	특정산업을 지정해 자본이 이동	특정산업을 목표로 하지 않음

2. 해외직접투자의 특징

해외직접투자는 한 나라의 기업이 해외 현지법인의 경영에 직접 참여하여 영업이익을 목적으로 보유하고 있는 자본, 기술, 인력 등 생산요소를 해외로 이전하는 대외거래의 행위를 말한다. 해외직접투자는 자금흐름 및 투자주체에 따라 외국인의 국내직접투자와 거주자의 해외직접투자로 구분할 수 있다.

첫째, 해외직접투자는 투자동기의 측면에서 이자소득이나 배당소득을 목적으로 하는 간접투자와 달리 해외사업에 직접적으로 영향력을 행사하여 경영권지배를 목적으로 한다. 따라서 단기적인 이익획득의 가능성은 중요한 문제가 안 되며, 투하자본의 이자만을 목적으로 하는 것은 해외직접투자가 아니다.

해외직접투자는 경영참여를 목적으로 하는 점에서 간접투자와 구별된다. 그러나 주식투자는 경영지배권을 출자비율에 의해 구분하여 일정 수준 이상의 주식보유를 직접투자로 본다. 선진국에서는 출자비율 25% 이상을 직접투자로 분류하고, 우리나라는 외국환관리법상 20% 이상을 직접투자로 분류한다.

둘째, 해외직접투자는 화폐적 이동은 물론 경영자를 중핵으로 경영관리상의 지식과 경험, 특허, 노하우(know-how), 마케팅을 포함한 광범위한 전문적·기술적 지식, 원료구입, 자금조달 등 시장에서 지위, 정보수집, 연구개발을 위한 조직을 포함한 포괄적 이전을 의미하여 수출이나 라이센싱과 구별된다.

한편, 해외직접투자에 필요한 자본은 모기업의 거주지 국가에서 이전될 필요는 없으며, 필요자금을 현지국의 자본시장에서 조달할 수도 있다. 그러나 직접투자의 성격이 이윤동기에 의한 현지기업의 실질적 지배에 있어 기본속성은 자본수출에 있으며 여기에 여러 경영자원의 수출이 복합되어 있다 하겠다.

셋째, 해외직접투자는 자본의 수출인 동시에 기업의 수출로 기업이 국내지향 및 해외지향경영에서 현지지향 및 세계지향경영으로 전환하기 위한 필요조건이다. 기업은 생성 초기에 국내시장개척에 주력하나, 성장하면서 시장의 제한성, 경쟁의 심화 등을 해소하기 위해 수출에 의한 해외시장개척을 도모한다.

해외직접투자는 기업이 현지생산에 의한 시장기반 확보 및 제조원가 절감을 추구하면서 이루어지기 때문에 다국적기업의 발생과 성장을 위한 기반이라 할 수 있다. 여기에서 한 걸음 더 나아가 기업이 세계시장을 상대로 유기적인 경영을 수행하는 세계지향기에도 해외직접투자는 그 기본조건이 되는 것이다.

3. 해외직접투자의 동기

국제경제학의 입장에서 볼 때 해외직접투자는 자본의 한계수익률이 낮은 국가에서 높은 국가로 이동한다는 즉 국가간의 한계수익률 차이 때문에 발생한다고 보는 것이 일반적인 견해이다. 그러나 개별기업의 입장에서 보면 해외직접투자는 각 기업의 구체적인 동기와 기업목표에 따라서 수행되고 있다.

(1) 경쟁우위의 활용

해외직접투자를 통한 국제화는 기업이 가지고 있는 경쟁우위를 해외시장에서 활용하는 것이다. 그러나 내수시장에서 경쟁우위를 가지고 있어도 해외시장에서 성공한다는 보장은 없다. 왜냐하면 국제화의 경험이 부족한 기업은 외국의 현지기업에 비해 많은 불리한 점을 감수해야 하기 때문이다.

외국기업은 언어와 문화에 대한 이해의 측면에서 현지기업보다 유통망, 대정부관계에서 취약하다. 외국인비용은 외국기업이 갖는 불리함을 말한다. 외국의 투자기업이 현지시장에서 불리함에도 불구하고 외국인비용으로 인한 불리한 점을 충분히 상쇄할 수 있는 경쟁우위를 가지고 있어야 한다.

현대자동차는 1985년 캐나다에 직접투자를 했다가 큰 손실을 보고 철수하였다. 이는 현대자동차가 그 당시 외국인비용을 상쇄할정도의 강한 경쟁우위가 없었기 때문이었다. 현대자동차는 그 이후 1997년과 1998년 외국인비용을 상쇄할 수 있는 개발도상국인 터키와 인도에 직접투자를 하였다.

현대자동차는 2005년 미국의 알라바마에 현지생산법인을 설립하여 중형차와 SUV를 생산하고 있으며, 2008년 체코에도 현지생산법인을 설립하였다. 이는 그동안의 해외투자 경험을 바탕으로 미국과 유럽에서 현지생산에 대한 기업내부에 축적된 독점적 우위를 얻은 것으로 해석할 수 있다.

(2) 내부거래의 수행

기업들이 해외직접투자를 하는 중요한 이유는 기업이 해외경영에 필요한 지적자산과 원자재 등의 거래를 수행할 때 시장을 이용하는 것보다 내부거래를 통해 수행하는 것이 효율적이기 때문이다. 이는 다국적기업이 경영자원의 국제간 이동을 보다 효율적으로 수행하는 조직체임을 의미한다.

기업이 내부화하려는 경영자원은 기술, 브랜드와 같은 경영자원이다. 경영자원의 내부화는 기업이 보유한 경영자원을 해외시장에 활용할 경우와 투자대상국 특유의 경영자원을 획득하는 경우에 공통적으로 나타난다. 이러한 자산은 쉽게 전달할 수 없고 외국으로 이전하는데 많은 비용이 수반된다.

내부화동기에 의한 직접투자는 원자재의 원활한 공급을 위해 이루어진다. 한국의 섬유, 의류, 금속조립산업에서 저개발국의 싼 임금을 활용하기 위해 동남아, 중남미에 직접투자가 활발히 이루어지고 있다. 이는 하청생산방식에서 품질, 가격, 납기에 따른 많은 불확실성을 줄이려는 시도로 보인다.

더닝(j. Dunning)은 독점적 경쟁우위요소와 내부화이론에 특정지역에서 구할 수 있는 경영자원을 활용하려면 그 나라에 직접투자의 형태로 진입해야 한다는 입지우위론을 더한 절충이론을 주장하였다. 따라서 천연자원을 확보하려면 천연자원을 구할 수 있는 지역에 현지법인을 설립해야 한다.

(3) 무역장벽의 회피

해외직접투자는 보호무역장벽의 우회수단으로 종종 사용되기도 한다. 한국기업이 유럽에서 현지생산을 하는 대표적인 이유 중의 하나는 수출에 대한 각종 관세 및 비관세장벽 때문이다. 특히 실업률이 높은 유럽은 국가들이 직접투자를 유치하기 위해 각종 세금인하와 보조금지급을 약속하고 있다.

생산지역의 다변화는 환율변동의 위험에서 기업을 보호해줄 수 있다. 수출위주의 국제화전략을 추구했던 일본기업들은 1980년대 후반 엔화의 급상승으로 큰 손해를 본 이후 해외직접투자를 실행하고 있다. 이는 생산기지가 일본에 집중되어 나타나는 환위험을 완화하려는 전략으로 이해할 수 있다.

4. 해외직접투자의 이론

해외직접투자의 현상을 규명하는 이론들은 왜 기업이 해외로 진출하는지, 친숙한 기업환경에서 영업하는 현지기업의 고유한 우위성에도 불구하고 어떻게 해외투자기업들이 현지기업과 성공적으로 경쟁하는지, 왜 기업은 수출이나 라이센싱을 하지 않고 외국에서 직접 생산하려 하는지에 초점을 맞추고 있다.

(1) 거시경제론적 접근

제2차 세계대전 이전에 해외투자의 주류는 증권투자로 이는 금리격차에 의해 국제간 자본이동을 설명하는 전통적인 자본이동이론으로 해명이 가능하였다. 그러나 제2차 세계대전 이후 급증한 해외직접투자는 자본이동은 물론 기술 또는 경영기법까지 이동되어 전통적인 자본이동으로 규명이 어렵게 되었다.

1) 국민경제적 접근

국민경제적 접근을 주장하는 학자들은 해외직접투자가 이윤극대화 또는 시장점유율 확대를 목적으로 개별기업의 입장에서 이루어지면 투자국과 피투자국간의 갈등을 심화시킬 뿐만 아니라 역무역적으로 작용하기 때문에 개별기업이 아닌 투자국과 피투자국의 국민경제적 차원에서 이루어져야 한다고 강조한다.

이러한 접근은 최소한 정부정책과 밀접한 관계를 유지하는 개도국 기업의 해외직접투자행위를 규명하는 데에는 설득력이 있다. 그러나 투자가 이루어져야 할 거시적인 방향은 제시해 주지만, 실제 투자가 이루어졌을 때 투자국기업이 현지기업에 갖는 경쟁상우위요인이 무엇인가에 대해서는 설명하지 못한다.

2) 급진주의적 견해

최근에 다국적기업의 해외투자활동에 대한 주류경제학적 이론에 대해 비판적인 급진주의 견해가 많은 사람들에 의해 제기되고 있다. 비판적 견해는 다국적기업의 직접투자에 관한 낙관적인 입장을 거부하고 있으며, 정도의 차이는 있지만 다국적기업을 제국주의의 새로운 실행기관으로 보고 있다는 것이다.

급진주의적 견해는 다국적기업의 해외투자활동이 경제적인 요인뿐만 아니라 정치적·사회적·문화적 요인들에 의해 상호복합적으로 영향을 받고 있음을 고려할 때, 경제적 요인은 물론 정치적·사회적 요인까지 고려하는 접근방법은 큰 의미가 있고 앞으로도 계속해서 추구되어야 할 과제라고 할 수 있다.

(2) 기업행태론적 접근

거시적인 접근은 직접투자가 발생하는 이유와 효과는 설명하나, 직접투자를 수행하는 기업의 입장에서 왜 직접투자를 선택하고 해외시장에서 현지기업과 효과적으로 경쟁할 수 있는 비교우위의 원천이 무엇인가를 명확히 설명하지 못한다. 여기서는 기업이 속한 산업의 입장에서 직접투자의 이론을 검토한다.

1) 성장동기이론

성장동기이론은 기업이 성장하면서 사업영역을 확대해 나가는데, 국제화 정도에 따라서 수출기업, 다국적기업, 세계기업의 단계를 거치면서 발전한다. 해외직접투자활동은 국내시장이 중심이고 해외사업도 무역 대신에 해외투자를 중심으로 하는 다국적기업으로 옮겨가는 과정에서 활발히 이루어진다고 본다.

성장동기이론은 해외직접투자에 대한 이론적 분석이라기보다는 다국적기업의 경영전략에 대한 지침의 성격을 띠고 있다. 따라서 세계경제 전체를 대상으로 완전경쟁원리에 입각하여 기업의 성장을 도모하는 기업의 행위를 설명하지만, 직접투자가 발생하는 비교우위의 원천에 대해서는 설명을 하지 못한다.

2) 산업조직이론

산업조직이론은 개별기업을 전자산업, 자동차산업 등과 같이 산업이라는 범위로 구분하고 각 산업의 불완전성에서 해외직접투자의 이론을 찾는다. 하이머(Hymer)에 의하면 해외직접투자는 독과점적 우위를 가지고 있는 기업들이 이윤극대화를 위해 불완전한 시장을 지배할 목적으로 이루어진다고 주장하였다.

① 독점적 우위이론

외국기업이 특정 국가에서 경영활동을 수행할 때 현지기업에 비해 여러 가지 불리한 점이 있음에도 불구하고 이들이 외국에 투자해서 사업활동을 할 때는 불리함을 극복하고 남을 어떤 우위요인이 있을 것이다. 이처럼 독점적 우위이론은 현지기업이 갖지 못하는 경쟁우위가 무엇인가를 규명하는 이론이다.

킨들러는 모든 시장이 완전경쟁상태에 있고, 생산이나 마케팅에 외부경제가 존재하지 않으며, 정보의 획득에 시간과 비용이 들지 않고 무역에 대한 장벽이 존재하지 않는다면 국제거래의 형태는 무역만 존재하여 해외직접투자가 존재할 수 없다고 했다. 따라서 직접투자는 시장이 불완전할 경우에만 존재한다.

외국기업은 현지기업이 갖고 있지 못한 능력을 갖고 있지만, 그 능력을 파는데 필요한 시장이 제대로 존재하지 않으므로 외국기업은 그 능력을 활용해서 기업목표를 달성하기 위해 해외직접투자를 하게 된다는 것이다. 외국기업이 가지고 있는 독점적 우위는 기업 내부에 축적되어 있는 우수한 지식이다.

기업특유의 지식에는 기술, 마케팅노하우, 경영능력 등이 있다. 기술은 기업이 장기간의 연구개발투자를 통해 형성된 지식이며, 마케팅노하우는 광고나 판매경로 등에 대한 투자를 통해 구축한 지식이고, 경영능력은 고급인력에 대한 투자와 경영시스템 개발을 위한 투자를 통해 형성해 놓은 지식을 말한다.

② 과점적 경쟁이론

니커바커(F.Knickerbocker)는 과점산업에 속한 기업들의 특유한 행동양식(과점적 경쟁)에 착안하여 해외직접투자를 설명한다. 과점산업에 속하는 기업들은 경쟁기업의 행동에 매우 민감하며, 기업들간의 이러한 상호의존성은 과점적 경쟁이라는 과점산업 특유의 기업형태를 낳는다고 처음으로 주장하였다.

예컨대 한 기업이 신제품을 도입하거나 새로운 시장을 개척하거나 새로운 원료원을 확보하여 경쟁우위를 확보하려고 하면 경쟁기업은 이에 상응하는 행동으로 대처한다. 그렇지 않으면 선도기업의 우위에 의해 다른 기업들은 시장에서 위치를 상실하거나 성장을 기회를 상실할 위험마저 발생한다는 것이다.

요컨대 과점기업의 당면과제는 이익극대화보다는 최소한 경쟁기업과 같은 속도로 성장하여 기업간 균형을 유지하는 일이다. 따라서 전체시장의 급속한 팽창으로 기업의 이익 및 매출액이 증가하는 경우에도 시장점유율의 하락과 경쟁기업의 행동을 경계한다. 이러한 현상은 직접투자의 경우에도 마찬가지다.

한 기업이 직접투자를 하면 경쟁기업도 같은 국가에 자회사를 설립하는 방어적 투자를 한다는 것이 과점적 경쟁이론이다. 이러한 과점적 경쟁의 결과 같은 산업의 기업들이 특정 국가에 집중적으로 몰리는 현상을 밴드웨건효과(band wagon effect)라고 하는데, 선도기업의 최초투자는 설명하지 못한다.

③ 제품수명주기이론

제품수명주기이론은 선진국과 후진국간의 기술격차와 제품수명주기(product life

cycle)에 따른 기업의 시장전략 변화에 착안하여 각국의 무역패턴과 선진국기업의 해외투자이론을 설명하는 이론으로 버논(R. Vernon)에 의해 제시되고, 허쉬(S. Hirsh), 웰즈(Wells) 등에 의해 발전된 동태적 생산입지이론이다.

도입기에는 신제품을 개발한 기업의 독점적 우위나 제품의 차별화로 이 제품에 대한 수요의 가격탄력성이 비교적 작기 때문에 기업은 국내에 생산입지를 선택한다. 성장기에는 대량생산이 가능하나 경쟁기업이 등장하며 수요의 가격탄력성이 커지면서 규모의 경제와 경영능력 제고가 기업의 성패를 좌우한다.

성숙기에 진입하면 제품생산이 표준화되면서 생산기술의 개발도 거의 한계점에 도달한다. 따라서 생산비용이 기업의 최대 관심사가 되어 생산입지는 인건비가 저렴한 개발도상국으로 이전하게 되어 해외자회사로부터의 역수입이 일어나 헥셔-올린의 세계로 돌아가는 과정에서 해외직접투자는 일어나게 된다.

제품수명주기이론은 어느 단계에서 직접투자가 발생할 수 있으나 직접투자가 꼭 발생한다는 필연적인 조건을 제시하지 못한다. 또한 투자국간의 상호투자를 설명하지 못하고 초기투자의 설명에는 타당하지만 이미 해외에 생산 및 마케팅체제를 갖추고 있는 기업의 행태를 설명하기에는 미흡하다고 할 수 있다.

3) 행동과학적 접근이론

행동과학적 접근이론은 기업의 해외투자현상을 기업조직 내부의 의사결정과정과 독특한 기업행태적 현상으로 파악하여 설명하며, 해외직접투자가 반드시 경제적인 또는 합리적인 동기에 의해서만 이루어지는 것은 아니라고 주장한다. 최초의 투자를 유발하는 것은 어떤 강력한 외부적인 자극이라는 것이다.

아하로니(Yair Aharoni)는 외부적인 자극으로 외국정부나 기업의 고객과 같이 기업내부와 관련이 없는 원천으로부터의 제안, 시장상실의 위험, 밴드웨건의 효과, 해외로부터의 강력한 경쟁을 들고 있다. 또한 기업내부 의사결정과정도 조직목표보다는 최고경영자의 개인적인 목표에 의해 일어난다고 설명한다.

일반적으로 기업은 관성에 의해 자기에게 익숙한 환경에 젖어있는 경향이 강하다. 이러한 상황에서 밖으로 눈을 돌리는 것은 경쟁사의 진출이라든가 현지기업인이나 기업외부인으로부터 강력한 권고 등 외부의 자극이고 이러한 자극에 의해 해외투자에 대한 조사가 시작되면 또 다른 투자가 이루어진다.

해외투자의 타당성을 조사하는 사람은 그 일을 수행하는 과정에서 자신의 승진과 이익을 위해 그 일이 성사되도록 투자를 실시하는 방향으로 이끌어간다. 행동과학적 이론은 투자가 일어나는 동기나 과정을 일면적으로 파악했다는 한계가 있지만 다른 여러 경제이론들과 상호보완적인 측면에서 의미가 있다.

4) 자본시장 접근이론

독점적 우위이론은 직접투자를 실물면에서 우위를 통해 설명하지만, 자본시장 접근이론은 화폐면에서 우위를 통해 투자기업이 가진 장점을 설명한다. 투자기업이 현지기업에 비해 갖는 화폐상의 장점은 투자국의 화폐가치의 안정성(통화가치 우위이론)과 자본시장의 발달(자본시장 불완전이론)을 들 수 있다.

전자는 국제금융시장에서 자본을 조달할 때 통화가치가 상승할 것으로 예상되는 통화로 채권을 발행하는 기업은 그렇지 않은 기업보다 유리한 조건으로 차입할 수 있고, 약세통화국의 기업은 불확실한 환위험에 일정한 프리미엄을 투자국에 지급해야 하므로 강세통화국의 기업보다 차입비용이 높아진다는 것이다.

후자는 통화의 안정성보다 자본시장의 불완전성에서 직접투자의 결정요인을 찾고 있다. 즉 직접투자는 기술우위나 독점적 행위가 없더라도 자본시장의 비효율성으로국제 포트폴리오 분산투자이익을 누릴 수 없을 경우 투자자들은 비효율적인 현지국의 자본시장보다는 직접투자를 통해 이익을 얻으려 한다는 것이다.

5) 내부화이론

완전경쟁시장에서는 가격기구의 자동조절작용에 의해 자원배분이 효율적으로 이루어지며 파레토최적이 달성된다고 한다. 파레토최적(Pareto Optimality)은 경제적 후생의 극대화기준으로 타인에게 경제적 피해를 입히지 않고서는 어느 한 사람도 더 잘살게 할 수 없을 정도로 자원이 잘 이용되는 상태를 말한다.

그러나 현실세계에서는 시장의 불완전요인 존재로 시장실패가 나타나며, 이러한 시장실패에서는 자원배분이 왜곡되고 경제적 후생도 감소한다. 시장실패는 외부경제나 공공재 등에 의해 영향을 받으며, 기업은 시장실패로 인한 거래비용이나 제반 위험을 회피하기 위해 안정감 있는 내부시장을 창조하려고 한다.

코오스(R. H. Coase)에서 시작된 내부화이론에 의하면 효율적인 국제무역과 해외투자를 가로막는 세계적인 시장불완전요인에 대해 기업은 상응하는 반응을 나타낸다. 요컨대 기업은 외부의 시장기국를 통해 이루어지는 여러 가지 기능을 다국적기업시스템내에 내부시장을 창조하여 수행하려고 한다는 것이다.

해외직접투자현상을 내부화이론으로 설명하는 버클리(P. J. Buckley)와 카슨(M. Casson)은 그간의 해외투자이론이 생산측면에만 편중되어 연구개발, 마케팅 등 중간재의 흐름과 밀접한 관계를 갖는 생산외적인 요소들은 무시했다고 간주하고 기업의 경영활동에서 이러한 요소들이 차지하는 역할을 강조하였다.

(3) 통합적인 접근방법

더닝(J.Dunning)은 해외직접투자가 이루어지려면 외국기업의 불리함을 극복하고 현지에서 경쟁할 수 있는 기업 특유의 독점적 우위요소가 있어야 하며, 기업 특유의 독점적 우위를 라이센싱하는 것보다 내부거래를 통해 이전하는 것이 유리한 내부화의 우위, 입지 특유의 우위가 있어야 한다고 주장하였다.

독점적 우위이론은 수출·라이센싱에 대한 직접투자의 우위를 설명하기 어렵고, 내부화이론은 입지 특유의 우위에 대한 설명력이 약하다. 따라서 더닝은 수출·라이센싱·해외직접투자를 동시에 포괄하는 국제생산이론을 모색했는데, 이것이 독점적 우위이론, 내부화이론, 입지이론을 포괄하는 절충이론이다.

절충이론은 기업 특유의 독점적 우위를 외부시장에 판매하는 것보다 내부화하는 것이 유리할 때 기업은 라이센싱 대신 수출이나 해외직접투자를 선택하고, 자본·기술·경영기법 등을 해외로 이전하여 현지 생산요소와 결합하는 것이 국내생산보다 유리할 때 기업은 수출 대신 해외직접투자를 한다는 것이다.

5. 해외직접투자의 형태

대부분의 해외직접투자는 특정한 이유로만 실행하지 않고 무역장벽의 회피, 경쟁우위의 활용, 내부거래의 수행, 글로벌 네트워크의 구축과 같은 목적에서 상호복합적으로 작용하게 된다. 해외직접투자는 투자목적에 따라서 수평적 해외직접투자, 수직적 해외직접투자, 혼합적 해외직접투자로 구분한다.

(1) 수평적 해외직접투자

수평적 해외직접투자(horizontal FDI)는 투자기업이 본국에서 생산하는 제품과 동일한 제품을 해외에서 생산하기 위해 생산자회사를 설립하여 해외에 진출하는 투자형태를 말한다. 이는 제품생산라인이 지역적으로 다변화하는 것을 의미하며 규모의 경제효과(economies of scale)를 거둘 수 있게 된다.

수평적 투자의 사례로는 세계 도처에서 동일한 제품을 생산하여 판매하고 있는 코카콜라나 펩시, 다국적 제약회사, IBM이나 마이크로소프트 등의 정보통신회사 그리고 GM, 포드 등 대형자동차회사들이 있다. 이러한 수평적 투자가 이루어지기 위해서는 해당제품에 대해 높은 품질과 인지도를 갖고 있어야 가능하다.

기업이 수평적 국제직접투자를 하는 이유는 복수공장을 운영하여 규모의 경제를 달성할 수 있고 잠재적 소비자를 대상으로 강력한 마케팅전략을 사용할 수 있기 때문이다. 이러한 이유로 국제적으로 인정받는 일류기업들은 전문적 기술이나 마케팅 노하우를 이용하여 여러 지역에서 수평적 통합형태로 발전하고 있다.

(2) 수직적 해외직접투자

수직적 해외직접투자(vertical FDI)는 기업이 최종소비재 생산에 필요한 원재료를 확보하거나 중간재를 생산하기 위해 해외에 진출하는 투자로서 최종소비자에게 제품을 판매하거나 사용할 목적으로 해외에 투자하는 경우도 포함된다. 전자를 후방(backward) 수직적 투자, 후자를 전방(forward) 수직적 투자라고 한다.

후방 수직적 투자의 전형적인 사례로는 정유회사, 광산회사, 철강회사가 해외에서 자원을 개발하기 위해 현지에 직접투자하는 경우를 들 수 있다. 또한 대부분의 기업들이 현지에서 생산된 자원을 최종소비재로 가공하기 위해 본국이나 현지에 별도의 가공회사를 가지고 있는 경우에도 여기에 포함된다.

전방 수직적 투자의 전형적인 사례로는 자동차를 생산하는 기업이 본사의 자동차를 판매하기 위해 해외에 판매자회사를 설립하는 경우를 들 수 있다. 그러나 동일한 차종을 해외현지의 자동차공장에서 생산하는 제조자회사를 설립하는 것은 수직적 투자가 아닌 수평적 해외직접투자에 해당할 것이다.

따라서 전 세계시장을 대상으로 한 월드카(world car)를 본국에서 생산하고 판매만을 담당하는 자회사를 설립하면 수직적 투자이고, 생산 및 수출을 담당하는 제조자회사를 설립하면 수평적 투자에 해당한다. 그러나 월드카를 생산하고 판매도 하는 등 모든 과정을 담당하면 이는 혼합적 투자가 된다.

(3) 혼합적 해외직접투자

혼합적 해외직접투자(conglomerate FDI)는 다국적기업의 최종생산물이 수평적이거나 수직적으로 연결되지 않는 새로운 형태의 해외직접투자를 말한다. 그리고 해외직접투자가 수평적으로 연결될 수 있으며, 수직적으로 연결될 수도 있는 다각화된 형태의 투자도 혼합적 해외직접투자에 포함된다.

기업이 여러 분야의 사업을 동시에 수행하는 다각화된 사업구조를 가진 경우에 사업상 위험을 분산시키기 위해 혼합적 해외직접투자가 이루어지고 있다. 대표적인 사례로 세계 최대기업인 GE나 엑슨(Exxon) 등은 전문분야인 전자사업이나 석유개발부문 이외에 수많은 사업에 직접투자를 하고 있다.

혼합적 해외직접투자는 수익을 다양화하고 위험을 분산시키는 효과를 가져다준다. 특히 한 가지 단일사업에 집중하기보다는 두 가지 이상의 복수사업을 운영할 경우에 현금흐름의 불확실성이 줄어들게 된다. 따라서 혼합적 해외직접투자를 하면 유동성 부족에 따른 재무위험은 크게 줄어들 수 있다.

6. 해외직접투자의 과정

해외직접투자는 마치 한 번의 직접투자로 해외자회사를 설립하는 것처럼 보인다. 그러나 실제로 해외직접투자는 일회성 투자가 아니라 오랜기간 동안 지속적으로 이루어지는 투자의 연속과정에 해당한다. 최근에는 이와 같이 해외직접투자의 순차적인 과정을 강조하는 연구들이 많이 이루어지고 있다.

(1) 국가간의 순차적 진입

해외직접투자가 순차적으로 진행된다는 이론은 Johanson과 Vahlne가 제기하였다. 이들은 기업의 해외진출과정이 수출에서 판매법인으로, 그 다음 과정에서 생산법인을 설립하여 순차적으로 진입한다고 설명했다. 즉 해외시장의 중요성이 점차 높을수록 그에 해당하는 만큼 투자를 증가시킨다는 이론이다.

Davidson은 국제화 경험이 없는 기업은 외국인비용을 줄이기 위해 세계의 여러 국가에 진출할 경우 동시다발적으로 진출하기보다는 문화·언어·경제적 환경이 본국과 비슷한 국가에 먼저 진입하여 국제화경험을 축적한 다음 점차적으로 이질적인 문화와 환경의 국가로 순차적으로 진입한다고 주장하였다.

▌그림 10-1▐ 국가간의 순차적 진입

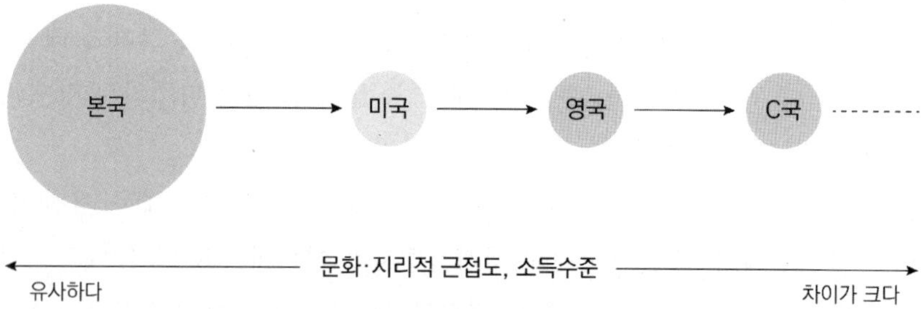

(2) 사업부의 점진적 확충

여러 사업부를 갖고 있는 다각화기업은 [그림 10-2]와 같이 현지기업에 비해 경쟁우위가 강한 사업부에 최초의 투자가 이루어지고 경쟁우위가 약한 사업부에 순차적으로 진입하는 과정을 보여준다. 예컨대 Sony는 미국시장에 진출할 때 그 당시 경쟁우위가 강했던 TV사업부문부터 직접투자를 했다.

Sony는 국제화 초기에 직면한 외국인비용이 크게 나타났기 때문에 이를 상쇄할 만큼 경쟁우위가 큰 사업부터 직접투자를 해야 했다. 여기서 외국인비용은 언어가 서로 다르고 진출국의 문화나 상거래관습을 잘 모르기 때문에 외국기업은 현지기업에 비해 절대적으로 불리할 수밖에 없다는 사실을 말한다.

해외직접투자에 대한 이론 중에서 독점적 경쟁우위이론은 이러한 외국인비용을 상쇄할 수 있을 정도로 경쟁우위가 크지 않을 경우 해외진출은 실패할 수밖에 없다는 가정에서 출발하였다. 기술, 가격, 브랜드의 이미지에서 독점적인 경쟁우위를 확보하지 않으면 외국에 진출했을 때 실패할 수밖에 없다.

해외직접투자의 진입방법도 강한 경쟁우위를 가진 사업분야에 진출할 때는 신설투자방식을 선호했으나 최근에는 인수합병과 합작투자의 방식을 사용한다. 이는 강한 경쟁우위를 가진 경우에는 신설투자가 유리하지만 경쟁우위를 흡수할 목적일 때는 인수합병과 합작투자가 효과적일 수 있음을 보여준다.

┃그림 10-2┃ 미국에서 Sony의 사업부간 순차적 진입과정

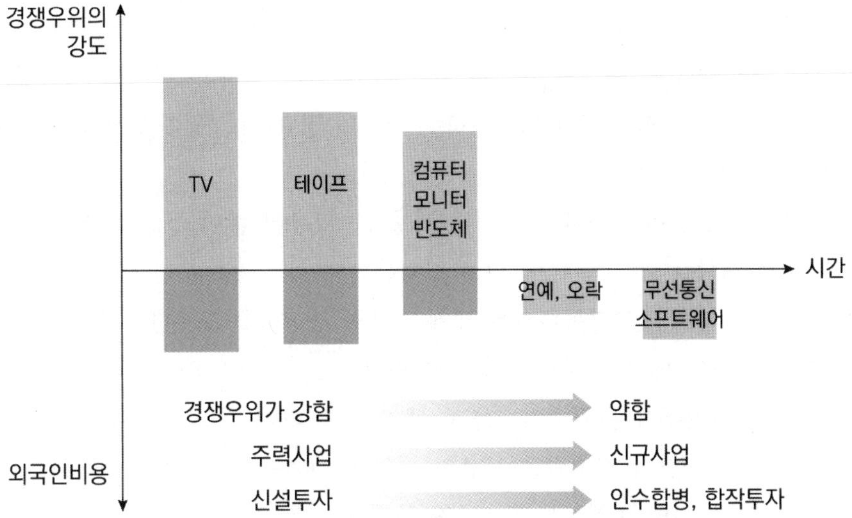

출처 : Sea Jin Chang. "International Expansion Strategy of Japanese Firms." Academy of Management Journal. 1995.

현재 한국기업들은 적극적으로 해외직접투자를 하고 있다. 한국기업은 1990년대 중반 경쟁우위가 없는 부문에 대한 기술을 획득하려는 목적의 직접투자를 많이 했었다. 예컨대 SK하이닉스의 AT&T 비메모리 반도체 사업부문의 인수, LG전자의 Zenith사의 인수 등은 기술획득 목적의 인수합병이었다.

그러나 한국기업들은 미국기업을 인수한 후 오랜기간 외국인비용을 줄이지 못한 채 경쟁우위가 없는 부문에 집중투자하여 큰 어려움을 경험하였다. 즉 큰 외국인비용을 지불하면서 경쟁우위가 없는 사업을 운영하는 것은 실패할 확률이 크다. 따라서 기업의 모든 임직원은 국제적인 안목을 갖춰야 한다.

7. 해외직접투자의 방법

해외직접투자는 투자방법에 따라 해외기업체의 경영권을 단독 소유할 목적으로 이루어지는 단독투자, 공동소유의 목적으로 이루어지는 합작투자(joint venture)로 구분되며, 이는 주로 신규투자사업에 해당한다. 이외에도 기업들이 해외에서 기존의 기업을 인수하거나 합병하는 인수합병(M&A)이 있다.

(1) 해외단독투자

해외단독투자는 다음과 같은 전략을 구사할 경우에 유용하게 사용된다. 우선 차별화된 제품에 대해 전 세계적으로 통일된 마케팅전략을 사용하고, 글로벌 네트워크를 구성하여 생산설비를 합리화하거나 집중화하는 전략이 필요하며, 원자재 및 자원생산을 국제적으로 과점하기 전략으로 사용될 수 있다.

해외단독투자는 해외시장에 진출하는 방법 중 비용이 많이 들고 위험도 높은 전략이다. 대부분의 국가는 주요 근간이 되는 산업분야에 외국기업이 단독으로 투자하는 경우를 제한한다. 따라서 해외단독투자는 세계 최고의 경쟁력을 보유한 기업이 아니고서는 비용부담과 해당 국가에서 인지도 확보가 어렵다.

하지만 해외단독투자는 기술이전을 하지 않아도 되며 경영권을 혼자서 확보할 수 있다. 세계 최고의 기술적 경쟁력을 보유한 기업은 해외단독투자가 유리하다. 왜냐하면 첨단기술을 보유한 기업은 합작파트너를 구하기 어려울 뿐만 아니라 기술력의 우위를 계속적으로 누리기 위해서는 단독투자가 유리하기 때문이다.

그리고 전 세계를 단일시장으로 보고 동일한 제품을 생산하여 판매하려는 전략을 구사하는 기업은 해외단독투자가 유리하다. 왜냐하면 외국에 위치한 공장에 대한 전략적 통제가 가능하고 어떤 특정부문을 전문화시킬 수 있고 글로벌 네트워크에 있는 다른 자회사들과 부품과 제품을 상호 교환할 수 있기 때문이다.

개발도상국의 경우에는 해당분야를 자국의 전략산업으로 육성하거나 수출대체산업으로 구조적인 전환을 하고자 하는 경우에 외국인 직접투자를 유치할 수 있다. 또는 유동성 위기를 겪고 있거나 경기침체가 장기화 될 때에는 해외의 첨단기술을 보유한 유망기업이 단독으로 투자해주기를 원하는 경우도 있다.

이와 같이 현지기업 또는 다양한 국적의 기업들이 공동으로 투자하면 위험을 분산시킬 수 있다는 장점이 있다. 하지만 경영관리의 측면에서 경영활동이 현지국내로만 한정될 수 있고, 외국기업의 경영자와 현지기업의 경영자간에 경영문화상의 차이로 시각의 차이를 노출시켜 갈등의 소지가 발생할 수 있다.

합작투자에 참여한 투자자들이 이익을 분배할 경우 상반된 주장을 할 수 있다. 파트너 중 어느 한쪽은 주주에게 배당할 것을 주장하는 반면 다른 파트너는 재투자를 통한 기업성장을 주장할 수 있다. 따라서 이익처분의 문제는 합작투자계약서에 해당조항을 명시함으로써 사전에 분쟁을 방지할 필요가 있다.

(2) 해외합작투자

해외합작투자는 2개국 또는 2인 이상의 투자자들이 경영활동상 협력관계를 맺어 특정기업의 소유와 경영에 공동으로 참여하는 것을 말한다. 그러나 일시적인 영업상의 거래관계를 위해 형성되는 공동사업은 해외합작투자라고 할 수 없고 기술적인 측면과 경제적인 측면에서 협력관계를 맺고 있는 경우를 말한다.

현지기업과 해외합작투자를 하는 동기나 목적은 개별기업이 직면한 환경에 따라 서로 다르다. 해외단독투자는 전 세계에 대한 독점적 우위를 확보하거나 글로벌 네트워크를 구성하기 위한 제조, 판매, 중개기능을 위해 주로 이루어지는 반면에 해외합작투자는 이보다 훨씬 다양한 투자목적을 위해 이루어진다.

첫째, 해외합작투자는 단독투자의 효과를 어느 정도 얻으면서 단독투자의 경우에 부담해야 하는 정치적, 사회적, 경제적 위험을 줄이기 위해 사용된다. 해외합작투자는 외국인이 완전소유한 기업체의 경우보다 거부감이 적기 때문에 경영관리기술 등의 노하우를 현지국가에 효과적으로 단기간에 전달할 수 있다.

둘째, 투자금액이 충분하지 못한 경우에 해외합작투자를 통해 현지에서나 국제적으로 자금력이 풍부한 기업을 참여시킴으로써 사업을 수행할 수 있게 된다. 따라서 적은 투자금액으로도 원하는 투자사업에 참여할 수 있을 뿐만 아니라 현지자본의 참여로 어느 정도의 생산성과 수익성을 확보할 수 있게 된다.

셋째, 모국에서는 부족한 노동력과 경영자원을 현지에서 충당하기 위해 합작투자가 이루어진다. 선진국의 국제기업은 개발도상국의 현지기업에 생산기술, 경영관리, 마케팅, 노하우 등을 제공하고 현지기업은 공장, 시설, 노동력을 제공한다. 투자국이나 현지국가 모두에게 유리한 경우에 합작투자가 발생한다.

(3) 해외인수합병

해외인수합병은 이미 운영중인 생산설비, 브랜드, 유통망을 한꺼번에 인수하여 쉽고 빠르게 시장점유율을 높일 수 있다. 그리고 인수합병은 피인수기업이 가진 기술을 습득할 수 있는 기회를 제공해주기도 한다. 따라서 신속한 시장진입이 필요한 경우에는 인수합병의 형태로 진입하는 것이 바람직하다.

기업의 최종목적은 이윤추구이다. 기업은 이윤을 추구하기 위해 계속 개혁하고 성장을 통해 발전해야 한다. 기업에서 성장은 기업발전의 기본요소이며 원칙이다. 기업은 성장하기 위해 다양한 방법과 전략을 구사해야 한다. 기업이 실행할 수 있는 성장전략에는 내적 성장전략과 외적 성장전략이 있다.

내적 성장전략은 기업이 성장하기 위해 기업이 보유하고 있는 여러 가지 내부역량 즉 인적·물적 자원과 경영노하우를 적극적으로 활용하여 당기순이익이 발생하면 이익의 일부를 사내에 유보시켜 자본력을 강화한 다음 이를 바탕으로 품질향상을 도모하거나 새로운 신규사업에 진출하는 전략을 말한다.

내적 성장전략은 기존의 경영자원을 효율적으로 활용할 수 있다는 장점이 있다. 그러나 내적 성장전략으로 신규사업에 진출하거나 기술력을 향상시킬 경우에 많은 시간이 소요되며 투자의 위험이 매우 커질 수 있다. 따라서 경영의 효율성도 떨어지고 기술과 인력을 확보하기 어렵다는 단점이 제기될 수 있다.

외적 성장전략은 신규사업에 진출하기 위해 내적 성장전략만으로 어렵다고 판단되는 경우에 내리는 전략을 말한다. 기업이 신규사업에 진출하기 위해 기존업체를 인수한다면 성장과 수익을 창출할 수 있는 근간을 확보하게 되며 내적 성장전략을 선택한 경우보다 시장진입에 따른 시간단축효과를 얻을 수 있다.

또한 현지기업을 인수하는 조건에 따라서 투자이익이 크고 신규투자에 따른 위험이 제거될 수 있으며 기업간의 결합으로 시너지효과를 창출한다는 장점을 가지고 있다. 1980년대 국내 대기업들이 해외진출을 위해 현지에 기반을 갖고 있는 해외기업을 인수할 때 해외인수합병(M&A)를 적극적으로 활용하였다.

해외인수합병은 국적이 다른 두 개 이상의 기업들이 하나의 단일기업으로 통합되는 국제적 기업합병(international merge)과 인수기업이 현지 인수대상기업의 주식이나 자산을 전부 또는 일부를 매입함으로써 경영지배권을 획득하는 국제적 기업인수(international acquisition)가 결합된 개념이라고 볼 수 있다.

해외인수합병은 인수합병 당사회사들의 거래의사 유무에 따라 크게 우호적 인수합병과 적대적 인수합병으로 분류할 수 있다. 우호적 인수합병(friendly M&A)은 인수기업의 M&A 제의에 현지의 인수대상기업 경영진이 M&A의 필요성을 공감하거나 주주들에게 인수합병에 동의할 것을 권유하는 형태를 말한다.

반면에 적대적 인수합병(hostile M&A)은 현지 인수대상기업의 경영진과 사전에 동의 없이 강압적 수단으로 주로 증권시장에서 주식을 매입하여 인수하는 것을 말한다. 따라서 적대적 인수합병은 대부분 인수기업의 경영권 획득목적에 대해 인수대상기업의 경영진이 경영권을 유지하려고 하는 경우에 발생한다.

기존 주주나 경영자 입장과 대립되는 적대적 인수합병 의사가 확인되면 이를 방어하기 위해 자사주펀드를 이용하거나 전환사채와 같은 극약처방으로 재무구조조정을 통한 방어전략을 사용할 수 있으며 황금알을 낳는 사업부문을 매각하거나 분할설립을 꾀하는 사업구조조정을 통한 방어전략을 구사할 수 있다.

요컨대 해외인수합병은 우호적 인수합병과 적대적 인수합병으로 구분할 수 있다. 하지만 우호적 인수합병이 일반적이다. 처음에 해외현지에 자원을 확보하거나 글로벌 경영전략상의 요충적인 기능을 하는 부문에 대해서 적대적 인수합병이 시작되더라도 어느 정도의 주식이 확보되면 우호적 거래로 바뀔 수 있다.

▌그림 10-3▐ 해외직접투자의 진입방법선택

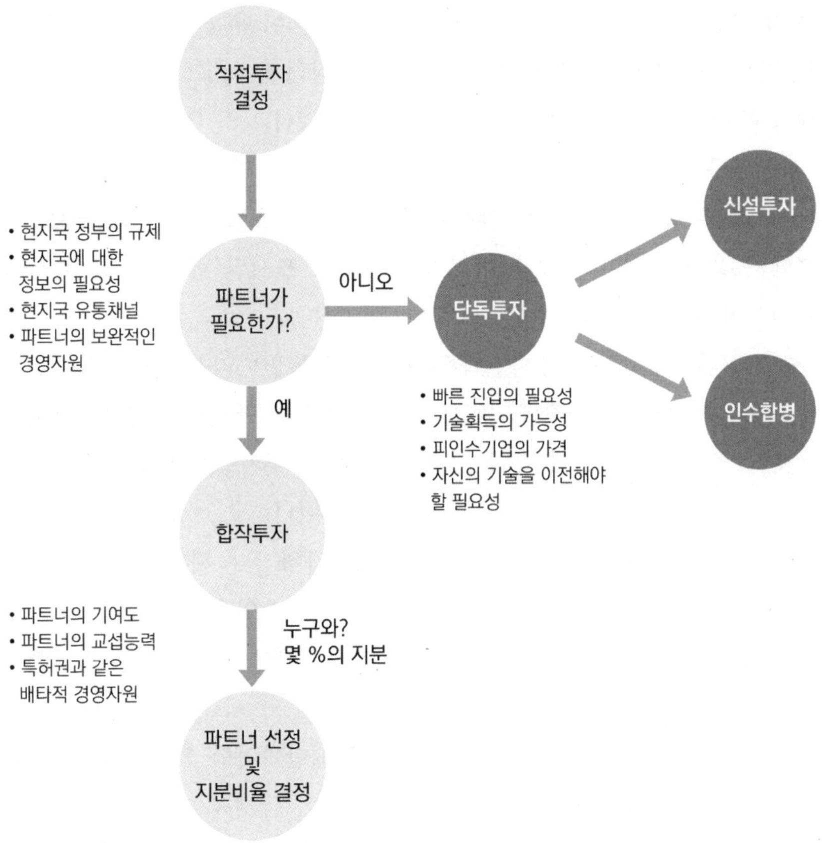

제2절 해외간접투자의 개요

세계 각국의 증권시장이 자유화, 개방화 추세를 맞이하면서 외국인에 대한 문호를 개방하고 있다. 미국을 비롯한 선진국은 내국인에 의한 해외주식투자 및 외국인에 의한 국내주식투자에 대해 문호를 개방하고 있다. 우리나라도 1992년 1월 이후 외국인에게 주식투자를 허용하고 주식시장의 개방폭을 확대시켰다.

1. 해외간접투자의 정의

국제금융시장을 이용한 자금운용은 해외직접투자와 해외간접투자를 통해 이루어진다. 해외직접투자는 사전에 정해진 내용에 따라서 자금이 운용되는 측면이 있다. 그러나 해외간접투자는 상대적으로 증권시장의 변화를 민감하게 이용하고, 오늘날 국제금융시장에서 대규모 자본이동에 보다 큰 영향을 미치고 있다.

해외간접투자는 배당수익과 이자수익을 얻기 위해 다양한 외국의 주식과 채권 등에 분산하여 투자하는 활동을 말하며 국제분산투자라고도 부른다. 증권의 투자가치를 수익률의 측면에서 분석할 경우에 그 나라의 통화단위로 표시된 명목수익률이 아니라 환율변동성을 감안한 실효수익률을 기준으로 삼아야 한다.

해외증권에 분산투자하는 투자전략은 투자대상물에 따라서 크게 세 가지로 구분된다. 외국인에게 개방된 주식시장에 참여하여 해외주식에 투자하는 전략, 국제채권에 투자하는 전략 그리고 전문적으로 유가증권을 운용하는 투자전문회사에서 발행하는 펀드에 가입하여 간접적으로 운용수익에 참여하는 전략이다.

해외주식시장에 직접 참여하여 해외주식에 투자하거나 해외상장된 보통주나 주식예탁증서에 투자하는 주식투자는 채권투자에 비해 투자수익을 극대화시킬 수 있다. 특히 주식시장이 효율적으로 작동하지 못한 경우 정상수익률을 초과하는 수익률을 달성하려는 투자자에게는 유용한 투자수단이 될 수 있다.

아울러 국제주식투자는 국제채권투자에 비해 해당기업의 의사결정에 참여할 수 있다는 커다란 장점이 있다. 그리고 주식투자대상기업이 국제적 기준에 적합되지 않는 경영의사결정을 내린다거나 국제회계기준(IFRS)을 준수하지 않을 경우에는 소유한 주식비율에 따른 의견을 적극적으로 제시할 수 있다.

그러나 주식투자는 채권투자에 비해서 수익의 안정성이 부족하다고 볼 수 있다. 채권에 투자하면 이자수익과 시세차익 얻을 수 있지만 주식투자는 해당기업의 영업이익에 근거하므로 고위험 고수익(high risk high return)을 부담한다. 따라서 주식투자는 안정된 현금흐름을 예측하기 어렵다는 단점이 있다.

2. 국제분산투자의 정의

국제분산투자는 투자자가 투자대상을 국내의 증권에 한정하지 않고 해외의 증권까지 포함시켜 포트폴리오를 구성하는 것을 말한다. 따라서 증권에 투자할 때 지역적인 위험분산을 국제적으로 수행하는 것으로서 여러 나라의 증권에 분산투자하여 리스크를 경감시키고 투자수익을 높이는 자산운용의 수법을 말한다.

특별히 막대한 자산을 운용하는 기관투자가들은 국제분산투자의 필요성이 높다. 이에 대한 효과는 각국 증권시장 상호간의 상관관계가 낮은 증권을 많이 편입시킬수록 커지며, 시장간의 비연속성에 의한 주식파동을 이용하거나 자국에 존재하지 않는 유망산업이나 기업에 투자함으로써 투자수익을 높일 수 있다.

그러나 국제분산투자에는 환위험이 수반되어 해외경제동향에 대한 신중한 조사가 필요하며, 한 국가 내에서 투자결정과 달리 자본 유출입 제한, 정치적 위험, 지역별 규제, 회계제도의 차이 등의 사항도 고려해야 한다. 특히 환율변동은 투자수익에 절대적인 영향을 미치므로 주식투자에 반드시 참조해야 한다.

3. 국제분산투자의 동기

(1) 투자위험의 감소

국제분산투자의 목적은 포트폴리오를 구성하는 자산간의 상관관계가 낮은 외국의 증권을 포트폴리오에 포함시킴으로써 국내의 증권에만 투자하는 포트폴리오에 비해 투자위험을 감소시키는데 있다. 이는 국내시장에서 투자위험을 낮추기 위해 투자자들이 여러 가지 다른 상품이나 종목에 분산투자하는 이치와 같다.

분산투자효과는 각국 증권시장 상호간의 상관관계가 낮은 증권을 많이 편입시킬수록 커지며, 시장간 비연속성에 의한 주식파동을 이용하거나 자국에 존재하지 않는 유망산업이나 기업에 투자함으로써 투자수익을 높일 수 있다. 반면 환리스크가 따르며 해외의 경제상황이나 종목의 동향을 면밀히 검토해야 한다.

마코위츠(H. Markowitz)의 포트폴리오이론에 의하면 개별주식의 위험은 분산투자로 제거할 수 있는 비체계적 위험과 분산투자로 제거할 수 없는 체계적 위험으로 구분된다. 따라서 국내증권뿐만 아니라 해외증권까지 포트폴리오에 포함시켜 국제분산투자를 하면 체계적 위험의 많은 부분을 제거시킬 수 있다.

요컨대 증권투자를 국내시장에 한정하지 않고 국제적으로 분산하여 투자하는 국제간접투자는 국내분산투자에서는 제거할 수 없었던 체계적 위험의 일부까지도 제거할 수도 있다. 따라서 국내증권과 낮은 상관관계를 나타낸 외국증권을 포함시켜 국제적으로 분산투자하면 위험감소효과가 크게 발생할 수 있다.

[그림 10-4]에는 투자자가 미국의 국내주식에만 분산투자를 했을 경우에 체계적 위험이 27%로 나타났으나 국제분산투자를 했을 경우에는 11.7%로 감소하였다는 솔닉(B. H. Solnik)의 연구결과가 제시되어 있다.9) 따라서 국제분산투자가 국내분산투자보다 훨씬 효율적인 투자방법이라는 것을 잘 설명하고 있다.

▌그림 10-4▐ 국제분산투자의 위험감소효과

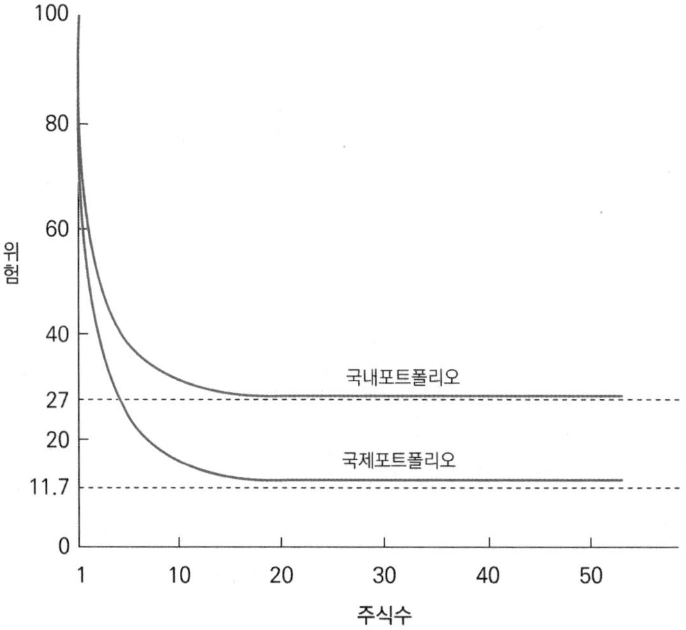

9) B. Solnik, "Why Not Diversify Internationally Rather Than Domestically?", Financial Analysts Journal, July- August 1974, p.17.

그러나 국제분산투자를 하면 국내시장의 체계적 위험도 일부 감소시킬 수 있다. 이는 각국의 시장이 서로 다르게 움직이기 때문이다. 개별국가의 입장에서 시장 전반에 공통적으로 영향을 미치는 요인일지라도 다른 국가의 시장 전반에 공통적으로 영향을 미치는 요인과 반드시 동일하게 움직이지는 않는다.

이처럼 위험분산효과는 각국의 금융시장이 서로 밀접하게 움직일수록 작아지고 서로 다르게 움직일수록 커진다. 따라서 어느 두 시장이 서로 정반대로 움직인다면 국제분산투자를 통해 위험을 완전히 제거할 수 있다. [표10－2]는 주요 국가의 증권시장에서 주식가격의 움직임을 경험적으로 제시하고 있다.

▌표 10-2▐ 주식수익률의 상관관계

구 분	호주	프랑스	독일	일본	네덜란드	스위스	영국	미국
호 주	0.586							
프 랑 스	0.286	0.576						
독 일	0.183	0.312	0.653					
일 본	0.152	0.238	0.300	0.416				
네덜란드	0.241	0.344	0.509	0.282	0.624			
스 위 스	0.358	0.368	0.475	0.271	0.517	0.664		
영 국	0.315	0.378	0.299	0.209	0.393	0.431	0.698	
미 국	0.304	0.225	0.170	0.137	0.271	0.272	0.279	0.439

주 : 수익률은 1주일 단위로 측정되었으며, 포함된 기간은 1973~1982년이다.
자료 : Eun and Resnick(2001), p.256.

[표10－2]에서 대각선의 숫자는 각국 시장에서 개별주식 수익률의 상관계수이고, 대각선 밖의 숫자는 특정 국가와 다른 국가간 개별주식 수익률들의 상관계수이다. 따라서 국가내 주식들간의 상관관계보다 국가간 주식들간의 상관계수가 작게 나타나는데, 이는 국제투자를 통해 위험을 줄일 수 있음을 뜻한다.

(2) 유리한 투자기회

국제분산투자를 하는 또 다른 동기는 투자기회를 국내로 제한하는 것보다 국제로 확대하면 보다 유리한 투자기회를 포착할 가능성이 높아지기 때문이다. 만일 위험의 감소가 투자목적이라면 국내에서 무위험증권에 대한 투자를 통해 가능하며 구태여 국제분산투자를 할 필요가 없을지도 모른다.

그러나 수익률의 변동가능성이 거의 없는 무위험증권에 대한 투자는 위험은 물론 기대수익도 감소시키는 반면에, 국제분산투자의 경우에는 동일한 수익률 수준에서 위험을 감소시키거나 아니면 동일한 위험수준에서 수익률을 증가시킬 수 있다. 즉 위험 대비 수익률의 비율을 제고시킬 수 있다.

이처럼 국제분산투자를 통해 유리한 투자기회를 포착할 수 있도록 하는 요인은 크게 세 가지를 들 수 있다. 첫째, 지구상 어딘가에는 국내시장에 비해 빠르게 성장하는 시장이 존재할 것이고 아울러 국내시장에서의 수익률보다 높은 수익률을 가져다주는 금융상품이 존재할 수 있다는 것이다.

둘째, 국내의 금융상품이 최고의 수익률을 가져다줄지라도 국내의 금융상품과 다르게 움직이는 금융상품이 지구상 어딘가에는 존재할 것이므로 이들을 적절히 결합하여 투자하면 위험을 큰 폭으로 감소시켜 수익률/위험 비율을 높일 수 있다. 셋째, 국제금융시장에서 환차익도 기대할 수 있다.

[표 10-3]은 국제분산투자를 하는 경우 국내분산투자에 비해 얼마만큼 이득이 발생하는지를 경험적으로 제시하고 있다. [표 10-3]은 각국의 입장에서 국내주식만을 포함시킨 국내포트폴리오와 해외주식까지 고려하여 구성한 국제포트폴리오의 투자성과를 샤프성과기준을 이용하여 비교한 것이다.

┃표 10-3┃ 주식시장에서 국제분산투자의 이득

국 가	국내포트폴리오			국제포트폴리오			국제포트폴리오 투자의 이득	
	평균 수익률(%)	표준편차 (%)	SPM(1)	평균수익률(%)	표준편차 (%)	SPM(2)	ΔSPM (2)−(1)	추가이득
벨기에	1.72	5.79	0.297	1.68	4.54	0.370	0.073	0.42
캐나다	0.81	5.23	0.155	1.56	4.04	0.386	0.231	1.20
프랑스	1.55	6.28	0.247	1.77	4.67	0.379	0.132	0.83
독 일	1.12	5.98	0.187	1.55	4.61	0.336	0.149	0.89
이탈리아	1.70	7.96	0.214	1.92	4.37	0.439	0.225	1.80
일 본	0.94	5.99	0.157	1.16	4.53	0.256	0.099	0.59

국 가	국내포트폴리오			국제포트폴리오			국제포트폴리오 투자의 이득	
	평균 수익률(%)	표준편차 (%)	SPM(1)	평균수익률(%)	표준편차 (%)	SPM(2)	ΔSPM (2)-(1)	추가이득
네덜란드	1.47	5.22	0.282	1.56	4.59	0.340	0.058	0.30
스 웨 덴	2.21	7.30	0.303	1.91	4.52	0.423	0.120	0.88
스 위 스	1.06	4.94	0.215	1.54	4.87	0.316	0.101	0.50
영 국	1,70	5.45	0.312	1.82	4.60	0.396	0.084	0.46
미 국	1.33	4.56	0.292	1.53	4.27	0.358	0.066	0.30

주 : 수익률은 무위험자산 대비 초과수익률을 나타냄. 국제포트폴리오는 과거 데이터를 이용해 구성한 최저 포트폴리오임. 추가이득은 동일한 위험수준(국내표준편차 기준)에서 비교했을 때 국제포트폴리오가 추가적으로 가져다주는 수익률을 나타냄.

자료 : Eun and Resnick(2001), p.263.

[표 10-3]에 따르면 대부분의 국가에서 국제포트폴리오의 평균수익률이 더 크게 나타나고 있으며, 위험까지 고려해 SPM을 비교하면 모든 국가에서 국제포트폴리오가 국내포트폴리오보다 훨씬 성과가 좋게 나타난다. 이러한 성과는 국제주식시장은 물론 국제채권시장에서도 동일하게 나타나고 있다.

4. 국제분산투자의 방식

국제분산투자에 대한 접근방식은 투자태도에 따라 적극적 방식과 소극적 방식, 투자방향에 따라 하향식 방식과 상향식 방식으로 구분한다.

(1) 투자태도의 방식

1) 적극적 접근방법

적극적인 접근방법은 자금운영자들이 자신들의 예측력이 뛰어나다고 믿고 금융시장의 변화를 초과수익의 기회로 활용하는 방식을 말한다. 따라서 적극적 방법을 따르는 경우에는 독자적인 투자전략을 준비해야 하므로 향후 가격변화에 대한 예측력이 요구되고, 아울러 고도의 투자기술이 수반되어야 한다.

적극적인 방법을 따르는 자금운영자라 할지라도 투자에 수반되는 위험을 늘 주시해야 한다. 예컨대 약세장에서는 시장변화에 둔감한 자산을 선택하여 손실을 최소화시켜야 한다. 또한 적극적인 선택으로 위험에 많이 노출되는 경우에는 여러 가지 수단을 동원하여 투자에 따른 위험을 헤징해야 할 것이다.

2) 소극적 접근방법

소극적인 접근방법은 투자성과가 시장평균에서 크게 벗어나지 않도록 하는 일종의 방어적인 전략을 말한다. 따라서 소극적 방식을 따르는 경우에 기본적인 투자운용지침은 모든 증권시장의 시장지수를 구성한 후 이에 투자가 연계되도록 함으로써 투자의 성과를 증권시장의 전체적인 흐름에 맡기게 된다.

여기서 중요한 문제는 어떻게 국제시장지수를 구성하느냐 하는 것인데, 대부분 주요 금융기관들이 작성해 발표하는 국제지수를 이용하고 있다. 그러나 국제시장지수가 세계 전체의 움직임을 충분히 반영하지 못한다고 하면, 이를 이용한 증권투자는 충분한 국제분산투자 효과를 나타낼 수 없을 것이다.

(2) 투자방향의 방식

1) 하향식 접근방법

하향식 접근밥법(top–down approach)은 커다란 범주의 결정을 우선하고 개별적인 범주의 결정을 나중에 하는 방식을 말한다. 즉 커다란 범주의 차원에서 주식, 채권, 통화의 비중을 어느 정도로 하고 각국별 주식 및 통화별 채권의 투자비중을 결정한 후 해당국의 산업, 개별기업의 순으로 밟아가는 방식이다.

2) 상향식 접근방법

상향식 접근방법(bottom–up approach)은 투자대상이 되는 증권과 투자금액을 사전에 결정하고 그 결과 전체 포트폴리오에서 차지하는 각국의 비중 및 통화별 비중이 결정되도록 하는 방식을 말한다. 이때 자금운영자는 개별증권의 특성을 분석한 후 국가 또는 통화와 무관하게 최우량증권을 선택한다.

┃그림 10-5┃ 기본적 분석의 접근방법

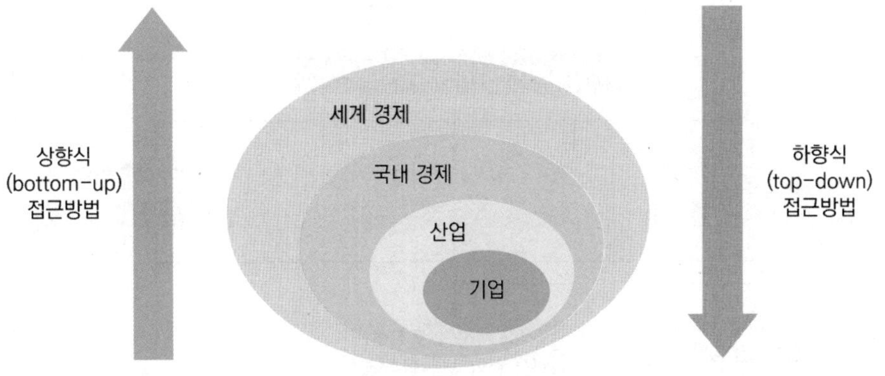

5. 국제분산투자의 과정

국제분산투자는 고려해야 할 증권의 종류가 국내투자에 비해 다양할 뿐만 아니라 여러 통화가 혼합되어 있기 때문에 투자의 결정과정이 복잡하다. 국제분산투자의 과정은 [그림 10-6]과 같이 국제금융시장의 분석, 적정한 자산배분, 포트폴리오의 구성, 투자성과의 평가라는 4단계 과정을 거쳐서 이루어진다.

┃그림 10-6┃ 국제분산투자의 과정

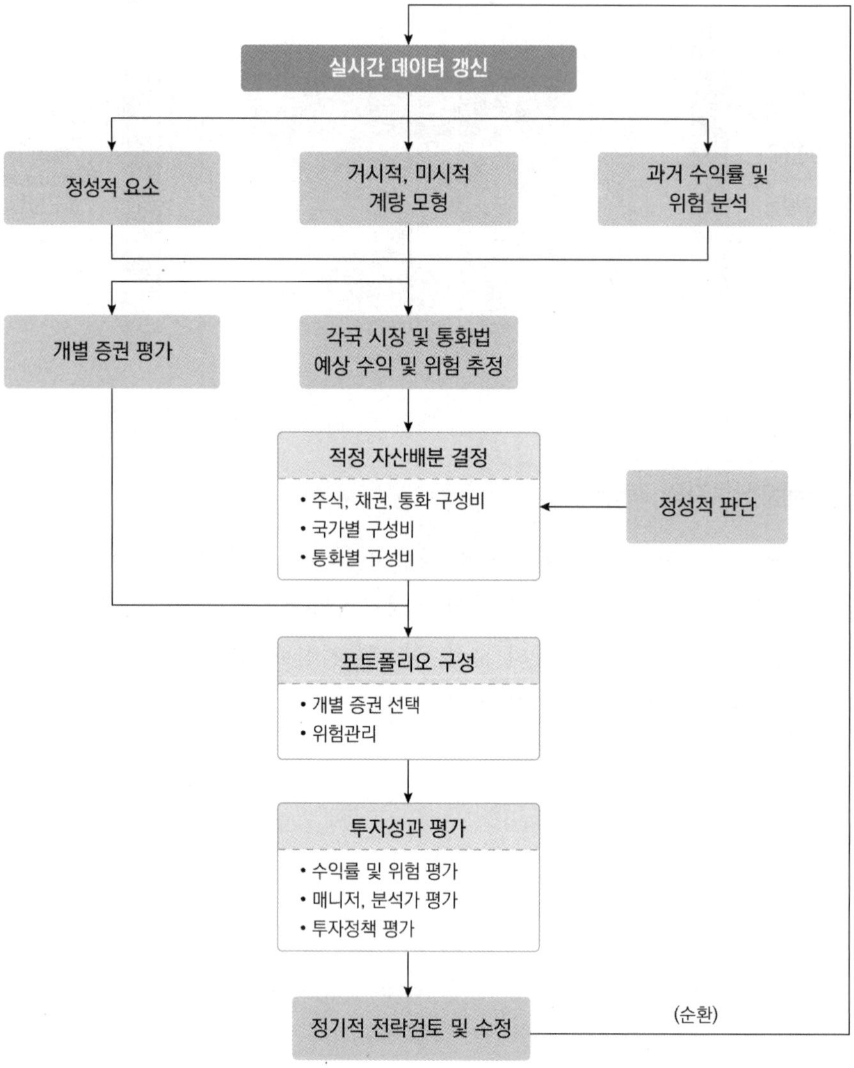

자료 : 김인준·이영섭, 국제금융론, 율곡출판사, p.312.

(1) 금융시장의 분석

시장분석의 단계는 국제금융시장의 동향을 파악하는데 필요한 환율, 금리, 경제성장률 등에 대한 정보를 수집하고 분석 및 예측하는 단계이다. 여기에서는 구체적인 자산배분 및 포트폴리오의 구성에 필요한 기준을 준비할 수 있도록 각종 모형 및 분석기법을 동원하여 정보를 계량화하는 과정이 필요하다.

(2) 적정한 자산배분

자산배분의 단계는 주식, 채권의 구성비율과 국가별 및 통화별 구성비율을 결정하는 단계이다. 국제분산투자에서는 국가별 및 통화별 선택이 중요한 영향을 미친다. 따라서 적정한 자산배분은 궁극적으로 기대효용을 극대화하는 최적포트폴리오를 구성하고 투자성과를 극대화시키기 위해 중요하다.

자산배분의 결정은 중장기 관점에서 투자목적에 부합하도록 기대수익률, 위험, 환율의 변화를 고려하여 주식, 채권, 통화간 효율적 자산배분 매트릭스를 구성하는 전략적

▌표 10-4▐ 자산배분 매트릭스의 예

(단위 : %)

국 가	현금	채권	주식	합계
미 국	0.0	0.0	2.5	2.5
스 위 스	0.0	0.0	9.2	9.2
독 일	0.0	6.5	12.0	18.5
네덜란드	2.1	5.0	5.0	12.1
영 국	2.9	8.5	0.0	11.4
일 본	5.0	0.0	31.2	36.2
프 랑 스	0.0	0.0	0.0	0.0
호 주	0.0	0.0	7.3	7.3
홍 콩	0.0	0.0	0.0	0.0
싱가포르	0.0	0.0	2.8	2.8
합 계	10.0	20.0	70.0	100.0

자료 : Solnik(1996), p.594.

자산배분과 금융시장의 변화에 따라 새로운 정보를 반영하여 정기적으로 자산배분을 재조정하는 전술적 자산배분으로 구분된다.

(3) 포트폴리오 구성

포트폴리오 구성은 시장별 증권리스트를 파악한 후 투자목적에 부합하도록 개별종목을 선택하는 단계이다. 소극적 접근방식에서는 국제증권지수와 유사한 포트폴리오의 구성을 선택할 것이다. 그러나 적극적 접근방식에서는 각국에 배정된 투자금액을 산업별, 기업별로 어떻게 배분할 것인가를 결정한다.

(4) 투자성과의 평가

국제분산투자의 최종단계는 투자성과를 평가하고 투자에 대한 위험을 감시하는 단계이다. 특히 자금운영자들이 적극적인 접근방식을 선택할 경우에는 수익률에만 관심을 집중하고 위험을 소홀히 하는 경향이 있기 때문에 투자성과의 적절한 평가를 통해 그에 따른 문제가 발생하지 않도록 해야 한다.

보론 10-1 해외직접투자 통계

1. 전체 통계

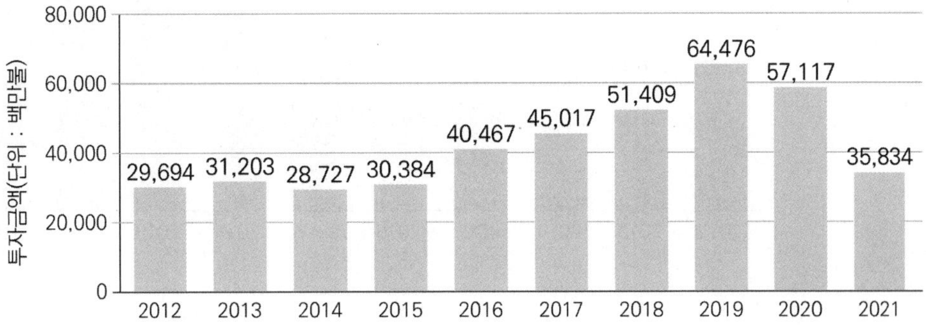

2. 지역별 통계

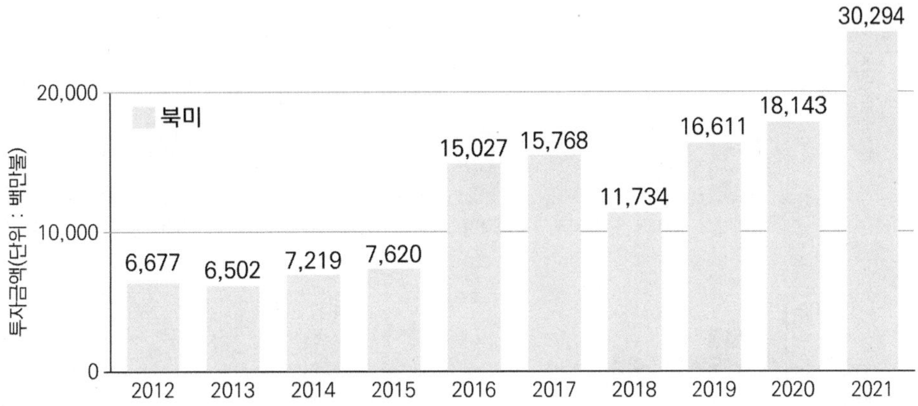

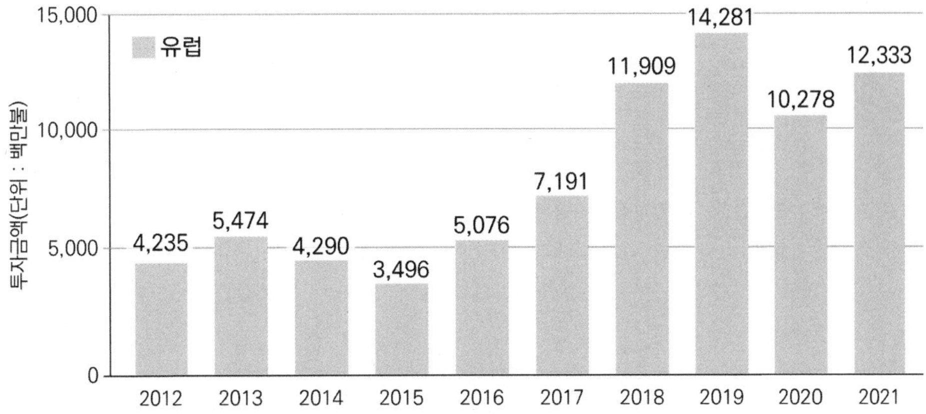

3. 업종별 통계

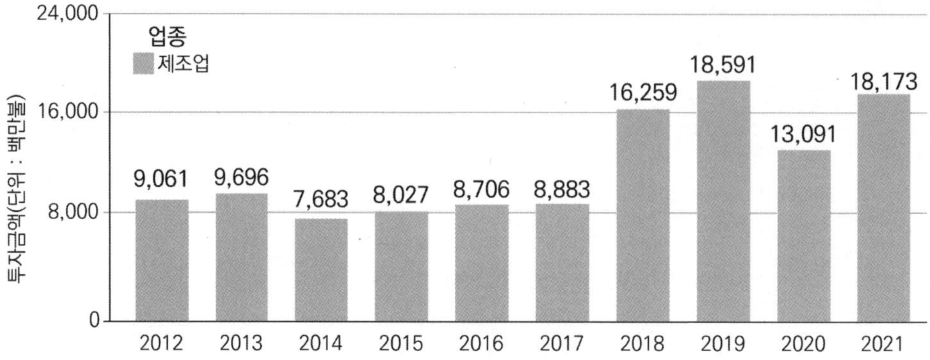

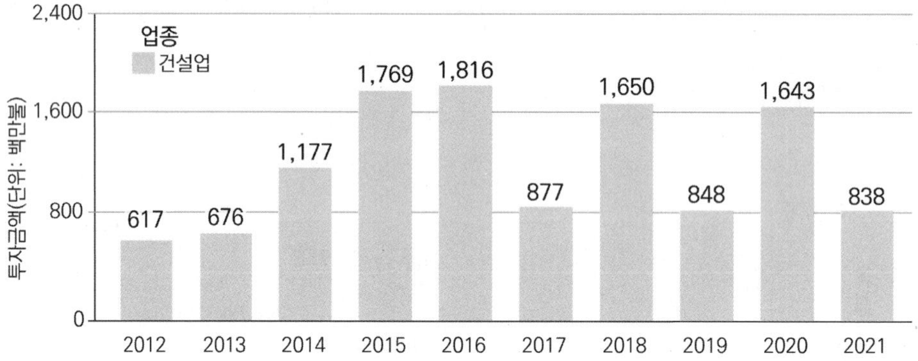

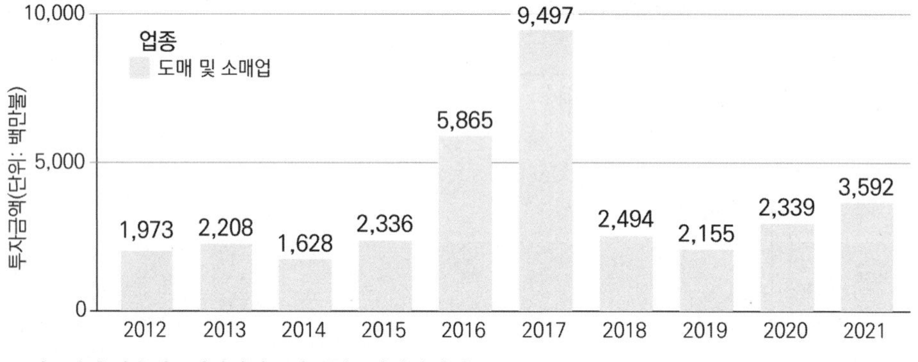

자료 : 한국수출입은행, 해외직접투자통계, 해외경제연구소.

보론 10-2 투자성과의 분석

일반적으로 투자성과는 수익률과 위험에 따라 달라지므로 국제분산투자에 대한 성과분석도 총위험이나 체계적 위험에 대한 조정된 수익률을 이용한다.

1. 자본시장선을 이용하는 방법

샤프(W.F.Sharpe)의 지수는 총위험(표준편차) 1단위당 실현된 위험프리미엄으로 투자보수 대 변동성비율(RVAR : reward to variability ratio)이라고도 한다. 식(10.1)에서 $\overline{R_p}$는 포트폴리오 p에서 실현된 수익률의 평균치, $\overline{R_f}$는 무위험이자율의 평균치, S_p는 포트폴리오 p에서 실현된 수익률의 표준편차를 나타낸다.

$$RVAR = \frac{\overline{R_p} - \overline{R_f}}{S_p} \tag{10.1}$$

2. 증권시장선을 이용하는 방법

(1) 트레이너의 지수

트레이너(J.Treynor)의 지수는 체계적 위험 1단위당 실현된 위험프리미엄으로 투자보수 대 체계적 위험비율(RVOL : reward to volatility ratio)이라고도 한다. 식(10.2)에서 $\overline{R_p}$는 포트폴리오 p에서 실현된 수익률의 평균치, $\overline{R_f}$는 무위험이자율의 평균치, β_p는 포트폴리오 p에서 실현된 수익률의 체계적 위험을 나타낸다.

$$RVOL = \frac{\overline{R_p} - \overline{R_f}}{\beta_p} \tag{10.2}$$

(2) 젠센의 지수

젠센(M.Jensen)의 지수(α_p)는 실제로 실현된 평균수익률과 체계적 위험를 나타내는 베타계수에 기초하여 예측된 평균수익률간의 차이 또는 실제로 실현된 위험프리미엄과 체계적 위험에 기초하여 예측된 위험프리미엄간의 차이로 정의된다. 식(10.3)에서 $\overline{R_M}$는 시장포트폴리오 수익률의 평균치를 나타낸다.

$$\begin{aligned} \alpha_p &= \overline{R_p} - [\overline{R_f} + (\overline{R_M} - \overline{R_f})\beta_p] \\ &= (\overline{R_p} - \overline{R_f}) - (\overline{R_M} - \overline{R_f})\beta_p \end{aligned} \tag{10.3}$$

• 핵심요약 •

제1절 해외직접투자의 개요

1. 해외직접투자의 정의
   경영지배권의 통제를 목적으로 해외기업의 주식을 20% 이상 소유하는 것

2. 해외직접투자의 특징
   경영지배권의 통제, 현지생산에 의한 시장기반 확보, 제조원가 절감 추구

3. 해외직접투자의 동기 : 경쟁우위의 활용, 내부거래의 수행, 무역장벽의 회피

4. 해외직접투자의 이론

(1) 거시경제론적 접근 : 국민경제적 접근, 급진주의적 견해

(2) 기업행태론적 접근 : 성장동기이론, 산업조직이론, 행동과학적 접근이론, 자본시장접근이론, 내부화이론

(3) 통합적인 접근방법 : 거시경제론적 접근과 기업행태론적 접근의 절충

5. 해외직접투자의 형태
   수평적 해외직접투자, 수직적 해외직접투자, 혼합적 해외직접투자

6. 해외직접투자의 과정 : 국가간의 순차적 진입, 사업부의 전진적 확충

7. 해외직접투자의 방법 : 해외단독투자, 국제합작투자, 해외인수합병

제2절 해외간접투자의 개요

1. 해외간접투자의 정의
   배당수익과 이자수익의 획득을 목적으로 해외기업의 주식이나 채권을 취득

2. 국제분산투자의 정의
   투자대상을 국내증권에 한정하지 않고 해외증권까지 포함시켜 포트폴리오 구성

3. 국제분산투자의 동기
   국내증권과 상관계수가 낮은 외국증권을 포함시켜 국제분산투자하면 위험감소효과가 크게 발생, 유리한 투자기회의 포착

4. 국제분산투자의 방식

(1) 투자태도의 방식 : 적극적 접근방법, 소극적 접근방법

(2) 투자방향의 방식 : 하향식 접근방법, 상향식 접근방법

5. 국제분산투자의 과정
   국제금융시장의 분석, 적정한 자산배분, 포트폴리오 구성, 투자성과의 평가

1 **다음 중 해외직접투자전략에 대한 설명으로 옳지 않은 것은?**

① 수평적 해외직접투자는 규모의 경제효과를 목적으로 한다.

② 정치적 위험을 회피하기 위해 현지 금융기관으로부터 차입을 늘린다.

③ 수직적 해외직접투자는 범위의 경제효과를 목적으로 한다.

④ 해외기업 M & A는 단기간에 신규사업에 진출하려는 기업이 선택하는 전략이다.

| 해설 | 수평적 투자는 현재 수행하는 사업과 유사한 부문에 투자하는 반면에 수직적 투자는 원자재 공급원이나 유통부문에 투자하는 것을 말한다. 이러한 수평적 투자나 수직적 투자는 규모의 경제를 달성할 수 있다.

2 **다음 중 영업구조상 과도한 달러 매입포지션을 가진 기업이 환노출을 줄이기 위해 사용할 수 있는 방법이 아닌 것은?**

① 달러화 표시 채권발행으로 차입

② 미국에 제품생산 공장의 설립

③ 미국에서 원자재조달 비중의 확대

④ 미국시장 판매증대를 위한 노력

| 해설 | 영업구조상 과도한 달러 매입포지션을 가진 기업은 달러가치 하락시 손실이 발생할 수 있다. 이러한 매입포지션을 줄이려면 달러화 표시 부채의 증가, 미국에 직접투자의 증대, 미국에서 원자재 조달 등의 방법을 사용한다. 미국시장에 판매증대는 달러 매입포지션을 더욱 크게 만들 수 있어 달러화 매입포지션을 축소하는 대안이라고 할 수 없다.

3 **앞으로 달러환율이 하락할 것으로 예상되는 경우에 국내에서 생산하여 미국에 판매하고 있는 기업이 취할 수 있는 방안으로 적절하지 않은 것은?**

① 미국시장에서 수요의 가격탄력성이 크면 달러표시 판매가격을 인상한다.

② 미국에서 원자재를 조달하는 비중을 높인다.

③ 미국에서 제품을 생산하기 위해 미국에 해외직접투자를 한다.

④ 이익의 감소에 대비하여 생산을 효율화하여 비용을 절감한다.

| 해설 | 달러환율이 장기적으로 하락하면 미국에 수출하는 기업은 원화환산 매출이 감소하기 때문에 전략적으로 접근할 필요가 있다. 따라서 미국에서 원자재 조달비중을 증가시키고 미국에서 생산을 증가시키는 대안이 고려될 수 있으며 이익의 감소에 대비하여 생산의 효율성을 제고하려는 노력을 지속적으로 해야 한다. 미국시장에서 가격탄력성이 높은 경우에 가격인상은 오히려 달러표시 매출감소를 수반하므로 바람직한 방법이라고 할 수 없다.

4 **오늘날 국제경제가 글로벌화되면서 기업의 주식가치로 평가되는 기업가치는 환율변동에 직접적인 영향을 받게 된다. 다른 조건이 동일한 경우에 원화가치 상승시 주가가 하락할 가능성이 가장 높은 기업은?**

① 외국인 주식투자 성향이 높은 기업

② 매출액 가운데 수출비중이 높은 기업

③ 외화부채가 많은 기업

④ 원자재를 도입, 가공해 국내시장에 판매하는 기업

| **해설** | 원화가치가 상승하면 달러화 환율이 하락한다. 따라서 외국인 투자성향이 높은 기업은 원화가치가 상승하면 외국인 투자가 증가하므로 주가가 상승할 가능성이 높다. 외화부채가 많은 기업은 원화가치가 상승하면 원화환산 부채액이 줄어들기 때문에 유리한 영향을 받는다. 원자재를 수입 가공하여 국내시장에 판매하는 기업은 원화환산비용이 줄어들기 때문에 유리한 영향을 받는다. 매출 가운데 수출비중이 높은 기업은 원화가치가 상승하면 원화환산 매출액이 줄어들기 때문에 불리한 영향을 받아 주가가 하락할 가능성이 높다.

5 **다음 중 환율변동에 따른 기업의 글로벌 경영전략에 대한 설명으로 적절하지 않은 것은?**

① 물가변동에 비해 통화가치가 크게 하락한 국가에서 생산을 증가시키는 것이 유리하다.

② 통화의 실질가치가 상승하는 국가에 직접투자를 통해 보다 많은 생산활동을 수행하는 것이 유리하다.

③ 구매력평가설이 성립한다고 가정하면 환율전망을 글로벌 전략수립에 적극적으로 반영하지 않는다.

④ 제품생산과 판매를 여러 국가에 분산시키면 환율변동의 영향을 줄일 수 있다.

| **해설** | 환율변동은 기업의 경영성과에 직접적인 영향을 미친다. 일반적으로 물가변동에 비해 환율변동이 크면 실질가치가 변동하게 된다. 따라서 물가변동에 비해 통화의 실질가치가 크게 하락한 국가에서 제품을 생산하는 것이 유리하다. 그러나 장기적인 환율전망이 어렵기 때문에 글로벌기업은 생산과 판매를 여러 나라에 분산시키면 환율변동의 영향을 최소화할 수 있게 된다. 또한 구매력평가설이 성립할 경우에 환율전망을 글로벌전략의 수립에 적극적으로 반영하지 않을 것이다.

6 **다국적기업들이 여러 나라에서 영업 및 생산활동을 수행하는 경우에 본국과 현지국이 동일한 소득에 대해 동시에 과세하는 이중과세의 문제가 발생할 수 있다. 이중과세의 문제는 다국적기업의 활동을 위축시키기 때문에 국가가 이중과세를 방지하기 위한 노력을 기울이고 있다. 다음의 국제조세와 관련된 장치들 중에서 이중과세의 방지와 직접 관련이 없는 것은?**

① 조세조약(tax treaties) ② 조세피난처(tax haven)
③ 세액공제(tax credit) ④ 조세유예(tax deferral)

| 해설 | 이중과세는 다국적기업의 활동을 위축시킬 수 있으므로 국가간에 조세조약을 체결해 이중과세가 발생하지 않도록 하는 장치를 마련하게 된다. 일반적으로 조세조약에서는 현지국(host country)이 과세의 우선권을 가지며 투자소득을 본국으로 송금될 때까지 조세를 유예하거나 현지국에서 과세한 부분을 본국의 산출세액에서 공제해주는 방법을 사용한다. 따라서 조세피난처는 이중과세의 방지와 직접적인 관계가 없다고 할 수 있다.

7 **한국기업이 미국현지에 200만 달러를 투자하여 1년 후에 220만 달러의 현금유입이 예상되는 투자안을 검토하고 있다. 현물환율은 1,000원/$이고 1년 만기 선물환율은 1,050원/$일 경우 이 투자안의 원화표시 내부수익률은?**

① 10.0% ② 12.5%
③ 14.0% ④ 15.5%

| 해설 | 자본예산에서 투자안의 경제성을 평가할 때 내부수익률(IRR)은 현금유입의 현재가치와 현금유출의 현재가치를 일치시키는 할인율, 즉 순현재가치(NPV)를 0으로 하는 할인율을 말한다.
$200 \times 1,000 = (220 \times 1,050)/(1 + IRR) \rightarrow IRR = 15.5\%$

8 **다음 중 국내기업이 부채로 자본을 조달할 경우에 적절하지 못한 전략은 어느 것인가?**

① 국제수지의 흑자가 예상되는 국가의 자본시장에서 자본조달
② 기업이미지가 잘 알려진 국가의 자본시장에서 자본조달
③ 국제수지의 적자가 예상되는 국가의 자본시장에서 자본조달
④ 통화가치가 하락할 것으로 예상되는 통화로 자본조달

| 해설 | 국제수지의 흑자가 예상되는 경우에는 해당 통화가치가 상승한다. 따라서 부채로 자본을 조달하는 경우에 장래 상환해야 하는 금액이 증가하기 때문에 불리하다.

9 **해외자회사가 현지국에 납부한 세금을 모기업 소재국 납세액에서 공제해 주는 제도를 무엇이라 하는가?**

① 이중과세(double taxation) ② 조세천국(tax haven)

③ 조세유예(tax deferral) ④ 조세공제(tax credit)

| 해설 | 이중과세는 동일한 과세대상에 대해 이중으로 과세되는 것을 말한다. 예컨대, 법인소득에 대해서 법인세의 과세와 배당수입에 대한 소득세의 과세, 상속세과세대상재산에 피상속인의 생전증여재산이 가산된 경우의 상속세와 가산된 증여재산에 과해진 증여세 그리고 국내에서 과세된 소득 및 재산에 대해 그 원천이 외국에 있다는 이유로 외국에서 과세된 경우 등이 있으며 이중과세를 배제하기 위해 세액공제 등의 제도가 고안되어 있다. 조세유예는 거주지국에서 해외소득에 대해 과세를 하되, 그 과세를 소득의 발생시점에 하지 않고 거주지국에 그 소득이 송금된 시점까지 유예해 주는 제도를 말하며 우리나라는 아직 도입하지 않고 있다. 조세공제는 지방정부에 납부한 소득세 및 법인세액을 연방정부의 산출세액을 계산할 때 과세소득에서 공제해 주는 제도를 말하며 조세신용제도와 함께 지방정부가 세원을 능률적이고 적극적으로 활용하도록 자극하기 위해 도입되었다

10 **다음 중 국제분산투자에 대한 설명으로 적절하지 않은 것은?**

① 각국 주식시장간 상관계수가 낮을수록 국제분산투자효과는 크다.

② 국제자본시장의 글로벌화는 국제분산투자효과를 더욱 크게 한다.

③ 각국의 서로 다른 경기순환이 국제분산투자효과를 가져온다.

④ 각국의 경제가 높은 관련성을 가지면 각국 주식시장간 상관관계가 높아진다.

| 해설 | 국제분산투자효과는 각국 주식시장간 서로 다른 움직임이 상쇄되어 위험이 낮아지는 효과를 말한다. 각국의 경기순환 차이가 주식시장간 서로 다른 움직임을 가져온다. 그러나 각국의 경제가 상호관련성을 가지면 각국의 주식시장간 상관관계가 높아지고 국제분산투자효과는 작아진다. 따라서 글로벌화의 진전은 국제분산투자효과를 약화시킨다.

11 **다음 중 다국적기업의 운전자본관리에 대한 설명으로 적절하지 않은 것은?**

① 본사나 지역본부 등에서 집중적으로 현금운용을 관리함으로써 현금보유를 줄일 수 있다.

② 현지국 통화의 가치하락이 예상되는 경우에 배당, 이자지급으로 자회사로부터 본사로의 자금이전을 가속화하는 것이 좋다.

③ 자회사로부터의 송금은 가능한 한 배당의 형태로 묶어서 하는 것이 좋다.

④ 현지국의 외환규제로 송금이 제한되는 경우 이전가격 조작의 방법을 이용할 수 있다.

| 해설 | 다국적기업의 운전자본관리는 현금예금, 매출채권과 같은 유동자산의 관리를 말한다. 현금관리는 본사나 지역본부에 관리를 집중하면 전사적으로 현금보유 필요성을 줄일 수 있어 효율적인 관리가 가능하다. 운전자본관리는 본사와 자회사간의 자금이전 및 배치 등이 중요한 업무가 되는데, 이러한 자금이동은 배당, 이자, 로얄티 지급 등 다양한 형태로 나누어 함으로써 과도한 배당지급이라는 비난을 회피할 수 있다. 자금관리에서 환율전망도 중요한 변수가 되는데, 통화가치가 하락하는 나라에서 자금을 인출하여 통화가치가 상승하는 나라에 자금을 투입하는 자금이동이 요구된다. 그리고 이전가격도 자금이동을 위한 수단으로 이용될 수 있다.

12 **다국적기업은 세후이익을 극대화하거나 자금배분을 최적화하기 위해 내부이전가격을 조작한다. 다음 중 다국적기업의 내부이전가격 조작에 대한 설명으로 옳지 않은 것은?**

① 세율이 낮은 국가로 수출되는 제품의 내부이전가격은 정상가격보다 낮춘다.

② 내부거래와 동일한 제3자 거래가 있는 경우 이전가격의 조작은 어렵다.

③ 외환규제가 있는 나라에서 자금을 빼내기 위해서는 해당 국가로 수출되는 제품의 이전가격을 정상가격보다 낮춘다.

④ 세율이 낮은 국가의 자회사 이익을 증가시킬 수 있도록 이전가격을 조작한다.

| 해설 | 이전가격의 조작은 눈에 띄지 않게 자금을 이동시키거나 다국적기업 전체적으로 세후이익을 극대화하기 위해 기업내부 거래가격을 정상가격과 다르게 설정하는 방법을 말하며 법으로 규제하고 있기 때문에 자유롭게 사용할 수 없다. 특히 내부거래와 동일한 거래가 제3자 간에 발생하는 경우에는 이전가격의 조작은 어렵다. 따라서 세금부담을 줄이기 위해서 세율이 낮은 나라 자회사의 이익을 증가시키고 세율이 높은 자회사의 이익을 감소시키는 이전가격을 조작한다. 세율이 낮은 나라로 수출하는 제품의 가격을 낮추면 해당국가로 자금이 흘러들어 가고 해당 자회사의 이익은 증가한다.

13 **다음 중 제품생산에 필요한 원자재를 공급받거나 해외현지에 유통망을 확보하기 위한 투자를 무엇이라 하는가?**

① 수평적 해외직접투자 ② 수직적 해외직접투자

③ 혼합적 해외직접투자 ④ 국제간접투자

| 해설 | 수평적 해외직접투자는 본국과 동일한 제품을 해외에서 생산하기 위한 투자를 말한다. 수직적 해외직접투자는 제품을 생산하기 위한 원자재를 확보하거나 제품을 판매하기 위한 유통망을 확보하는 투자를 말한다. 혼합적 해외직접투자는 사업상의 위험을 분산시키기 위해 여러 분야의 사업을 동시에 수행하는 것을 말한다. 국제간접투자는 경영에 참가하지 않고 자본이득을 목적으로 여러 나라의 증권에 국제적으로 분산투자하는 것을 말한다.

14 **국제포트폴리오 투자에서 포트폴리오의 구성을 위한 자산배분에 대한 설명으로 옳지 않은 것은?**

① 국가비중을 결정함에 있어서 환율예측은 가장 중요한 고려사항이다.

② 세계경제가 글로벌화된 산업으로 구성되었다면 자산배분의 문제는 산업과 기업의 비중결정이 우선된다.

③ 자산배분결정에 국제벤치마크의 편입비중이 의사결정기준이 된다.

④ 글로벌화의 진전에 따라 국가비중의 결정은 더욱 중요해진다.

| 해설 | 국제포트폴리오 투자에서 자산배분은 중요한 의사결정이다. 자산배분의 접근방법은 국가의 비중을 먼저 결정하는 하향식(top down approach)과 기업의 비중을 먼저 결정하는 상향식(bottom up approach)으로 구분된다. 각 산업이 완전히 글로벌 되었다면 국가별 비중결정의 문제는 중요하지 않겠지만 아직은 글로벌화가 완전하지 않아서 국가별 비중결정의 문제는 중요한 문제이다. 국가별 비중결정의 문제에서 환율예측이 가장 중요한 고려요인이 된다. 국제벤치마크는 자산배분결정에 기준이 된다.

15 **국제간접투자에서 중심적인 역할을 해 온 헤지펀드에 대한 설명으로 적절하지 않은 것은?**

① 헤지펀드 투자자들은 공격적인 투자를 선호한다.

② 헤지펀드 투자자들의 목적은 위험분산보다는 수익률 제고에 있다.

③ 국제자본시장이 통합되고 효율화될수록 헤지펀드의 투자성과는 높아진다.

④ 국제투자에서 헤지펀드의 중요한 수익원은 환차익이다.

| 해설 | 헤지펀드는 투자위험 대비 높은 수익을 추구하는 적극적 투자자본을 말한다. 투자지역이나 투자대상 등 당국의 규제를 받지 않고 고수익을 노리지만 투자위험도 높은 투기성자본이다. '헤지'란 본래 위험을 회피 분산시킨다는 의미이지만 헤지펀드는 위험회피보다는 투기적인 성격이 더 강하다. 뮤츄얼펀드가 다수의 소액투자자를 대상으로 공개모집하는 펀드인 반면에 헤지펀드는 소수의 고액투자자를 대상으로 하는 사모 투자자본이다. 또한 뮤추얼펀드가 주식, 채권 등 비교적 안전성이 높은 상품에 투자하는 반면에 헤지펀드는 주식 채권뿐만 아니라 고위험, 고수익을 낼 수 있는 파생상품에도 적극적으로 투자를 한다.

16 **다음 중 해외 포트폴리오투자에 대한 설명으로 옳지 않은 것은?**

① 상관관계가 높은 주식에 투자할수록 투자위험은 증가한다.

② 기업의 경영권이나 통제권을 확보하기 위해 자본이득을 극대화한다.

③ 투자대상국의 통화가치가 상승하는 경우 원화로 환산한 실효수익률은 증가한다.

④ 이자수익과 배당소득을 통한 자본이득의 획득을 목적으로 한다.

| 해설 | 해외 포트폴리오투자는 기업의 경영권이나 통제권 확보를 목적으로 하지 않고 이자수익과 배당소득을 통한 자본이득의 획득을 목적으로 한다. 위험자산인 주식에 투자할 경우 위험을 낮추기 위해 상관관계가 낮은 주식에 분산투자를 한다. 투자대상국의 통화가치가 상승하면 원화환율이 상승하므로 원화로 환산한 실효수익률은 증가한다.

17 **일반적으로 국제포트폴리오 투자전략은 국내포트폴리오 투자전략에 비해 보다 공격적인 중심이 되어왔다. 다음 중 공격적인 포트폴리오 투자전략에 대한 설명으로 적절하지 않은 것은?**

① 예측을 보다 적극적으로 사용하여 포트폴리오를 구성한다.

② 국제포트폴리오 투자에서는 자산배분의 문제가 더욱 중요하다.

③ 국제주식시장은 국내주식시장에 비해 분리되고 비효율적이다.

④ 벤치마크 지수를 보다 적극적으로 따라가는 전략이다.

| 해설 | 포트폴리오 투자전략은 공격적(적극적) 투자전략과 방어적(소극적) 투자전략으로 구분된다. 공격적 투자전략은 적극적으로 예측에 근거하여 포트폴리오를 구성하여 보다 높은 수익률을 추구하는 전략이다. 국제포트폴리오 투자에서는 국가간의 거시경제변수 특히 환율 등의 예측을 통해 높은 수익률을 추구하는 공격적 전략으로 이루어져 왔다. 그러나 증권시장이 효율적으로 작동할 경우에는 벤치마크를 따라가는 방어적 전략이 효과적이다.

18 **최근 외국인에 의한 한국에 대한 직접투자가 감소했다고 한다. 다음 중 직접투자가 감소한 원인으로 보기 어려운 것은?**

① 원화가치의 상승 ② 한국시장에서 PER의 전반적 상승

③ 달러 금리의 하락 ④ 한국 생산의 입지경쟁력 저하

| 해설 | 원화가치의 상승은 외국인의 한국내 자산취득의 가격을 높이고 한국의 입지경쟁력을 저하시키기 때문에 외국인의 직접투자 감소의 원인이 된다. 한국시장에서 PER가 상승하는 것은 한국기업의 주가가 높아지는 것을 의미하여 주가상승으로 국제 M&A를 통한 외국인의 직접투자를 감소시키는 방향으로 작용할 수 있다. 임금상승, 생산성 저하, 원화가치 상승 등 한국생산의 입지경쟁력 저하도 직접투자 감소의 원인이 된다. 달러금리의 하락은 국제투자를 증가시키는 방향으로 작용하므로 직접투자 감소의 원인으로 보기는 어렵다.

19 **다음 중 환위험과 해외간접투자에 관한 설명으로 옳지 않은 것은?**

① 환율변동은 국제투자에서 수익의 원천인 동시에 위험의 원천이다.

② 한국의 투자자가 미국의 주식이나 채권에 투자하는 경우 원화로 표시한 투자수익률은 미국 달러표시 투자수익률과 원/달러 환율변동률을 합한 값과 거의 같다.

③ 한국의 투자자가 미국의 주식이나 채권에 투자하는 경우 원화로 표시한 수익률의 분산은 미국 달러표시 투자수익률의 분산과 원/달러 환율변동률의 분산을 합한 값과 거의 같다.

④ 한국의 투자자가 미국의 주식이나 채권에 투자하는 경우 원/달러 선물환계약을 이용하여 해외투자에 따르는 환위험을 효과적으로 관리할 수 있다.

| **해설** | 외국의 주식에 투자한 경우 본국통화로 표시한 투자수익률은 외국통화로 표시한 투자수익률에 환율변동률을 합한 값과 거의 동일하다. 그리고 본국통화로 표시한 투자수익률의 분산은 외국통화표시 투자수익률의 분산, 환율변동률의 분산, 외국통화표시 수익률과 환율변동률의 공분산을 합한 값과 거의 같다. 선물환계약을 이용하면 미래의 예상하지 못한 환율변동으로 인한 투자수익률의 변동위험을 제거할 수 있다.

정답
1. ③ 2. ④ 3. ① 4. ② 5. ② 6. ② 7. ④ 8. ① 9. ④ 10. ②
11. ③ 12. ③ 13. ② 14. ④ 15. ③ 16. ② 17. ④ 18. ③ 19. ③

C·h·a·p·t·e·r 11

국제합작투자

국제합작투자는 자본투자를 필요로 하고, 많은 분야에 걸친 협조관계인 반면에 전략적 제휴는 자본투자 없이 사업의 일부분에서 일시적으로 협조하는 것을 말한다. 국제합작투자와 전략적 제휴는 문화적 차이가 있는 기업간의 협력관계이므로 그 목적을 달성하기 위해 필요한 전략적 요소를 철저히 이해해야 한다.

제1절 국제합작투자의 개요

1. 국제합작투자의 정의

해외직접투자는 현지에 자본, 기술, 경영 등을 투입하여 현지에서 제품을 생산한 후 현지국 및 제3국에 판매하거나 본국으로 수출하는 해외시장 진출전략을 말한다. 해외사업에 강한 통제력을 갖는 해외직접투자는 현지인 또는 제3국인과의 합작여부에 따라 단독투자와 합작투자로 구분할 수 있다.

국제합작투자는 외국기업과 연구개발, 생산, 판매단계에서 이루어질 수 있으며 더 나아가서는 자신의 핵심사업분야 자체를 합작투자화하는 경우도 있다. 상당히 구체적인 일부 기능에만 국한된 기능별 제휴와 달리 국제합작투자는 법률적으로 모기업으로부터 독립된 기업을 만드는 방법에 해당한다.

합작투자방식은 한 분야에 국한되어 있기보다는 여러 분야에 걸친 종합적인 협력관계가 필요할 때 선택하는 경우가 많다. 대부분 참여기업들이 투자비율을 50대 50으로 설정하는 경우가 많으나 한 기업이 51대 49와 같이 지분을 약간 더 소유하거나 상당히 불균등하게 소유하는 경우도 가능하다.

합작투자방식의 지분비율은 각 파트너의 기여도 및 협상단계의 교섭능력에 따라 좌우될 수 있다. 예컨대 합작투자의 과정에서 자신의 독특한 기술을 제공하는 기업은 그 대가로 더 많은 지분비율을 요구할 수 있다. 또한 교섭단계에서 협상력을 가진 기업의 지분비율이 더욱 높아지는 경향이 있다.

따라서 지분비율은 합작투자에 공여할 수 있는 핵심역량을 누가 더 많이 갖고 있는가와 기업의 교섭능력에 따라 결정된다. 폭스바겐과 중국기업의 합작투자는 50대 50의 대표적인 사례이다. 그러나 50대 50 합작투자의 맹점은 두 회사간에 이견 발생시 이를 신속히 해결할 구조적인 해결책이 없다는 것이다.

이러한 문제점은 과거 50대 50의 합작투자였던 대우자동차와 GM의 합작투자과정의 사례에서도 살펴볼 수 있다. 균등한 지분을 가졌던 대우와 GM의 합작투자는 의사결정이 신중한 GM과 소수의 최고경영자들이 신속하게 의사결정을 내리는 대우의 경영방식의 차이로 많은 의견대립이 빈번히 발생하였다.

2. 국제합작투자의 동기

국내기업과 외국기업이 함께 출자하여 공동으로 합작투자회사를 설립하는 것은 두 기업의 투자목표가 서로 일치할 경우에 형성된다. 먼저 국내기업이 해외에 투자하는 이유는 지속적인 경제성장, 새로운 시장의 개척, 고율의 투자이익, 경쟁기업의 해외진출, 원자재 확보, 관세장벽의 극복 등을 들 수 있다.

또한 외국기업이 국내기업과 합작투자하려고 하는 이유는 기술지원을 신속하게 받을 수 있고, 투자상대방의 원료공급과 제품의 수출시장 경로를 이용할 수 있다. 그리고 국내기업의 자원과 시설을 활용하고, 부족한 자원의 조달 및 정부에서 베푸는 세제면 또는 금융특혜, 경영위험을 분산시키려는데 있다.

이와 같이 두 기업의 서로 다른 합작투자의 이유가 타협을 통해 절충점을 찾을때 합작투자가 가능하다. 따라서 해외합작투자는 자본을 통한 참여 이외에 경영관리 지원, 특허권 제공, 기술지원, 시장경로 이용, 원재료 및 반제품 제공 등의 계약을 별도로 체결하여 경영에 참여하는 방식으로 이루어진다.

3. 국제합작투자의 특징

국제합작기업의 설립은 다국적기업이 추구하는 완전한 경영지배권의 확보라는 측면과 다국적기업의 부족한 경영자원의 보충이라는 양면성을 지니고 있다. 현지기업과 합작하면 현지사정에 정통한 현지인을 활용할 수 있고, 현지시장에 접근도 보다 용이하며 현지인의 감정에 부합되는 측면도 존재한다.

요컨대 현지파트너가 해외투자기업의 국제경영전략을 수행하는 일환이 되기를 거부하게 되면 글로벌 경영전략의 수립에 어려움이 수반될 수 있다. 반면에 다국적기업의 합작투자의 목적이 단지 현지시장에서 제품을 판매하기 위한 것이라면 다국적기업은 기꺼이 합작회사의 설립에 나서게 될 것이다.

그러나 세계적인 생산의 합리화, 마케팅기법의 활용, 혁신제품의 생산, 원료공급에 대한 경영지배권의 행사에 관심을 두고 있는 다국적기업은 합작파트너의 존재가 국제경영전략의 수행에 오히려 방해가 될 수 있기 때문에 국제합작기업의 설립에 소극적이거나 국제합작회사의 설립을 기피할 수 있다.

그리고 해외투자기업은 투자대상국에 존재할 수 있는 국수주의에 능동적으로 대처하고 규모의 경제나 범위의 경제를 달성하기 위해, 또는 균형된 생산기술을 개발하고 구매처·공급처와 경쟁자의 상호관계를 관리하며 수행하는 여러 핵심사업들을 다각화하기 위해 국제합작회사의 설립을 선호한다.

어떠한 목적을 달성하기 위해 설립되든지간에 해외합작투자는 새로운 형태의 진출 방법은 아니다. 제2차 세계대전 이전에 합작투자는 무역업, 광업, 농장 분야에서 이루어졌으나 제2차 세계대전 이후에는 제조업분야에서 크게 증가했다. 1980년대 이후에 미국, 유럽을 중심으로 합작투자가 증가하였다.

국제합작투자가 증가하는 것은 급변하는 경영환경에 기인한다. 미국과 유럽시장이 폭넓게 개방되어 세계시장의 규모가 확대되면서 성장률이 높은 시장을 점유하는데 필수적인 연구개발비와 마케팅비용의 상승도 기하급수적이다. 이러한 현상에 대처하기 위해 많은 기업들이 합작투자에 나서고 있다.

4. 국제합작투자의 득실

국제합작투자를 잘 이해하려면 국제경쟁전략의 관점에서 살펴보아야 한다. 국제경쟁전략의 수립에는 두 가지 문제가 중요하다. 하나는 국제경영활동을 어느 국가에서 수행할 것인가 하는 문제, 다른 하나는 서로 다른 나라에서 수행되는 국제경영활동을 어느 정도로 조정할 것인가 하는 문제이다.

국제합작투자는 국제경영활동을 독자적으로 수행하지 않고 다른 기업과 공동으로 수행하는 수단이라는 의미에서 두 번째 문제와 관련된다. 다국적기업이 해외합작투자를 선택하는 이유는 독자적으로 국제경영활동을 수행하는 신설투자나 해외인수합병에 비해 비용이 덜 들거나 편익이 크기 때문이다.

(1) 국제합작투자의 편익

국제합작투자의 종류는 국제기업이 수행하는 세부적인 경영활동에 따라 구분할 수 있다. 다국적기업이 수행하는 주요한 경영활동에는 생산과 운송, 마케팅 및 서비스, 기술개발 등이 있다. 이러한 경영활동은 경제적 특성이 다르기 때문에 국제경쟁형태와 합작투자의 성격에 중대한 영향을 미친다.

첫째, 여러 기업이 특정한 경영활동을 공동으로 수행하면 개별기업이 수행할 때보다 규모의 경제나 학습효과를 누릴 수 있다. 예컨대 자동차산업에서 제조업체들이 합작하여 각각 특정 부품의 생산활동에 전문화하면 생산량이 많을수록 생산비가 감소하는 규모의 경제를 달성할 수 있을 것이다.

둘째, 합작투자를 통해 경영활동을 수행하는 능력, 지식, 기술 등을 구입하거나 공동으로 이용할 때 발생하는 편익이다. 이는 특정기업이 이미 비용을 투입하여 그러한 능력을 개발했기 때문에 다른 경쟁기업보다 유리한 위치에 있거나 우수한 인적자원을 확보할 경우에 발생하는 편익을 말한다.

셋째, 국제경영활동을 수행할 때 수반하는 위험을 감소시킬 수 있다. 이것은 합작파트너들이 경영활동을 수행하는 과정이나 수행한 결과에서 발생하는 위험과 비용을 분담하기 때문이다. 예컨대, 유전탐사는 투자에 따른 위험이 크기 때문에 합작투자는 위험을 분산시키는 좋은 방법이 될 수 있다.

넷째, 경쟁기업과 경쟁의 룰에 영향을 미쳐 경쟁을 관리할 수 있다. 합작투자를 통해 다른 경쟁기업들이 동일한 산업에 진출하는 길을 열어 기술개발을 촉진하거나 주요한 비용항목에 영향을 미치거나 경쟁기업이 특정한 기술을 사용하도록 함으로써 경쟁기업의 비용구조에 영향을 미칠 수 있다.

그러나 특정 경영활동을 수행하기 위해 합작을 하면 다른 경영활동도 합작파트너와 조정할 필요가 생긴다. 예컨대 기술개발을 위한 합작을 하면 사후서비스체제를 변경할 필요가 발생한다. 따라서 부수적으로 발생하는 경영활동조정의 필요성 때문에 합작투자의 범위를 확대하지 않을 수 없게 된다.

(2) 국제합작투자의 비용

합작투자가 성공하려면 합작투자에 참여하는 기업들이 모두 합작투자에서 편익을 얻을 수 있어야 한다. 그러나 합작파트너들이 반드시 모두 같은 정도의 편익을 누려야 하는 것은 아니다. 왜냐하면 해외합작투자에는 편익적 측면만 있는 것이 아니고 비용적 측면도 함께 고려해야 하기 때문이다.

합작투자가 성공하려면 합작파트너들간에 계속적으로 업무의 조정이 이루어져야 하며, 이러한 업무조정이 효과적으로 이루어지려면 경영자의 많은 시간과 비용이 투입되어야 한다. 또한 합작회사에 대한 합작파트너들간에 이해관계가 상충할 수 있으므로 경영활동의 지속적인 조정이 필요하다.

합작투자에 따른 비용은 시간이 경과함에 따라 변할 수 있다. 조정비용은 합작파트너들이 서로 협력하는 경험이 증가하고 상호간에 신뢰가 쌓이면 감소할 것이다. 또한 경쟁상의 비용도 합작투자가 상호간에 이익이 되며 한 파트너가 독자적으로 행동을 취할 가능성이 줄어들면 감소할 것이다.

그러나 합작파트너의 한쪽이나 양쪽의 이해관계나 목표가 변화하면 조정비용이 상승할 수도 있다. 그리고 한 파트너가 합작투자를 통해서 모색했던 전문지식이나 국제경쟁력을 자체적으로 확보함으로써 다른 합작파트너의 협력이 없어도 성공할 수 있다고 판단하면 경쟁상의 비용은 상승한다.

과거에 미국기업과 합작한 일본기업들은 미국기업으로부터 기술을 전수받았다. 그러나 미국기업들은 일본식 경영을 일본기업으로부터 배우는데 실패했다. 나중에 일본기업들은 미국인 합작파트너들을 몰아내고 독자적으로 기업을 경영했을 때 미국기업들이 선택할 수 있는 대처방법은 없었다.

반면에 합작파트너들간에 계속적인 조정이 성공하여 신뢰가 쌓이면 다른 사업을 위한 합작투자도 할 수 있다. 특정 합작관계에서 얻은 경험은 양 파트너의 상대적인 기여도가 바뀌지 않는 한 다른 사업분야에 이전될 수 있고, 여러 분야에서 제휴하면 파트너의 기회주의적 행동도 줄어들 것이다.

5. 국제합작투자의 과정

(1) 투자사업의 선정

글로벌경쟁을 하는 다국적기업의 각 부분간에는 상호의존성이 높기 때문에 합작투자회사에 대한 의사결정의 위임이 어려울 경우에 합작회사는 실패할 수도 있다. 따라서 합작투자회사의 대상사업이 글로벌경영을 필요로 하지 않을 경우에는 합작투자회사가 성공할 가능성은 한층 높아질 수 있다.

예컨대 제품의 무게나 부피가 커서 국제간에 운송비용이 많이 들고, 수입관세율이 높아 제품의 국제간 이동이 어려운 경우에는 상호의존성의 문제가 발생하지 않는다. 이러한 경우 합작회사는 현지에서 생산하여 현지수요를 충족시키며 그 사업에 관련된 의사결정은 현지에서 이루어질 수 있다.

합작파트너 쌍방이 보유한 기술, 경영기법 등이 합작회사의 성공에 중요하면 지배권을 양분할 수 있다. 지배권을 양분하여 쌍방이 경영에 참여하면 어느 일방이 하는 것보다 나은 의사결정이 이루어질 수 있으나 의사결정이 지연될 수도 있어 합작회사의 경영자에게 최대한 자율권을 부여해야 한다.

(2) 사업계획의 준비

합작투자계획이 아무리 잘 되어 있어도 합작회사의 사업계획이 잘 준비되지 않으면 실패하기 쉽다. 성공적인 사업계획을 준비하려면 합작파트너 쌍방이 법적 계약서 작성에 치중할 것이 아니라 경영자를 파견하여 합작회사의 경영전략, 재무정책, 인사정책 등에 관해 상세한 부분까지 합의를 보아야 한다.

그리고 사업계획이 처음에 예상했던 대로 진행되지 않거나 또는 처음에 예상했던 것보다 더 성공적으로 진행될 경우에 대비한 계획도 준비해야 한다. 또한 시간이 지나 경영환경이 변화함에 따라 사업계획도 변화할 수 있으므로 적어도 1년이나 2년에 한 번씩 사업계획을 수정하기로 합의를 보아야 한다.

(3) 기회주의적 행동

합작투자를 고려하는 기업에게 합작파트너의 기회주의적인 행동은 중요한 문제에 속한다. 그러나 투자기업과 현지기업이 단기적인 이익을 추구하지 않으면서 어려움을 함께 헤쳐갈 수 있도록 인내하고 상호신뢰의 정신과 장기적인 안목에서 합작투자회사를 설립한다면 기회주의는 끼어들 여지가 없을 것이다.

더욱이 이러한 긍적적인 태도에 적당한 이익분배체계, 공동의사결정의 과정, 보상 및 통제체제를 만들어 보강하면 기회주의를 극소화할 수 있다. 합작파트너가 어느 정도 기여하고 향후 기여도가 어떻게 달라질 것인가에 대한 인식에 합의하면 서로가 수용할 수 있는 이익분배방식에 합의를 볼 수 있을 것이다.

따라서 합작파트너간의 이해관계가 일치되면 어느 일방이 합작투자회사의 이익을 모두 선점할 필요가 없어지기 때문에 양쪽이 공동의 이익을 극대화하는 방향으로 주의를 돌릴 수 있게 된다. 그리고 합작파트너들은 급변하는 시장상황에 적응하여 나가는 동시에 장기적인 안목에서 합작투자를 검토할 수 있다.

그런데 대상기업이 소수인 상황은 거래상의 어려운 문제를 초래한다. 특히 합작파트너의 어느 일방이나 쌍방의 기회주의와 결합하면 문제가 더욱 어려워진다. 그러나 현지기업이 기회주의적인 행동을 취하지 않는다면 심각한 문제가 안 될 수 있고, 상호간에 유대관계를 공공히 하면 문제해결이 수월해진다.

(4) 투자파트너 선정

합작파트너의 선정은 두 단계를 거친다. 첫 번째는 투자기업과 합작상대기업간 전략적 상호보완관계를 확인하는 단계이다. 두 번째는 합작상대기업이 기여할 것으로 기대되는 부분을 구체적으로 평가하는 단계이다. [그림 11-1]에는 합작파트너간의 전략적 상호보완관계를 평가하는 과정이 제시되어 있다.

▌그림 11-1▐ 합작파트너의 전략적 상호보완

제2절 전략적 제휴의 개요

1. 전략적 제휴의 정의

전략적 제휴(strategic alliance)는 경쟁기업들이 일부 사업 또는 기능별 활동부문에서 경쟁기업과 일시적인 협력관계를 갖는 것을 말한다. 즉 상호 협의된 일부 부문에서는 협력을 하고 그 이외의 분야에서는 경쟁을 전개하여 협력과 경쟁의 합성어인 코피티션(coopetition)이 전략적 제휴를 적절히 표현한다고 볼 수 있다.

대부분의 전략적 제휴는 상당히 구체적이고 명확히 제시된 목적을 수행하기 위해 이루어진다. 전략적 제휴의 기본적인 원리는 상호성(reciprocity)이다. 즉 파트너끼리 상호 이익을 위해 경영자원을 공유, 교환, 통합하는 접근을 의미하여 기업구조상으로 보면 제휴관계회사와 어느 정도 수평적 또는 수직적 통합을 가져온다.

경쟁관계에 있는 기업들이 제휴를 맺는 것은 결코 새로운 현상이 아니다. 이는 오래 전부터 전쟁에서 전략적 제휴가 있었던 것을 기업들이 이제야 깨닫기 시작한 것에 불과하다. 즉 위험한 적들로 가득한 불확실한 세계에서 혼자만의 힘으로 위험을 헤쳐 나간다는 것이 결코 최선이 아니라는 것을 깨닫기 시작한 것이다.

전략적 제휴가 경쟁보다 협조의 성격이 강하다는 것은 잘못된 생각이다. 전략적 제휴의 근본목적은 경쟁에 있지 협조에 있지 않다. 즉 경쟁기업과 제휴를 한다는 것은 경쟁기업과 협조체제를 구축하는 것 자체가 목적이 아니다. 제휴관계 이외의 기업들과 효과적인 경쟁을 하기 위해 일시적으로 협조하는 것에 불과하다.

예컨대 제2차 세계대전 중에 영국, 미국, 프랑스 연합국은 독일, 이탈리아, 일본을 중심으로 한 추축국에 효과적으로 대응하기 위하여 소련을 연합국으로 끌어들였다. 즉 유럽의 서부전선에서는 영국, 미국, 프랑스가 독일과 대치하였고, 동부전선에서는 소련이 독일, 이탈리아에 대항하는 전략적인 제휴를 체결하였다.

그러나 연합국과 소련이 전략적 제휴를 맺은 것은 소련과 장기적인 협조체제를 형성하기 위한 것이 아니었고 다만 공동의 적인 독일에 효과적으로 대항하기 위한 것이었다. 나치독일이 붕괴하고 유럽에 평화가 찾아오면서 전쟁기간에 돈독한 협조체제를 유지하였던 영국, 미국, 프랑스와 소련은 곧 적대관계로 돌아섰다.

요컨대 독일이라는 공동의 적을 물리치고 나서는 영국, 미국, 프랑스 등은 소련과 더 이상 협조체제를 유지해야 할 필요성이 없어지게 되었다. 유럽을 자본주의체제로 지키려는 영국, 미국, 프랑스와 동유럽을 공산화하려는 소련의 이해관계가 첨예하게 대립하면서 이들은 주도권을 잡으려는 경쟁의 관계로 재정립되었다.

2. 전략적 제휴의 동기

기본적으로 전략적 제휴는 한 회사가 단독으로 성취하기 힘든 전략적 목적을 두 개 이상의 회사가 자원을 공유함으로써 달성해나가는 과정이다. 비록 전략적 제휴에 참가하는 경쟁기업들의 의도가 상이하더라도 전략적 제휴를 통해 어느 정도의 성과를 얻을 수 있어야 한다는 생각은 공통의 목적이라 할 수 있다.

기업간의 전략적 제휴는 최근에 폭발적으로 증가하고 있으며 특히 첨단산업에서 폭발적으로 이루어지고 있다. 예컨대 컴퓨터와 통신을 포괄하는 정보통신산업에서 두드러지게 나타나고 있으며, 다음으로 생명공학산업, 신소재산업, 자동차, 화학, 항공 그리고 중전기 분야에서 전략적 제휴가 활발히 이루어지고 있다.

(1) 현지국정부의 규제

다국적기업들이 해외진출을 시도할 경우에 현지기업과 합작투자를 많이 할 수밖에 없는 이유는 현지국정부의 각종 규제가 존재하고 있기 때문이다. 아직도 많은 개발도상국에서는 다국적기업의 헤외시장 진출시 현지기업과 합작투자의 형태로만 가능하도록 법적으로 규제를 하고 있다.

폭스바겐의 중국진출시 중국정부는 자동차, 철강 등을 중추산업으로 지정하여 외국기업은 합작투자의 형태로만 허용하고 있다. 따라서 중추산업에 속한 다국적기업이 중국으로 진출하려면 합작투자를 해야 하는 상황에 직면하여, 합작투자는 기업의 전략적 선택보다는 현지국정부의 강요된 결과로 나타난다.

그러나 합작투자가 현지국정부의 규제에 따른 것이라도 다국적기업은 현지파트너로부터 도움을 받을 수 있다. 현지파트너는 현지에서 자금을 조달하여 외국파트너가 부담하는 위험을 감소시킨다. 또한 현지국의 문화와 경영환경에 대한 이해, 정부관료와의 협상능력, 현지에 맞는 경영에 도움을 줄 수 있다.

폭스바겐의 주요 파트너인 중국은행, 상하이자동차 그리고 중국자동차는 중국정부를 상대하고 현지부품업자를 활용하는데 큰 도움을 주었다. 또한 이들 파트너는 과거에 트렉터 생산공장으로 사용하던 곳을 폭스바겐에 공장부지로 제공하여 폭스바겐이 Santana를 생산하는데 필요한 설비를 마련해주었다.

이후에는 Santana를 관용차와 택시로 구매하여 폭스바겐이 중국시장에서 매출을 안정적으로 유지할 수 있도록 도와주었다. 따라서 현지파트너가 기여하는 부분은 현지국정부와 우호적인 관계형성과 현지환경에 대응할 수 있는 지식을 제공해준다. 합작투자가 현지국정부의 규제에 따른 것이라도 자신에게 도움이 될 수 있는 합작파트너를 선택하는 것은 글로벌경영에서 중요한 과제이다.

(2) 자원공유시 투자위험의 감소

비록 현지국정부가 합작투자를 강요하지 않더라도 외국기업은 현지합작투자파트너가 있을 경우 자신이 충분히 보유하지 못한 경영자원을 확보하거나 투자의 위험을 감소시킬 수 있다. 그리고 다국적기업들이 해외진출을 시도할 때 많은 경우 가능하면 100% 자회사의 형태로 해외에 진출하기를 원한다.

그러나 단독투자의 형태로 해외에 진출할 때 자신이 참여하는 모든 시장에서 경쟁기업보다 경쟁우위를 가질 수 있을 만큼 충분한 경영자원을 보유한 기업은 존재하지 않는다. 따라서 다국적기업들은 보완적인 제품, 유통망, 그리고 생산기술을 가진 다른 경쟁기업을 찾아 전략적 제휴를 맺는 경우가 많다.

특히 최근 들어 거의 모든 산업에서 연구개발투자가 더욱 중요해지고 생산시설이 자동화됨에 따라서 예전에 비해 연구개발투자와 생산시설투자에 소요되는 비용은 막대해졌다. 이러한 이유 때문에 신제품개발에 막대한 연구개발비와 시설투자가 요구되는 산업에서 전략적 제휴가 활발하게 이루어지고 있다.

국제합작투자나 전략적 제휴를 통해 얻고자 하는 경영자원은 현지국 경영관습 및 환경에 대한 지식이다. 해외에 진출하는 다국적기업은 자신이 필요한 경영자원을 모두 보유하고 있다는 생각을 할지 모른다. 그러나 해외진출시 많은 기업들이 실패하는 이유는 현지시장에 대한 정보가 부족하기 때문이다.

해외진출시 현지기업에서 얻을 수 있는 경영자원에는 현지의 유통망과 소비자에 대한 마케팅지식도 있다. 예컨대 외국기업이 한국에 진출시 느끼는 어려움은 한국의 복잡한 유통구조를 어떻게 파고들 것인가의 문제이다. 한국기업이 외국에 진출할 때에도 현지에서 유통망을 구축하는 것은 어려운 과제이다.

그리고 외국에서의 가격설정, 판로선정, 제품진열 등 현지국시장의 성격에 따라서 다국적기업은 각각 다른 마케팅활동을 수행해야 한다. 이러한 유통구조 및 현지국시장의 정보를 합작투자 또는 제휴파트너로부터 입수할 수 있다면, 다국적기업의 해외진출위험을 크게 줄이고 성공가능성을 높이게 될 것이다.

(3) 시장진입의 시간단축

신제품이 개발 초기단계로부터 시장에 출시되는데 소요되는 기간은 경쟁이 심화됨에 따라서 지난 십수 년간 계속해서 단축되어 왔다. 특히 경쟁기업에 비해서 더 빠르게 제품을 출시하는 기업일수록 이로 인한 높은 수익을 보장받을 수 있게 되고 여러 가지 초기진입자의 경쟁우위를 누릴 수 있기 때문이다.

시간에 의한 경쟁우위가 중요해지면서 기업들의 고민은 어떻게 경쟁기업보다 빨리 신제품을 개발하여 시장에 출시할 것인가와 경쟁기업이 진입하기 전에 신규시장에 진입할 것인가의 문제이다. 이러한 기업들의 공통적인 문제점은 시장진입의 시간단축에 필요한 모든 경영자원을 보유하고 있지 못하다는 것이다.

따라서 기업들이 필요한 모든 경영자원을 보유하지 못한 상태에서 신규사업에 진출하려고 할 경우, 이러한 전략적 제휴의 필요성은 높아진다. 예컨대, 과거 미국의 통신과 컴퓨터시장에서는 그동안 상호시장에 진입을 금지해왔던 법적 규제가 철폐되어 컴퓨터 업체들은 상대방 시장에 진출할 수 있게 되었다.

이 시기에 IBM과 AT&T 등의 대기업들은 기업인수의 형태로 상대국에 진출하였다. IBM은 Rohm이라는 통신전문업체를 인수하였고, AT&T는 컴퓨터사업부문에서 NCR를 인수합병하였다. 반면에 대기업을 인수하는데 필요한 자금이 없는 IBM이나 AT&T 등은 전략적 제휴를 통해 신규사업진출을 시도하였다.

(4) 산업표준의 선택

글로벌경쟁시대의 국제합작투자와 전략적 제휴는 다국적기업이 어느 특정 국가나 시장에 진출하기 위한 목적으로 이루어지기도 하지만, 그 기업의 전 세계적인 글로벌경영전략의 일환으로 수행되기도 한다. 많은 산업에서 전략적 제휴나 국제합작투자를 시도하는 목적은 기술의 표준화를 이루기 위함이다.

VCR산업에서 일본의 Sony와 마츠시타가 산업표준화를 위해 노력하다가 Sony가 실패한 사례는 산업표준이 얼마나 중요한가를 알려주는 사례에 해당한다. Sony가 개발한 베타방식의 기술은 마츠시타의 자회사인 JVC가 개발한 VHS기술에 비해서 화면의 색상과 품질이 훨씬 더 뛰어난 것으로 알려졌다.

그러나 Sony는 자사의 베타방식이 훨씬 기술적인 우위가 있다고 생각하고 다른 회사들에 라이센스를 제공하는 것을 기피하였다. 반면에 기술적으로 열위에 있는 JVC는 VHS방식을 채택하여 회사들에 자유롭게 라이센스를 제공하였으며, 그 결과 가전산업의 모든 기업이 VHS방식을 채택하게 되었다.

따라서 Sony는 자사의 베타방식의 품질이 뛰어남에도 VCR산업에서 시장점유율이 낮아지게 되면서 베타방식을 포기하기에 이르렀다. 왜냐하면 비디오용 영화제작사의 입장은 화질도 중요하지만 많은 비디오테이프 소비자들이 시장점유율이 낮은 Sony의 베타방식보다는 VHS방식을 선호했기 때문이다.

산업표준이 확립되지 못하면 기업과 소비자 모두 혼란을 겪을 수 있어 기업들은 산업표준에 맞는 신제품을 개발하기 위해 전략적 제휴를 맺는다. 따라서 전략적 제휴를 통해 산업표준을 달성하는 것은 기술개발의 속도가 빠르고 산업표준이 중요한 역할을 하는 산업에서 기업이 선택할 수 있는 전략이다.

(5) 기업의 유연성확보

최근에 전략적 제휴가 중요한 또 다른 이유는 신제품개발과 신시장진출뿐만 아니라 기존의 사양산업에서 탈퇴하는데 유용하기 때문이다. 예컨대 미국의 GM과 크라이슬러는 수동변속기어를 생산하는 합작투자를 설립하였다. 이는 이미 GM이 보유하고 있는 기존의 생산설비를 합작투자로 전환한 것이다.

마찬가지로 한국에서 점차 경쟁력이 상실되어 가는 일부 사양산업을 합작투자의 형태로 개발도상국에 이전시키면 그 산업에서 완전히 철수하는 것에 비해 투자가치를 보존할 수 있으며, 그 사업의 전망이 다시 좋아지면 언제든지 합작투자를 기반으로 하여 다시 진출할 수 있는 가능성을 갖게 된다.

예컨대 한국기업들이 중국에 진출한 의류, 신발 등의 노동집약적 산업은 한국의 인건비가 상승하여 이미 경쟁력이 상실된 사업이다. 이러한 사업에서 합작투자는 한국기업들이 철수하기보다 중국으로 공장을 이전하여 중국시장을 공략하거나 중국에서 생산하여 다른 나라로 수출하는 목적의 투자이다.

전략적 제휴를 통해 사양화된 산업을 합작투자로 전환하는 것은 사업의 전망이 좋아지면 합작투자를 기반으로 하여 언제든지 사업을 확장할 수 있는 콜옵션(call option)을 갖고, 사업의 전망이 나빠지면 합작투자파트너에게 지분을 팔고 쉽게 철수할 수 있는 풋옵션(put option)을 갖는 것과 동일하다.

따라서 기업이 시장에서 퇴거할 경우에도 전략적 제휴는 기업의 선택지를 넓히는 것과 같은 유연성을 제공한다. 그리고 전략적 제휴를 통해 핵심역량이 없는 주변활동이나 기능을 제휴파트너들에게 외주(outsourcing)를 제공하여 기업은 설비비용을 크게 줄이고 보다 유연한 비용구조를 가질 수 있게 된다.

3. 전략적 제휴의 과정

전략적 제휴의 동기가 구체적으로 설정되면 다음 단계는 전략적 제휴를 체결하는 과정이다. 비록 훌륭한 전략적 목표를 수립했다고 하더라도 실질적인 제휴과정이 제대로 이루어지지 않으면 소기의 성과를 달성할 수 없게 된다. 따라서 성공적인 제휴를 위해서는 다음과 같은 4단계를 염두해 두어야 한다.

(1) 제휴의 전략을 수립

전략적 제휴가 성공적으로 이루어지려면 제휴의 목적이 명확해야 한다. 전략적 제휴는 완전분리와 인수합병의 중간형태이므로 인수합병보다 전략적 제휴의 선택이 유리한가를 면밀하게 검증해야 한다. 따라서 목적을 설정하고 다른 대안과의 전략적 우위성을 체크하는 것이 제휴전략을 수립하는 단계이다.

(2) 제휴파트너의 선정

제휴전략이 수립되면 제휴의 성패를 결정짓는 제휴파트너를 선정해야 한다. 파트너의 선정에서 가장 중요한 요소는 상대방의 자원을 분석하여 자사의 자원과 상호보완성을 갖는지를 체크해야 한다. 상호보완적인 자원의 유무는 제휴를 통해서 쌍방이 이익을 얻을 수 있는지를 가늠하는 중요한 요소이다.

왜냐하면 일방적인 지식의 전달이나 일방이 배타적으로 혜택을 독점할 경우에 전략적 제휴는 성사될 수 없고, 비록 제휴가 성사되더라도 존속될 수 없기 때문이다. 이러한 상호보완적인 자원의 보유에서 중요한 것은 그 자원이 제휴가 성립될 때 한시적으로만 존재하고, 금방 사라지는 자원이냐의 여부이다.

요컨대 자사가 가지고 있는 협상무기가 제휴의 진행과 더불어 사라진다면 상대방은 금방 매력을 잃을 것이다. 따라서 제휴를 더욱 공고히 유지하려면 자사가 지닌 협상무기를 계속 유효하게 존속시킬 수 있는 장치를 마련해야 한다. 그리고 쌍방의 전략적 의도가 상충할 경우에도 제휴는 유지될 수 없다.

예컨대 제조업체가 장기적으로 유통업체를 종속시키기 위한 제휴를 구상하는 경우 유통업체가 독자적인 경쟁력 강화를 위해 제휴에 임한다면 보완적인 자원을 보유하고 있어 시너지효과는 낼 수 있으나, 장기적으로 존속할 수 없다. 따라서 전략적으로 궁합이 맞을 경우 이로운 제휴가 성립할 수 있다.

(3) 전략적 제휴의 형태

많은 기업들이 전략적 제휴에 실패하는 이유는 제휴가 성립된 후에 방심하는데 있다. 전략적 제휴는 일의 시작이지 끝이 아니다. 제휴를 통해 소정의 목적을 달성하기 위해서는 무엇을 얻을 것인지를 명확히 설정하고 이를 비즈니스 논리에 따라 접근할 필요가 있다. 또한 전략적 제휴는 합병이 아니다.

따라서 제휴에 참가하는 각 주체는 서로를 대등하게 여기면서 자신의 목적에 충실해야 한다. 서로 존중해야 하고, 사소한 내용으로 갈등이 발생하면 중요한 목적을 놓치게 된다. 또한 제휴파트너의 핵심의사결정자가 제휴에 관심을 갖고 몰입해야 보다 효율적인 전략적 제휴가 유지될 수 있을 것이다.

요컨대 상호독립성을 유지하면서 제휴파트너의 역할을 정확히 모니터하고 제휴를 통한 정보흐름을 정확히 파악하는 것이 제휴조직을 효율적으로 운영하는 요체이다. 아울러 전략적 제휴의 형태를 명확하게 결정해야 한다. 전략적 제휴의 유형은 크게 수평적인 제휴와 수직적인 제휴로 구분할 수 있다.

수평적인 제휴는 동일한 산업에서 사업을 수행하는 기업들간에 발생하며 경쟁자와 연계나 협력을 통해 특정 부문에서는 경쟁과 협력의 구분을 약화시키는 형태를 의미한다. 수직적인 제휴는 상이한 산업에 존재하는 구매자와 공급자간에 일어나며 제휴참가자들은 가격의 불확실성을 제거할 수 있다.

(4) 제휴의 결렬에 대비

전략적 제휴는 한시적인 형태이다. 어떤 제휴도 영원히 존속할 수 없다. 따라서 제휴에 임할 때는 항상 최악의 경우를 대비해야 한다. 여기에는 정보의 공유와 더불어 유출해서는 곤란한 정보를 철저히 통제하는 소극적인 대비와 제휴가 결별되고 난 후 경쟁력을 유지하기 위한 적극적인 대비가 있다.

❙표 11-1❙ 전략적 제휴의 단계

제1단계	제휴전략의 수립	• 목적을 명확히 하라 • 인수합병과의 차이점을 확인하라
제2단계	파트너 선정	• 상대방의 재정적, 기능적 강점 분석 • 상호보완성, 전략측면에서 궁합이 맞아 떨어지는가 • 우리의 협상무기가 계속 유효할 것인가
제3단계	조직구조와 제휴형태	• 비즈니스 논리를 우선하라 • 모기업과 독립적인 조직으로 운영하라 • 어떠한 형태의 제휴를 할 것인가를 명확히 하라
제4단계	제휴결렬 대비	• 대부분 제휴는 인수합병으로 끝난다 • 결렬시 대비 없이는 제휴효과를 상실한다 • 인수자와 피인수자가 서로 다른 목적에서 움직인다

4. 전략적 제휴의 관리

전략적 제휴의 동기와 과정이 원활하게 이루어졌다고 가정하면 그 다음 단계는 전략적 제휴관계를 지속적으로 유지시키기 위한 관리과정이다. 전략적 제휴의 관리적 특성은 운영규칙이나 통제메커니즘에 대한 세밀한 정의와 제휴파트너들의 태도와 몰입 그리고 환경변화에 의해서 결정된다.

일반적으로 전략적 제휴에서는 기업간 협력분야가 제한적인 경우가 대부분이므로 협력대상에 대한 자세한 내용이 요구되고 현실적인 운영에 있어서 구체적으로 어떻게 해야 하는지에 대한 지침이 마련되어 있어야 한다. 그러나 양 파트너가 최초 예상했던 대로 제휴가 진행된다고 보기는 어렵다.

제휴파트너가 합의하에 계약을 체결했어도 환경적 요인의 변화로 기존의 제휴내용이 불합리한 상황으로 진전될 수 있다. 또한 제휴의 성과가 기대에 못 미쳐 제휴관계의 지속여부에 의문을 갖기도 한다. 따라서 체계적인 제휴관리시스템의 구축은 제휴의 지속과 목적달성에 중요한 역할을 한다.

(1) 성과의 관리

전략적 제휴의 지속성을 결정하는 직접적인 요인은 전략적 제휴를 통해 발생한 성과이다. 즉 서로 만족할 만한 수준의 성과일 경우 파트너간에 제휴가 지속될 수 있지만 그렇지 못할 경우 서로 불신이 생기고 몰입도 낮아지게 마련이다. 제휴의 성과는 질적인 부분과 양적인 부분으로 구분한다.

질적인 부분은 전략적 제휴의 유연성, 상호신뢰, 정보교환, 갈등조정, 공동인력관리의 지속성, 상호기대관리 등 계량화하기가 어려우면서 전략적 제휴의 지속성을 위해 필수적인 요소들로 구성되어 있다. 반면에 양적인 부분은 주로 합작투자에 있어서 지분비율관리로 정의되는 것이 일반적이다.

따라서 파트너가 지속적으로 관계를 개선하고 공동의 운영문제를 해결하기 위해 정기적으로 성과를 피드백할 필요가 있다. 즉 제휴의 성공을 위해 공식적이고 면밀한 성과측정 절차가 중요시되는데, 이러한 절차는 제품의 품질 등을 지속적으로 개선시킬 수 있는 여지를 발견하는데 도움이 된다.

(2) 통제메커니즘

통제메커니즘은 제휴활동에 대한 운영계획, 규칙, 절차의 개발을 말한다. 이러한 통제메커니즘은 제휴파트너간에 운영상의 엄격함과는 다른 의미이며, 실무적으로 보다 유연한 운영구조를 의미한다. 변화하는 환경에 적절히 대처하면서 원만한 성과를 달성하기 위해서는 일정한 규칙이 필요하다.

이러한 규칙이나 통제시스템이 없으면 전략적 제휴관계는 전혀 의도하지 않은 방향으로 흘러가 버릴 가능성이 있다. 그렇다고 해서 통제메커니즘이 서로를 완벽히 구속하는 것을 뜻하지는 않는다. 따라서 효과적인 제휴를 위해 협력분야에 상대방을 서로 통제하는 시스템을 말한다고 볼 수 있다.

(3) 신뢰의 중요성

유형의 제도 못지않게 제휴를 지속시키는 무형의 요소 중 중요한 것으로 신뢰를 들 수 있다. 일반적으로 전략적 제휴에서 파트너간에 합의된 기본원칙을 준수하는 것은 신뢰구축의 바탕이 된다. 하지만 상호동반자적인 관계를 구축하려면 오랜기간의 공동노력을 통한 신뢰확보가 이루어져야 한다.

상호신뢰가 이루어졌다는 것은 파트너에 대한 탐색비용이 소요되지 않고 호혜적인 협력이 가능함을 의미한다. 파트너간에 신뢰관계가 잘 구축되면 제휴관계가 종결되더라도 잠재적인 파트너의 가능성이 다른 기업에 비해 높게 나타난다. 따라서 신뢰관계의 구축은 전략적 제휴의 기본토대이다.

여기서 신뢰는 경제적 능력을 기초로 형성된 상호신뢰, 파트너에 대한 전반적인 만족감, 관계의 미래지향성, 환경변화에 대한 공동의 대응, 원활한 의사소통, 파트너간 상호 영향력 등 복합적 특성을 갖는 관계가 구축된 상태를 의미한다. 따라서 신뢰는 제휴관계가 성숙될수록 증진되는 요소이다.

5. 전략적 제휴의 유형

전략적 제휴의 유형은 [그림 11-2]와 같이 다양하다. 전략적 제휴에서 단순하고 단기적 성격이 강한 형태는 연구개발컨소시엄 또는 기술제휴이다. 반면에 합작투자는 기업들의 지분참여도가 높고 제휴당사자들간에 몰입의 정도가 높은 제휴의 형태이다. 따라서 합작투자도 전략적 제휴의 한 유형이라고 볼 수 있다.

┃그림 11-2┃ 전략적 제휴의 유형

전략적 제휴		신제품 개발	생산의 위험 경감	새로운 생산 기술 개발	개발 비용 절감	기초 시설의 활용도 증가	규모의 경제 이용	제품 라인 갭을 줄임	새로운 시장 진입
인수합병	인수				●	●	●	●	●
	합병			●	●	●	●	●	
합작투자	핵심사업합작투자			●	●	●	●	●	●
	판매합작투자				●	●		●	●
	생산합작투자				●	●	●		●
	연구개발합작투자			●		●		●	
기능별 제휴	제품스왑(판매제휴)			●	●		●	●	
	생산라이센스	●		●	●	●	●		
	기술제휴	●	●						
	연구개발컨소시엄	●	●	●					

(↑ 지분참여도가 높고 더욱 긴밀한 관계)

(1) 기능별 또는 업무별 국제제휴

기능별 국제제휴는 대체로 지분참여 없이 특정 기업이 수행하는 일부 업무에서 외국기업과 협조관계를 갖는다. 이러한 관계는 연구개발, 생산기술, 마케팅, 유통 등의 기능별 분야에서 공동프로젝트를 협조하여 수행한다. 기능별 제휴는 합작투자와 같은 새로운 조직이 창출되지 않고 제휴의 영역도 상당히 제한적이다.

1) 연구개발컨소시엄

연구개발컨소시엄(R & D consortium)은 반도체, 통신 등의 첨단산업분야에서 흔히 볼 수 있는 전략적 제휴의 형태이다. 일부 컨소시엄은 정부로부터 전부 또는 일부를 보조받는 경우도 있다. 세계항공기산업에서 유명한 Airbus는 영국, 독일, 프랑스, 스페인 등의 기업들이 공동으로 출자한 컨소시엄 형태의 기업이다.

2) 기술라이센싱

기술제휴 또는 기술라이센싱은 특정 기업이 다른 국가의 기업에 생산기술을 공여하거나 자신의 기술을 기반으로 신제품을 개발할 수 있는 권리를 부여하는 것을 말한다. 이러한 기술제휴와 제품개발 라이센스는 대체로 일정한 로열티를 지불하고 추가적으로 매출액의 일정 부분을 지속적으로 로열티로 지불하게 된다.

교차라이센싱은 기업들끼리 서로 기술을 주고받는 형태이다. 예컨대, 삼성전자는 일본의 Sony와 LCD 합작법인을 설립하여 서로 기술을 주고받은 바 있다. 따라서 기업 상호간에 기술을 주고받아 제휴관계를 맺는 것은 전략적 제휴에 참여하지 않은 기업들에 대해 더 높은 경쟁우위를 확보할 수 있는 좋은 방법이다.

3) 생산라이센스

생산라이센스는 규모의 경제와 유휴생산시설을 활용하여 둘 이상의 기업이 공동으로 생산할 수 있는 라이센스를 보유하거나 자체수요를 위해 직접 특허기술을 라이센스받아 생산하는 방법을 말한다. Nike는 스포츠용품 생산기술과 디자인을 제공하고 하청업자들이 생산을 전담하여 공급하는 형태의 제휴관계이다.

4) 제품스왑

제품스왑은 타사의 생산품에 자사의 브랜드를 붙여 마치 자사의 생산품처럼 판매하는 방식을 말한다. 주문자상표부착생산(OEM : original equipment manufacturing)방식이 대표적이다. 과거 미국의 Ford와 GM은 한국의 기아자동차와 대우자동차로부터 프라이드와 르망을 OEM방식으로 수입해 갔던 사례가 있다.

Ford와 GM으로부터 자동차 생산기술을 전수받아 생산한 후 Ford와 GM의 상표가 붙어 수출되었다. 이는 다양한 자동차를 생산하는데 소요되는 비용을 절감하기 위해 일부 차종과 부품을 OEM으로 공유하는 대신 Ford와 GM은 자신이 경쟁우위를 갖고 있는 분야에 집중투자를 하는 전략적 제휴의 한 유형이다.

따라서 기능별 제휴는 기업이 수행하는 여러 활동 중 제한된 일부 기능에서만 일어나기 때문에 기업들은 지분참여를 하지 않고서도 가능하다. 그러나 기능별 제휴의 일부에서는 상호 유대관계를 제고하기 위해 주식을 교환하기도 하고, 이러한 상호주식교환이 기능별 제휴의 성공가능성을 높일 수 있다고 믿는다.

예컨대 미츠비시자동차는 2005년까지 기능별 제휴를 맺은 현대자동차의 주식을 10% 정도 소유하였다. 이러한 지분참여 덕분에 상호보완적으로 핵심역량을 잘 활용하였고 제휴관계를 더욱 확대할 수 있었다. 이러한 지분참여는 일부 사업분야에 국한된 제휴관계를 더 넓은 사업분야로 확장할 가능성을 제시한다.

(2) 해외합작투자

연구개발컴소시움, 기술제휴, 생산라이센스, 제품스왑과 같은 경우는 기업들의 지분참여 없이 기업간의 국제적인 계약과 거래에 의해 이루어진다. 그러나 이러한 전략적 제휴관계가 기업의 경영전략에 중요한 역할을 하게 되고, 전략적 제휴를 통해 보다 높은 시너지를 창출하기 위해 합작투자방식을 선호하게 된다.

해외합작투자는 외국기업과 연구개발, 생산, 판매에서 이루어질 수 있으며 자신의 핵심사업분야 자체를 합작투자하는 경우도 있다. 일부 기능에만 국한된 기능별 제휴와 달리 국제합작투자는 법률적으로 모기업으로부터 독립된 기업을 만들어 여러 분야에 종합적인 협력관계가 필요할 경우에 선택하는 경우가 많다.

대부분의 합작투자는 참여기업들이 지분비율을 50대 50으로 설정하는 경우가 많으나 51대 49와 같이 지분을 약간 더 소유하거나 상당히 불균등하게 소유한 경우도 가능하다. 지분비율은 각 파트너의 기여도와 교섭능력에 따라 좌우되어 합작투자에 독특한 기술을 제공한 기업은 많은 지분을 요구할 수도 있다.

6. 성공적인 제휴의 운영

전략적 제휴에서 성공하려면 우선 좋은 파트너를 선정해야 한다. De la Sierra는 파트너를 선정하는데 가장 중요한 기준으로 다음의 세 가지 양립성(compatibility), 능력(capability), 몰입성(commitment)의 3C를 강조하였다. 이와 같은 3C가 존재하면 제휴파트너들은 서로 성공할 확률이 높다는 것을 의미한다.

(1) 기업의 양립성

전략적 제휴를 실제로 경험한 경영자들은 기업간의 양립성을 중요한 성공요인으로 여기고 있다. 전략적 제휴에 참여하는 기업들의 능력이 아무리 뛰어나도 파트너들이 서로 협력할 수 없다면 전략적 제휴는 쓸모가 없다. 이러한 양립성은 두 기업의 경영전략, 기업문화, 경영관리의 측면에서 고려해야 한다.

우리가 전략적 제휴에서 양립성을 파악할 때 살펴보아야 할 가장 중요한 점은 과연 두 기업의 경영전략이 모순되거나 이해가 상반되지 않는가 하는 점이다. 전략적 제휴에 임하는 두 기업의 경영전략이 모순되거나 상반되면, 그 전략적 제휴는 많은 갈등을 초래하여 소기의 목적을 달성할 수 없게 될 것이다.

본 장의 전략적 제휴의 동기에서 소개된 폭스바겐의 경우 폭스바겐은 중국시장에 진출하기 위해, 그리고 중국정부는 선진기술의 습득과 재원확충을 위해 두 기업은 서로의 강점을 가르쳐주고 약점을 보완하는 것으로 양립가능한 것이다. 따라서 다음과 같은 관점에서 제휴파트너의 전략을 검토해야 한다.

- 제휴파트너가 전략적 제휴에 참여하는 목적과 동기는 무엇인가?
- 제휴파트너가 기여할 수 있는 주요 경영자원은 무엇인가?
- 제휴파트너의 전략이 우리 기업이 추구하는 전략과 모순되지 않는가?

한편, 전략의 양립성을 검증하려면 파트너의 현존하는 제휴네트워크를 살펴보아야 한다. 즉 제휴대상기업이 우리 회사와 경쟁하는 기업과 다른 면에서 밀접한 관계를 갖고 있지 않는가? 만일 그렇다면 파트너기업이 제휴를 통해 우리의 기술이나 정보가 경쟁기업으로 유입될 수 있는지를 살펴보아야 한다.

둘째, 기업문화의 양립성은 국제간 제휴의 주요 성공요인이다. 모든 기업은 독특한 문화를 가지고 있다. 따라서 제휴에 참여하는 기업들의 기업문화 차이가 어느 정도이며 이러한 기업문화의 차이가 제휴의 목적달성에 걸림돌이 되지 않는지 그리고 기업문화의 차이를 극복할 수 있는지를 알아보아야 한다.

셋째, 경영관리시스템의 차이도 전략적 제휴의 양립성을 구성하는 요소이다. 기업에서 가장 중요한 요소는 사람이다. 사람들이 조직을 구성하고 구성원들간의 접촉과 정보교환에 의해 조직이 운영되므로 제휴에 임하는 사람들이 서로를 믿지 못하고 상호간에 갈등이 발생하면 그 제휴는 성공할 수 없다.

(2) 파트너의 능력

전략적 제휴를 고려할 때 파트너가 갖고 있는 경영자원과 핵심역량을 정확하게 파악해야 한다. 이를 위해 그 기업의 강점과 약점을 분석해야 한다. 즉 핵심역량은 무엇이고 어느 측면에서 강점을 갖고 있는지 그리고 시장에서 선도자역할을 하는지 아니면 경쟁에서 밀리는 추세인지를 고려해야 한다.

전략적 제휴에서 상대편 기업의 능력과 핵심역량을 평가하는 것은 전략적 제휴를 통해 우리 기업이 갖고 있는 약점을 보완하고 강점을 강화하기 위해서이다. 핵심역량의 관점에서 전략적 제휴를 살펴보면 두 회사가 자신이 취약한 분야에서 파트너가 강한 핵심역량을 가지고 있는 것이 바람직하다.

그리고 제휴파트너의 능력 측면에서 합작투자나 전략적 제휴에 임하는 기업들의 규모와 핵심역량은 비슷한 수준이어야 한다. 예컨대 IBM과 같은 다국적기업들은 전략적 제휴의 성공적인 조건으로서 기업의 능력과 규모의 측면에서 동등한 파트너를 선정하는 것이 가장 중요하다는 사실을 강조한다.

(3) 제휴의 몰입성

제휴파트너가 핵심역량과 경영자원을 갖고 있고 양사의 경영관리시스템과 기업문화의 양립성이 높아도 제휴당사자들이 제휴를 성공적으로 만들어 가기 위해 자원을 투입하지 않으면 성공할 가능성은 낮다. 따라서 파트너가 제휴를 성공적으로 수행하기 위해 얼마만큼 열심히 임할 것인가를 파악해야 한다.

전략적 제휴가 파트너의 핵심사업분야에서 제휴인지 주변사업부에서 제휴인지를 고려해야 한다. 만일 파트너에게 중요하지 않은 주변사업분야에서 이루어지면 그 파트너는 제휴를 성공적으로 이끌기 위해 경영자원을 많이 쏟으려고 하지 않을 것이며, 조그마한 갈등이 있어도 쉽게 제휴를 포기할 수 있다.

따라서 한 회사만 제휴에 많은 투자를 하고 다른 기업은 수수방관하거나 무임승차하려는 기회주의적 행동을 한다면 이러한 제휴는 실패할 가능성이 높다. 이렇게 제휴를 상대편 회사의 비주력사업분야에서 선택하기보다는 전략적 제휴를 위해서 최선을 다할 수 있는 파트너를 선택하는 것이 바람직하다.

• 핵심요약 •

제1절 국제합작투자의 개요

1. 국제합작투자의 정의
   연구개발(R & D), 생산, 판매단계에서 이루어지는 협조관계로서 자본투자가 필요

2. 국제합작투자의 동기
   지속적인 경제성장, 새로운 시장의 개척, 높은 투자이익, 경쟁기업의 해외진출, 원자재의 확보, 관세장벽의 극복

3. 국제합작투자의 특징 : 완전한 경영지배권의 확보, 부족한 경영자원의 보충

4. 국제합작투자의 득실
   (1) 국제합작투자의 편익
   규모의 경제나 학습효과 축적, 국제경영활동 수행시 위험감소, 기술개발의 촉진
   (2) 국제합작투자의 비용
   업무조정의 시간과 비용의 발생, 이해관계나 목표 변화시 조정비용의 상승

5. 국제합작투자의 과정
   투자사업의 선정, 사업계획의 준비, 기회주의적 행동, 투자파트너 선정

제2절 전략적 제휴의 개요

1. 전략적 제휴의 정의
   경쟁기업이 일부 사업이나 기능별 부문에서 일시적인 협조관계를 체결하는 것

2. 전략적 제휴의 동기
   현지국정부의 규제, 자원공유시 투자위험 감소, 시장진입의 시간단축, 산업표준의 선택, 기업의 유연성 확보

3. 전략적 제휴의 과정
   제휴의 전략을 수립, 제휴파트너 선정, 전략적 제휴의 형태, 제휴의 결렬에 대비

4. 전략적 제휴의 관리 : 성과의 관리, 통제메커니즘, 신뢰의 중요성

5. 전략적 제휴의 유형 : 업무별 또는 기능별 제휴, 국제합작투자

6. 성공적인 제휴의 운영
   기업전략의 양립성, 제휴파트너의 능력, 전략적 제휴의 몰입성

1 **최근 전 세계적으로 대부분의 기업들은 글로벌화를 추진하려고 노력하고 있다. 다음 중 글로벌화를 촉신시키는 요인이 아닌 것은?**

① 세계적으로 소비자의 수요가 차별화되고 있다.
② 자본집약적인 생산기술이 발전하고 있다.
③ 규모의 경제성이 더욱 강조된다.
④ R&D 투자의 규모가 증대되고 있다.
⑤ 무역장벽과 같은 인위적인 제약요소가 감소하고 있다.

| 해설 | 소비자의 수요가 동질화하여 기업들은 전 세계를 단일시장으로 보고 빠른 시간에 전 세계 소비자들의 수요에 부응할 수 있는 제품을 만들어야 성공할 수 있게 되었다.

2 **다음 중 수직적 통합과 아웃소싱에 대한 설명으로 옳지 않은 것은?**

① 후방통합의 경우 생산비용을 절감할 수 있다.
② 유통기능을 내부화하면 관료적 지배구조에서 기인한 비능률이나 조직 내 정치 현상이 나타날 수 있다.
③ 수직적 통합으로 기업의 활동범위가 넓어지면 경쟁 등 위험요소가 더 커진다.
④ 수직적 통합시 낙후된 기술이나 생산시설을 고수하게 되는 문제가 있다.
⑤ 후방통합의 경우 시장비용을 절감할 수 없다.

| 해설 | 후방통합의 경우 부품 등을 공급받을 때 존재하던 중간상인들의 이윤이 소멸되어 그만큼 시장비용을 절감할 수 없다.

3 **다음 중 기업수준에서 사업재구축에 대한 설명으로 옳지 않은 것은?**

① 공격적 사업재구축전략을 성장전략이라고 한다.
② 공격적 전략 중 다각화전략은 진출방법의 문제이며, 진입전략은 진출사업의 결정문제이다.
③ 진입전략에는 내부개발전략, 인수합병전략, 전략적 제휴전략이 있다.
④ 내부개발전략은 진출하고자 하는 사업에서 새로운 사업단위를 독자적으로 창조하는 전략이다.
⑤ 전략적 제휴는 단독으로 새로운 사업에 진출하는 것이 어려운 경우에 고려된다.

| 해설 | 사업확장전략은 끊임없이 수익성이 있는 새로운 사업기회를 추구하여 다각화를 도모한다. 사업확장전략을 추구하는 기업들은 두 가지의 전략적 과제를 해결해야 한다. 하나는 진출사업의 결정문제(다각화전략)이며, 다른 하나는 진출방법의 결정문제(진입전략)이다.

4 **특정 산업구조에 따라 적합한 경쟁전략은 달라질 수 있다. 이에 대한 다음의 내용 중 옳지 않은 것은?**

① 많은 중소규모의 기업들이 전체시장의 일부를 두고 경쟁하는 상태를 집중도가 낮은 산업이라 한다.

② 집중도가 낮은 산업은 제품수명주기상 초기에 해당되며 진입장벽이 상대적으로 낮은 특징이 있다.

③ 집중도가 낮은 산업에서는 집중전략이 더욱 효과적이다.

④ 시장이 성숙되어 감에 따라 집중도는 더욱 높아진다.

⑤ 시장이 성숙되면 제품의 질은 향상되고 가격은 높아진다.

| 해설 | 시장이 성숙되어 가면 몇몇의 거대기업에 의해 지배되는 구조를 갖게 되며, 산업의 집중도는 높아진다. 이때 많은 기업들은 시장점유율을 높이기 위해 노력하며, 연구개발의 초점을 제품개발에서 공정이나 프로세스 개선쪽으로 옮겨가고, 이를 통해 제품의 질은 향상되고 가격은 낮아지게 된다.

5 **달러환율이 하락할 것으로 예상되는 경우 국내에서 생산하여 미국에 판매하고 있는 기업이 취할 수 있는 방안으로 적절하지 않은 것은?**

① 미국시장에서 수요의 가격탄력성이 크면 달러표시 판매가격을 인상한다.

② 미국에서 원자재를 조달하는 비중을 높인다.

③ 미국에서 제품을 생산하기 위해 미국에 직접투자를 한다.

④ 이익의 감소에 대비하여 생산을 효율화하여 비용을 절감한다.

| 해설 | 달러환율이 장기적으로 하락하면 미국에 수출하는 기업은 원화환산 매출이 감소하기 때문에 전략적으로 접근할 필요가 있다. 따라서 미국에서 원자재 조달비중을 증가시키고 미국에서 생산을 증가시키는 대안이 고려될 수 있으며 이익의 감소에 대비하여 생산의 효율성을 제고하려는 노력을 지속적으로 해야 한다. 미국시장에서 가격탄력성이 높은 경우에 가격인상은 오히려 달러표시 매출감소를 수반하므로 바람직한 방법이라고 할 수 없다.

6 **다국적기업이 재무제표상에 흑자를 계상함에도 불구하고 도산하는 사례가 발생하고 있다. 다음 중 흑자도산을 방지하기 위한 전략과 거리가 먼 것은?**

① 국제현금관리　　② 국제매출채권관리

③ 국제재고자산관리　　④ 국제자본예산관리

| 해설 | 많은 이익이 발생함에도 불구하고 파산하는 흑자도산을 막기 위해서는 기업의 일상적인 영업활동을 원활하게 수행하는데 필요한 운전자본을 적정하게 유지하고 있어야 한다. 국제운전자본관리에는 국제현금관리, 국제매출채권관리, 국제재고자산관리 등이 포함된다. 그러나 자본예산관리는 기업의 직접투자관리에 필요한 관리기법이다.

7 **기업들이 여러 나라에서 영업 및 생산활동을 수행하는 경우에 본국과 현지국이 동일한 소득에 대해 동시에 과세하는 이중과세의 문제가 발생할 수 있다. 이중과세의 문제는 다국적기업의 활동을 위축시키기 때문에 국가가 이중과세를 방지하기 위한 노력을 기울이고 있다. 다음의 국제조세와 관련된 장치들 중에서 이중과세의 방지와 직접 관련이 없는 것은?**

① 조세조약(tax treaties)
② 조세피난처(tax haven)
③ 세액공제(tax credit)
④ 조세유예(tax deferral)

| **해설** | 이중과세는 다국적기업의 활동을 위축시킬 수 있으므로 국가간에 조세조약을 체결해 이중과세가 발생하지 않도록 하는 장치를 마련하게 된다. 일반적으로 조세조약에서는 현지국(host country)이 과세의 우선권을 가지며 투자소득을 본국으로 송금될 때까지 조세를 유예하거나 현지국에서 과세한 부분을 본국의 산출세액에서 공제해주는 방법을 사용한다. 따라서 조세피난처는 이중과세의 방지와 직접적인 관계가 없다고 할 수 있다.

8 **환율변동의 예측을 기업의 의사결정에 반영하는데는 공격적 입장과 방어적 입장으로 구분된다. 다음의 설명 중 공격적 입장에 있는 것은?**

① 장기적으로 통화가치 하락이 예상되는 나라에 생산을 집중하도록 투자한다.
② 제품의 생산시설을 주요 시장국에 분산하여 배치한다.
③ 환율예측을 신뢰하지 않고 의사결정에 크게 반영하지 않는다.
④ 제품의 판매를 지역적으로 다변화한다.

| **해설** | 미래의 환율변동에 대한 예측에 대해 공격적인 입장은 환율예측을 의사결정에 적극 반영하는 반면에, 방어적인 입장은 환율예측을 의사결정에 반영하지 않고 제품의 생산과 판매를 세계 여러 나라에 다각화하는 의사결정을 말한다.

9 **다음 중 환율변동과 기업의 글로벌전략에 대한 설명으로 옳지 않은 것은?**

① 물가변동에 비해 통화가치가 크게 하락한 국가에서 생산을 증가시키는 것이 유리하다.
② 통화의 실질가치가 상승하는 국가에 직접투자를 통해 보다 많은 생산활동을 수행하는 것이 유리하다.
③ 구매력평가설이 성립한다고 가정할 경우에 환율전망을 글로벌 전략수립에 적극적으로 반영하지 않는다.
④ 제품의 생산과 판매를 여러 국가에 분산시키면 환율변동의 영향을 감소시킬 수 있다.

| 해설 | 환율변동은 기업의 경영성과에 직접적인 영향을 미친다. 일반적으로 물가변동에 비해 환율변동이 크면 실질가치가 변동하게 된다. 따라서 물가변동에 비해 통화의 실질가치가 크게 하락한 국가에서 제품을 생산하는 것이 유리하다. 그러나 장기적인 환율전망이 어렵기 때문에 글로벌기업은 생산과 판매를 여러 나라에 분산시키면 환율변동의 영향을 최소화할 수 있게 된다. 또한 구매력평가설이 성립할 경우에 환율선망을 글로벌전략의 수립에 적극적으로 반영하지 않을 것이다.

10 **사업성을 평가할 경우 자기자본사용에 따른 기회비용을 반영하기 위해 일정기간의 세후영업이익에서 기업의 총자본비용액을 차감한 값은?**

① 자기자본이익률(Return on Equity)

② 이자보상비율(Interest Coverage Ratio)

③ 부채-자기자본비율(Debt-Equity Ratio)

④ 경제적 부가가치(Economic Value Added)

| 해설 | 자기자본이익률은 당기순이익을 자기자본으로 나눈 값으로 주주의 입장에서 수익성을 측정하는 지표에 해당한다. 이자보상비율은 영업이익을 이자비용으로 나눈 값으로 이 비율이 높을수록 이자지급능력이 양호하다는 것을 의미한다. 부채-자기자본비율은 자기자본의 형태로 조달한 자본에 비해 채권자들이 제공한 자금이 얼마나 되는가를 측정하는 지표로서 이 비율이 높을수록 기업의 재무위험이 커지게 된다.

정답 1. ① 2. ⑤ 3. ② 4. ⑤ 5. ① 6. ④ 7. ② 8. ① 9. ② 10. ④

Chapter 12

해외인수합병

이미 성숙단계에 도달한 많은 기업들은 지속적인 성장을 위해 외부기업과의 M&A를 통한 결합전략을 적극적으로 이용하며 기업활동의 국제화에 따라 M&A의 범위도 범세계적으로 확대되고 있다. 또한 각국의 보호주의 장벽이 높아지면서 기업들의 해외진출이 급증하고 현지기업의 매수사례도 증가하는 추세에 있다.

제1절 해외인수합병의 개요

1. 해외인수합병의 정의

기업은 경영활동을 수행하면서 질적 또는 양적으로 성장해야 하는데, 그렇지 않으면 자본주의 시장경제에서 도태될 수 있기 때문이다. 기업의 성장형태는 기업내부의 투자활동에 따른 생산과 판매의 증대를 통해 성장하는 내적 성장과 다른 기업과 인위적인 결합을 통해 성장하는 외적 성장으로 구분할 수 있다.

기업합병과 매수(M&A)는 특정 기업이 다른 기업을 합병(merge) 또는 취득하는 것을 말하며 외적 성장의 중요한 수단으로 이용된다. 합병은 당사기업의 협상과 법률적 절차를 거쳐 우호적으로 이루어진다는 점에서 매수 또는 취득(acquisition)과 차이가 있으나 합병과 취득을 모두 포함하는 개념으로 사용되고 있다.

2. 해외인수합병의 유형

오늘날 다른 기업의 지배권을 획득하는 과정은 다양한 형태로 이루어지고 있다. 일반적으로 기업인수(takeover)의 형태는 다음과 같이 3가지 유형으로 분류할 수 있다. 기업합병과 매수(M&A)는 협의의 개념으로는 기업합병까지 포함하는 기업매수로 볼 수 있으나 광의의 개념으로는 기업인수로 볼 수 있다.

(1) 기업합병

합병(merger)은 둘 이상의 기업이 청산절차를 거치지 않고 합병당사기업의 일부 또는 전부가 소멸함과 동시에 소멸기업의 권리와 의무가 존속기업에 포괄적으로 이전되는 기업간의 계약을 말한다. 합병이 이루어지려면 주주총회의 특별결의가 필요하며 법률적 측면과 경제적 측면에 따라 다음과 같이 구분된다.

1) 법률적 측면

① 흡수합병

흡수합병(merge)은 합병당사기업의 하나가 존속하고 다른 기업은 소멸하여 존속기업에 흡수되는 형태의 합병을 말한다. 이때 존속하는 기업을 합병기업, 해산하는 기업을 피합병기업이라고 한다. 흡수합병은 비교적 경쟁이 심한 대기업과 중소기업간에 많이 발생하며 적자기업을 우량기업이 흡수하는 경우가 많다.

② 신설합병

신설합병(consolidation)은 합병당사자인 기업의 전부가 해산하고 동시에 새로운 기업을 설립하여 그 권리와 의무를 새로운 기업에 양도하는 형태의 합병을 말한다. 신설합병은 영업에 관해 인허가가 필요하면 새로이 인허가를 받아야 하고 합병당사기업의 주주들에게 신주권을 발행하기 위해 많은 비용이 소요된다.

2) 경제적 측면

① 수직적 합병

수직적 합병(vertical merge)은 원자재 또는 제품의 생산과 판매의 전후, 즉 전방산업과 후방산업간에 이루어지는 합병을 말한다. 수직적 합병은 원자재 수급불균형의 해소, 생산의 효율화, 유통경로의 단축 등을 목적으로 합병한다.

예 자동차제조회사가 자동차부품회사나 자동차판매회사와 합병, 금강과 고려화학

② 수평적 합병

수평적 합병(horizontal merge)은 서로 경쟁관계에 있는 동일한 기업간에 이루어지며 시너지효과를 추구한다. 수평적 합병은 시장의 독점적 지배, 규모의 경제에 따른 생산비용 감소, 중복투자 배제, 경쟁회피 등을 목적으로 합병한다.

예 LG전자와 미국 제니스, 동원산업과 미국 스타키스트, 중국 레노보와 미국 IBM

③ 다각적 합병

다각적 합병(conglomerate merge)은 생산과 판매의 측면에서 상호관련성이 전혀 없거나 업종이 다른 이종기업간의 합병을 말한다. 자본관계에 의한 경우가 많고 위험분산, 기업의 지배력 강화, 다각화 이익의 추구를 목적으로 합병한다.

예 대한전선과 쌍방울, 금호아시아나와 대우건설, 현대산업개발과 영창악기

(2) 기업매수

매수(acquisition) 또는 취득은 특정 기업이 다른 기업의 경영지배권(control)을 획득하기 위해 매수대상기업의 주식이나 자산을 취득하는 행위를 말한다. 따라서 매수는 주식이나 자산을 매수한 후에도 매수대상기업이 개별기업으로 존속한다는 점에서 합병과 차이가 있으며 주식매수와 자산매수로 구분된다.

① 주식매수

주식매수(stock acquisition)는 매수기업이 현금이나 자사의 주식을 지급하고 피매수기업이 발행한 주식의 일부나 전부를 취득하는 것을 말한다. 주식을 취득하는 방법은 아주 다양하지만 일반적으로 피매수기업의 소액주주로부터 주식을 직접 매입하는 공개매수제의(TOB : tender offer)의 방법이 주로 이용된다.

② 자산매수

자산매수(asset acquisition)는 두 기업간에 체결된 계약에 따라 매수기업이 피매수기업 자산의 일부 또는 사업부문의 전부를 취득하는 것을 말한다. 자산취득은 경영진과의 합의를 통해서 이루어지고 자산의 법적 소유권이 매수한 기업으로 이전되므로 매수대상기업의 경영지배권을 흡수하는 효과를 가져온다.

(3) 기업인수

기업인수(takeover)는 특정 기업의 지배권이 다른 기업으로 이전되는 현상을 말한다. 기업인수는 기업합병과 매수는 물론 백지위임장 투쟁(proxy contest)을 통한 지배권의 획득, 공개된 기업의 주식을 소수주주가 대부분 매입하여 사유화하는 사기업화(going private)까지 포함하는 광범위한 개념으로 사용된다.

3. 해외인수합병의 방법

(1) 직접협상

직접협상은 합병당사기업의 경영자나 대주주가 직접 협상하고 협상결과에 대해 주주총회의 특별결의에 의한 승인을 받아 합병매수하는 방법으로 공개매수와 함께 널리 이용된다. 협상에 의한 방법은 합병당사기업 쌍방이 그 필요성에 대해 의견을 같이 하는 경우에 가능하기 때문에 대부분 우호적 인수에 속한다.

(2) 공개매수

공개매수(TOB : tender offer)제의는 인수대상기업 이사회의 승인에 관계없이 인수대상기업의 주주를 대상으로 특정가격에 주식을 매입하겠다는 것을 공개적으로 제안하고 직접주식을 매입하여 지배권을 확보하는 방법을 말한다. 공개매수는 직접협상이 잘 이루어지지 않을 때 이용하므로 대부분 적대적 인수가 많다.

인수대상기업의 경영자는 공개매수제의의 공격을 방어하기 위해 정관수정, 주주에게 시가보다 싼 값에 주식을 살 권리를 부여하는 독약제공, 인수대상기업의 경영자에게 우호적인 제3의 인수자로 적대세력의 공격을 차단하는 백기사, 왕관의 보석, 불가침협정, 황금낙하산과 같은 여러 가지의 수단을 사용하게 된다.

(3) 차입매수

차입매수(LBO : leveraged buyout)는 인수기업이 인수대상기업의 자산이나 미래수익력을 담보로 기업인수에 소요되는 자금을 여러 원천으로부터 차입하여 조달하고 차후에 인수대상기업에서 발생하는 현금흐름, 자산의 처분, 매각대금 등을 통해 채무를 상환해 나가는 방식을 말한다.

차입매수는 금융기관에서 인수자금을 차입하므로 비교적 적은 자본으로 기업을 인수할 수 있고 부채이용에 따른 레버리지효과를 얻을 수 있다 그러나 인수 후의 기업가치가 매수가격보다 낮게 평가될 위험이 있으며 부채비율의 급격한 증가로 채무불이행위험이 크게 증가할 수 있다는 단점이 존재한다.

차입매수는 다른 기업에 의해 시도될 수 있고, 경영진에 의해 시도될 수도 있다. 경영자매수(MBO : management buyout)는 정보불균형이 존재하고 주식가격이 저평가되어 경영자가 분산소유되어 있는 주식을 인수하여 사기업화(going private)하기 위한 방법으로 차입매수를 시도하는 경우를 말한다.

(4) 지주회사

지주회사(holding company)는 다른 기업을 지배할 목적으로 지배에 필요한 비율만큼

지배대상기업의 주식을 소유하는 회사를 말하며 모회사라고도 한다. 이때 지배회사의 대상이 되는 자회사는 법률적으로 독립성은 유지하지만 실질적으로 지주회사의 지배를 받게 된다.

지주회사는 순수지주회사와 사업지주회사의 두 가지 유형이 있다. 순수지주회사는 다른 회사의 주식을 보유하고 지배할 뿐 경영활동은 전혀 하지 않는 지주회사를 말하고, 사업지주회사는 다른 회사를 지배하는 동시에 자신도 직접 경영활동을 수행하는 지주회사를 말한다.

(5) 합작투자

합작투자(joint venture)는 두 개 이상의 기업들이 특별한 사업을 추진하기 위해 자본을 출자하여 제3의 기업을 인수하거나 설립하는 것을 말하며 주로 외국기업과 합작형태로 이루어진다. 합작투자는 기술이전을 용이하게 하고 외국의 값싼 노동력을 이용할 수 있으며 국제분산투자의 필요성이 있을 경우에 효과적이다.

4. 해외인수합병의 동기

M&A가 경제주체의 합리적인 의사결정의 결과라면, M&A가 일어나는 동기는 M&A로 기업가치가 증대된다고 믿기 때문이다. M&A의 동기는 M&A로 자원활용의 효율성이 증가한다는 배분효율성 이론, 대리인 비용의 감소로 가치가 창출된다는 대리인 이론, 자본시장의 비효율을 이용한 가치창출가설로 분류한다.

(1) 시너지효과가설

시너지효과가설(synergy effect hypothesis)는 합병당사기업간에 결합을 하게 되면 합병 후의 기업가치가 합병 전의 개별기업의 가치를 합한 것보다 커지는 시너지효과(synergy effect)를 얻기 위해 합병이 이루어진다는 가설을 말한다. 시너지는 다음과 같은 두 가지 측면에서 그 원인을 찾아볼 수 있다.

기업가치는 기업이 벌어들일 영업현금흐름을 현금흐름에 적절한 자본비용으로 할인하여 구하는데, 영업시너지(operating synergy)는 영업현금흐름의 증가를 통해 기업가치를 증가시키는 효과를 말한다. 반면에 재무시너지(financial synergy)는 자본비용의 감소를 통해 기업가치를 증가시키는 효과를 말한다.

① 영업시너지

영업시너지는 생산, 판매, 연구개발 등에서 발생하는 영업수익의 증가나 영업비용의 감소로 인한 기업가치의 증대효과를 말한다. 수평적 합병은 규모의 경제로 영업시너지가 발생하고, 수직적 합병은 범위의 경제로 영업시너지가 발생한다.

② 재무시너지

재무시너지는 합병을 하면 합병당사기업간의 현금흐름이 완전 정(+)의 상관관계를 갖지 않는 한 포트폴리오효과에 의해 파산위험을 줄이면서 부채차입능력이 증가하기 때문에 자본비용이 감소하여 기업가치가 증가하는 효과를 말한다.

(2) 저평가가설

저평가가설(undervaluation hypothesis)은 어떤 기업의 주식가치가 자산의 대체원가 또는 재취득원가보다 낮게 평가되어 있다면 이 기업이 보유중인 자산을 취득하고자 하는 기업은 그 자산을 구입하는 것보다 과소평가된 기업을 인수하는 것이 유리하기 때문에 합병이 이루어진다는 가설을 말한다.

과소평가된 기업을 탐색할 경우에 토빈의 Q 비율을 이용할 수 있다. 토빈의 Q 비율은 증권시장에서 평가된 기업의 시장가치를 자산의 대체원가로 나누어 산출한다. 어떤 기업의 Q 비율이 1보다 낮다면 그 기업의 시장가치는 과소평가되어 있다고 볼 수 있어 M&A의 표적이 될 가능성이 크다는 것을 나타낸다.

$$Q\text{비율} = \frac{\text{기업의 시장가치}}{\text{자산의 대체원가}} \tag{12.1}$$

(3) 효율성가설

효율성가설(efficiency hypothesis)은 합병당사기업간에 경영의 효율성이나 경영자의 능력에 차이가 존재할 경우에 경영효율성이 높은 기업이 경영효율성이 낮은 기업을 매수하여 경영하면 인수대상기업의 효율성을 개선함으로써 기업가치를 증대시킬 수 있기 때문에 합병이 이루어진다는 가설을 말한다.

(4) 정보신호가설

정보신호가설(signalling hypothesis)은 정보의 불균형하에서는 합병을 위한 협상과정, 주식공개매수, 합작투자 등의 기업에 대한 새로운 정보가 시장에 제공되므로 과소평가된 인수대상기업의 재평가를 통해서 합병대상기업의 가치를 증대시킬 수 있기 때문에 합병이 이루어진다는 가설을 말한다.

(5) 시장지배력가설

시장지배력가설(market power hypothesis)은 시장점유율의 증대나 독점적 이윤의 확보를 위해 합병을 한다는 가설을 말한다. 시너지효과가설이 합병을 통한 기업규모의 대형화로 비용절감효과에 초점을 맞추고, 시장지배력가설은 기업규모의 대형화로 시장에서 지배력을 증대시키는 것에 초점을 맞춘다.

(6) 세금효과가설

세금효과가설(tax effect hypothesis)은 배당소득과 자본이득간의 세율의 차이, 이월결손금의 상계인정여부 등에 따라 세금을 절약하는 수단으로 합병이 이루어진다는 가설을 말한다. 합병당사기업간에 이월결손금의 상계가 허용되면 수익성이 높은 기업이 이월결손금이 누적된 기업과 합병하면 법인세를 절감할 수 있다.

배당소득세율이 자본이득세율보다 높은 경우에 충분한 현금흐름이 있는 기업이 현금배당의 자금으로 성장기회가 높은 기업을 인수하면 현금배당 대신 주가상승에 의한 자본이득을 얻을 수 있다. 이때 배당소득세 대신에 상대적으로 세율이 낮은 자본이득세를 부담하므로 세금을 절약할 수 있다.

(7) 대리인가설

대리인가설(agency hypothesis)은 경영자가 그 기업의 주식을 소유하지 않거나 일부만을 소유하는 경우에 주주부를 극대화하기보다는 경영자 자신의 효용을 극대화시키는데 많은 관심을 갖게 되므로 주주는 경영자의 행동을 감시하는 방안으로 기업인수의 위협을 사용할 수 있다는 가설을 말한다.

대리인비용을 발생시키는 경영자의 비효율적 경영활동으로 기업가치가 하락하게 되면 공격적인 인수대상기업이 될 가능성이 증가하여 경영자의 지위를 위협하는 수단이 된다. 따라서 M&A의 존재로 경영자는 특권적 소비를 줄이고 효율적인 경영을 수행하고자 노력하여 대리인비용을 낮춘다는 것이다.

(8) 경영자주의가설

경영자주의가설(managerialism hypothesis)은 경영자들이 기업의 규모가 큰 경우에 경영자 자신의 위신이 향상되고 보수가 증가한다고 생각하기 때문에 주주의 부를 극대화하는 것이 아니더라도 다른 기업을 인수 또는 합병하여 기업규모를 증대시키기 위한 수단으로 합병을 이용한다는 가설을 말한다.

5. 해외인수합병의 목적

기업들이 해외기업을 인수합병하는 목적은 신속한 해외시장의 진입과 이를 통해 자신이 필요로 하는 경영자원을 취득하기 위함이다. 또한 성숙산업에서 인수합병은 해당산업에서 생산과잉을 초래하지 않고 시장에 진입할 수 있다는 점에서 선호되고 있다. 해외인수합병의 목적을 살펴보면 다음과 같다.

(1) 시장지배력 확대

한 산업에 소수의 기업만이 존재하고 있는 과점적인 시장구조에서 소수의 기업들은 합병을 통해 거대기업으로 새롭게 탄생함에 따라서 독점력을 행사할 수 있게 된다. 미국에서 20세기 초반에 수평적인 합병이 많이 일어난 이유는 한 산업에서 합병을 통해 시장지배력을 높이려는 의도에서 비롯되었다.

시장지배력을 확대하려는 합병이 사회에 많은 손실을 끼쳤기 때문에 미국의 법무성은 반트러스법(Antitrust Law)을 제정하여 산업의 독점력을 크게 증가시킬 수 있는 수평적인 합병을 금지하고 있다. 한국의 공정거래법도 시장지배적인 기업이 수평적인 합병을 통해 독점력을 얻는 경우를 규제하고 있다.

(2) 신속한 시장진입

다국적기업이 해외진출시 인수합병을 선호하는 이유는 신속한 시장진입이 가능하여 시간을 절약할 수 있기 때문이다. 기업이 신규시장에 들어가 신설투자의 형태로 외국시장에 진출할 경우에 공장부지를 확보하고 생산설비를 갖추며, 종업원들을 채용하여 훈련시키는 데에는 많은 시간과 노력이 요구된다.

신설투자는 기업이 필요로 한 종업원을 선택하고 원하는 규모의 공장을 설립할 수 있다는 장점이 있으나, 모든 것을 처음부터 스스로 해야 한다는 점에서 많은 시간과 노력이 필요하다. 반면에 인수합병은 피인수기업이 갖고 있는 공장설비, 부동산, 종업원, 브랜드, 유통망 등을 일순간에 획득할 수 있다.

신속한 시장진입이 경쟁우위의 창출에 중요한 요소라면 인수합병시 피인수기업에 지불하는 인수프리미엄은 충분히 그 가치가 있는 것이다. 예컨대 기존의 통신, 가전, 컴퓨터, 엔터테인먼트산업에 있는 기업들은 서로 다른 영역에 있는 기업들을 인수합병함으로써 신속하게 멀티미디어산업에 진입하고 있다.

(3) 경영자원의 획득

해외기업의 인수합병은 자신에게 부족한 경영자원의 획득과 신규사업의 진출을 목적으로 일어난다. 최근 일본과 한국에서 은행들이 합병을 통해 대형화를 시도하는 현상은 규모의 경제를 활용하려는 의도가 깔려 있다. 또한 상호보완적인 기업들의 인수합병은 범위의 경제를 실현할 수 있는 중요한 방법이다.

경영자원의 획득을 목적으로 한 인수합병에서 인수합병 이후의 통합절차가 그 성패를 결정한다. 왜냐하면 기술, 마케팅과 같은 경영자원은 피인수기업에서 일하는 직원들에게 체화되어 있는 경우가 많기 때문이다. 인수가 성사되었어도 무형의 경영자원을 가진 직원들이 이직하면 원래의 목표를 달성할 수 없다.

(4) 성숙산업의 진입

해외인수합병은 전반적으로 유휴시설이 많은 산업에서 선호되는 진입방법이다. 특히 생산시설이 포화상태에 있는 산업에 신규진출하려고 할 때 공장을 새로 건설하여 산업내에 과잉생산설비를 만들 필요는 없다. 성숙산업에는 신규진입자에게 높은 진입장벽이 존재하기 때문에 인수합병이 효과적일 수 있다.

예컨대 자본집약적이며 성숙화된 시장을 갖고 생명공학, 정보통신, 항공우주 등 첨단산업에 기초소재를 공급하는 중요한 석유화학산업에서는 기업들이 신규로 진입할 경우 새로운 공장의 신설보다는 기존기업을 인수함으로써 산업내 과잉생산시설을 방지하는 것이 훨씬 더 효과적인 진입방법이 될 수도 있다.

(5) 해외시장의 진출

기업인수합병은 해외시장을 개척하는 좋은 방법에 해당한다. 외국시장에 대해 완벽한 시장정보를 갖고 새로운 유통망을 확보하고 생산시설을 갖추기까지는 많은 시간과 자금이 소요된다. 따라서 해외시장을 개척할 경우 새로 공장을 짓는 것보다 기존기업을 인수하는 것이 훨씬 쉬운 방법이 되기도 한다.

한국기업의 인수합병은 1980년대 초부터 시작되어 계속 증가하고 있다. 2007년 두산인프라코어는 50억 달러를 지불하고 미국의 Bobcat을 인수하였고, 두산중공업 역시 2005년 AES, 2006년 Mitsui Bobcock을 인수하였다. 삼성전자도 자동차 전자부품사업에 진출하기 위해 2016년 Harman을 인수하였다.

6. 적대적 M & A의 방어수단

M & A는 합병당사기업간의 협상에 의해 M & A가 우호적으로 진행될 수 있고 어떤 경우에는 공개매수제의나 백지위임장투쟁과 같은 적대적 기업인수의 형태를 띤다. 적대적 인수시도에 대한 방어전략은 적대적 인수의 성공가능성을 감소시키는 예방적 방어전략과 적대적 인수의 시도가 있으면 적극적 방어전략으로 구분된다.

(1) 정관개정

인수대상기업은 적대적 매수자가 기업의 경영권을 탈취하는 것을 보다 어렵게 하는 조치들을 만들기 위해 기업의 정관을 개정할 수 있다. 정관개정은 상어퇴치제(shark repellent)라고도 하며, 황금낙하산, 특별다수의결조항, 시차이사회조항, 공정가격조항, 이중자본화 등 다양하다.

① 황금낙하산

황금낙하산(golden parachute)은 기업이 상위 경영진에게 특별한 보상을 제공하는 계약으로 기업의 지배권이 바뀌어 현재의 경영진이 퇴직할 경우에 비정상적으로 높은 퇴직금을 지급하도록 하는 고용계약을 체결하여 합병이 성사되더라도 피합병기업의 가치가 현저하게 떨어지도록 하는 조치를 말한다.

황금낙하산은 보통 주주총회의 승인없이 도입할 수 있고, 경영자로 하여금 합병에 동의하도록 유인하여 합병을 용이하게 하는 반면에 합병에 따른 매수기업의 부담을 증가시키는 효과가 있다. 따라서 황금낙하산은 방어전략이라기보다는 매수시 매수자의 매입비용을 다소 상승시키는 효과가 존재한다.

② 특별다수의결조항

특별다수의결조항(supermajority amendment)은 기업합병, 자산양도에 필요한 주주총회의 의결요건을 강화하는 조항으로 주주총회의 특별결의로 주주들의 2/3가 찬성하면 합병이 가능한데 주주총회에서 80% 이상의 찬성이 있을 경우에만 합병이 가능하도록 합병의 승인절차를 강화시키는 조치를 말한다.

③ 시차이사조항

시차이사조항(staggered terms of directors)은 기업의 정관을 개정하여 이사들의 임기만료시기를 서로 다른 시점으로 분산시켜 일시에 선출되는 이사의 수를 제한하는 조항을 두게 되면 인수자가 기업의 지배권을 획득하는데 상당한 시일이 소요되기 때문에 합병을 실현시키는데 어려움이 따른다.

④ 공정가격조항

공정가격조항(fair price provisions)은 기업의 정관을 개정하여 매수자가 공개매수에 응한 모든 주주들에게 최소한 공정시장가격 이상을 지불하도록 규정하는 것을 말한다. 공정가격은 특정한 가격을 명시하거나 기업 주가수익비율(PER)의 일정승수로 결정하도록 명시하는 형태가 일반적이다.

⑤ 이중자본화

이중자본화(dual capitalization)는 상이한 의결권을 갖는 두 부류의 주식으로 자기자본을 재구성하는 것을 말한다. 이중자본화는 적대적 인수 방어 이외의 여러 가지 이유로 실행되지만 매수방어전략의 입장에서는 대상기업의 경영자 측에게 우호적인 그룹에게 보다 많은 의결권을 부여하는 것이 목적이다.

(2) 독약처방

독약처방(poison pills)은 인수기업이 매수에 성공해도 손실을 보도록 독약이라는 특별한 권리를 기존의 주주들에게 부여하여 매수시도를 회피하는 방법을 말한다. 예컨대 기존의 주주들에게 M&A 후에 인수기업 주식의 상당량을 할인된 가격으로 매입할 수 있는 권리를 부여하여 외부인이 기업을 인수하면 손실을 입힌다.

(3) 백기사

백기사(white knight)는 기업이 원하지 않는 매수의 대상이 되었을 때 자사에게 우호적인 제3자에게 M&A를 제의할 수 있다. 이러한 우호적인 협상을 통해서 경영진은 적대적인 M&A 시도를 방어할 수 있고 자신들의 지위를 유지할 수 있다. 이때 인수대상기업의 경영진에게 우호적인 제3자를 백기사라고 한다.

(4) 왕관의 보석

왕관의 보석(crown jewel)은 기업을 인수하려고 시도하면 왕관의 보석에 해당하는 핵심적인 자산이나 사업부를 매각하여 회사를 빈껍데기로 만들어서 매수위험을 회피하는 방법을 말한다. 이때 인수대상기업은 제3의 회사를 설립하여 이 회사에 주요 재산을 매각하고 사용계약을 맺는 방법을 사용하기도 한다.

(5) 불가침협정

불가침협정(standstill agreement)은 매수자의 보유지분이 대상기업을 충분히 위협할 수 있다고 판단될 때 대상기업이 잠재적인 매수자와 일정기간 동안 보유지분을 증가시키지 않거나 일정비율 이상을 취득하지 않겠다는 계약을 체결하는 것을 말한다. 매수자는 그 대가로 금전적인 보상을 받는다.

그린메일(green mail)은 인수를 시도한 투자자로부터 프리미엄이 붙은 가격으로 주식을 재매입하는 것으로 재매입을 하지 않는 경우 인수를 시도한 투자자가 지분을 증가시키지 않는 대신에 일정한 경영참여를 인정하는 계약을 맺기도 한다. 불가침협정은 그린메일처럼 매수자는 금전적인 보상을 받는다.

제2절 합병의 경제성 평가

M&A도 인수기업의 입장에서 보면 기업의 투자결정에 해당하여 자본예산의 특수한 경우로 생각할 수 있다. M&A를 평가하는 경우에도 다른 투자분석과 마찬가지로 순현재가치법을 사용하는 것이 바람직하다. 따라서 합병대상기업의 인수가 0보다 큰 순현가(NPV)를 가져다 준다면 M&A의 시도가 일어난다.

1. 합병 후의 주당이익

(1) 합병기업의 주주

주식교부에 의한 합병시 합병 후 순이익은 합병당사기업의 순이익과 시너지효과를 가산한 값이며, 합병 후 발행주식수는 합병 전 발행주식수에 합병대가를 지불하기 위해 새로 발행한 주식수를 가산한 값이다.

합병기업 주주의 합병 후 주당이익은 합병 후 순이익을 합병 후 주식수로 나누어 다음과 같이 구할 수 있다.

$$EPS_{12}^{합병} = \frac{E_1 + E_2 + SE}{N_1 + N_w} = \frac{E_1 + E_2 + SE}{N_1 + N_2 \times ER} \qquad (12.2)$$

주식교환비율(ER : exchange ratio)은 피합병기업 주식 1주에 대해 합병대가로 교부하는 합병기업의 주식수를 말하며, 여기에 피합병기업의 합병 전 발행주식수를 곱하면 합병기업이 새로 발행해야 하는 주식수를 구할 수 있다.

(2) 피합병기업의 주주

피합병기업 주주들이 합병 전에 보유하고 있던 주식 1주에 상응하는 합병 후 주당이익은 합병기업 주주의 합병 후 주당이익에 주식교환비율을 곱하여 구할 수 있다.

$$EPS_{12}^{피합병} = EPS_{12}^{합병} \times ER \qquad (12.3)$$

주식교환비율을 0.5로 하여 합병할 때 합병기업 주주의 합병 후 주당이익이 1,000원이면 합병 후 주식 1주는 합병 전 피합병기업 주식 2주에 해당하여 피합병기업 주주의 합병 후 주당이익은 합병기업 주주의 주당이익에 0.5를 곱한 500원이다.

2. 주당이익의 성장률

주당이익을 합병여부의 판단기준으로 사용하면 합병시점 주당이익의 변화와 미래이익의 성장가능성도 고려해야 한다. 이는 합병시점에서 합병 후 주당이익이 합병 전보다 감소하는 희석효과가 있어 피합병기업의 성장률이 합병기업보다 크면 장기적으로 합병 후 주당이익이 합병 전 주당이익보다 커질 수 있기 때문이다.

┃그림 12-1┃ 성장률과 주당이익

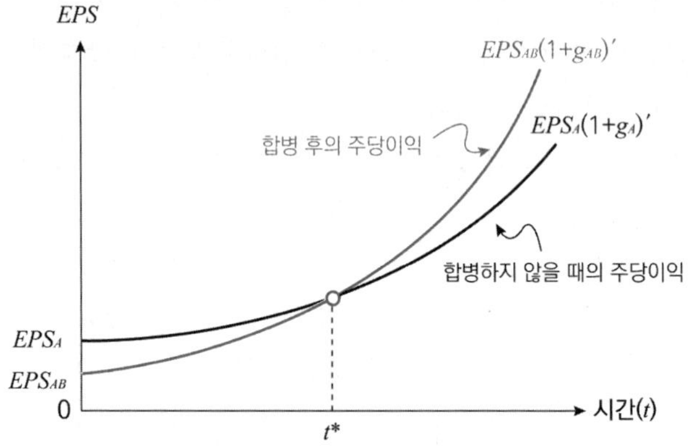

여기서 합병 후 기대되는 두 기업의 예상성장률(g_{12})은 단순히 합병기업의 성장률(g_1)과 피합병기업의 성장률(g_2)을 개별기업의 이익비중으로 가중평균하여 다음과 같이 구할 수 있다.

$$g_{12} = g_1 \times \frac{E_1}{E_1 + E_2} + g_2 \times \frac{E_2}{E_1 + E_2} \tag{12.4}$$

따라서 합병할 때의 주당이익인 $EPS_{12}(1+g_{12})^t$이 합병하지 않을 때의 주당이익인 $EPS_1(1+g_1)^t$과 같아지는데 걸리는 기간(t^*)이 합병기업에서 허용할 수 있는 최대기간보다 짧다면 합병은 타당성이 있다고 할 수 있다.

3. 시너지효과와 합병이득

(1) 시너지효과

시너지효과(synergy effect)는 합병 후 기업가치가 합병 전 개별기업의 가치의 합계보다 더 커지는 효과를 말한다. 예컨대 1기업이 2기업의 인수를 고려하고 있다. 합병 전 합병기업의 가치와 피합병기업의 가치를 V_1과 V_2, 합병 후의 기업가치를 V_{12}라고 하면 시너지효과(SE)는 다음과 같이 나타낼 수 있다.

$$SE = V_{12} - (V_1 + V_2) \tag{12.5}$$

식(12.5)에서 시너지효과는 합병으로 인한 기업가치의 순증가분을 의미한다. 따라서 시너지효과는 합병으로 인한 증분현금흐름(ΔCF_t)을 증분현금흐름의 성격을 고려한 위험조정할인율로 할인한 현가의 합과 동일하기 때문에 합병후의 자본비용(k_{12})으로 할인하여 구할 수도 있다.

$$SE = \sum_{t=1}^{n} \frac{\Delta CF_t}{(1+k_{12})^t} \tag{12.6}$$

식(12.6)에서 ΔCF_t는 자본예산에서의 증분현금흐름과 동일하다. 따라서 시너지효과는 분자의 현금흐름과 분모의 자본비용에서 모두 발생할 수 있다. 분자의 현금흐름에서 발생하는 시너지효과가 영업시너지이고, 분모의 자본비용에서 발생하는 시너지효과가 재무시너지에 해당한다.

(2) 합병이득의 분석

1) 현금지급의 경우

합병기업은 피합병기업에 합병의 대가를 지불해야 한다. 정보불균형하에서 합병은 피합병기업의 주가가 저평가되어 있다는 신호효과가 있어 인수가격은 합병 이전의 시장가치보다 높다. 합병프리미엄은 합병기업이 인수가격과 합병 전 피합병기업가치의 차액만큼 부담하는 초과비용으로 피합병기업의 합병이득이 된다.

$$합병프리미엄 = 인수가격 - V_2 \tag{12.7}$$

합병기업은 인수가격을 지불하고 합병 후 기업가치를 보유하므로 합병기업의 합병이득은 다음과 같이 구할 수 있다.

$$합병기업의\ 합병이득 = 시너지효과 - 합병프리미엄 \tag{12.8}$$

따라서 합병이득의 분석은 합병으로 인한 총이득(시너지효과)을 피합병기업의 합병이득과 합병기업의 합병이득으로 구분하여 합병의 성과를 분석하는 것이다.

2) 주식교부의 경우

주식교부에 의한 합병시 합병이득은 현금지급합병과 동일하게 분석할 수 있으며 인수가격을 추정해야 하는데, 인수가격은 합병 후 피합병기업 주주의 지분비율(α)에 합병 후 기업가치(V_{12})를 곱해서 다음과 같이 구할 수 있다.

$$인수가격 = \alpha \times V_{12} \tag{12.9}$$

예제 12-1 현금합병과 주식교환합병

기업가치가 400억원인 동강기업은 기업가치가 40억원인 서강기업과의 합병을 고려하고 있다. 합병 후에 존속하는 합병기업의 가치는 464억원으로 추정되고 있다.

1. 동강기업이 현금 50억원을 지급하고 서강기업을 흡수합병할 경우 동강기업의 합병으로 인한 이득인 합병의 순현가(NPV)는 얼마인가? 또한 서강기업의 합병이득인 M & A의 프리미엄은 얼마인가?

2. 동강기업과 서강기업의 합병 전의 재무자료가 다음과 같다. 동강기업이 주식 125,000주를 발행하여 서강기업을 흡수합병할 경우 동강기업의 합병으로 인한 이득인 합병의 순현가(NPV)는 얼마인가? 또한 서강기업의 합병이득인 M & A의 프리미엄은 얼마인가?

구 분	동강기업	서강기업
주식가격	4만원	2만원
발행주식수	100만주	20만주

풀이

1. 먼저 합병으로 인한 시너지효과를 구하면 다음과 같다.

   합병으로 인한 시너지효과 = 464 − (400 + 40) = 24억원

   한편 M & A프리미엄은 다음과 같이 구할 수 있다.

   M & A프리미엄 = 50 − 40 = 10억원

   따라서 합병의 NPV는 다음과 같이 구할 수 있다.

   합병의 NPV = 시너지효과 − M & A프리미엄 = 24 − 10 = 14억원

   즉 합병으로 인한 시너지효과 24억원은 합병기업의 합병이득인 합병의 NPV 14억원과 피합병기업의 합병이득인 M & A프리미엄 10억원으로 구분된다.

2. $\text{M \& A프리미엄} = 464\text{억원} \times \frac{125{,}000\text{주}}{1{,}000{,}000\text{주} + 125{,}000\text{주}} - 40\text{억원} = 11.56\text{억원}$

   ∴ 합병의 NPV = 시너지효과 − M & A프리미엄 = 24 − 11.56 = 12.44억원

제3절 해외인수합병의 조건

합병 후의 기업가치를 결정하기 위해서는 방대한 자료를 수집해야 하며 의사결정에 있어서 위험이 수반된다. 합병에서 가장 중요한 것은 인수가격과 합병조건의 결정이다. 합병조건은 인수대가를 어떤 방법으로 지불하느냐에 따라 현금으로 인수하는 경우와 주식발행을 통해 인수하는 경우로 구분된다.

1. 현금지급의 경우

합병기업이 인수가격으로 지불할 수 있는 최대금액은 합병기업의 합병이득이 0이 되는 가격으로 피합병기업의 가치에 시너지효과를 가산한 값이다. 합병 후의 시너지효과(synergy effect)는 합병으로 인한 증분현금흐름을 합병 후의 위험이 반영된 할인율로 할인한 현재가치를 말한다.

(1) 증분현금흐름의 추정

합병으로 인한 증분현금흐름(ΔCF_t)은 합병 후 현금흐름(CF_t^{12})에서 합병 전 당사기업의 현금흐름($CF_t^1 + CF_t^2$)을 차감한 값을 나타낸다.

$$\Delta CF_t = CF_t^{12} - (CF_t^1 + CF_t^2) \tag{12.10}$$

식(12.10)은 자본예산에서 증분현금흐름으로 생각할 수 있다. 그러나 합병으로 인해 추가운전자본(ΔWC_t)이나 고정자산에 대한 투자(ΔCI_t)가 필요한 경우에는 증분현금흐름은 이를 현금유출로 처리하여 다음과 같이 구할 수 있다.

$$\Delta CF_t = (\Delta S - \Delta O)(1 - t_c) + \Delta D \times t_c - (\Delta WC_t + \Delta CI_t) \tag{12.11}$$

(2) 합병 후 자본비용의 추정

합병의 경우 증분현금흐름에 적용할 적절한 할인율은 합병 후의 위험이 반영된 가중평균자본비용이며 다음의 순서에 따라서 산출한다.

① 합병 후 주식베타는 합병 전 합병당사기업의 주식베타를 자기자본가치 비중으로 가중평균하여 산출한다.

$$\beta_L^{12} = \frac{S_1}{S_1 + S_2}\beta_L^1 + \frac{S_2}{S_1 + S_2}\beta_L^2 \tag{12.12}$$

② 합병 후 자기자본비용은 주식베타를 증권시장선(SML)에 대입하여 구할 수 있다.

$$k_e^{12} = R_f + [E(R_m) - R_f]\beta_L^{12} \tag{12.13}$$

③ 합병 후 가중평균자본비용은 자기자본비용과 타인자본비용을 합병 후 자본구성비율로 가중평균하여 산출한다.

$$k_{12} = k_d(1-t_c)\frac{B}{S+B} + k_e\frac{S}{S+B} \tag{12.14}$$

(3) 시너지효과의 측정

합병 후 시너지효과는 추정한 증분현금흐름을 합병 후 가중평균자본비용으로 할인하여 다음과 같이 구할 수 있다.

$$SE = \sum_{t=1}^{n}\frac{\Delta CF_t}{(1+k_{12})^t} \tag{12.15}$$

(4) 최대인수가격의 산정

합병이 시작되면 인수기업이 인수대상기업에게 합병의 대가를 지불하는데, 이를 인수가격이라고 한다. 합병기업이 피합병기업에 지불가능한 최대인수가격은 피합병기업의 가치에 시너지효과를 가산한 값이다. 합병기업이 피합병기업의 부채를 승계한다면 여기에서 피합병기업의 부채가치를 차감한 값이 최대인수가격이다.

$$\text{최대인수가격} = V_2 + SE - B_2 \tag{12.16}$$

정보비대칭하에서 합병은 인수대상기업의 주가가 저평가되어 있다는 신호효과가 있어 인수가격은 합병 이전의 시장가치보다 높다. 따라서 실제로 지급하는 인수가격이 최대인수가격보다 작으면 합병은 타당성이 있는 것으로 판단하지만, 인수가격이 너무 낮으면 인수대상기업의 주주들이 공개매수에 응하지 않을 것이다.

2. 주식교부의 경우

합병기업이 신주를 발행하여 피합병기업을 인수하려고 하는 경우에 새로 발행되는 주식수는 주식교환비율을 어떤 기준으로 하느냐에 따라 달라진다. 따라서 주식교부를 통해 합병대가를 지불할 경우에 주식교환비율은 합병조건을 의미한다. 왜냐하면 주식교환비율이 높을수록 많은 대가를 지불해야 하기 때문이다.

(1) 주식교환비율의 범위

합병당사기업의 주주들은 합병 후 주가가 합병 전보다 높아야 합병에 찬성할 것이므로 합병기업이 양보할 수 있는 최대한의 주식교환비율과 피합병기업이 인정할 수 있는 최소한의 교환비율이 존재한다. 합병 후 주가수익비율(PER)을 예측할 수 있으면 합병으로 인한 주가변동을 파악하여 합병의 타당성을 평가할 수 있다.

┃표 12-1┃ 주식교환비율의 비교

비교 항목	주당이익 기준 (합병 후 PER를 알 수 없을 때)	주식가격 기준 (합병 후 PER를 알 수 있을 때)
결정 원리	합병 후 EPS가 합병 전 EPS보다 높아야 합병에 찬성	합병 후 주가가 합병 전 주가보다 높아야 합병에 찬성
상한	$P_{12}^{합병} = PER_{12} \times EPS_{12}^{합병}$ $= PER_{12} \times \frac{E_1 + E_2 + SE}{N_1 + N_2 \times ER} \geq P_1$	$EPS_{12}^{합병} = \frac{E_1 + E_2 + SE}{N_1 + N_2 \times ER} \geq EPS_1$
하한	$P_{12}^{피합병} = PER_{12} \times EPS_{12}^{피합병}$ $= PER_{12} \times \frac{E_1 + E_2 + SE}{N_1 + N_2 \times ER} \times ER \geq P_2$	$EPS_{12}^{피합병} = \frac{E_1 + E_2 + SE}{N_1 + N_2 \times ER} \times ER \geq EPS_2$

┃그림 12-2┃ 주가수익비율과 주식교환비율의 결정범위

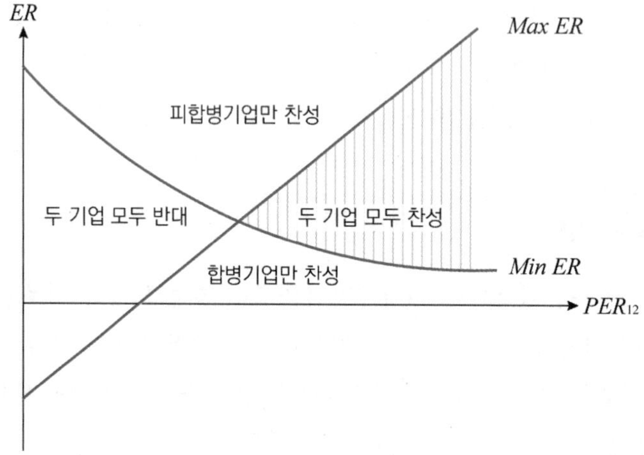

(2) 주식교환비율의 결정

주식교환비율(ER : stock exchange ratio)은 인수대상기업의 주식 1주에 대해 인수기업의 주식 몇 주를 교환하는가를 나타내는 비율을 말하며 일정한 범위 내에서 결정된다. 일반적으로 주식교환비율을 결정할 경우에 주당이익 또는 주식가격을 기준으로 평가하는 방법이 자주 이용되고 있다.

1) 주당이익기준

주당이익기준은 합병 전 합병기업의 주당이익(EPS_1)에 대한 피합병기업의 주당이익(EPS_2)의 비율을 주식교환비율로 하며 합병당사기업의 위험도와 기대성장률이 동일하고 시너지효과가 없을 경우에 이용할 수 있다. 주당이익을 기준으로 합병이 이루어지면 합병 전후의 주당이익에 아무런 변화가 없게 된다.

$$ER = \frac{EPS_2}{EPS_1} \tag{12.17}$$

주당이익을 기준으로 합병하면 합병 후 주당이익과 합병 전 주당이익이 일치하여 합병 전후의 주당이익에 아무런 변화가 없게 된다. 그리고 주당이익은 회계적 이익의 측정치로 합병의 경제적 성과를 나타내지 못하고 기업의 성장성과 위험도를 반영하지 못해서 합병의 장기적 영향을 분석하는데 부적절하다.

2) 기대주당이익

기대주당이익은 합병 전 합병기업의 기대주당이익에 대한 피합병기업의 기대주당이익의 비율을 주식교환비율로 하는 방법을 말하며, 합병당사기업들의 기대성장률이 다르거나 시너지효과가 존재할 경우에 사용할 수 있다.

$$ER = \frac{EPS_2(1+g_2)^t}{EPS_1(1+g_1)^t} \tag{12.18}$$

3) 주식가격기준

기업합병의 목적은 주가상승을 통해 기업가치극대화를 달성하는 것이므로 주가를 합병여부의 판단기준으로 사용해야 한다. 주가기준은 합병기업의 주식가격에 대한 피합병기업의 주식가격의 비율을 주식교환비율로 하는데 특정기업의 수익성, 성장성, 위험을 모두 반영하고 있어 이론적으로 가장 타당한 방법이다.

$$ER = \frac{P_2}{P_1} \tag{12.19}$$

따라서 합병여부의 판단기준으로 주식가격을 사용하면 합병 전 주가를 기준으로 주식교환비율을 결정해야 합병당사기업의 주주 모두 손해를 보지 않는다. 주식가격을 기준으로 주식교환비율을 결정할 때 시너지효과가 없는 경우에 합병 후 EPS의 변동은 합병당사기업의 PER에 따라서 다음과 같이 달라질 수 있다.

❙표 12-2❙ 합병 후 EPS의 변동

합병 전 PER의 관계	합병 후 EPS	
	합병기업	피합병기업
합병기업 PER > 피합병기업 PER	증가	감소
합병기업 PER = 피합병기업 PER	동일	동일
합병기업 PER < 피합병기업 PER	감소	증가

예제 12-2 주식교환비율의 결정기준

동부기업은 서부기업을 흡수합병하려고 하는데 두 기업에 관련된 자료는 다음과 같다고 가정하여 각 물음에 답하시오.

구 분	동부기업	서부기업
당기순이익	200,000원	50,000원
발행주식수	4,000주	2,000주
주 식 가 격	500원	300원

1. 합병 후에 두 기업의 주당순이익이 변하지 않는 주식교환비율을 결정하고, 주당순이익수준에 아무런 변화가 없음을 제시하시오.
2. 현재의 주식가격을 바탕으로 하여 주식교환비율을 결정하기로 합의했다면, 합병 후 주당순이익은 어떻게 변화하겠는가?
3. 주당순이익의 희석화현상이 발생했다면 그 이유는 무엇인가?
4. 주당순이익의 기준으로 합병의사결정의 효과를 분석하는 경우의 문제점을 설명하시오.

풀이

1. 합병 전 주당순이익을 기준으로 주식교환비율이 결정되면 합병 후 두 기업의 주당순이익에 아무런 변화가 없게 된다.

주식교환비율 = 합병 전 피합병기업의 EPS ÷ 합병 전 합병기업의 EPS
= (50,000원 ÷ 2,000주) ÷ (200,000원 ÷ 4,000주) = 0.5

요컨대 서부기업의 주식 1주에 대해 동부기업의 주식 0.5주를 교부한다. 따라서 합병 전후에 합병당사기업의 주당순이익을 살펴보면 다음과 같다.

합병 후 당기순이익 = 200,000 + 50,000 = 250,000원

합병 후 발행주식수 = 4,000주 + 2,000주 × 0.5 = 5,000주

	동부기업	서부기업
합병 후 EPS	50원	25원
합병 전 EPS	50원	25원

2. 현재의 주식가격을 기준으로 주식교환비율을 결정하면 다음과 같이 구할 수 있다.

주식교환비율 = 300원 ÷ 500원 = 0.6

요컨대 서부기업의 주식 1주에 대해 동부기업의 주식 0.6주를 교부한다. 따라서 합병 전후에 합병당사기업의 주당순이익을 살펴보면 다음과 같다.

합병 후 당기순이익 = 200,000 + 50,000 = 250,000원

합병 후 발행주식수 = 4,000주 + 2,000주 × 0.6 = 5,200주

	동부기업	서부기업
합병 후 EPS	48.08원	28.85원
합병 전 EPS	50원	25원

합병 후 동부기업의 주당순이익은 50원에서 48.08원으로 하락하고, 서부기업의 주당순이익은 25원에서 28.85원으로 상승한다.

3. 동부기업에 주당순이익의 희석화현상이 발생하는 이유는 저 PER기업(500원÷50 = 10)이 고 PER(300원÷25원 = 12)기업을 흡수합병했기 때문이다.

4. 주당순이익은 회계적 수치이므로 합병의 경제적 실상을 정확하게 반영하지 못한다. 또한 화폐의 시간가치, 성장성, 위험 등을 반영하지 못하기 때문에 합병의 장기적인 영향을 분석하는데 적절하지 못하다고 할 수 있다.

• 핵심요약 •

제1절 해외인수합병의 개념

1. 해외인수합병의 정의 : 특정 기업이 다른 기업을 합병(merge) 또는 취득하는 것

2. 해외인수합병의 유형

(1) 기업합병

① 법률적 측면 : 흡수합병, 신설합병

② 경제적 측면 : 수직적 합병, 수평적 합병, 다각적 합병

(2) 기업매수 : 경영권을 획득하기 위해 다른 기업의 주식이나 자산을 취득

(3) 기업인수 : 특정 기업의 지배권이 다른 기업으로 이전되는 현상

3. 해외인수합병의 방법 : 직접협상, 공개매수, 차입매수, 지주회사, 합작투자

4. 해외인수합병의 동기 : 시너지효과가설, 저평가가설, 효율성가설, 정보신호가설, 시장지배력가설, 세금효과가설, 대리인가설, 경영자주의가설

5. 해외인수합병의 목적 : 시장지배력 확대, 신속한 시장진입, 경영자원의 획득, 성숙산업의 진입, 해외시장의 진출

6. 적대적 M & A 방어수단 : 정관개정, 독약처방, 백기사, 왕관의 보석, 불가침협정

제2절 합병의 경제성 평가

1. 합병후의 주당이익

(1) 합병기업의 주주 : $EPS_{12}^{합병} = \dfrac{E_1 + E_2 + SE}{N_1 + N_w} = \dfrac{E_1 + E_2 + SE}{N_1 + N_2 \times ER}$

(2) 피합병기업 주주 : $EPS_{12}^{피합병} = EPS_{12}^{합병} \times ER$

2. 주당이익의 성장률 : $g_{12} = g_1 \times \dfrac{E_1}{E_1 + E_2} + g_2 \times \dfrac{E_2}{E_1 + E_2}$

3. 시너지효과와 합병이득

(1) 시너지효과 $= V_{12} - (V_1 + V_2)$

(2) 합병이득의 분석

① 현금지급의 경우

합병프리미엄 = 인수가격 $- V_2$ = 피합병기업의 합병이득

합병기업의 NPV = 시너지효과 − 합병프리미엄

② 주식교부의 경우

인수가격 $= \alpha \times V_{12}$

제3절 해외인수합병의 조건

1. 현금지급의 경우

(1) 증분현금흐름의 추정 : $\Delta CF_t = CF_t^{12} - (CF_t^1 + CF_t^2)$

(2) 합병 후 자본비용의 추정

① 합병 후 주식베타는 합병 전 합병당사기업의 주식베타를 자기자본가치 비중으로 가중평균하여 산출한다.

② 합병 후 자기자본비용은 주식베타를 증권시장선(SML)에 대입하여 구할 수 있다.

③ 합병 후 가중평균자본비용은 자기자본비용과 타인자본비용을 합병 후 자본구성 비율로 가중평균하여 산출한다.

2. 주식교부의 경우

(1) 주식교환비율의 범위

비교 항목	주당이익 기준 (합병 후 PER를 알 수 없을 때)	주식가격 기준 (합병 후 PER를 알 수 있을 때)
결정 원리	합병 후 EPS가 합병 전 EPS보다 높아야 합병에 찬성	합병 후 주가가 합병 전 주가보다 높아야 합병에 찬성
상한	$P_{12}^{합병} = PER_{12} \times EPS_{12}^{합병} = PER_{12} \times \dfrac{E_1 + E_2 + SE}{N_1 + N_2 \times ER} \geq P_1$	$EPS_{12}^{합병} = \dfrac{E_1 + E_2 + SE}{N_1 + N_2 \times ER} \geq EPS_1$
하한	$P_{12}^{피합병} = PER_{12} \times EPS_{12}^{피합병} = PER_{12} \times \dfrac{E_1 + E_2 + SE}{N_1 + N_2 \times ER} \times ER \geq P_2$	$EPS_{12}^{피합병} = \dfrac{E_1 + E_2 + SE}{N_1 + N_2 \times ER} \times ER \geq EPS_2$

(2) 주식교환비율의 결정

① 주당이익기준 : $ER = EPS_2 / EPS_1$

② 기대주당이익 : $ER = EPS_2(1+g_2)^t / EPS_1(1+g_1)^t$

③ 주식가격기준 : $ER = P_2 / P_1$

연·습·문·제

1 **다음 중 기업합병 및 매수(M & A)에 관한 서술 중 가장 옳지 않은 것은?**

① 적대적 M & A의 경우 피인수기업의 주주는 손실을 본다.
② 보유지분이 불충분하더라도 백지위임장투쟁(proxy fight)을 통해 경영권을 획득할 수 있다.
③ 공개매수제의(tender offer)시 피인수기업 주주들의 무임승차현상(free riding)은 기업매수를 어렵게 한다.
④ M & A 시장의 활성화는 주주와 경영자간 대리문제를 완화시키는 역할을 한다.
⑤ 우리사주조합의 지분율을 높이는 것은 M & A를 방어하는 수단이 된다.

| 해설 | ① 적대적 M & A의 경우 지분확보의 경쟁과정에서 피인수기업의 주가가 상승할 수 있으므로 피인수기업의 주주들도 이익을 볼 수 있다.
② 백지위임장투쟁은 다른 주주의 의결권을 위임받아 대리행사하는 것을 말한다.
③ 일반적으로 합병 후 기업가치(주가)는 공개매수가격보다 높을 것으로 기대된다. 따라서 자신은 공개매수에 응하지 않고 다른 주주는 공개매수에 응하여 합병은 성사되지만 자신은 주주의 지위를 계속해서 유지하기를 바라는 무임승차를 한다면 M & A는 성사되기 어렵다.
④ 경영자의 특권적 소비나 비금전적 효익으로 자기자본의 대리인비용이 발생하면 기업가치가 하락하여 M & A의 표적이 되어 M & A가 성사되면 경영진은 퇴출될 것이므로 M & A 시장이 활성화되면 경영자는 자기자본의 대리인비용이 발생하지 않도록 경영활동에 전념할 것이다.
⑤ 적대적 M & A의 경우 우리사주조합이 보유한 지분도 인수대상기업에 우호적인 지분으로 이용될 수 있다.

2 **다음 중 기업합병 및 매수(M & A)에 관한 설명으로 가장 타당하지 않은 것은?**

① 적대적 M & A의 경우 인수대상기업의 경영진에게 우호적인 제3자를 백기사라고 한다.
② 특정 사업부문의 일부를 매각하거나 독립적인 기업을 설립하는 것을 분리설립(spin-off)이라고 한다.
③ 기업을 빈 껍데기로 만들어 적대적 M & A에 대응하는 전략을 왕관의 보석이라고 한다.
④ 정관의 수정방법으로 황금낙하산, 초다수결조항, 새벽의 기습 등이 있다.
⑤ 적대적 M & A는 주로 공개매수제의나 백지위임장 투쟁 등을 통해 시도된다.

| 해설 | 새벽의 기습은 합병전략이며, 나머지는 합병에 대한 방어전략에 해당한다.

3 **다음 중 합병의 동기와 관련된 내용 중 주주부의 극대화와 상충될 수 있는 것은?**

① 합병에 따른 현금흐름의 증대로 기업가치의 증가를 기대하고 합병한다.

② 합병에 따른 위험감소와 자본비용의 감소로 기업가치의 증가를 기대하고 합병한다.

③ 기업규모를 증대시키기 위해 합병한다.

④ 특정 자산을 취득하고자 하는 기업이 그 자산을 보유하고 있는 기업 중에서 자산의 대체원가에 비해 시장가치가 낮게 평가되어 있는 기업을 합병한다.

⑤ 비효율적으로 운영되는 회사를 인수한 다음 효율성을 개선하여 이득을 얻을 목적으로 합병한다.

| **해설** | 경영자주의가설에 따라 기업규모를 증대시킬 목적으로 합병하면 주주의 부가 감소할 수도 있다.

4 **다음 중 외국기업에 의한 한국기업 인수합병의 증가를 가져오는 요인이라고 할 수 없는 것은?**

① 원화가치의 급락 ② 한국기업 저평가에 대한 인식

③ 한국경제에 대한 긍정적 전망 ④ 달러금리의 상승

| **해설** | 외국기업에 의한 한국기업 M & A 증가는 한국기업들이 내재가치에 비해 저평가되었다고 판단될 때 증가한다. 원화가치의 급락은 달러로 평가한 한국기업의 가격이 하락하므로 인수합병의 증가를 가져온다. 한국경제에 대한 긍정적 전망은 한국기업의 가치를 높게 평가하므로 인수합병의 증가를 가져온다. 그러나 달러금리의 상승은 국내투자의 감소를 가져오므로 인수합병의 감소를 가져올 수 있다.

5 **다음 중 적대적 M & A에 대응하기 위해 기존의 보통주 1주에 저렴한 가격으로 한 개 또는 다수의 신주를 매입하거나 전환할 수 있는 권리를 부여하는 방어적 수단은?**

① 독약조항(posion pill) ② 역매수전략

③ 황금주 ④ 그린메일(green mail)

⑤ 백지주 옵션

| **해설** | ② 역매수전략은 적대적 인수기업이 공개매수를 하는 경우 이에 맞서 인수대상기업이 적대적 인수기업의 주식을 매수하여 정면대결을 하는 적대적 M & A 방어전략을 말한다.

③ 황금주는 보유한 주식 1주로도 합병 등 주요 안건에 대해 거부권을 행사할 수 있는 특별한 주식을 말한다.

④ 인수를 시도한 투자자로부터 프리미엄이 붙은 가격으로 주식을 재매입하는 것을 말하며, 재매입을 하지 않는 경우 인수를 시도한 투자자가 지분을 증가시키지 않는 대신에 일정한 경영참여를 인정하는 계약을 맺기도 한다.

⑤ 백지주는 신주의 제3자 배정을 통해 경영권에 관심이 없는 우호적인 안정주주에게 주식을 발행하는 것을 말한다.

6 **최근 해외투자펀드의 단기적 이익을 목적으로 국내기업에 대한 적대적 M & A가 증가하고 있다. 다음 중 적대적 M & A의 공격수단이 아닌 것은?**

① Golden Parachute
② LBO(Leveraged Buy Out)
③ Proxy Contest
④ TOB(Takeover Bid)

| 해설 | Golden Parachute(황금낙하산)은 정관에 기업매수로 최고경영진이 사임하는 경우 막대한 보상을 하도록 하여 기업매수 의지를 떨어뜨리는 적대적 M & A의 방어수단이다. LBO(Leveraged Buy Out)는 인수기업의 자산을 담보로 금융기관에서 인수자금을 차입하고 인수후 기업의 자산을 매각하여 인수자금을 상환하는 방법을 말한다. Proxy Contest(위임장 대결)은 주주들로부터 의결권을 위임받아 주주총회에서 표대결로 경영권을 획득하는 방법을 말한다. TOB(Takeover Bid)는 주식매수에 의한 기업인수의 방법을 말한다.

7 **다음 중 글로벌기업이 동종산업의 다른 글로벌기업을 인수하는 전략적 M & A의 동기로서 적절하지 않은 것은?**

① 규모의 경제효과
② 시장지배력 강화
③ 사업위험의 분산
④ 제품믹스의 보완

| 해설 | 동종산업의 기업이 결합하는 M & A의 동기는 이종산업의 기업이 결합하는 비관련다각화의 M & A와 구분된다. 동종산업이 결합하는 동기는 시장지배력 강화, 규모의 경제, 제품믹스의 보완을 통한 시너지효과를 추구하는데 있다. 비관련다각화에서는 사업위험의 분산이 M & A의 주된 동기이다.

8 **다음 중 기업합병 및 매수(M & A)에 관련된 설명으로 가장 옳지 않은 것은?**

① 시너지효과가 없는 상태에서 합병 전 주가의 비율을 주식교환비율로 하여 합병하는 경우 합병 전 PER가 낮은 기업이 PER가 높은 기업을 합병하면 합병 후 합병기업의 EPS가 합병 전 EPS보다 증가한다.
② 시너지효과가 없는 상태에서 합병 전 EPS비율을 주식교환비율로 하여 합병하면 합병 후 EPS가 합병 전 EPS와 동일하다.
③ 합병 후의 EPS가 희석되더라도 피합병기업의 이익성장률이 합병기업의 이익성장률보다 높을 경우에는 합병하는 것이 타당할 수 있다.
④ 미래현금흐름의 확률분포가 서로 다른 두 기업이 합병하면 위험분산효과로 기업의 위험이 감소하기 때문에 주주의 부가 채권자의 부로 이전될 수 있다.
⑤ 현금합병을 하는 경우 합병기업이 피합병기업의 주주에게 인수가격으로 지불할 수 있는 최대금액은 합병 전 피합병기업의 가치와 시너지효과를 가산한 값이다.

| 해설 | PER가 낮은 기업이 PER이 높은 기업을 합병하면 합병 후 합병기업의 EPS는 합병 전보다 감소하고 피합병기업의 EPS는 합병 전보다 증가한다.

9 **알파주식회사의 CFO가 기업가치를 극대화하기 위해 취한 다음의 행동 중 가장 적절하지 않은 것은?**

① 여유현금 9.5억원으로 만기 1년, 액면가액 10억원인 국가발행 무이표채를 구입하는 대신 연 금리 6%에 반기마다 이자를 지급하는 예금에 1년간 예치했다.

② 물품구입대금 9.5억원을 당장 지급하는 대신 향후 3년간 연간 6%의 이자를 지급하는 예금에 예치하고 1년 후부터 3년간 매년 3.5억원씩 지급하기로 했다.

③ 무상증자를 통해 주식거래의 유동성을 증가시켜 자본비용을 감소시켰다.

④ 인플레이션이 높아지는 상황에서 재고자산에 대한 회계방식을 선입선출법(FIFO)에서 후입선출법(LIFO)으로 변경했다.

⑤ 알파주식회사의 경영진과 경영권다툼을 하던 감마투자회사의 그린메일 제의를 받아 들여 감마투자회사가 보유하고 있는 주식을 시가보다 20% 높은 가격에 인수했다.

| 해설 | ① 할인채 수익률 $= \frac{10}{9.5} - 1 = 5.26\% <$ 예금의 수익률 $= (1 + \frac{0.06}{2})^2 - 1 = 6.09\%$

② $\frac{3.5}{(1.06)^1} + \frac{3.5}{(1.06)^2} + \frac{3.5}{(1.06)^3} = 9.36$억 < 9.5억

③ 무상증자로 주주의 유동성위험이 감소하여 주주의 요구수익률(자기자본비용)이 감소하면 기업가치는 증가한다.

④ 물가가 상승하는 인플레이션하에서 LIFO를 적용하면 현금흐름 자체에는 영향이 없으나 법인세 이연효과가 발생할 수 있다.

⑤ 적대적 M & A에서 그린메일에 응하여 주식을 시가보다 높게 매입하면 프리미엄만큼 기업가치는 감소한다.

10 **(주)온조와 (주)비류의 재무자료는 다음과 같다. 두 회사의 합병에 의한 시너지효과로 당기순이익이 10,000원 증가한다면 (주)온조가 (주)비류를 흡수합병하기 위해 (주)비류에게 제시할 수 있는 최대 주식교환비율은 근사치로 얼마인가? 합병 후 주가수익비율(PER)은 12가 될 것으로 예상된다.**

항목	(주)온조	(주)비류
주당순이익(EPS)	500원	300원
발행주식수	70주	50주
주가수익비율(PER)	14	10

① 0.314　② 0.510
③ 0.657　④ 0.755
⑤ 1.000

| 해설 | 주가기준 합병회사가 지급가능한 최대 주식교환비율(ER)

㉠ 합병 전 주가

$P_A = 500원 \times 14 = 7,000원,\ P_B = 300원 \times 10 = 3,000원$

㉡ 합병 후 주가

$$P_{AB} = \frac{(500원 \times 70주) + (300원 \times 50주) + 10,000원}{70주 + 50주 + ER} \times 12 \geq 7,000원 \rightarrow ER \leq 0.657$$

11 **(주)설악의 주식베타는 1.4, 주당순이익은 1,500원, 발행주식수는 100주, 주가수익비율(PER)은 12배이다. (주)태백의 주식베타는 1.2, 주당순이익은 1,000원, 발행주식수는 50주, 주가수익비율(PER)은 8배이다. 한편, (주)설악과 (주)태백이 합병한다면 시너지효과로 인하여 당기순이익이 40,000원 증가하고 합병 후 주가수익비율은 10이 될 것으로 예상된다. 이제 (주)설악의 주주들은 주가기준으로 주식교환비율을 계산하려고 한다. (주)설악이 (주)태백을 흡수합병하기 위해 (주)태백에게 제시할 수 있는 최대 주식교환비율과 가장 가까운 것은?**

① 0.222
② 0.337
③ 0.557
④ 0.622
⑤ 0.667

| 해설 | $$P_{AB} = \frac{(1,500원 \times 100주) + (1,000원 \times 50주) + 4100,000원}{100주 + 50 \times ER} \times 10 \geq 18,000원^{*} \rightarrow ER \leq 0.667$$

* P_A = 1,500원 × 12 = 18,000원

12 **인수기업의 가치는 800억원, 피인수기업의 가치는 100억원이다. 두 기업 모두 자기자본만을 사용하고 있다. 인수기업의 발행주식수는 100만주이고 피인수기업의 발행주식수는 10만주이다. 합병이 성사되면 합병기업의 가치가 1,200억원으로 추산된다. 만약 인수기업이 150억원의 현금으로 피인수기업을 인수하면 합병을 공시하는 시점에서 인수기업의 주가가 몇 퍼센트 상승할 것으로 예상되는가?**

① 25%
② 28%
③ 31%
④ 35%
⑤ 37%

| 해설 | ㉠ 합병의 시너지 = V_{AB} − (V_A + V_B) = 1,200억원−(800억원 + 100억원) = 300억원

㉡ 인수프리미엄 = 인수가격 − V_B = 150억원−100억원 = 50억원

㉢ 합병의 NPV = 합병시너지 − 인수프리미엄 = 300억원−50억원 = 250억원

㉣ 합병공시시점의 주가 = (800억원 + 250억원)/100만주 = 105,000원

㉤ 주가수익률 = (P_1 − P_0)/P_0 = (105,000원−80,000원)/80,000원 = 31.25%

13 **기업가치가 400억원인 강동기업은 기업가치가 40억원인 강서기업과의 현금합병을 고려하고 있다. 합병 후에 존속하는 기업의 가치는 464억원으로 추정되는 경우 다음 설명으로 옳지 않은 것은?**

① 피합병기업의 주주들이 인정할 수 있는 최소한의 인수가격은 40억원이다.

② 합병기업의 주주들이 양보할 수 있는 최대한의 인수가격은 62억원이다.

③ 인수가격으로 60억원을 지불한다면 두 기업의 주주들은 합병에 찬성할 것이다.

④ 인수가격으로 90억원을 지불한다면 합병기업의 NPV는 −26억원이 된다.

⑤ ③에서 M & A프리미엄은 20억원이 된다.

| 해설 | ① 피합병기업의 NPV = 인수가격 − 40≥0 → ∴ 인수가격≥40억원

② 합병기업의 NPV = 24 − (인수가격 − 40)≥0 → ∴ 인수가격≤64억원

③ 합병기업은 64억원까지 지불할 수 있고, 피합병기업은 40억원만 받더라도 합병에 찬성할 수 있다. 따라서 60억이면 두 기업의 NPV≥0이므로 합병에 찬성한다.

④ 합병기업의 NPV = 24 − (90 − 40) = −26억원

⑤ M & A프리미엄 = 60 − 40 = 20억원

14 **시가평가액이 500억원, 발행주식수가 100만주, 주당가격이 5만원인 갑회사가 인수 전 시가평가액이 100억원인 을회사를 150억원에 상당하는 신주를 발행·교부하여 흡수합병할 것을 검토하고 있다. 흡수합병 후 통합된 기업의 시가평가액은 630억원으로 예상된다. 이때 옳지 않은 것은?**

① 기업합병의 시너지효과(synergy effect)는 30억원으로 평가된다.

② 갑회사는 인수시 30만주를 발행·교부하여야 한다.

③ 갑회사가 을회사에 지불하게 되는 프리미엄은 50억원이다.

④ 갑회사가 평가하는 합병의 순현가는 −20억원이다.

⑤ 주주의 이익을 극대화하려면 갑회사는 을회사를 합병하지 않아야 한다.

| 해설 | ① 시너지효과 = 합병 후 기업가치−(합병기업가치 + 피합병기업가치)
= 630억원 − (500억원 + 100억원) = 30억원

② 합병 후 기업가치가 630억이므로 발행해야 할 주식수(n)는 다음과 같이 구할 수 있다.

$$\text{합병 후 주가} = \frac{\text{합병 후 기업가치}}{\text{합병 후 주식수}} = \frac{630\text{억원}}{100\text{만주} + \text{교부주식수}}$$

$$\text{인수대가} = \text{합병 후 주가} \times \text{교부주식수}(n)$$

$$150\text{억원} = \frac{630\text{억원}}{100\text{만주} + \text{교부주식수}} \times \text{교부주식수} \rightarrow n = 312,500\text{주}$$

③ 합병프리미엄 = 인수대가 − 피합병기업가치 = 150억−100억 = 50억원

④ 합병의 NPV = 시너지효과 − 합병프리미엄 = 30억원−50억원 = −20억원

⑤ 합병의 NPV < 0이므로 갑회사 주주의 이익을 극대화하려면 을회사와 합병해서는 안 된다.

15 시장가치가 27억원인 A기업은 시장가치가 8억원인 B기업을 인수하려고 한다. A기업의 현재 주가는 9,000원이며, B기업의 현재 주가는 4,000원이다. A기업이 추정하는 합병의 시너지효과는 5억원이며, 인수프리미엄은 2억원이다. A기업이 신주를 발행해서 B기업의 주식과 교환하는 방식으로 B기업을 인수하고자 할 경우 몇 주를 발행해야 하는가?

① 100,000주
② 200,000주
③ 300,000주
④ 400,000주
⑤ 500,000주

| 해설 | ㉠ 합병 후 기업가치 = 27억원 + 8억원 + 5억원 = 40억원
㉡ 합병 전 A기업의 발행주식수 = 27억원/9,000원 = 300,000주
㉢ 합병 후 발행주식수 = 300,00주 + 교부주식수
㉣ 합병 후 주가 = 합병 후 기업가치/합병 후 발행주식수 = 40억원/합병 후 발행주식수
㉤ 인수대가 = 합병 전 기업가치 + 인수프리미엄 = 8억원 + 2억원 = 10억원
= 합병 후 주가 × 교부주식수
∴ 교부주식수 = 100,000주

16 동부기업은 서부기업을 흡수합병하고자 한다. 두 기업은 모두 무부채기업으로 합병 전 재무자료가 다음과 같다. 합병 후에도 합병기업의 PER가 그대로 유지되며, 주가를 기준으로 평가된다면 서부기업의 주주들은 합병 후 EPS가 얼마 이상이어야 합병에 응하겠는가?

① 250원
② 480원
③ 615원
④ 800원
⑤ 950원

| 해설 | 서부기업의 주주들은 합병 후 주가가 합병 전 주가보다 커야 합병에 응할 것이다.

$P_{AB}^{서부} = PER_{AB} \times EPS_{AB}^{서부} = 10^{1)} \times 8{,}000원^{2)} = P_{서부} \rightarrow EPS_{AB}^{서부} \geq 800$

1) PER_{AB} = 동부기업의 합병 전 $PER = \dfrac{200{,}000/10}{20{,}000/10} = 10$

2) P_{AB} = 서부기업의 합병 전 주가 $= \dfrac{80{,}000}{10} = 8{,}000$원

17 기업 A의 재무담당자는 합병에 따른 시너지효과를 얻기 위해 기업 B를 인수하여 합병하려 한다. 부부채상태인 두 기업의 합병 전 재무자료는 다음과 같다. B기업의 현재 이익 및 배당성장률은 연 5%로 일정하다. 그러나 인수합병 후 새로운 경영체제에서 B기업의 이익 및 배당성장률은 추가적인 자본투자 없이 연 7%로 일정하게 증가할 것으로 예상된다. A기업의 가치는 인수합병 이전과 달라지지 않는다. 다음 내용 중 옳지 않은 것은? 단, 주가는 반올림해 원 단위까지 계산한다.

	기업 A	기업 B
주당순이익	450원	150원
주당배당금	250원	80원
발행주식수	10,000주	5,700주
주식가격	8,000원	2,000원

① 인수합병 이전에 B기업의 가치는 11,400,000원이다.

② 인수합병 이후에 합병기업의 가치는 102,800,000원으로 산출된다.

③ 인수합병 이후에 합병기업의 가치는 합병 이전에 개별 기업가치의 합계보다 10,778,770원만큼 증가한다.

④ B기업 주식을 1주당 2,500원에 현금인수하는 경우 인수프리미엄은 2,850,000원 이다.

⑤ A기업 주식 1주당 B기업 주식 3주의 비율로 주식교부를 통해 인수한 경우 인수 프리미엄은 4,030,100원이다.

| 해설 | ① V_B = 2,000원 × 5,700주 = 11,400,000원

② $P_B = \dfrac{d_1}{k_e - g} = \dfrac{80 \times 1.07}{0.092 - 0.07} = 3{,}891\text{원} \rightarrow V_B = 3{,}891\text{원} \times 5{,}700\text{주} = 22{,}178{,}700\text{원}$

$P_B = \dfrac{80 \times 1.05}{k_e - 0.05} = 2{,}000\text{원} \rightarrow k_e = 0.092$

∴ $V_{AB} = V_A + V_B$ = 8,000원 × 10,000주 + 22,178,700원 = 102,178,700원

③ ΔV = 102,781,700−(8,000원 × 10,000주 + 2,000원 × 5,700주) = 10,778,700원

④ 인수프리미엄 = 인수가격−V_B = 2,500원 × 5,700주 − 2,000원 × 5,700주 = 2,850,000원

⑤ 인수프리미엄 = 인수가격−V_B = 16,314,246* − 2,000원 × 5,700주 = 4,914,246원

$*\text{인수가격} = \dfrac{N_B \times ER}{N_A + N_B \times ER} \times V_{AB} = \dfrac{5{,}700 \times 1/3}{10{,}000 + 5{,}700 \times 1/3} \times 102{,}178{,}700 = 16{,}314{,}246\text{원}$

18 A사는 B사와의 인수합병을 추진 중이며, 두 회사의 현재 재무자료는 다음의 표와 같다. 피인수기업인 B사의 현재 이익성장률 및 배당성장률은 매년 5%로 일정하나 합병의 효과로 인해 추가적인 자본투자 없이 합병 후 배당성장률은 매년 7%로 높아질 것으로 기대된다. A사가 B사의 주식에 대해 주당 1,350원을 지급한다면 A사가 합병으로부터 얻을 수 있는 순재현가치(NPV)와 가장 가까운 것은?

	A사	B사
발행주식수	1,000주	650주
당기순이익	150,000원	58,500원
주당배당금	50,000원	29,250원
주식가격	1,500원	900원

① 85,475원
② 87,922원
③ 90,659원
④ 92,022원
⑤ 94,659원

| 해설 | 합병 전 자료를 이용하여 B사의 자기자본비용을 구하면 다음과 같다.

$$k_e = \frac{d_1}{P_0} + g = \frac{45^* \times 1.05}{900} + 0.05 = 10.25\%$$

* d_1 = 29,250원/650주 = 45원

따라서 합병의 효과가 반영된 B사의 주식 1주당 주식가치와 A사가 합병으로 얻을 수 있는 NPV는 다음과 같다.

$$P_0 = \frac{d_1}{k_e - g} = \frac{45 \times 1.07}{0.1025 - 0.07} = 1,481.5원$$

NPV = (1,481.5−1,350) × 650주 = 85,475원

19 동해기업이 남해기업을 흡수합병하려고 한다. 두 기업은 모두 100% 자기자본으로만 구성되어 있는 기업이며 합병 전 재무자료는 다음과 같다. 합병 후의 기업가치는 100억원으로 예상된다. 만약 동해기업이 남해기업 주주에게 45억원의 현금을 지불하고 합병한다면, 동해기업 입장에서 합병의 순현가(NPV)는 얼마인가?

	동해기업	남해기업
주식가격	10,000원	8,000원
발행주식수	50만주	35만주

① 5.0억원
② 7.0억원
③ 9.2억원
④ 12.1억원
⑤ 13.2억원

| 해설 | 동해기업을 A, 남해기업을 B,합병 후 기업을 AB라고 하면

㉠ 시너지효과 = V_{AB} −(V_A + V_B) = 100억원 − (50억원 + 28억원) = 22억원

㉡ V_A = 10,000원 × 50만주 = 50억원, V_B = 8,000원 × 35만주 = 28억원

㉢ NPV_B = 합병프리미엄 = 인수가격 − V_B = 45억원 − 28억원 = 17억원

㉣ NPV_A = 시너지효과 − NPV_B = 22억원 − 17억원 = 5억원

20 **무부채기업인 A기업과 B기업의 시장가치는 각각 2,000억원과 300억원이고, 주식베타는 각각 1.5와 1.1이다. 두 기업은 합병하며 시너지는 발생하지 않는다. 합병기업은 위험부채를 발행하고 자사주를 매입하여 부채비율(= 부채/자기자본)이 150%가 되도록 자본구조를 변경할 계획이다. 위험부채의 베타는 0.3, 무위험이자율은 5%, 시장포트폴리오의 기대수익률은 10%, 법인세율은 30%이다. 합병기업의 자기자본비용에 가장 가까운 것은? 단, CAPM 및 MM의 수정이론(1963)이 성립한다고 가정한다. 소수점 아래 넷째 자리에서 반올림하여 계산하시오.**

① 10.3% ② 12.5%
③ 14.2% ④ 16.3%
⑤ 18.4%

| 해설 | ㉠ 합병기업의 영업위험만 반영된 베타

$$\beta_U{}^{AB} = \beta_U{}^{A} \times \frac{V_A}{V_A + V_B} + \beta_U{}^{B} \times \frac{V_B}{V_A + V_B}$$

$$= 1.5 \times \frac{200억}{200억 + 300억} + 1.1 \times \frac{300억}{200억 + 300억} = 1.26$$

㉡ 합병기업의 영업위험만 반영된 자본비용

$\rho = R_f + [E(R_m) - R_f]\beta_U{}^{AB} = 0.05 + (0.1 - 0.05) \times 1.26 = 11.3\%$

㉢ 자본구조를 변경한 합병기업의 자기자본비용

$k_e = \rho + (\rho - k_d)(1 - t_c) = 11.3 + (11.3 - 6.5^{*})(1 - 0.3) \times 1.5 = 16.34\%$

* $k_d = R_f + [E(R_m) - R_f] \times \beta_B = 0.05 + (0.1 - 0.05) \times 0.3 = 6.5\%$

정답

1. ① 2. ④ 3. ③ 4. ④ 5. ① 6. ① 7. ③ 8. ① 9. ⑤ 10. ③
11. ⑤ 12. ③ 13. ② 14. ② 15. ① 16. ④ 17. ⑤ 18. ① 19. ① 20. ④

PART 4

외환파생상품

C·h·a·p·t·e·r 13

통화선물시장

현대기업의 경영활동은 특정 국가에만 한정되지 않고 세계 여러 나라를 대상으로 이루이지고 있다. 특정 외국통화를 기초자산으로 하는 통화선물은 계약시점에 외환을 보유하지 않고 거래대상통화의 환율변동 방향에 대해 베팅을 한다는 특징이 있으며 환율의 급격한 변동으로 인한 환위험을 관리하는데 유용한 수단이 된다.

제1절 선물거래의 개요

1. 선물거래의 정의

(1) 선물계약과 선물거래

선물계약(futures contract)은 거래당사자인 선물매도자와 선물매입자가 미래의 일정 시점에 선물거래의 대상이 되는 기초자산을 현재시점에서 약정한 선물가격으로 매입하거나 매도하기로 체결한 계약을 말한다. 따라서 선물거래는 이러한 선물계약을 현재시점에서 매입하거나 매도하는 거래를 말한다.

① 기초자산

기초자산(underlying asset)은 선물계약의 만기일에 매입하거나 매도할 선물거래의 대상이 되는 특정자산을 말한다. 선물거래는 농산물, 축산물, 귀금속, 에너지와 같은 실물상품을 기초자산으로 하는 상품선물과 주식, 주가지수, 금리, 통화와 같은 금융상품을 기초자산으로 하는 금융선물로 구분된다.

▌표 13-1▐ 한국거래소 상품안내

구 분	상장선물
주식상품	주식선물, 코스피 200선물, 코스닥 150선물, 배당지수선물
금리상품	3년 국채선물, 5년 국채선물, 10년 국채선물
통화상품	미국달러선물, 유로선물, 엔선물, 위안선물
일반상품	금선물, 돈육선물

② 최종거래일

최종거래일(maturity)은 기초자산을 매입하거나 매도하는 미래의 특정시점을 말하며 만기일 또는 인도일이라고도 한다. 선물거래는 기초자산뿐만 아니라 최종거래일이 표준화되어 있다. 예컨대 코스피 200선물, 코스닥 150선물, 배당지수선물의 최종거래일은 각 결제월의 두 번째 목요일로 지정되어 있다.

┃표 13-2┃ 선물거래의 최종거래일

구 분	최종거래일
주식상품	최종결제월의 두 번째 목요일
금리상품	최종결제월의 세 번째 화요일
통화상품	최종결제월의 세 번째 월요일
일반상품	최종결제월의 세 번째 수요일

③ 선물가격

선물가격(futures price)은 만기일에 기초자산을 매입하거나 매도할 때 적용되는 가격을 말한다. 선물가격은 만기일에 기초자산을 인수도할 때 그 대가로 지불하거나 수령하는 가격으로 선물계약 자체의 가치를 의미하는 것은 아니다. 따라서 선물가격은 옵션의 행사가격과 유사한 개념이라고 할 수 있다.

(2) 현물거래와 선물거래

① 현물거래 : 계약시점 = 결제시점

현물거래(spot transaction)는 현재시점에서 기초자산의 가격을 지불하고 기초자산을 인수하거나 기초자산의 가격을 수령하고 기초자산을 인도하는 거래를 말한다. 따라서 매매계약의 체결과 거래대금의 결제 및 기초자산의 인수도가 현재시점에서 이루어지는 주식거래와 채권거래는 현물거래에 해당한다.

② 선물거래 : 계약시점 ≠ 결제시점

선물거래(futures transaction)는 미래의 일정시점에 기초자산을 현재시점에 약정한 가격으로 결제하기로 거래당사자가 약정한 계약을 말한다. 따라서 선물거래는 현물거래와 달리 매매계약의 체결은 현재시점에서 이루어지고 거래대금의 결제와 기초자산의 인수도는 미래시점에 이루어지는 거래를 말한다.

┃그림 13-1┃ 현물거래와 선물거래

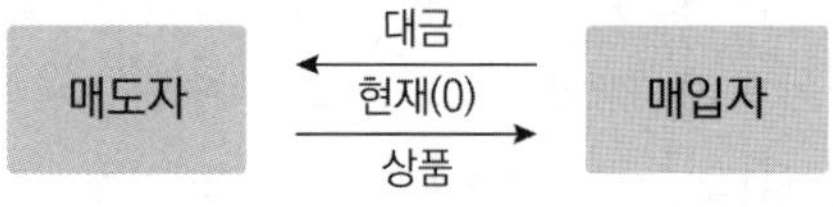

(a) 현물거래

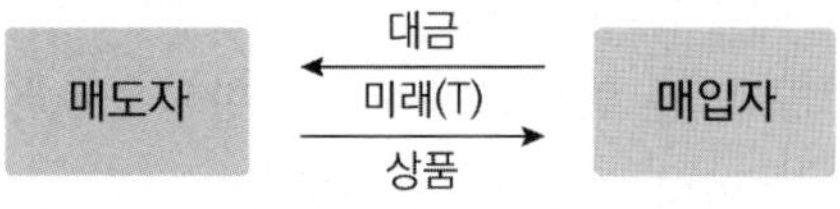

(b) 선물거래

┃표 13-3┃ 현물거래와 선물거래

구 분	계약시점	실물인도	대금결제
현물거래	현재	현재	현재
외상거래	현재	현재	미래
선물거래	현재	미래	미래

(3) 선도거래와 선물거래

선도거래(forward transaction)는 미래의 일정시점에 특정상품을 현재시점에서 약정한 가격으로 인수도하기로 거래당사자가 일대일로 체결한 계약을 말한다. 그러나 선도거래는 기초자산의 가격이 자신에게 불리하게 변동하면 거래당사자가 계약을 이행하지 않을 계약불이행위험이 존재한다.10)

선물거래는 미래의 일정시점에 특정상품을 현재시점에서 약정한 가격으로 인수 또는 인도하기로 계약한다는 점에서 선도거래와 본질적으로 동일하다. 그러나 선물거래의 조건은 표준화되어 있으며 선물거래소, 청산소, 증거금, 일일정산제도 등이 있다는 점에서 선도거래와 차이점이 있다.

┃그림 13-2┃ 선도거래와 계약불이행위험

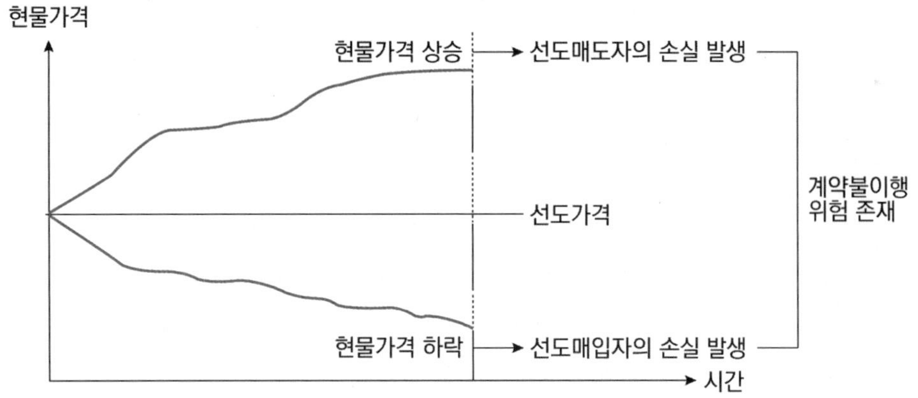

10) 농산물을 재배하는 농부가 수확기의 가격하락위험을 헤지하기 위해 중간상인과 매매계약을 체결하는 시점에서 약정한 가격으로 농산물을 판매하는 밭떼기나 입도선매가 선도거래의 예라고 할 수 있다.

첫째, 선물거래는 거래대상, 거래단위, 만기일 등의 거래조건이 표준화되어 있고 선물거래소라는 조직화된 공식적인 시장에서 이루어진다. 반면에 선도거래는 거래당사자의 필요에 따라 계약이 직접 체결되기 때문에 거래조건이 표준화되어 있지 않고 특정한 장소가 없이 장외시장에서 주로 딜러를 통해 이루어진다.

둘째, 선물거래는 거래당사자가 선물계약의 청산에 대해 책임을 지며 계약이행을 보증하는 청산소를 통해 일일정산되어 신용위험이 없으나 증거금을 청산소에 예치해야 한다. 반면에 선도거래는 신용위험을 거래당사자가 직접 부담해야 하고 만기일에만 결제가 이루어지므로 청산소에 증거금을 예치할 필요가 없다.

셋째, 선물거래는 대부분 만기일 이전에 반대매매를 통해 청산되고 청산소가 거래상대로서 계약이행을 보증하므로 거래상대방의 신용상태를 조사할 필요가 없다. 반면에 선도거래는 만기일에 실물인수도와 대금결제가 이루어지고 보증기관이 없어 딜러와 신용라인을 설정하여 상대방의 신용상태를 조사할 필요가 있다.

▌표 13-4▐ 선물거래와 선도거래의 비교

구 분	선물거래	선도거래
거래장소	선물거래소	장외시장
거래조건	표준화되어 있음	거래당사자간의 합의
거래방법	공재호가방식, 전산매매방식	거래당사자간의 계약
가격형성	거래일 매일 형성	계약시 1회 형성
시장성격	완전경쟁시장	불완전경쟁시장
거래참가	불특정 다수	한정된 실수요자
거래보증	청산소가 보증	상대방의 신용
증 거 금	증거금 예치 및 유지	딜러와 신용라인 설치
거래청산	대부분 만기전에 반대매매	대부분 만기일에 실물인수도
거래상대	거래소를 통한 간접거래	거래상대방과의 직접거래
거래시간	거래소 개장시간	제한이 없음
거래규제	공식적인 규제	자율적인 규제
가격제한	가격제한 있음	가격제한 없음

(4) 선물거래와 옵션거래

선물거래와 옵션거래는 미래의 일정시점에 대금수수와 특정상품을 인수도할 것을 계약하는 거래라는 측면에서 유사하지만 다음과 같은 차이점이 있다. 선물기레는 매입자와 매도자에게 권리와 의무가 동시에 주어진다. 그러나 옵션거래는 매입자와 매도자에게 권리와 의무가 분리되어 있다.

| 표 13-5 | 선물거래와 옵션거래의 비교

구 분	선물거래	옵션거래
권리와 의무	양자 모두 권리와 의무가 있음	매입자 : 권리, 매도자 : 의무
증거금 납부	양자 모두 납부함	매도자만 납부함
매 매 형 태	방향성 매매	방향성+변동성 매매
손 익 구 조	대칭적	비대칭
손익분기점	매매가격	행사가격±프리미엄
위험의 범위	손익에 한계가 없음	매입자는 손익을 한정

2. 선물거래의 종류

선물거래는 거래대상이 되는 기초자산의 종류에 따라 크게 상품선물(commodity futures)과 금융선물(financial futures)로 구분된다.

(1) 상품선물

상품선물은 선물거래의 대상이 되는 기초자산이 농산물, 축산물, 귀금속, 비철금속, 에너지 등의 실물상품을 말한다. 미국에서는 1848년 4월에 시카고상품거래소(CBOT)가 개설된 이후에 1865년 10월부터 밀, 귀리, 대두, 옥수수, 대두박 등을 대상으로 하는 농산물에 대한 선물거래가 거래되었다.

1877년에 런던금속거래소(LME)가 개설된 이후 은, 동, 납, 아연 등을 대상으로 하는 금속선물이 거래되었다. 상품선물은 1970년대 이전까지는 세계 선물거래의 주류를 이루었으나 1970년대 이후에 금융선물이 도입되어 금융선물의 비중은 계속해서 확대되면서 상품선물의 비중은 점차 축소되었다.

우리나라는 국내 최초의 농축산물 관련 상품선물로 돼지가격의 변동위험을 회피하기 위한 돈육선물이 2008년 7월 21일 상장되었다. 또한 금을 기초자산으로 금가격의 변동위험을 회피하기 위한 선물거래가 가능하도록 만든 상품으로 기존의 미니금선물이 2015년 11월 23일에 새롭게 상장되었다.

(2) 금융선물

금융선물은 선물거래의 대상이 되는 기초자산이 통화, 금리, 채권, 주식, 주가지수 등의 금융상품을 말한다. 시카고상업거래소(CME)의 부속거래소로 1972년 설립된 국제통화시장(IMM)에 의해 통화선물이 도입되었고, 1975년 이후에 금리선물이 도입되었으며, 1982년 이후에 주가지수선물이 도입되었다.

▌그림 13-3▌ 선물거래의 종류

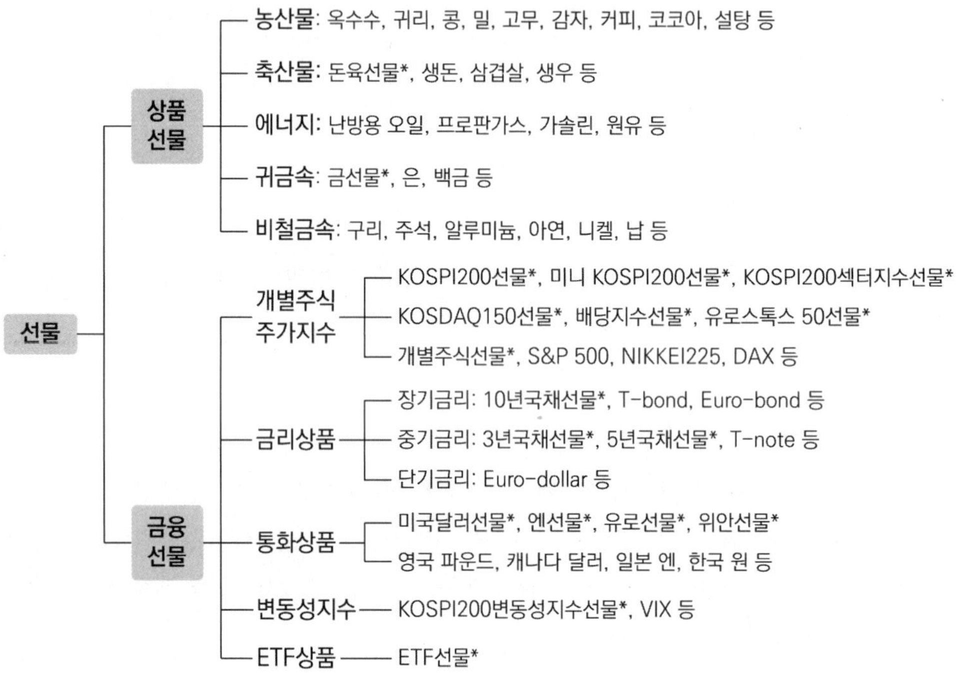

*한국거래소에 상장되어 있는 선물거래임

한국거래소는 1996년 5월 3일 KOSPI 200을 기초자산으로 하는 KOSPI 200선물, 2015년 11월 23일 KOSDAQ 150을 기초자산으로 하는 KOSDAQ 150선물을 상장하였다. 2014년 11월과 2015년 10월 KOSPI 200 섹터지수선물과 배당지수선물을 상장하였고, 2016년 6월 유로스톡스 50선물이 상장되었다.

그리고 2001년 4월에 개별주식을 기초자산으로 하는 개별주식선물과 개별주식옵션이 상장되었다. 또한 금리변동을 관리하기 위해 정부가 발행한 국고채를 기초자산으로 하는 3년 국채선물이 1999년 9월 29일, 5년 국채선물이 2003년 8월 22일 그리고 10년 국채선물이 2008년 2월 25일에 상장되었다.

통화선물은 수출입 및 국제자본거래로 수취 또는 지급하는 외국통화를 대상으로 하는 선물거래를 말한다. 환율변동위험을 관리하는 파생금융상품으로 미국달러선물이 1999년 4월 23일 국내 통화선물로서는 최초로 상장되었다. 2006년 5월26일 엔선물과 유로선물, 2015년 10월 5일 위안선물이 상장되었다.

3. 선물거래의 손익

(1) 선물거래의 구분

선물거래는 크게 선물매입(long position)과 선물매도(short position)로 구분된다. 선물매입은 최종거래일에 현재시점에서 약정한 선물가격으로 기초자산을 매입하기로 약정한 것을 말하고, 선물매도는 최종거래일에 현재시점에서 약정한 선물가격으로 기초자산을 매도하기로 약정한 것을 말한다.

① 선물매입(long position)

선물매입은 최종거래일에 선물가격을 지불하고 기초자산을 매입하기로 약속한 것으로 기초자산을 인수할 의무를 갖는다. 선물을 매입하여 보유하고 있으면 매입포지션을 취하고 있다고 하고, 만기일 이전에 동일한 조건의 선물을 매도하여(轉賣) 기초자산을 인수할 의무가 없어지면 매입포지션을 청산했다고 한다.

② 선물매도(short position)

선물매도는 최종거래일에 선물가격을 지불받고 기초자산을 매도하기로 약속한 것으로 기초자산을 인도할 의무를 갖는다. 선물을 매도하여 보유하고 있으면 매도포지션을 취하고 있다고 하고, 만기일 이전에 동일한 조건의 선물을 매입하여(還買) 기초자산을 인도할 의무가 없어지면 매도포지션을 청산했다고 한다.

❙그림 13-4❙ 선물거래의 손익

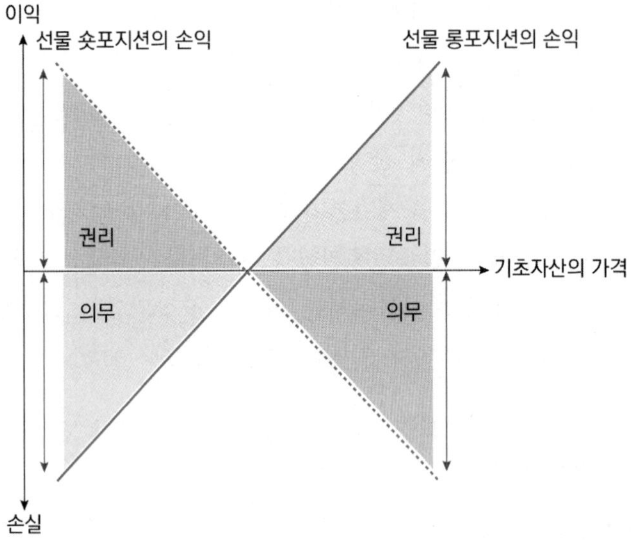

(2) 선물거래의 청산

선물거래의 청산은 현금결제와 실물결제가 있고 대부분 반대매매를 통해 포지션이 청산된다. 현금결제는 선물매입자(매도자)는 동일한 조건의 선물을 매도(매입)하여 선물가격의 차액만큼을 현금결제로 포지션을 청산하는 방식을 말하고, 실물결제는 최종거래일에 실물의 인수도로 포지션을 청산하는 방식을 말한다.

❙표 13-6❙ 선물거래의 결제방법

구 분	대상품목
현금결제	주식상품(주식선물, 코스피 200선물, 배당지수선물) 금리상품(3년 국채선물, 5년 국채선물, 10년 국채선물) 일반상품(금선물, 돈육선물)
실물결제	통화상품(미국달러선물, 유로선물, 엔선물, 위안선물)

(3) 선물거래의 손익

선물거래자는 최종거래일의 현물가격에 관계없이 선물가격으로 기초자산을 인수도 해야 하는 의무가 있다. 따라서 선물거래의 손익은 청산일의 현물가격(S_T)이 체결일의 선물가격($F_{0,T}$)보다 상승하느냐 아니면 하락하느냐에 따라 달라지며, 이익과 손실의 크기는 동일하기 때문에 선물거래의 손익은 항상 0이 된다.

❙그림 13-5❙ 선물거래의 손익

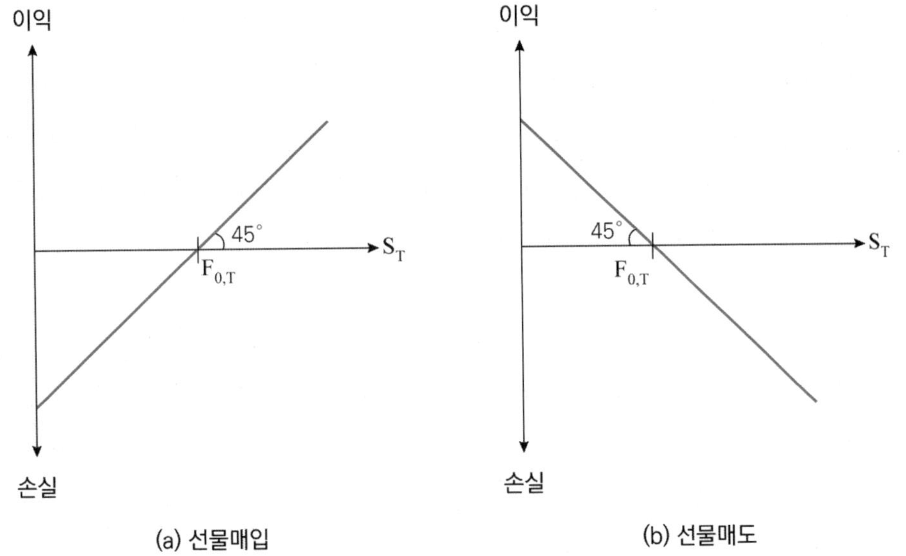

4. 선물거래의 목적

선물거래는 투자자들이 선물계약을 이용하는 목적에 따라서 헤지거래, 투기거래, 차익거래 그리고 스프레드거래로 구분된다. 여기서 헤지거래와 차익거래는 투자자들이 현물시장과 선물시장을 동시에 이용한다. 그러나 투기거래와 스프레드거래는 선물시장만을 이용한다는 점에서 차이가 있다.

(1) 헤지거래

헤지거래(hedging)는 현물시장에서 현재 기초자산을 보유하여 미래에 매도할 예정이거나 현재 기초자산을 공매하여 미래에 매입할 예정인 기초자산의 불확실한 가격변화에 대해 선물시장에서 현물시장과 반대되는 포지션을 취함으로써 기초자산의 가격변동위험을 회피하거나 축소시키기 위한 거래를 말한다.

현물시장		선물시장
매입포지션	현재 자산보유, 미래 자산매도 예정 → 자산가격 하락시 손실발생	매도포지션
매도포지션	현재 자산공매, 미래 자산매입 예정 → 자산가격 상승시 손실발생	매입포지션

헤지거래자가 선물시장에서 현물시장과 반대되는 포지션을 취하면 현물포지션의 손실(이익)은 선물포지션의 이익(손실)으로 상쇄되어 기초자산의 가격변동위험을 회피하거나 축소시킬 수 있다. 이와 같이 기초자산의 가격변동위험을 회피하기 위해 선물거래를 이용하는 투자자를 헤지거래자(hedger)라고 한다.

(2) 투기거래

투기거래(speculation)는 현물시장의 포지션에 관계없이 선물시장에서 특정상품에 대한 선물가격을 예측하고 이를 바탕으로 선물계약을 매입 또는 매도하여 시세변동에 따른 이익을 목적으로 하는 거래를 말한다. 따라서 가격상승이 예상되면 선물계약을 매입하고 가격하락이 예상되면 선물계약을 매도한다.

투기거래는 선물시장에서 가격변동위험을 감수하고 투기적인 이익을 도모하기 위해 실행하는 거래를 말한다. 그런데 선물거래는 현물거래에 비해서 손익이 확대되는 레버리지효과를 갖기 때문에 투기거래자의 예측이 정확하면 많은 이익을 얻을 수 있는 반면에 예측이 빗나가면 많은 손실을 보게 된다.

(3) 차익거래

모든 자산이 시장에서 균형가격에 거래되고 있는 시장균형상태에서는 일물일가의 법칙(law of one price)이 성립하여 차익거래가 발생하지 않는다. 그러나 특정 자산이 시장에서 균형가격과 다른 가격으로 거래되는 시장불균형상태에서는 일물일가의 법칙이 성립하지 않기 때문에 차익거래가 발생한다.

차익거래(arbitrage)는 동일한 상품이 현물시장과 선물시장에서 상이한 가격으로 거래될 때 과소평가된 시장에서는 매입하고 과대평가된 시장에서는 매도함으로써 추가적인 자금이나 위험부담 없이 이익(free lunch)을 얻는 거래를 말하며, 시장이 일시적인 불균형상태에 있을 경우에 발생한다.

차익거래의 과정에서 과소평가된 시장에서는 수요가 증가하여 가격이 상승하고, 과대평가된 시장에서는 공급이 증가하여 가격이 하락한다. 따라서 일물일가의 법칙이 성립할 때까지 차익거래가 지속되며 차익거래를 통해서 시장이 균형상태에 도달하게 되면 차익거래의 기회는 소멸하게 된다.

5. 선물거래의 기능

선물시장은 선물거래를 이용하여 기초자산의 가격변동위험을 회피할 수 있는 위험전가기능을 수행한다. 또한 미래의 현물가격에 대한 가격예시기능을 수행하고 한정된 자원의 효율적 배분을 가능하게 하며 투기거래자의 부동자금을 헤지거래자의 산업자금으로 자본형성기능을 촉진하여 경제활성화에 기여한다.

(1) 가격예시의 기능

선물시장에서 결정되는 선물가격은 선물시장에 참여한 수많은 거래자들의 해당 기초자산에 대한 수요와 공급 등 각종 정보를 바탕으로 결정되기 때문에 미래의 현물가격에 대한 예시기능을 수행한다. 따라서 만기가 서로 다른 선물가격들은 미래의 특정시점에서 형성될 기대현물가격을 예측하는 기능이 있다.

(2) 위험이전의 기능

헤지거래자는 기초자산의 가격변동위험을 투기거래자에게 이전할 수 있고, 투기거래자는 헤지거래자로부터 이전되는 가격변동위험을 부담하지만 투기적인 이익을 도모한다. 따라서 선물시장은 헤지거래자가 회피하는 위험이 투기거래자에게 전가되는 위험이전기능을 수행하여 현물시장의 유동성을 증대시킨다.

(3) 자원배분의 기능

선물가격은 현물시장의 수급에 관한 정보들을 집약하여 상품의 생산, 저장, 소비의 시간적 배분을 통해 자원배분의 효율성을 증대시킨다. 미래에 재고부족이 예상되는 상품은 선물가격이 높게 형성되어 생산을 촉진시키고, 현재 재고가 부족한 상품은 가격하락이 예상되는 미래시점으로 소비를 연기하도록 한다.

(4) 자본형성의 기능

선물시장은 투기거래자의 부동자금을 헤지거래자의 산업자금으로 이전시키는 자본형성의 기능을 간접적으로 수행한다. 특히 금융기관은 금융선물을 이용하여 주가, 환율, 금리변동위험을 효과적으로 관리할 수 있고, 기업은 자본비용을 절감할 수 있기 때문에 투자가 촉진되어 국가전체의 부를 증진시킬 수 있다.

(5) 시장유동성의 증가

선물거래는 거래당사자들이 상대방의 계약불이행위험에 노출되어 있고 장외시장에서 거래가 이루어져 유동성이 부족한 선도거래의 문제점을 발전시킨 것이다. 선물거래는 기초자산, 거래단위, 최종거래일 등의 거래조건이 표준화되어 있고 조직화된 거래소에서 거래가 이루어지므로 유동성이 증가한다.

(6) 신금융상품의 개발

1980년대 중반 이후에 금융공학이 발전하면서 파생상품을 이용한 새로운 금융상품과 금융기법들이 개발되고 있다. 선물시장은 다양한 금융상품의 개발을 통해서 투자기회를 계속 확대시켜 왔으며 향후에는 금융공학의 발전으로 기초자산의 가격변동위험을 효과적으로 관리할 것으로 예상된다.

6. 선물시장의 구성

선물거래가 안정적으로 이루어지고 선물시장에 정보가 효율적으로 전달되기 위해서는 여러 가지의 조직과 규제가 필요하다. 일반적으로 선물시장은 국가마다 약간의 차이는 있으나 선물거래소, 청산소, 선물중개회사, 선물거래자로 구성되어 있다. [그림 13-6]에는 선물시장의 구조가 제시되어 있다.

▌그림 13-6▐ 선물시장의 구조

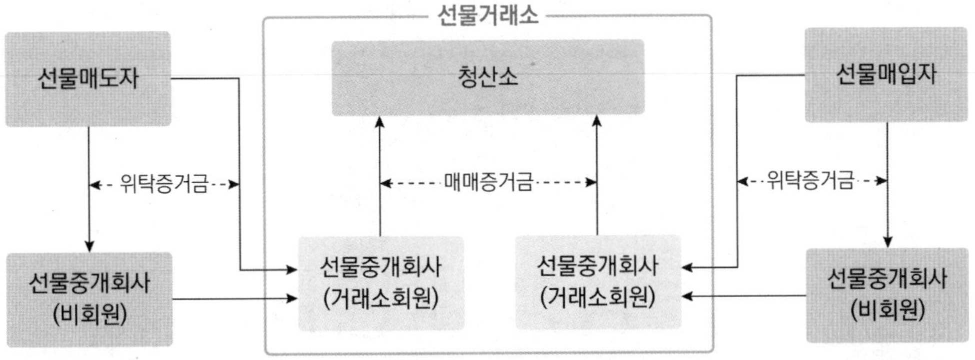

(1) 선물거래소

선물거래소(futures exchange)는 회원들에게 거래장소를 제공하고 표준화된 선물상품을 상장시키며 선물거래에 관련된 규칙을 제정하여 규제한다. 선물중개회사는 선물거래소에 회원으로 등록한 후 선물거래와 관련된 중개업무를 수행하며 선물거래자나 비회원인 선물중개회사는 회원을 통해 선물거래에 참가할 수 있다.

우리나라는 한국거래소(KRX)가 1996년 5월 3일 KOSPI 200선물을 도입하여 선물시대가 도래하였다. 1999년 4월 23일에 미국달러선물, 1999년 9월 29일에 국채선물, 2006년 5월 26일에 엔선물과 유로선물, 2008년에 돈육선물, 2015년 10월에 위안선물, 2015년 11월 23일에 금선물이 새롭게 상장되어 거래되고 있다.

(2) 청산소

청산소(clearing house)는 선물거래소에 이루어지는 선물계약의 청산에 대해 책임을 지고 일일정산과 증거금제도를 통해 계약이행을 보증하는 역할을 수행한다. 청산소가 없는 선도거래는 매입자와 매도자가 거래의 직접적인 당사자이기 때문에 계약의 이행여부가 거래당사자들의 신용에 의해 좌우된다.

그러나 선물거래의 경우에는 거래당사자간에 선물계약이 체결되면 청산소가 개입하여 거래상대방이 된다. 따라서 선물매입자에게는 대금을 수령하고 기초자산을 인도해야 하는 선물매도자의 의무를 부담하고, 선물매도자에게는 대금을 지불하고 기초자산을 매입해야 하는 선물매입자의 의무를 부담한다.

예컨대 갑은 매입포지션을, 을은 매도포지션을 취했다고 가정하자. 갑과 을간에 선물거래가 성립하면 청산소가 개입하여 갑에게는 매도포지션을 취하고, 을에게는 매입포지션을 취하여 두 거래자간에 계약관계를 분리시킨다. 그러나 청산소는 매입포지션과 매도포지션을 동시에 취하여 순포지션은 0이 된다.

┃그림 13-7┃ 청산소의 역할

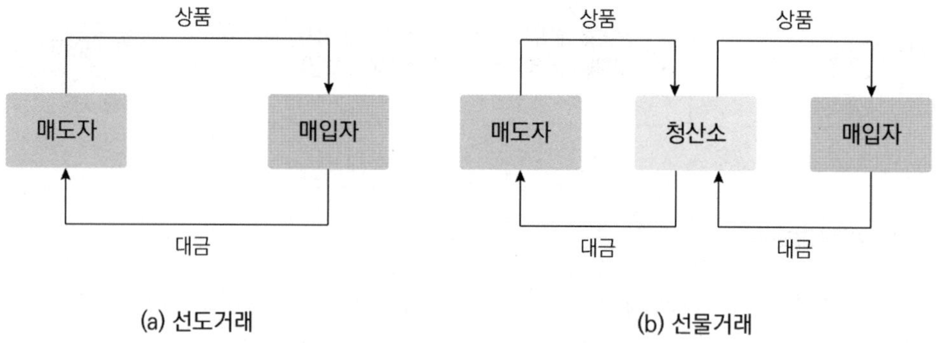

(3) 선물중개회사

선물중개회사(futures commission merchant)는 고객으로부터 주문을 위탁받아 선물거래를 대행하는 업무를 담당하고 고객의 미청산계약에 대한 기록을 유지하여 고객의 예탁금과 증거금을 관리하며 계좌개설부터 매매종결까지 선물중개 및 관리업무를 수행하면서 그 대가로 일정한 수수료를 받는 회사를 말한다.

선물중개회사는 거래소 회원과 거래소 회원이 아닌 경우로 구분되는데, 거래소 회원인 선물중개회사만 고객의 주문을 직접 처리할 수 있다. 따라서 비회원인 선물중개회사는 거래소 회원인 선물중개회사를 통해서 주문을 처리해야 한다. 이러한 회원제도의 운영은 결제제도에도 동일하게 작용되어 운용되고 있다.

(4) 선물거래자

선물시장의 참가자는 선물거래의 동기에 따라 헤지거래자, 투기거래자, 차익거래자, 스프레드거래자의 네 가지 유형으로 구분할 수 있다. 여기서 헤지거래자와 차익거래자는 현물시장과 선물시장을 동시에 이용하다. 그러나 투기거래자와 스프레드거래자는 선물시장만을 이용한다는 점에서 차이가 있다.

1) 헤지거래자

헤지거래자(hedger)는 현재 기초자산을 매입하여 보유하고 있거나 미래에 매도할 예정인 현물자산 또는 현재 기초자산을 공매하거나 미래에 매입할 예정인 현물자산의 불확실한 가격변화에 대해 선물시장에서 반대포지션을 취함으로써 현물시장에서의 가격변동위험을 회피하기 위해 선물거래를 이용하는 투자자를 말한다.

선물시장의 참가자 중에서 비중이 가장 높은 헤지거래자가 선물거래를 이용하는 목적은 현물자산의 가격변동으로 인한 손실을 극소화시키는데 있다. 헤지거래자는 헤지거래를 수행하는 과정에서 기회손실을 입을 수 있으나, 이는 현물포지션에서 발생할 수 있는 손실을 회피하기 위해 지불하는 대가로 보아야 할 것이다.

2) 투기거래자

투기거래자(speculator)는 현물시장의 포지션에 관계없이 선물시장의 포지션만을 이용하여 선물가격의 변동에 따른 위험을 감수하면서 미래의 선물가격변동에 대한 예상에 의해 시세차익을 얻을 목적으로 선물거래을 이용하는 투자자를 말하며 헤지거래자가 전가한 위험을 부담하는 대가로 일정한 수익을 얻을 수 있다.

투기거래자가 선물거래를 이용하는 목적은 선물가격의 상승이 예상되면 선물거래를 매입하고, 선물가격의 하락이 예상되면 매도한 후 반대매매로 포지션을 청산함으로써 투기적인 이익을 도모하는데 있다. 따라서 투기거래자의 예상이 적중하면 많은 이익을 얻을 수 있고 예상이 빗나가면 많은 손실을 보게 된다.

투기거래자들은 보호되지 않은 포지션(uncovered position)을 보유하여 선물가격의 변동에 따른 위험을 감수하더라도 높은 투기적 이익을 얻고자 한다. 투기거래자는 선물시장에서 헤지거래자가 전가한 위험을 떠안을 뿐만 아니라 극단적인 가격변동을 예방하고 선물시장의 안정을 도모하는 중요한 기능을 수행한다.

3) 차익거래자

차익거래자(arbitrageur)는 동일한 상품이 현물시장과 선물시장에서 상이한 가격으로 거래될 경우에 선물가격과 현물가격 또는 서로 다른 선물계약간의 일시적인 불균형을 이용하여 추가적인 자금이나 위험을 부담하지 않으면서 이익을 얻을 목적으로 선물거래를 이용하는 투자자를 말한다.

선물거래는 파생상품으로 선물계약의 가격은 기초자산의 현재가격인 현물가격과 밀접한 관계가 있다. 이론적으로 선물가격은 현물가격과 보유비용의 합으로 결정된다. 따라서 선물가격과 현물가격간의 차이가 보유비용보다 크거나 작다면 균형관계가 이탈되어 차익거래의 기회가 발생한다.

요컨대 선물가격이 현물가격보다 과대평가되어 있는 경우에 과대평가된 선물을 매도하고 자금을 차입하여 과소평가된 현물을 매입하는 현물매입차익거래를 통해서 차익을 얻게 된다. 이러한 차익거래의 과정에서 선물가격은 하락하고 현물가격은 상승하여 균형상태에 도달하게 된다.

그리고 선물가격이 현물가격보다 과소평가되어 있는 경우에 과대평가된 현물을 공매하여 자금을 대출하고 과소평가된 선물을 매입하는 현물매도차익거래를 통해서 차익을 얻게 된다. 이러한 차익거래의 과정에서 현물가격은 하락하고 선물가격은 상승하여 균형상태에 도달하게 된다.

선물거래의 만기일에 인도일수렴현상(convergence)에 의해 선물가격과 현물가격이 일치하는 것은 차익거래의 결과물이라고 할 수 있다. 만약 선물거래의 만기일에 선물가격과 현물가격이 일치하지 않는다면 즉시 차익거래의 기회가 발생하고 선물가격과 현물가격은 일치하게 된다.

▌표 13-7▐ 선물시장의 구성요소

구분			주요 기능
선물거래소			거래장소 제공, 선물상품의 표준화, 거래관련 규칙 제정
청 산 소			증거금 징수, 청산업무, 일일정산, 결제업무
중개인	거래소 회원	결 제 회 원	선물거래자의 주문처리, 청산업무, 결제업무
		비결제회원	선물거래자의 주문처리
	거래소 비회원		선물거래자의 주문을 거래소 회원에게 위탁
선물거래자			헤지거래, 투기거래, 차익거래, 스프레드거래

7. 선물시장의 운용

(1) 계약의 표준화

선물거래는 거래대상인 기초자산의 수량과 품질, 거래단위, 결제월, 상장결제월, 호가가격단위, 최소가격변동금액, 가격표시방법, 거래시간, 최종거래일, 최종결제일, 결제방법, 가격제한폭 등이 표준화되어 있어서 선물가격을 쉽게 비교할 수 있으며 표준화된 선물계약에 거래가 집중되기 때문에 유동성이 증가한다.

(2) 일일정산제도

선도거래와 달리 선물거래는 선물시장에서 매일 거래가 이루어지고 선물가격이 변하게 된다. 이와 같이 선물가격이 변화하면 청산소는 선물거래자의 미청산계약(open interest)을 매일 전일 종가와 당일 종가의 차이로 정산하여 손익을 선물거래자의 증거금에 가감하는 제도를 일일정산제도라고 한다.

일일정산이 없다면 선물가격의 불리한 변동이 지속되어 손실이 누적되면 거래당사자의 일방이 계약을 이행하지 않을 위험에 직면한다. 따라서 청산소는 선물계약의 이행을 보증하기 위해 선물거래자의 증거금이 손실을 보전할 수 있는 수준으로 유지되고 있는가를 확인하고자 일일정산제도를 운영한다.

(3) 증거금제도

1) 증거금의 의의

증거금(margin)은 일일정산을 원활하게 하고 선물가격이 불리하게 변동하더라도 선물거래의 결제를 성실히 이행하겠다는 선물계약의 이행을 보증하기 위한 보증금의 성격으로 선물거래자가 선물중개회사에 예치해야 하는 현금 또는 현금등가물을 말하며 미결제약정에 대한 손익을 정산하는 수단으로 사용된다.

증거금제도는 실제로 선물가격이 하락하는 경우에는 선물매입자의 계약위반가능성으로부터 선물매도자를 보호하고, 반대로 선물가격이 상승하는 경우에는 선물매도자의 계약위반가능성으로부터 선물매입자를 보호함으로써 거래상대방의 계약불이행위험을 제거하고 선물거래의 유동성을 확보할 수 있게 된다.

2) 증거금의 종류

증거금은 2단계로 구분된다. 선물거래자는 선물중개회사를 통해 결제회사에 증거금을 예치하고, 결제회사는 청산소에 증거금을 예치한다. 우리나라는 선물거래자가 선물중개회사에 예치하는 증거금을 위탁증거금이라고 하고, 선물중개회사가 청산소에 예치하는 증거금을 매매증거금이라고 한다.

① 위탁증거금

위탁증거금(customer margin)은 선물거래자가 선물중개회사(FCM)에 계좌를 개설한 후에 예치하는 증거금을 말한다. 위탁증거금은 크게 개시증거금, 유지증거금, 추가증거금 그리고 초과증거금으로 구분된다.

㉠ 개시증거금

개시증거금(initial margin)은 선물거래자가 선물계약을 매입하거나 매도할 경우 자신의 위탁계좌에 예치해야 하는 증거금을 말한다. 선물거래소는 기초자산의 가격수준, 가격변동성, 선물거래의 이용목적 등을 감안하여 개시증거금을 결정하는데, 대체로 계약금액의 5～15% 수준에서 결정된다.

㉡ 유지증거금

유지증거금(maintenance margin)은 선물계약의 이행을 보증하기 위해 미청산계약(open interset)의 위탁계좌에서 반드시 유지해야 하는 최소한의 증거금을 말한다. 일반적으로 유지증거금은 개시증거금의 75~90% 수준에서 결정된다. 예컨대 KOSPI 200선물의 유지증거금은 개시증거금의 2/3인 10%이다.

㉢ 추가증거금

추가증거금(additional margin)은 선물가격의 불리한 변동으로 손실이 발생하여 증거금이 유지증거금 이하로 떨어지면, 선물중개회사가 익일 오전까지 증거금을 개시증거금 수준까지 예치하도록 요구할 경우에 선물거래자가 추가로 예치해야 하는 증거금을 말하며, 변동증거금(variation margin)이라고도 한다.

㉣ 초과증거금

초과증거금(excess margin)은 선물가격의 유리한 변동으로 이익이 발생하여 증거금잔

고가 개시증거금 수준을 초과하면 선물거래자는 초과분을 언제든지 인출할 수 있는데, 이 인출가능한 금액을 말한다.

② 매매증거금

매매증거금(member's margin)은 선물거래소의 회원인 선물중개회사가 고객이나 비회원인 선물중개회사로부터 받은 위탁증거금의 일부를 선물거래의 결제이행을 위해 청산소에 납부해야 하는 증거금을 말한다.

8. 선물가격의 결정

선물계약은 파생상품이므로 선물계약의 가격은 기초자산의 현물가격과 밀접한 관계를 갖는다. 선물가격과 현물가격간의 관계를 살펴봄으로써 선물가격을 결정할 수 있는데, 이러한 선물가격의 결정모형을 보유비용모형(cost of carry model) 또는 현물-선물 등가이론(spot futures parity theorm)이라고도 한다.

선물거래는 거래대상이 되는 기초자산이 현물시장에서 거래되고 있으므로 선물가격은 현물가격과 연관되어 움직인다. 일반적으로 현물가격이 상승하면 선물가격도 상승하고, 현물가격이 하락하면 선물가격도 하락한다. 이러한 현물가격과 선물가격간의 균형관계는 차익거래에 의해 형성되고 유지된다.

보유비용모형은 선물계약을 매입하는 것과 현물자산을 매입하여 만기일까지 보유하는 것은 동일한 효과를 갖기 때문에 차익거래의 기회가 없는 시장균형상태에서 이론선물가격($F_{0,T}$)은 현물가격(S_0)에 만기일까지 보유비용(CC)은 가산하고 보유수익(CR)은 차감한 값과 동일해야 한다는 모형을 말한다.

현재시점에서 선물계약을 매입하면 만기일에 $F_{0,T}$의 가격을 지불하고 기초자산을 매입하여 만기일에 $F_{0,T}$의 비용을 부담하는 반면에, 현재시점에서 현물자산을 매입하여 만기일까지 보유하면 현물가격과 현물보유에 따른 보유비용을 부담하여 선물가격과 현물가격간에 다음과 같은 등가관계가 성립해야 한다.

$$F_{0,T} = S_0 + CC - CR$$
$$= S[1 + (r-d) \times T/360] \quad (13.1)$$

$F_{0,T}$: 만기일이 T인 선물계약의 현재가격
S_0 : 현재시점의 현물가격
CC : 현물보유에 따른 보유비용
CR : 현물보유에 다른 보유수익

만일 식(13.1)의 관계가 성립하지 않으면 선물시장과 현물시장간의 차익거래로 추가적인 투자금액과 위험부담 없이 이익을 얻을 수 있는 차익거래가 발생한다. 차익거래는 실제선물가격이 균형선물가격보다 과대평가 또는 과소평가되었는가에 따라 현물매입차익거래와 현물매도차익거래로 구분된다.

① $F > S + CC - CR$: 현물매입차익거래(cash & carry arbitrage)

현물매입차익거래는 실제선물가격이 이론선물가격보다 높은 경우 선물의 시장가격이 과대평가되어 과대평가된 선물을 매도하고 과소평가된 현물을 자금을 차입하여 매입하는 차익거래를 말한다. 차익거래의 과정에서 선물가격은 하락하고 현물가격은 상승하여 균형관계가 다시 회복된다.

② $F < S + CC - CR$: 현물매도차익거래(reverse cash & carry arbitrage)

현물매도차익거래는 실제선물가격이 이론선물가격보다 낮은 경우 선물의 시장가격이 과소평가되어 과대평가된 현물을 공매하여 자금을 대출하고 과소평가된 선물을 매입하는 차익거래를 말한다. 차익거래의 과정에서 현물가격은 하락하고 선물가격은 상승하여 균형관계가 다시 회복된다.

제2절 통화선물의 개요

1. 통화선물의 정의

통화선물(currency futures)은 거래소에 상장된 특정통화를 사전에 약정한 선물환율로 만기일에 인수도하기로 약속하는 선물거래를 말한다. 선물만기일에 통화선물의 매도자는 대상통화를 거래소의 결제기관에 인도하고, 매입자는 거래소의 결제기관으로부터 계약시점에 약정한 환율로 대상통화를 인수한다.

통화선물을 이용하는 거래자들은 선물의 만기일에 외국통화를 실제로 매입하거나 매도하려는 목적보다는 대부분 미래의 환율변동에 따른 환위험을 회피하거나 환차익을 얻기 위해 거래를 한다. 그리고 통화선물거래의 대부분은 만기일 이전에 반대매매를 통해 언제든지 포지션을 청산할 수 있다는 장점이 있다.

선물환시장은 오랜 역사를 갖고 있지만 통화선물시장은 1970년대 초에 발달하기 시작했다. 통화선물거래의 탄생배경을 살펴보면 1971년 8월 브레튼우즈체제가 붕괴하면서 주요 선진국들이 고정환율제도에서 변동환율제도로 전환함에 따라 환율변동이 크게 확대되면서 손실의 가능성이 증대되었기 때문이다.

따라서 다국적기업이나 금융기관들은 환율의 변화에 따른 여러 문제에 봉착하면서 환율변동에 따른 손실을 막고 안정된 거래를 유지하기 위해 선물환시장을 많이 이용하였다. 이러한 선물환시장의 성장으로 선물거래가 활성화되면서 상품을 표준화하여 증권거래소처럼 상설시장을 개설할 필요성을 느끼게 되었다.

이러한 시대적 요청에 따라 1972년 5월 시카소상품거래소(CME)가 국제통화시장(IMM)을 개설하여 주요 7개국 통화에 대한 선물거래를 시작으로 영국(1982년 9월), 호주(1983년 10월), 캐나다(1984년 6월), 싱가포르(1984년 9월), 일본(1989년 6월) 그리고 한국(1999년 4월)이 순차적으로 통화선물시장을 개설하였다.

1970년대 후반에 금리와 환율의 변동성이 증대되면서 통화선물은 헤지거래 및 투기거래의 수단으로 부각되었다. 통화선물거래는 선물시장이 개설된 이후에 매우 빠른 속도로 성장하여 선물환시장과 상호보완적인 역할을 수행하고 있다. 그러나 아직도 선물환시장의 거래규모가 통화선물시장을 압도하고 있다.

통화선물은 1999년 4월 23일 한국거래소에 미국달러선물이 상장되었다. 이후에 수출입 및 외국인투자 확대에 따른 엔화와 유로화의 거래 증가, 환율의 급격한 변동으로 적극적인 헤지의 필요성이 대두되어 2006년 5월 26일 엔선물과 유로선물이 상장되었다. 2015년 10월 5일 위안선물이 상장되어 거래되고 있다.

2. 선물환거래와 비교

선물환거래는 미래의 일정시점에 특정통화를 현재시점에 약정한 환율로 매매하기로 체결한 거래를 말한다. 선물환은 결제시기, 거래단위 등 계약내용을 고객의 편의에 맞추어 신축적으로 결정할 수 있는 장점이 있는 반면에 일단 거래가 이루어지면 반대매매를 위한 거래상대방을 찾기가 어려운 단점이 있다.

통화선물거래는 미래의 일정시점에 특정통화를 현재시점에서 약정한 환율로 거래한다는 점에서 선물환거래와 본질적으로 동일하다. 그러나 통화선물거래는 거래소, 청산소, 계약의 표준화, 증거금 및 일일정산제도 등이 있어 선물환거래와 비교된다. 통화선물거래와 선물환거래의 차이를 살펴보면 다음과 같다.

첫째, 선물환거래는 특정한 장소가 없이 전 세계적인 점두시장(OTC)에서 거래당사자들의 협상에 의해 거래조건이 결정되고 통상 컴퓨터, 딜링머신 등을 통해 직접거래가 이루어진다. 그러나 통화선물거래는 거래소라는 조직화된 시장에서 표준화된 조건에 따라 공개호가방식에 의해 간접거래가 이루어진다.

둘째, 선물환거래는 대부분 나라의 통화가 거래되고 결제시기가 거래당사자의 합의에 따라 조정되어 거래의 융통성이 크다. 그러나 통화선물거래는 거래단위, 결제시기 등 계약내용이 표준화되어 있어 유동성이 높지만 소수의 한정된 주요 통화만 거래되고 만기는 거래소규칙에 따라 한정되어 있다.

셋째, 선물환거래는 거래당사자의 신용에 의존하여 계약불이행에 따른 신용위험이 커서 신용도가 높은 금융기관과 기업을 중심으로 거래가 이루어진다. 그러나 통화선물은 통화선물의 가격변동에 따른 증거금과 일일정산제도에 의해 청산소가 계약이행을 보증하므로 누구나 거래에 참여할 수 있다.

넷째, 선물환거래의 단위는 거래당사자간의 합의에 의해 결정될 수 있기 때문에 일반적으로 대규모의 무역회사와 기관투자가들이 주로 이용한다. 그러나 통화선물거래의 단위는 거래소규칙에 따라서 고정되어 있기 때문에 비교적 소규모의 무역회사와 투기거래자들도 참여할 수 있다는 이점이 있다.

다섯째, 선물환거래는 만기일 이전에 포지션의 청산이 어렵기 때문에 대부분 만기일에 실물인수도 방식으로 결제가 이루어진다. 그러나 통화선물거래는 최종거래일 이전에 언제든지 대부분 선물거래소를 통한 반대매매를 이용하여 포지션이 청산되고 선물만기일에 결제되는 비율은 5% 미만이다.

┃표 13-8┃ 선물환거래와 통화선물의 비교

구 분	선물환거래	통화선물거래
거래장소	장외시장(OTC)	장내시장(거래소)
거래조건	당사자의 합의	표준화
거래방식	거래당사자간의 직접거래	다수거래자간의 공개입찰방식
거래통화	제한 없음	주요 통화
거래참가	대규모 무역회사와 기관투자가	소규모 무역회사와 투기거래자
거래보증	당사자간의 신용	청산소가 보증
거래청산	대부분 만기일에 실물인수도	대부분 만기이전 반대매매

3. 통화선물시장의 구성

통화선물거래가 안정적으로 이루어지고 외환시장에서 이용가능한 모든 정보가 환율에 효율적으로 반영되기 위해서는 여러 가지의 조직과 규제가 필요하다. 그리고 통화선물시장은 국가마다 약간의 차이는 있지만 역할에 따라 선물거래자, 선물거래소, 청산소, 선물중개회사로 구성되어 있다.

(1) 선물거래자

통화선물거래는 투자자들이 이용하는 목적에 따라 헤지거래, 투기거래, 차익거래, 스프레드거래로 구분할 수 있다. 헤지거래와 차익거래는 투자자들이 현물시장과 선물시장을 동시에 모두 이용하는 반면에 투기거래와 스프레드거래는 선물시장만을 이용한다는 점에서 차이가 존재한다.

① 헤지거래

헤지거래(hedging)는 현물환시장에서 현재 기초자산(외환)을 보유하고 있거나 미래에 보유할 예정인 기초자산(외환)의 불확실한 환율변동에 대해 통화선물시장에서 현물환거래와 반대포지션을 취함으로써 현물시장에서의 환율변동으로 인한 환위험을 회피하거나 축소시키는 거래를 말한다.

헤지거래자(hedger)가 통화선물을 이용하는 목적은 환율변동으로 인한 환위험을 최소화하기 위해 선물시장에서 현물시장과 반대되는 포지션을 취한다. 헤지거래자는 헤지 과정에서 기회손실이 발생할 수 있으나, 이는 현물포지션에서 발생할 수 있는 손실을 회피하기 위해 지불하는 대가로 보아야 한다.

② 투기거래

투기거래자(speculator)는 현물시장의 포지션에 관계없이 선물시장에서 미래의 환율변동을 예측하고 이를 바탕으로 통화선물을 매입 또는 매도하여 환율변동에 따른 차익을 얻을 목적으로 거래를 수행한다. 따라서 투기거래자의 환율예상이 정확하면 큰 이익을 얻을 수 있게 되고 환율예측이 빗나가면 큰 손실을 보게 된다.

투기거래자들은 보호되지 않은 포지션(uncovered position)을 보유함으로써 환율변동에 따른 위험을 감수하더라도 높은 투기적 이익을 얻고자 한다. 투기거래자들은 통화선물시장에서 헤지거래자가 전가한 위험을 부담할 뿐만 아니라 극단적인 환율변동을 예방하고 선물시장의 안정을 도모하는 중요한 기능을 수행한다.

③ 차익거래

차익거래자(arbitrageur)는 통화선물시장에서 선물의 실제가격이 이론가격과 서로 다르게 거래되는 일시적으로 불균형상태에 있으면 상대적으로 과소평가된 시장에서 매입하고 과대평가된 시장에 매도함으로써 추가적인 자금이나 위험부담 없이 차익(free lunch)을 얻기 위해 선물거래를 수행한다.

차익거래의 과정에서 과소평가된 시장에서는 수요가 증가하여 가격이 상승하고, 과대평가된 시장에서는 공급이 증가하여 가격이 하락하여 일물일가의 법칙이 성립할 때까지 차익거래가 반복된다. 차익거래를 통해 시장이 균형상태에 도달하면 차익의 실현이 불가능해 차익거래기회는 소멸된다.

(2) 선물거래소

선물거래소는 표준화된 선물상품을 개발하여 상장시키고 회원들에게 조직화된 장소와 시설을 제공한다. 또한 선물거래소는 시장참가자들이 공정하게 거래를 할 수 있도록 선물계약에 관한 규칙을 제정하여 선물거래를 자율규제하며 거래대상에 관한 각종 정보를 제공하여 회원의 이익을 증대시키는 업무를 수행한다.

청산소는 선물거래소에서 체결되는 모든 선물거래에 대한 계약이행의 보증, 거래결과의 등록 및 계정관리, 증거금의 징수와 유지, 현물의 인수도 관장, 자금결제 등의 청산업무를 수행한다. 즉 거래상대방의 역할을 담당하면서 선물거래의 이행과 결제를 보증하기 위해 일일정산제도와 증거금제도를 운영하고 있다.

(3) 선물중개회사

선물중개회사(FCM)는 투자자들로부터 선물계약 매매주문을 위탁받아 선물거래를 대행하는 업무를 담당하고 고객의 미청산계약에 대한 기록을 유지하여 고객의 예탁금과 증거금을 관리하며 계좌개설부터 매매종결까지 선물중개 및 관리업무를 수행하면서 그 대가로 일정한 수수료를 받는 회사를 의미한다.

선물중개회사는 거래소회원과 거래소비회원으로 구분되며 거래소회원인 선물중개회사만 고객의 매매주문을 직접 처리할 수 있다. 따라서 비회원인 선물중개회사는 거래소회원인 선물중개회사를 통해 고객의 주문을 처리해야 한다. 이러한 회원제도의 운영은 결제제도에도 동일하게 적용되어 운영되고 있다.

4. 통화선물거래의 절차

통화선물거래의 절차는 계약의 체결과 자금의 결제로 구분된다. [그림 13-8]에서 투자자는 선물중개회사에 위탁계좌를 개설하고 거래금액에 맞추어 개시증거금을 예치해야 한다. 투자자가 선물중개회사를 통해 주문을 내고 거래가 체결되면 선물거래소는 선물중개회사를 통해 체결내역을 투자자에게 통보한다.

통화선물계약이 체결되면 계약가격과 정산가격을 매일 비교하여 일일정산을 하게 되며 환율의 변동에 따라 일일정산과정에서 발생하는 모든 입출금은 선물거래자의 위탁계좌를 통해서 이루어진다. 유지증거금은 선물계약의 이행을 보증하기 위해 미청산계약의 위탁계좌에서 반드시 유지해야 하는 증거금을 말한다.

통화선물계약이 체결되면 계약가격과 정산가격을 매일 비교하여 일일정산을 하게 되며 환율의 변동에 따라 일일정산과정에서 발생하는 모든 입출금은 선물거래자의 위탁계좌를 통해서 이루어진다. 유지증거금은 선물계약의 이행을 보증하기 위해 미청산계약의 위탁계좌에서 반드시 유지해야 하는 증거금을 말한다.

▌그림 13-8▌ 통화선물거래의 절차

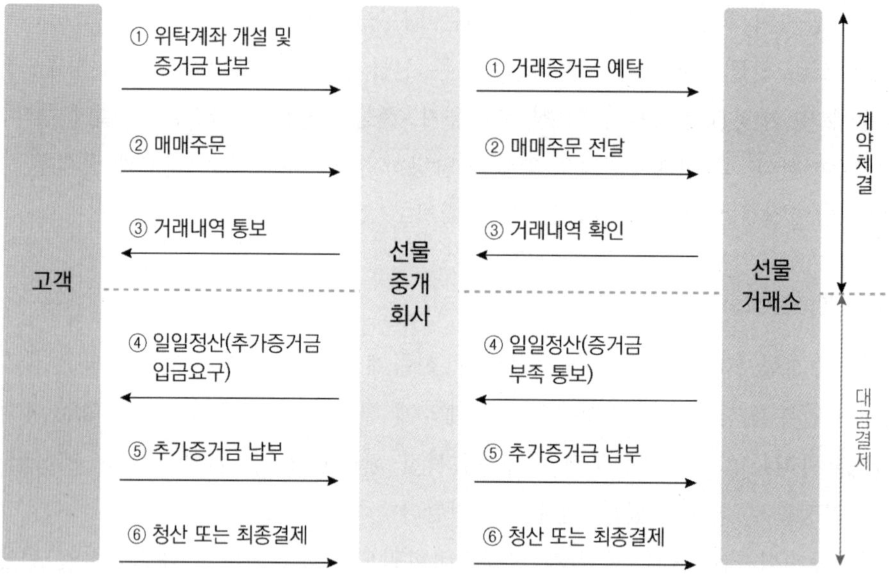

환율이 투자자에게 불리하게 변동하여 손실이 발생하면 손실액은 증거금잔액에서 차감된다. 그런데 증거금잔액이 유지증거금에 미달하면 선물중개회사는 투자자에게 개시증거금 수준까지 증거금을 추가로 적립하도록 요구하는데, 투자자가 개시증거금 수준까지 즉시 예치하지 않으면 선물포지션을 강제로 청산할 수 있다.

그러나 이익이 발생하여 증거금잔액이 개시증거금을 초과하면 초과증거금을 현금으로 인출할 수 있다. 통화선물거래는 환율수준에 따라 중도에 반대거래, 즉 매입시 환매도, 매도시 환매수를 통해 포지션을 청산하거나, 만기일까지 포지션을 보유한 후 최종결제일에 현물의 인수도와 결제가 이루어지면 선물거래가 종결된다.

제3절 통화선물의 가격결정

1. 이자율평가설

금융시장도 상품시장처럼 일물일가의 법칙이 성립하는데, 이는 동일한 위험과 만기를 갖는 금융상품의 수익률은 동일해야 한다는 의미이다. 이러한 조건이 성립하지 않으면 기대수익률이 낮은 상품을 매도하고 기대수익률이 높은 상품을 매입하는 차익거래를 통해 추가적인 자금이나 위험부담 없이 이익을 얻을 수 있다.

자국통화의 이자율이 외국통화의 이자율보다 높으면 자국통화로 표시한 외국통화의 선물환율이 현물환율보다 높은 할증상태, 외국통화의 이자율보다 낮으면 선물환율이 현물환율보다 낮은 할인상태가 된다. 이자율평가설은 선물환율과 현물환율의 차이가 두 통화간의 이자율차이에 의해 결정되는 원리를 말한다.

따라서 어떤 투자자가 투자금액을 국내통화표시로 투자하는 경우와 외국통화표시로 투자하는 경우에 차익거래가 발생하지 않는 시장균형상태에서 두 투자안은 동일한 실질수익률을 갖게 된다는 이자율평가설을 이용하면 선물환율(F_1)과 현물환율(S_0)간에는 다음과 같은 균형관계가 성립해야 한다.

$$\frac{F_1}{S_0} = \frac{1+R_a}{1+R_b} \rightarrow F_1 = S_0 \times \frac{1+R_a}{1+R_b} \tag{13.2}$$

식(13.2)의 양변에서 1을 차감하면 다음과 같은 근사식을 도출할 수 있다.

$$\frac{F_1 - S_0}{S_0} = R_a - R_b \rightarrow F_1 = S_0[1+(R_a - R_b)\frac{T}{360}] \tag{13.3}$$

일반적으로 통화선물의 가격은 화폐단위로 표시되지만 선물환율이 현재의 현물환율로부터 변화하는 정도를 나타내는 선물할인율 또는 할증률로 표시하기도 한다. 식(13.3)에서 좌변은 선물할인율 또는 선물할증률을 나타내는 반면, 우변은 두 나라 통화간의 금리차이를 나타낸다.

2. 보유비용모형

보유비용모형(cost of carry model)은 통화선물을 매입하는 것과 현물자산을 매입하여 만기일까지 보유하는 것은 동일한 효과를 갖기 때문에 차익거래의 기회가 없는 시장균형상태에서 이론선물가격(F)은 현물가격(S)에 보유비용(CC)은 가산하고 보유수익(CR)은 차감한 값과 동일해야 한다는 모형을 말한다.

현재시점에 선물계약을 매입하면 만기일에 F의 가격을 지불하고 기초자산을 매입하므로 만기일에 F의 비용을 부담한다. 그러나 현재시점에 현물자산을 매입하여 만기일까지 보유하면 현물가격과 현물보유에 따른 보유비용을 부담해야 하므로 선물가격과 현물가격간에 다음과 같은 등가관계가 성립해야 한다.

$$F = S + CC - CR \tag{13.4}$$

통화선물의 기초자산은 외화이므로 현물매입에 따른 기회비용인 이자비용(국내이자율)을 제외한 보유비용은 발생하지 않지만, 외화를 현물로 보유하면 외국이자율에 해당하는 보유수익이 발생한다. 실제로 통화를 보유하는데 물리적 비용은 거의 없으므로 외환을 보유하는데 이자비용과 편익만 고려하면 된다.

미국금리가 연 R_b라면 1년 후 1달러를 얻기 위해 현재 $(1/1+R_b)$가 필요하며, 이를 현물시장에서 매입하면 $(1/1+R_b)*S_0$ 원화가 필요하다. 원화차입시 이자비용 R_a과 외환보유시 이자편익 R_b를 고려하면 외환보유비용은 $[(R_a-R_b)/(1+R_b)]*S_0$가 된다. 통화선물가격을 보유비용모형으로 산출하면 식(13.5)와 같이 구할 수 있다.

$$F_1 = S_0 + \left(\frac{R_a - R_b}{1+R_b}\right) \times S_0 \tag{13.5}$$

식(13.5)를 변형하면 $F_1 = S_0[(1+R_a)/(1+R_b)]$가 되기 때문에 선물환율과 현물환율간의 관계를 나타내는 이자율평가설과 동일하게 된다. 이는 이론적으로 선물가격과 통화선물가격은 같다는 것을 의미한다. 따라서 통화선물의 잔여만기가 T일이라고 가정하면 통화선물가격은 다음과 같이 표시할 수 있다.

$$F_1 = S_0\left[\frac{1+R_a(T/360)}{1+R_b(T/360)}\right] \quad (13.6)$$

제4절 통화선물의 거래유형

통화선물거래를 이용하는 목적은 다른 선물거래와 마찬가지로 환율변동에 따른 환위험을 회피하기 위한 헤지거래, 환율변동에 따른 환차익을 실현하기 위한 투기거래 그리고 통화선물시장이 일시적인 불균형상태에 있을 경우 추가적인 자금이나 위험을 부담하지 않으면서 이익을 추구하는 차익거래로 구분된다.

1. 헤지거래의 개요

(1) 헤지거래의 원리

현재 외환을 보유하거나 미래에 외환을 수취할 예정인 대출자와 수출업자는 해당통화에 대한 통화선물을 매도함으로써 환율하락위험을 헤지할 수 있다. 반면에 미래에 외환을 매입하거나 외환을 지급할 예정인 차입자와 수입업자는 외환선물을 매입함으로써 환율상승위험을 헤지할 수 있다.

통화선물을 이용한 헤지거래는 헤지대상의 현물자산(통화)과 헤지수단으로 이용하는 선물거래(통화)가 동일한 직접헤지이기 때문에 주가지수선물이나 금리선물에 비해 비교적 단순하다. 따라서 환율변동위험을 헤지하기 위한 대상통화의 금액과 동일한 금액의 반대포지션을 선물시장에서 취하면 된다.

통화선물을 이용한 헤지거래는 기본적으로 선물환을 이용한 헤지거래와 마찬가지로 현물거래와 반대로 통화선물의 포지션을 취함으로써 환위험에 노출된 자산과 부채를 관리하는 방법을 말한다. 현물시장과 반대되는 포지션을 선물시장에서 취하면 스퀘어포지션이 되기 때문에 환위험을 회피할 수 있다.

현물시장의 포지션과 선물시장의 포지션은 정반대의 손익구조를 가지고 있다. 즉 현물포지션의 손실은 선물포지션의 이익으로 상쇄되고, 선물포지션의 손실은 현물포지션의 이익으로 상쇄되어 환율이 상승하거나 하락하거나 환율의 변동에 관계없이 이익이나 손실이 발생하지 않는 결과를 가져다준다.

예컨대 재화를 수출하거나 해외투자로 롱 포지션이 발생하는 경우 통화선물을 매도하는 숏 포지션을 취하고, 재화를 수입하거나 해외차입으로 숏 포지션이 발생하는 경우 통화선물을 매입하는 롱 포지션을 취하면 종합포지션이 스퀘어포지션이 되기 때문에 환율변동에 따른 환위험을 헤지할 수 있다.

┃표 13-9┃ 매입헤지와 매도헤지

환율변동	매입헤지		매도헤지	
	현물시장 매도	선물시장 매입	현물시장 매입	선물시장 매도
상승	손실	이익	이익	손실
하락	이익	손실	손실	이익

(2) 헤지거래의 종류

① 매입헤지

매입헤지(long hedge)는 미래의 예상치 못한 환율변동으로 매입해야 할 통화의 가치가 상승하여 환차손이 발생할 가능성에 대비하여 통화선물을 매입하는 거래를 말한다. 따라서 해당통화로 수입대금을 결제해야 하는 수입업자 또는 외화차입금을 상환해야 하는 차입자들이 주로 활용한다.

② 매도헤지

매도헤지(short hedge)는 미래의 예상치 못한 환율변동으로 매도해야 할 통화의 가치가 하락하여 환차손이 발생할 가능성에 대비하여 통화선물을 매도하는 거래를 말한다. 따라서 해당통화로 수출대금을 수령해야 하는 수출업자 또는 외화대출금을 회수해야 하는 대출자들이 주로 활용한다.

┃그림 13-9┃ 통화선물을 이용한 헤지거래

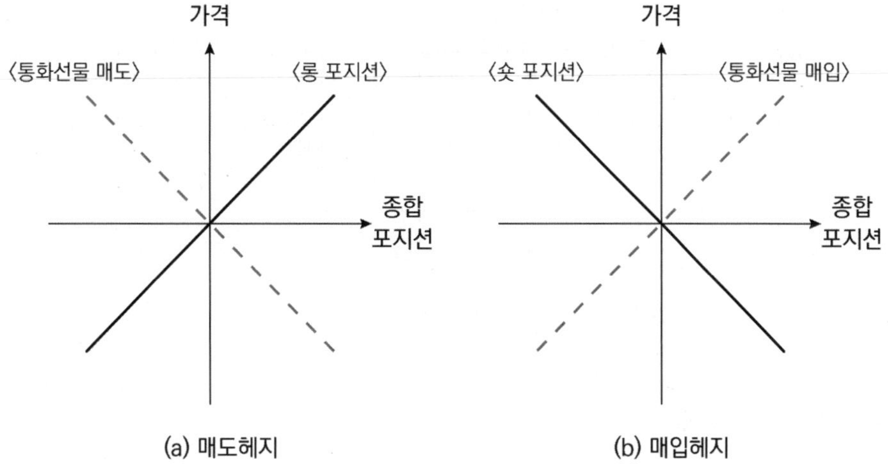

예제 13-1 통화선물을 이용한 위험헤지

부산기업은 2022년 5월 1일 미국으로 \$50,000의 상품을 수출하고 대금은 2022년 7월 31일에 미국달러화로 받기로 하였다. 부산기업은 향후 환율하락으로 인한 수출대금 수령액의 감소에 대비하기 위해 3개월 만기 달러선물계약을 이용하려고 한다. 현재 현물시장에서 달러화에 대한 원화의 환율은 ₩1,100/\$이며, 3개월 만기 선물환율은 ₩1,150/\$이라고 가정하여 다음 물음에 답하시오.

1. 부산기업이 환율하락위험을 헤지하기 위해서는 선물시장에서 어떤 포지션을 취해야 하는가?
2. 3개월 후에 현물환율이 ₩1,080/\$, 선물환율이 ₩1,120/\$이 되었을 경우 헤지결과를 설명하시오.

풀이

1. 부산기업은 3개월 후에 수출대금을 미국달러화로 수취해야 하므로 현물시장에서 매입포지션에 있다. 따라서 선물시장에서는 \$50,000의 달러선물을 매도해야 한다.
2. 부산기업의 3개월 후에 헤지결과를 나타내면 다음과 같이 제시할 수 있다.

시점	현물시장	선물시장
현재	$50,000를 ₩1,100/$에 매입 50,000 × 1,100 = 55,000,000	$50,000를 ₩1,150/$에 매도 50,000 × 1,150 = 57,500,000
3개월 후	$50,000를 ₩1,080/$에 매도 50,000 × 1,080 = 54,000,000	$50,000를 ₩1,120/$에 매입 50,000 × 1,120 = 56,000,000
손익	−1,000,000	1,500,000

∴ 순손익 = −1,000,000 + 1,500,000 = 500,000

2. 투기거래의 개요

현물시장에서는 어떠한 포지션도 취하지 않고 위험을 부담하면서 환율변동시 이익을 실현하기 위해 특정 통화에 대한 선물거래를 이용하는 거래를 말한다. 투기거래에서는 미래의 선물가격이 투기거래자의 예상대로 변동하면 많은 이익을 얻지만, 투기거래자의 예상과 반대로 움직이면 큰 손실을 보게 된다.

(1) 환율상승이 예상되는 경우

향후 환율상승이 예상되는 경우 강세로 예상되는 통화에 대한 선물계약을 매입했다가 일정기간이 경과한 후 실제로 환율이 상승했을 때 선물계약을 매도하여 포지션을 청산하면 투기적 이익을 얻을 수 있다. 그러나 투기거래자의 예상과 반대로 환율이 하락하면 큰 손실이 발생할 수 있다.

(2) 환율하락이 예상되는 경우

향후 환율하락이 예상되는 경우 약세로 예상되는 통화에 대한 선물계약을 매도했다가 일정기간이 경과한 후 실제로 환율이 하락했을 때 선물계약을 매입하여 포지션을 청산하면 투기적 이익을 얻을 수 있다. 그러나 투기거래자의 예상과 반대로 환율이 상승하면 큰 손실이 발생할 수 있다.

예제 13-2 통화선물을 이용한 투기거래

일반투자자 홍길동은 $100,000를 가지고 미국 달러화에 대한 통화선물을 이용하여 투기거래를 하려고 하는데, 미국달러의 약세를 예상하고 있다. 2022년 5월 1일 현재 현물시장에서 달러화에 대한 원화의 환율은 ₩1,100/$이며, 3개월 만기 선물환율은 ₩1,150/$이라고 가정하여 다음 물음에 답하시오.

1. 일반투자자 홍길동의 투기전략을 설명하시오.
2. 2개월 후에 현물환율이 ₩1,150/$, 선물환율이 ₩1,100/$이 되었을 경우에 투기거래의 성과를 구하시오.
3. 2개월 후에 현물환율이 ₩1,130/$, 선물환율이 ₩1,190/$이 되었을 경우에 투기거래의 성과를 구하시오.

풀이

1. 투자자 홍길동은 향후 미국 달러의 약세를 예상하고 있으므로, 현재시점에서 미국 달러에 대한 선물계약을 매도했다가 일정기간이 경과한 후 매입하여 포지션을 청산한다.
2. 홍길동의 예상대로 변화한 경우이므로 5,000,000원의 이익을 얻을 수 있다.

   투기이익 = (1,150−1,100) × 100,000 = + 5,000,000원
3. 홍길동의 예상과 반대로 변화했으므로 4,000,000원의 손실이 발생하게 된다.

   투기손실 = (1,150−1,190) × 100,000 = −4,000,000원

3. 차익거래의 개요

(1) 차익거래의 원리

통화선물에서 차익거래여부를 판단하기 위해서는 이자율평가설을 이용한 통화선물의 균형가격이 통화선물의 시장가격과 양국의 이자율차이를 감안하여 균형상태여부를 파악해야 한다. 따라서 균형선물환율이 선물시장에서 형성된 현재의 선물환율과 다르다면 차익거래가 발생하게 된다.

1) 베이시스거래

베이시스거래는 베이시스의 변동을 이용하여 현물과 선물을 동시에 반대방향으로 매매하여 단기차익을 얻는 거래를 말한다. 예컨대 현물환율에 베이시스를 가산해 산출된 통화선물가격이 이론적으로 산출된 균형선물환율보다 높다면 과대평가된 통화선물을 매도하는 동시에 과소평가된 현물환을 매입하면 차익을 얻을 수 있다.

2) 스프레드거래

스프레드거래는 만기일이 상이한 통화선물의 가격간 스프레드를 이용하여 단기차익을 얻는 거래를 말한다. 예컨대 통화선물에서 근월물과 원월물의 통화선물간 실제스프레드가 근월물과 원월물의 통화선물간 균형스프레드보다 좁게 나타나면 과대평가된 근월물을 매도하고 과소평가된 원월물을 매입하면 차익을 얻을 수 있다.

(2) 차익거래의 종류

국제금리평가의 정리에 의해 산출된 이자율평가설이 성립하지 않으면 균형관계가 이탈되어 선물환율의 과대평가 또는 과소평가여부에 따라 현물매입차익거래 또는 현물매도차익거래가 발생한다. 이러한 차익거래가 계속되면 선물환율과 현물환율이 변화하여 차익거래가 발생하지 않는 균형관계가 회복된다.

① $F_1 > S_0 \dfrac{1+N_a}{1+N_b}$: 현물매입차익거래

현재의 선물환율이 과대평가되어 있으면 통화선물을 매도하고 현물통화를 매입하는 현물매입차익거래가 발생한다. 즉 자국통화를 차입하여 외국통화로 교환(외국통화현물환매입)하고 이를 외국통화로 표시된 금융자산에 투자하며 동시에 외국통화를 자국통화로 교환하는 선물환매도를 거래하면 된다.

② $F_1 < S_0 \dfrac{1+N_a}{1+N_b}$: 현물매도차익거래

현재의 선물환율이 과소평가되어 있으면 통화선물을 매입하고 현물통화를 매도하는 현물매도차익거래가 발생한다. 즉 외국통화를 차입하여 자국통화로 교환(외국통화현물

환매도)하고 이를 자국통화로 표시된 금융자산에 투자하며 동시에 자국통화를 외국통화로 교환하는 선물환매입을 거래하면 된다.

예제 13-3 통화선물의 차익거래

2022년 8월 현재 독일 마르크당 현물환율이 현재 DM1 = 626.2원이고 만기일까지 기간이 120일 남아 있는 12월물 선물환율은 DM1 = 624.9원이다. 독일의 이자율은 연 8.5%이고 한국의 이자율은 연 7.00%라고 가정하여 다음 물음에 답하시오.

1. 12월물 가격이 균형상태인가 파악하고 그렇지 않다면 어떤 형태의 차익거래가 가능한가를 설명하시오.
2. 원화기준 1백만원으로 실행하는 차익거래의 결과를 제시하시오.
3. 수익률기준으로 차익거래의 유인을 파악하시오.

풀이

1. 통화선물의 균형가격을 산출한 후 시장가격과 비교한다. 통화선물의 시장가격 624.9원은 이론가격보다 높은 수준으로 현재의 선물환율은 과대평가되어 있어 통화선물을 매도하고 현물통화를 매입하는 현물매입차익거래가 발생한다.

$$F_1 = S_0\left[\frac{1+N_a}{1+N_b}\right] = 626.2\left[\frac{1+0.07\times(120/360)}{1+0.085\times(120/360)}\right] = 623.15\text{원}$$

2. 현물매입차익거래는 자국통화를 차입하여 외국통화로 교환(외국통화 현물환매입)하고 이를 외국통화로 표시된 금융자산에 투자하며 동시에 외국통화를 자국통화로 교환하는 선물환계약(외국통화 선물환매도)을 거래하면 된다.

거래	8월의 현금흐름	12월의 현금흐름
선물매도 자금차입 현물매입	– ₩1,000,000 –DM 1,596.93*1	624.9 × DM1,646–DM1,646 –₩1,025,278*2 DM1,646*3
	0	3,307

*1 ₩1,000,000 ÷ 626.2 = 1,596.93

*2 1,000,000 × (1+0.07 × 120/360) = 1,025,278

*3 1,596.93 × (1+0.085 × 120/360) = 1,646

3. 현물매입차익거래를 통한 독일 마르크화에 대한 합성대출수익률은 7.92%이다. 이는 한국 원화에 대한 차입이자율 7%보다 높은 수준이어서 차익거래 기회가 존재한다.

$$\left(\frac{1{,}028{,}585-1{,}000{,}000}{1{,}000{,}000}\right)\times\frac{360}{120}=7.92\%$$

제5절 국내통화선물

통화선물은 수출입 및 국제자본거래로 수취 또는 지급하는 외국통화를 대상으로 하는 선물거래로 엔/원, 유로/원, 달러/원 등의 환율변동에 따른 환위험의 헤지나 환차익을 얻기 위해 통화선물의 매입자나 매도자가 외국통화를 당초의 약정된 가격으로 매입하거나 매도하기로 하는 선물계약을 말한다.

1. 통화선물의 개요

우리나라는 2017년 기준으로 국내총생산(GDP)이 1조 5,380억 달러를 기록하여 세계 12위의 경제대국으로 국제교역량이 많은 국가에 속한다. 특히 미국과의 교역규모는 중국에 이어서 2위를 기록하고 있다. 수출입 등의 국제교역에는 자금결제가 발생하는데 이때 가장 많이 활용되는 통화가 미국달러이다.

미국달러의 가치변동, 즉 환율변동은 수출입 비중이 높은 우리 경제에 큰 영향을 미친다. 따라서 우리나라 경제의 안정적 운영 및 개별 경제주체의 환위험관리를 위해 미국달러의 환율변동위험을 관리할 수 있는 미국달러선물이 장내파생금융상품으로 1999년 4월 23일 국내통화선물로는 최초로 상장되었다.

우리나라는 1999년 4월에 선물거래소가 개설되어 미국달러선물을 시작으로 현재는 엔선물, 유로선물, 위안선물이 상장되어 환위험의 헤지나 환차익을 얻기 위한 수단으로 이용되고 있다. 우리나라 한국거래소에서 거래되고 있는 통화선물의 주요상품을 살펴보면 [표 13-10]과 같이 제시할 수 있다.

▌표 13-10▌ 통화선물의 주요상품

구 분	미국달러선물	엔선물	유로선물	위안선물
거래대상	미국 달러	일본 엔	유로화	중국 위안화
거래단위	10.000달러	1,000,000엔	10,000유로	100,000위안
가격표시방법	1달러당 원화	100엔당 원화	1유로당 원화	1위안당 원화
최소가격변동폭	0.1원 → 1틱의 가치			
최소가격변동액	1,000원 (10,000 × 0.1)	1,000원 (1,000,000 × 0.1 × 1/100)	1,000원 (10,000 × 0.1)	1,000원 (100,000 × 0.01)
가격제한폭	기준가격±4.5%	기준가격±5.25%		기준가격±4.5%
상장결제월	• 달러선물 : 총 20개(1년 이내 매월, 1년 초과 매분기월 상장 • 엔, 유로, 위안선물 : 1년 이내의 8개 결제월			
최종결제방법	실물 인수도			
최종거래일	결제월의 세 번째 월요일(공휴일 경우 순차적으로 앞당김)			
최종결제일	최종거래일로부터 기산하여 3일째 거래일			
거래시간	09:00~15:15, 최종거래일 09:00~11:30			

2. 통화선물의 특징

(1) 직접거래 상품

국내외환시장에서 엔화는 달러/엔, 유로화는 유로/달러와 달러/원을 이용한 재정환율에 근거하여 거래되며, 엔선물은 일본 엔화, 유로선물은 유로화의 시장수급에 의해 환율이 결정된다. 한국거래소(KRX)에 상장된 엔선물과 유로선물을 이용하면 엔/원과 유로/원의 환위험헤지가 가능하다.

미국 시카고상업거래소(CME)에도 엔선물과 유로선물이 상장되어 있다. 그러나 시카고상업거래소(CME)의 통화선물은 미국달러 표시상품으로 국내 투자자들은 CME의 엔선물 또는 유로선물과 국내 미국달러선물을 이중으로 거래해야 엔/원과 유로/원의 환율변동위험을 헤지할 수 있다.

(2) 장내거래 상품

미국달러선물, 엔선물, 유로선물, 위안선물은 한국거래소(KRX)에 상장되어 거래되는 장내파생상품으로 다양한 정보를 가진 다수의 투자자들이 경쟁거래에 의해 가격이 결정되어 시장투명성이 높으며 홈트레이딩시스템(HTS)을 통해 실시간으로 투자자가 원하는 가격으로 거래할 수 있는 상품에 해당한다.

그리고 모든 통화선물에 대해 한국거래소가 결제이행을 보증하고 있어 투자자들은 거래상대방의 신용도에 대한 우려없이 누구나 손쉽게 거래에 참여할 수 있게 된다. 따라서 신용도가 낮아 은행에 높은 비용을 지불하거나 은행상품을 이용할 수 없었던 투자자에게 매력적인 환위험관리상품이 될 것이다.

3. 통화선물의 효과

(1) 헤지수요의 충족

엔/원 및 유로/원 환율변동위험에 노출된 국내투자자들에게 가격투명성이 높고 실시간 환율로 거래할 수 있는 환위험관리수단을 제공할 수 있다. 특히 신용도가 낮아 은행의 장외파생상품을 이용할 수 없었던 일반투자자나 중소기업에게 환위험을 효과적으로 관리할 수 있는 기회를 제공할 수 있다.

(2) 결제통화의 다양화

우리나라의 대외교역이 커지면서 결제통화도 엔화, 유로화 등 달러 이외로 다양해졌다. 종전의 미국 달러화로 집중된 결제통화를 이제는 엔화와 유로화로 다양화할 수 있어 국제교역거래에서 결제통화의 선택권이 확대될 수 있으며 국내 경제의 미국 달러화 편중현상을 해소하는데 기여할 수 있다.

(3) 투자편의의 증진

직거래상품이 없어 교차거래나 이중거래로 환위험헤지를 수행했던 투자자들에게 원화표시의 직거래상품 제공으로 거래비용의 감소, 교차거래로 인한 불편사항이 크게 개선될 것이다. 또한 미국 달러선물과 동일한 계좌를 이용하여 복수의 통화선물을 거래하면 증거금의 감면과 결제금액의 축소효과를 얻을 수 있다.

(4) 외환시장의 효율성

재정환율이 아닌 실거래에 기초한 원화표시 엔화의 직거래 환율이 실시간으로 일반인에게 공시되면서 엔/원 현물환율에 대한 지표(가격발견기능)를 제공할 수 있게 된다. 또한 선물시장과 현물시장간 연계거래의 촉진으로 그동안 거래가 부진한 엔/원의 직거래 현물거래도 촉진시킬 수 있을 것으로 기대된다.

(5) 해외투자수요 흡수

우리나라의 대외교역이 커지면서 결제통화도 엔화, 유로화 등 달러 이외의 통화로 다양해졌다. 따라서 달러선물, 유로선물, 엔선물의 상장으로 엔/달러선물 및 유로/달러선물 등 해외통화선물거래를 이용한 환위험의 헤지수요와 해외 FX마진 현물환거래를 통한 투자수요를 국내의 선물시장으로 유인할 수 있게 된다.

4. 통화선물의 거래절차

(1) 계좌개설

통화선물의 거래절차는 크게 계약의 체결과 자금의 결제로 나누어진다. 엔선물과 유로선물을 거래하고자 하는 투자자는 우선 한국거래소의 회원사인 선물중개회사에 선물옵션 거래계좌를 개설해야 한다. 그러나 미국달러선물을 거래하기 위한 계좌를 가지고 있는 경우에는 기존의 위탁계좌를 이용할 수 있다.

(2) 증거금 납부

통화선물을 이용하려면 계좌를 개설하고 거래를 하기 전에 결제이행을 보증하기 위해 선물중개회사에 품목별 위탁증거금률을 적용해 산출된 위탁증거금을 납부해야 한다. 위탁증거금률은 거래대상의 변동성을 감안하여 산출되며 선물거래소는 정기적으로 이를 검토하여 적정한 수준을 유지하고 있다.

통화선물은 투자자의 거래편의를 위해 계약당 주문증거금을 설정하여 거래개시에 납부하는 금액을 정한다. 따라서 투자자는 주문증거금을 납입한 후 거래를 할 수 있고 선물거래에 따른 손실이 발생하여 예탁금이 유지증거금 수준을 하회하면 추가증거금을 납입하여 개시증거금 수준으로 맞추어야 한다.

1) 증거금의 예탁수단

투자자는 증거금으로 현금, 대용증권, 외화 등을 예탁할 수 있다. 외화는 가격이 매일 변동하므로 매매기준율에 사정비율 95%를 곱하여 원화로 평가한 가격을 매일 산출하고 해당가치가 유지증거금을 하회하지 않도록 하고 있다. 미국 달러화, 일본 엔화, 유럽연합 유로화, 영국 파운드화, 홍콩 달러화 등을 예탁할 수 있다.

┃표 13-11┃ 외화의 기준시세(매매기준율)

구분	미국 달러화	미국 달러화 이외의 통화
거래종료 전 위탁증거금 산출	산출하는 날에 지정·고시되는 재정된 매매기준율	산출하는 날의 직전일에 지정·고시되는 재정된 매매기준율
거래종료 후 위탁증거금 산출	산출하는 날의 다음날에 지정·고시되는 매매기준율	산출하는 날에 지정·고시되는 재정된 매매기준율

유가증권시장에 상장된 주식과 채권, 코스닥시장에 상장된 채권, 상장외국주식예탁증서, 유가증권시장 상장규정에 의해 채권으로 보는 수익증권 등은 대용증권으로 예탁할 수 있다. 그러나 관련규정에 의해 관리종목, 정리매매, 투자유의종목으로 지정되거나 매매거래 정지종목은 대용증권으로 사용할 수 없다.

┃표 13-12┃ 외화의 기준시세(매매기준율)

구분	기준시세	사정비율
상장주권	거래종료 전 위탁증거금을 산출시 : 산출하는 날의 전일의 종가	• 상장주권 및 상장외국주식예탁증서의 사정비율은 70% • KOSPI200 구성종목 중 시가총액 상위 50개는 80%
	거래종료 후 위탁증거금을 산출시 : 산출하는 날의 종가	
상장채권	기준일로부터 기산하여 소급한 5거래일 일별종가의 단순산술평균가격	• 주식관련사채권을 제외한 사채권 85% • 주식관련사채권, 수익증권 80%
수익증권	기준일로부터 기산하여 소급한 20거래일 거래량가중평균가격	

상장주권, 상장외국주식예탁증서 등은 매일 가격을 산출하고, 상장채권 등은 매주 토요일에 산출한다. 대용가격은 기준시세에 사정비율을 곱한 금액으로 한다. 상장주권, 상장외국주식예탁증서, 외화표시채권을 제외한 상장채권은 10원 미만으로 절사하고 상장채권 중 외화표시채권은 1포인트 미만으로 절사한다.

2) 사후위탁증거금

선물거래소는 회원이 기관투자가 중 재무건전성, 신용상태, 미결제약정 보유상황, 결제이행능력 등을 감안하여 선정한 적격기관투자자가 당일 장중에 거래한 경우에 한하여 선물거래가 종료된 후에 위탁증거금을 납입하는 사후위탁증거금을 적용할 수 있도록 하고 있다.

3) 추가증거금의 예탁

투자자는 통화선물에 대해 장종료 후 예탁총액에 정산차금을 가감한 금액이 유지증거금보다 작은 경우에는 회원사에 위탁증거금을 추가로 예탁해야 한다. 이때 추가로 예탁해야 하는 위탁증거금을 추가증거금이라고 하며 예탁총액에 정산차금의 수수를 위해 예탁현금을 차감한 금액과 개시증거금의 차액 이상으로 한다.

$$\text{추가증거금} \geq \text{개시증거금} - \{\text{예탁총액} - \text{Min}(\text{정산차금}, \text{예탁현금})\} \qquad (13.7)$$

추가증거금의 예탁시한은 품목별 거래일의 다음 거래일 12시까지이며, 투자자가 예탁시한 전에 미결제약정을 소멸시키는 거래를 실행하여 위탁증거금 수준을 충족시킨 경우에는 추가증거금을 예탁한 것으로 본다.

(3) 거래주문

투자자가 통화선물을 거래할 경우 매매거래계좌를 개설한 선물중개회사를 직접 방문하거나 전화 또는 온라인(HTS) 등을 이용하여 주문을 제출할 수 있다. 주문시에는 계좌번호, 주문의 유형, 종목, 수량, 지정가주문의 경우 가격, 매입과 매도의 구분, 주문의 조건이 있는 경우 조건 등이 포함되어야 한다.

주문의 유형은 가격의 지정여부에 따라 지정가주문과 시장가주문으로 분류된다. 지정가주문은 투자자가 사거나 팔고자 하는 종목, 수량, 가격을 지정하는 주문을 말하고, 시장가주문은 투자자가 사거나 팔고자 하는 종목과 수량만 지정하고 가격은 지정하지 않은 주문으로 즉시 체결하고자 할 때 사용된다.

지정가주문과 시장가주문은 해당주문이 효력을 가지는 범위와 시간에 따라 전량조건, 충족조건, 당일조건으로 구분한다. 전량조건은 주문전달 즉시 전량이 체결될 수 있으면 체결이 이루어지고 그렇지 않으면 주문이 취소되는 조건이고, 충족조건은 즉시 체결 가능한 주문만 체결되고 나머지는 취소되는 조건을 말한다.

주문을 종목의 복합여부에 따라 단일종목에 대한 일반주문과 복수의 다른 종목을 동시에 체결시키기 위해 복수종목으로 구성된 복합주문으로 분류된다. 복합주문은 두 개의 종목 중 한 종목은 매입하고 다른 종목은 매도하는 거래를 정형화한 정형복합주문과 회원이 정하는 종목들로 구성된 비정형복합주문으로 나뉜다.

| 표 13-13 | 주문의 유형

구분	설명	
가격지정여부	지정가주문	가격을 지정하여 지정한 가격 또는 그보다 유리한 가격으로 거래를 체결하고자 하는 주문
	시장가주문	가격을 지정하지 않고 가장 유리한 가격 조건이나 시장에서 형성된 가격으로 거래를 체결하고자 하는 주문
종목복합여부	일 반 주 문	단일종목에 대한 주문
	복 합 주 문	복수의 다른 종목을 동시에 체결시킬 것을 조건으로 복수의 종목으로 구성된 주문

(4) 거래체결

선물거래의 체결은 복수가격에 의한 경쟁거래와 단일가격에 의한 경쟁거래로 이루어진다. 복수가격에 의한 경쟁거래는 개별 품목의 거래시간 동안 이루어지며, 단일가격에 의한 경쟁거래는 각 품목의 장 개시 전 30분과 시스템 장애 등으로 거래가 정지 또는 중단된 경우에 종료된 때로부터 10분간 이루어진다.

선물중개회사에 접수된 투자자의 매매주문은 즉시 한국거래소 전산시스템에 전달되고 전달된 주문은 가격우선 및 시간우선의 원칙에 의해 거래가 체결된다. 거래가 체결되면 선물거래소는 당해 체결내역을 거래하는 선물중개회사로 통보되며 고객은 전화 또는 온라인 등의 방법을 통해 체결내역을 확인할 수 있다.

(5) 일일정산

선물거래가 종료되면 선물회사는 당일의 정산가격에 의해 일일정산을 실시한다. 일일정산은 투자자가 선물거래로 발생한 확정손익과 보유 중인 미결제약정에서 발생한 손익을 합산하는 과정을 말한다. 일일정산에 따른 손익은 결제시한(익일 12시) 이후에 투자자의 예탁금에서 가감되는 방식으로 결제가 이루어진다.

(6) 최종결제

투자자가 거래가 만료된 종목에 대한 미결제약정을 보유하고 있으면 해당종목의 결제가격을 기준으로 산출한 인수도금액과 특정통화를 수수하는 방법으로 최종결제를 실행한다. 인수도결제는 계좌별로 해당종목의 매도(매입)미결제약정을 초과하는 매입(매도)미결제약정에 대해 이루어지고 결제시한은 최종결제일 12시이다.

5. 통화선물의 거래유형

(1) 헤지거래의 개요

1) 헤지거래의 정의

헤지거래의 목적은 미래의 환율변동에 따른 손실을 회피하는데 있다. 따라서 현재 외환을 보유하고 있거나 미래에 외환을 매입하는 경우 환위험을 회피하기 위해 현물시장과 반대방향의 포지션을 선물시장에서 취함으로써 선물시장의 이익(손실)으로 현물시장의 손실(이익)을 상쇄시키는 전략을 말한다.

2) 헤지거래의 원리

현물가격의 변화에 대해 반대방향의 선물포지션을 구성하되 현물가격과 선물가격의 변화 크기를 최대한 일치시켜야 헤지거래의 효율성이 극대화된다. 이를 위해 현물과 선물간 가격탄력성을 고려한 선물계약수의 정확한 산정이 중요하다. 따라서 헤지거래에 필요한 선물계약수는 다음과 같이 구할 수 있다.

$$\text{선물계약수} = \frac{\text{현물시장가치}}{\text{선물시장가치}} \times \beta \tag{13.8}$$

3) 헤지거래의 효율성

선물계약의 특성상 만기일 이전에는 베이시스위험이 존재하여 완전헤지를 달성하기 어렵다. 선물의 베이시스는 통화간 금리차에 의해 결정되므로 만기일 이전의 선물헤지에는 금리변동에 따른 베이시스위험이 존재한다. 이러한 위험요인을 제거하기 위한 적정 헤지계약수의 산정이 헤지거래의 핵심이 된다.

4) 헤지거래의 종류

① 매입헤지

매입헤지(long hedge)는 미래시점에 엔화, 유로화, 달러화로 결제하는 수입업자나 외화차입자는 환율이 현재시점보다 상승하는 경우에 발생할 수 있는 손실을 극소화하기 위해 통화선물시장에서 매입포지션을 취하는 투자전략을 말한다.

예제 13-4 엔선물 매입헤지거래

한국의 대한기업은 2021년 12월 3일 일본의 소한기업과 2,000만 엔 규모의 반도체부품 수입계약을 체결하였고 수입대금은 동년 12월 15일에 지급할 예정이다. 12월 11일 현재 엔 현물환율은 817원이고, 엔선물은 818원이라고 가정하자. 12월 15일에 엔 현물환율이 817원 이상으로 상승하면 손실위험에 노출되므로 엔선물 6월물을 4계약 매입하여 환위험을 헤지할 경우에 헤지결과는 다음과 같다.

구분	현물시장	선물시장
2021. 12. 3	817 × 20,000,000/100 ₩163,400,000	12월물 4계약 818원에 매입 ₩163,600,000
2021. 12.15	824 × 20,000,000/100 ₩164,800,000	12월물 4계약 825원에 매도 ₩165,000,000
거래손익	₩−1,400,000	₩＋1,400,000

② 매도헤지

매도헤지(short hedge)는 미래시점에 엔화, 유로화, 달러화를 수취하는 수출업자나 외화운용자는 환율이 현재시점보다 하락하는 경우에 발생할 수 있는 손실을 극소화하기 위해 통화선물시장에서 매도포지션을 취하는 투자전략을 말한다.

예제 13-5 유로선물 매도헤지거래

한국의 삼성기업은 2022년 5월 15일 독일의 뮌헨기업과 50만 유로 규모의 휴대폰 수출계약을 체결하였고 수출대금은 동년 6월 15일에 수령할 예정이다. 5월 15일 현재 유로 현물환율은 1,195원이고, 유로선물은 1,197원이라고 가정하자. 6월 15일에 유로 현물환율이 1,195원 이하로 하락하면 손실위험에 노출되므로 유로선물 6월물을 10계약 매입하여 환위험을 헤지할 경우에 헤지결과는 다음과 같다.

구분	현물시장	선물시장
2022. 5. 15	1,195 × 500,000 ₩597,500,000	6월물 10계약 1,197원에 매도 ₩598,500,000
2022. 6. 15	1,155 × 500,000 ₩577,500,000	6월물 10계약 1,157원에 매입 ₩578,500,000
거래손익	₩−20,000,000	₩+20,000,000

(2) 투기거래의 개요

1) 투기거래의 정의

투기거래는 가격변동위험에 노출된 현물포지션이 없는 상태에서 미래의 환율방향을 예측하여 이를 바탕으로 환율변동시 이익을 얻기 위해 특정 통화에 대한 선물포지션을 취하여 매매차익을 얻는 투자전략을 말한다. 따라서 미래의 상황이 예상과 맞으면 큰 이익을 얻을 수 있지만, 예상과 틀리면 큰 손실을 보게 된다.

2) 투기거래의 기능

투기거래자는 보호되지 않은 포지션(uncovered position)을 보유함으로써 헤지거래자가 전가하는 가격변동위험을 떠안으며 선물시장의 유동성과 변동성을 확대시키는 역할을 수행한다. 그리고 투기거래자는 매입호가와 매도호가간 스프레드를 축소시켜 적정한 선물가격의 형성에 기여할 수 있다.

3) 투기거래의 종류

① 단순투기거래

단순투기거래는 현물시장에서는 아무런 포지션도 취하지 않고 미래 달러선물, 유로선물, 엔선물의 가격을 예상하여 환율상승이 예상되면 매입포지션을 취하고 환율하락이 예상되면 매도포지션을 취한 후 환율변동이 발생하면 포지션을 청산하거나 반매매매를 통해 이익을 얻는 투자전략을 말한다.

② 스프레드거래

스프레드거래는 특정 선물과 다른 선물의 가격차이(스프레드)가 일정한 범위를 이탈하여 변동할 것을 예상하여 두 개의 선물 중에서 상대적으로 과대평가된 선물은 매도하고 과소평가된 선물은 매입하는 상반된 포지션을 취한 후에 청산 및 반대매매를 통해 이익을 실현하는 투자전략을 말한다.

스프레드거래에 따른 손익은 두 선물가격의 절대적 변동이 아니라 상대적 변동의 크기에 따라 결정된다. 즉 스프레드거래에서는 선물가격 그 자체가 아니라 두 선물가격 간의 차이가 중요하며, 이 두 선물가격간의 차이를 나타내는 스프레드가 변동함에 따라 이익을 얻을 수 있는 기회가 발생한다.

따라서 스프레드거래자는 선물가격 그 자체의 변동방향보다는 자신이 보유하고 있는 매입포지션(long leg)과 매도포지션(short leg) 사이의 가격변동에 더 큰 관심을 갖는다. 선물에 대한 단순한 매입 또는 매도포지션은 위험이 높은 반면에 스프레드포지션은 상대적으로 위험이 낮은 편에 속한다.

스프레드거래는 만기간 스프레드거래, 상품간 스프레드거래, 시장간 스프레드거래로 구분된다. 만기간 스프레드거래는 기초자산은 동일하나 만기가 서로 다른 선물계약간의 가격차이를 이용한다. 따라서 강세(약세)장이 예상되면 근월물을 매입(매도)하고 원월물을 매도(매입)하는 강세(약세)스프레드를 구성한다.

상품간 스프레드거래는 선물의 만기는 동일하지만 기초자산이 서로 다른 선물계약간의 가격차이를 이용한다. 일반적으로 동일한 선물거래소에서 거래되는 만기가 동일한 이종선물간의 가격차이를 말한다. 상품간 스프레드의 특수한 형태에는 하나의 원료와 그 원료로 생산한 제품간의 스프레드가 있다.

시장간 스프레드거래는 상품간 스프레드에서 변형되었으며 상품선물거래와 금리선물거래에서 많이 이용된다. 동일한 기초자산에 대한 이들 시장가격간의 차이는 이론상 수송비용과 동일해야 한다. 그러나 일시적인 상황으로 이들 가격간의 차이가 수송비용 이상으로 벌어지면 시장간 스프레드를 통해 이익을 얻을 수 있다.

예제 13-6 엔선물을 이용한 단순매입투기거래

일반투자자 홍길동은 2022년 5월 20일 일본의 경기회복 및 주가상승으로 원화 대비 엔화 강세를 전망하여 엔선물 5계약을 매입하기로 하였다. 5월 20일 현재 엔 현물환율은 855원으로 가정하고 5월 27일 867원에 엔선물 5계약을 매도하여 포지션을 청산하는 경우 투자 결과는 다음과 같다.

구분	선물시장	비고
2022.5.20	6월물 5계약 855원에 매입 ₩42,750,000*1	증거금 계약당 170만원 5계약 보유시 850만원
2022.5.27	6월물 5계약 867원에 매도 ₩43,350,000*2	2억 1,375만원/850만원 ≒ 레버리지 25.2배
거래손익	₩600,000	

*1 855 × 1,000,000/100 × 5

*2 867 × 1,000,000/100 × 5

예제 13-7 유로선물을 이용한 단순매도투기거래

우리은행은 2022년 6월 5일 국내의 경제성장 대비 유럽의 경기둔화로 유로화 약세를 전망하여 유로선물 5계약을 매도하기로 하였다. 6월 5일 현재 유로 현물환율은 1,200원으로 가정하고 7월 5일 1,167원에 유로선물 5계약을 매입하여 포지션을 청산하는 경우 투자결과는 다음과 같다.

구분	선물시장	비고
2022.6.5	6월물 5계약 1,200원에 매도 ₩60,000,000*1	증거금 계약당 220만원 5계약 보유시 1,100만원
2022.7.5	6월물 5계약 1,167원에 매입 ₩58,350,000*2	3억원/1.100만원 ≒ 레버리지 27.3배
거래손익	₩1,650,000	

*1 1,200 × 10,000 × 5

*2 1,167 × 10,000 × 5

(3) 차익거래의 개요

1) 차익거래의 정의

차익거래는 선물가격과 현물가격간 일시적인 가격 불균형현상이 발생하면 현물과 선물간 가격괴리를 이용하여 과소평가된 시장에서는 매입포지션(long position)을 취하고 과대평가된 시장에서는 매도포지션(short position)을 취함으로써 가격방향에 관계없이 무위험 차익을 확보하는 투자전략을 말한다.

2) 차익거래의 기회

선물과 현물간의 차익거래기회가 존재하는지를 파악하려면 선물가격과 현물가격 사이의 균형관계가 성립하는지 확인하고 선물가격의 괴리여부를 판단하는 이론가격의 산정이 중요하다. 차익거래를 실행하려면 차입비용과 시장충격비용 등을 고려하고 가격괴리의 빠른 포착과 순간적인 포지션 진입이 요구된다.

3) 차익거래의 종류

통화선물에서 차익거래여부를 판단하기 위해서는 이자율평가설을 이용한 통화선물의 균형가격이 통화선물의 시장가격(선물환율)과 양국의 이자율차이를 감안하여 균형상태인가를 파악해야 한다. 따라서 균형선물환율이 선물시장에서 형성된 현재의 선물환율과 일치하지 않으면 차익거래가 발생하게 된다.

▌표 13-14▐ 차익거래의 종류

구분	가격상황	포지션 구성
매입차익거래	시장선물환율 > 이론선물환율	선물매도 + 현물매입
매도차익거래	시장선물환율 < 이론선물환율	선물매입 + 현물매도

① 현물매입차익거래 : $F > S + CC - CR$

현물매입차익거래는 실제선물가격이 이론선물가격보다 높은 경우 선물의 시장가격이 과대평가되어 있어 과대평가된 선물을 매도하고 과소평가된 현물을 자금을 차입하여 매입하는 차익거래를 말한다. 차익거래의 과정에서 선물가격은 하락하고 현물가격은 상승하여 균형관계가 다시 회복된다.

예제 13-8 엔선물을 이용한 매입차익거래

국민기업은 2022년 5월 25일 일본에서 ¥50,000,000을 차입하고 25일 후에 상환할 예정이다. 국민기업은 최근에 환율이 하락하는 추세가 향후 지속될 것으로 예상하여 엔선물 10계약을 이용하려고 한다. 현재 현물시장에서 엔화에 대한 원화의 환율은 852원, 3개월 만기 선물환율은 856원, 이론가격은 854원, 원화금리는 4.0%, 엔화금리는 0.5%로 가정할 경우에 투자결과는 다음과 같다.

구분	현물시장	선물시장
2022. 5.25	엔화 매입 ¥50,000,000 @852 ₩426,000,000	6월물 10계약 매도 @856 ₩428,000,000*1
2022. 6.19	엔화 매도 ¥50,000,000 @831 ₩415,500,000	6월물 10계약 매입 @831 ₩415,500,000*2
매매손익(₩)	₩-10,500,000	₩+12,500,000
차입비용(₩)	₩-1,167,123(=426,000,000 × 4% × 25/365)	
대출수익(¥)	¥17,123(=50,000,000 × 0.5% × 25/365)*3	
순 손 익(₩)	₩975,172(=2,000,000-1,167,123+142,295)	

*1 ₩856 × ¥1,000,000/100 × 10계약

*2 ₩831 × ¥1,000,000/100 × 10계약

*3 142,295(=¥17,123 × 831/100)

② 현물매도차익거래 : F〈S+CC-CR

현물매도차익거래는 실제선물가격이 이론선물가격보다 낮은 경우 선물의 시장가격이 과소평가되어 과대평가된 현물을 공매하여 자금을 대출하고 과소평가된 선물을 매입하는 차익거래를 말한다. 차익거래의 과정에서 현물가격은 하락하고 선물가격은 상승하여 균형관계가 다시 회복된다.

예제 13-9 유로선물을 이용한 매도차익거래

명지기업은 2022년 5월 25일 영국기업에 €500,000을 대출하고 25일 후에 회수할 예정이다. 명지기업은 최근에 환율이 상승하는 추세가 향후 지속될 것으로 예상하여 유로선물 10계약을 이용하려고 한다. 현재 현물시장에서 유로화에 대한 원화의 환율은 1,191원, 3개월 만기 선물환율은 1,192원, 이론가격은 1,192.3원, 원화금리는 4.0%, 유로화금리는 2.4%로 가정할 경우에 투자결과는 다음과 같다.

구분	현물시장	선물시장
2022. 5.25	유로화 매도 €500,000 @1,191.0 ₩595,500,000	6월물 10계약 매입 @1,192.0 ₩596,000,000[*1]
2022. 6.19	유로화 매입 €500,000 @1,163.5 ₩581,750,000	6월물 10계약 매입 @1,163.5 ₩581,750,000[*2]
매매손익(₩)	₩+13,750,000	₩-14,250,000
차입비용(₩)	₩-822(=500,000 × 2.4% × 25/365)	
대출수익(₩)	₩1,631,507(=595,500,000 × 4% × 25/365)	
순 손 익(₩)	₩175,206(=-500,000-956,301+1,631,507)	

*1 ₩1,192 × €500,000 × 10계약

*2 ₩1,163.5 × €500,000 × 10계약€

앞에서는 선물가격과 현물가격간의 불균형을 이용한 차익거래에 대해 설명하였다. 이제는 동일한 기초자산에 대한 만기가 서로 다른 선물을 이용하는 차익거래를 살펴보겠다. 시장이 균형상태에 있다면 원월물과 근월물간에는 다음과 같은 관계식이 성립해야 하며, 이러한 관계가 성립하지 않으면 차익거래가 발생한다.

$$F_2 = F_1 + CC - CR \tag{13.9}$$

① $F_2 \rangle F_1 + CC - CR$: 근월물매입차익거래

원월물이 근월물에 비해 상대적으로 고평가되어 있는 불균형상태에서 저평가된 근월물을 매입하고 고평가된 원월물을 매도하면 차익거래를 통해 위험부담 없이 이익을 얻을 수 있다. 근월물만기와 원월물만기 사이의 기간에 발생하는 수익은 없다고 가정하고 근월물매입차익거래의 현금흐름을 나타내면 [표 13-15]와 같다.

❙표 13-15❙ 근월물매입차익거래의 현금흐름

거래	현재	1년 후	2년 후
근월물매입	0	S_1-F_1	−
원월물매도	0	−	F_2-S_2
시점 1에서 F_1차입	−	F_1	$-F_1(1+r)$
시점 1에서 현물매입	−	$-S_1$	S_2
	0	0	$F_2-F_1(1+r)$

[표 13−15]에서 F_1과 F_2는 각각 근월물가격과 원월물가격을 나타내고 S_1과 S_2는 각각 시점 1과 시점 2에서의 현물가격을 의미한다. 따라서 근월물매입차익거래를 통해 얻게 되는 이익은 $F_2-F_1(1+r)$이 된다. 여기서 차익거래의 이익이 0이 되면 선물시장은 식(7.6)이 성립하는 균형상태가 된다.

② $F_2 < F_1 + CC - CR$: 근월물매도차익거래

원월물이 근월물에 비해 상대적으로 저평가되어 있는 불균형상태에서 저평가된 원월물을 매입하고 고평가된 근월물을 매도하면 차익거래를 통해 이익을 얻을 수 있다. 근월물만기와 원월물만기 사이의 기간에 발생하는 수익은 없다고 가정하고 근월물매도차익거래의 현금흐름을 나타내면 [표 13−16]과 같다.

❙표 13-16❙ 근월물매도차익거래의 현금흐름

거래	현재	1년 후	2년 후
근월물매도	0	F_1-S_1	−
원월물매입	0	−	S_2-F_2
시점 1에서 F_1대출	−	$-F_1$	$F_1(1+r)$
시점 1에서 현물매도	−	S_1	$-S_2$
	0	0	$F_1(1+r)-F_2$

제1절 선물거래의 개요

1. 선물래의 정의 : 기초자산을 약정한 선물가격으로 매매하기로 체결한 계약

2. 선물거래의 종류 : 기초자산의 종류에 따라 상품선물과 금융선물로 구분
① 상품선물 : 기초자산이 실물상품(농산물, 축산물, 귀금속, 비철금속, 에너지 등)
② 금융선물 : 기초자산이 금융상품(개별주식, 주가지수, 금리, 통화 등)

3. 선물거래의 손익
① 선물매입자 : 청산일의 현물가격이 체결일 선물가격보다 상승하면 이익이 발생
② 선물매도자 : 청산일의 현물가격이 체결일 선물가격보다 하락하면 이익이 발생

4. 선물거래의 목적 : 헤지거래, 투기거래, 차익거래, 스프레드거래

5. 선물거래의 기능 : 가격예시, 위험이전, 자원배분, 자본형성, 유동성 증가

6. 선물시장의 조직 : 선물거래소, 청산소, 선물중개회사, 선물거래자

7. 선물시장의 운용 : 계약의 표준화, 일일정산제도, 증거금제도, 가격안정화제도

8. 선물가격의 결정 : $F_{0,T} = S_0 + CC - CR$

제2절 통화선물의 개요

1. 통화선물의 정의 : 선물거래소에 상장된 특정통화를 사전에 약정한 선물환율로 만기일에 인수도하기로 약속하는 선물거래

2. 선물환거래와 비교
① 선물환거래는 특정통화를 현재시점에 약정한 환율로 매매하기로 체결한 거래로 계약내용을 고객의 편의에 맞추어 신축적으로 결정할 수 있음
② 통화선물거래는 특정통화를 현재시점에서 약정한 환율로 거래하여 선물환거래와 동일하나 거래소, 청산소, 계약의 표준화, 증거금 및 일일정산제도 등이 있음

3. 통화선물시장의 구성 : 선물거래소, 선물거래자, 선물중개회사

4. 통화선물거래의 절차
투자자는 선물회사에 위탁계좌를 개설하고 개시증거금을 예치해야 하며 선물회사를 통해 매매주문을 내고 거래가 체결되면 선물회사는 체결내역을 투자자에게 통보함

제3절 통화선물의 가격결정

1. 이자율평가설 : 동일한 위험과 만기를 갖는 금융상품의 수익률은 동일해야 하며 선물환율과 현물환율의 차이가 두 통화간의 이자율차이에 의해 결정되는 원리

① 자국통화의 이자율이 외국통화의 이자율보다 높으면 자국통화로 표시한 외국통화의 선물환율이 현물환율보다 높은 할증상태

② 자국통화의 이자율이 외국통화의 이자율보다 낮으면 자국통화로 표시한 외국통화의 선물환율이 현물환율보다 낮은 할인상태

2. 보유비용모형 : 통화선물의 매입과 현물자산을 매입하여 만기일까지 보유하는 것은 동일한 효과를 가져 시장균형상태에서 이론선물가격(F)은 현물가격(S)에 보유비용(CC)은 가산하고 보유수익(CR)은 차감한 값과 동일해야 한다는 모형

제4절 통화선물의 거래유형

1. 헤지거래의 개요

(1) 헤지거래의 원리

① 외화대출자와 수출업자는 통화선물을 매도하면 환율하락위험을 헤지할 수 있음

② 외화차입자와 수입업자는 외환선물을 매입하면 환율상승위험을 헤지할 수 있음

(2) 헤지거래의 종류

① 매입헤지 : 미래의 예상치 못한 환율변동으로 매입해야 할 통화의 가치가 상승하여 환차손이 발생할 가능성에 대비하여 통화선물을 매입하는 거래

② 매도헤지 : 미래의 예상치 못한 환율변동으로 매도해야 할 통화의 가치가 하락하여 환차손이 발생할 가능성에 대비하여 통화선물을 매도하는 거래

2. 투기거래의 개요

① 환율상승이 예상 : 강세로 예상되는 통화에 대한 선물계약을 매입한 후 선물계약을 매도하여 포지션을 청산하면 투기적 이익을 얻을 수 있음

② 환율하락이 예상 : 약세로 예상되는 통화에 대한 선물계약을 매도한 후 선물계약을 매입하여 포지션을 청산하면 투기적 이익을 얻을 수 있음

3. 차익거래의 개요

(1) 차익거래의 원리 : 균형선물환율이 선물시장에서 형성된 현재의 선물환율과 다르다면 차익거래가 발생함

(2) 차익거래의 종류

① $F_1 > S_0 \dfrac{1+N_a}{1+N_b}$: 현물매입차익거래

② $F_1 < S_0 \dfrac{1+N_a}{1+N_b}$: 현물매도차익거래

연·습·문·제

1 **다음 중 선물거래와 선도거래에 대한 설명으로 옳지 않은 것은?**

① 선물거래에서는 거래상대방의 신용을 고려할 필요가 없지만, 선도거래에서는 상대방의 신용을 고려해야 한다.

② 선물거래에서는 가격제한폭이 적용되지만, 선도거래에서는 가격제한폭이 없다.

③ 선물거래의 참여자는 헤지거래자, 투기거래자, 차익거래자 등으로 다양한 반면 선도거래의 참여자는 실수요자 중심으로 이루어진다.

④ 선물거래는 선도거래에 비해 시장의 유동성이 높고 가격조작의 가능성이 적다.

⑤ 선도거래는 선물거래와 달리 거래당사자가 계약을 반드시 이행해야 할 의무가 없다.

| **해설** | 선도거래와 선물거래 모두 거래당사자가 계약을 반드시 이행해야 할 의무가 있다. 다만 선도거래는 직접거래이기 때문에 계약불이행의 위험이 존재한다.

2 **다음 중 선물거래에 대한 설명으로 적절하지 않은 것은?**

① 선물거래는 계약이행을 보증하기 위해 일일정산제도와 증거금제도가 있다.

② 선물가격은 인도일에 다수의 매입자와 매도자가 시장경쟁을 통해 결정된다.

③ 선물거래는 옵션과 달리 만기일에 불리한 경우라도 반드시 계약을 이행해야 할 의무를 부담한다.

④ 선물거래는 옵션과 마찬가지로 반대매매를 통해 포지션을 청산할 수 있다.

⑤ 옵션매입자는 옵션가격을 지불하지만, 선물매입자는 증거금만 납부할 뿐 별도의 대가 수수는 없다.

| **해설** | 선물가격은 계약이 체결될 때 다수의 매입자와 매도자가 시장경쟁을 통한 공개호가방식으로 결정된다.

3 **다음 중 선물거래에 대한 설명으로 옳은 것은?**

① 선물거래의 대부분은 만기일에 실제 실물의 인수도로 포지션이 청산된다.

② 선물거래는 현물거래에 비해 매매방법이 간단하다.

③ 선물매도자는 기초자산가격이 선물가격보다 높으면 이익을 얻고, 선물매입자는 반대의 경우가 되면 이익을 얻는다.

④ 선물거래는 제로섬(zero-sum)게임에 해당한다.

⑤ 선물거래는 거래상대방에 대한 신용이 거래의 이행에 중요한 역할을 한다.

| **해설** | ① 선물거래는 대부분의 경우 반대매매를 통해 포지션이 청산된다.
② 선물거래는 공식적인 시장에서 이루어지므로 현물거래에 비해 매매방법이 복잡하다.
③ 선물매도자는 기초자산가격이 선물가격보다 낮으면 이익을 얻고, 선물매입자는 반대가 된다.
⑤ 직접거래의 형태인 선도거래에서 거래상대방의 신용은 중요하다.

4 다음 중 선물거래에 대한 설명으로 적절하지 않은 것은?

① 정상시장에서 선물가격은 현물가격보다 높게 형성된다.

② 특정자산의 선물계약에서 원월물의 선물가격이 근월물의 선물가격보다 높다.

③ 상품선물은 콘탱고(contango)가 일반적이다.

④ 상품선물에서 일시적으로 공급이 수요를 초과하면 백워데이션이 발생한다.

⑤ 선물만기일에는 항상 베이시스가 0이 되며, 선물가격과 현물가격은 일치한다.

| **해설** | 수요가 공급을 초과할 경우에 백워데이션(backwardation)이 발생할 수 있다.

5 다음 중 선물거래의 경제적 기능에 대한 설명으로 옳지 않은 것은?

① 헤지거래자는 기초자산의 가격변동위험을 투기거래자에게 전가할 수 있다.

② 표준화된 선물거래는 현물시장의 안정성과 유동성을 제고한다.

③ 투기거래자의 거래과열로 자원배분의 왜곡이 발생한다.

④ 선물가격은 다양한 시장참가자들의 예측을 반영하여 결정되기 때문에 미래의 현물가격에 대한 예시기능을 수행한다.

| **해설** | 선물가격은 현물시장의 수급에 관한 각종 정보를 집약하고 있어 특정 상품의 시간적 배분기능을 통해 자원배분의 효율성을 증대시킬 수 있다.

6 다음 중 헤지거래에 대한 설명으로 옳지 않은 것은?

① 헤지거래는 현물가격과 선물가격이 동일하게 움직일 때 효과가 크게 나타난다.

② 고정금리 채권자는 금리상승위험에 노출되어 있어 금리선물을 매도한다.

③ 수입업자는 환율이 상승하는 경우에 손실이 발생하여 통화선물을 매입한다.

④ 금 보유자가 가격하락에 대비하여 금선물을 매도하는 것은 매입헤지이다.

| **해설** | 매도헤지는 현물시장에서 매입포지션에 있는 투자자가 현물자산의 가격이 하락할 것으로 예상될 경우 선물시장에서 매도포지션을 취하여 가격하락위험을 회피하는 전략이다.

7 다음 중 선물가격과 현물가격간의 완전헤지가 되기 위한 조건은?

① 선물가격과 현물가격간에 완전한 정(+)의 상관관계가 존재해야 한다.

② 미래에 채권을 구입하고자 할 때 이자율의 하락이 예상되어야 한다.

③ 미래 현물시장에서 금리가 하락할 것을 예상하여 현물시장에서 채권의 매입포지션을 취했을 경우 선물을 매도하는 포지션을 취해야 한다.

④ 선물가격과 현물가격간에 완전한 부(−)의 상관관계가 존재해야 한다.

⑤ 채권가격의 상승시 현물시장에서 채권의 매도포지션을 취했을 경우 선물을 매입하는 포지션을 취해야 한다.

| 해설 | 완전헤지가 달성되려면 헤지대상이 되는 현물자산과 헤지수단으로 이용하는 선물계약의 기초자산이 동일하고, 계약일부터 청산일까지 베이시스가 일정하며, 현물가격과 선물가격간의 상관계수가 1인 경우에만 가능하다.

8 **다음 중 차익거래에 대한 설명으로 옳지 않은 것은?**

① 매도차익거래는 선물만기일에 주가지수를 상승시키는 요인으로 작용한다.
② 공매도에 대한 제약은 차익거래 불가능영역의 하한선에 영향을 미친다.
③ 실제선물가격이 이론선물가격보다 낮으면 매수차익거래의 기회가 발생한다.
④ 현물시장의 거래비용이 증가할수록 차익거래 불가능영역이 확대된다.

| 해설 | 실제선물가격이 이론선물가격보다 낮으면 과대평가된 현물을 공매하여 대금을 대출하고 과소평가된 선물을 매입하는 현물매도차익거래가 발생한다.

9 **보유비용모형에 의한 KOSPI 200선물의 이론가격이 382포인트이고 실제선물가격이 380포인트라면 어떤 차익거래가 가능한가?**

① 매입차익거래, 자금차입 + 현물매입 + 선물매도
② 매입차익거래, 현물매도 + 자금대출 + 선물매입
③ 매도차익거래, 자금차입 + 현물매도 + 선물매입
④ 매도차익거래, 현물매도 + 자금대출 + 선물매입

| 해설 | 선물의 시장가격이 이론가격보다 낮아 과소평가된 선물은 매입하고 과대평가된 현물은 공매하여 대금을 대출하는 매도차익거래가 가능하다.

10 **보유비용모형에 의한 KOSPI 200선물의 이론가격이 378포인트이고 실제선물가격이 380포인트라면 어떤 차익거래가 가능한가?**

① 매입차익거래, 자금차입 + 현물매입 + 선물매도
② 매입차익거래, 현물매도 + 자금대출 + 선물매입
③ 매도차익거래, 자금차입 + 현물매도 + 선물매입
④ 매도차익거래, 현물매도 + 자금대출 + 선물매입

| 해설 | 선물의 시장가격이 이론가격보다 높아 과소평가된 현물은 자금을 차입하여 매입하고 과대평가된 선물은 매도하는 매입차익거래가 가능하다.

11 **다음 중 선물환과 통화선물에 대한 설명으로 옳지 않은 것은?**

① 선물환과 통화선물은 미래에 거래할 외환의 가격인 환율을 고정시킨다는 측면에서 동일한 형태의 계약이다.

② 선물환은 선도계약으로 장외시장에서 거래되는 반면에 통화선물은 선물계약으로 장내시장에서 거래된다.

③ 통화선물은 거래상대방을 보호하기 위해 증거금과 일일정산제도가 존재한다.

④ 통화선물은 거래상대방이 약속을 이행할 것인가에 대한 계약불이행위험이 존재한다.

| 해설 | 통화선물은 청산소가 거래상대방의 역할을 수행하여 선물계약의 이행을 보증하기 때문에 계약불이행위험이 존재하지 않는다.

12 **동일한 대상에 대해 만기월이 서로 다른 두 통화선물계약에 대해 스프레드포지션을 취할 경우에 옳지 않은 것은?**

① 근월물 매수/원월물 매도시 이를 캘린더 스프레드라고 부른다.

② 근월물 매수/원월물 매도시 두 가격간의 스프레드가 벌어질 경우 이익을 본다.

③ 근월물 매수/원월물 매도시 두 가격간의 스프레드가 좁아질 경우 이익을 본다.

④ 근월물 선물가격은 원월물 선물가격보다 낮다.

| 해설 | 근월물 가격이 원월물 가격보다 낮으므로 근월물 매수/원월물 매도시 가격차가 축소되어야 이익이 발생한다.

13 **우리나라에서 거래되는 미국달러선물은 1계약이 $10,000이고 가격은 달러당 환율로 호가를 한다. 만일 투자자 홍길동이 미국달러선물 10계약을 ₩1,000/$에 매수하여 ₩1,100/$에 전매했다면 손익규모는?**

① 10,000,000원 이익 ② 10,000,000원 손실

③ 50,000,000원 이익 ④ 50,000,000원 손실

| 해설 | (1,100−1,000) × 100,000원 × 10계약 = 10,000,000원 이익

14 **오전 10시 현재 1계약의 크기가 $10,000인 미국 달러선물의 가격이 ₩950/$에 거래되고 있다. 10시에 5계약 매도포지션을 취한 후 10시 30분에 ₩940/$에 매수(환매)포지션을 취했다면 손익은 얼마인가?**

① 500,000원 이익 ② 500,000원 손실

③ 2,500,000원 이익 ④ 2,500,000원 손실

| 해설 | (950−940) × 10,000원 × 5계약 = 500,000원 이익

15 **다음 중 환위험을 헤지하기 위해 미국달러선물을 매도해야 하는 경우는?**

> 가. 보유중인 미국 주식을 3개월 후에 매도하여 국내 주식에 투자할 계획이다.
> 나. 3개월 후에 달러화 차입금을 상환해야 한다.
> 다. 3개월 후에 원자재를 수입할 계획으로 있다.
> 라. 3개월 후에 달러화 표시 채권을 발행하여 원화로 자금을 확보할 계획이다.

① 가, 나 ② 다, 라
③ 가, 라 ④ 나, 다

| 해설 | 현물시장에서 매입포지션에 있어 3개월 후에 달러화 유입이 있는 경우 달러화선물을 매도함으로써 가격하락위험을 헤지할 수 있다.

16 **다음 중 미국달러선물에 대한 설명으로 적절한 것은?**

① 다른 요인의 변화가 없다면 원화 금리가 상승할수록 달러 선물가격은 하락한다.
② 다른 요인의 변화가 없다면 달러 금리가 상승할수록 달러 선물가격은 상승한다.
③ 원/달러 환율의 하락을 예상한 투기전략은 달러 선물매입이다.
④ 달러화 매입포지션의 헤지전략은 달러 선물매도이다.

| 해설 | 다른 요인의 변화가 없다면 원(달러) 금리가 상승할수록 달러 선물가격은 상승(하락)한다. 원/달러 환율의 하락을 예상한 투기전략은 달러 선물매도이다. 달러 매입포지션의 헤지전략은 달러 선물매도이다.

17 **한국전자는 미국의 A기업과 $1,000,000의 부품공급계약을 체결하고 3개월 후 판매대금을 수취하기로 약정하였다. 또한 미국의 B기업으로부터 $800,000의 부품을 수입하고 3개월 후에 부품대금을 지급하기로 하였다. 한국전자가 완전헤지를 한다고 가정할 경우 취해야 할 가장 바람직한 거래는?**

① $1,000,000에 대한 원/달러 선물환 매도 및 $800,000에 대한 원/달러 선물환 매입
② $1,000,000에 대한 원/달러 선물환 매입 및 $800,000에 대한 원/달러 선물환 매도
③ $200,000에 대한 원/달러 선물환 매도
④ $200,000에 대한 원/달러 선물환 매입

| 해설 | 상계 후 포지션을 구해보면 6개월 후 $200,000의 미국 달러를 대금으로 수취하게 된다. 선물거래에 대한 거래수수료가 존재하는 경우 선물포지션이 커질수록 거래수수료가 추가되므로 상계 후 남아있는 환위험 포지션에 헤지를 하는 것이 바람직하다. 즉 $200,000에 대한 원/달러 선물을 매도하는 경우 거래비용을 최소화하는 완전헤지가 가능하다.

18 **(주)한국은 캐나다달러(CD$)로 이루어질 수입자금 결제에 대해 선물거래소에서 거래되는 미국달러(US$)선물을 활용하여 환위험을 헤지하고자 한다. CD$와 US$에 대한 통계량이 다음과 같이 주어졌을 경우에 제3국 통화로 헤지함에 따라 발생하는 베이시스위험을 최소화시키는 최소분산헤지비율은 얼마가 되어야 하는가?**

① 0.567
② 0.694
③ 1.041
④ 1.275

| 해설 | 베이시스위험을 최소화시키는 최소분산헤지비율은 (상관계수 × 현물환율의 표준편차/선물환율의 표준편차) = (0.85 × 0.1/0.15) = 0.567이다.

19 **다음 중 환위험을 헤지하기 위해 달러화 선물을 매도해야 하는 경우는?**

> 가. 보유하고 있는 미국 주식을 3개월 후에 매도하여 국내 주식에 투자할 계획이다.
> 나. 3개월 후에 달러화 차입금을 상환해야 한다.
> 다. 3개월 후에 원자재를 수입할 계획으로 있다.
> 라. 3개월 후에 달러화 표시채권을 발행하여 원화로 자금을 확보할 계획이다.

① 가, 나
② 다, 라
③ 가, 라
④ 나, 다

| 해설 | 현물시장에서 매입포지션인 경우 환율하락시 손실이 발생하기 때문에 선물시장에서는 환율하락위험을 회피하기 위해 달러선물을 매도해야 한다.

20 **(주)가나는 6개월 후에 수입대금 $100만를 지불해야 한다. 원/달러 환율이 상승하는 경우 달러당 지급하는 원화금액을 일정한 수준으로 제한할 수 있으며 환율이 하락할 경우에는 달러당 지급하는 원화금액이 낮아질 수 있는 헤지전략은?**

① 달러화 선물 매입
② 달러화 선물 매도
③ 달러화 콜옵션 매입
④ 달러화 풋옵션 매입

| 해설 | 현물시장에서 매도포지션인 경우 환율상승시 손실이 발생하기 때문에 선물시장에서는 환율상승위험을 회피하기 위해 달러선물을 매입해야 한다. 그런데 환율하락시 원화금액이 낮아지는 것도 필요하므로 콜옵션을 매입해야 한다.

* 다음 표를 참고하여 21~23번 문제에 답하시오.

아래의 표는 한국선물거래소(KRX)에서 거래되는 9월 만기 달러선물 데이터의 가상내역이며 1계약은 $10,000이다.

시간	10:00	10:10	10:20	종가(정산가격)
금액	1,200	1,300	1,350	1,320
A	매입	전매		
B	매도		매입	
C		매입		
D			매도	

21 A는 1,200원/$에 1계약을 매입한 후 1,300원/$의 가격에 1계약을 매도하였다. A의 손익은 얼마인가?

① 100만원 이익 ② 100만원 손실
③ 500만원 이익 ④ 500만원 손실

| 해설 | A의 손익 = (매도가격−매입가격) × 계약수
= (1,300원/$−1,200원/$) × $10,000 × 1계약 = 100만원 이익

22 B는 1,200원/$에 1계약을 매도한 후 1,350원/$의 가격에 1계약을 매입하였다. B의 손익은 얼마인가?

① 150만원 이익 ② 150만원 손실
③ 750만원 이익 ④ 750만원 손실

| 해설 | B의 손익 = (매도가격−매입가격) × 계약수
= (1,200원/$−1,350원/$) × $10,000 × 1계약 = 150만원 손실

23 C는 1,300원/$에 5계약을 매입한 후 일일정산을 실시하였다. C의 손익은?

① 100만원 이익 ② 100만원 손실
③ 500만원 이익 ④ 500만원 손실

| 해설 | C의 손익 = (매도가격−매입가격) × 계약수
= (1,320원/$−1,300원/$) × $10,000 × 1계약 = 100만원 이익

24 **다음 중 스프레드거래에 대한 설명으로 옳은 것으로만 묶은 것을 고르면?**

가. 스프레드의 변동을 예상하여 상대적으로 과소평가된 선물은 매입하는 동시에 과대평가된 선물은 매도하는 거래를 말한다. 나. 스프레드의 축소가 예상되면 근월물을 매입하고 원월물을 매도하면 무위험 이익을 얻을 수 있다. 다. 스프레드거래는 투기거래 중에서도 상대적으로 보수적인 투자자들에게 적절한 거래이다.

① 가, 나
② 가, 다
③ 나, 다
④ 가, 나, 다

| 해설 | 상품내 스프레드(inter–delivery spread)

유형	강세스프레드(bull spread) 매입스프레드(long spread)	약세스프레드(bear spread) 매도스프레드(short spread)
상황	스프레드 축소	스프레드 확대
전략	근월물매입 + 원월물매도	근월물매도 + 원월물매입

25 **현재 외환시장에서 현물 1달러가 1,300원에 거래되고 있다. 3월물 원화금리는 연 6%, 3개월 달러금리는 연 4%일 때 시장선물환율이 1,302원으로 거래되고 있을 경우 차익거래를 위한 거래가 아닌 것은?**

① 달러 선물환 1,302원에 매입한다.
② 달러 현물을 1,300원에 매도한다.
③ 달러를 4%로 운용한다.
④ 달러매도대금을 원화 6%로 운용(예치)한다.

| 해설 | 금리평가설에 의해 1,300(1 + 0.06 × 3/12) = $1(1 + 0.04 × 3/12)F를 만족하는 선물환율(F)을 구하면 1,306.44원이다. 시장선물환율 〈 이론선물환율인 경우 선물이 저평가되어 있어 달러선물을 매입하고 달러 현물매도(달러차입 매도후 원화예치)하는 차익거래가 가능하다.

26 **우리나라 선물거래소에서 거래되는 미국달러선물가격이 이론가격보다 현저히 높게 형성되어 있다면 어떠한 차익거래를 통해 이익을 얻을 수 있을까?**

① 달러화 선물매도 + 원화 차입 → 달러화 환전 → 원화표시 채권투자
② 달러화 선물매입 + 달러화 차입 → 원화 환전 → 원화표시 채권투자
③ 달러화 선물매도 + 원화 차입 → 달러화 환전 → 달러표시 채권투자
④ 달러화 선물매입 + 원화 차입 → 달러화 환전 → 달러표시 채권투자

| 해설 | 선물가격 〉이론가격이므로 과대평가된 달러선물을 매도하고 과소평가된 원화를 차입하여 매입하는 차익거래가 필요하다. 현물시장에서 달러매수를 하려면 원화차입 + 달러매수→달러예치가 필요하다.

27 **현재 현물시장에서 달러시세는 1,200.20원에 거래되고 있고 3개월 후 만기가 되는 9월물 달러선물 시세는 1,205.50원이다. 미국에 타이어를 수출하는 금호기업은 1천만 달러를 수취할 예정인데 환율하락에 대비하여 9월물 달러선물 200계약을 매도하였다. 만일 3개월 후 선물만기에 달러시세가 달러당 1,230원에 거래된다면 다음의 헤징손익에 대한 설명으로 옳은 것은?**

① 선물거래에서 이익이 발생하지만 그 크기는 수출대금 증가분보다 크다.
② 선물거래에서 이익이 발생하지만 그 크기는 수출대금 증가분보다 작다.
③ 선물거래에서 손실이 발생하지만 그 크기는 수출대금 증가분보다 크다.
④ 선물거래에서 손실이 발생하지만 그 크기는 수출대금 증가분보다 작다.

| 해설 | 한국기업은 환율하락위험을 회피하기 위해 1,205.50원에 달러선물을 매도했으나 선물만기에 환율이 1,230원으로 상승해 환차손 24.50원(= 1,205.50 – 1,230)이 발생했다. 한편 수출대금(현물)은 1,200.20원에서 1,230원이 되었으므로 29.80원 이익이 발생했다. 따라서 현물이익 29.80원이 선물손실 24.50원보다 크다.

28 **유한기업은 10월 30일 수출대금 100만 달러를 수취할 예정이다. 그러나 환율의 불확실성에 대비하여 11월 만기 미국달러선물을 1,300원/달러에 100계약 매도포지션을 취했다. 10월 30일 수출대금을 수취하면서 포지션을 청산할 계획이다. 10월 30일 현물환율이 1,280원/달러, 미국달러 선물가격 1,270원/달러이다. 선물계약을 청산한 후 10월 30일 실제로 수취할 원화는 얼마인가?**

① 1,250백만원 ② 1,280백만원
③ 1,300백만원 ④ 1,310백만원

| 해설 | 현물수취금액 : $1,000,000 × 1,280원/$ = 1,280,000,000원
달러선물이익 : (1,300–1,270) × 10,000 × 100계약 = 30,000,000원
순수취금액 = 현물수취금액 + 달러선물이익 = 1,310,000,000원

29 **투자자 홍길동은 한국거래소(KRX)에 상장되어 있는 엔화선물 10계약을 100엔당 1,250원에 매도포지션을 취하였다. 홍길동이 100엔당 1,210원에 반대매매를 하여 포지션을 청산할 경우 투자손익은 얼마인가?**

① 1,500,000원 이익　　② 2,500,000원 손실
③ 2,500,000원 이익　　④ 4,000,000원 이익

| 해설 | 엔화선물에 매도포지션을 취했는데 환율이 하락했으므로 이익이 발생했다.
투자손익 = (매도가격−매입가격) × 10,000 × 선물계약수
= (1,250 − 1,210) × 10,000 × 10 = 4,000,000원 이익

30 **투자자 홍길동은 한국거래소(KRX)에 상장되어 있는 미국달러선물 5계약을 1,320.5원/$에 매입포지션을 취하였다. 홍길동이 1,315.5원/$에 반대매매를 하여 선물포지션을 청산할 경우 투자손익은 얼마인가?**

① 250,000원 이익　　② 250,000원 손실
③ 750,000원 이익　　④ 750,000원 손실

| 해설 | 미국달러선물에 매입포지션을 취했는데 환율이 하락했으므로 손실이 발생했다.
투자손익 = (매도가격−매입가격) × 10,000 × 선물계약수
= (1,315.5−1,320.5) × 10,000 × 5 = 250,000원 손실

정답

1. ⑤	2. ②	3. ④	4. ④	5. ③	6. ④	7. ①	8. ③	9. ④	10. ①
11. ④	12. ②	13. ①	14. ①	15. ③	16. ④	17. ③	18. ①	19. ③	20. ③
21. ①	22. ②	23. ①	24. ④	25. ③	26. ③	27. ④	28. ④	29. ④	30. ②

Chapter 14

통화옵션시장

통화옵션은 불확실한 환율변동에 대비한 환위험의 헤지거래 또는 환율이 유리한 방향으로 변동할 경우에 누릴 수 있는 이익가능성을 확보하기 위한 투기목적으로 거래가 이루어진다. 여기서는 통화옵션의 기본개념, 거래메커니즘, 손익구조 그리고 통화옵션을 이용한 다양한 환위험 관리전략에 대해 살펴보고자 한다.

제1절 옵션거래의 개요

1. 옵션거래의 정의

옵션(option)은 미래의 특정시점 또는 그 이전에 미리 정해진 가격으로 옵션거래의 대상인 특정자산을 매입하거나 매도할 수 있는 권리가 부여된 증권을 말한다. 여기서 미래의 특정시점은 옵션의 만기일을 말하고, 미리 정해진 가격을 행사가격이라고 하며, 특정자산은 기초자산을 의미한다.

(1) 기초자산

기초자산(underlying asset)은 옵션거래의 대상이 되는 특정자산을 말한다. 옵션의 기초자산이 농산물, 축산물, 에너지, 귀금속, 비철금속과 같은 일반상품을 대상으로 하면 상품옵션이라고 하고, 기초자산이 개별주식, 주가지수, 통화, 금리와 같은 금융상품을 대상으로 하면 금융옵션이라고 한다.

(2) 최종거래일

옵션은 권리를 행사할 수 있는 최종거래일이 정해져 있다. 옵션매입자가 옵션에 부여되어 있는 권리를 행사할 수 있는 마지막 날을 최종거래일 또는 만기일(maturity)이라고 한다. 따라서 옵션매입자가 옵션의 최종거래일까지 권리를 행사하지 않으면 옵션매도자의 의무는 자동으로 소멸된다.

(3) 행사가격

옵션은 권리를 행사하여 기초자산을 매입하거나 매도할 수 있는 가격이 현재시점에 정해져 있다. 행사가격(exercise price)은 만기일 또는 그 이전에 권리를 행사할 때 적용되는 가격을 말한다. 그리고 행사가격은 기초자산의 시장가격을 기준으로 내가격옵션, 등가격옵션, 외가격옵션으로 설정한다.

(4) 옵션가격

옵션은 매입자에게 권리가 부여되고 매도자에게 의무가 수반된다. 즉 옵션은 매도자가 매입자에게 기초자산을 매입하거나 매도할 수 있는 권리를 부여한다. 따라서 옵션매입자가 선택권을 갖는 대가로 옵션매도자에게 지불하는 금액을 옵션가격 또는 옵션프리미엄(option premium)이라고 한다.

┃그림 14-1┃ 옵션거래의 구조

2. 옵션거래의 특징

(1) 옵션거래자

① 옵션매도자(option seller)

옵션을 매도한 사람으로, 옵션매입자로부터 옵션프리미엄을 지급받는 대신 매입자가 권리를 행사하면 의무를 이행해야 하며 옵션발행자(option writer)라고도 한다. 즉 콜옵션매입자가 권리를 행사하면 기초자산을 행사가격에 매도해야 하고, 풋옵션매입자가 권리를 행사하면 기초자산을 행사가격에 매입해야 한다.

② 옵션매입자(option buyer)

옵션을 매입한 사람으로, 옵션매도자에게 옵션프리미엄을 지불하는 대신에 행사가격으로 기초자산을 매입하거나 매도할 수 있는 권리를 소유하여 옵션소유자(option holder)라고도 한다. 즉 기초자산의 가격과 행사가격을 비교하여 유리한 경우에는 권리를 행사하고, 불리한 경우에는 권리의 행사를 포기할 수 있다.

(2) 옵션거래의 청산

옵션거래는 옵션매입자가 유리한 상황에서 권리를 행사하고 옵션매도자가 의무를 이행하는 경우, 옵션매입자가 불리한 상황에서 권리의 행사를 포기하는 경우 그리고 최종거래일 이전에 반대매매에 의해 옵션거래를 청산하는 경우에 권리와 의무관계가 소멸된다.[11)]

(3) 조건부청구권

옵션의 행사가격과 최종거래일은 사전에 정해져 있다. 옵션은 기초자산의 가격에 따라 옵션의 가치가 결정되고 옵션매입자의 권리의 행사여부가 결정되는 조건부청구권(contingent claim)에 해당한다.

(4) 비대칭 손익구조

현물과 선물은 기초자산의 가격이 상승하거나 하락할 경우에 동일한 크기로 손익이 발생하여 대칭적인 손익구조를 갖는다. 그러나 옵션은 서로 다른 크기로 손익이 발생하여 비대칭적인 손익구조를 갖는다.

(5) 제로섬게임

옵션은 선물과 마찬가지로 거래당사자 중 어느 한쪽이 이익을 얻게 되면 다른 한쪽은 그만큼의 손실을 보게 된다. 따라서 옵션거래 당사자의 손익을 합산하면 항상 0이 되는 영합게임(zero sum game)이다.

(6) 가치소모성자산

옵션가격은 내재가치와 시간가치로 구성된다. 시간가치는 만기일까지 잔존기간이 길수록 크지만 만기일에 근접할수록 감소하다가 만기일에는 시간가치가 소멸하는 소모성자산(decaying asset)이라고 할 수 있다.

---

11) 선도, 선물, 스왑은 거래당사자 모두에게 권리와 의무를 부여하지만 옵션은 매입자에게 권리만 부여하고 의무는 부여하지 않는다는 점에서 차이가 있다.

(7) 기초자산 발행기업과 무관

옵션거래는 기초자산을 발행하는 기업과 관계없이 옵션투자자들 상호간에 이루어지는 거래이다. 따라서 기초자산을 발행한 기업의 기업가치나 기초자산의 가격에 직접적으로 영향을 미치지 않는다.

3. 옵션거래의 종류

(1) 권리의 내용

콜옵션(call option)은 옵션의 거래대상인 기초자산을 행사가격으로 매입할 수 있는 권리가 부여된 옵션을 말한다. 풋옵션(put option)은 옵션의 거래대상인 기초자산을 행사가격으로 매도할 수 있는 권리가 부여된 옵션을 말한다.

(2) 권리의 행사시기

유럽형옵션(European option)은 옵션의 만기일에만 권리를 행사할 수 있는 옵션을 말한다. 반면에 미국형옵션(American option)은 만기일은 물론이고 만기일 이전에 언제든지 권리를 행사할 수 있는 옵션을 말하며 권리의 행사기회가 유럽형옵션보다 많아 다른 조건이 동일하면 유럽형옵션의 가격보다 높게 형성된다.

(3) 기초자산의 종류

옵션거래의 대상이 되는 기초자산이 농산물, 축산물, 귀금속, 에너지와 같은 일반상품이면 상품옵션(commodity option)이라고 하고, 기초자산이 주식, 주가지수, 통화, 금리와 같은 금융상품이면 금융옵션(financial option)이라고 한다.

① 개별주식옵션

개별주식옵션(stock option)은 한국거래소에 상장된 기업의 주식을 기초자산으로 하는 옵션을 말한다. 2002년 1월 7종목이 상장되었고, 2022년 1월 말 37종목이 거래되고 있다. 한국거래소는 2005년 9월 26일 실물인수도방식을 현금결제방식으로 전환하여 투자자들이 주가변동위험을 효과적으로 관리할 수 있도록 하였다.

② 주가지수옵션

주가지수옵션(stock index option)은 주식시장의 전반적인 동향을 나타내는 주가지수를 구성하는 주식포트폴리오를 기초자산으로 하는 옵션을 말한다. 주가지수옵션은 권리가 행사되면 행사일의 최종지수와 행사가격의 차이를 현금으로 결제하며 1997년 7월부터 KOSPI 200지수옵션이 거래되고 있다.

③ 통화옵션

통화옵션(currency option)은 외국통화를 기초자산으로 하는 옵션을 말하며 환위험을 관리하는 유용한 수단이다. 우리나라 한국거래소에 상장되어 거래되는 미국달러옵션은 기초자산이 미국달러화(US$)이고 권리행사의 유형은 최종거래일에만 가능한 유럽형옵션이며 결제방식은 현금결제로 이루어진다.

4. 옵션거래의 기능

옵션을 이용하면 손실의 위험이 제한되는 반면에 이익을 얻을 수 있는 레버리지효과는 크게 나타난다. 따라서 주식이나 채권과는 다른 투자수단을 제공하기 때문에 위험헤지와 투기수단으로 이용될 수 있다. 그리고 가격변동위험을 한정시킬 수 있어 선물과 더불어 주식투자의 수단으로 활용되고 있다.

(1) 위험헤지의 기능

옵션은 기초자산의 가격변동위험을 회피하거나 축소시킬 수 있는 위험헤지의 수단으로 활용될 수 있다. 따라서 미래에 기초자산가격이 유리한 방향으로 변화하면 권리를 행사하여 이익을 실현하고, 기초자산의 기격이 불리한 방향으로 변화하면 권리의 행사를 포기하여 손실을 옵션가격으로 제한할 수 있다.

(2) 레버리지의 기능

옵션은 기초자산에 비해 상대적으로 적은 투자비용으로 높은 투자수익률을 올릴 수 있는 레버리지의 수단으로 활용될 수 있다. 따라서 옵션을 이용하면 상대적으로 저렴한 옵션가격을 지불하고 주식투자의 효과를 달성할 수 있기 때문에 현물투자에 비해 손익변동률이 확대되는 레버리지효과가 발생한다.

(3) 합성증권의 창출

옵션을 현물, 선물, 다른 옵션과 결합하여 투자하면 다양한 손익구조를 복제하거나 새로운 손익구조를 창출할 수 있다. 파생상품을 이용하여 기존의 금융상품을 요소별로 분해한 다음 분해된 요소들을 재결합하여 혁신적인 금융상품을 개발하는 분야를 금융공학(financial engineering)이라고 한다.

(4) 위험한정의 기능

옵션매입자는 기초자산의 가격이 불리하게 변동할 경우에는 권리의 행사를 포기할 수 있기 때문에 최대손실액을 옵션가격으로 한정시킬 수 있다.

제2절 옵션의 만기가치

1. 콜옵션의 만기가치

(1) 콜옵션매입자

콜옵션은 만기일에 행사가격을 지불하고 기초주식을 살 수 있는 권리이기 때문에 콜옵션매입자는 만기일의 주가가 행사가격보다 높은 경우에는 콜옵션을 행사하여 $S_T - E$ 만큼의 이익을 실현할 수 있다. 그러나 만기일의 주가가 행사가격보다 낮은 경우에는 콜옵션을 행사하지 않을 것이므로 콜옵션의 가치는 0이 된다.

$$C_T = \text{Max}[S_T - E,\ 0] \tag{14.1}$$

(2) 콜옵션매도자

콜옵션매도자는 만기일의 주가가 행사가격보다 높은 경우 콜옵션매입자가 권리를 행사하면 기초주식을 시장가격보다 낮은 행사가격에 매도해야 하므로 $S_T - E$만큼의 손실을 보게 된다. 그러나 만기일의 주가가 행사가격보다 낮은 경우에는 콜옵션매입자가 권리를 행사하지 않을 것이므로 콜옵션의 가치는 0이 된다.

$$C_T = \text{Min}[E - S_T,\ 0] \tag{14.2}$$

▌그림 14-2▌ 콜옵션의 만기가치

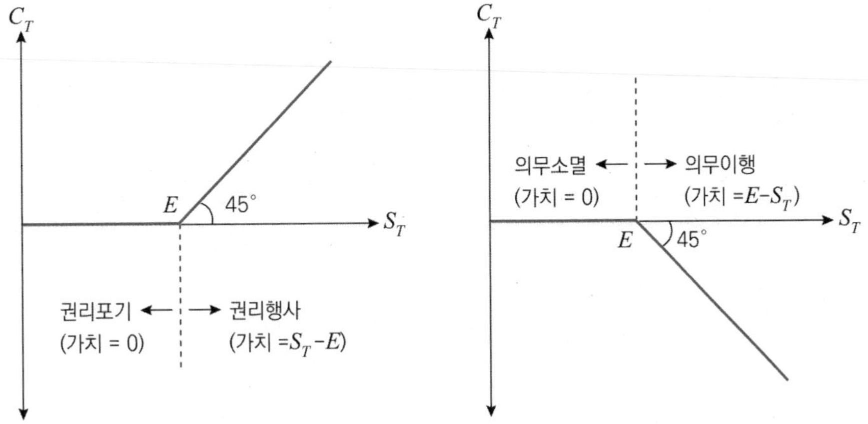

(a) 콜옵션 매입 (b) 콜옵션 매도

2. 풋옵션의 만기가치

(1) 풋옵션매입자

풋옵션은 만기일에 행사가격을 지불하고 기초주식을 팔 수 있는 권리이기 때문에 풋옵션매입자는 만기일의 주가가 행사가격보다 낮은 경우에는 풋옵션을 행사하여 $S_T - E$ 만큼의 이익을 실현할 수 있다. 그러나 만기일의 주가가 행사가격보다 높은 경우에는 풋옵션을 행사하지 않을 것이므로 풋옵션의 가치는 0이 된다.

$$P_T = Max[E - S_T,\ 0] \tag{14.3}$$

(2) 풋옵션매도자

풋옵션매도자는 만기일의 주가가 행사가격보다 낮은 경우 풋옵션매입자가 권리를 행사하면 기초주식을 시장가격보다 높은 행사가격에 매입해야 하므로 $S_T - E$만큼의 손실을 보게 된다. 그러나 만기일의 주가가 행사가격보다 높은 경우에는 풋옵션매입자가 권리를 행사하지 않을 것이므로 풋옵션의 가치는 0이 된다.

$$P_T = Min[S_T - E,\ 0] \tag{14.4}$$

▌그림 14-3▌ 풋옵션의 만기가치

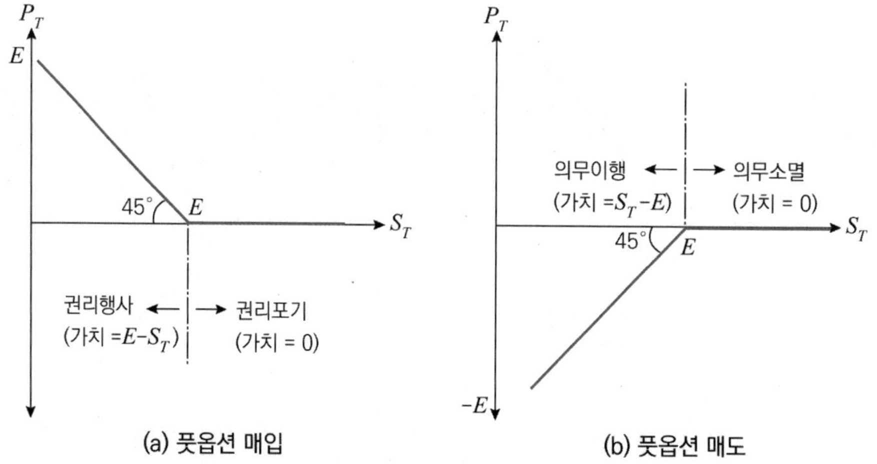

예제 14-1 옵션의 만기가치

서울기업 주식을 기초자산으로 하고 행사가격이 1,000원인 유럽형 콜옵션과 유럽형 풋옵션이 있다. 옵션만기일의 서울기업 주가가 각각 900원, 950원, 1,000원, 1,050원, 1,100원일 경우에 콜옵션매입자와 풋옵션매입자가 얻게 될 가치를 계산하고, 이를 이용하여 옵션만기일의 주가와 옵션가치의 관계를 도시하라.

풀이

만기일 주가(S_T)	900원	950원	1,000원	1,050원	1,100원
콜옵션 매입*1	0	0	0	50원	100원
풋옵션 매입*2	100원	50원	0	0	0

*1 S_T 〉 1,000원이면 S_T−1,000원, $S_T \leq$ 1,000원이면 0

*2 S_T 〈 1,000원이면 1,000원−S_T, $S_T \geq$ 1,000원이면 0

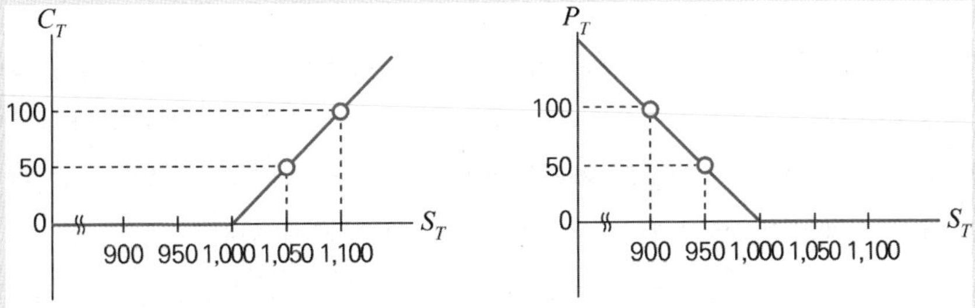

(a) 콜옵션의 만기가치

(b) 풋옵션의 만기가치

제3절 옵션가격결정의 개요

1. 옵션가격의 결정요인

옵션은 정해진 조건에 따라 기초자산을 매입하거나 매도할 수 있는 권리이기 때문에 옵션의 가격은 기초자산의 특성과 옵션의 조건에 따라 달라진다. 구체적으로는 기초자산의 현재가격(S), 행사가격(E), 옵션의 만기(T), 기초자산의 분산(σ^2), 무위험이자율(R_f), 기초자산의 배당(D) 등이 옵션가격에 영향을 미친다.

$$C \text{ 또는 } P = f(S,\ E,\ T,\ \sigma^2,\ Rf,\ D) \tag{14.5}$$

(1) 콜옵션가격

옵션가격에 영향을 미치는 다른 요인이 일정하다는 가정하에서 옵션가격의 결정요인이 $S-E$의 값을 커지게 하는 방향으로 영향을 미치면 콜옵션가격은 상승한다. 즉 기초자산의 현재가격, 만기까지 잔존기간, 기초자산의 가격분산, 무위험이자율과는 정(+)의 관계에 있고 행사가격과 기초자산의 배당과는 부(−)의 관계에 있다.

(2) 풋옵션가격

옵션가격에 영향을 미치는 다른 요인이 일정하다는 가정하에서 옵션가격의 결정요인이 E−S의 값을 커지게 하는 방향으로 영향을 미치면 풋옵션가격은 상승한다. 즉 행사가격, 만기까지 잔존기간, 기초자산의 가격분산, 기초자산의 배당과는 정(+)의 관계에 있고 기초자산의 현재가격, 무위험이자율과는 부(−)의 관계에 있다.

❙표 14-1❙ 옵션가격의 결정요인

결정요인	콜옵션가격	풋옵션가격
기초자산의 현재가격↑	상승	하락
행사가격↑	하락	상승
만기까지 잔존기간↑	상승	상승
기초자산의 가격분산↑	상승	상승
무위험이자율↑	상승	하락
기초자산의 현금배당↑	하락	상승

2. 옵션가격의 구성요소

옵션은 약정에 따라 기초자산을 매입하거나 매도할 수 있는 권리를 말한다. 옵션가격은 옵션매입자가 계약이행의 선택권을 갖는 대가로 옵션매도자에게 지불하는 가격을 말하며 옵션프리미엄(option premium)이라고도 한다. 옵션의 최종거래일 이전에 옵션가격은 내재가치와 외재가치로 구성된다.

(1) 내재가치

내재가치(intrinsic value)는 옵션매입자가 옵션을 행사했을 경우에 발생하는 가치를 말한다. 내재가치는 기초자산의 가격과 행사가격을 비교해서 결정되고 행사가치(exercise value) 또는 경제적 가치(economic value)라고도 한다. 따라서 옵션의 내재가치는 옵션이 가지고 있는 현재의 행사가치를 나타낸다.

콜옵션은 현재주가가 행사가격보다 높은 내가격상태에 있으면 옵션을 행사하여 S−E만큼의 내재가치를 얻을 수 있다. 그러나 등가격상태나 외가격상태에 있으면 옵션을 행사하지 않을 것이므로 내재가치는 0이 된다. 따라서 콜옵션의 내재가치는 기초자산의 가격과 행사가격의 차이와 0 중에서 큰 값으로 측정한다.

$$콜옵션의\ 내재가치 = Max[S-E,\ 0] \tag{14.6}$$

풋옵션은 현재주가가 행사가격보다 낮은 내가격상태에 있으면 옵션을 행사하여 E−S만큼의 내재가치를 얻을 수 있다. 그러나 등가격상태나 외가격상태에 있으면 옵션을 행사하지 않을 것이므로 내재가치는 0이 된다. 따라서 풋옵션의 내재가치는 행사가격과 기초자산의 가격의 차이와 0 중에서 큰 값으로 측정한다.

$$풋옵션의\ 내재가치 = Max[E-S,\ 0] \tag{14.7}$$

옵션은 기초자산의 현재가격과 행사가격을 비교하여 어느 위치에 있느냐에 따라 내가격옵션(ITM), 등가격옵션(ATM), 외가격옵션(OTM)으로 구분된다.

▌표 14-2▌ 옵션의 상태

구분	콜옵션	풋옵션
내가격(ITM)	기초자산가격(S) > 행사가격(E)	기초자산가격(S) < 행사가격(E)
등가격(ATM)	기초자산가격(S) = 행사가격(E)	기초자산가격(S) = 행사가격(E)
외가격(OTM)	기초자산가격(S) < 행사가격(E)	기초자산가격(S) > 행사가격(E)

(2) 외재가치

외재가치(extrinsic value)는 옵션의 최종거래일까지 잔존기간 동안 옵션이 유리한 방향으로 변동하여 옵션가치가 상승할 것이라고 예상하는 옵션매입자의 기대가 반영되어 있는 가치를 말하며 시간가치(time value)라고도 한다. 옵션의 시간가치는 옵션가격에서 내재가치를 차감하여 다음과 같이 구할 수 있다.

$$시간가치 = 옵션가격 - 내재가치 \tag{14.8}$$

콜옵션(풋옵션)의 내재가치는 주가가 상승(하락)할수록 증가하고 옵션의 시간가치는 콜옵션과 풋옵션에 관계없이 잔존만기가 길수록 증가한다. 옵션의 시간가치는 콜옵션과 풋옵션에 관계없이 등가격옵션(ATM)에서 가장 크고 내가격옵션(ITM)에서는 감소하며 외가격옵션(OTM)에서는 내재가치는 없고 시간가치만 존재한다.

▌그림 14-4▐ 옵션가격의 구성

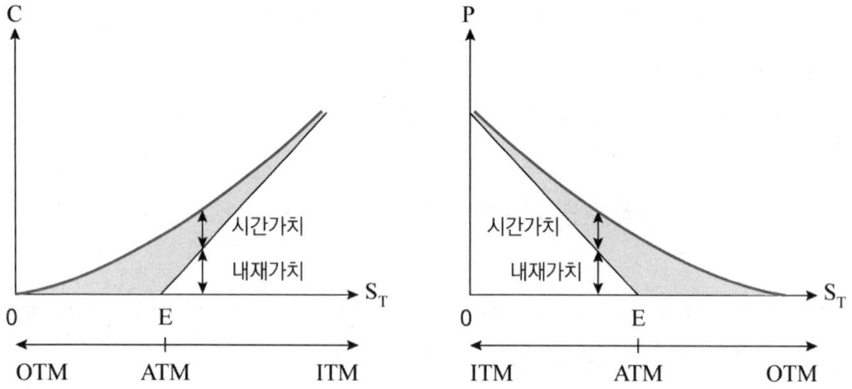

(a) 콜옵션 (b) 풋옵션

예제 14-2 옵션가격의 구성

현재 한국거래소 옵션시장에는 강남기업 주식을 기초자산으로 하고 행사가격이 42,000원이며 만기가 1년인 유럽형 콜옵션과 풋옵션이 거래되고 있다. 이산복리 무위험이자율이 5%라고 가정하여 다음 물음에 답하시오.

1. 강남기업 주식의 현재가격이 45,000원이고 콜옵션가격이 5,000원일 경우에 콜옵션의 내재가치와 시간가치를 구하시오.
2. 강남기업 주식의 현재가격이 37,000원이고 풋옵션가격이 6,000원일 경우에 풋옵션의 내재가치와 시간가치를 구하시오.

풀이

1. 콜옵션가격을 내재가치와 시간가치로 구분하면 다음과 같다.

① 내재가치 = Max[S–E, 0] = Max[45,000–42,000, 0] = 3,000원

② 시간가치 = 콜옵션가격–내재가치 = 5,000–3,000 = 2,000원

2. 풋옵션가격을 내재가치와 시간가치로 구분하면 다음과 같다.

① 내재가치 = Max[E – S, 0] = Max[42,000–37,000, 0] = 5,000원

② 시간가치 = 풋옵션가격–내재가치 = 6,000–5,000 = 1,000원

3. 풋–콜 등가

(1) 풋–콜 등가의 정의

시장균형상태에서 기초자산, 행사가격, 만기일이 모두 동일한 콜옵션가격과 풋옵션가격은 일정한 등가관계를 갖는데, 이를 풋–콜 등가(put–call parity)라고 한다. 즉 주식, 풋옵션 그리고 콜옵션을 이용하여 무위험헤지포트폴리오를 구성할 경우에 콜옵션가격과 풋옵션가격간의 등가관계를 말한다.

(2) 풋–콜 등가의 도출

주식 1주를 매입하고 이 주식을 기초자산으로 하는 풋옵션 1개를 매입하며 풋옵션과 행사가격 및 만기일이 동일한 콜옵션 1개를 매도하는 포트폴리오를 구성하면 옵션의 만기일에 포트폴리오가치는 만기일의 주가변동에 관계없이 행사가격 E로 항상 동일하게 유지되어 무위험헤지상태에 있게 된다.

▌표 14–3▐ 무위험헤지포트폴리오의 구성

거래	현재가치	만기가치	
		$S_T > E$	$S_T < E$
주 식 매 입	S	S_T	S_T
풋옵션매입	P	0	$E - S_T$
콜옵션매도	−C	$-(S_T - E)$	0
합계	S + P − C	E	E

무위험헤지포트폴리오를 구성한 투자자는 만기일의 주가변동에 관계없이 아무런 위험을 부담하지 않아 이러한 포트폴리오의 수익률은 시장균형상태에서 무위험이자율과 같아야 한다. 즉 무위험헤지포트폴리오의 현재가치(PV)는 포트폴리오의 만기가치(FV)를 무위험이자율로 할인한 현재가치와 동일해야 한다.

$$S+P-C = \frac{E}{(1+R_f)^T} = PV(E) \leftarrow PV = \frac{FV_T}{(1+r)^T} \tag{14.9}$$

그리고 무위험헤지포트폴리오 최종거래일의 현금흐름(FV)은 현재의 투자금액(PV)을 무위험이자율로 투자한 결과와 동일해야 한다.

$$(S+P-C)(1+R)^T = E \leftarrow PV(1+r)^T = FV_T \tag{14.10}$$

▌그림 14-5▌ 무위험헤지포트폴리오

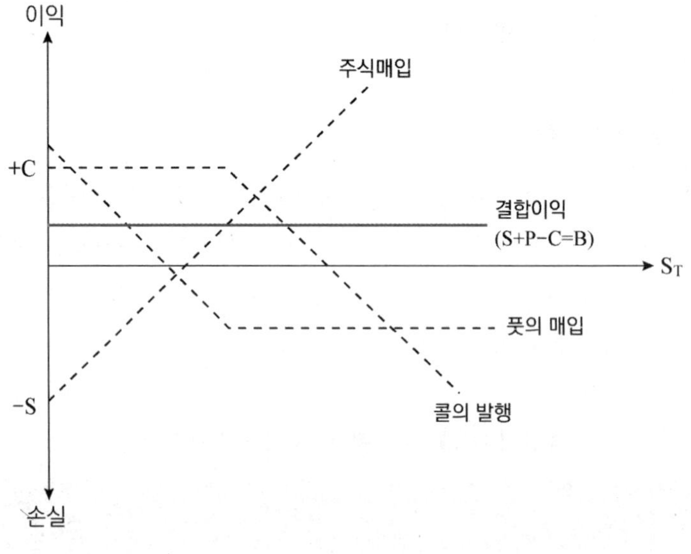

(3) 풋-콜 등가의 의미

시장균형상태에서 콜옵션가격과 풋옵션가격간의 균형관계를 나타내는 풋-콜 등가는 옵션가격을 결정하거나 옵션을 이용한 투자전략을 수립하는데 유용하게 사용되는 중요한 식이다. 풋-콜 등가에 의한 균형관계가 성립하지 않으면 차익거래가 발생하고 차익거래로 인해 풋-콜 등가가 성립하는 균형상태로 돌아간다.

첫째, 콜옵션가격과 풋옵션가격 중에서 어느 하나의 옵션가격을 알게 되면 모든 조건이 동일한 다른 옵션의 가격은 풋-콜 등가를 이용하여 쉽게 구할 수 있다. 예컨대 콜옵션가격을 알고 있다면 콜옵션과 모든 조건이 동일한 풋옵션가격은 다음과 같이 구할 수 있다.

$$S+P-C=PV(E)\rightarrow P=C-S+PV(E) \tag{14.11}$$

둘째, 무위험헤지포트폴리오의 수익은 액면가액이 E인 순수할인채를 매입한 것과 동일한 효과를 갖는다. 이러한 순수할인채의 현재가격을 B로 표시하면 다음과 같이 나타낼 수 있다.

$$PV(E)=S+P-C\ \rightarrow B=S+P-C \tag{14.12}$$

셋째, 주식, 콜옵션, 풋옵션, 순수할인채를 적절히 결합하면 다양한 형태의 합성포지션(synthetic position)을 창출할 수 있다. 따라서 풋-콜 등가를 통해서 등가격옵션(ATM)의 경우 콜옵션가격은 풋옵션가격보다 행사가격에 대한 화폐의 시간가치만큼 높다는 것을 알 수 있다.

Ⅰ표 14-4Ⅰ 합성포지션

합성포지션	풋-콜 등가(+는 매입, -는 매도)
합 성 주 식	S = C − P + PV(E)
합 성 풋	P = C − S + PV(E)
합 성 콜	C = S + P − PV(E)
합 성 할 인 채	PV(E) = S + P − C
합성커버된 콜	S − C = −P + PV(E)
합성보호적 풋	S + P = C + PV(E)

제4절 미국달러옵션의 개요

우리나라에서는 1999년 4월 23일 미국달러옵션이 한국거래소(KRX)에 상장되어 거래되고 있다. 기초자산은 미국달러이고 현물옵션의 형태이며 권리의 행사유형은 만기일에만 옵션을 행사할 수 있는 유럽형이고 권리행사에 따른 결제는 미국달러선물과 달리 현금결제방식으로 이루어진다.

1. 미국달러옵션의 의의

미국달러옵션은 미래의 특정시점에 기초자산(미국달러)를 옵션매입자와 옵션매도자가 현재시점에서 약정한 환율(행사가격)으로 매입하거나 매도할 수 있는 권리가 부여된 계약을 말한다. 이때 미국달러를 매입할 수 있는 권리를 콜옵션이라고 하고, 매도할 수 있는 권리를 풋옵션이라고 한다.

옵션매입자는 옵션매도자에게 옵션가격을 지불하는 대신 행사가격으로 미국달러를 매입하거나 매도할 수 있는 권리를 보유한다. 옵션매입자는 만기시점의 환율과 계약시점의 환율(행사가격)을 비교하여 유리한 경우에는 권리를 행사하고, 불리한 경우에는 권리의 행사를 포기할 수 있다.

옵션매도자는 옵션가격을 수령하지만 옵션매입자가 권리를 행사하면 의무를 이행해야 한다. 따라서 콜옵션매입자가 권리를 행사하면 미국달러를 행사가격에 매도하고, 풋옵션매입자가 권리를 행사하면 미국달러를 행사가격에 매입해야 한다. 그러나 옵션매입자가 권리를 행사하지 않으면 의무는 소멸된다.

표 14-5 권리행사시 포지션 형태

구분	포지션	거래내용
콜옵션	매입자	해당 통화 수취 + 상대 통화 지불
	매도자	해당 통화 지불 + 상대 통화 수취
풋옵션	매입자	해당 통화 지불 + 상대 통화 수취
	매도자	해당 통화 수취 + 상대 통화 지불

2. 미국달러옵션의 내용

미국달러옵션은 미국달러화를 기초자산으로 하는 현물옵션이고 옵션의 만기일에만 권리를 행사할 수 있는 유럽형옵션이다. 따라서 옵션매입자가 만기일의 현물가격과 행사가격을 비교하여 권리를 행사하는 경우 포지션의 결제는 미국달러선물과 달리 현금결제방식으로 이루어진다.

미국달러옵션의 기초자산은 미국달러선물과 동일하게 거래단위는 US$10,000이다. 결제월은 매월 있으며, 상장결제월은 6개월 이내의 4개 결제월(분기월 중 2개와 그 밖의 월 중 2개)이다. 가격의 표시는 프리미엄(원화), 호가가격단위는 0.10원이며, 최소가격변동금액은 1,000원(US$10,000 × 0.10원)이다.

미국달러옵션의 행사가격수는 신규상장시 등가격옵션을 기준으로 외가격옵션과 내가격옵션 3개씩 총 7개를 상장하며 행사가격 폭은 10원으로 정해져 있다. 예컨대 현물환율이 1,200원이라면 1,170원, 1,180원, 1,190원, 1,200원, 1,210원, 1,220원, 1,230원의 7가지 행사가격이 상장된다.

행사가격의 설정은 당일 현물환율의 종가가 변동할 경우 등가격옵션(ATM)을 기준으로 외가격옵션(OTM)과 내가격옵션(ITM)이 3개 이상 존재하도록 다음날 새로운 행사가격의 옵션이 추가로 상장된다. 최소가격변동폭은 0.10원이고 최소가격변동금액은 1,000원(= US$10,000 × 0.10원)이다.

일일가격변동폭은 이론적으로 산출한 기초자산 기준가격의 상하 4.5% 이내이다. 최종거래일은 선물거래와 옵션거래가 연계된 거래의 편의성을 고려하여 미국달러선물과 같이 최종결제월 세번째 월요일로 하였고, 최종결제일은 미국달러선물과 달리 최종거래일의 다음 거래일로 되어 있다.

권리행사의 기준가격은 최종거래일에 미국달러 현물환시장에서 형성된 환율을 기준으로 정한다. 권리행사는 행사거부요청을 하지 않은 포지션을 거래소가 정한 기준에 따라 내가격옵션은 자동적으로 행사된다. 거래소는 행사된 옵션을 무작위로 배정하고 이를 회원에게 통보하면 회원은 투자자에게 통지한다.

옵션행사와 배정결과에 따라 옵션매입자와 옵션매도자는 미국 달러화 및 원화대금을 수수한다. 이때 콜옵션매입자와 풋옵션매도자는 원화를 지급하고 달러를수취하며, 콜옵션매도자와 풋옵션매입자는 달러를 지급하고 원화를 수취하는 결제를 한다. [표 14-6]에는 미국달러옵션에 대한 주요내용이 제시되어 있다.

┃표 14-6┃ 미국달러옵션의 주요내용

구 분	주요내용
거 래 대 상	미국달러화(US$)
권 리 행 사	최종거래일에만 행사가능(유럽형옵션)
거 래 단 위	US $10,000
결 제 월 주 기	3, 6, 9, 12월 중 2개와 그 밖의 월 중 2개
상 장 결 제 월	6개월 이내의 4개 결제월
행사가격의 설정	등가격(ATM) 기준으로 10원 간격으로 상하 각 3개(총 7개)
가 격 표 시	프리미엄(원화로 소수점 둘째자리까지 표시)
호 가 가 격 단 위	0.10원
최소가격변동금액	1,000원(US$10,000 × 0.10)
가 격 제 한 폭	기준가격 대비 상하 ±4.5%
가 격 제 한 범 위	블랙-숄즈옵션모형으로 산출한 가격을 상한과 하한으로 설정
포 지 션 한 도	한국거래소가 필요하다고 판단되는 경우 설정가능
거 래 시 간	월~금요일(09:00~15:45), 최종거래일(9:00~15:30)
최 종 거 래 일	결제월의 세 번째 월요일(공휴일인 경우 순차적으로 앞당김)
최 종 결 제 일	최종거래일의 다음 거래일
옵 션 대 금 수 수	거래일의 다음 영업일
최 종 결 제 방 법	현금결제
권리행사기준가격	매매기준율(시장평균환율) : 외국환중개회사가 최종거래일에 거래된 환율 및 거래량을 가중평균한 환율로서 당일 외환시장 종료 후 공표

자료 : 한국거래소 홈페이지(http://www.krx.co.kr)

3. 미국달러옵션의 투자전략

통화옵션거래에서 옵션매입자와 옵션매도자의 손익구조는 정반대의 상황에 있다. 미국달러옵션을 이용한 투자전략은 기본적으로 콜옵션의 매입, 콜옵션의 매도, 풋옵션의 매입, 풋옵션의 매도전략으로 구분된다. 향후 외환시장의 상황에 따른 옵션투자전략은 다음과 같이 제시할 수 있다.

❙표 14-7❙ 미국달러옵션의 투자전략

구분	상황
미국달러 콜옵션 매입	환율이 상승할 것으로 예상되는 경우
미국달러 콜옵션 매도	환율이 하락하거나 보합으로 예상되는 경우
미국달러 풋옵션 매입	환율이 하락할 것으로 예상되는 경우
미국달러 풋옵션 매도	환율이 상승하거나 보합으로 예상되는 경우

(1) 콜옵션의 손익구조

1) 콜옵션매입자의 손익

미국달러 콜옵션매입자는 옵션만기일에 미국달러가격이 행사가격보다 높은 경우에는 권리를 행사하여 미국달러를 행사가격에 매입할 수 있다. 반면에 미국달러가격이 행사가격보다 낮은 경우에는 권리행사를 포기하게 되고 손실은 콜옵션매도자에게 지급한 콜옵션프리미엄으로 한정된다.

❙그림 14-6❙ 콜옵션매입자의 손익

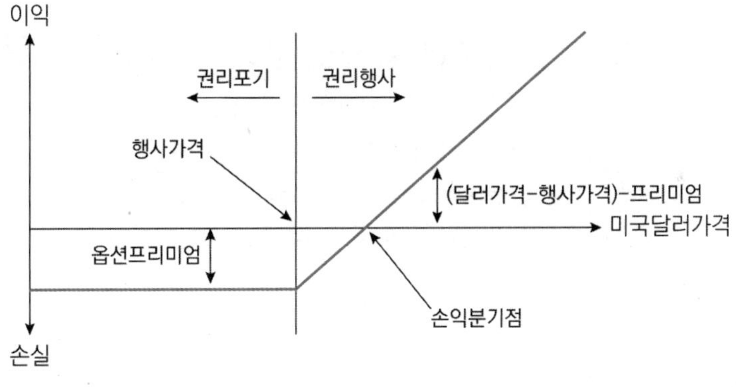

❙표 14-8❙ 콜옵션매입자의 손익구조

구분	손익구조
이익	* 콜옵션매입자의 권리행사가 있는 경우 이익 = 미국달러가격 − 행사가격 − 콜옵션가격
손실	* 콜옵션매입자의 권리행사가 없는 경우 손실 = 콜옵션가격

2) 콜옵션매도자의 손익

미국달러 콜옵션매도자는 옵션만기일에 미국달러가격이 행사가격보다 높은 경우 콜옵션매입자의 권리행사로 배정을 받게 되어 미국달러를 행사가격에 인도할 의무가 있다. 반면에 미국달러가격이 행사가격보다 낮은 경우에는 콜옵션매입자가 권리의 행사를 포기하게 되어 의무가 소멸한다.

┃그림 14-7┃ 콜옵션매도자의 손익

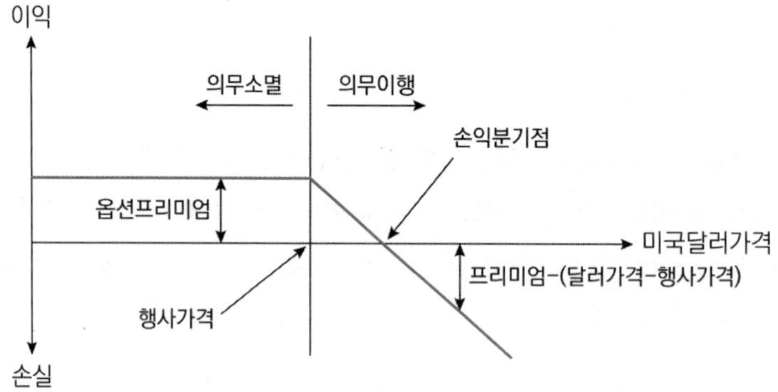

┃표 14-9┃ 콜옵션매도자의 손익구조

구분	손익구조
이익	* 콜옵션매입자의 권리행사가 없는 경우 이익 = 콜옵션가격
손실	* 콜옵션매입자의 권리행사가 있는 경우 손실 = 콜옵션가격 − (미국달러가격 − 행사가격)

(2) 풋옵션의 손익구조

1) 풋옵션매입자의 손익

미국달러 풋옵션매입자는 옵션만기일에 미국달러가격이 행사가격보다 낮은 경우에는 권리를 행사하여 미국달러를 행사가격에 매도할 수 있다. 반면에 미국달러가격이 행사가격보다 높은 경우에는 권리행사를 포기하게 되고 손실은 풋옵션매도자에게 지급한 풋옵션프리미엄으로 한정된다.

▍그림 14-8▍ 풋옵션매입자의 손익

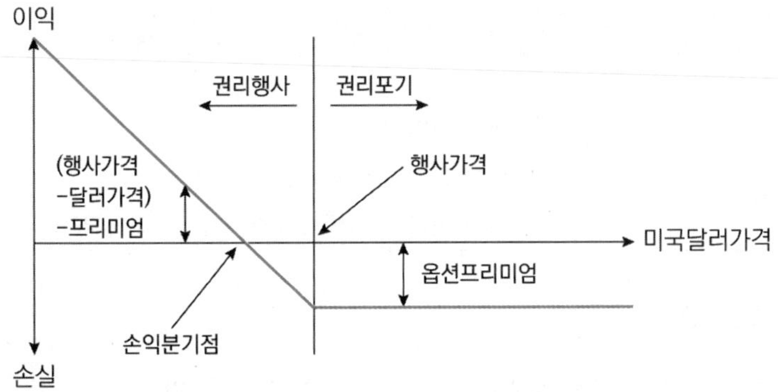

▍표 14-10▍ 풋옵션매입자의 손익구조

구분	손익구조
이익	* 풋옵션매입자의 권리행사가 없는 경우 이익 = (행사가격 − 미국달러가격) − 풋옵션가격
손실	* 풋옵션매입자의 권리행사가 있는 경우 손실 = 풋옵션가격

2) 풋옵션매도자의 손익

미국달러 풋옵션매도자는 옵션만기일에 미국달러가격이 행사가격보다 낮은 경우 풋옵션매입자의 권리행사로 배정을 받게 되어 미국달러를 행사가격에 인수할 의무가 있다. 반면에 미국달러가격이 행사가격보다 높은 경우에는 풋옵션매입자가 권리의 행사를 포기하게 되어 의무가 소멸한다.

▍그림 14-9▍ 풋옵션매도자의 손익

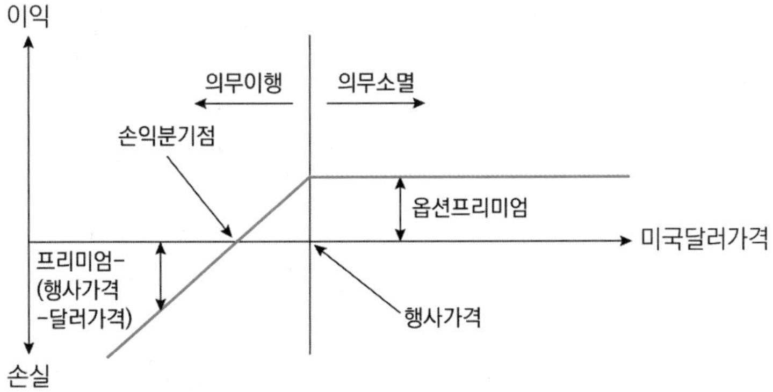

┃표 14-11┃ 풋옵션매도자의 손익구조

구분	손익구조
이익	* 풋옵션매입자의 권리행사가 없는 경우 이익 = 풋옵션가격
손실	* 풋옵션매입자의 권리행사가 있는 경우 손실 = 풋옵션가격 - (행사가격 - 미국달러가격)

(3) 스프레드거래

스프레드거래는 기초자산은 동일하지만 행사가격이나 만기일이 서로 다른 옵션을 하나는 매입하고 다른 하나는 매도하는 전략을 말한다. 스프레드거래는 기초자산의 가격이 예상대로 변동할 때 이익을 얻는 반면에 예상이 빗나가더라도 손실은 한정되며 구성방법에 따라 강세스프레드와 약세스프레드로 구분된다.

1) 강세스프레드

강세스프레드(bull spread)는 기초자산의 가격이 강세를 보일 것으로 예상되지만 확신이 없을 경우에 선택하는 보수적인 투자전략으로 행사가격이 낮은 옵션은 매입하고 행사가격이 높은 옵션은 매도한다. 강세스프레드는 기초자산의 가격이 상승할 경우에 이익과 하락할 경우에 손실을 일정수준으로 한정시키는 효과를 가져온다.

┃그림 14-10┃ 강세스프레드의 손익

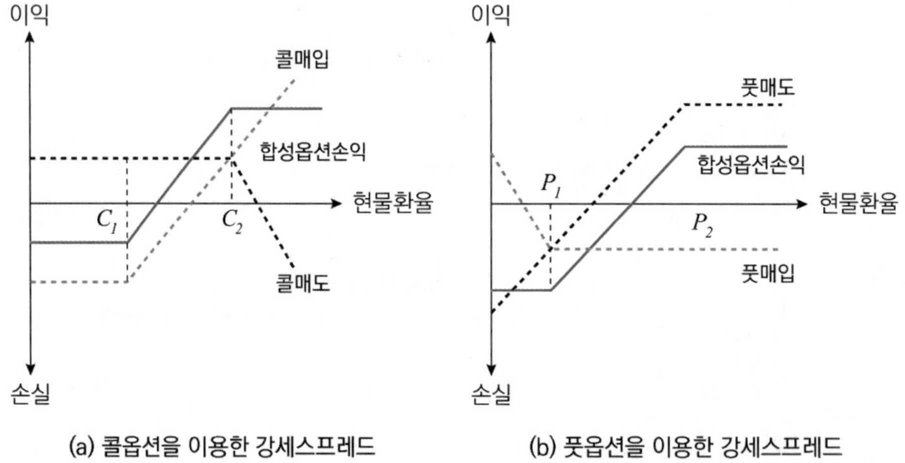

2) 약세스프레드

약세스프레드(bear spread)는 기초자산의 가격이 약세를 보일 것으로 예상되지만 확신이 없을 경우에 선택하는 보수적인 투자전략으로 행사가격이 높은 옵션은 매입하고 행사가격이 낮은 옵션은 매도한다. 약세스프레드는 기초자산의 가격이 하락할 경우에 이익과 상승할 경우에 손실을 일정수준으로 한정시키는 효과를 가져온다.

▌그림 14-11▐ 약세스프레드의 손익

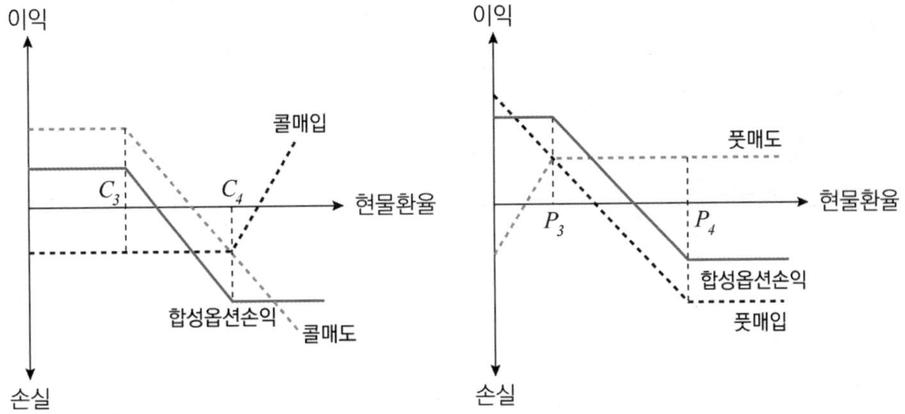

(a) 콜옵션을 이용한 약세스프레드 (b) 풋옵션을 이용한 약세스프레드

(4) 콤비네이션

콤비네이션(combination)은 기초자산이 동일한 콜옵션과 풋옵션을 결합하여 동시에 매입하거나 매도하는 전략을 말한다. 스프레드가 같은 종류의 옵션을 결합하는 반면에 콤비네이션은 서로 다른 종류의 옵션을 결합한다. 옵션의 결합방법에 따라 스트래들, 스트랭글, 버터플라이 등으로 구분된다.

1) 스트래들

스트래들(straddle)은 기초자산, 행사가격, 만기일이 동일한 콜옵션과 풋옵션을 하나씩 동일한 비율로 동시에 매입하거나 매도하는 전략을 말하며 변동성을 고려할 경우 유용하다. 이때 두 옵션을 동시에 매입하면 스트래들매입(long straddle), 동시에 매도하면 스트래들매도(short straddle)라고 한다.

기초자산의 가격이 행사가격과 프리미엄을 합한 것보다 큰 폭으로 변동할 것으로 예상되면 스트래들을 매입하고, 적은 폭으로 변동할 것으로 예상되면 스트래들을 매도한다. 스트래들매입자(매도자)는 기초자산의 가격변동성이 높은(낮은) 경우에 이익을 얻기 때문에 변동성 매입자(매도자)라고 한다.

▌그림 14-12▌ 스트래들의 손익

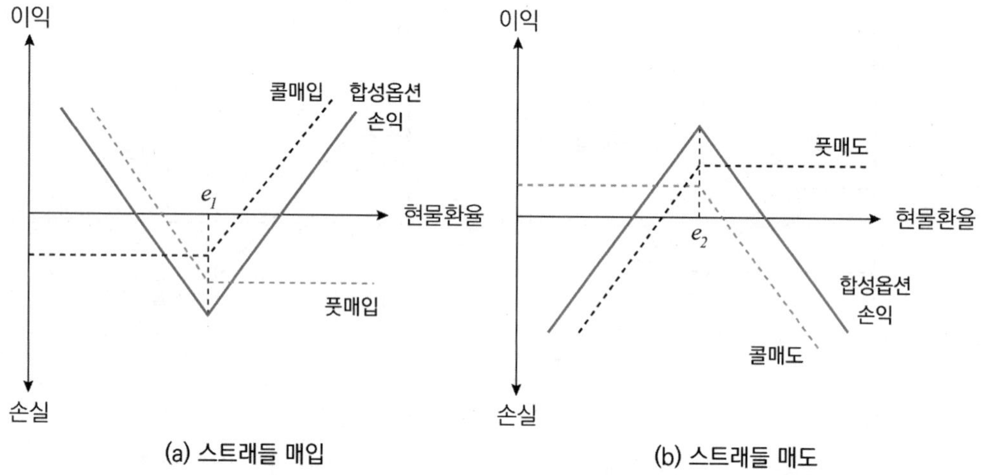

2) 스트랭글

스트랭글(strangle)은 만기일은 같지만 행사가격이 다른 콜옵션과 풋옵션을 같은 비율로 매입 또는 매도하는 전략으로 콜옵션매입과 풋옵션매입은 스트랭글매입, 콜옵션매도와 풋옵션매도는 스트랭글매도라고 한다. 스트랭글매입은 자산의 가격변동성이 클 때 이익이 발생하며 가격변동성이 작더라도 손실을 제한할 수 있다.

기초자산가격이 두 옵션의 행사가격과 프리미엄을 합한 것보다 큰 폭으로 변동할 것으로 예상되면 스트랭글을 매입하고, 적은 폭으로 변동할 것으로 예상되면 스트랭글을 매도한다. 스트랭글매입자는 기초자산의 가격이 두 행사가격의 범위를 크게 이탈할 때, 스트랭글매도자는 두 행사가격의 범위에서 안정될 때 이익을 얻는다.

▌그림 14-13▐ 스트랭글의 손익

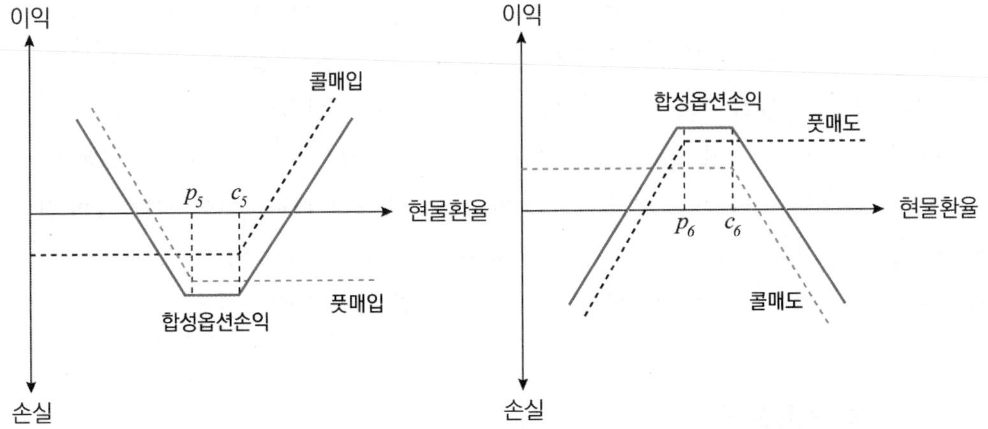

(a) 스트랭글 매입 (b) 스트랭글 매도

3) 버터플라이

버터플라이(butterfiy)는 미래에 기초자산가격의 변동성을 예측하여 기초자산의 가격이 세 개의 행사가격 중에서 중간의 행사가격과 일치할 것으로 예상되는 경우에 취하는 투자전략을 말한다. 버터플라이는 콜옵션을 이용하느냐 풋옵션을 이용하느냐에 따라 버터플라이콜과 버터플라이풋으로 구분된다.

▌그림 14-14▐ 버터플라이의 손익

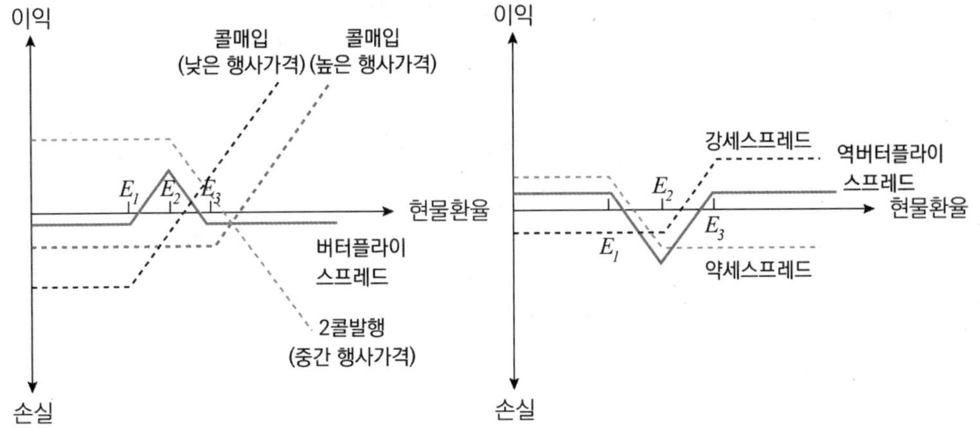

(a) 버터플라이 매입 (b) 버터플라이 매도

버터플라이매도는 기초자산의 가격변동성이 커질 가능성이 높지만 이익과 손실을 제한시키고자 하는 전략이다. 기초자산과 만기일은 같으나 행사가격이 서로 다른 세 개의 옵션을 이용하는데 행사가격이 중간인 콜옵션은 두 개를 매입하고, 행사가격이 가장 높은 옵션과 가장 낮은 옵션은 한 개씩 매도하는 전략을 말한다.

버터플라이매입은 기초자산의 가격이 안정적일 것으로 예상되지만 이익과 손실을 제한시키고자 하는 전략이다. 기초자산과 만기일은 같으나 행사가격이 서로 다른 세 개의 옵션을 이용하는데 행사가격이 중간인 콜옵션은 두 개를 매도하고, 행사가격이 가장 높은 옵션과 가장 낮은 옵션은 한 개씩 매입하는 전략을 말한다.

4. 풋-콜-선물환 등가

풋-콜-선물환 등가(put-call forward exchange parity)는 행사가격이 동일한 콜옵션을 매입하는 동시에 풋옵션을 매도하는 옵션결합거래는 행사가격과 동일한 환율(E)에서 특정통화를 선물환으로 매입하는 거래와 같은 효과를 갖는 것을 말하며 이러한 등가관계는 옵션시장과 선물환시장간의 차익거래로 성립한다.

왜냐하면 콜옵션매입은 만기일에 현물환율이 행사가격을 상회하면 이익이 발생하는 반면에 풋옵션매도는 현물환율이 행사가격을 하회하면 손실이 발생한다. 이러한 옵션거래의 손익선은 환율 E로 선물환을 매입한 경우에 현물환율이 선물환율을 상회하거나 또는 하회하는 경우와 동일한 손익구조를 가져오기 때문이다.

┃그림 14-15┃ 풋-콜-선물환 등가

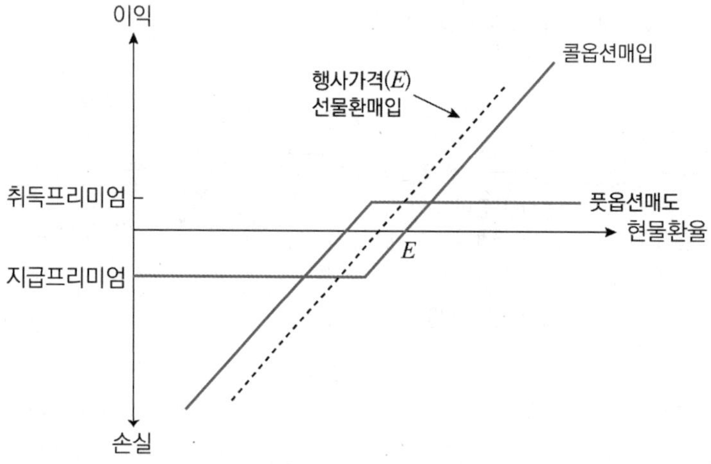

콜옵션가격 $C(E)$와 풋옵션가격 $P(E)$의 차이는 선물환율(F)과 행사가격(E)의 차이를 시장이자율로 할인하는 것과 같다. 왜냐하면 동일한 행사가격으로 콜옵션매입과 풋옵션매도는 선물환계약의 매입과 동일한 효과를 갖기 때문에 선물환매입비용에는 콜옵션프리미엄지급액과 풋옵션프리미엄수취액의 차액이 반영되어야 한다.

그런데 콜옵션매입프리미엄과 풋옵션매도프리미엄의 차이는 콜옵션과 풋옵션을 계약할 때 수취(콜매입프리리엄이 풋매도프리미엄을 상회할 경우) 또는 지급(콜매입프리미엄이 풋매도프리미엄을 하회할 경우)되어야 하므로 옵션의 계약시점에서 만기시점까지의 기간동안 시장이자율로 차입 또는 투자되어야 한다.

여기서 선물환의 매입비용은 $E+[C(E)-P(E)](1+r)^t$이 된다. 만일 합성옵션에 따른 비용과 선물환의 매입에 따른 비용간에 차이가 발생하면 옵션시장과 선물환시장간에 차익을 노리는 재정거래가 발생하게 된다. 따라서 선물환계약을 선물환시장에서 선물환율 F로 매도할 경우에 손익은 다음과 같이 표시할 수 있다.

$$F-\{E+[C(E)-P(E)](1+R)^t\} \tag{14.13}$$

그리고 선물환율이 고정되어 있다고 가정하면 풋옵션가격과 콜옵션가격의 등락을 통해 손익이 소멸될 때까지 옵션시장과 선물시장간에는 차익거래가 진행될 것이다. 즉 옵션시장과 선물시장간에 차익거래의 기회가 존재하지 않는 시장균형상태에서는 식(14.14)가 성립해야 하며 균형상태에서 이탈하면 차익거래가 발생한다.

$$F-\{E+[C(E)-P(E)](1+R)^t\}=0 \rightarrow C(E)-P(E)=\frac{F-E}{(1+R)^t} \tag{14.14}$$

$$C(E)-P(E)>\frac{F-E}{(1+R)^t} \tag{14.15}$$

식(14.15)의 경우에는 동일한 행사가격(E)에서 이루어지는 콜옵션매도가격과 풋옵션매입가격간의 차액을 투자한다. 그리고 여기서 발생하는 이자수입을 콜옵션매도가격에 가산한 풋옵션의 실제매도수입이 환율 F로 선물환을 매입할 경우의 비용을 상회하여 이익을 실현하게 된다.

$$C(E) - P(E) < \frac{F - E}{(1+R)^t} \tag{14.16}$$

식(14.16)의 경우에는 동일한 행사가격(E)에서 이루어지는 콜옵션매입가격과 풋옵션매도가격간의 차액을 투자하여 여기서 발생하는 이자수입을 콜옵션매입가격에서 차감한 풋옵션의 실제매입비용이 환율 F로 선물환을 매도할 경우의 수입보다 적기 때문에 이익을 실현하게 된다.

제5절 통화옵션의 가격결정

외국통화는 배당수익률을 지급하는 주식과 유사하다. 주주가 배당수익을 받는 것처럼 외국통화보유자는 외국통화의 무위험이자율과 동일한 수준의 배당수익률을 얻는 것으로 간주할 수 있다. 다른 조건은 주식과 외국통화가 동일하다고 가정하면 기존의 옵션가격결정모형을 약간 변형시킨 가격결정모형을 도출할 수 있다.

1. 이항분포모형

통화옵션의 균형가격을 계산하기 위해 이항옵션모형을 이용할 수 있다. 기초자산인 외국통화에서 무위험이자율만큼의 현금흐름이 발생한다는 점을 고려하고 나머지는 그대로 적용하면 된다. 통화옵션의 균형가격은 만기일인 1년 후의 헤지확률에 의한 옵션의 기대가치를 무위험이자율로 할인한 현재가치이다.

$$C = \frac{PC_u + (1-P)C_d}{e^{rfT}}, \; P = \frac{e^{(rf-Rf)T} - d}{u-d} \tag{14.17}$$

통화옵션에서 기초자산은 외국통화인데, 이때 언급되는 가격은 외국통화 1단위의 가치를 자국통화로 표시한 환율이란 점에 유의해야 한다. 예컨대, 우리나라에서 거래되는 미국달러옵션에서 기초자산은 미국달러이고, 1달러당 원화로 표시한 환율이 가격이 되며, 원화이자율은 r_f, 달러화이자율은 R_f가 된다.

2. 블랙숄즈모형

통화옵션의 가격을 결정하려면 기초자산의 가격(S)이 현물환율로서 자국통화로 표시한 외국통화 1단위의 가치로 나타난다. 이때 기초자산인 외국통화를 배당수익률이 알려진 주식으로 간주하여 주식보유자가 배당수익을 받는 것처럼 외국통화의 보유자는 외국통화의 이자율(R_f)을 받는 것으로 가정할 수 있다.

그리고 나머지 다른 조건은 주식이나 외국통화가 동일하다고 가정하면 기존의 옵션가격결정모형을 약간 수정한 가만-콜하겐(Garman-Kohlhagen)모형을 도출할 수 있다. 기존의 블랙-숄즈 옵션가격결정모형(BSOPM)에서 S대신에 Se^{-RfT}를 대입하면 다음과 같은 유럽형 통화옵션의 가격결정모형을 제시할 수 있다.

$$C = Se^{-RfT}N(d_1) - Ee^{-RT}N(d_2) \qquad (14.18)$$

$$P = Ee^{-RT}N(-d_2) - Se^{-RfT}N(-d_1) \qquad (14.19)$$

$$d_1 = \frac{\ln(S/E) + (R - R_f + \sigma^2/2)T}{\sigma\sqrt{T}}$$

$$d_2 = \frac{\ln(S/E) + (R - R_f - \sigma^2/2)T}{\sigma\sqrt{T}} = d_1 - \sigma\sqrt{T}$$

따라서 가만-콜하겐모형에 의하면 배당수익률를 외국통화의 이자율로 대체하여 유럽형 옵션가격을 구할 수 있다는 것이다. 그리고 S대신에 Se^{-RfT}를 대입하게 되면 유럽형 통화옵션의 풋-콜 등가도 다음과 같이 성립한다. 여기서 S는 현물환율, R_f는 해외이자율, R는 국내이자율, σ는 환율의 변동성을 나타낸다.

$$C + Ee^{-RfT} = P + Se^{-RfT} \qquad (14.20)$$

통화옵션가격결정모형에서 기초자산은 외국통화이고 이때의 가격은 외국통화 1단위 가치를 자국통화로 표시한 환율이란 점에 유의해야 한다. 예컨대 우리나라에서 거래되는 미국달러옵션에서는 기초자산이 미국달러화이고 1달러당 원화로 표시한 환율이 가격이 되며 해외이자율은 R_f, 국내이자율은 R이 된다.

┃표 14-12┃ 이자율과 옵션가격

변수	변동	콜옵션가격	풋옵션가격
국내이자율	상승	상승	하락
해외이자율	하락	하락	상승
이자율차이	국내이자율 > 해외이자율	상승	하락
	국내이자율 < 해외이자율	하락	상승

제6절 통화옵션의 헤지거래

통화옵션을 이용하여 환위험을 헤지할 경우 헤지비용을 옵션프리미엄에 국한시킬 수 있으며 경우에 따라 환차익을 기대할 수 있는 장점이 있다. 그리고 통화옵션은 기초자산가격의 변동에 따라 다양한 손익구조를 가지고 있기 때문에 다양한 헤지전략을 신축적으로 구사할 수 있다.

환율의 상승위험에 노출된 경우에 콜옵션을 매입하거나 풋옵션을 매도함으로써 환율상승으로 인한 손실을 옵션거래의 이익으로 상쇄시킬 수 있다. 반면에 환율의 하락위험에 노출된 경우에 콜옵션을 매도하거나 풋옵션을 매입함으로써 환율하락으로 인한 손실을 옵션거래의 이익으로 상쇄시킬 수 있다.

통화옵션의 매도를 통한 환위험헤지는 매입헤지에 비해 위험이 크기 때문에 전문적인 위험관리체계가 갖추어지지 않으면 사용하기가 어렵다. 왜냐하면 환율이 크게 변동할 경우에 매도포지션의 이익은 제한되어 있는 반면에 환율의 예측이 반대로 움직일 경우에 옵션매도자의 손실은 무제한이기 때문이다.

┃표 14-13┃ 통화옵션의 헤지전략

구분	위험노출	헤지전략	헤지결과
수입상, 외화채무자	환율상승위험	콜옵션매입	매입가격 상한선 설정
수출상, 외화채권자	환율하락위험	풋옵션매입	매도가격 하한선 설정

* 순매입가격 = 매입가격 + 콜옵션프리미엄 − 옵션거래이익
* 순매도가격 = 매도가격 − 풋옵션프리미엄 + 옵션거래이익

1. 콜옵션을 이용한 헤지거래

해외에서 상품과 서비스를 수입하거나 자금을 차입하는 경우 수입대금의 결제나 차입금의 상환에 따른 환위험이 발생한다. 이때 환위험을 헤지하기 위해 선물환, 통화선물, 통화옵션 등을 이용할 수 있다. 여기서는 선물환매입에 의한 헤지결과와 콜옵션매입에 의한 헤지결과를 비교하고자 한다.

(1) 선물환매입에 의한 헤지

우선 수입업자가 결제시점의 선물환율을 근거로 수입가격을 책정하고 수입계약을 체결했다고 가정하자. 수입업자는 수입대금의 결제에 따른 숏 포지션이 발생하므로 결제시점의 현물환율이 선물환율보다 상승하면 환차손이 발생하게 되고, 반대로 현물환율이 선물환율보다 하락하면 환차익을 얻게 된다.

해외에서 상품과 서비스를 수입하는 수입업자가 선물환을 매입하는 롱 포지션을 취함으로써 환위험을 헤지했다고 가정하자. 수입업자는 선물환을 매입했기 때문에 결제시점의 현물환율이 선물환율보다 상승하면 환차익을 얻게 되고, 반대로 현물환율이 선물환율보다 하락하면 환차손이 발생한다.

선물환매입에 의한 헤지전략은 환위험을 완벽하게 회피할 수 있는 반면에 환율의 유리한 변동으로 얻을 수 있는 환차익을 포기해야 한다. 만일 결제시점의 현물환율이 약정한 선물환율보다 상승하면 당초 숏 포지션에서 발생한 손실이 선물환매입에 의한 롱 포지션의 이익으로 완벽하게 상쇄된다.

반면에 결제시점의 현물환율이 약정한 선물환율보다 하락하면 당초 숏 포지션에서 발생한 이익이 선물환매입에 따른 롱 포지션에서 발생한 손실에 의해서 완벽하게 상쇄된다. 이러한 경우에 수입업자는 선물환을 매입하지 않았더라면 실현할 수 있었던 환차익을 포기하는 결과를 초래한다.

(2) 콜옵션매입에 의한 헤지

수입업자가 상품을 수입하여 발생한 숏 포지션을 콜옵션매입에 따른 롱 포지션을 취하므로써 환위험을 헤지하는 경우를 살펴보자. 수입업자는 수입대금 결제시점에 현물환율이 행사가격보다 상승하면 권리를 행사하고, 현물환율이 행사가격보다 하락하면 권리행사를 포기할 것이다.

결제시점의 현물환율이 행사가격보다 상승하면 콜옵션매입자는 콜옵션을 행사할 것이다. 이때 당초포지션에서 발생하는 손실이 콜옵션을 행사함으로써 얻는 이익에 의해 상쇄된다. 그러나 선물환매입과 비교하면 콜옵션매도자에게 지급하는 프리미엄에 상당하는 손실이 발생한다.

결제시점의 현물환율이 행사가격보다 하락하면 콜옵션매입자는 콜옵션을 행사하지 않기 때문에 당초포지션에서 발생한 환차익에서 콜옵션매도자에게 지급한 프리미엄을 차감한 만큼의 이익을 얻을 수 있다. 따라서 콜옵션매입은 선물환매입과 달리 환율이 유리하게 변동할 때 환차익을 얻을 수 있다.

| 그림 14-16 | 선물환매입과 콜옵션매입의 헤지결과

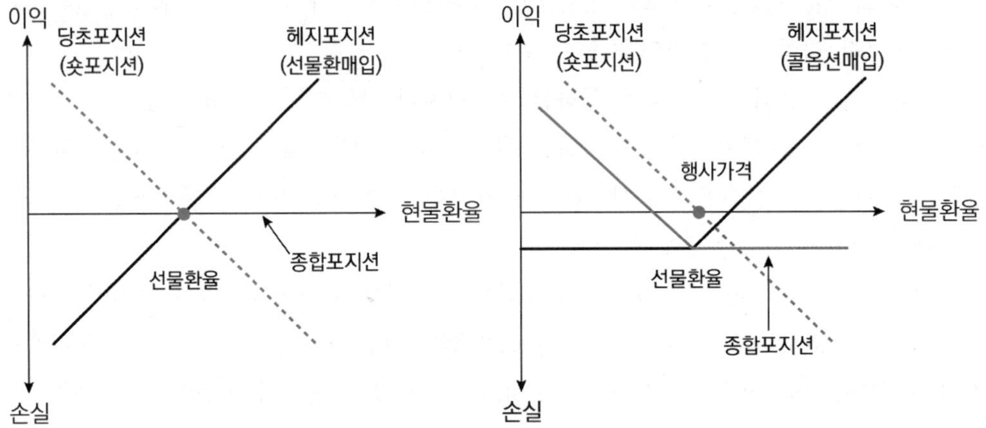

(a) 선물환매입 (b) 콜옵션 매입

예제 14-3 콜옵션의 매입헤지

해외에서 원자재를 수입하여 판매하는 강동기업은 오늘 국내의 강서기업에 대한 제품 공급 입찰에 들어갔다. 입찰결과는 1개월 후에 발표할 예정이며 입찰결과에 따라 원자재가 필요하여 수입계약을 체결할 경우 2개월 후에 수입대금을 지급하기 위해서 미국 달러화 $100만가 필요하다.

강동기업은 채산성을 맞추기 위해 오늘 환율인 950원 이하로 환율을 고정할 필요가 있다고 판단하고 있다. 그러나 입찰결과가 불확실하여 미국 달러를 매입하기 어려우므로 미국 달러 옵션을 이용하여 헤지거래를 하기로 결정하였다. 1월 15일 현물환율은 ₩930/$, 3월 15일 예상환율은 ₩940/$이다.

미국 달러 콜옵션 3월물 행사가격은 ₩940, 만기일은 3월 18일, 프리미엄은 ₩10/$으로 가정하자. 강동기업은 수입대금 결제시점의 환율을 950원 이하로 고정하기 위해 행사가격 ₩940/$인 미국달러 콜옵션 3월물 100계약(계약당 $10,000)을 프리미엄 1천만원(10원 × $100만)을 지급하고 매입하였다.

풀이

(1) 환율이 상승한 경우

입찰에 성공한 경우 3월 18일의 환율 970원은 행사가격 940원보다 높아 옵션을 행사하여 $100만를 원자재의 대금으로 결제한다. 이때 강동기업은 $100만 매입에 9.4억원(₩940 × $100만), 콜옵션의 매입비용 0.1억원 총 9.5억원을 지출하게 되어 콜옵션을 매입하지 않았을 경우 9.7억원에 비해 0.2억원의 손실을 줄일 수 있다.

입찰에 실패한 경우 2월 18일에 보유하고 있던 콜옵션을 청산한다. 이때 2월 18일의 환율이 ₩950/$이므로 옵션이 내가격상태가 되어 콜옵션의 매입시점인 1월 18일에 비해 프리미엄이 상승한다. 옵션프리미엄을 ₩20/$으로 가정하면 수입은 0.2억원이고 콜옵션 매입비용은 0.1억원이므로 총 0.1억원의 이익이 발생한다.

(2) 환율이 하락한 경우

입찰에 성공한 경우 3월 18일의 환율 900원이 행사가격 940원보다 낮아 옵션의 행사를 포기하고 현물 외환시장에서 $100만를 원자재의 대금으로 결제한다. 이때 강동기업은 $100만 매입에 9억원(₩900 × $100만), 콜옵션의 매입비용 0.1억원 총 9.1억원을 지출하게 되어 ₩910/$의 환율로 미국달러를 매입한 효과를 본다.

입찰에 실패한 경우 2월 18일에 보유하고 있던 콜옵션을 청산한다. 이때 2월 18일의 환율이 ₩910/$이므로 옵션이 외가격상태가 되어 콜옵션의 매입시점인 1월 18일에 비해 프리미엄이 하락한다. 옵션프리미엄을 ₩5/$으로 가정하면 수입은 5백만원이고 콜옵션 매입비용은 0.1억원이므로 총 5백만원의 손실이 발생한다.

따라서 미국달러 콜옵션을 매입하여 환위험을 헤지했을 때 입찰에 성공하면 환율변동에 관계없이 ₩950/$ 이하로 달러를 매입하여 원자재대금을 결제할 수 있다. 반면에 입찰에 실패하여 미국달러가 필요하지 않더라도 콜옵션을 매입할 때 지급한 0.1억원 이상의 손실은 발생하지 않게 된다.

2. 풋옵션을 이용한 헤지거래

해외에 상품과 서비스를 수출하거나 투자를 하는 경우 수출대금이나 투자원리금의 회수에 따른 환위험이 발생한다. 이때 환위험을 헤지하기 위해 선물환, 통화선물, 통화옵션 등을 이용할 수 있다. 여기서는 선물환매도에 의한 헤지결과와 풋옵션매입에 의한 헤지결과를 비교하고자 한다.

(1) 선물환매도에 의한 헤지

수출업자가 결제시점의 선물환율을 근거로 수출가격을 책정하고 수출계약을 체결했다고 가정하자. 수출업자는 수출대금의 수취로 롱 포지션이 발생하므로 결제시점에서 현물환율이 선물환율보다 상승하면 환차익을 얻게 되고, 반대로 현물환율이 선물환율보다 하락하면 환차손이 발생하게 된다.

해외에 상품이나 서비스를 수출하는 수출업자가 선물환을 매도하는 숏 포지션을 취함으로써 환위험을 헤지했다고 가정하자. 수출업자는 선물환을 매도하므로써 결제시점에 현물환율이 선물환율보다 상승하면 환차손이 발생하고, 반대로 현물환율이 선물환율보다 하락하면 환차익을 얻게 된다.

선물환매도에 의한 헤지전략은 환위험을 완벽하게 회피할 수 있는 반면에 환율의 유리한 변동으로 얻을 수 있는 환차익을 포기해야 한다. 만일 결제시점의 현물환율이 약정한 선물환율보다 하락하면 당초 롱 포지션에서 발생한 손실은 선물환매도에 따른 숏 포지션의 이익에 의해 완벽하게 상쇄된다.

반면에 결제시점의 현물환율이 약정한 선물환율보다 상승하면 당초 롱 포지션에서 발생한 이익이 선물환매도에 따른 숏 포지션에서 발생한 손실에 의해서 완벽하게 상쇄된다. 이러한 경우에 수출업자는 선물환을 매도하지 않았더라면 실현할 수 있었던 환차익을 포기하는 결과를 초래한다.

(2) 풋옵션매입에 의한 헤지

수출업자가 상품을 수출하여 발생한 롱 포지션을 풋옵션 매입에 따른 숏 포지션을 취하므로써 환위험을 헤지하는 경우를 살펴보자. 수출업자는 수출대금 결제시점에 현물환율이 행사가격보다 하락하면 권리를 행사하고, 현물환율이 행사가격보다 상승하면 권리행사를 포기할 것이다.

결제시점의 현물환율이 행사가격보다 하락하면 풋옵션매입자는 풋옵션을 행사할 수 있다. 이때 당초포지션에서 발생하는 손실이 풋옵션을 행사함으로써 얻는 이익에 의해 상쇄된다. 그러나 선물환매도와 비교하면 풋옵션매도자에게 지급하는 프리미엄에 상당하는 손실이 발생하게 된다.

결제시점의 현물환율이 행사가격보다 상승하면 풋옵션매입자는 풋옵션을 행사하지 않기 때문에 당초포지션에서 발생한 환차익에서 풋옵션매도자에게 지급한 프리미엄을 차감한 만큼의 이익을 얻을 수 있다. 따라서 풋옵션매입은 선물환매도와 달리 환율이 유리하게 변동할 때 환차익을 얻을 수 있다.

▌그림 14-17▐ 선물환매도와 풋옵션매입의 헤지결과

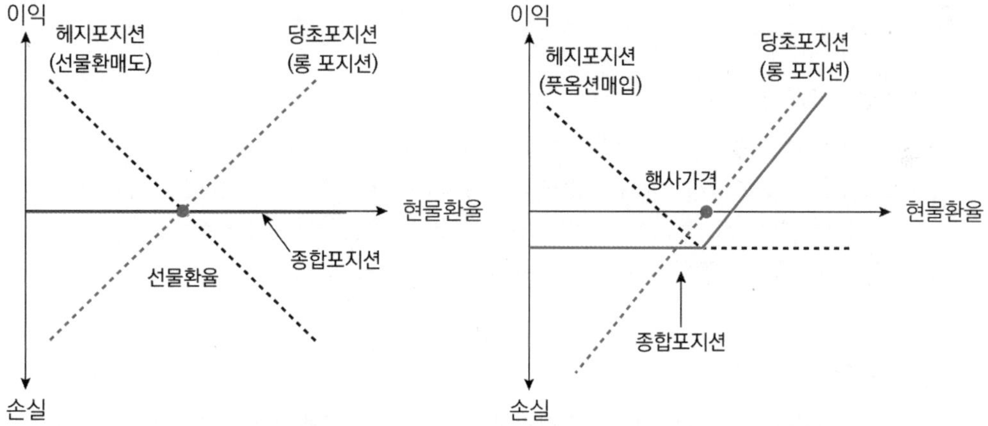

(a) 선물환 매도　　　　(b) 풋옵션 매입

결제시점의 현물환율이 행사가격보다 하락하면 풋옵션매입자는 풋옵션을 행사할 수 있다. 이때 당초포지션에서 발생하는 손실이 풋옵션을 행사함으로써 얻는 이익에 의해 상쇄된다. 그러나 선물환매도와 비교하면 풋옵션매도자에게 지급하는 프리미엄에 상당하는 손실이 발생하게 된다.

결제시점의 현물환율이 행사가격보다 상승하면 풋옵션매입자는 풋옵션을 행사하지 않기 때문에 당초포지션에서 발생한 환차익에서 풋옵션매도자에게 지급한 프리미엄을 차감한 만큼의 이익을 얻을 수 있다. 따라서 풋옵션매입은 선물환매도와 달리 환율이 유리하게 변동할 때 환차익을 얻을 수 있다.

예제 14-4 풋옵션의 매입헤지

1월 18일 현재 해외에 자동차를 수출하는 현대기업은 3월 18일 미국의 수입상으로부터 수출대금 $100만를 지급받기로 했는데 ₩930/$ 이상으로 환전해야 채산성을 맞출 수 있어 미국달러 풋옵션을 매입하여 헤지거래를 수행하기로 결정하였다. 1월 18일 현물환율은 ₩930/$, 3월 18일 예상환율은 ₩940/$이다.

미국달러 풋옵션 3월물의 행사가격은 ₩940, 만기일은 3월 18일, 프리미엄은 ₩10/$으로 가정하자. 현대자동차은 수출대금 결제시점의 환율을 930원 이상으로 고정하기 위해 행사가격 ₩940/$인 미국달러 풋옵션 3월물 100계약(계약당 $10,000)을 프리미엄 1천만원(10원 × $100만)을 지급하고 매입하였다.

풀이

(1) 환율이 상승한 경우

옵션의 만기일인 3월 18일 현물환율 970원이 행사가격 940원보다 높아 풋옵션의 행사를 포기하고 현물 외환시장에서 $100만를 매도한다. 이때 현대자동차는 9.7억원(₩970 × $100만)을 수령하고 풋옵션의 매입비용 0.1억원을 지출하여 총 9.6억원의 원화가 발생하여 ₩960/$의 환율로 미국달러를 매도한 효과와 같다.

(2) 환율이 하락한 경우

옵션의 만기일인 3월 18일 현물환율 900원이 행사가격 940원보다 낮아 풋옵션을 행사하여 미화 $100만을 매도한다. 이때 현대자동차는 풋옵션의 행사를 통해 얻은 9.4억원 중 풋옵션의 매입비용 0.1억원을 차감한 총 9.3억원의 원화가 발생하여 ₩930/$의 환율로 미국달러를 매도함으로써 채산성을 맞출 수 있게 된다.

제7절 통화옵션의 실제

1. 상한가격과 하한가격

통화콜옵션거래의 상한가격(ceiling price)은 현물콜옵션을 행사할 경우 콜옵션의 행사가격에 옵션가격인 콜옵션프리미엄을 가산한 가격을 말한다.

$$\text{콜옵션 상한가격} = \text{콜옵션 행사가격} + \text{콜옵션프리미엄} \quad (14.21)$$

통화풋옵션거래의 하한가격(floor price)은 현물풋옵션을 행사할 경우 풋옵션의 행사가격에서 옵션가격인 풋옵션프리미엄을 차감한 가격을 말한다.

$$\text{풋옵션 하한가격} = \text{풋옵션 행사가격} - \text{풋옵션프리미엄} \quad (14.22)$$

2. 옵션가격의 거래비용

콜옵션의 상한가격과 풋옵션의 하한가격을 계산할 경우 옵션매입시 지급시점과 옵션행사시 현금수지시점간에 시차가 존재한다. 따라서 지급된 옵션가격의 금리비용으로 기회비용이 고려되어야 하고, 옵션거래에 수반된 중개수수료 등 거래비용을 고려해야 한다는 점에 유의해야 한다.

여기서 옵션가격의 기회비용과 거래비용을 고려한 콜옵션의 상한가격은 식(14.23)과 같이 구할 수 있다. I는 지급프리미엄의 기회비용으로 금리수준을 나타내고, T는 프리미엄지급시점에서 옵션행사에 따른 결제시점까지의 시간을 나타낸다.

$$C = \text{콜옵션행사가격} + \left[\text{프리미엄}1 + i\left(\frac{T}{360}\right) + \text{거래비용}\right] \quad (14.23)$$

동일한 방법으로 옵션가격의 기회비용과 거래비용을 고려한 풋옵션의 하한가격은 식(14.24)와 같이 구할 수 있다.

$$P = \text{풋옵션행사가격} - \left[\text{프리미엄}1 + i\left(\frac{T}{360}\right) + \text{거래비용}\right] \quad (14.24)$$

• 핵심요약 •

제1절 옵션의 개요

1. 옵션의 정의 : 만기일 또는 만기일 이전에 기초자산을 행사가격으로 매입하거나 매도할 수 있는 권리가 부여된 증권이나 계약
2. 옵션의 특징 : 옵션매입자는 권리만 보유하고 옵션매도자는 의무만 부담함
3. 옵션의 종류 : 콜옵션과 풋옵션, 유럽형옵션과 미국형옵션, 상품옵션과 금융옵션
4. 옵션의 기능 : 위험헤지의 기능, 레버리지의 기능, 합성증권의 창출

제2절 옵션의 만기가치

1. 콜옵션의 만기가치 : 매입자 $C_T = Max[S_T - E,\ 0]$, 매도자 $C_T = Min[E - S_T,\ 0]$
2. 풋옵션의 만기가치 : 매입자 $P_T = Max[E - S_T,\ 0]$, 매도자 $P_T = Min[S_T - E,\ 0]$

제3절 옵션가격결정의 개요

1. 옵션가격의 결정요인 : C 또는P = f(S, E, T, σ^2, R_f, D)

결정요인	콜옵션가격	풋옵션가격
기초자산의 현재가격↑	+	−
행사가격↑	−	+
만기까지 잔존기간↑	+	+(?)
기초자산의 가격분산↑	+	+
무위험이자율↑	+	−
기초자산의 현금배당↑	−	+

2. 옵션가격의 결정범위

① 콜옵션가격의 범위 : $Max[S - PV(E),\ 0] \le C \le S$]

② 풋옵션가격의 범위 : $Max[PV(E) - S,\ 0] \le P \le PV(E)$

3. 옵션가격의 구성 : 옵션가격 = 내재가치 + 시간가치

4. 풋-콜 등가 : 모든 조건이 동일한 콜옵션가격과 풋옵션가격간의 균형관계식
$S + P - C = PV(E)$

제4절 미국달러옵션의 개요

1. 미국달러옵션의 정의 : 미래의 특정시점에 미국달러를 옵션매입자와 옵션매도자가 현재시점에서 약정한 환율으로 매입하거나 매도할 수 있는 권리가 부여된 계약
2. 미국달러옵션의 내용 : 기초자산은 미국달러, 옵션의 만기일에만 권리를 행사할 수 있는 유럽형옵션, 포지션의 결제방법은 현금결제방식

3. 미국달러옵션의 투자전략

① 미국달러 콜옵션 매입 : 환율이 상승할 것으로 예상되는 경우

② 미국달러 콜옵션 매도 : 환율이 하락하거나 보합으로 예상되는 경우

③ 미국달러 풋옵션 매입 : 환율이 하락할 것으로 예상되는 경우

④ 미국달러 풋옵션 매도 : 환율이 상승하거나 보합으로 예상되는 경우

제5절 통화옵션의 가격결정

1. 이항분포모형 : $C = \dfrac{PC_u + (1-P)C_d}{e^{rfT}}$, $P = \dfrac{e^{(rf-Rf)T} - d}{u-d}$

2. 블랙숄즈모형 :

$$C = Se^{-RfT}N(d_1) - Ee^{-RT}N(d_2), P = Ee^{-RT}N(-d_2) - Se^{-RfT}N(-d_1)$$

제6절 통화옵션의 헤지거래

1. 콜옵션을 이용한 헤지거래

(1) 선물환매입에 의한 헤지 : 수입업자가 환위험을 완벽하게 회피할 수 있는 반면에 환율의 유리한 변동으로 얻을 수 있는 환차익을 포기해야 함

(2) 콜옵션매입에 의한 헤지 : 수입업자는 현물환율이 행사가격보다 상승하면 권리를 행사하고, 현물환율이 행사가격보다 하락하면 권리행사를 포기함

2. 풋옵션을 이용한 헤지거래

(1) 선물환매도에 의한 헤지 : 수출업자가 환위험을 완벽하게 회피할 수 있는 반면에 환율의 유리한 변동으로 얻을 수 있는 환차익을 포기해야 함

(2) 풋옵션매입에 의한 헤지 : 수출업자는 현물환율이 행사가격보다 하락하면 권리를 행사하고, 현물환율이 행사가격보다 상승하면 권리행사를 포기함

제7절 통화옵션의 실제

1. 상한가격과 하한가격

① 콜옵션 상한가격 = 콜옵션 행사가격 + 콜옵션프리미엄

② 풋옵션 하한가격 = 풋옵션 행사가격–풋옵션프리미엄

2. 옵션가격의 거래비용

① 콜옵션 상한가격 : $C = \text{콜옵션행사가격} + \left[\text{프리미엄}1 + i\left(\dfrac{T}{360}\right) + \text{거래비용}\right]$

② 풋옵션 하한가격 : $P = \text{풋옵션행사가격} - \left[\text{프리미엄}1 + i\left(\dfrac{T}{360}\right) + \text{거래비용}\right]$

연 · 습 · 문 · 제

1 **다음 중 옵션에 대한 설명으로 옳지 않은 것은?**

① 옵션은 조건부청구권으로 매입자의 의사에 따라 행사되지 않을 수도 있다.

② 옵션매도자는 옵션매입자가 권리를 행사하면 반드시 의무를 이행해야 한다.

③ 옵션은 불리한 가격변동으로 인한 위험에 대한 헤지수단이 된다.

④ 옵션은 기업가치에 중요한 영향을 미친다.

| **해설** | 옵션은 매도자와 매입자간의 거래이므로 기업가치와는 무관하다.

2 **다음 중 유럽형옵션의 가격변동에 대한 설명으로 옳지 않은 것은?**

① 기초자산의 가격이 상승하면 콜옵션의 가격은 상승한다.

② 기초자산의 가격이 상승하면 풋옵션의 가격은 하락한다.

③ 기초자산의 수익률의 분산이 증가하면 콜옵션의 가격은 상승한다.

④ 기초자산의 수익률의 분산이 증가하면 풋옵션의 가격은 하락한다.

⑤ 무위험이자율이 상승하면 콜옵션의 가격은 상승한다.

| **해설** | 기초자산의 수익률의 분산이 증가하면 콜옵션이나 풋옵션 모두 가격이 상승한다.

3 **현재 기초자산의 가격은 205포인트이고 행사가격이 210포인트인 콜옵션을 프리미엄 6에 매도한 경우에 어떤 상태에 있는 옵션인가?**

① 외가격옵션(out of the money)

② 심외가격옵션(deep out of the money)

③ 내가격옵션(in of the money)

④ 등가격옵션(at the money)

| **해설** | 콜옵션매도자는 기초자산의 가격이 손익분기점(행사가격 + 콜옵션가격)보다 작을 경우에 이익이 발생한다.

구분	콜옵션	풋옵션
내가격(ITM)	기초자산가격(S) > 행사가격(E)	기초자산가격(S) < 행사가격(E)
등가격(ATM)	기초자산가격(S) = 행사가격(E)	기초자산가격(S) = 행사가격(E)
외가격(OTM)	기초자산가격(S) < 행사가격(E)	기초자산가격(S) > 행사가격(E)

4 공주기업 주식의 현재가격은 20,000원이고 행사가격은 15,000원이다. 옵션의 만기가 1개월 남은 공주기업의 콜옵션 프리미엄은 7,000원이라고 가정할 경우에 콜옵션의 시간가치는 얼마인가?

① 2,000원
② 3,000원
③ 4,000원
④ 5,000원

| 해설 | 옵션가격 = 내재가치 + 시간가치 → 시간가치 = 옵션가격 − 내재가치
내재가치는 5,000원(= 20,000 − 15,000)이므로 시간가치는 2,000원이다.

5 동국기업의 주식은 다음과 같은 확률분포를 가지고 있다. 동국기업의 주식에 대해 유럽형 콜옵션이 발행되었고, 옵션만기일은 3개월 후이며 행사가격은 5,000원이다. 옵션의 만기일에 콜옵션 기대값은 얼마인가?

주가	2,000원	4,000원	6,000원	8,000원	10,000원
확률	0.1	0.2	0.4	0.2	0.1

① 500원
② 1,000원
③ 1,500원
④ 2,000원
⑤ 3,000원

| 해설 | E(C) = 1,000 × 0.4 + 3,000 × 0.2 + 5,000 × 0.1 = 1,500원

6 다음 중 콜옵션매입자는 기초자산의 가격이 어떤 범위에 있을 때 이익을 얻을 수 있는가?

① 기초자산의 가격 〉 행사가격
② 기초자산의 가격 〈 행사가격
③ 기초자산의 가격 〉 행사가격 + 콜옵션가격
④ 기초자산의 가격 〈 행사가격 + 콜옵션가격

| 해설 | 콜옵션매입자는 기초자산의 가격이 손익분기점(행사가격 + 콜옵션가격)보다 클 경우에 이익이 발생한다.

7 **다음 중 풋옵션매입자는 기초자산의 가격이 어떤 범위에 있을 때 이익을 얻을 수 있는가?**

① 기초자산의 가격 〉 행사가격

② 기초자산의 가격 〈 행사가격

③ 기초자산의 가격 〉 행사가격-풋옵션가격

④ 기초자산의 가격 〈 행사가격-풋옵션가격

| 해설 | 풋옵션매입자는 기초자산의 가격이 손익분기점(행사가격-풋옵션가격)보다 작을 경우에 이익이 발생한다.

8 **다음 중 주가가 하락할 것으로 예상하여 주식을 공매한 투자자가 불리한 가격변동위험을 회피할 수 있는 방법은?**

① 콜옵션을 매입한다. ② 콜옵션을 매도한다.

③ 풋옵션을 매입한다. ④ 풋옵션을 매도한다.

| 해설 | 주가가 하락할 것으로 예상하여 주식을 공매한 투자자는 예상과 달리 주가가 상승하면 손실을 입게 된다. 이때 주식공매와 함께 콜옵션을 매입하면 손실을 크게 줄일 수 있다.

9 **콜옵션을 보유한 투자자 홍길동은 기초자산인 주식가격이 앞으로 상승할 것으로 예상하여 주식을 매입하고자 한다. 주식을 매입하지 않고 콜옵션과 결합하여 주식을 매입한 경우와 동일한 투자성과를 실현시킬 수 있는 방법은?**

① 풋옵션매입 ② 풋옵션매도

③ 콜옵션매도 ④ 주식공매

| 해설 | 콜옵션을 매입하고 동일한 조건의 풋옵션을 매도할 경우에 주식을 매입한 경우와 동일한 손익을 얻을 수 있다. $S + P - C = PV(E) \rightarrow C - P = S - PV(E)$

10 **다음 중 행사가격이 동일한 풋-콜 등가에 대한 설명으로 옳은 것은?**

① 동일한 기초주식에 대해 발행된 동일한 만기의 등가격 풋옵션과 콜옵션의 가격은 항상 같다.

② 동일한 기초주식에 대해 발행된 동일한 만기의 풋옵션과 콜옵션간에는 일정한 관계가 유지되어야 한다.

③ 동일한 기초주식에 대해 발행된 동일한 만기의 등가격 풋옵션과 콜옵션의 가격은 평행으로 움직인다.

④ 만기가 서로 다른 풋옵션과 콜옵션의 경우에도 풋-콜 등가는 성립한다.

| 해설 | 시장균형상태에서 기초자산, 행사가격, 만기일이 모두 동일한 풋옵션가격과 콜옵션가격은 일정한 관계를 갖는데, 이를 풋-콜 등가(put-call parity)라고 한다.

11 다음 중 통화옵션에 대한 설명으로 가장 옳은 것은?

① 달러표시 채권을 가진 기업은 환위험을 헤지하기 위해 콜옵션을 매입한다.
② 기업이 옵션을 이용하여 헤지하는 경우에 옵션을 매도하는 것보다 옵션을 매입하는 것이 바람직하다.
③ 선물환과 달리 장내옵션이 장외옵션에 비해 거래가 활발하다.
④ 수입업자는 환율상승위험에 노출되어 있으므로 풋옵션을 매입한다.

| 해설 | ① 외화채권을 가진 기업은 환위험을 헤지하기 위해 풋옵션을 매입한다.
③ 장외옵션이 거래소에서 거래되는 장내옵션에 비해 거래가 활발하다.
④ 수입업자는 환율상승위험에 노출되어 있으므로 콜옵션을 매입한다.

12 다음 중 통화옵션에 대한 설명으로 가장 옳은 것은?

① 미국으로 수출하는 기업이 원/달러 리스크를 헤지하려면 달러 풋옵션을 매입해야 한다.
② 원/달러 현물환율이 1,170원일 때 행사가격이 1,160원인 달러 콜옵션은 내가격옵션이다.
③ 원화가 달러에 대해 강세가 된다고 전망하면 달러 콜옵션을 매입해야 한다.
④ 일본에서 원자재를 수입하는 미국기업이 수입대금을 엔화로 결제할 경우 엔/달러 리스크를 헤지하려면 달러 풋옵션을 매입해야 한다.

| 해설 | 원화강세는 달러약세를 의미하여 달러가치 하락에 대비하여 달러 풋옵션을 매입해야 한다.

13 한국거래소에 상장된 미국달러옵션에 대한 설명으로 옳지 않은 것은?

① 실물인수방식으로 결제가 이루어진다.
② 만기에만 권리행사가 가능한 유럽형옵션이다.
③ 반대의견이 없는 경우 만기에 내가격옵션은 자동으로 행사된다.
④ 달러 콜옵션매입자는 달러를 지급하고 원화를 수취한다.

| 해설 | 달러 콜옵션매입자는 원화를 지급하고 달러를 수취한다.

14 한국거래소에 상장된 미국달러옵션의 만기에 권리행사에 대한 설명으로 옳지 않은 것은?

① 콜옵션매입자는 원화를 지불하고 달러를 수취한다.
② 콜옵션매도자는 원화를 수취하고 달러를 지불한다.
③ 풋옵션매입자는 원화를 지불하고 달러를 수취한다.
④ 권리행사시 거부요청이 없으면 내가격옵션으로 자동 행사된다.

| 해설 | 풋옵션매입자는 원화를 수취하고 달러를 지급한다.

15 **달러표시채권 1백만 달러를 보유하고 있는 기업이 환리스크를 헤지하기 위해 미달러옵션을 이용하는 경우에 바람직한 거래는?**

① 콜옵션 100계약 매입 ② 콜옵션 100계약 매도
③ 풋옵션 100계약 매입 ④ 풋옵션 100계약 매도

| 해설 | 미달러옵션은 계약단위가 1만 달러이므로 헤지계약수는 100계약이다. 외화채권 보유자는 환율하락위험에 노출되어 있으므로 풋옵션을 매입해야 한다.

16 **3개월 후에 1백만 달러를 수취할 예정인 기업이 환리스크를 헤지하기 위해 미달러옵션을 이용하는 경우에 바람직한 거래는?**

① 콜옵션 100계약 매입 ② 콜옵션 100계약 매도
③ 풋옵션 100계약 매입 ④ 풋옵션 100계약 매도

| 해설 | 미달러옵션은 계약단위가 1만 달러이므로 헤지계약수는 100계약이다. 외환을 수취할 예정인 기업은 환율하락위험에 노출되어 있으므로 풋옵션을 매입해야 한다.

17 **다음 중 통화옵션 가격결정모형에 대한 설명으로 옳은 것은?**

① 국내이자율이 상승하면 콜옵션가격은 하락한다.
② 주가지수옵션과 마찬가지로 블랙-숄즈모형이 이용된다.
③ 외국이자율이 국내이자율보다 낮은 경우 풋옵션가격은 상승한다.
④ 옵션가격은 만기일 이전에는 항상 정(+)의 값을 가진다.

| 해설 | ① 국내이자율이 상승하면 환율은 상승하여 콜옵션가격도 상승한다.
② 통화옵션은 블랙-숄즈모형을 수정한 가먼-콜하겐모형이 이용된다.
③ 외국이자율이 국내이자율보다 낮은 경우 환율은 상승하여 풋옵션가격은 하락한다.

18 **다음 중 통화옵션 가격결정모형에 대한 설명으로 옳은 것은?**

① 시장의 선물환율이 현물환율 대신에 사용될 수 있다.
② 통화옵션은 블랙-숄즈모형을 수정한 가먼-콜하겐모형이 이용된다.
③ 입력변수로 외국통화의 이자율은 필요하지 않다.
④ 특정통화의 콜옵션은 상대통화의 풋옵션이 된다.

| 해설 | 입력변수로 외국통화의 이자율도 필요하다.

19 **다른 모든 조건이 동일하다고 가정하여 국내이자율과 미국이자율이 한국거래소에서 거래되는 미국달러옵션에 미치는 영향에 대한 설명으로 옳지 않은 것은?**

① 국내이자율이 상승하면 콜옵션가치는 상승한다.
② 국내이자율이 상승하면 풋옵션가치는 하락한다.
③ 미국이자율이 하락하면 콜옵션가치는 하락한다.
④ 미국이자율이 하락하면 풋옵션가치는 하락한다.

| 해설 | 국내이자율이 상승하면 콜옵션가치는 상승하고 풋옵션가치는 하락한다.
미국이자율이 하락하면 콜옵션가치는 상승하고 풋옵션가치는 하락한다.

20 **행사가격 1,100원인 달러 풋옵션을 계약당 10원의 프리미엄을 주고 10계약 매입하였다. 외환시장에서 환율이 1,070원 일 때 반대매매를 통해 포지션을 청산했다면 프리미엄을 고려한 거래손익은?**

① 200,000원 이익 ② 200,000원 손실
③ 300,000원 이익 ④ 300,000원 손실

| 해설 | 거래손익 = (1,100−1,070−10) × 10계약수 × 1만 달러 = 200,000원 이익

21 **잔여만기 6개월인 달러표시채권 1백만 달러를 보유한 투자자가 환율하락을 예상하여 행사가격 1,100원인 달러 풋옵션을 달러당 20원의 프리미엄을 주고 100계약을 매입하였다. 만기일에 환율이 1,140원으로 상승했다면 수취하는 금액은?**

① 1,100백만원 ② 1,120백만원
③ 1,160백만원 ④ 1,180백만원

| 해설 | 달러당 순수취금액 = 1,140−20(프리미엄) = 1,120
원화 순수취금액 = 1백만 달러 × 1,120원 = 1,120백만원

22 **서울기업은 3개월 후 수입대금 1백만 달러를 결제해야 한다. 향후 환율상승위험을 헤지하기 위해 현물환율 1,120원, 콜옵션의 행사가격 1,120원, 달러당 옵션프리미엄 20원의 조건으로 거래한 경우에 옳지 않은 것은?**

① 최대결제비용을 1,140백만원에 고정하는 효과가 있다.
② 3개월 후 환율이 급등하는 경우 손실이 무한대로 갈 가능성이 있다.
③ 달러선물을 이용한 헤지에 비해 비용면에서 불리하다.
④ 달러선물매입을 통한 헤지와 달리 환율하락시 이익을 볼 수 있다.

| 해설 | 향후 환율이 급등하더라도 최대 결제비용은 1,140백만원으로 고정되며 환율하락시 이익이 발생한다.

23 연세기업은 1개월 후에 미화 1백만 달러의 수입대금이 필요하다. 현재 현물환율은 달러당 1,250원이나, 앞으로 환율의 상승을 우려하여 한국거래소에서 거래되는 만기 1개월, 행사가격 1,200원/$인 미국달러 콜옵션(1계약 = $10,000)을 달러당 80원의 프리미엄에 100계약을 매입하였다. 1개월 후 현물환율이 1,350원이고 거래비용을 무시하면 연세기업이 1백만 달러를 결제하는데 소요되는 원화대금은?

① 12.8억원 ② 13.0억원
③ 14.2억원 ④ 15.2억원

| 해설 | 1달러당 결제비용(1,350원) − 옵션행사이익(150원) + 옵션프리미엄(80원) = 1,280원
1,280원 × 100계약 × 10,000 = 12.8억원

24 고려기업은 2개월 후에 미화 1백만 달러의 수입대금이 필요하다. 현재 현물환율은 달러당 1,200원이나, 앞으로 환율상승에 대비하여 만기 2개월, 행사가격 1,200원/$인 미국달러 콜옵션(1계약 = $10,000)을 달러당 30원의 프리미엄에 100계약을 매입하였다. 2개월 후 현물환율이 1,260원이라면 옵션의 권리행사를 고려한 고려기업의 총 결제비용은?

① 11.4억원 ② 12.0억원
③ 12.3억원 ④ 12.9억원

| 해설 | 총결제비용 = 수입결제비용 + 옵션행사이익 = 12.3억원
수입결제비용 = $1,000,000 × 1,260원 = 12.6억원
옵션행사이익 = 30원 × 10,000 × 100계약 = 0.3억원

25 건국기업은 1개월 후에 미국달러로 수입대금을 결제해야 한다. 현재 현물환율은 1,260원이다. 앞으로 환율상승에 대비하여 한국거래소에서 거래되는 미국달러 콜옵션(행사가격 1,270원)을 25원에 매입하여 헤지한 경우에 옳은 설명은?

① 미국달러 상환비용을 1달러당 1,260원으로 고정하였다.
② 미국달러 상환비용을 1달러당 1,285원으로 고정하였다.
③ 미국달러 상환비용을 1달러당 1,245원으로 고정하였다.
④ 미국달러 상환비용을 1달러당 1,295원으로 고정하였다.

| 해설 | 현물 매도포지션 상태와 동일한 수입상이 헤지하기 위해 콜옵션을 매입하는 경우에 현물매도 + 콜옵션매입 = 풋옵션매입 손익구조와 동일하고, 이는 최고상환비용을 고정시킨다.
최고상환비용 = 행사가격 + 콜옵션프리미엄 = 1,270원 + 25원 = 1,295원

26 **홍익기업은 1개월 후에 1백만 달러 수출대금을 수취할 예정이다. 홍익기업은 달러약세를 우려하여 미국달러 풋옵션(행사가격 1,280원) 100계약을 프리미엄 15원에 매입하여 헤지한 경우에 옳은 설명은?**

① 미국달러 최고매도가격을 1달러당 1,280원에 고정하였다.

② 미국달러 최저매도가격을 1달러당 1,280원에 고정하였다.

③ 미국달러 최고매도가격을 1달러당 1,260원에 고정하였다.

④ 미국달러 최저매도가격을 1달러당 1,260원에 고정하였다.

| 해설 | 현물 매입포지션 상태와 동일한 수출상이 헤지하기 위해 풋옵션을 매입하는 경우에 현물매입 + 풋옵션매입 = 콜옵션매입 손익구조와 동일하고, 이는 최저매도가격을 고정시킨다.
최저매도가격 = 행사가격–풋옵션프리미엄 = 1,280원 – 15원 = 1,260원

27 **단국기업은 2개월 후에 1백만 달러 수출대금을 수취할 예정이다. 현재 현물환율은 1,260원이다. 단국기업은 앞으로 환율하락에 대비하여 한국거래소에서 거래되는 만기 2개월 미국달러 풋옵션(행사가격 1,250원)을 10원의 프리미엄을 주고 100계약을 매입하였다. 만일 2개월 후 현물환율이 1,242원일 경우에 프리미엄을 고려한 순원화 수취금액은?**

① 1,240,000,000원 ② 1,242,000,000원

③ 1,250,000,000원 ④ 1,260,000,000원

| 해설 | 2개월 후에 현물환율이 1,242원이면 풋옵션의 권리행사가 이루어질 것이다.
1$ 수취금액 1,242원 + 8원(옵션행사이익) – 10원(프리미엄지불) = 1,240원
1,240원 × 1,000.000원/$ = 1,240,000,000원

28 **다음 중 장외시장에서 미달러 콜옵션을 매입하는 경우와 동일한 결과를 가져오는 것은?**

① 원화 콜옵션 매입 ② 원화 콜옵션 매도

③ 원화 풋옵션 매입 ④ 원화 콜옵션 매도

| 해설 | 통화옵션은 두 개의 환율과 관계되어 특정 통화의 콜옵션 매입은 상대 통화의 풋옵션 매입과 동일한 효과가 있다.

29 **앞으로 환율의 움직임이 안정적일 경우에 적절한 옵션전략은?**

① 버터플라이 매입, 스트래들 매도 ② 버터플라이 매도, 스트래들 매도

③ 버터플라이 매입, 스트래들 매입 ④ 버터플라이 매입, 스트랭글 매입

| 해설 | 향후 환율이 안정적인 경우에는 버터플라이 매입, 스트래들 매도의 경우에 이익이 발생한다.

30 다음 중 환리스크 헤지거래와 관련된 설명으로 옳지 않은 것은?

① 수입상이 콜옵션을 매입하여 환리스크를 헤지한 경우에 달러당 결제비용은 행사가격에 프리미엄을 가산한다.

② 수출상이 풋옵션을 매입하여 환리스크를 헤지한 경우에 달러당 결제비용은 행사가격에서 프리미엄을 차감한다.

③ 수입상은 콜옵션을 매입하여 환리스크를 헤지한 경우에 최저 결제금액을 설정할 수 있다.

④ 수출상은 풋옵션을 매입하여 환리스크를 헤지한 경우에 콜옵션의 매입과 동일한 손익구조를 가진다.

| 해설 | 수입상은 콜옵션을 매입하여 환리스크를 헤지한 경우에 최고 결제금액을 설정할 수 있다.

정답

1. ④	2. ④	3. ③	4. ①	5. ③	6. ③	7. ④	8. ①	9. ②	10. ②
11. ②	12. ③	13. ④	14. ③	15. ③	16. ③	17. ④	18. ③	19. ③	20. ①
21. ②	22. ②	23. ①	24. ③	25. ④	26. ④	27. ①	28. ③	29. ①	30. ③

C·h·a·p·t·e·r 15

통화스왑시장

스왑거래는 금융공학에 의해 창출된 파생상품으로 금리스왑, 통화스왑, 외환스왑으로 구분할 수 있으며, 스왑거래의 이론적 근거는 비교우위이다. 따라서 스왑거래의 당사자들이 비교우위가 있는 금리로 자금을 차입한 후에 이자 및 원리금 지급의무를 서로 교환하게 되면 거래당사자 모두 차입비용을 절감할 수 있다.

제1절 스왑거래의 개요

1. 스왑거래의 등장

스왑거래의 기원은 1970년대 초 미국과 영국간에 성행한 평행대출과 국제상호직접 대출에서 찾을 수 있다. 당시 대부분의 국가는 자금의 해외유출을 막기 위해 외환통제가 엄격했는데, 금융기관과 다국적기업은 외환통제를 회피하기 위한 수단으로 평행대출과 국제상호직접대출을 많이 이용하였다.

1980년대 들어 통화스왑을 포함한 스왑금융은 금리변동과 환율변동에 따른 위험을 효과적으로 관리하는 동시에 차입비용도 절감하는 금융기법으로 발전되어 왔다. 최근에는 다국적기업을 비롯한 개별기업이 스왑거래를 적극 활용하고 있으며, 세계은행 등 국제금융기구와 정부도 스왑금융시장에 참여하고 있다.

스왑거래는 외환시장에서 이종통화간 현물환거래와 선물환거래가 반대방향으로 동시에 이루어지는 거래로서 환위험을 회피하거나 통화간 일시적인 불균형을 해소하기 위한 수단으로 널리 이용되었다. 그러나 최근에는 금리스왑, 통화스왑 그리고 혼합스왑 등 거래목적에 따라 다양한 형태로 발전해 가고 있다.

스왑거래는 국제무역에서 비교우위의 원리를 금융거래에 응용한 것이다. 개별기업이나 금융기관들은 서로 다른 금융시장에서 자금을 조달하기 때문에 비교우위가 발생한다. 따라서 비교우위가 있는 시장에서 자금을 차입한 후 차입금리, 지급조건을 서로 교환하면 이익을 얻기 때문에 스왑거래가 이루어진다.

스왑거래는 이용이 편리하고 다양한 상품이 개발될 수 있다는 장점으로 외환금융거래상품 가운데 빠른 속도로 증가하고 있다. 또한 국제스왑딜러협회(ISDA)가 금리스왑과 통화스왑의 표준계약을 발행하면서 스왑시장의 유동성은 크게 증가하였다. 오늘날 스왑거래는 일반증권과 같은 형태로 발전해 가고 있다.

┃그림 15-1┃ 직접대출, 평행대출, 국제싱호직집대출의 현금흐름

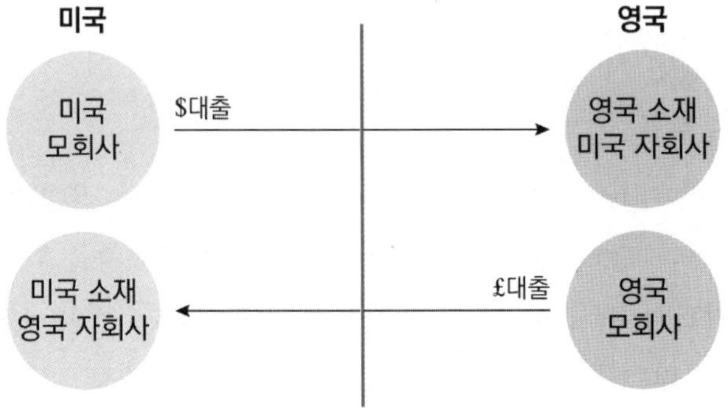

(a) 직접대출의 현금흐름

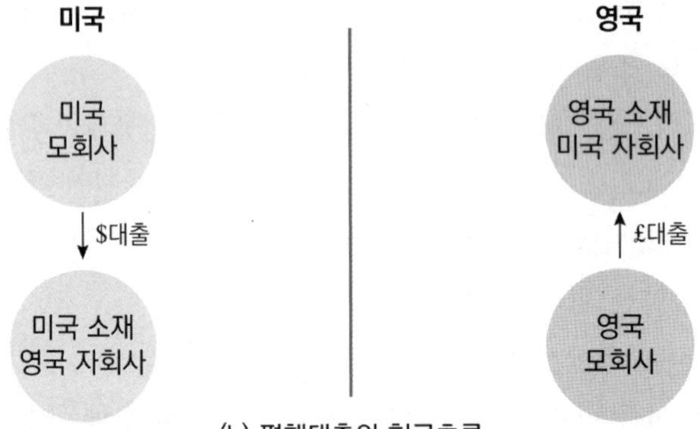

(b) 평행대출의 현금흐름

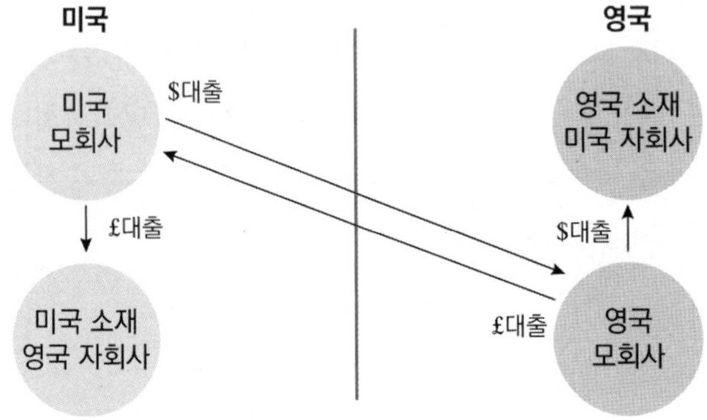

(c) 국제상호직접대출의 현금흐름

(a)는 미국 모회사가 영국소재 미국 자회사에 달러자금을 직접대출하거나 영국 모회사가 미국소재 영국 자회사에 파운드자금을 직접대출하는 경우의 현금흐름을 나타낸다. 미국과 영국의 모회사가 직접대출에서 외환통제를 받을 경우에 양국의 모회사는 평행대출을 통해 자국소재 상대국 자회사에 자국통화를 대출할 수 있다.

(b)는 미국 모회사가 미국소재 영국 자회사에 달러자금을 대출해 주는 대신에 영국 모회사는 영국소재 미국 자회사에 파운드자금을 대출해 주는 평행대출의 현금흐름을 나타내며 국제간에 자금이동이 발생하지 않아 정부의 외환통제를 회피할 수 있는 반면에 대출과정에 금융기관이 개입하지 않아 신용위험이 발생할 수 있다.

(c)는 미국과 영국의 모회사가 달러자금과 파운드자금을 상호 직접대출한 후 이를 다시 양국의 자회사에 평행대출을 실시할 경우 현금흐름을 나타낸다. 국제상호직접대출은 양국의 모회사간에 채무를 상계할 수 있어 평행대출보다 신용위험을 감소시킬 수 있으나 국가간에 자금이동이 발생하여 정부의 외환통제를 피할 수 없다.

1971년 미국의 닉슨대통령이 금태환 중지를 선언한 이후에 브레튼우즈협정이 붕괴되고 고정환율제도가 변동환율제도로 전환되면서 외환통제는 점차 철폐되었다. 이에 따라 다국적기업들은 세계 각국의 자회사에 자금을 무제한으로 대출할 수 있었던 반면에 변동환율제도의 시행으로 환율변동위험이 크게 증가하였다.

한편 1970년대 두 차례의 오일쇼크에 의한 인플레이션과 세계경제의 불황으로 각국 금리변동이 확대되는 상황에서 직접대출시 발생하는 환위험과 평행대출시 발생하는 신용위험을 제거할 수 있는 통화스왑이 1976년에 영국에서 최초로 등장하였다. 또한 1981년에는 금리변동위험을 제거하기 위한 금리스왑이 개발되었다.

2. 스왑거래의 정의

스왑(swap)은 교환한다는 의미이다. 교환의 대상이 원유나 곡물과 같은 일반상품이면 상품스왑이라 하고, 통화나 채권과 같은 금융상품이면 금융스왑이라고 한다. 금융스왑은 미래의 정해진 기간 또는 기간 동안에 각자가 소유한 서로 다른 현금을 교환하기로 스왑거래의 당사자간에 약정을 체결한 계약을 의미한다.

스왑거래는 거래당사자가 미래현금흐름을 일정기간 교환하기로 약정한 계약으로 계약내용이 당사자의 합의에 의해 결정되고 장외시장에서 사적인 형태로 계약이 체결된다는 점에서 선도거래와 유사하다. 다만, 선도거래가 미래의 한 시점에서 현금흐름을 교환하지만 스왑거래는 여러 시점에서 현금흐름을 교환한다.

전통적 스왑거래는 외환시장에서 이종통화간의 현물환거래와 선물환거래가 서로 반대방향으로 동시에 이루어지는 이중거래를 말한다. 대부분 환포지션을 커버하여 환율변동에 따른 환위험을 회피하거나 외환시장에서 이종통화간에 일시적인 자금수지의 불균형을 해소하기 위한 수단으로 이용되어 왔다.

최근에 스왑금융은 시장간 스프레드의 차익거래를 통해 위험부담 없이 추가적인 이익실현을 가능하게 하고 차입비용의 절감과 이종통화간 자금수지의 불균형에 의한 유동성제약을 해소한다. 또한 새로운 시장에의 접근을 용이하게 하는 등 과거의 스왑거래에 비해서 다양한 이용가치를 제공하고 있다.

스왑거래가 성립되기 위해서는 스왑거래당사자들의 거래조건에 대한 합의가 이루어져야 한다. 그런데 스왑계약을 체결하면 스왑거래를 하지 않았을 경우에 얻을 수 있는 기회이익을 포기해야 하고 스왑거래 자체의 거래불이행에 따른 신용위험과 시장위험이 내포되어 있다는 점에 유의할 필요가 있다.

3. 스왑거래의 종류

국제금융시장의 통합화, 정보기술의 혁신 그리고 장부외거래의 신장을 배경으로 급속히 발전한 스왑거래는 거래대상과 교환되는 현금흐름에 따라서 이자지급조건을 교환하는 금리스왑, 서로 다른 통화의 원리금상환의무를 교환하는 통화스왑, 금리스왑과 통화스왑을 결합한 혼합스왑 그리고 외환스왑으로 구분된다.

(1) 금리스왑

금리스왑(interest rate swap)은 스왑거래당사자가 동일한 통화로 표시된 각자의 차입금에 대한 이자지급의무를 서로 교환하여 지급하기로 약정한 거래를 말한다. 스왑금융에서 가장 큰 비중을 차지하는 금리스왑은 차입금에 대한 금리변동위험의 헤지나 차입비용을 절감하기 위해 이루어진다.

금리스왑은 동일한 통화로 표시된 차입금을 부담할 경우 변동금리와 고정금리를 교환하는 형태로 거래가 발생하기 때문에 환위험이 발생하지 않는다. 특히 순수한 금리스왑은 통화스왑과 달리 스왑거래의 당사자가 실제로 원금상환의무를 교환하지 않고 성격이 다른 이자지급의무만 서로 교환한다.

(2) 통화스왑

통화스왑(currency swaps)은 스왑거래의 당사자가 상이한 통화로 차입한 자금의 원리금상환의무를 서로 교환하여 지급하기로 약정한 거래를 말한다. 즉 상이한 통화로 표시된 명목원금을 교환하고, 만기까지 명목원금에 기초하여 상이한 통화로 표시된 이자를 지급하며, 만기일에 약정한 환율로 명목원금을 다시 교환한다.

금리스왑은 동일한 통화간 변동금리와 고정금리를 교환하는 반면 통화스왑은 상이한 통화의 금리와 원금을 교환한다. 통화스왑이 금리조건을 교환한다는 점에서는 금리스왑과 같지만 거래시점과 종료시점에 원금의 실질적인 교환이 수반되고 서로 다른 통화간의 교환으로서 외환스왑의 성격을 가지고 있다는 점에서 다르다.

(3) 혼합스왑

혼합스왑(cocktail swap)은 금리스왑과 통화스왑을 혼합한 형태의 거래를 말하며 통상 은행이 스왑중개기관으로서의 기능을 수행하고 복합스왑 또는 통화금리스왑이라고도 한다. 이는 거래대상이 되는 자산의 표시통화가 서로 다르며, 금리기준도 서로 다른 경우를 말하며 원금은 물론 이자지급의무도 교환된다.

(4) 외환스왑

외환스왑(FX swap)은 스왑거래의 당사자가 현재환율로 서로 다른 통화를 교환하고 일정기간이 경과한 후 계약시점에 약정한 선물환율로 원금을 재교환하기로 하는 거래를 말한다. 즉 동일한 거래상대방과 현물환과 선물환, 만기가 상이한 선물환과 선물환, 현물환과 현물환을 서로 반대방향으로 동시에 매매한다.

(5) 자산스왑

자산스왑(asset swap)은 스왑금융을 이용하여 채권의 현금흐름을 변환시키는 거래를 말하며 금융기관들이 장기고정금리자산을 변동금리자산으로 전환하기 위한 수단으로 활용하고 있다. 예컨대 고정금리채권을 매입하고 고정금리지급 금리스왑계약을 체결하면 변동금리채권의 매입포지션을 합성하는 효과를 갖는다.

(6) 상품스왑

상품스왑(commodity swap)은 스왑거래의 상대방에게 일정수량의 상품에 대해서 고정된 단위당 가격을 적용하여 정기적으로 지급하고 상대방으로부터 고정가격 대신에 현재의 시장가격을 수령하는 거래를 말한다. 여기서 가격결정의 대상이 되는 기초자산은 동일한 상품이 될 수도 있고 상이한 상품이 될 수도 있다.

4. 스왑거래의 기능

스왑거래는 장외파생상품으로 장내파생상품인 선물거래와 옵션거래에 비해 거래비용은 높고 유동성은 낮으나 융통성은 높고 신용위험에 대한 노출도 크다. 스왑거래는 차입비용의 절감, 이자수익의 증대, 가격위험의 헷지, 시장규제의 회피, 금융시장의 보완, 합성상품의 창출 등 다양한 목적으로 활용되고 있다.

(1) 차입비용의 절감

국제금융시장에서 차입자의 신용도, 개별시장의 특성, 지역간 금융환경의 차이로 인해 기업들은 서로 다른 차입조건을 갖는다. 이때 두 차입자가 상대적으로 비교우위가 있는 금융시장에서 자금을 조달한 후 현금흐름을 교환하면 차입비용을 절감할 수 있고, 금리위험과 환위험을 효과적으로 관리할 수 있다.

예컨대 한쪽은 고정금리 자금조달에 비교우위가 있으나 변동금리 자금조달을 원하고 다른 쪽은 변동금리 자금조달에 비교우위가 있으나 고정금리 자금조달을 원하는 경우 비교우위가 있는 자금조달방법으로 자금을 조달한 후 이자지급의무를 서로 교환하는 금리스왑을 체결하면 차입비용을 절감할 수 있다.

(2) 이자수익의 증대

금융시장에서 변동금리자산에 투자한 투자자는 미래에 금리가 하락할 것으로 예상되는 경우 변동금리자산을 고정금리자산으로 변경시키고, 고정금리자산에 투자한 투자자는 미래에 금리가 상승할 것으로 예상되는 경우 고정금리자산을 변동금리자산으로 변경시키면 이자수익을 증대시킬 수 있다.

차입자가 스왑거래를 이용하여 변동금리부채를 고정금리부채로 변경시키고, 고정금리부채를 변동금리부채로 변경시켜 차입조건을 개선하면 이자부담과 금리위험을 크게 줄일 수 있다. 그리고 개별기업과 금융기관들이 스왑거래를 이용하면 장래의 자금수지나 환위험을 쉽게 관리할 수 있게 된다.

(3) 가격위험의 헤지

스왑거래를 이용하면 금리와 환율의 변동에 따라 발생하는 가격변동위험을 헤지할 수 있다. 선물거래과 옵션거래는 단기헤지에 이용되는 반면 스왑거래는 장기간 헤지에도 사용할 수 있다. 또한 신용도가 높은 중개은행에 의해 스왑거래가 이루어지는 경우 거래상대방의 위험노출도 크게 줄어든다.

(4) 시장규제의 회피

장래에 발생할 자금의 유출입이 기간별·통화별로 일치하지 않거나 중장기 외화자금의 거래증가로 헤지가 어려운 경우 스왑거래는 정상적인 거래를 어렵게 하거나 불가능하게 하는 각국의 조세, 금융, 외환상의 규제를 회피하는 수단으로 이용되어 각종 규제가 있는 시장에서는 기대할 수 없었던 이익을 얻을 수 있다.

(5) 금융시장의 보완

스왑거래는 장기계약과 유동성이 낮은 통화에 대한 계약도 가능하기 때문에 선물시장과 옵션시장이 충족시키지 못하는 위험헤지에 대한 보완적 기능을 수행한다. 특히 금융시장에서 신인도가 낮아 자본시장에 접근이 어려운 경우에 신인도가 높은 차입자와 스왑거래를 체결하면 차입비용을 절감할 수 있다.

제2절 금리스왑의 개요

1. 금리스왑의 정의

금리스왑(interest rate swap)은 동일한 통화로 표시된 채무를 부담하고 있는 스왑거래의 당사자가 계약기간 동안 일정한 간격으로 이자지급의무를 교환하여 부담하기로 약정한 계약을 말한다. 금리스왑은 이자지급의무만 교환하고 원금상환의무는 교환하지 않는다는 점에서 통화스왑과 차이가 있다.[12)]

금리스왑은 고정금리로 자금차입을 원하지만 변동금리로 보다 유리하게 차입할 수 있는 차입자와 변동금리로 자금차입을 원하지만 고정금리로 보다 유리하게 차입할 수 있는 차입자가 일정금액에 대해 서로 다른 조건의 이자지급의무를 상호 교환하는 거래를 말하며 장부외거래의 성격을 가진다.

대부분의 금리스왑은 LIBOR, 프라임레이트 등에 연계된 변동금리채무와 고정금리채 발행에 따른 고정금리채무를 교환하는 거래가 주축을 이루고 있다. 금리스왑은 동일한 통화에 대해 이자만 교환되는 단일통화 금리스왑과 상이한 통화에 대해 원리금이 교환되는 이종통화 금리스왑으로 구분된다.

2. 금리스왑의 종류

금리스왑은 표준형 스왑과 비표준형 스왑으로 구분한다. 표준형 스왑은 스왑거래 당사자가 동일한 명목원금에 대해 고정금리와 변동금리를 일정기간 동일한 통화로 교환하기로 약정한 계약으로서 변동금리는 매기간 초일에 확정하여 매기간 말일에 고정금리와 교환하되 실제로는 상호지급분의 차액을 교환한다.

비표준형 스왑에는 원금변동형스왑, 베이시스스왑, 선도스왑 등이 있다. 원금변동형스왑은 명목원금이 고정되어 있지 않고 스왑기간이 경과함에 따라 미리 약정한 방식에 의해 명목원금이 변하는 형태의 스왑을 말한다. 여기에는 원금증가형스왑, 원금감소형스왑 그리고 원금증감형스왑의 세 가지로 구분된다.

---

12) 금리스왑에서 교환의 대상이 되는 원금은 동일한 통화이며 금액도 동일하기 때문에 원금상환의무는 교환하지 않는다.

(1) 고정-변동금리스왑

일반적으로 금리스왑은 이자지급조건을 고정금리에서 변동금리 또는 변동금리에서 고정금리로 교환한다. 따라서 한쪽은 고정금리를 지급하고 다른 쪽은 변동금리를 지불하며 고정금리는 이표채의 표면이자를 반영하므로 쿠폰스왑(coupon swap) 또는 표준형 금리스왑(plain vanilla interest rate swap)이라고도 한다.

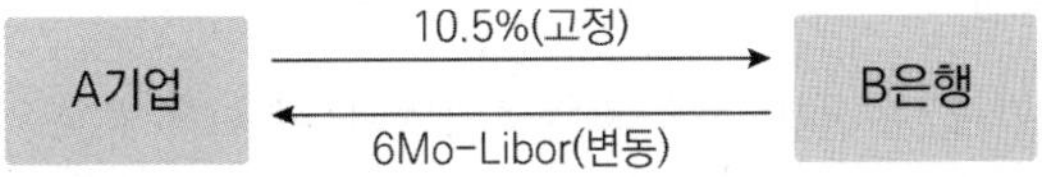

예컨대 A기업은 처음에 고정금리로 채권을 발행하여 자금을 차입하고 이를 B은행에게 변동금리로 교환하는 스왑거래를 체결하였다. 이때 A기업은 금리가 하락하면 손실이 발생할 위험에 노출되어 있는데 변동금리지급자로 금리스왑을 체결하면 금리하락위험을 헤지할 수 있다.

(2) 베이시스스왑(basis swap)

베이시스스왑(basis swap)은 서로 다른 변동금리부 이자지급조건을 교환하는데 거래당사자 모두 산정방식이 서로 다른 변동금리를 기준으로 변동이자를 계산하여 변동금리를 지급한다. 예컨대 A기업은 3개월 LIBOR 변동금리로 자금을 차입한 후 이를 B은행과 미국 회사채수익률과 이자지급을 교환하는 경우가 여기에 해당한다.

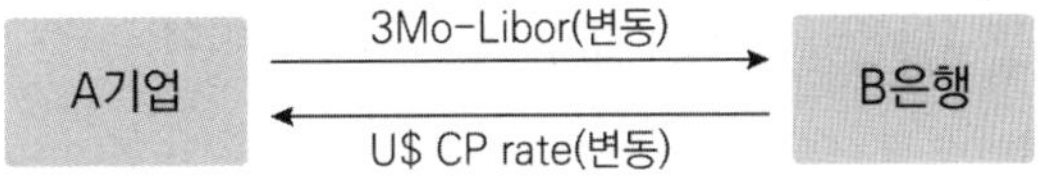

(3) 크로스커런시스왑

크로스커런시스왑은 상이한 통화간 이자지급조건을 교환하는 스왑거래를 말한다. 예컨대 A기업은 스위스 프랑으로 자금을 차입한 후 스위스 프랑의 차입금리인 고정금리를 B은행과 변동금리인 미국 달러표시 6개월 Libor로 교환하는 스왑거래이다. 그러나 통화스왑과 달리 이종통화간 원금교환은 발생하지 않는다.

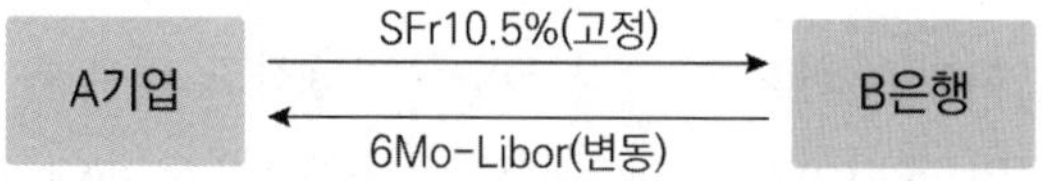

3. 금리스왑의 설계

현재 국제금융시장에서 신용도가 높은 A기업과 신용도가 낮은 B기업의 차입조건이 다음과 같다고 가정하자.

❙표 15-1❙ 차입조건

기업	고정금리	변동금리
A	10.0%	LIBOR + 0.4%
B	11.2%	LIBOR + 1.0%
금리차이	1.2%	0.6%

고정금리시장과 변동금리시장에서 모두 절대우위에 있는 A기업은 고정금리 자금조달에 비교우위가 있으나 변동금리로 자금조달을 원하고, B기업은 변동금리 자금조달에 비교우위가 있으나 고정금리로 차입을 원한다고 가정하자.

A기업은 비교우위가 있는 고정금리로 차입하고 B기업은 변동금리로 차입한 다음 이자지급의무를 서로 교환하는 금리스왑을 체결하면 고정금리의 차이 1.2%와 변동금리의 차이 0.6%의 차이인 0.6%의 차입비용을 절감할 수 있다.

(1) 은행의 중개가 없는 경우

은행의 중개없이 스왑계약을 체결하여 차입비용의 절감으로 인한 이득을 50%씩 분배할 경우 변동금리로 차입을 원하는 A기업은 원래의 변동금리 LIBOR + 0.4%보다 0.3%가 낮은 LIBOR + 0.1%에, 고정금리로 차입을 원하는 B기업은 원래의 고정금리 11.2%보다 0.3%가 낮은 10.9%에 자금조달효과가 있도록 스왑계약을 체결한다.

A기업은 외부대출자에게 연 10%를 지급한다. B기업으로부터 연 9.9%를 받는다. B

기업에게 LIBOR를 지급한다는 세 가지 현금흐름을 모두 고려하면 A기업은 연 LIBOR + 0.1%의 이자를 지급하는 것이 되어 변동금리시장에서 직접 지급할 때보다 연 0.3% 낮은 이자율이다.

B기업은 외부대출자에게 LIBOR + 1%를 지급한다. A기업으로부터 LIBOR를 받는다. A기업에게 연 9.9%를 지급한다는 세 가지 현금흐름을 모두 고려하면 B기업은 연 10.9%의 이자를 지급하는 것이 되어 고정금리시장에서 직접 지급할 때보다 연 0.3% 낮은 이자율이다.

스왑거래가 없었다면 A기업이 부담해야 하는 변동금리는 LIBOR + 0.4%이고, B기업이 부담해야 하는 고정금리는 11.2%이다. 그러나 스왑거래를 이용하면 A기업은 LIBOR + 0.1%의 변동금리로, B기업은 10.9%의 고정금리로 차입할 수 있어 두 기업 모두 0.3%의 차입비용을 절감할 수 있게 된다. 금리스왑거래를 통해서 A기업과 B기업이 얻게 되는 차입비용의 절감효과를 분석하면 다음과 같다.

구분	A기업	B기업
자사의 차입금에 대한 이자	10%	LIBOR+1.0%
중개은행에 지급하는 이자	LIBOR+0.2%	11%
중개은행으로부터 받는 이자	(10%)	(LIBOR+1.0%)
실제로 부담하는 이자	LIBOR+0.2%	11.0%
스왑거래 이전의 이자	LIBOR+0.4%	11.2%
차입비용의 절감효과	0.2%	0.2%

❙그림 15-2❙ 은행의 중개가 없는 금리스왑

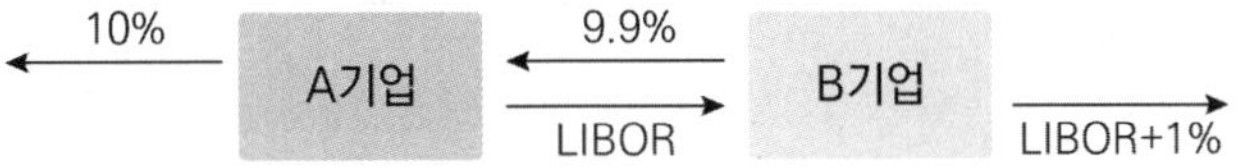

(2) 은행의 중개가 있는 경우

스왑중개인으로서 은행은 스왑거래 당사자의 요구조건을 충족시킬 수 있는 스왑계약을 설계해 주고 호가스프레드(bid-ask spread)의 형태로 스왑거래에 따른 차입비용 절감액의 일부를 수수료로 가져간다. 스왑딜러인 은행이 중개하는 스왑계약의 설계방법은 무수히 많은데 그중 하나는 다음과 같다.

A기업은 10.00%의 고정금리로 자금을 조달한 후 은행과 6개월 LIBOR + 0.20%의 변동금리를 지급하고 10.00%의 고정금리를 수취하는 스왑계약을 체결하면 A기업이 부담하는 금리수준은 LIBOR + 0.20%가 되는데, 이는 변동금리시장을 이용할 경우에 부담하는 수준 LIBOR + 0.40%보다 0.20% 낮은 수준이다.

B기업은 LIBOR + 1.00%의 변동금리로 자금을 조달한 다음 은행과 고정금리 11.00%를 지급하는 대신 6개월 LIBOR + 1.00%의 변동금리를 수취하는 스왑계약을 체결하면 B기업이 부담하는 금리수준은 11.00%가 되는데, 이는 고정금리시장을 이용할 경우에 부담하는 수준 11.20%보다 0.20% 낮은 수준이다.

은행은 변동금리로 LIBOR + 0.20%를 받아 LIBOR + 1.00%를 지급하고, 고정금리로 11.00%를 받아 10.00%를 지급하여 그 차이에 해당하는 0.2%의 스프레드를 수익으로 얻는다. 따라서 고정금리차이 1.20%에서 변동금리차이 0.60%를 차감한 0.60%를 세 당사자가 모두 동일한 크기로 나누어 갖는다. 금리스왑거래를 통해서 A기업과 B기업이 얻게 되는 차입비용의 절감효과를 분석하면 다음과 같다.

구분	A기업	B기업
자사의 차입금에 대한 이자	10%	LIBOR+1.0%
중개은행에 지급하는 이자	LIBOR+0.2%	11%
중개은행으로부터 받는 이자	(10%)	(LIBOR+1.0%)
실제로 부담하는 이자	LIBOR+0.2%	11.0%
스왑거래 이전의 이자	LIBOR+0.4%	11.2%
차입비용의 절감효과	0.2%	0.2%

▍그림 15-3▍ 은행의 중개가 있는 금리스왑

4. 금리스왑의 가치평가

금리스왑은 고정금리부채권에 대한 선도계약과 변동금리부채권에 대한 선도계약의 합으로 한 채권에 대해서 매도포지션을 취하고 동시에 다른 채권에 대해서는 매입포지션을 취하는 포트폴리오 또는 금리선도계약의 포트폴리오로 간주할 수 있다. 스왑거래의 현금흐름은 각 기간별 LIBOR 현물이자율로 할인한다.

(1) 채권가치를 이용하는 경우

스왑계약을 체결한 후 스왑의 가치를 평가하기 위해서 스왑계약의 기초가 되는 채권의 명목원금(액면가액)을 F, 각 이자지급일의 고정금리지급액을 C, 스왑계약의 만기일까지 잔존기간을 tn, 현재시점부터 각 이자지급일까지 기간을 $ti(1 \leq ti \leq)$, ti 동안의 현물이자율을 r_i라고 정의하자.

은행의 입장에서 스왑의 가치는 스왑계약의 기초가 되는 변동금리부채권의 가치 (B_V)에서 고정금리부채권의 가치(B_F)를 차감한 값이 된다.

$$NPV = B_V - B_F \tag{15.1}$$

변동금리부채권의 가치를 평가하려면 미래의 이자를 추정해야 하는데, 다음 이자지급일의 이자는 명목원금에 직전 1기간(보통 6개월) 동안 선도이자율을 곱하여 구한다. 따라서 t_j시점에서 직전 1기간 동안의 선도이자율을 f_{t1}라고 하면 변동금리부채권의 가치는 다음과 같이 구할 수 있다.

$$B_V = \sum_{i=1}^{n} \frac{F \times f_{ti}}{(1+r_i)^{t1}} + \frac{F}{(1+r_n)^{tn}} \tag{15.2}$$

고정금리부채권의 현금흐름은 t_i시점에서 C이고 t_n시점에서 F이므로 고정금리부채권의 가치는 다음과 같이 구할 수 있다.

$$B_F = \sum_{i=1}^{n} \frac{C}{(1+r_i)^{ti}} + \frac{F}{(1+r_n)^{tn}} \tag{15.3}$$

따라서 은행의 입장에서 스왑의 가치는 식(15.2)로 평가한 변동금리부채권의 가치에서 식(15.3)로 평가한 고정금리부채권의 가치를 차감한 값이 된다.

$$NPV = \sum_{i=1}^{n} \frac{F \times f_{ti}}{(1+r_i)^{ti}} + \frac{F}{(1+r_n)^{tn}} - \sum_{i=1}^{n} \frac{C}{(1+r_i)^{ti}} + \frac{F}{(1+r_n)^{tn}} \qquad (15.4)$$

$$= \sum_{i=1}^{n} \frac{F \times f_{ti} - C}{(1+r_i)^{ti}}$$

(2) 선도계약을 이용하는 경우

금리선도계약은 미래의 특정기간 동안에 특정이자율이 특정원금에 적용되는 계약을 말한다. 따라서 미래의 현금흐름을 거래당사자간에 교환하는 금리스왑은 이자지급일마다 변동금리를 지급받고 고정금리를 지급하는 여러 개의 금리선도계약으로 구성된 포트폴리오에 해당한다고 볼 수 있다.

스왑의 가치는 선도계약의 현재가치로 평가한다. 스왑거래의 가치평가과정은 스왑의 현금흐름을 결정하는 각 이자지급일의 LIBOR에 대한 선도이자율을 계산하고 LIBOR가 선도이자율과 동일하다는 가정하에서 스왑의 현금흐름을 계산한 후 스왑의 가치를 스왑현금흐름의 현재가치와 동일하게 한다.

예제 15-1 금리스왑의 가치

한국기업은 차입원금이 10억원, 계약기간은 3년, 매년 1회 이자를 교환하는 조건으로 은행과 금리스왑계약을 체결하였다. 스왑상대방에 대한 이자지급은 변동금리조건이고 이자수취는 고정금리조건이다. 만기 1년, 2년, 3년 무이표채 수익률이 각각 연 10%, 11%, 12%이며 최근 이자지급일에 6개월 LIBOR는 연 10%라고 가정하여 다음 물음에 답하시오.

1. 한국기업의 입장에서 채권가치를 이용하여 금리스왑의 가치를 평가하시오.
2. 한국기업의 입장에서 선도계약을 이용하여 금리스왑의 가치를 평가하시오.

풀이

1. 채권가치를 이용하는 경우

한국기업은 고정금리로 이자를 수령하고 변동금리로 이자를 지급하므로 원금 100억원의 고정금리부채권을 매입하고 원금 100억원의 변동금리부채권을 매도한 포트폴리오로 간주할 수 있다. 고정금리를 지급받고 변동금리를 지급하는 한국기업의 입장에서 금리스왑의 가치는 고정금리부채권의 가치에서 변동금리부채권의 가치를 차감하여 구한다.

① 고정금리부채권의 가치

$$B_F = \sum_{i=1}^{n} \frac{C}{(1+r_i)^{ti}} + \frac{F}{(1+r_n)^{tn}}$$
$$= \frac{8}{(1.10)^{12/12}} + \frac{8}{(1.11)^{24/12}} + \frac{8}{(1.12)^{36/12}} = 90.64\text{억 원}$$

② 변동금리부채권의 가치

$$B_V = \sum_{i=1}^{n} \frac{F \times f_{ti}}{(1+r_i)^{t1}} + \frac{F}{(1+r_n)^{tn}}$$
$$= \frac{C_1 + F}{(1+r_1)^{t1}} = \frac{10+100}{(1.1)^{12/12}} = 100\text{억 원}$$

2. 선도계약을 이용하는 경우

금리선도계약은 미래의 특정기간 동안에 특정이자율이 특정원금에 적용되는 계약이므로 미래의 현금흐름을 교환하는 여러 개의 선도계약으로 볼 수 있다. 따라서 스왑의 가치는 금리선도계약의 현재가치로 평가할 수 있다. A기업의 입장에서 스왑계약은 다음과 같은 세 개의 금리선도계약으로 구성된 포트폴리오라고 할 수 있다.

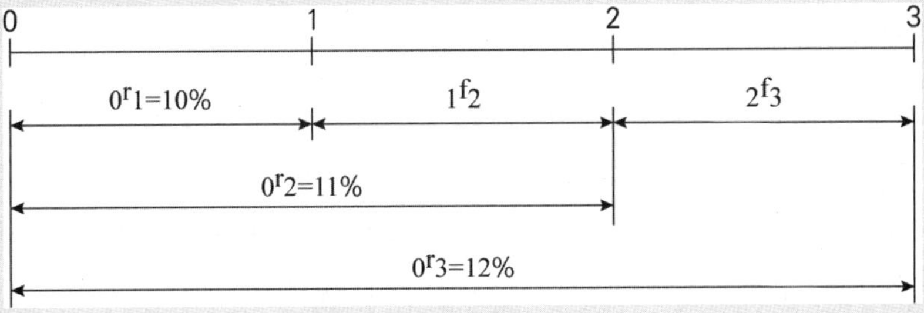

① 1년 후의 이자교환은 원금 100억원에 대해 연 8%의 이자를 지급받고, 연 10%의 이자를 지급하는 선도계약이라고 할 수 있다. 1년간의 현물이자율이 10%이므로

선도계약의 현재가치는 다음과 같다.

$$\text{선도계약의 현재가치} = \frac{(0.08-0.10)100}{(1.1)^{12/12}} = -1.82\text{억원}$$

② 2년 후의 이자교환은 원금 100억원에 대해 연 8%의 이자를 지급받고, 1년 후부터 1년간의 선도이자율로 이자를 지급하는 선도계약이라고 할 수 있다. 2년간의 현물이자율이 11%이므로 선도계약의 현재가치는 다음과 같다.

$$\text{선도계약의 현재가치} = \frac{(0.08-0.1201)100}{(1.11)^{24/12}} = -3.25\text{억원}$$

③ 3년 후의 이자교환은 원금 100억원에 대해 연 8%의 이자를 지급받고, 2년 후부터 1년간의 선도이자율로 이자를 지급하는 선도계약이라고 할 수 있다. 3년간의 현물이자율이 12%이므로 선도계약의 현재가치는 다음과 같다.

$$\text{선도계약의 현재가치} = \frac{(0.08-0.1403)100}{(1.11)^{36/12}} = -4.29\text{억원}$$

따라서 A기업의 입장에서 금리스왑의 가치는 세 개의 선도계약의 현재가치를 합산한 값 –9.36억원이며, 이는 채권가치를 기준으로 계산한 결과와 일치한다.

$$\frac{(8-10)}{(1.10)^1}+\frac{(8-10\times0.1201)}{(1.11)^2}+\frac{(8-10\times0.1403)}{(1.12)^3} = -9.36\text{억원}$$

제3절 통화스왑의 개요

1. 통화스왑의 정의

통화스왑(currency swap)은 상이한 통화로 표시된 채무를 부담하는 거래당사자가 계약기간 동안 원금에 기초하여 상이한 통화로 표시된 이자를 지급하고 만기에는 계약시점에 약정한 환율에 의해 원금을 교환하는 계약을 말한다. 즉 통화스왑은 특정통화로 차입한 자금을 다른 통화차입으로 맞교환하는 거래에 해당한다.

금리스왑은 일반적으로 고정금리와 변동금리의 교환에 국한되는 거래인 반면에 통화스왑은 다양한 형태의 이자지급이 교환된다. 고정금리이자간의 교환과 변동금리이자간의 교환이 있고 고정금리이자와 변동금리이자간의 교환도 있다. 전자의 방식을 순수통화스왑이라고 하고, 후자의 방식을 금리통화스왑이라고 부른다.

통화스왑은 이자지급의무를 교환하고 금리교환이 스왑거래자의 상황에 따라 결정된다는 점에서는 금리스왑과 동일하다. 그러나 스왑거래의 개시시점과 종료시점에 원금의 실질적인 교환이 수반되고 서로 다른 통화간의 원금교환으로서 외환스왑의 성격을 갖는다는 점에서 금리스왑과 큰 차이가 있다.

2. 통화스왑의 종류

스왑금융은 상호융자(또는 평행대출)와 상호직접대출에서 발전된 거래기법이다. 통화스왑거래는 처음에 통화담보부대출, 상호융자, 상호직접대출 등의 형태로 출발했으나 장기선물환계약, 직접통화스왑, 통화-금리스왑, 역통화스왑, 이중통화스왑, 통화옵션스왑 등 다양한 형태로 발전하고 있다.

(1) 직접통화스왑

직접통화스왑(direct currency swap)은 통화스왑의 거래당사자가 스왑계약에 따라 서로 필요로 하는 통화표시자금을 현물환율을 적용하여 매입해서 사용하고 만기일에 가서는 계약기간 동안의 환율변동과는 관계없이 최초계약시점의 현물환율로 동일한 금액을 상환하기로 약정하는 금융방식을 말한다.

직접통화스왑과 장기선물환계약은 만기시점에 적용되는 환율에서 차이가 있다. 장기선물환계약에서는 선물환율을 두 통화간 금리차이에 근거하여 조달금리를 복리로 재투자하는 것을 가정하여 산정한다. 그러나 직접통화스왑에서는 만기상환일에 적용되는 환율이 선도환율이 아닌 계약시점의 현물환율과 동일하다.

직접통화스왑은 상호융자와 이용목적이나 현금흐름의 형태가 비슷하다. 그러나 상호융자는 두 개의 독립된 융자계약으로 이루어지나 직접통화스왑은 단일계약으로 이루어진다. 따라서 직접통화스왑은 상호융자와 달리 단일계약이므로 어느 한쪽이 채무를 이행하지 않는 경우에 자동적으로 상계권을 행사할 수 있다.

직접통화스왑을 나타내는 [그림 15-4]는 독일의 모기업과 일본의 모기업간 통화스왑거래에 따른 최초 현금흐름을 표시하고 있는데 만기에는 이와 정반대의 동일한 현금흐름이 발생한다. 직접통화스왑을 통해 독일소재 일본 자회사는 1,000만 유로를, 일본소재 독일 자회사는 15억엔을 각각 모기업을 통해 조달할 수 있다.

▌그림 15-4▐ 직접통화스왑의 현금흐름

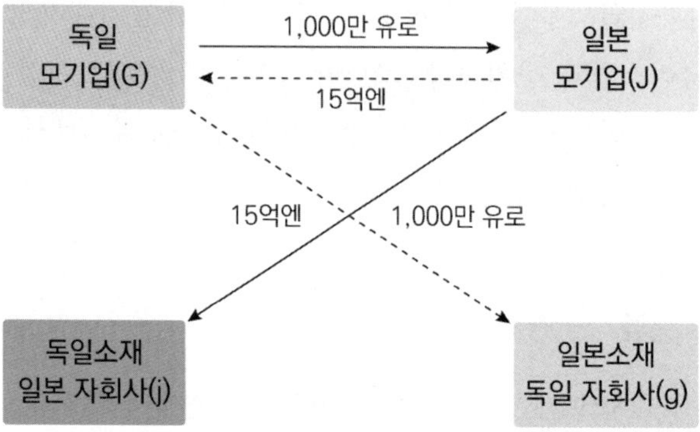

(3) 채무교환스왑

채무교환스왑은 스왑거래당사자가 환위험을 회피하고 차입비용을 절감하기 위해 서로 다른 통화로 표시된 채무에 대해 원리금상환의무를 교환하기로 약정한 계약을 말한다. 일반적으로 채무의 교환거래에는 고정금리간 통화스왑, 변동금리－고정금리간 통화스왑 그리고 변동금리간 통화스왑으로 구분한다.

① 고정-고정금리 통화스왑

고정금리 통화스왑(currency coupon swap)은 스왑거래당사자가 이종통화표시 고정금리채무에 대한 원리금의 상환의무를 서로 교환하는 거래를 말하며 비교우위 때문에 발생한다. 따라서 스왑거래의 당사자들은 이러한 고정금리 통화스왑을 통해 환위험을 헤지할 수 있을 뿐만 아니라 차입비용도 절감할 수 있다.

예컨대 프랑스 F은행이 미국에 진출한 G기업에 대출하기 위해서 1억 유로에 해당하는 유로화채권을 7년 만기, 연 5.5%의 고정금리로 발행하고 F은행은 1억 유로를 환율 $1.2000/€로 바꾸어 G기업에 7년간 연 7.0%의 고정금리로 1.2억 달러를 대출해 주었다고 가정하자. 만약 대출기간에 달러화가 약세를 보이면 이자지급과 만기일에 환위험에 노출된다. 만기일에 환율이 $1.4000/€이면 원금상환시 0.14억 유로[= $0.2억/($1.4000/€)]에 상당하는 환차손이 발생하게 된다.

▌그림 15-5▐ 고정금리 통화스왑의 현금흐름

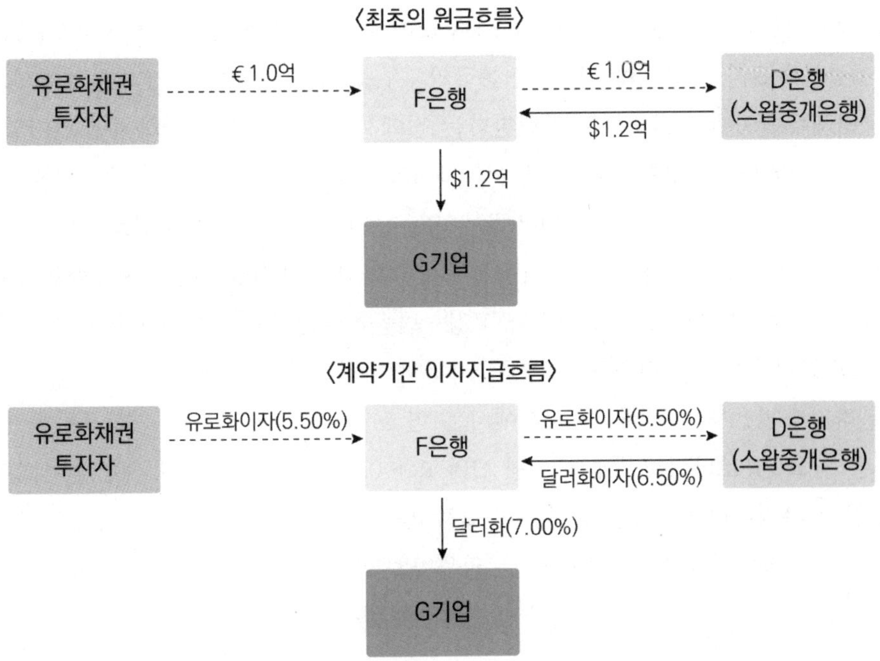

이러한 환위험을 헤지하기 위해 F은행은 스왑중개인 D은행과 7년간 1억 유로를 1.2억 달러와 교환하는 통화스왑계약을 체결했다고 가정하자. 또한 F은행은 달러화 채무에 대한 이자로 연 6.50%의 고정금리를 D은행에 지급하고, D은행은 유로화 채무에 대한 이자로 연 5.50%의 고정금리를 F은행에 지급하기로 했다고 가정하자. 이러한 고정금리 통화스왑거래를 통해서 F은행은 환위험을 헤지할 수 있을 뿐만 아니라 금리차익을 수익으로 얻을 수 있게 된다.

F은행은 7년 후 만기일에 현재시점에 약정한 환율 $1.2000/€로 채무를 교환하기 때문에 환위험에서 벗어날 수 있다. 또한 F은행은 스왑중개은행과 약정한 달러화의 스왑금리가 연 6.5%이지만, G기업에 대해서 연 7.00%의 대출금리를 적용하여 연 0.50%의 금리차익을 실현할 수 있다. 그리고 스왑중개은행은 F은행과 통화스왑계약을 체결할 경우 유로화자금에는 매입률을 적용하고, 달러화자금에는 매도율을 적용하므로 이에 상응하는 금리차익을 얻게 된다.

② 고정–변동금리 통화스왑

고정–변동금리 통화스왑(cross currency coupon swap)은 통화스왑과 금리스왑이 혼합되어 이종통화표시 고정금리채무와 변동금리채무를 서로 교환하는 거래를 말한다. 이는 고정금리채무를 변동금리채무로 전환한다는 점에서 금리스왑과 유사하지만 만기일에 이종통화표시 원금을 재교환한다는 점에서 차이가 있다.

예컨대 비달러화 위주의 영업은행이 유로달러시장에서 변동금리로 달러화자금을 차입하고자 하나 신용도가 낮아 차입조건이 불리하면 국내시장에서 자국통화표시자금을 고정금리로 차입한 후에 거래상대방과 고정–변동금리간 스왑거래를 체결하면 자국통화표시 고정금리부채를 달러화표시 변동금리부채로 전환시킬 수 있다.

우리나라 K은행은 국내금융시장에서는 연 5.50%의 고정금리로 원화표시채권을 발행할 수 있고, 유로달러시장에서는 연 LIBOR + 0.50%의 변동금리로 자금을 차입할 수 있다. 한편 우리나라에 자동차공장을 설립하고자 하는 독일의 H기업은 유로달러시장에서는 연 LIBOR + 0.25% 달러화표시채권을 발행할 수 있고, 국내금융시장에서는 연 6.25%의 고정금리로 원화표시채권을 발행할 수 있다고 가정하자.

| 표 15–2 | 차입조건

기업	달러화	원화
국내 K은행	LIBOR + 0.50%	5.50%
독일 H기업	LIBOR + 0.25%	6.25%
금리차이(K–H)	0.25%	–0.75%

[표 15–2]에 제시된 차입조건을 살펴보면 국내 K은행은 국내금융시장에서 절대우위에 있고, 독일의 H기업은 유로달러시장에서 절대우위에 있다. 이러한 경우에 국내 K은행은 국내금융시장에서 원화를 연 5.50%로 조달하고, 독일 H기업은 유로달러시장에서 달러화를 연 LIBOR + 0.25%로 조달하여 원리금을 맞교환하는 통화스왑계약을 체결하면 모두 자금조달비용을 절감할 수 있다.

독일의 H기업은 원화자금의 조달금리를 0.75%(= 6.25%–5.50%) 절감할 수 있고국내 K은행은 달러화자금의 조달금리를 0.25%[= (LIBOR + 0.50%)–(LIBOR + 0.25%)]를 절감할 수 있다. 한편 국내의 K은행은 낮은 금리로 조달한 달러화자금을 이를 필요로 하는 고객에게 매칭시켜 높은 금리로 대출할 수 있기 때문에 환위험을 헤지할 수 있을 뿐만 아니라 금리차익을 수익으로 얻을 수 있다.

┃그림 15-6┃ 고정-변동금리 통화스왑의 현금흐름

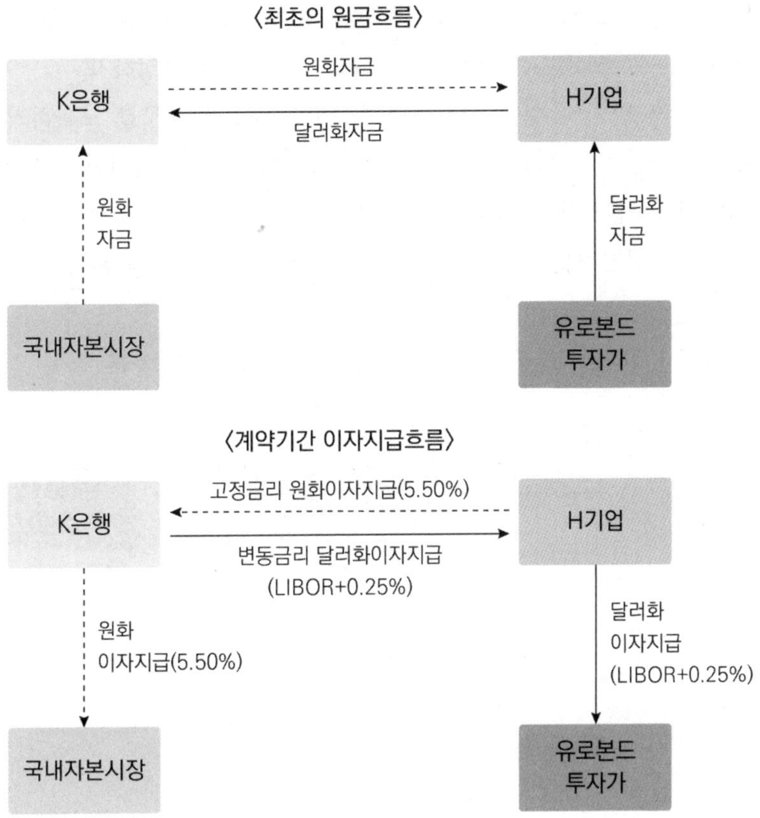

③ 변동-변동금리 통화스왑

변동금리 통화스왑(cross currency basis swap)은 거래당사자가 이종통화표시 변동금리 채무에 대한 원리금의 상환의무를 맞교환하는 거래로 고정금리 통화스왑과 구조는 같지만 적용금리가 변동금리라는 점에서 다르다. 거래당사자들은 변동금리 통화스왑을 통해서도 환위험을 헤지할 수 있고 차입비용도 절감할 수 있다.

예컨대 미국의 A기업이 1,000만 유로를 향후 5년간 정기적으로 LIBOR + 0.50%의 수익이 예상되는 프로젝트에 투자한다고 가정하자. 만약 A기업이 B은행으로부터 1,200

만 달러를 연 LIBOR + 0.25%로 대출받아 현재의 환율로 환전하여 1,000만 유로를 프로젝트에 투자할 경우에 A기업은 환위험과 금리위험에 직면할 수 있다.

이러한 환위험과 금리위험을 헤지하기 위해 A기업은 스왑딜러인 C은행과 5년간 1,000만 유로를 1,200만 달러와 교환하는 통화스왑을 체결했다고 하자. 또한 유로화 채무에 대한 이자로 연 LIBOR + 0.10%를 C은행에 지급하고, C은행은 달러화 채무에 대한 이자로 연 LIBOR + 0.25%를 A기업에게 지급하기로 했다고 가정하자.

A기업은 5년 후 만기시 현재 약정한 환율 $1.2000/€로 채무를 교환하기 때문에 환위험을 헤지할 수 있고 유로화 차입금리가 연 LIBOR + 0.10%이지만 프로젝트에서 연 LIBOR + 0.50%의 수익이 예상되어 0.40%의 투자수익을 얻을 수 있다. 스왑은행은 다른 은행과 포지션의 조정거래를 통해 환위험과 금리위험을 헤지하게 된다.

▌그림 15-7▐ 변동–변동금리 통화스왑의 현금흐름

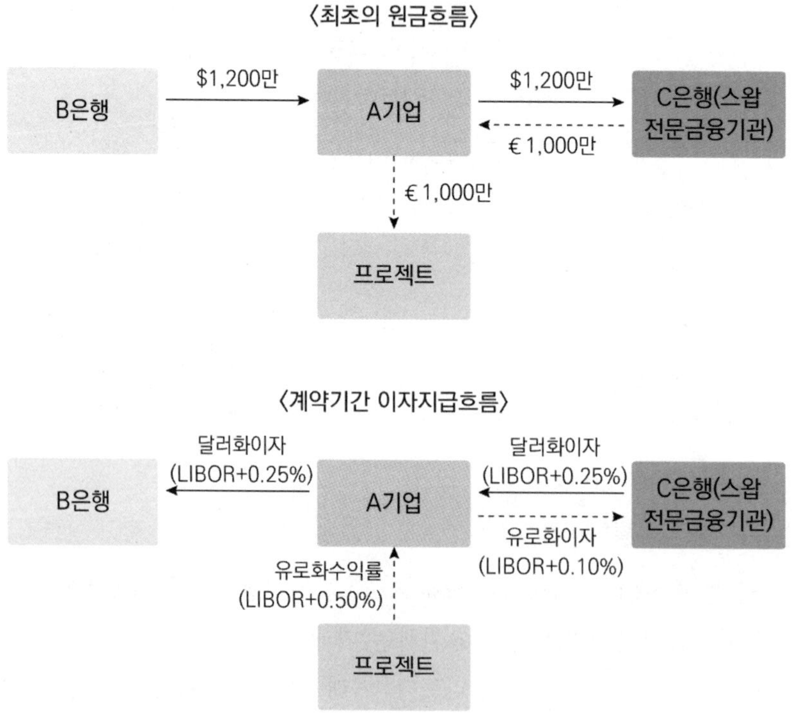

3. 통화스왑의 설계(고정-고정금리)

현재 국제금융시장에서 신용도가 높은 A기업과 신용도가 낮은 B기업의 달러화와 원화에 대한 차입조건이 다음과 같다고 가정하자.

❙표 15-3❙ 차입조건

기업	달러화	원화
A	7.00%	10.60%
B	8.00%	11.00%
금리차이	1.00%	0.40%

A기업은 달러화시장에서 비교우위가 있으나 원화로 자금조달을 원하고 B기업은 원화시장에서 비교우위에 있으나 달러화로 자금조달을 원한다고 가정하자. A기업은 달러화로 차입하고 B기업은 원화로 자금을 차입한 후 A기업은 B기업에 9.80%의 원화 원리금을, B기업은 8.00%의 달러화 원리금을 지급하는 스왑계약을 체결하면 두 통화시장의 금리차이인 0.60%만큼의 이자비용을 절감할 수 있다.

(1) 은행의 중개가 없는 경우

은행의 중개없이 직접 스왑계약을 체결하여 차입비용의 절감으로 인한 이득을 50%씩 분배할 경우 원화로 차입을 원하는 A기업은 원래의 원화로 차입할 경우의 금리인 10.60%보다 낮은 0.30%가 낮은 10.30%, 달러화로 차입을 원하는 B기업은 원래의 달러화로 차입할 경우의 금리인 8.00%보다 0.30%가 낮은 7.70%에 자금을 조달하는 효과가 있도록 통화스왑계약을 체결하면 된다.

A기업은 비교우위에 있는 달러화로 자금을 차입한 후 원화로 자금을 차입할 경우에 부담하는 이자율 10.60%보다 차입비용의 절감액 0.30%보다 낮은 10.30%를 B기업에 지급하고, B기업은 비교우위에 있는 원화로 자금을 차입한 후 A기업의 달러화 이자를 지급하면 원하는 스왑계약을 체결할 수 있다.

스왑거래가 없었다면 A기업이 부담하는 원화금리는 10.60%, B기업이 부담하는 달러화금리는 8.00%이다. 그러나 스왑거래를 이용하면 A기업은 10.3%의 원화금리, B기업은 7.7%의 달러화금리로 차입할 수 있어 두 기업 모두 0.30%의 차입비용을 절감할 수 있다. 따라서 통화스왑거래를 통해 A기업과 B기업이 얻게 되는 차입비용의 절감효과를 분석하면 다음과 같다.

구분	A기업	B기업
자사의 차입금에 대한 이자	달러 7.0%	원 11.0%
상대방에게 지급하는 이자	원 10.3%	달러 7.0%
상대방으로부터 받는 이자	(달러 7.0%)	(원 10.3%)
실제로 부담하는 이자	원 10.3%	달러 7.0%
	–	원 0.7%
	10.3%	7.7%
스왑거래 이전의 이자	원 10.6%	달러 8.0%
차입비용의 절감효과	0.3%	0.3%

| 그림 15-8 | 은행의 중개가 없는 통화스왑

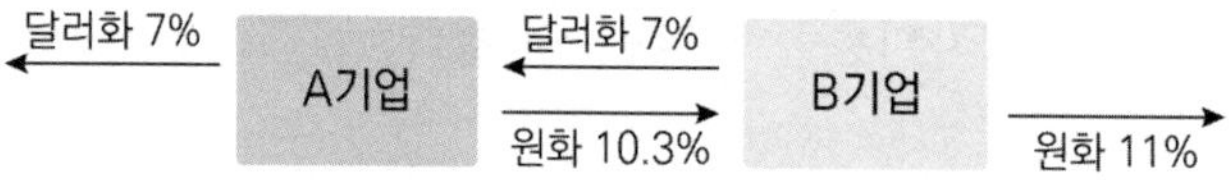

(2) 은행의 중개가 있는 경우

A기업과 B기업이 직접 거래하지 않고 은행을 통해 스왑계약을 체결하고 차입비용의 절감에 따른 이득을 공평하게 분배할 경우에 원하는 자금조달효과를 달성할 수 있도록 스왑계약을 설계하는 방법은 많다. 은행이 중개하는 스왑설계는 두 기업이 직접 거래하는 것보다 쉽게 해결할 수 있는데 그중 하나는 다음과 같다.

A기업은 7.00%의 달러화이자를 지급해야 하므로 은행으로부터 7.00%의 달러화이자를 수취하는 계약을 체결한 다음 원래의 원화에서 부담해야 할 이자율 10.60%보다 0.20%가 낮은 10.40%를 은행에 지급하는 계약을 체결하면 10.40%의 원화금리로 차입할 수 있게 되어 0.20%만큼의 차입비용을 절감할 수 있다.

B기업은 11.00%의 원화이자를 지급해야 하므로 은행으로부터 11.00%의 원화이자를

수취하는 계약을 체결한 다음 원래의 달러화시장에서 부담해야 할 이자율 8.00%보다 0.20%가 낮은 7.80%를 은행에 지급하는 계약을 체결하면 7.80%의 원화금리로 차입할 수 있어 0.20%만큼의 차입비용을 절감할 수 있다.

은행은 원화시장에서 0.60%(= 11.00 − 10.40)의 손실을 보지만 달러화시장에서 0.80%(= 7.8 − 7.0)의 이익을 얻는다. 따라서 달러화의 금리차이 1.00%에서 원화의 금리차이 0.40%를 차감한 0.60%를 세 당사자가 똑같이 나누어 갖는다. 통화스왑을 통해 두 기업이 얻는 차입비용의 절감효과를 분석하면 다음과 같다.

구분	A기업	B기업
자사의 차입금에 대한 이자	달러 7.0%	원 11.0%
중개은행에 지급하는 이자	원 10.4%	달러 7.8%
중개은행으로부터 받는 이자	(달러 7.0%)	(원 11.0%)
실제로 부담하는 이자	원 10.4%	달러 7.8%
스왑거래 이전의 이자	원 10.6%	달러 8.0%
차입비용의 절감효과	0.2%	0.2%

통화스왑에서 외국통화로 지급하는 이자와 수령하는 이자가 같지 않으면 환위험에 노출된다. 스왑중개인이 미국(한국)의 은행이면 원화(달러화)차입금에 대한 이자지급액(수령액)이 환위험에 노출되는데, 환위험에 노출된 기업이나 은행은 환위험에 노출된 통화에 대한 선물계약을 이용하면 환위험을 회피할 수 있다.

[그림 15−9]에서 은행은 원화에 대해 0.6%의 이자를 지급하고, 달러화에 대해 0.8%의 이자를 수령한다. 따라서 스왑중개은행이 미국의 은행이면 원화차입금에 대한 이자지급액이 환위험에 노출되는 반면에 스왑중개은행이 한국의 은행이면 달러화차입금에 대한 0.8%의 이자수령액이 환위험에 노출된다.

▌그림 15−9▐ 은행의 중개가 있는 통화스왑

4. 통화스왑의 가치평가

통화스왑도 금리스왑처럼 한 채권에 대해서 매도포지션을 취하고 다른 채권에 대해서는 매입포지션을 취하는 포트폴리오로 간주될 수 있다. 스왑계약의 기초가 되는 외국통화표시채권의 가치를 B_F, 자국통화표시채권의 가치를 B_D, 외국통화 단위당 자국통화의 교환비율로 나타낸 현물환율을 S_0이라고 정의하자.

외국통화표시채권을 매입하고 자국통화표시채권을 매도하는 경우에 통화스왑의 가치는 다음과 같이 구할 수 있다.

$$NPV = S_0 \times B_F - B_D \tag{15.5}$$

자국통화표시채권을 매입하고 외국통화표시채권을 매도하는 경우에 통화스왑의 가치는 다음과 같이 구할 수 있다.

$$NPV = B_D - S_0 \times B_F \tag{15.6}$$

식(15.5)와 식(15.6)에서 외국통화표시채권가치는 외국통화의 원리금을 외국의 이자율로 할인하여 구하고, 자국통화표시채권가치는 자국통화의 원리금을 자국의 이자율로 할인하여 구한다. 따라서 통화스왑의 가치는 외국통화의 이자율 기간구조, 자국통화의 이자율 기간구조 그리고 계약시점의 현물환율에 의해 결정된다.

예제 15-2 통화스왑의 가치

강남기업은 미국의 C은행과 통화스왑을 체결하였다. 스왑계약은 3년간 존속하고 두 통화의 원금이 각각 100만 달러와 12억원이다. 강남기업은 C은행으로부터 매년 달러화로 연 5%의 이자를 지급받고, C은행에 원화로 연 8%의 이자를 지급한다. 현재의 현물환율은 ₩1,200/$, 향후 3년간 미국의 이자율은 7%, 한국의 이자율은 10%, 이자율의 기간구조가 모두 수평적이라고 가정하여 다음의 물음에 답하시오.

1. 강남기업의 입장에서 채권가치를 이용하여 통화스왑의 가치를 평가하시오.
2. 강남기업의 입장에서 선도계약을 이용하여 통화스왑의 가치를 평가하시오.

풀이

1. 채권가치를 이용하는 경우

강남기업은 원금 100만 달러에 대해 연 5%의 이자를 지급받는 달러화채권을 매입하고, 원금 12억원에 대해 연 8%의 이자를 지급하는 원화채권을 매도한 것으로 간주할 수 있다.

① 외국통화표시부채권의 가치

외국통화표시채권의 가치(B_F)는 외국채권에 대한 원리금을 외국의 이자율로 할인하여 다음과 구할 수 있다.

$$B_F = \frac{5}{(1.07)^1} + \frac{5}{(1.07)^2} + \frac{105}{(1.07)^3} = 94.75\text{만 달러}$$

② 자국통화표시채권의 가치

자국통화표시채권의 가치(B_D)는 자국채권에 대한 원리금을 국내의 이자율로 할인하여 다음과 구할 수 있다.

$$B_D = \frac{0.96}{(1.1)} + \frac{0.96}{(1.1)^2} + \frac{12.96}{(1.1)^3} = 11.40\text{억원}$$

따라서 강남기업의 입장에서 통화스왑의 가치는 현재의 환율로 환산한 달러화채권의 원화가치에서 원화채권의 가치를 차감하여 다음과 같이 구할 수 있다.

$$NPV = S_0 \times B_F - B_D = (1,200 \times 94.75) - 11.40 = -0.03\text{억원}$$

2. 선도계약을 이용하는 경우

통화선도계약은 미래의 특정기간 동안에 특정이자율이 특정원리금에 적용되는 계약이므로 미래의 현금흐름을 교환하는 여러 개의 선도계약으로 볼 수 있어 강남기업의 입장에서 스왑의 가치는 다음과 같은 네 개의 통화선도계약으로 구성된 포트폴리오라고 할 수 있다.

① 1년 후의 이자교환은 5만 달러의 이자를 수령하고, 0.96억원의 이자를 지급하는 선도계약이라고 할 수 있다. 이 선도계약의 현재가치는 1년 후의 선도환율로 5만 달러를 원화로 환산하고 여기서 지급해야 할 원화이자를 차감한 값을 국내의 이자율로 할인한 값이다.

$$\text{선도계약의 현재가치} = \frac{5 \times 1233.64 - 0.96}{(1.1)^1} = -0.312\text{억원}$$

② 2년 후의 이자교환은 5만 달러의 이자를 수령하고, 0.96억원의 이자를 지급하는 선도계약이라고 할 수 있다. 이 선도계약의 현재가치는 2년 후의 선도환율로 5만 달

러를 원화로 환산하고 여기서 지급해야 할 원화이자를 차감한 값을 국내의 이자율로 할인한 값이다.

$$\text{선도계약의 현재가치} = \frac{5 \times 1268.23 - 0.96}{(1.1)^2} = -0.269\text{억원}$$

③ 3년 후의 이자교환은 5만 달러의 이자를 수령하고, 0.96억원의 이자를 지급하는 선도계약이라고 할 수 있다. 이 선도계약의 현재가치는 3년 후의 선도환율로 5만 달러를 원화로 환산하고 여기서 지급해야 할 원화이자를 차감한 값을 국내의 이자율로 할인한 값이다.

$$\text{선도계약의 현재가치} = \frac{5 \times 1303.79 - 0.96}{(1.1)^3} = 0.779\text{억원}$$

④ 3년 후의 원금교환은 100만 달러를 수령하고, 12억원을 지급하는 선도계약이라고 할 수 있다. 이 선도계약의 현재가치는 3년 후의 선도환율로 100만 달러를 원화로 환산하고 여기서 지급해야 할 원화원금 12억원을 차감한 값을 국내의 이자율로 할인한 값이다.

따라서 강남기업의 입장에서 통화스왑의 가치는 네 개의 선도계약의 현재가치를 합산한 값 −0.03억원이며, 이는 채권가치를 기준으로 계산한 물음 1의 결과와 일치한다.

$$NPV = -0.312 - 0.269 - 0.231 + 0.779 = -0.03\text{억원}$$

• 핵 심 요 약 •

제1절 스왑거래의 개요

1. 스왑거래의 정의 : 거래당사자가 현금흐름을 일정기간 교환하기로 약정한 계약

2. 스왑거래의 종류

① 금리스왑 : 변동-고정금리스왑, 베이시스스왑, 크로스커런시스왑, 기준금리스왑

② 통화스왑 : 장기선물환계약, 직접통화스왑, 채무교환스왑

③ 혼합스왑 : 금리스왑과 통화스왑이 결합된 것

3. 스왑거래의 기능 : 차입비용의 절감, 이자수익의 증대, 가격위험의 헷지, 시장규제의 회피, 금융시장의 보완

4. 스왑거래의 설계

① 은행의 중개가 없는 경우 : 자신의 차입금에 대한 이자를 상대방으로부터 지급받고 원래 차입을 원했던 시장에서 부담해야 하는 금리보다 낮은 이자를 지급

② 은행의 중개가 있는 경우 : 자신의 차입금에 대한 이자를 상대방으로부터 지급받고 원래 차입을 원했던 시장에서 부담해야 하는 금리보다 낮은 이자를 지급

제2절 금리스왑의 개요

1. 금리스왑의 정의 : 동일한 통화로 표시된 채무에 대해 일정기간 이자지급의무를 교환하여 부담하기로 약정한 계약

2. 금리스왑의 평가

① 선도계약으로 구성된 포트폴리오로 이해하여 평가하는 방법

② 채권포트폴리오로 이해하여 평가하는 방법 : $NPV = B_V - B_F$

제3절 통화스왑의 개요

1. 통화스왑의 정의 : 상이한 통화로 표시된 채무에 대해 일정기간 이자와 원금을 교환하여 부담하기로 약정한 계약

2. 통화스왑의 평가

① 선도계약으로 구성된 포트폴리오로 이해하여 평가하는 방법

② 채권포트폴리오로 이해하여 평가하는 방법 : $NPV = S_0 \times B_F - B_D$

1 다음 중 스왑에 대한 설명으로 가장 옳지 않은 것은?

① 스왑은 거래당사자간 미래현금흐름을 교환하는 계약으로 일련의 선도거래 또는 선물계약을 한 번에 체결하는 것과 유사한 효과를 갖는다.

② 스왑은 표준화된 상품인 선물, 옵션과 같이 거래소에서 거래되지 않고 스왑딜러 및 브로커의 도움을 얻어 주로 장외에서 거래가 이루어진다.

③ 금리스왑은 미래 일정기간 동안 거래당사자간 명목원금에 대한 변동금리 이자와 고정금리 이자를 교환하며 원금교환은 이루어지지 않는다.

④ 통화스왑은 미래 일정기간 동안 거래당사자간 서로 다른 통화표시 채무 원금에 대한 이자금액을 교환하며 원금교환은 이루어지지 않는다.

⑤ 스왑은 거래당사자간 필요에 따라 다양하게 설계될 수 있는 장점이 있어 금리 또는 환위험관리를 위해 적절하게 사용될 수 있다.

| 해설 | 금리스왑은 이자만을 교환하는 반면에 통화스왑은 이자와 원금을 교환한다. 그리고 통화스왑은 고정금리와 고정금리, 변동금리와 변동금리, 고정금리와 변동금리 모두 가능한 형태로 스왑이 이루어진다.

2 다음 중 스왑에 대한 설명으로 옳지 않은 것은?

① 스왑은 기업들이 부담하는 환율과 금리변동위험에 대처하기 위해 도입된 금융기법의 하나이다.

② 스왑은 선물이나 옵션과 마찬가지로 헤지의 대상기간이 비교적 짧다.

③ 스왑은 외환통제, 세금차별 등 각종 규제가 있는 자본시장에서 기대할 수 없는 이익을 얻을 수 있는 기회를 제공한다.

④ 스왑은 유동성이 낮은 통화에 대한 계약도 가능하므로 선물과 옵션으로 충족시키지 못하는 부분에 대한 보완적 상품이라고 할 수 있다.

⑤ 중복금리스왑에서는 스왑거래당사자 사이에 스왑중개은행이 개입하여 차입비용의 절감액 중 일부를 가져간다.

| 해설 | 선물거래와 옵션거래는 비교적 헤지기간이 짧은 단기헤지에 적합한 반면에 스왑거래는 보통 1년 이상의 장기헤지에 적합하다.

3 기업 A와 B는 국제금융시장에서 다음과 같은 조건으로 자금을 차입할 수 있다. 은행이 기업 A와 B사이에서 스왑을 중개하고자 한다. 은행이 기업 A에게 변동금리를 지급하고 고정금리를 수취하는 스왑계약을 체결하며, 기업 B와는 그 반대의 스왑계약을 체결한다. 본 스왑으로 인한 은행의 총마진은 0.2%이며, 스왑이득은 두 기업에게 동일하다. 만약 은행이 기업 A에게 LIBOR + 1%를 지급한다면 기업 A는 은행에게 얼마의고정금리를 지급해야 하는가?

기업	유로본드 시장	유로달러 시장
A B	8% 9%	LIBOR + 1% LIBOR + 3%

① 8.0%　　② 7.8%

③ 7.6%　　④ 7.4%

| 해설 | 고정금리 스프레드는 1%이고 변동금리 스프레드는 2%이므로 두 기업은 스왑거래를 통해 1%의 이자비용을 절감할 수 있다. 그러나 스왑을 중개하는 은행에서 0.2%의 마진이 발생하면 A기업과 B기업은 각각 0.4%의 이익이 있어야 한다.

4 기업 A와 B는 달러화시장에서 3년간 100만 달러를 차입하려고 하는데 차입조건 은 아래와 같다. 기업 A와 B는 스왑계약을 체결하면서 차입비용의 절감으로 인한 이익을 50%씩 분배하기로 하였다. 스왑계약에 따른 고정금리를 11%로 할 경우에 변동금리는 얼마나 되겠는가?

기업	고정금리	변동금리
A B	10% 12%	LIBOR + 2% LIBOR + 3%

① LIBOR + 1%　　② LIBOR + 1.5%

③ LIBOR + 2%　　④ LIBOR + 2.5%

| 해설 | 고정금리가 11%이므로 B기업이 A기업으로부터 지급받는 변동금리를 x라고 하면 B기업이 부담하는 금리는 (LIBOR + 3%) + 11%−x이며 B기업이 스왑계약 후 부담하는 고정금리는 11.5%가 되어야 한다. (LIBOR + 3%) + 11%−x = 11.5% ∴ x = LIBOR + 2.5%

5 **기업 A와 기업 B가 각각 $1,000만불을 5년 동안 차입하고자 한다. 차입비용이 아래와 같을 경우에 해당되는 금리스왑에 대한 설명으로 가장 적절한 것은?**

기업	고정금리	변동금리
A B	6% 7%	LIBOR + 0.25% LIBOR + 0.75%

① 스왑이 가능하며 스왑을 체결하는 경우 두 회사가 절감할 수 있는 자본조달비용은 0.5%이다.

② 스왑이 가능하며 기업 A는 변동금리로 차입한 후 고정금리로 스왑한다.

③ 스왑이 가능하며 기업 B는 고정금리로 차입한 후 변동금리로 스왑한다.

④ 기업 A가 기업 B에 비해 고정금리시장과 변동금리시장에서 모두 저렴한 비용으로 조달할 수 있으므로 스왑은 가능하지 않다.

| 해설 | 기업 A가 기업 B에 비해 신용등급이 높다. 기업 A는 고정금리시장, 기업 B는 변동금리시장에서 비교우위를 보인다. 따라서 기업 A는 고정금리로 차입하여 변동금리로 스왑하고 기업 B는 변동금리로 차입하여 고정금리로 스왑하면 두 회사 모두 자본조달비용을 두 시장에서의 금리차이(7%–6%) – [(LIBOR + 0.75%) – (LIBOR + 0.25%)] = 0.5%가 된다.

6 **기업 A와 기업B가 고정금리와 변동금리로 자금을 차입할 경우 금리는 다음과 같다. 다음 중 가장 적절한 것은 어느 것인가?**

기업	고정금리	변동금리
A B	10.0% 11.4%	LIBOR + 0.8% LIBOR + 1.4%

① A는 변동금리에서 비교우위를 갖는다.

② B는 고정금리에서 비교우위를 갖는다.

③ A는 고정금리로 차입하고, B는 변동금리로 차입하여 스왑계약을 체결하는 것이 바람직하다.

④ A와 B는 스왑계약을 체결함으로써 이득을 볼 여지가 없다.

| 해설 | A는 고정금리에서, B는 변동금리에서 비교우위를 갖는다. 따라서 A는 고정금리, B는 변동금리로 자금을 차입한 후 스왑계약을 체결하면 고정금리의 차이 1%와 변동금리의 차이 0.7%에 해당하는 0.3%를 두 회사가 공유하면 0.15%를 절약할 수 있다.

7 **우리기업과 나라생명이 국제금융시장에서 자금을 차입할 수 있는 금리조건은 다음과 같다. 금리스왑을 이용할 수 있는 상황에서 두 기업의 조달금리부담을 확정적으로 최소화하는 차입방법은?**

기업	고정금리	변동금리
우리기업 나라생명	9.00% 8.25%	LIBOR + 0.50% LIBOR + 0.25%

① 우리기업은 고정금리 차입, 나라생명은 고정금리 차입

② 우리기업은 변동금리 차입, 나라생명은 변동금리 차입

③ 우리기업은 고정금리 차입, 나라생명은 변동금리 차입

④ 우리기업은 변동금리 차입, 나라생명은 고정금리 차입

| 해설 | 변동금리에서 비교우위에 있는 우리기업은 변동금리로 자금을 차입하고, 고정금리에서 비교우위에 있는 나라생명은 고정금리로 자금을 차입한 후에 이자지급을 교환하는 금리스왑계약을 체결하면 된다.

8 **기업 A와 기업B가 고정금리와 변동금리로 자금을 차입할 경우 금리는 다음과 같다. 다음 중 가장 적절한 것은 어느 것인가?**

기업	고정금리	변동금리
A B	10% 11%	LIBOR + 0.3% LIBOR + 1.0%

① A는 변동금리에서 비교우위를 갖는다.

② B는 고정금리에서 비교우위를 갖는다.

③ A는 고정금리로 차입하고, B는 변동금리로 차입하여 스왑계약을 체결하는 것이 바람직하다.

④ A와 B는 스왑계약을 체결함으로써 이득을 볼 여지가 없다.

| 해설 | A는 고정금리에서, B는 변동금리에서 비교우위를 갖는다. 따라서 A는 고정금리, B는 변동금리로 자금을 차입한 후 스왑계약을 체결하면 고정금리의 차이 1%와 변동금리의 차이 0.7%에 해당하는 0.3%를 두 회사가 공유하면 0.15%를 절약할 수 있다.

9 **다음 중 금리스왑에 대한 설명으로 옳지 않은 것은?**

① 금리스왑에서는 원금이 서로 교환되지 않고 단지 이자계산에만 사용하는 것이 일반적이다.

② 금리스왑에서 가장 중요한 변수는 고정금리이며 이를 보통 스왑가격 또는 스왑률이라고 한다.

③ 금리스왑에서 고정금리 수취, 변동금리 지급의 포지션을 금리스왑 매입포지션이라고 한다.

④ 금리스왑에서 변동금리 이자계산에 사용되는 변동금리가 결정되는 날을 기준일이라고 한다.

| 해설 | 금리가 상승하는 경우에 이익이 되는 포지션을 매입 스왑포지션이라고 한다. 이는 고정금리를 지급하고 변동금리를 수취하는 포지션이다.

10 **다음 중 통화스왑에 대한 설명으로 옳지 않은 것은?**

① 서로 다른 통화로 표시된 현금흐름을 갖는 양측이 미래의 정해진 만기까지 일정한 기간마다 서로의 현금흐름을 교환하기로 약정한 계약이다.

② 교환되는 금리의 형태는 합의에 의해 고정금리와 변동금리가 모두 가능하다.

③ 계약원금에 대한 이자를 합의에 의한 금리를 적용하여 해당 통화로 거래당사자간에 서로 지급한다.

④ 명목원금만 있을 뿐 실제로 원금의 교환은 발생하지 않는다.

| 해설 | 금리스왑은 동일한 통화로 표시되어 명목원금만 있을 뿐 실제로 원금의 교환이 발생하지 않는다. 그러나 통화스왑은 상이한 통화로 표시되어 원금의 교환이 필요하다.

11 **다음 중 스왑과 채권을 결합하여 결과적으로 얻어지는 자금조달의 형태를 연결한 것으로 적절하지 않는 것은?**

① 달러고정금리채 + (달러고정금리수취 × 달러변동금리지급)금리스왑
= 달러변동금리채

② 달러고정금리채 + (달러고정금리수취 × 엔화변동금리지급)통화스왑
= 엔화변동금리채

③ 엔화고정금리채 + (달러고정금리수취 × 엔화고정금리지급)통화스왑
= 달러고정금리채

④ 엔화변동금리채 + (엔화변동금리수취 × 달러변동금리지급)통화스왑
= 달러변동금리채

| 해설 | 한 종류의 채권발행은 금리스왑이나 통화스왑과 결합하면 다른 통화의 채권으로 전환된다. 원래 발행된 채권의 통화 및 금리의 지급형태와 동일한 형태의 포지션 수취와 다른 통화 및 금리의 포지션 지급의 스왑은 채권포지션과 스왑 중 수취포지션은 상쇄되고 스왑의 지급포지션만 남게 된다.

12 (주)한국은 미국에 공장을 설립하기 위해 $10,000,000의 달러화 자금을 10년간 차입하고자 한다. 한편 미국의 회사는 한국에 지사를 설립하기 위해 $10,000,000의 원화 자금을 10년간 차입하고자 한다. 이 두 회사가 달러화와 원화로 차입하고자 할 경우의 이자율이 아래와 같을 때 통화스왑에 대한 설명으로 옳은 것은?

기업	원화	달러화
(주) 한국 미국회사	5.0% 7.0%	7% 10%

① (주)한국의 자본조달비용이 두 나라 통화에서 모두 저렴하므로 스왑거래는 불가능하다.

② 스왑거래를 통해 (주)한국은 달러화를 4.5%에, 미국회사는 달러화 자금을 9.4%에 조달할 수 있도록 도와줄 수 있다.

③ 스왑거래를 통해 (주)한국은 달러화를 4.5%에, 미국회사는 원화자금을 9.5%에 조달할 수 있도록 도와줄 수 있다.

④ 스왑거래를 통해 (주)한국은 달러화를 4.4%에, 미국회사는 원화자금을 9.5%에 조달할 수 있도록 도와줄 수 있다.

| 해설 | (주)한국이 자금조달비용에서 달러화시장과 원화시장 모두 절대우위를 가지고 있다. 그러나 미국회사는 달러화시장에서 (주)한국은 원화시장에서 상대적으로 비교우위를 보이고 있다. (주)한국은 미국회사에 비해 원화시장에서 3%를 저렴하게 조달할 수 있는 반면 달러화시장에서는 2% 저렴하게 조달할 수 있다. 따라서 스왑거래를 통해 두 회사간에 절감할 수 있는 이자비용은 1%(= 3%−2%)가 된다.

13 현재 엔화의 낮은 금리에 이끌려서 사무라이 본드를 발행한 기업이 향후 엔화에 대한 달러가치의 하락과 엔을 포함하는 주요 통화의 전반적 금리상승을 기대하는 경우에 선택할 수 있는 통화스왑으로 적절한 것은?

① 엔화고정금리수취 + 달러고정금리지급

② 엔화고정금리수취 + 달러변동금리지급

③ 달러고정금리수취 + 엔화고정금리지급

④ 달러고정금리수취 + 엔화고정금리지급

| 해설 | 사무라이본드는 외국인이 일본에서 발행하는 엔화표시채권을 말한다. 채권발행을 통한 차입과 통화스왑을 결합하면 다른 통화표시의 차입으로 전환할 수 있다. 이러한 결정은 환율변동과 금리변동에 대한 전망에 따라 이루어진다. 달러가치의 하락과 주요통화의 전반적 금리상승이 기대되는 경우에 달러화 고정금리 차입으로 전환하는 것이 바람직하다. 엔화의 사무라이 본드를 발행한 경우에는 엔화고정금리를 수취하고 달러화고정금리를 지급하는 통화스왑과 결합하면 달러화고정금리 차입으로 전환할 수 있다.

14 **투자자 홍길동은 LIBOR와 7%를 교환하는 고정금리지급포지션의 금리스왑을 체결하였다. 홍길동의 포지션을 채권을 통해 나타낼 경우에 알맞은 것은?**

① 고정채 발행, 변동채 매입
② 고정채 매입, 변동채 발행
③ 고정채 발행, 변동채 발행
④ 고정채 매입, 변동채 매입

| 해설 | 고정금리를 지급하고 변동금리를 수취하기 때문에 고정채를 발행하고 변동채를 매입한 경우와 동일하다.

15 **대규모의 달러를 고정금리로 차입한 기업의 경우에 금리가 하락할 것으로 예상되면 어떤 포지션을 통해 헤지를 할 수 있는가?**

① 고정금리 지급스왑
② 고정금리 수취스왑
③ 금리 플로어 매수
④ 금리 캡 매수

| 해설 | 고정금리 지급스왑을 체결하면 고정금리를 변동금리로 전환할 수 있다.

정답 1. ④ 2. ② 3. ③ 4. ④ 5. ① 6. ③ 7. ④ 8. ③ 9. ③ 10. ④ 11. ③ 12. ③ 13. ① 14. ① 15. ①

Chapter 16

신용파생상품

신용위험의 관리는 다국적기업과 금융기관에게 중요한 과제이다. 신용파생상품을 이용하여 기업은 신용위험을 회피할 수 있고, 은행을 포함한 금융기관은 신용위험에 노출된 포트폴리오를 관리할 수 있다. 신용파생상품은 모든 합성포지션을 만들기 위한 마지막 수단으로 금융공학에 혁신적인 영향을 미치고 있다.

제1절 신용위험의 개요

1. 신용위험의 정의

신용위험(credit risk)은 채권발행자나 자금차입자가 계약서에 명시된 원금 또는 이자를 약정한 시간에 상환하지 못할 가능성을 말한다. 신용위험은 시장위험과 달리 시장가격의 변화 이외에도 채무자의 신용등급 변화, 부도확률(default rate), 부도시 회수율(recovery rate) 등에 따라 달라진다.

신용위험은 거래상대방의 신용상태 악화, 신용도의 하락으로 계약에 따른 의무를 제대로 이행하지 않거나 보유하고 있는 대출자산이나 유가증권에서 예상되는 현금흐름이 계약대로 회수되지 않을 가능성, 즉 매매계약에서 채무자가 채무조건을 이행하지 못하여 발생하는 위험을 총칭하여 말한다.

| 표 16-1 | 신용파생상품의 사용목적

사용자	사용목적
은 행	신용집중도 축소, 대출포트폴리오의 신용리스크관리
기 업	매출채권 신용리스크의 헤지, 특정고객에 집중된 신용리스크 축소
투자자	시장리스크와 신용리스크의 분리, 수익률 제고

2. 신용사건의 정의

신용파생상품의 거래에서 중요한 문제는 신용사건의 구체적인 정의이다. 신용파생상품은 표준화가 어려운 신용위험에 대한 파생상품을 말하며, 신용위험은 신용사건이 발생할 때 현실화된다. 신용사건(credit event)은 준거자산의 가치하락을 초래하여 보장매도자가 손실보전의무를 부담하는 경우를 말한다.

신용파생상품은 대부분 사전에 정한 신용사건의 발생여부에 따라 거래당사자간에 수수할 현금흐름과 계약이행이 결정되기 때문에 어떤 사건을 신용사건으로 규정하느냐가 중요하다. 따라서 거래당사자간에 분쟁의 소지를 없애고 서로 인정할 수 있는 신용사건이 되기 위해서는 두 가지 요건을 충족해야 한다.

첫째, 특정사건이 발생하여 일정수준 이상 준거자산의 가격변화가 발생해야 한다.

이를 중요성의 요건이라 한다. 둘째, 신용사건은 거래당사자들이 사건의 발생을 인지할 수 있는 공적 정보여야 한다. 즉 국제적으로 명성 있는 둘 이상의 매스컴에 의해 확인될 수 있어야 하는데, 이를 공공성의 요건이라 한다.

일반적으로 신용사건의 정의는 국제스왑파생상품협회(ISDA)에서 정한 표준계약서를 따르지만, 준거자산의 유형 또는 이전하고자 하는 신용위험의 종류에 따라 신용사건은 여러 형태로 정의될 수 있다. ISDA는 신용사건의 유형으로 파산, 지급불능, 지급거절, 채무재조정, 기한의 이익상실 등을 열거하고 있다.

① 파산

채무자가 경제적으로 파산(bankruptcy)하여 자신의 변제능력으로 채권자의 채무를 완제할 수 없는 상태에 이르렀을 경우에 다수경합된 채권자에게 공평한 만족을 주기 위하여 이루어지는 채무자의 재산에 대한 포괄적(일반적) 강제집행을 말한다. 파산절차의 개시는 지급불능과 채무초과를 그 원인으로 한다.

② 지급불능

지급불능(insolvency)은 파산원인의 일반적 형태로 지급수단의 계속적 결핍 때문에 금전채무를 지급할 수 없는 채무자의 재산상태로 채무액를 초과하는 자산을 갖고 있어도 금전상 결핍을 초래하면 지급불능이 된다. 그러나 도덕상·기술상·기업상의 신용에 따라 금전의 융통을 받아들이면 지급불능은 아니다.

③ 지급거절

지급거절(repudiation)은 채무자가 채무자체를 부인함으로써 고의적으로 대금지급을 거절하거나 어음이나 수표의 지급을 받기 위해 어음이나 수표의 소지인이 지급제시기간 안에 인수인, 지급인, 지급담당자에게 지급제시를 하였는데 제시한 금액의 일부 또는 전부의 지급이 거절되는 것을 말한다.

④ 채무재조정

채무재조정(restructuring)은 채무자가 기일이 도래한 채무상환이 불가능하거나 불가능할 염려가 있을 때 당해 채무의 상환계획을 재편성하여 그것을 순연하는 조치를 말한다. 따라서 원금감면, 만기일, 이자율, 이자지급시기, 채무상환방법을 변경하여 채권자가 채무자에게 경제적 이익을 양보함으로써 발생한다.

⑤ 기한의 이익상실

기한의 이익상실(obligation acceleration)은 금융기관이 채무자에게 빌려준 대출금을 만기 전에 회수하는 것으로 채무자가 대출금의 원리금을 2회 연체할 경우에 발생된다. 즉 금융기관이 채무자의 신용위험이 높아졌다고 판단하면 대출만기일 이전에라도 남아 있는 채무를 일시에 회수할 수 있는 권리를 말한다.

제2절 신용파생상품의 개요

1. 신용파생상품의 정의

신용파생상품(credit derivatives)은 금융기관이 보유한 대출채권 등 발행자나 차입자의 신용도에 따라 가치가 변동하는 준거자산에 내재하는 신용위험을 분리하여 매매할 수 있도록 설계된 금융계약을 말한다. 신용파생상품의 기초자산은 금융계약상의 의무를 부담하고 있는 준거기업의 신용위험이다.

여기서 준거기업(reference entity)은 회사채를 발행한 기업, 은행에서 대출을 받은 기업 그리고 파생상품거래에서 우발채무의 지급의무를 부담하고 있는 기업을 말한다. 따라서 신용파생상품의 기초자산이 준거기업의 가치나 준거기업이 부담하고 있는 의무가 아니라 준거기업의 신용위험이 중요하다.

신용파생상품은 장외파생상품의 하나로서 대출자의 신용도 변화에 따라 가치가 변동하는 대출금, 회사채 등의 준거자산의 이전없이 신용위험만을 분리하여 매매하는 금융계약을 말한다. 따라서 신용위험에 대한 가격산정의 적정성을 높여 신용위험을 여러 투자자들에게 분산시키는 기능을 수행한다.

2. 신용파생상품의 구조

(1) 거래참가자

신용파생상품의 참가자에는 보장매입자와 보장매도자가 있다. 보장매입자는 신용파생상품 매입계약을 통해 보유자산의 신용위험을 보장매도자에게 이전하고 일정한 프리미엄을 지급한다. 보장매도자는 보장매입자로부터 프리미엄을 받는 대신에 준거자산에 신용사건이 발생하면 보장매입자에게 약정된 금액을 지급한다.

보장매입자는 대출채권, 회사채 등과 같은 준거자산을 양도하지 않으면서 금융자산에 내재하는 신용위험을 분리하여 이전하는 효과를 얻을 수 있기 때문에 고객과의 유연한 관계를 지속할 수 있게 된다. 그리고 보유자산의 신용위험의 이전에 따라 규제자본의 경감효과라는 이익을 도모할 수 있게 된다.

보장매도자는 준거자산을 보유하지도 않고도 보유하고 있는 것과 같은 효용을 얻을 수 있고 신규수익원의 창출이라는 이점이 있다. 국내금융회사의 신용파생상품 거래잔액을 살펴보면 은행과 보험회사는 상대적으로 보장매도자로서 증권회사는 보장매입자로서 니즈(needs)가 많은 것으로 나타나고 있다.

▌그림 16-1▐ 신용파생상품의 구조

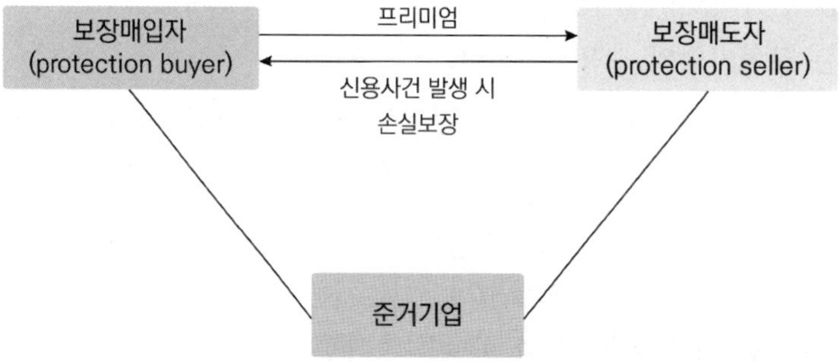

(2) 준거자산

준거자산(reference asset)은 신용사건의 발생여부를 판단하는 기준이 되는 자산을 말한다. 준거자산은 신용사건의 발생여부 판단대상에 따라 준거기업 또는 준거채무의 형태로 표현될 수 있다. 즉 신용사건 발생의 판단대상이 기업일 경우에는 준거기업, 판단대상이 채무일 경우에는 준거채무라고 표현한다.

기초자산(underlying asset)은 신용파생상품 매수계약을 통해 보장매입자가 신용위험을 헤지하고자 하는 대상자산을 말한다. 따라서 준거자산과 기초자산은 혼용되어 사용되기도 한다. 신용위험을 이전하고 싶은 대상, 다시 말해 기초자산이 신용사건의 발생 판단대상인 준거자산과 동일할 수 있기 때문이다.

(3) 신용사건

신용사건(credit event)은 준거자산의 가치하락을 초래하여 보장매도자가 손실보전의무를 부담하는 사건을 말한다. 국제스왑파생상품협회(ISDA)에서 정한 표준계약서에는 신용사건의 유형을 파산, 합병, 기한이익의 상실, 교차부도, 신용등급의 하락, 지급불능, 지급거절, 채무재조정 등 8가지로 열거하고 있다.

신용파생상품은 장외시장(OTC)에서 거래되고 상품이 표준화가 되어 있지 않기 때문에 계약서의 작성이 매우 중요하다. 신용파생상품의 매매는 국제스왑파생상품협회(ISDA)가 제공하는 표준계약을 거래상대방 기관별로 체결하고 개별상품의 거래시에 거래확인서(confirmation)를 거래당사자들이 주고 받는다.

(4) 정산절차

신용파생상품 거래에서 신용사건이 발생하면 보장매도자는 CDS 계약에 따라 보장매입자의 손실을 보전해주어야 한다. 정산은 이러한 손실보전을 위한 절차를 말하며, 준거자산의 부도 후 회수가치 산정이 핵심이다. 정산방법과 절차에 따라 손실이 결정되기 때문에 신용사건과 함께 중요한 요소에 해당한다.

3. 신용파생상품의 기능

첫째, 신용파생상품은 소수의 금융기관에 집중되기 쉬운 신용위험을 다양한 경제주체에게 분산시켜 금융시스템을 안정적으로 만들어줄 수 있다. 또한 투자은행의 새로운 투자수단의 설계와 중개기능을 활성화하여 새로운 시장을 형성시키고 투자은행의 기능을 제고하여 금융시장의 선진화에 기여한다.

둘째, 신용파생상품시장을 통해 준거자산의 유동성을 제고시키는 기능을 한다. 일반적으로 대출은 어려운 상품이지만 신용파생상품 기법을 이용하여 부도와 채무불이행 등의 신용위험을 거래가 가능한 상품으로 변화를 통해서 대출채권에 관련된 준거자산의 유동성을 증가시키는 기능을 수행한다.

셋째, 신용파생상품은 전통적으로 지급보증기관이나 단종보험회사에서 수행되었던 지급보증이나 보험의 기능을 시장원리에 근거하여 수행함으로써 금융시장의 효율성을 제고시킬 수 있다. 특히 국내의 공적기관이 담당한 지급보증의 기능을 시장이 분담하여 보증 효율성의 제고를 기대할 수 있다.

4. 신용파생상품의 특징

(1) 신용파생상품의 장점

신용파생상품은 보장매도자에게 수익성이 높은 대출시장에 간접적으로 참여할 수 있는 기회를 제공하고 자금부담 없이 신용위험만을 부담하는 레버리지효과를 통해 고수익을 추구할 수 있는 수단을 제공한다. 또한 준거자산에서 신용위험을 분리하여 거래할 수 있는 수단을 제공하여 능동적인 위험관리가 가능하다.

신용파생상품은 준거자산의 유동성을 제고시켜 금융시장의 중개기능을 높이며 신용위험을 거래가능한 상품으로 변화시켜 다양한 상품구조를 창출할 수 있다. 양도 또는 증권화를 통한 거래는 채무자에 대한 통지나 승낙이 필요한 반면 신용파생상품은 이러한 절차가 필요하지 않아 거래의 기밀유지가 가능하다.

(2) 신용파생상품의 단점

신용위험 보장매도기관의 투기적 목적의 과도한 레버리지 부담은 보장매도 금융기관의 부실 등 건전성 악화로 이어질 가능성이 있다. 그리고 금융기관이 차주기업에 대한 신용위험을 회피할 수 있게 되므로 동 기업에 대한 사후감시(monitoring) 유인을 저하시킬 수 있어 도덕적 해이가 증가할 가능성이 높아진다.

부외거래의 특성상 일반투자자의 금융기관 재무상태에 대한 평가를 어렵게 하여 시장의 자율규제기능 및 감독당국의 감독기능을 약화시켜 시장의 안정성을 저해시킬 수 있다. 또한 신용파생상품에 대한 내부통제시스템이 미흡하거나 이해가 부족할 경우 금융기관의 도산 등 위기상황에 봉착할 가능성이 높아진다.

5. 신용파생상품과 비교

(1) 신용파생상품과 회사채의 비교

회사채의 금리는 "기준금리 + 신용스프레드" 방식으로 표시할 수 있고 신용등급이 우량한 A급 회사채는 기준금리를 국고채로 사용하여 발행한다. 예컨대 3년 만기 국고채 금리가 연 4%이고 (주)한화석유화학의 회사채 금리가 연 6%라면 (주)한화석유화학의 신용스프레드는 국고채의 금리 4%에 2%를 가산한 것이다.

(2) 신용파생상품과 보증의 비교

CDS 계약은 신용사건이 발생하면 보장매도자가 보장매입자의 손실을 보전해준다는 측면에서 보증과 유사하다. 그러나 CDS 계약은 보장매도자가 보장매입자에 대해 독립해서 전보책임을 부담하기 때문에 주채무에 부종하여 주채무가 불이행한 경우에만 책임을 부담하는 보증채무와는 차이가 있다.

CDS 계약의 목적물은 준거자산의 계약가격이거나 시장가격간의 차액이다. 그러나 보증채무의 목적물은 주채무의 채무와 동일하다. 따라서 신용파생상품 금융거래에서 보장매도자의 채무가 일반적으로 민법상 보증채무에 해당된다거나 법률적인 측면에서 동일하다고 해석하는 것은 적절하지 않다.

(3) 신용파생상품과 보험의 비교

CDS 계약은 보장매입자의 손실을 보장한다는 목적만 생각하면 기초자산의 손실위험에 대해 보험에 가입하는 것과 유사하다. 그러나 CDS 계약의 목적물은 기초자산의 계약가격이거나 계약가격과 시장가격간의 차액이지 보장매입자의 손해나 경제적인 수요가 아니라는 점에서 보험계약과 차이가 있다.

CDS 계약은 보장매도자와 보장매입자의 개별적인 계약을 통해 이루어진다. 반면에 보험은 다수의 사람들이 소액의 보험료를 갹출하여 공동기금을 마련한 후 소수의 사람들이 우연한 손실을 당했을 경우 공동기금에서 보상하여 동질적인 위험을 분담하고 있다는 측면에서 보험계약과는 차이가 있다.

제3절 신용파생상품의 종류

신용파생상품은 크게 계약형태와 증권형태, 단일준거자산과 복수준거자산에 따라 구분할 수 있다. 증권형태의 거래는 초기 원금이 교환되어 회사채거래와 유사하다. 복수의 준거자산을 갖는 상품은 몇 번째 준거자산이 부도나고 준거자산 중 몇 %가 부도났을 때 보장이행을 하는가에 따라 분류하기도 한다.

1. 신용부도스왑

신용부도스왑(CDS : credit default swap)은 기초자산으로부터 신용위험을 분리하여 신용위험을 회피하려는 보장매입자가 보장매도자에게 이전하고 그 대가로 매기 일정한 수수료(프리미엄)을 지급하며 준거자산과 관련된 신용사건이 발생할 경우에 보장매도자로부터 손실을 보상받을 수 있는 금융상품을 말한다.

신용부도스왑은 신용위험을 이전하는 보장매입자가 보장매도자에게 지급하는 CDS 프리미엄과 계약기간 준거자산에 대한 신용사건이 발생하면 보장매도자가 보장매입자에게 손실보전금액을 교환하는 계약으로 모든 신용파생상품의 기본이 된다. 특정 대출채권의 회수가 불가능할 경우를 대비한 일종의 보험상품이다.

신용부도스왑은 보장매입자가 정기적으로 계약비용을 지불하고 미래 특정시점에 신용사건의 발생여부에 따라 수익을 얻는다는 점에서 스왑보다는 옵션에 가깝다고 볼 수 있다. 스왑은 거래당사자가 상호간에 현금흐름을 수수하지만, 신용부도스왑은 신용사건이 발생하지 않으면 보장매입자에게 현금흐름이 없기 때문이다.

신용사건이 발생하는 경우에 액면금액과 회수가치와의 차이를 보전받기로 하였다고 가정하면 신용부도스왑은 준거자산의 가치가 액면가액보다 하락할 경우에 이를 액면가액으로 매도할 수 있는 풋옵션(put option)으로 해석될 수 있다. 이때 채권가치의 하락은 오직 준거기업의 신용도 하락에 의해서 초래되어야 한다.

신용부도스왑에서 보장매입자는 준거자산을 기초자산으로 하는 풋옵션을 매입한 것과 동일한 효과를 얻게 되며, 보장매도자는 프리미엄을 지급받고 풋옵션을 매도한 셈이 된다. 그리고 보장매입자는 준거기업이 발행한 채권에 투자하고 그 채권의 신용위험만을 보장매도자에게 이전한 것과 유사한 결과를 얻을 수 있다.

❙그림 16-2❙ CDS의 구조

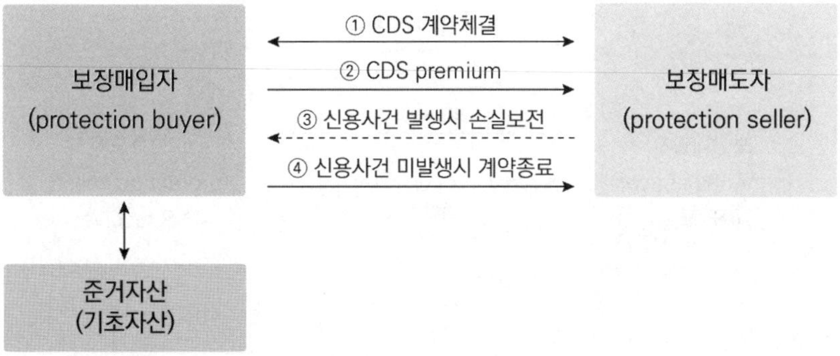

2. 총수익스왑

총수익스왑(TRS : total default swap)은 기초자산의 신용위험과 시장위험을 모두 보장매도자에게 이전하는 계약으로 보장매입자는 기초자산에서 발생하는 모든 현금흐름인 총수익을 보장매도자에게 지급하고, 보장매도자는 보장매입자에게 일정한 약정이자를 지급한다. 기초자산에서 발생하는 모든 현금흐름을 보장매도자에게 이전하여 현금흐름 측면에서 해당자산을 매각하는 것과 동일한 효과가 있다.

신용부도스왑은 신용사건이 발생한 경우에만 지불이 일어나고, 총수익스왑은 신용사건의 발생에 관계없이 기초자산의 시장가치를 반영하여 지불이 일어난다. 또한 신용부도스왑은 기초자산의 신용위험만을 이전하지만, 총수익스왑에서 보장매입자는 신용위험과 금리변동 및 환율변동에 따른 불확실한 수익 모두를 보장매도자에게 이전하기 때문에 신용위험과 함께 금리, 환율 등의 시장위험도 전가한다.

따라서 보장매입자는 실제로 보유자산을 매각하지 않고 보유자산을 매각하는 것과 동일한 효과를 얻을 수 있으며, 일시적으로 신용위험과 시장위험까지도 회피하는 수단으로 활용할 수 있다. 그리고 보장매도자는 자기자본의 부담없이 위험부담에 따른 높은 수익획득이 가능할 뿐만 아니라 부외자산으로 처리될 수 있기 때문에 일부 규제를 회피할 수 있는 수단으로 활용할 수 있다는 이점이 있다.

▎그림 16-3 ▎ TRS의 구조

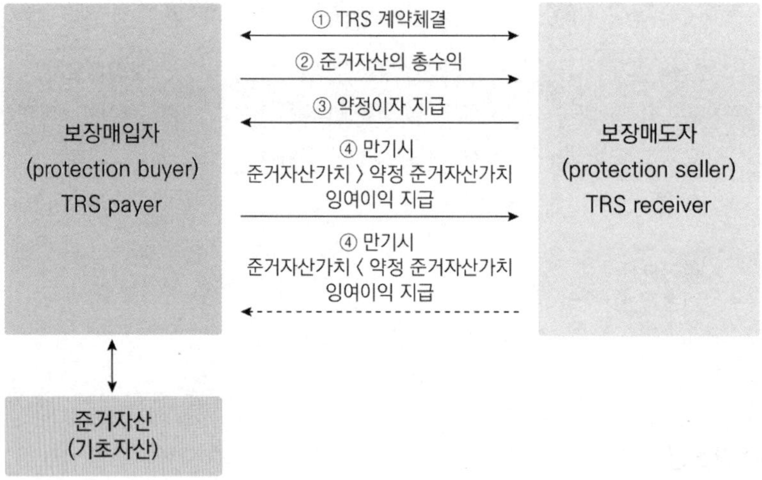

3. 신용연계채권

신용연계채권(CLN : credit linked not)은 일반채권에 신용부도스왑(CDS)을 결합하여 증권화시킨 신용파생상품으로 보장매입자는 준거자산의 신용상태와 연계된 채권(CLN)을 발행하고 약정에 따라 이자를 지급하며 신용사건이 발생하면 CLN을 상환하는 대신에 계약에 따라 준거자산에서 발생하는 손실을 보장받는다.

CLN의 발행자가 지급하는 이자는 일반채권에 비해 훨씬 많은 스프레드를 가산한다. CLN을 매입하는 보장매도자는 준거자산에 대한 보장의무가 첨부된 일반채권을 매입한 효과가 있고 유통시장에서 매매가 가능하다. 신용파생거래는 현금이동 없이 보장매도자의 신용도가 신용파생거래의 신용도에 중요한 영향을 미친다.

그러나 신용연계채권은 현금거래를 수반하는 증권발행의 형식을 지니고 있기 때문에 보장매도자의 신용도에 영향을 받지 않는다. 따라서 신용파생거래의 안정성을 담보하기 위해 조달된 자금이 거래의 이행을 담보하는 역할을 수행해야 하며 이에 따라 담보자산의 수탁 및 관리, 결제 등의 구조가 도입되어야 한다.

신용연계채권은 보장매입자보다는 보장매도자의 입장에서 보다 면밀한 검토가 필요하다. 보장매도자는 준거자산에 대한 신용위험과 CLN 발행자 위험에도 노출되기 때문이다. 이러한 위험을 해결하기 위해 SPC를 설립하여 CLN을 발행하며 CLN의 발행대금을 신용도가 높은 우량자산에 투자하여 위험을 감소시킨다.

▎그림 16-4▎ CLN의 구조

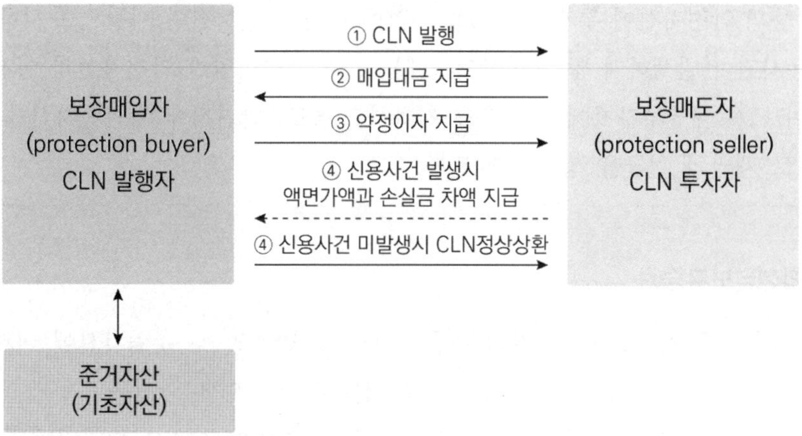

4. 최우선부도연계채권

최우선부도연계채권(FTD : First To Default) CLN은 보장매입자와 보장매도자의 FTD CDS 계약과 SPC와 CLN의 사채계약으로 구성된다. FTD CDS 계약은 준거기업에 신용사건이 발생하지 않으면 보장매입자가 보장매도자에게 CDS프리미엄을 지급하지만, 만기 전에 준거기업 중 첫 번째 신용사건이 발생하면 CDS프리미엄 지급이 중지되고 보장매도자가 보장매입자에게 일정금액을 지급한다.

▎그림 16-5▎ FTD CLN의 구조

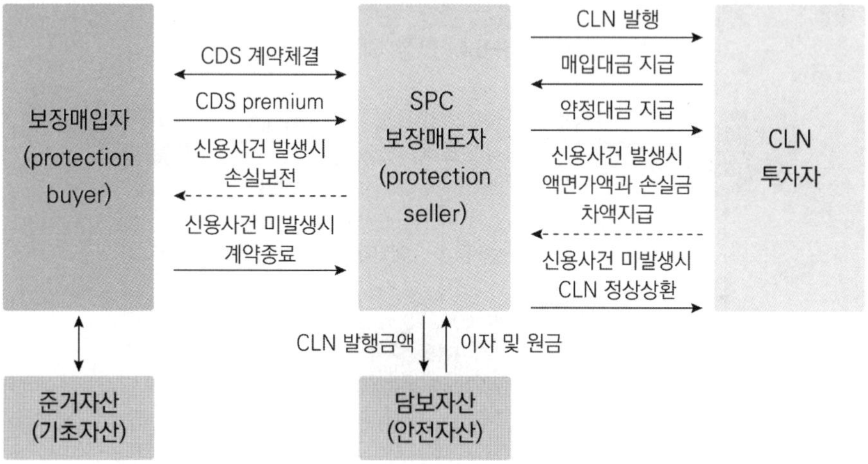

유동화전문회사(SPC)는 CDS 계약의 이행을 보장하기 위해 CLN을 발행하고 이를 국채, 예금 등의 안전자산에 투자하여 CDS 계약에 따른 손실보전의 재원으로 사용한다. 따라서 신용사건이 발생하지 않는 정상기간에는 CDS 프리미엄과 안전자산의 이자를 원천으로 하여 CLN 채권투자자에게 이자를 지급하고, CLN 만기시에는 안전자산을 주요 상환재원으로 채권의 원금을 상환하게 된다.

5. 합성담보부증권

합성담보부증권은 보장매입자의 대출채권 및 일반채권 등 준거자산에 내재된 신용위험을 특수목적회사(SPC)에 이전하고, SPC는 신용위험과 연계된 신용도가 각기 다른 계층의 증권을 발행하여 투자자를 대상으로 매각하는 형태를 갖춤으로써 일반 CDO와 유사한 현금흐름을 창출하는 구조화상품을 말한다.

일반 CDO(cash flow CDO)는 특수목적회사(SPC)가 대출채권 자체를 양수한 후에 이를 기초로 발행되는 반면에 합성 CDO(Synthetic Collateralized Debt Obligation)는 대출채권의 법적 소유권을 이전하지 않은 상태에서 신용위험만을 특수목적회사(SPC)에 이전하도록 발행하여 자산을 유동화하고 있다.

전통적인 일반 CDO는 특수목적회사(SPC)로 대출채권을 양도하기 전 대출채권의 원래 거래상대방인 차주에 대한 통지 또는 통지가 필요하다. 그러나 합성 CDO는 준거자산을 보유한 금융기관이 준거자산의 원래 거래상대방에게 채권양도의 통지나 동의가 필요 없이 준거자산의 신용위험을 제거할 수 있다.

▎그림 16-6 ▎ 합성 CDO의 구조

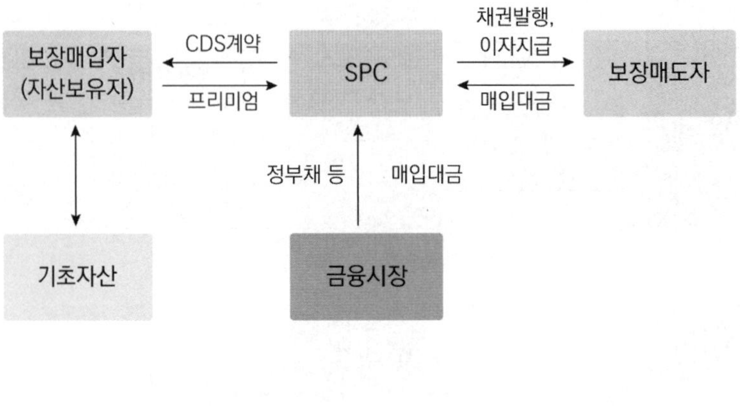

• 핵심요약 •

제1절 신용위험의 개요

1. 신용위험의 정의 : 거래상대방의 신용상태 악화나 신용도의 하락으로 매매계약에서 채무자가 채무조건을 이행하지 못해 발생하는 위험

2. 신용사건의 정의 : 신용파생상품의 당사자간에 계약이행을 촉발시키는 계기가 되는 파산, 지급실패, 지급거절, 채무재조정, 기한이익상실

제2절 신용파생상품의 개요

1. 신용파생상품의 정의
   대출자의 신용도 변화에 따라 가치가 변동하는 준거자산에서 신용위험만을 분리하여 매매하는 금융계약

2. 신용파생상품의 구조 : 거래참가자, 준거자산과 기초자산, 신용사건

3. 신용파생상품의 기능
   신용위험을 분산시켜 안정적인 금융시스템 확보하고 준거자산의 유동성 제고

4. 신용파생상품의 특징

(1) 신용파생상품의 장점
   준거자산에서 신용위험을 분리하여 거래할 수 있어 능동적인 위험관리 가능

(2) 신용파생상품의 단점
   금융기관이 차주기업에 대한 신용위험을 회피할 수 있어 도덕적 해이가 증가

제3절 신용파생상품의 종류

1. 신용부도스왑(CDS : credit default swap)
   기초자산에서 신용위험을 분리하여 신용위험을 제거하려는 보장매입자가 보장매도자에게 이전하고 그 대가로 일정한 프리미엄을 지급하며 신용사건이 발생하면 보장매도자로부터 손실을 보상받음

2. 총수익스왑(TRS : total default swap)
   기초자산의 신용위험과 시장위험을 보장매도자에게 이전하는 계약으로 보장매입자는 기초자산에서 발생하는 모든 현금흐름인 총수익을 보장매도자에게 지급하고 보장매도자는 보장매입자에게 약정이자를 지급함

3. 신용연계채권(CLN : credit linked note)

일반채권에 신용부도스왑을 결합하여 보장매입자는 준거자산의 신용상태에 연계된 채권(CLN)을 발행하고 약정에 따라 이자를 지급하며 신용사건이 발생하면 CLN을 상환하지 않고 계약에 따라 준거자산에서 발생하는 손실을 보장받음

4. 최우선부도연계채권(FTD : First To Default CLN)

준거기업에 신용사건이 없으면 보장매입자가 보장매도자에게 CDS프리미엄을 지급하나, 만기 전에 준거기업 중 첫 번째 신용사건이 발생하면 CDS프리미엄 지급이 중지되고 보장매도자가 보장매입자에게 일정금액을 지급함

5. 합성담보부증권(Synthetic CDO)

보장매입자의 대출채권 및 일반채권 등 준거자산에 내재된 신용위험을 특수목적 회사(SPC)가 이전받아 이를 기초로 발행한 채권

연·습·문·제

1 **다음 중 신용파생상품에 대한 설명으로 옳지 않은 것은?**

① 보장매입자는 일정한 프리미엄을 지불하고 준거자산의 부도위험에서 벗어날 수 있다.

② 신용파생상품 중 가장 대표적이고 거래가 많은 상품은 총수익스왑(TRS)이다.

③ 신용구조화상품과 같이 복잡한 구조에서 정보의 비대칭현상이 발생할 수 있어 몇몇의 투자은행들과 전문투자자들에 의해 가격과 위험분산이 왜곡될 수 있다.

④ 채권이나 대출 등 신용위험이 내재된 있는 부채에서 신용위험만을 분리하여 거래당사자간에 신용위험을 전가하는 금융계약을 말한다.

| **해설** | 신용파생상품 중 가장 대표적이고 거래가 많은 상품은 신용부도스왑(CDS)이다.

2 **다음 중 신용파생상품에 대한 설명으로 옳지 않은 것은?**

① 신용파생상품은 보장매입을 통해 신용위험의 매도포지션을 쉽게 취할 수 있다.

② 채권과 대출 등 신용위험이 내재되어 있는 부채에서 신용위험을 분리하여 거래당사자간에 신용위험을 전가하는 금융거래를 말한다.

③ 준거기업에 대한 대출상품을 보유하고 있는 금융기관이 신용파생상품을 통해 신용위험을 타인에게 전가하고자 하는 경우 준거기업의 동의를 얻어야 한다.

④ 신용파생상품을 이용하면 대출과 같이 매각이 쉽지 않은 자산의 유동성을 제고할 수 있다.

| **해설** | 금융기관은 신용파생상품을 통해 신용위험을 타인에게 전가하는 경우에 준거기업의 동의없이 할 수 있다.

3 **다음 중 준거자산의 신용위험을 분리하여 보장매도자에게 이전하고 보장매도자는 그 대가로 프리미엄과 손실보전금액을 교환하는 신용파생상품은?**

① 신용부도스왑(CDS : Credit Default Swap)

② 신용연계채권(CLN : Credit Linked Notes)

③ 총수익스왑(TRS : Total Return Swap)

④ Basket Default Swap

| **해설** | 신용부도스왑(CDS : Credit Default Swap)에 대한 설명이다.

4 **다음 중 신용파생상품에 대한 설명으로 옳지 않은 것은?**

① 신용파생상품은 채권이나 대출 등 신용위험이 내재된 부채에서 신용위험을 분리하여 거래당사자간에 이전하는 금융계약을 말한다.

② 총수익스왑(TRS)은 보장매입자가 기초자산에서 발생하는 이자, 자본손익 등 모든 현금흐름을 보장매도자에게 지급하고 약정된 수익을 수령하는 계약을 말한다.

③ 신용부도스왑(CDS)에서 만기 이전에 신용사건이 발생하면 신용위험의 매도자는 대상기업에 대한 손실금을 보장매입자에게 지급한다.

④ 신용사건은 대상기업이 파산한 경우와 지급불이행한 경우만을 말한다.

| **해설** | 신용사건은 파산, 지급불이행, 채무불이행, 기한이익상실 등으로 구성된다.

5 **다음 중 보장매입자가 기초자산에서 발생하는 이자, 자본이익 등의 모든 현금흐름을 보장매도자에게 지급하고, 보장매도자로부터 약정된 수익을 수령하는 신용파생상품은?**

① 신용부도스왑(CDS)　② 총수익스왑(TRS)

③ 신용스프레드스왑　④ 신용연계채권(CLN)

| **해설** | 총수익스왑(TRS)에 대한 설명이다.

6 **다음 중 신용파생상품에 대한 설명으로 옳지 않은 것은?**

① 총수익스왑(TRS)은 신용위험만을 상대방에게 전가시키므로 시장위험은 남아있다.

② 신용스프레드옵션은 주식옵션과 유사한 형태로 신용스프레드를 일정한 행사가격에 매입하거나 매도할 수 있는 권리를 부여한 계약을 말한다.

③ Basket Default Swap은 일반적인 CDS와 동일하지만 1개 이상의 준거자산으로 구성된 포트폴리오를 기본으로 발행되는 점이 다르다.

④ 합성CDO는 부채포트폴리오로 구성된 준거자산에 의해 현금흐름이 담보되는 여러 개의 tranche로 구성되는 증권을 말한다.

| **해설** | 총수익스왑(TRS)은 신용위험은 물론 시장위험도 거래상대방에게 전가시킬 수 있다.

7 **다음 중 신용파생상품에 대한 설명으로 옳지 않은 것은?**

① CDS 거래시점에서 보장매입자의 포지션의 가치와 보장매도자의 포지션가치는 비슷하다.

② CDS 거래와 관련하여 준거자산의 신용사건이 발생했을 때 보장매도자의 포지션가치는 하락한다.

③ 신용부도스왑(CDS)의 수수료를 CDS 프리미엄이라고 한다.

④ 신용연계채권(CLN)에서 특수목적회사(SPC)가 발행한 CLN의 수익률은 담보채권의 수익률에서 보장매입자로부터 수취하는 CDS프리미엄을 차감한 수준이다.

| 해설 | 신용연계채권(CLN)에서 특수목적회사(SPC)가 발행한 CLN의 수익률은 담보채권의 수익률에서 보장매입자로부터 수취하는 CDS프리미엄을 가산한 수준이다.

8 **다음 중 신용부도스왑(CDS)에 대한 설명으로 옳지 않은 것은?**

① 보장매입자는 보장매도자의 신용위험에 노출된다.

② 보장매도자는 프리미엄을 수취하는 대가로 준거기업의 신용위험을 인수한다.

③ 서로 정한 신용사건이 발생하는 경우 손실금은 현금으로만 정산할 수 있다.

④ 만기 이전에 서로 정한 신용사건이 발생하는 경우 보장매도자는 준거기업에 대한 손실금을 보장매입자에게 지급한다.

| 해설 | 서로 정한 신용사건이 발생하는 경우 손실금은 현금은 물론 미리 정한 준거자산을 직접 이전할 수 있다.

9 **다음 중 신용파생상품에 대한 설명으로 옳지 않은 것은?**

① Credit Default Swap(CDS)은 자산보유자가 보유자산의 신용위험을 분리하여 보장매입자에게 보장프리미엄을 지급하고 신용위험을 이전하는 구조를 말한다.

② Total Return Swap(TRS)의 자산보유자는 총수익매도자로부터 준거자산의 모든 현금흐름을 총수익매입자에게 지급하는 구조를 말한다.

③ Credit Linked Notes(CLN)은 일반채권에 신용디폴트스왑을 결합한 상품으로 보장매입자는 준거자산의 신용위험을 CLN발행자에게 전가한다.

④ 합성CDO는 CDO의 특수한 형태로 보장매입자가 신용파생상품을 이용하여 자산에 내재된 신용위험을 이전하는 구조를 말한다.

| 해설 | Credit Default Swap(CDS)은 자산보유자가 보유자산의 신용위험을 분리하여 보장매도자에게 보장프리미엄을 지급하고 위험도 이전하는 구조를 말한다.

10 **다음 중 신용부도스왑(CDS)에 대한 설명으로 옳지 않은 것은?**

① CDS는 보장프리미엄과 손실보전금을 교환하는 계약을 말한다.

② CDS는 가장 간단한 형태를 지니고 있어 다른 신용파생상품을 구성하는데 가장 많이 사용된다.

③ 보장매입자의 입장에서 신용위험을 전가했다는 사실을 차주가 알 수 있다.

④ 보편화된 형태의 신용파생상품으로 준거자산의 신용위험을 분리하여 보장매도자에게 이전하고 보장매도자는 그 대가로 프리미엄을 지급받는 금융상품이다.

| 해설 | 보장매입자의 입장에서 신용위험을 차주가 알 수 없어 고객과의 우호적인 관계가 유지될 수 있다는 장점이 있다.

11 **다음 중 신용연계채권(CLN)에 대한 설명으로 옳지 않은 것은?**

① CLN은 고정금리채권에 신용파생상품이 내재된 신용구조화상품이다.

② 현재 시장에는 CDS가 가미된 CLN이 가장 일반적이다.

③ CLN의 수익률은 CLN 발행자가 발행한 일반채권의 수익률보다 높다.

④ CLN 투자자는 준거기업의 신용위험을 감수해야 하지만 발행자의 신용위험과는 무관하다.

| 해설 | CLN 투자자는 준거기업의 신용위험을 감수해야 하므로 발행자의 신용위험을 감수해야 한다.

12 **다음 중 신용부도스왑(CDS)의 프리미엄 결정요인으로 옳지 않은 것은?**

① 준거자산의 신용사건 발생가능성

② 신용사건 발생시 준거자산의 회수율

③ 보장매입자의 신용도

④ 보장매도자의 신용도

| 해설 | CDS프리미엄은 준거자산의 신용사건 발생가능성, 신용사건 발생시 준거자산의 회수율, 보장매도자의 신용도 등에 따라 결정된다.

13 **다음 중 신용부도스왑(CDS)의 프리미엄 결정요인에 대한 설명으로 옳지 않은 것은?**

① 준거자산의 채무불이행의 가능성이 높을수록 비싸다.

② 보장매도자의 신용등급이 낮을수록 비싸다.

③ 준거자산의 회수율이 낮을수록 비싸다.

④ 준거자산의 신용과 보장매도자의 신용간의 상관관계가 높을수록 비싸다.

| 해설 | 준거자산의 신용과 보장매도자의 신용간의 상관관계가 낮을수록 비싸다.

14 다음 중 신용파생상품에 대한 설명으로 옳지 않은 것은?

① Credit Default Swap(CDS)은 보장매입자가 준거기업에 대한 신용위험을 이전하는 대신에 보장매도자는 신용위험을 인수하게 된다.

② Total Return Swap(TRS)는 신용위험뿐만 아니라 시장위험도 전가하는 신용파생상품이다.

③ Credit Linked Notes(CLN)은 일반채권에 신용디폴트스왑을 결합한 상품으로 보장매입자는 준거자산의 신용위험을 CLN발행자에게 전가한다.

④ 신용연계채권에 투자하는 투자자의 투자수익은 발행자의 일반채권수익률에 준거기업에 대한 신용프리미엄을 차감한 수익을 얻게 된다.

| 해설 | 신용연계채권에 투자하는 투자자의 투자수익은 발행자의 일반채권수익률에 준거기업에 대한 신용프리미엄을 가산한 수익을 얻게 된다.

15 다음 중 총수익스왑(TRS)에 대한 설명으로 옳은 것은?

① 보장매도자가 준거자산에서 발생하는 이자, 자본수익(손실)을 모두 지급한다.

② 보장매입자는 약정한 수익을 지급한다.

③ 신용사건이 발생하지 않아도 시장가치에 따른 현금흐름이 발생한다.

④ 신용위험만을 분리하여 전가하는 신용파생상품이다.

| 해설 | 보장매입자가 준거자산에서 발생하는 이자, 자본손익을 모두 지급하고, 보장매도자는 약정한 수익을 지급하며, 신용위험과 시장위험을 모두 전가하는 상품이다.

16 다음 중 총수익스왑(TRS)에 대한 설명으로 옳지 않은 것은?

① TRS 지급자는 신용리스크와 시장리스크를 전가한다.

② TRS 수취자는 현금 지출없이 자산매입과 동일한 효과를 얻는다.

③ TRS 지급자의 자산이 TRS 수취자의 자산으로 소유권이 넘어간다.

④ 신용사건의 발생과 무관하게 현금흐름이 이루어진다.

| 해설 | TRS 지급자는 자산의 매각효과가 나타나지 않는다.

17 다음 중 발행기업의 신용을 나타내는 지표의 변동에 연계되어 원리금이 변동되는 채권으로 신용파생상품이 내재되어 있는 것은?

① 신용부도스왑(CDS)
② 신용연계채권(CLN)
③ 총수익스왑(TRS)
④ 합성담보부증권(synthetic CDO)

| 해설 | 신용연계채권(CLN)에 대한 설명이다.

18 **일반적으로 두 개 이상의 준거자산으로 바스켓을 구성하고, 바스켓에 포함된 준거자산 중 첫 번째 신용사건이 발생하면 부도채권의 손실금을 보장매입자에게 지급하고 잔여금은 투자자에게 지급하는 상품은?**

① 총수익스왑(TRS)
② 신용파생지수(CDS index)
③ 최우선부도연계채권(FTD CLN)
④ 합성담보부증권(synthetic CDO)

| 해설 | 최우선부도연계채권(FTD CLN)에 대한 설명이다.

19 **신용위험을 패키지화한 후 여러 트랜치로 나누어 투자자들에게 매각하는 신용포트폴리오의 증권화와 거리가 먼 것은?**

① CLO
② CBO
③ CDO
④ FTD CLN

| 해설 | FTD CLN은 최우선부도에 대한 신용연계채권(FTD CLN)이므로 여러 트랜치로 되어 있지 않다.

20 **다음 중 신용파생상품의 유용성과 위험성에 대한 설명으로 옳지 않은 것은?**

① 금융회사에게 금융적인 신용위험관리수단이 된다.
② 신용파생상품에 대한 금융회사와 금융당국의 리스크관리가 소홀할 경우 금융시스템의 안정성이 저해될 수 있다.
③ 신용파생상품은 수익추구를 위한 투자기회가 될 수 없다.
④ 신용구조화상품과 같이 복잡한 구조에서는 정보비대칭이 나타날 수 있다.

| 해설 | 신용파생상품은 수익추구를 위한 투자기회가 될 수 있다.

정답

1. ② 2. ③ 3. ① 4. ④ 5. ② 6. ① 7. ④ 8. ③ 9. ① 10. ③
11. ④ 12. ③ 13. ④ 14. ④ 15. ③ 16. ③ 17. ② 18. ③ 19. ④ 20. ③

참고문헌

강병호, 김석동, 서정호, 금융시장론, 박영사, 2021.

강재택, 국제금융시장론, 경문사, 2020.

강호상, 글로벌 금융시장, 법문사, 2017.

강호상, 외환론, 법문사, 2015.

곽태운, 현대국제금융론, 박영사, 2013.

국제금융연구회, 글로벌시대의 국제금융론, 경문사, 2019.

김규한, 국제재무관리, 다산출판사, 2004.

김기홍, 정현식, 차명준, 노언탁, 국제금융론, 두남, 2010.

김미아, 국제금융론, 무역경영사, 2016.

김민환, 재무관리, 도서출판 파란, 2017.

김병순, 국제재무관리, 법경사 21C, 2011.

김성우, 국제재무관리, 도서출판 청람, 2020.

김용재, 국제금융론, 범한서적, 2010.

김윤영, 환위험 헷지론, 박영사, 2020.

김인준, 이영섭, 국제경제론, 다산출판사, 2013.

김인준, 이영섭, 국제금융론, 율곡출판사, 2019.

김태준, 송치영, 유재원, 국제금융경제, 다산출판사, 2020.

김철환, 환율이론과 국제수지, 시그마프레스, 2015.

김한수, 국제금융론, 키메이커, 2016.

김한수, 국내투자자의 해외주식투자 편향도 점검, 자본시장연구원, 2020.

김한수, 국내투자자의 지역별 해외주식투자 현황 및 특성분석, 자본시장연구원, 2020.

김한수, 국내투자자의 해외주식 직접투자 확대 추세에 대한 소고, 자본시장연구원, 2021.

김한수, 국내투자자의 해외주식 직접투자 접근성분석 및 시사점, 자본시장연구원, 2021.

김홍섭, 장호운, 전외술, 정헌주, 한동철, 글로벌경영, 이프레스, 2015.

김훈용, 글로벌 기업의 국제재무관리, 두양사, 2007.

문창권, 국제재무관리, 도서출판 탐진, 2014.

민상기, 정창영, 글로벌 재무전략, 명경사, 2012.

박기안, 김진숙, 김주태, 글로벌경영론, 무역경영사, 2015.

박도준, 경제학연습, 도서출판 웅지, 2010.
박도준, 경제학원론, 도서출판 웅지, 2010.
박병일, 글로벌경영 사례, 시대가치, 2019.
박병일, 오금식, 해외진출 실패에서 배우는 기업경영, 경문사, 2021.
박영규, 국제재무관리, 탑북스, 2020.
박정식, 박종원, 조재호, 현대재무관리, 다산출판사, 2015.
박준, 한민, 금융거래와 법, 박영사, 2019.
안홍식, 국제금융론, 삼영사, 2019.
오금식, 박병일, 한국기업의 글로벌경영 사례, 법문사, 2019.
윤평식, 채권의 가치평가와 투자전략, 도서출판 탐진, 2020.
이강남, 국제금융론, 법문사, 2006.
이용제, 스왑실무 강의, 나루출판사, 2009.
이종섭, 국제금융론, 두남, 2019.
이필상, 허미정, 조한용, 국제재무관리, 박영사, 2012.
이하일, 외환파생상품, 한경사, 2011.
이하일, 파생상품의 이해, 박영사, 2019.
이하일, 자본시장론, 박영사, 2020.
이하일, 기업재무관리, 박영사, 2021.
이환호, 외환론 이론과 실제, 경문사, 2021.
이효구, 국제금융시장, 범한서적, 2012.
임윤수, 김동순, 박상철, 국제재무, 경문사, 2019.
장세진, 글로벌경영, 박영사, 2021.
장홍범, 권태용, 국제금융 이론과 실제, 한티미디어, 2018.
정대용, 실무자를 위한 파생상품과 금융공학, 한국금융연수원, 2017.
정병열, 경제학연습(거시편), 세경북스, 2019.
정병열, 경제학 기출문제, 세경북스, 2021.
정운찬, 김홍범, 화폐와 금융시장, 율곡출판사, 2018.
조동성, 21세기를 위한 국제경영, 서울경제경영, 2004.
조석홍, 세계화와 국제재무관리, 두남, 2016.
주노종, 국제조세론, 한국학술정보, 2008.
최명식, 국제금융론, 국제과학사, 2011.

최생림, 정태영, 김동순, 국제재무관리론, 법문사, 2002.
최생림, 외환론(외환이론, 시장, 관리), 박영사, 2016.
최해범, 국제재무관리, 대명, 2007.
최해범, 글로벌시대의 국제금융론, 두남, 2021.
한국거래소, 한국의 채권시장, 지식과 감성, 2019.
허준영, 국제금융투자, 박영사, 2021.
현정환, 국제금융론 이론과 정책, 박영사, 2019.
홍승기, 박도준, 김충호, 핵심 국제금융론, 형설출판사, 2010.

찾아보기

(ㄱ)

(ㅂ)

(ㅅ)

(ㅇ)

(ㅈ)

(ㅊ)

(ㅋ)

(ㅌ)

(ㅍ)

(ㅎ)

저자 약력

■ 저자

동국대학교 경상대학 회계학과 졸업(경영학사)
동국대학교 대학원 경영학과 졸업(경영학석사)
동국대학교 대학원 경영학과 졸업(경영학박사)
대신증권주식회사 명동지점 근무
증권투자상담사, 선물거래상담사, 기업가치평가사, M&A전문가, 외환관리사,
자산관리사, 재무설계사, 투자자산운용사, 금융투자분석사, 은퇴설계전문가
강남대학교, 강원대학교, 건양대학교, 공주대학교, 동국대학교, 동신대학교,
덕성여자대학교, 서강대학교, 숭실사이버대학교, 용인대학교, 유한대학교,
중부대학교, 한밭대학교, 한국생산성본부 강사
건양사이버대학교 자산관리학과 교수 역임

■ 저서

기업재무관리(박영사, 2021)
자본시장론(박영사, 2020)
알기쉬운 실용금융(박영사, 2020)
파생상품의 이해(박영사, 2019)
재무관리(삼영사, 2015)
증권투자론(삼영사, 2014)
파생상품론(유비온, 2013)
금융학개론(유비온, 2012)
외환파생상품(한경사, 2011)
금융경제의 이해(도서출판 청람, 2010)
재무관리연습(도서출판 청람, 2009)
파생금융상품의 이해(한경사, 2007)
파생금융상품(한경사, 2005)

■ 논문

개인채무자 구제제도의 이용현황과 개선방안에 관한 연구
KOSPI 200선물을 이용한 동적헤징전략에 관한 실증적 연구
금융공학을 이용한 포트폴리오보험전략의 유용성에 관한 실증적 연구
금융기관의 효율적 위험관리시스템 구축방안에 관한 연구
듀레이션을 이용한 채권포트폴리오의 면역전략에 관한 실증적 연구
효용에 근거한 포트폴리오보험전략에 관한 실증적 연구
재정가격결정이론에 관한 실증적 연구

국제재무관리

초판발행 2022년 6월 17일

지은이 이하일
펴낸이 안종만·안상준

편 집 김민조
기획/마케팅 정연환
표지디자인 이수빈
제 작 고철민·조영환

펴낸곳 (주) 박영사
서울특별시 금천구 가산디지털2로 53, 210호(가산동, 한라시그마밸리)
등록 1959. 3. 11. 제300-1959-1호(倫)
전 화 02)733-6771
f a x 02)736-4818
e-mail pys@pybook.co.kr
homepage www.pybook.co.kr
ISBN 979-11-303-1559-1 93320

정 가 38,000원